Brooke Origen

The commentary of Origen on S. John's Gospel

The text revised with a critical introduction and indices

Brooke Origen

The commentary of Origen on S. John's Gospel
The text revised with a critical introduction and indices

ISBN/EAN: 9783337282882

Printed in Europe, USA, Canada, Australia, Japan

Cover: Foto ©Thomas Meinert / pixelio.de

More available books at **www.hansebooks.com**

THE COMMENTARY OF ORIGEN

ON S. JOHN'S GOSPEL

THE TEXT REVISED

WITH A CRITICAL INTRODUCTION AND INDICES

BY

A. E. BROOKE

FELLOW AND DEAN OF KING'S COLLEGE

VOL. I.

CAMBRIDGE
AT THE UNIVERSITY PRESS
1896

[*All Rights reserved*]

CONTENTS.

FIRST VOLUME.

	PAGE
INTRODUCTION	ix—xxviii
1. The Extant MSS .	ix
2. Relations of the MSS .	xiii
3. Codex Monacensis	xxi
4. Bentley's Emendations	xxi
5. Fragments from Catenae .	xxiii
6. On the Text of this Edition	xxvi
THE TEXT OF THE COMMENTARY	
Tom. I	1
Tom. II	56
Tom. VI .	108
Tom. X .	181
Tom. XIII	247

INTRODUCTION.

The Extant Manuscripts.

The Extant Manuscripts of Origen's Commentaries on S. John are the following[1].

I. *Codex Monacensis.* Munich. Stadt-Bibl. Gr. CXCI. Cent. XIII. Chart. Bombyc.

ff. 1—110. Origen. Comm. in S. Matt. books 10—17 (inc. τίνι δὲ λάμψουσιν ἐν τοῖς ὑποδεεστέροις κ.τ.λ.).

ff. 112 sqq. Origen. Comm. in S. Joann., books 1, 2, 6, 10, 13, 19, 20, 28, 32.

In the first part of the MS leaves have been misplaced by the binder; one or two, including the first, are missing. As a copy of this MS, made in the 14th century, before the first leaf was lost, begins with Book 10, it is unlikely that the MS ever contained any of the earlier Books.

Minuscules are used, hanging from ruled lines. The Comm. in Matt. have one column of 36 lines on each page; the Comm. in Joann., written by another scribe, one column of 30 lines. The MS is stained at top and bottom, so that some lines, or parts of them, are difficult to read. Occasionally the bottom line is illegible.

The Comm. in Joann. are preceded by a short preface (inc. ἰστέον ὡς ἐν μετωπίοις... expl. ἀπαραλλάκτως, ὡς εἶχον) in which the scribe states that he found in his exemplar several marginal notes drawing attention to Origen's blasphemies, and copied them as he found them.

---

[1] Fuller information with regard to these MSS (except VI) may be found in *Texts and Studies* (Cambridge, 1891), I. 4, *Fragments of Heracleon*, Introduction. Since the publication of that book I have received information about one MS (of the existence of which I did not then know), through the kindness of Dr J. Rendel Harris, who visited Mt Athos in 1892. It

II. *Codex Venetus.* Venice. Bibl. Marciana, Gr. 43[1].
A.D. 1374. Vellum.

ff. 1—117. Origen. Comm. in S. Matt., books 10—17 (inc. τότε ἀφεὶς τοὺς ὄχλους κ.τ.λ.).

f. 118. A preface on Origen's blasphemies (inc. πολλῶν μὲν κ.τ.λ., expl. καὶ αὖθις ἀψώμεθα)[2].

ff. 119—294. Origen. Comm. in S. Joann. Same books as in I.

This MS was used by Ambrosius Ferrarius, who in A.D. 1551 translated the Comm. in Joann. into Latin. The Commentaries are divided into 32 Books, to give the work the appearance of being a complete whole. A note at the end of the MS states that it was copied in A.D. 1555 by Georgius Trypho[3] (vid. infra p. xii).

III. *Codex Regius.* Paris. Bibl. Nationale, Gr. CDLV.
Cent. XVI.

Origen. Comm. in S. Matt., book X. c. 4 (inc. πάλιν ὁμοία κ.τ.λ.)—book XVII.

Origen. Comm. in S. Joann. Same books as in I.

Apparently the only MS used by Huet, though he knew of others. It was also used by Perionius for his translation of the Comm. in Joann. into Latin[4].

---

proves to be a copy of *Cod. Venetus* (II). Subsequent visits to Munich, Venice and Rome, have enabled me to correct a few mistakes, and in some few instances to strengthen the arguments by which I supported the classification of MSS there adopted. I have seen no reason to modify that classification, and the present edition is based upon it.

[1] I am indebted to Herr Preuschen for pointing out a mistake which I had made as to the number of this MS (see Harnack, *Altchristliche Litteraturgeschichte*, p. 391). I have verified the accuracy of his correction.

[2] This Preface is quite different from the Preface in *Cod. Monac.* concerning the marginal notes in its ancestor. Its presence in *Cod. Ven.* cannot determine the question of the derivation of this MS from *Cod. Monac.*

[3] For what is known of this scribe see Gardhausen, *Griechische Palaeographie*, p. 322.

[4] This translation was made 'about 1554.' *Dict. Christian Biography*, iv. 140 (Origen).

IV. *Codex Barberinus I.* Rome. Bibl. Barberina, Gr. v. 52.

Cent. xv, xvi.

f. 1. Origen. Comm. in S. Matt., book x. (inc. τότε ἀφεὶς τοὺς ὄχλους κ.τ.λ.)—book xvii. (expl. ἐπιστρέψαι πρὸς αὐτόν).

f. 117. Preface on Origen's blasphemies (inc. πολλῶν μὲν κ.τ.λ., expl. ἀψώμεθα) as in II.

f. 118. Origen. Comm. in S. Joann. Same books as in I. Divided into 32 Books (cf. II).

f. 281. Philo περὶ τοῦ βίου τοῦ Μωυσέως.

f. 326. Philo περὶ τοῦ βίου πολιτικοῦ (Joseph).

f. 345. Philo περὶ νόμων ἀγράφων (Abraham).

For the probable history of this MS see p. xii.

V. *Codex Barberinus II.* Rome. Bibl. Barberina, Gr. vi. 14.

Cent. xv, xvi.

f. 1. Origen. Comm. in S. Matt., book x. (inc. τίνι δὲ λάμψουσιν κ.τ.λ.)—book xvii. (ἐπιστρέψαι πρὸς αὐτόν).

f. 140 (verso). Preface on Origen's blasphemies, as in I.

f. 141. Origen. Comm. in S. Joann. Same books as in I.

VI. *Codex Batopedianus.* Mt Athos. In the Library of the Monastery at Vatopedi. Cod. 611.

Cent. xv.

Origen. Comm. in S. Joann. Same books as in I.

The text is divided into 32 Books (cf. II).

VII. *Codex Matritensis.* Madrid. Bibl. Nacional. O. 32. A.D. 1555.

f. 2. Preface on Origen's blasphemies, as in II.

f. 3. Origen. Comm. in S. Joann. Same books as in I.

The text is divided into 32 Books, as in II. The date is given at the end, ,αφνε' ἐν μηνὶ Αὐγούστου κ, after which there is a colophon, giving in cryptograph the name of the scribe, Georgius Trypho[1]. Cf. II.

VIII. *Codex Bodleianus.*   Oxford.   Bodleian Library. Misc. 58.

Cent. XVII. Now bound in three volumes.

Origen. Comm. in Joann. Same books as in I.

Two sets of conjectural emendations have been added in the margin: (i) introduced by the word τάχα, and generally based on the Latin Translation of Ferrarius, (ii) introduced by ἴσως, later and of less value. A partial collation of this MS in Bentley's hand is preserved in a copy of Huet's edition of the Commentaries, which belongs to the Library of Trinity College, Cambridge. Bentley has made a few emendations of his own, of which a list is given below.

IX. A transcript of VIII, made by Herbert Thorndike, Trinity College, Cambridge. B. 9. 11.

Most of the suggestions contained in the margin are copied from the margin of VIII. I have not compared the two sufficiently to be able to state to what extent the transcriber has added conjectures of his own.

X. The existence of a tenth MS is doubtful.

Miller in his Catalogue of the Escurial Library, pp. 305 ff., gives a list, found in one of the Escurial MSS (X. i. 15), of the Greek Manuscripts which belonged to Cardinal Sirlet's Library, and passed into the possession of Cardinal Ottoboni (Alexander VIII). It is said that Benedict XIV subsequently placed them in the Vatican. In this list a MS is mentioned, containing Origen's Commentaries on S. Matthew and S. John, and Philo περὶ τοῦ βίου Μωσέως, περὶ τοῦ βίου πολιτικοῦ, περὶ νόμων ἀγράφων. I can find no trace of it in the Catalogue of the Ottobonian part of the Vatican Library. But the exact correspondence of this description with that of the Barberini MS (Gr. v. 52), which I have numbered IV, suggests the probability that this MS was acquired by the Barberini from one of its former owners. It is known that during the time when Cardinal Sirlet's Library was in the possession of the Altemps, before it was bought by Alex-

---

[1] *Cod. Matrit.* O. 47, containing the Comm. in S. Matt., is a copy of the first part of *Ven.* 43, and has a similar colophon.

ander VIII, the collection was ill kept, and several volumes passed into the hands of the Chigi and Barberini[1].

The following diagram shews the probable relations of these Manuscripts.

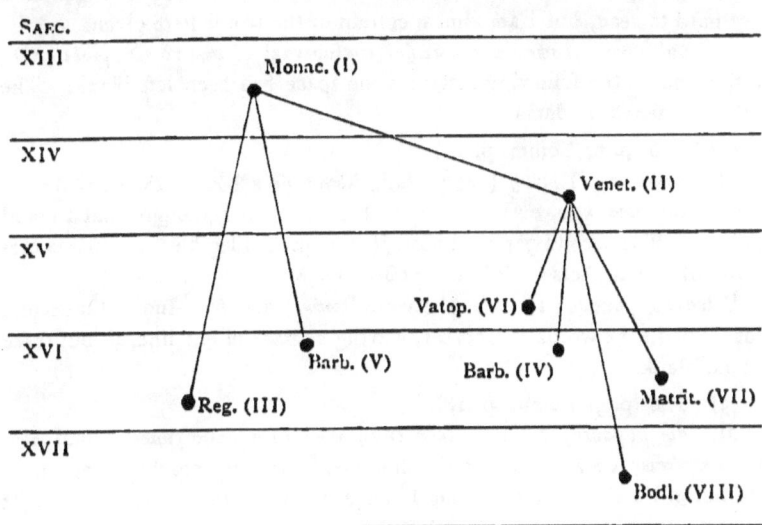

Relation of II to I.

The justification of this genealogical scheme has been given elsewhere[2]. But as the correctness of its classification has been disputed[3] in regard to one important point—the derivation of the text of *Cod. Venetus* from *Cod. Monacensis*, without any secondary source—I shall restate the evidence, with some additions and alterations. As lacunae similar to those found in *Cod. Venetus*, or omissions without any gap, occur in the same passages in all the other extant manuscripts, their derivation

---

[1] Cf. Batiffol, *La Vaticane de Paul III à Paul V*. Paris, 1890, p. 59.
[2] Cf. *Fragments of Heracleon*, Introd. pp. 7 ff.
[3] By Herr Preuschen. Cf. Harnack's *Altchristliche Litteraturgeschichte*, p. 391.

from *Cod. Monacensis* is merely a corollary of the proof of the relation in which *Cod. Venetus* stands to that manuscript.

(1) I. 4 (p. 5, Lomm. vol. i. p. 11).

M. ὑπ' αὐτοῦ γραφέντα (6)[1] ἐξουσίαν (9) ἀποστολικὴν οὐ μὴν τὸ εἰλικρινὲς κ.τ.λ. The words between γραφέντα and εἰλικρινὲς are much damaged, and very hard to read, but I am almost certain of the words here given.

V. ὑπ' αὐτοῦ γραφέντα καὶ κατ' ἐξουσίαν (25) οὐ μὴν τὸ εἰλικρινὲς κ.τ.λ. In this and all the following instances the space has been left blank. The MS has suffered no damage.

(2) I. 6 (p. 6, Lomm. p. 14).

M. παρὰ τῷ Ἰωάννῃ (14) ἐν ἀρχῇ λόγον θεὸν λόγον, ἀλλὰ καὶ Λουκᾶς εἰρηκὼς (90) διδάσκειν. At the end of the first gap I thought that I could read τὸν. The second gap is almost, if not quite, illegible; but it was certainly filled with Acts i. 1 τὸν μὲν πρῶτον κ.τ.λ.

V leaves space for 15 letters between Ἰωάννῃ and ἐν. And in the second place it omits the words of Acts i. 1, leaving a space of one line, all but three letters, blank.

(3) I. 8 (p. 9, Lomm. p. 18).

M. τῷ παραδείγματι τοῦ μικρὰ ζύμη ὅλον τὸ φύραμα ζυμοῖ (⅔ line) υἱοὺς τῶν ἀνθρώπων κ.τ.λ. The words after μικρὰ are very nearly gone, and it was not till a third attempt that I made out what they were. I thought that I could trace ὅτε after ζυμοῖ, but was not certain.

V. τῷ παραδείγματι τοῦ μικρὰ καὶ ὅτι ὅλον (11) ὅταν γὰρ (½ line) υἱοὺς κ.τ.λ.

(4) I. 9 (p. 11, Lomm. p. 20).

M. ἐν φανερῷ Ἰουδαῖός τίς ἐστι καὶ περι (28) καὶ ἄλλος ἐν κρυπτῷ οὕτω Χριστιανὸς κ.τ.λ. All the words between ἐστι and οὕτω are much damaged. Most of them are illegible, but I am almost certain of καὶ περι at the beginning, and καὶ ἄλλος ἐν κρυπτῷ at the end.

V. ἐν φανερῷ Ἰουδαῖός τις ἐστι καὶ περιτετμημένος (⅔ line) οὕτω Χριστιανὸς κ.τ.λ.

(5) I. 17 (p. 21, Lomm. p. 36).

M. ἵνα μάταια τὰ κατὰ σώματα ᾖ καὶ τὸ ποιεῖν τὰ σωματικὰ, ὅπερ ἀναγκαῖον (4) τῷ ἐν σώματι (1 line) ὑπάρχῃ. I think that the MS reads μάταια τὰ κατὰ, but the whole passage is very much damaged. In the text of this edition I have filled up the space, of one line, by conjecture.

---

[1] The numbers enclosed in brackets give the approximate number of letters which the blank, or illegible, spaces could contain.

INTRODUCTION.

V. ἵνα ἐν ματαιότητι τὰ σώματα ᾖ καὶ τὸ ποιεῖν τὰ σωματικὰ ὅπερ ἀναγκαῖον (4) τῷ ἐν σώματι (space) ὑπάρχει κ.τ.λ.

(6) I. 21 (p. 24, Lomm. p. 40).

M. τοῖς οὖσι καὶ τῇ ὕλῃ παρασχεῖν καὶ (?) τὴν πλάσιν καὶ τὰ εἴδη, ἐγὼ δὲ ἐφίστημι εἰ καὶ τὰς οὐσίας. οὐ χαλεπὸν μὲν οὖν παχύτερον εἰπεῖν ἀρχὴν τῶν ὄντων εἶναι κ.τ.λ. The whole passage is very much damaged, and the words τὰς οὐσίας οὐ χαλεπὸν μὲν οὖν παχύτερον can only be recovered by reading backwards the blot on the opposite page.

V. τοῖς οὖσι καὶ τῇ ὕλῃ (10) καὶ τὰ εἴδη ἐγὼ δὲ ἐφίστημι εἰ καὶ (23) εἰπεῖν ἀρχὴν κ.τ.λ. In the margin a note is added οἶμαι παρασχεῖν τὴν ὕπαρξιν καὶ τὴν πλάσιν καὶ τὰ εἴδη.

(7) I. 23 (p. 25, Lomm. p. 43).

M. Ἴδωμεν δὲ ἐπιμελέστερον τίς ὁ ἐν αὐτῇ λόγος. θαυμάζειν μοι πολλάκις ἐπέρχεται σκοποῦντι κ.τ.λ. The words from τίς to ἐπέρχεται are damaged, and the blot from the opposite page gives the appearance of there having been another line of text after ἐπέρχεται, the last word of the last line on the page in this MS; but if the number of lines on the page is counted, it is clear that this was not the case.

V reads as M, but between ἐπέρχεται and σκοποῦντι leaves space for 1 line.

(8) XIII. 4 (p. 250, Lomm. vol. ii. p. 8).

M. καὶ τάχα ἐπεὶ πεινῆσαι καὶ διψῆσαι δέ τις εἰ τὴν δικαιοσύνην πρὸ τοῦ χορτασθῆναι, ὑπὲρ τοῦ κορεσθῆναι ἐμποιητέον τὸ πεινῆν καὶ διψῆν.

V. καὶ τάχα ἐπεὶ πεινῆσαι καὶ διψῆσαι τὴν δικαιοσύνην χορτασθῆναί ἐστιν εἴ τις τὴν δικαιοσύνην πρὸ τοῦ χορτασθῆναι ποιήσειεν, ὑπὲρ τοῦ κορεσθῆναι ἐμποιητέον κ.τ.λ.

A cursory glance might suggest that words belonging to the true text and preserved in V have been omitted in M owing to the recurrence of τὴν δικαιοσύνην, in which case we should have to assume a second source for the text of V besides M. But though the text of V can be construed, it does not make sense. If we replace the impossible δέ τις εἰ of M by δεήσει (TI for H), all becomes plain. "And perchance, since it will be necessary to have hungered and thirsted for righteousness before being filled, the hungering and thirsting must be produced for the sake of the satisfaction." The scribe of V has attempted a lengthier, but less satisfactory emendation, by inserting τὴν δικαιοσύνην χορτασθῆναί ἐστιν, omitting δὲ, transposing τις and εἰ, and adding ποιήσειεν. Here again, therefore, the text of V presupposes a corruption already existing in M.

(9) XIII. 39 (p. 289, Lomm. p. 73).

M. τὸν καλούμενον παρ' αὐτοῖς εἰ γὰρ καὶ οὕτως. Here the true 'Ιὰρ has been corrupted by the scribe of M or one of its ancestors into εἰ γάρ.

V. τὸν καλούμενον παρ' αὐτοῖς (space) καὶ γὰρ καὶ οὕτως. The most natural explanation of this is that the scribe of V discovering that the name suggested by καλούμενον was missing, left a space for it, and substituted καὶ γὰρ for εἰ γάρ, connecting the words with what follows.

A little further on M reads ἤτοι ακ(3 or 4)οντα ἢ ἐγγύς που τοῦ λήγειν ὄντα. The true reading is certainly ἀκμάζοντα, but the letters μαζ must have been illegible or wanting in the ancestor of M, as the lacuna is left by the scribe and is not due to subsequent damage.

V reads ἤτοι (6) οντα ἢ κ.τ.λ. The scribe apparently preferred to omit the letters ακ which were unintelligible to him, and did not hazard a conjecture. This seems to be the most natural explanation, though the phenomena do not exclude the possibility that the scribe of V had access to an ancestor of M.

(10) XIII. 21 (p. 267, Lomm. p. 35).

In this passage we should certainly read καίτοι τὸ προνοοῦν τῆς αὐτῆς οὐσίας λέγοντες εἶναι τοῖς προνοουμένοις γενικῷ λόγῳ, τέλειον ἀλλ' οἷον τὸ προνοούμενον.

This is the reading of M, but ἀλλ' οἷον is written ἀλλοιον (sic). We are not surprised therefore to find that in V the following τὸ προνοούμενον has been altered to the genitive, while ὅμως has been inserted between τελεῖον and ἀλλοῖον. The scribe has again yielded to the temptation of inserting words which form a grammatical sentence, but destroy the sense of the passage.

(11) XIII. 23 (p. 269, Lomm. p. 38).

V reads ἀνάγκη αὐτὸν νοητὸν τυγχάνοντα καὶ ἀόρατον καὶ ἀσώματον τούτου ἡμᾶς αὐτὸν ὑπολαμβάνειν φῶς (10) τῷ μήποτε καὶ πῦρ καταναλίσκον (13) σωματικὸν [πῦρ σωμάτων] ἀναλωτικὸν εἶναι δοκεῖ, οἷον ξύλων καὶ χόρτου καὶ καλάμης· εἰ δὲ [ἐν ἡμῖν ἐστιν ἰδεῖν] ξύλα καὶ χόρτον κ.τ.λ. [The brackets are mine.]

M has the same text and lacunae (in this case not due to damage), except that it has lacunae instead of the words enclosed in square brackets.

Here, it would seem, the scribe of V left two of the lacunae which he found in his exemplar, and filled up two of them with the words which I have bracketed. A comparison of these conjectures with the restoration attempted in this edition (p. 269) from the data afforded by M will, I think, shew that the supplements of V have no special claim to be regarded as part of the true text.

INTRODUCTION.   xvii

(12) XX. 2 (vol. ii. p. 35, Lomm. p. 196).

M. ἐπεὶ ταράξαι ἄν τινα τὰ τοιαῦτα, συνθέντα μὲν ταῦτα, μὴ ἀκριβοῦντα δέ, κινδύνῳ παραβαλοῦμεν κ.τ.λ. The words συνθέντα μέν are damaged and difficult to read.

V has replaced them by the words καὶ γὰρ παραθέντα.

(13) XX. 23 (p. 80, Lomm. p. 267 f.).

M. ἐνθάδε μὲν γὰρ περὶ τοῦ ἀνθρώπου λέγεται τό· "Ὅτι ψεύστης ἐστὶ καὶ ὁ πατὴρ αὐτοῦ· ἐν δὲ ψαλμοῖς τό· Ἐγὼ δὲ εἶπον ἐν τῇ ἐκστάσει μου Πᾶς ἄνθρωπος ψεύστης.

In the preceding sentence Origen calls attention to the fact that the term ψεύστης is applied in Holy Scripture both to the Devil and to Man. He justifies this statement by the sentence quoted above. "For here (in S. John) we read that the man (who tells a lie) is a ψεύστης, and so is his father (the Devil), and in the Psalms we find 'every man is a ψεύστης'." This is in perfect agreement with the interpretation of the passage in S. John, which Origen has given a few chapters earlier. He says there that the subject of λαλῇ (ὅταν λαλῇ τὸ ψεῦδος) is either Antichrist, the son of the Devil, or anyone who tells a lie. Whenever such an one tells a lie, he speaks of his own, for he is a liar, and so is his father (the Devil). But unless this earlier chapter is kept in mind, we should naturally expect the first quotation in the passage under consideration to justify more especially the statement that the term ψεύστης is applied to the Devil, and not to man only, as the true text seems at first sight to imply. So thought the scribe of V, who accordingly inserts the words περὶ τοῦ διαβόλου λέγων after the first quotation (i.e. after αὐτοῦ), and the words ἐπὶ ἀνθρώπου μόνου ὡς before the second (i.e. between ψαλμοῖς and τό). He has again been tampering with his text, and as usual he has failed to improve it.

(14) XXVIII. 18 (p. 141, Lomm. p. 365).

V. οὐ κατέσχητο μὲν ἄν, ὅμως δὲ οὐκ ἐπέβαλεν οὐδεὶς τὴν χεῖρα. The words ὅμως—χεῖρα interrupt the argument; the point of the sentence is that Christ would not have been taken if He had remained, not that, as a matter of fact, no one laid hands on Him.

M reads οὐ κατέσχητο μὲν ἂν ἡμεῖς, without the words ὅμως—χεῖρα. The reading of M is probably a corruption of οὐκ ἂν κατέσχητο (ΚΑΝ having disappeared before ΚΑΤ) μεμενηκώς. Here again we have to credit the scribe of V with a bad conjecture, founded on the already corrupt text of M.

(15) XXXII. 10 (p. 168, Lomm. p. 410).

M. τοὺς ἄλλους κυρίους, μὴ βουλομένους ἵνα γένηται ὡς ὁ διδάσκαλος ὡς ὁ κύριος αὐτοῦ. The words ὡς ὁ διδάσκαλος after γένηται are probably due to the words (γένηται ὡς ὁ διδάσκαλος) which occur two or three lines earlier. The true text may probably be restored by substituting for them the words ὁ δοῦλος.

V gives a more extensive change, ἵνα γένηται ὡς ὁ διδάσκαλος ὁ μαθητὴς ἢ ὡς ὁ κύριος ὁ δοῦλος αὐτοῦ. But as the sentence has to do with κύριοι exclusively, the insertion of διδάσκαλος and μαθητὴς is only cumbrous. The corruption in M requires simpler treatment.

It may be admitted that most, if not all, the readings of V which have been discussed, except those taken from Book I, could be explained by the hypothesis that its scribe had access to a second source in some MS whose text (or marginal glosses) was based on an ancestor of M. But, when considered in connexion with the evidence derived from Book I, such a theory would present so complex an array of improbabilities that we are certainly justified in adopting the simpler explanation. The scribe knew Greek, and was fond of trying to improve his text, but his zeal outran his discretion. His division of the extant Books into 32, if indeed he is to be credited with this device, points to a less commendable form of sagacity.

All the variants of V from M of which I have any knowledge may be readily explained on this hypothesis. The only tangible evidence for a second source is the fact that V contains a preface on Origen's heresies which is not found in M. But there is no difficulty in supposing that the scribe found elsewhere a preface on this subject which he preferred to the shorter statement contained in M. It offers no proof of a second textual source.

Relation of V to M in the Comm. in S. Matt.

The proof may be strengthened by the following evidence of the derivation of the text of V from M in certain passages of the Comm. in Matt. I see no reason to doubt that the whole of the text of V in these Commentaries is derived from

M, though I have not examined enough of the texts of the two MSS in this part to offer a complete proof.

(1) Comm. in Matt. xii. 20 (Lomm. p. 165).

Ἐπεὶ δὲ οὐκ ἐνεδέχετο [προφήτην ἀπο]λέσθαι ἔξω Ἱερουσαλήμ, ἀπώλειαν ἀναλογίαν ἔχουσαν πρὸς [τό· Ὁ ἀπολέσας τὴν ψυχὴν αὐτοῦ ἕνεκεν ἐ]μοῦ εὑρήσει αὐτήν· διὰ τοῦτο ἔδει αὐτὸν εἰς Ἱεροσόλυμα ἀπελθεῖν, ἵνα [πολλὰ παθὼν ἐν] ἐκείνοις κ.τ.λ.

The words and letters which I have enclosed in square brackets are damaged in M. V reads τὰ τοιαῦτα ἀποτελεσθαι instead of προφήτην ἀπολέσθαι, resorting as usual to conjecture, where the exemplar was difficult to read.

It omits τό·—ἕνεκεν, leaving space for 15 letters; and it omits πολλὰ παθὼν, leaving space for 10 letters.

(2) xii. 24 (Lomm. p. 170).

φέρε εἰπεῖν τὰ Βασιλίδου ἤ. These words are damaged in M. V omits Βασιλίδου, leaving space for 7 letters, and reads καὶ instead of ἤ[1].

(3) xiv. 19 (Lomm. p. 312).

M. ὕστερον (8) μὴ εὑρηκέναι χάριν. The words in the space are damaged and almost illegible. I thought that I could read δὲ ἐκείνην. V omits the words δὲ ἐκείνην, leaving space for about 9 letters between ὕστερον and μὴ εὑρηκέναι.

Relation of VI to I.

Codex Batopedianus exhibits either lacunae, or unfortunate conjectures, in places where M is damaged and illegible, and

---

[1] It may be of interest to add some information as to the readings of Vaticanus Gr. 597 in these places. In (1) it reads τὰ τοιαῦτα ἀποτελεσθαι, with V; it omits τό·—ἕνεκεν and πολλὰ παθὼν, but without leaving any space in either case. There can therefore be little doubt that it is derived from V.

In consequence of this evidence I am of course unable to accept Herr Preuschen's classification of the MSS of the *Comm. in Matt.* (Harnack, *Alt. Lit.* p. 392). He has apparently not taken into account the evidence which I published in 1891 (*Fragments of Heracleon*, Introd. p. 16). The MS contains, not Libb. x—xii, as he has stated, but x—xiii c. 8 κατανόει γὰρ ὅτι ὁ μὲν πῆρ (Lomm. p. 227), some pages having been lost.

I have not fully examined the MS of the *Comm. in Matt.* in the Library of Trinity College, Cambridge (B. 8. 10); but it is certainly not copied from V, and I think that it is independent of M.

cannot therefore be independent of that MS. No fresh evidence for the text of the Commentaries can therefore be obtained from it. The following information, for which I am indebted to Dr J. Rendel Harris, makes it probable that it was copied from V, and not from M.

(1) i. 5 (p. 5, Lomm. p. 11).

Batop. *γραφέντα καὶ κατ' ἐξουσίαν σωματικὴν ἀλλ' οὐ πνευματικὴν, οὐ μὴ τὸ εἰλικρινὲς κ.τ.λ.* The scribe has apparently filled up the lacuna with a very poor attempt at emendation.

(2) i. 6 (p. 6, Lomm. p. 14).

Batop. *τὸ τέλος αὐτοῦ παρὰ τῷ Ἰωάννῃ φάσκοντι ἐν ἀρχῇ λόγον θν λόγον ἀλλὰ καὶ Λουκᾶς εἰρηκὼς* (18) *ἀλλά γε τηρεῖ.* Here the conjecture (*φάσκοντι*) is not altogether satisfactory; and the space left after *εἰρηκὼς* is undoubtedly to be traced ultimately, though not immediately, to the damage sustained by M.

(3) i. 8 (p. 9, Lomm. p. 18).

Batop. *τῷ παραδείγματι τοῦ μικρὰ καὶ ὅτι ὅλον αὐτὸν ὅταν γὰρ κατονομάζων υἱοὺς τῶν ἀνθρώπων κ.τ.λ.* As M reads *ζύμη* after *μικρά*, and not *καὶ ὅτι*, these words appear first in V; *Cod. Vatop.* must therefore have been copied from it, or one of its descendants. The conjectural supplements *αὐτὸν* and *κατονομάζων* are not more fortunate than the scribe's other attempts.

(4) i. 21 (p. 24, Lomm. p. 41).

Batop. *τοῖς οὖσι καὶ τῇ ὕλῃ οἶμαι παρασχεῖν τὴν ὕπαρξιν καὶ τὴν πλάσιν καὶ τὰ εἴδη, ἐγὼ δὲ ἐφίστημι εἰ καὶ εἰπεῖν ἀρχὴν κ.τ.λ.* The scribe has inserted in his text the marginal conjectures of V, and has closed up the space which in V is rightly left between *εἰ καὶ* and *εἰπεῖν*.

It is unnecessary to quote any more passages to demonstrate the ancestry of *Cod. Batop.* The MS only affords further examples of the tendency to conjectural emendation, which seems to have been a confirmed habit of the scribes of the fourteenth and two following centuries.

INTRODUCTION. xxi

Codex Monacensis.

We are thus wholly dependent upon M for our knowledge of the text of the extant books of Origen's *Comm. in S. Joann.* There is no reason to suppose that any help for the determination of the text of these books is to be obtained from Catenae[1], though a considerable amount of lost matter from other books may be recovered. The bad condition of M renders it more necessary than usual to resort to conjectural emendation. Fortunately it is not so badly damaged as to preclude the possibility of restoring nearly everything which it contained with tolerable certainty. But its ancestor also contained several lacunae. The number of omissions of the terminations of words, and of errors in their transmission, suggests that the exemplar of M must have been written in cursive script. And the frequent occurrence of corruptions due to confusion of the letters ε θ ο c points to an uncial stage in the transmission of the text. Beyond this we know nothing of its history. A probable connexion with Constantinople, suggested by the heading τοῦ βασιλέως, is all that we know, or can conjecture, of the history of the MS itself. But, with some few exceptions, the MS gives us material for a satisfactory restoration of Origen's text.

Bentley's Emendations.

Some of the materials which Bentley collected for the purpose of an edition of Origen's works are preserved in the Library of Trinity College, Cambridge. I subjoin a list of the few emendations which he has left in the copy of Huet's edition of the Commentaries, in which he made a partial collation of Huet's text with *Codex Bodleianus*. In the left-

[1] Vide inf. p. xxv.

hand column I have given the readings of Huet on which they are based. The numbers refer to the volume, page and line, of this edition.

	Huet.		Bentley.
I.	76, 14	αὐτοῦ γενόμενον	lego χωρὶς αὐτοῦ οὐ γενόμενον μὲν, ὃν δὲ οὐδέπ.
	83, 20	δύο ἓν	lego δύο ἕν
	86, 25	αὐτὸν	leg. αὐτῶν (erased)
	99, 30	τὸ Ἰωὰ χωρὶς	Ιωαν θῦ χάρις χωρὶς
	100, 2	μνήμη	μνήμη θεοῦ
	3	ἕβδομον	ἑβδομὰς
	126, 24	ἐσχέδασται	leg. ἐσχεδίασται
	134, 32	χαλκὸς ἦσαν ἠχοῦντες	leg. vel χαλκὸς ἠχῶν vel χαλκοὶ ἠχοῦντες
	138, 25	τὸν τῶν Φαρισαίων περὶ ※ αὐτολόγων	lege τὸ τῶν Φαρισαίων περιαυτολόγον
	143, 27	∧ οἱ μὲν γὰρ ὄχλοι	addendum puto τοῖς δὲ ὄχλοις, Μὴ ἄρξησθε λέγειν ἐν ἑαυτοῖς, πατέρα ἔχομεν Ἀβραάμ· omissum ob ὁμοιοτέλευτον
	143, 21	ἢ ὡς ὁ Λουκᾶς φησίν	lege Μάρκος non Λουκᾶς ut Origenes ipse p. 118
	180, 1 f.	καὶ ψυχῇ ἡ ἀγάπη	leg. ψυγῇ vel ψυχθῇ. Cod. Oxon. ψυγῇ
	217, 23	ἐκβάλλει τοὺς ἀγοράζοντας	leg. τοὺς πωλοῦντας
	223, 19	καθήμενος ἀντὶ τοῦ μεταβεβηκὼς ἐπὶ πῶλον ὄνου, ἐπὶ ὑποζύγιον	leg. καὶ ἐπὶ πῶλον ὄνου, ἀντὶ τοῦ, ἐπὶ ὑποζυγίου
	244, 27	ἀνακληθῆναι	leg. κλιθ.
	273, 5	※ καὶ λέγειν	leg. τί δεῖ καὶ λέγειν
	275, 18	ἐπὶ τοῦτο	leg. ἐπὶ τούτῳ
	293, 32	βασιλείοις	lege βασάνοις Thorndike, Wetstein
	312, 17	εἰς γάρ τινα	leg. εἰς γὰρ τίνα
	21	οὐκ ἀπορεῖ	leg. εὐπορεῖ vel εὐθυπορεῖ (erased)
	313, 10	τιμὴν ∧	αὐτοῖς (leg. αὐτοὺς B.)
	315, 7 f.	διὰ τὸ αὐτὸν δέχεσθαι	leg. διὰ τοῦτο
	317, 19	ἀκολουθεῖ τὸν υἱὸν	leg. τῷ
	318, 12	φησὶ καὶ ὁ σωτήρ	immo ὁ Ἰωάννης vel ὁ βαπτιστής

	Huet.	Bentley.
II.	7, 27 ἐκκενουμένην	Marg. ἐκχεουμένην (immo ἐκχυνομένην B.)
	12, 18 ἐλαχίστη μόριον	lego ἐλαχιστημόριον ut πολλοστημόριον
	57, 13 νοηθείη	leg. εἰ νοηθείη
	58, 31 εἶπεν οὖν ἀληθές	leg. εἴπερ
	70, 9 f. τὴν μνημονικὴν ∧	∧adde παρὰ τὴν μνημονικὴν
	113, 18 διὰ λογισμοῦ	lege διαλογισμοῦ
	140, 17 μὴ κατ' ἐκείνων σκοποῦντες	lege μὴ καὶ τὰ ἐκ.

I have not found it worth while to make regular use of the notes of Thomas Mangey in a MS at the British Museum (Add. 6428), nor of Thorndike's marginal suggestions, in his transcript of the Bodleian MS, nor of the conjectures in the margin of that MS.

Fragments from Catenae.

For the text of the Fragments, except those taken from the Philocalia[1], I have made use of the Catena published by Corderius, and of three MSS.

(1) Rome. Vatican, Reg. Gr. 9 (= R).

S. John's Gospel, with Catena.

A vellum MS Saec x.(?) ff. 197, size 12 × 10 in. 1 col. of 38 lines on each page. A note on f. 180 states that it formerly belonged 'Matariotae Metropolitae[2].' The Catena begins with the words πᾶσα μὲν ἡ τῶν εὐαγγελίων φωνὴ μεγαλοφυεστέρα τῶν λοιπῶν κ.τ.λ. The MS is in good preservation and easy to read. Shorthand contractions occur frequently. The Catena is probably taken from the same source as that from which Corderius's Catena is derived, though more space has been given to some writers, especially to Origen and Theodore of Mopsuestia. There are two sets of attributions of which the earlier, where extant, agree with those in (2), the later differ in certain cases.

[1] The text of the Philocalia fragments is reprinted from Professor Robinson's edition, *The Philocalia of Origen*, Cambridge, 1893.
[2] See Stevenson's Catalogue.

(2) Venice. Bibl. Marciana. Gr. 27 (= V).

The Four Gospels, with Catena.

Vellum, Saec. X. ff. 372. This MS must have been copied from the same exemplar as (1). The contents, so far as concerns the Catena on S. John, are the same; and there is hardly any difference in their texts. The most obvious and easily corrected blunders are common to both. Towards the end (2) is much damaged and often illegible. I discovered no proof of the derivation of either MS from the other.

Venice Gr. 28 is a Catena on SS. Luke and John, of the eleventh century, derived ultimately from the same Catena as the preceding, but with many different extracts. The extracts are generally in a shorter form than that in which they appear in (1) and (2), but occasionally I was able to supplement the text of (1) and (2) from this source.

(3) Rome. Vat. Gr. 758 (= S).

S. Luke and S. John with Catena. Vellum. Saec. X.[1] This MS is very closely related to R and V. The three are probably copied from the same exemplar. All the phenomena presented by their texts would be consistent with the hypothesis, either (1) that R and V are copied from S, as corrected, either by the scribe himself or a nearly contemporary corrector; or (2) that S has been corrected by comparison with V. R is certainly not the exemplar of either S or V. S and V are even more closely connected by common itacisms than R and V. S was written carelessly. The readings of S*, as opposed to S^2, are worthless, being generally mere blunders. Occasionally S has preserved, or points to, the true reading, against R and V.

Vat. Gr. 1423 (?Saec XVI.) contains a later and much shorter form of the Catena, and of the same type as that which Cramer published on S. John. I found nothing in it which was not contained in the earlier and fuller sources.

I found the Vienna Codices Theol. Gr. 29, 38, 39, 40 (according to the numbering of Lambecius) useless.

---

[1] I was unfortunately unable to finish my collation of S, and revision of R, before the Vatican Library closed for the summer. My thanks are due to the Rev. F. Ehrle, S.J., who very kindly made arrangements for having the collation of those Fragments (70—end), which I had not time to finish, completed. In these Fragments no attempt has been made to distinguish the hands of S. For a few of them I was unable to obtain a collation of S. When S is not quoted therefore, this does not mean that the Fragment is not contained in it.

Munich. Gr. 437 contains two fragments of Origen on S. John, on the meaning of Bethsaida, and on πρόδρομος. The latter supplied some words not found in the other MSS.

In view of the difficulty of determining in many cases whether fragments, which have been attributed to Origen, are really his, I have preferred to risk error on the side of inclusion. I have therefore included some very doubtful fragments which are attributed to him, rejecting only those about which doubt was hardly possible. I have probably failed to detach some fragments, at any rate, which properly belong to Theodore of Mopsuestia. It is to be hoped that the Catenae at Rome (Vat. Gr. 758; Reg. Gr. 9) and Venice (Gr. 27) may be searched for fragments of this author, as much unpublished matter is contained in them. The discovery of a Syriac translation of his Commentary on S. John ought to make their identification easy.

Where the Catena fragments cover the same ground as the continuous text, it will be seen at once that they are very much curtailed, even in their longest Catena form. I have therefore made no use of them for the critical apparatus of the continuous text, but have printed them, in their Catena form, in their proper place among the fragments. A comparison of them with the continuous text, where it is possible to compare the two, shews that, while a considerable amount of lost matter may be recovered from Catenae of the tenth and eleventh centuries, they are practically useless for textual purposes. The later Catenae are altogether useless. These conclusions, to which an examination of the fragments of Origen leads, are probably true with regard to other writers also, except perhaps Chrysostom. In his case the extracts are much longer, and keep closer to the text. A systematic examination, however, of early Catenae is much needed.

The text of this Edition.

For the continuous text of the Commentaries the readings of *Cod. Monac.* alone are given in the critical notes, except in a very few places, where it seemed desirable to record a reading of *Cod. Venetus.* I have endeavoured to record all substantial variants; but of itacism, contraction, and clerical errors, only specimens have been given. In a few instances I have recorded a difference of accentuation, where the accent pointed to the right reading, although the letters had been altered.

The spelling of proper names which is found in the MS has generally been adopted. Where this has not been done, the MS spelling has been recorded in the notes.

The pages of Delarue's edition have been given in the margin of this edition, and the numbers of his chapters have been added in brackets where his division differs from mine.

In the critical notes to the Fragments the variants of the MSS (Rome, Vat. Gr. 758, Reg. Gr. 9; and Venice, Gr. 27) and of Corderius have been recorded.

The Index of Words is intended to illustrate the vocabulary of Origen, and to aid the student in the interpretation of the text. Words occurring in Scripture quotations, and in the Fragments of Heracleon, have accordingly been excluded from it[1].

Since some sheets of this edition were printed off an unexpected opportunity of revising my collations at Munich has enabled me to make several corrections. I found myself able to decipher more words in damaged places, as well as to correct some mistakes made in collating. Accordingly I give here a list of the passages where the information given in the text and critical notes is incorrect or incomplete.

[1] The latter are indexed in my edition of the Fragments of Heracleon.

I.

17,	9	οὐρανὸς τυγχάνοντες	leg. οὐράνιος τυγχάνοντες (Cf. Lc. ii. 14). MS οὐρανὸς
19,	33	n. ins. ἔτι (vid)	dele
20,	1	ἕως ἂν θῇ τοὺς	ἄχρι(ς) οὗ θῇ πάντας
	2	δὲ	omit
	22	Ἐν	extra lin. in MS
21,	12	ἐν ματαιότητι τὰ σώματα	μάταια τὰ κατὰ σώματα (vid)
23,	9	Γενηθήτω	pr. τὸ
	24	n. διὸ pr. man.	ὃς pr. man. (vid.)
24,	5	καὶ τὴν πλάσιν	καὶ incert.
28,	5	Κορινθίους	κορινθίους οὓϊ̈ς (sic)
	19	πρὸς λέξιν	pr. τὸ
	21	δυναμένη	+ἡ̈
29,	21	δὲ	δὴ
	29	προσιεμένοις	προσιεμένους
30,	15	f. τίνα τε αἰτίαν	τίνι τε αἰτία
	3	n.	leg. τοιάνδε] τοιάνδε (sic) ἢ τοιάνδε
31,	7	ἀληθινὸν	pr. τὸ
32,	27	πρὸς Κορινθίους	pr. ἐν τῇ
34,	7	note στενάξασαν (vid)	στενάζουσαν
35,	24	οὐδέποτε	οὐ δή ποτε
36,	2	n.	leg. γινωϊ̈κοσκόμενα (sic)
	32	συνυπάρχουσαν	οὖν ὑπάρχουσαν
37,	9	γεγενημένην	γεγενημένον
40,	30	διστάξει	διστάξει
44,	9	ἐξελεύσεσθαι	ἐξελευσέ̈ (sic)
48,	29	εἰ μὴ	εἰμὶ
49,	6	ἐλευθεροῦνται	ἐλευθερωνται
	28	μὴ	omit
50,	2	ἐστὶ	ἔσται
	4	ἄνθος	ἄνθους
51,	22	δὲ	δὴ
52,	9	τί	omit
	10	n.	dele
54,	19	δέ	δὴ
57,	10	κυρίου	pr. τοῦ
62,	13	μόνον	μόνων
63,	29	τοῦ	τῆς
64,	3	ἐρραντισμένον	ῥεραντισμένον

64, 14	note παραδέχεσθαι	παραδέξασθαι
65, 13	βεβαιώτερον	βεβαιότερον
67, 7	ἵν'	ἕν
69, 11	μεμαθήκαμεν	μεμαθήκειμεν
71, 1	παρά	περί
73, 6	n. ὑπισκνούμενον	dele
19	n. om. καταβαῖνον &c.	l. 16

ΤΟΜΟΣ Α΄.

1. Ὃν τρόπον οἶμαι ὁ πάλαι λαὸς ἐπικληθεὶς θεοῦ εἰς φυλὰς διῄρητο δυοκαίδεκα καὶ τὴν ὑπὲρ τὰς λοιπὰς φυλὰς τάξιν λευϊτικήν, καὶ αὐτὴν κατὰ πλείονα τάγματα ἱερατικὰ καὶ λευϊτικὰ τὸ θεῖον θεραπεύουσαν, οὕτως νομίζω κατὰ τὸν κρυπτὸν τῆς καρδίας ἄνθρωπον πάντα τὸν Χριστοῦ λαόν, χρηματίζοντα ἐν κρυπτῷ Ἰουδαῖον καὶ ἐν πνεύματι περιτετμημένον, ἔχειν τὰς ἰδιότητας μυστικώτερον τῶν φυλῶν, ὡς ἔστι γυμνότερον ἀπὸ Ἰωάννου ἐκ τῆς Ἀποκαλύψεως μαθεῖν, οὐδὲ τῶν λοιπῶν προφητῶν τοῖς ἀκούειν ἐπισταμένοις τὰ τοιαῦτα ἀποσιωπησάντων. φησὶ δὲ οὕτως ὁ Ἰωάννης· Καὶ εἶδον ἄλλον ἄγγελον ἀναβαίνοντα ἀπὸ ἀνατολῆς ἡλίου, ἔχοντα σφραγῖδα θεοῦ ζῶντος, καὶ ἐκέκραξε φωνῇ μεγάλῃ τοῖς δ᾽ ἀγγέλοις, οἷς ἐδόθη αὐτοῖς ἀδικῆσαι τὴν γῆν καὶ τὴν θάλασσαν, λέγων Μὴ ἀδικήσητε μήτε τὴν γῆν μήτε τὴν θάλασσαν μήτε τὰ δένδρα, ἄχρι σφραγίσωμεν τοὺς δούλους τοῦ θεοῦ ἡμῶν ἐπὶ τῶν μετώπων αὐτῶν. καὶ ἤκουσα τὸν ἀριθμὸν τῶν ἐσφραγισμένων, ρμδ΄ χιλιάδες, ἐσφραγισμένοι ἐκ πάσης φυλῆς υἱῶν Ἰσραήλ· ἐκ φυλῆς Ἰούδα ιβ΄ χιλιάδες ἐσφραγισμένοι, ἐκ φυλῆς Ῥουβὴμ δώδεκα χιλιάδες. καὶ μετὰ τὸ διῃρῆσθαι τὰς λοιπὰς φυλὰς πάρεξ τοῦ Δάν, ἑξῆς μετὰ πλείονα ἐπιφέρει· Καὶ εἶδον, καὶ ἰδοὺ τὸ ἀρνίον ἑστὼς ἐπὶ τὸ ὄρος Σιών, καὶ μετ᾽ αὐτοῦ αἱ ρμδ΄ χιλιάδες ἔχουσαι τὸ ὄνομα αὐτοῦ καὶ τὸ ὄνομα τοῦ πατρὸς αὐτοῦ γεγραμμένον ἐπὶ τῶν μετώπων αὐτῶν. καὶ ἤκουσα

15 σφραγίσωμεν

φωνὴν ἐκ τοῦ οὐρανοῦ ὡς φωνὴν ὑδάτων πολλῶν, καὶ ὡς φωνὴν βροντῆς μεγάλης, καὶ ἡ φωνὴ ἣν ἤκουσα ὡς κιθαρῳδῶν κιθαριζόντων ἐν ταῖς κιθάραις αὐτῶν. καὶ ᾄδουσιν ᾠδὴν καινὴν ἐνώπιον τοῦ θρόνου καὶ ἐνώπιον τῶν δ´ ζώων καὶ τῶν πρεσβυτέρων· καὶ οὐδεὶς ἐδύνατο μαθεῖν τὴν ᾠδὴν εἰ μὴ αἱ ρμδ´ χιλιάδες, οἱ ἠγορασμένοι ἀπὸ τῆς γῆς· οὗτοί εἰσιν οἳ μετὰ γυναικῶν οὐκ ἐμολύνθησαν, παρθένοι γάρ εἰσιν· οὗτοι οἱ ἀκολουθοῦντες τῷ ἀρνίῳ ὅπου ἐὰν ὑπάγῃ· οὗτοι ἠγοράσθησαν ἀπὸ τῶν ἀνθρώπων ἀπαρχὴ τῷ θεῷ καὶ τῷ ἀρνίῳ· καὶ ἐν τῷ στόματι αὐτῶν οὐχ εὑρέθη ψεῦδος, ἄμωμοι γάρ εἰσιν. ὅτι δὲ ταῦτα παρὰ τῷ Ἰωάννῃ περὶ τῶν εἰς Χριστὸν πεπιστευκότων λέγεται, καὶ αὐτῶν ὑπαρχόντων ἀπὸ φυλῶν, κἂν μὴ δοκῇ τὸ σωματικὸν αὐτῶν γένος ἀνατρέχειν ἐπὶ τὸ σπέρμα τῶν πατριαρχῶν, ἔστιν οὕτως ἐπιλογίσασθαι. Μὴ ἀδικήσητε, φησί, τὴν γῆν μήτε τὴν θάλασσαν μήτε τὰ δένδρα, ἄχρι σφραγίσωμεν τοὺς δούλους τοῦ θεοῦ ἡμῶν ἐπὶ τῶν μετώπων αὐτῶν. καὶ ἤκουσα τὸν ἀριθμὸν τῶν ἐσφραγισμένων, ρμδ´ χιλιάδες, ἐσφραγισμένων ἐκ πάσης φυλῆς υἱῶν Ἰσραήλ. (2) οὐκοῦν οἱ ἐκ πάσης φυλῆς υἱῶν Ἰσραὴλ σφραγίζονται ἐπὶ τῶν μετώπων αὐτῶν ρμδ´ εἰσὶ χιλιάδες τὸν ἀριθμόν· αἵτινες ρμδ´ χιλιάδες ἐν τοῖς ἑξῆς παρὰ τῷ Ἰωάννῃ λέγονται ἔχειν τὸ ὄνομα τοῦ ἀρνίου καὶ τοῦ πατρὸς αὐτοῦ γεγραμμένον ἐπὶ τῶν μετώπων αὐτῶν, οὖσαι παρθένοι καὶ μετὰ γυναικῶν οὐ μολυνθέντες. τίς οὖν ἄλλη εἴη ἡ σφραγὶς ἡ ἐπὶ τῶν μετώπων ἢ τὸ ὄνομα τοῦ ἀρνίου καὶ τὸ ὄνομα τοῦ πατρὸς αὐτοῦ, ἐν ἀμφοτέροις τοῖς τόποις τῶν μετώπων λεγομένων ἔχειν πῇ μὲν τὴν σφραγῖδα πῇ δὲ τὰ γράμματα περιέχοντα τὸ ὄνομα τοῦ ἀρνίου καὶ τὸ ὄνομα τοῦ πατρὸς αὐτοῦ; ἀλλὰ καὶ οἱ ἀπὸ φυλῶν εἰ οἱ αὐτοί εἰσι τοῖς παρθένοις, ὡς προαπεδείξαμεν, σπάνιος δὲ ὁ ἐκ τοῦ κατὰ σάρκα Ἰσραὴλ πιστεύων, ὡς τάχα τολμῆσαι ἄν τινα εἰπεῖν μὴ συμπληροῦσθαι ἀπὸ τῶν ἐκ τοῦ

24 τίς / τισῃ   28 περιέχονται pr. man.

κατὰ σάρκα Ἰσραὴλ πιστευόντων μηδὲ τὸν τῶν ρμδ´ χιλιάδων ἀριθμόν, δῆλον ὅτι ἐκ τῶν ἀπὸ τῶν ἐθνῶν τῷ θείῳ προσερχομένων λόγῳ συνίστανται αἱ ρμδ´ χιλιάδες μετὰ γυναικῶν οὐ μολυνομένων. ὥστε μὴ ἂν ἀποπεσεῖν τῆς ἀληθείας τὸν φάσκοντα ἀπαρχὴν ἑκάστης εἶναι φυλῆς τοὺς παρθένους αὐτῆς. καὶ γὰρ ἐπιφέρεται· Οὗτοι ἠγοράσθησαν Ap xiv 4 ἀπὸ τῶν ἀνθρώπων ἀπαρχὴ τῷ θεῷ καὶ τῷ ἀρνίῳ, καὶ ἐν τῷ στόματι αὐτῶν οὐχ εὑρέθη ψεῦδος, ἄμωμοι γάρ εἰσιν. οὐκ ἀγνοητέον δὲ ὅτι ὁ περὶ τῶν ρμδ´ χιλιάδων παρθένων λόγος ἐπιδέχεται ἀναγωγήν. περιττὸν δὲ νῦν καὶ οὐ κατὰ τὸν προκείμενον λόγον τὸ παρατίθεσθαι λέξεις προφητικὰς ταὐτὸν περὶ τῶν ἐξ ἐθνῶν ἡμᾶς διδασκούσας.

2. (3) Τί δὴ πάντα ταῦθ᾽ ἡμῖν βούλεται; ἐρεῖς ἐντυγχάνων τοῖς γράμμασιν, Ἀμβρόσιε, ἀληθῶς θεοῦ ἄνθρωπε, καὶ cf. 1 Ti vi 11
2 Co xii 2
ἐν Χριστῷ ἄνθρωπε, καὶ σπεύδων εἶναι πνευματικός, οὐκέτι cf. 1 Co ii 15
ἄνθρωπος. οἱ μὲν ἀπὸ τῶν φυλῶν δεκάτας καὶ ἀπαρχὰς cf. De xiv 21
(22)
ἀναφέρουσι τῷ θεῷ διὰ τῶν λευϊτῶν καὶ ἱερέων, οὐ πάντα Nu xviii 26 f.
ἔχοντες ἀπαρχὰς ἢ δεκάτας· οἱ δὲ λευῖται καὶ ἱερεῖς, πάντα δεκάταις καὶ ἀπαρχαῖς χρώμενοι, δεκάτας ἀναφέρουσι τῷ θεῷ διὰ τοῦ ἀρχιερέως, οἶμαι δ᾽ ὅτι καὶ ἀπαρχάς. ἡμῶν δὴ τῶν προσιόντων τοῖς Χριστοῦ μαθήμασιν οἱ μὲν πλεῖστοι, τὰ πολλὰ τῷ βίῳ σχολάζοντες καὶ ὀλίγας πράξεις τῷ θεῷ ἀνατιθέντες, τάχα εἶεν ἂν οἱ ἀπὸ τῶν φυλῶν ὀλίγην πρὸς τοὺς ἱερεῖς ἔχοντες κοινωνίαν καὶ ἐν βραχέσι τὸ θεραπευτικὸν τοῦ θεοῦ τρέφοντες· οἱ δὲ ἀνακείμενοι τῷ θείῳ λόγῳ καὶ πρὸς μόνῃ τῇ θεραπείᾳ τοῦ θεοῦ γινόμενοι γνησίως, κατὰ τὴν διαφορὰν τῶν εἰς τοῦτο κοινωνημάτων, λευῖται καὶ ἱερεῖς οὐκ ἀτόπως λεχθήσονται. τάχα δὲ οἱ <ἐν ἡμῖν> διαφέροντες καὶ οἱονεὶ τὰ cf. He vii 11
πρῶτα τῆς καθ᾽ ἑαυτοὺς γενεᾶς ἔχοντες ἀρχιερεῖς ἔσονται κατὰ τὴν τάξιν Ἀαρών, καὶ οὐ κατὰ τὴν τάξιν Μελχισεδέκ. ἐὰν γάρ τις ἀνθυποφέρῃ πρὸς τοῦτο, νομίζων ἡμᾶς ἀσεβεῖν τὸ τοῦ

4 μὴ ἂν] μὴ ἐὰν 9 λόγων pr. man. (ut videtur)
21 πλεῖστοι] sup. ras. 27 κοινωνημάτων] κινημάτων (vid.)
28 om. ἐν ἡμῖν lac. (6) relicta 31, 1 (p. 4) om. ἡμᾶς—
τάσσοντας] add. in mg. pr. man.

ἀρχιερέως ὄνομα τάσσοντας ἐπ' ἀνθρώπων, ἐπεὶ πολλαχοῦ Ἰησοῦς μέγας ἱερεὺς προφητεύεται· Ἔχομεν γὰρ ἀρχιερέα μέγαν, διεληλυθότα τοὺς οὐρανούς, Ἰησοῦν τὸν υἱὸν τοῦ θεοῦ· λεκτέον πρὸς αὐτὸν ὅτι ὁ ἀπόστολος ἐπεσημήνατο λέγων τὸν προφήτην εἰρηκέναι περὶ Χριστοῦ· Σὺ ἱερεὺς εἰς τὸν αἰῶνα κατὰ τὴν τάξιν Μελχισεδέκ· καὶ οὐ κατὰ τὴν τάξιν Ἀαρών. ἀφ' οὗ καὶ ἡμεῖς λαβόντες φαμὲν κατὰ μὲν τὴν τάξιν Ἀαρὼν ἀνθρώπους δύνασθαι εἶναι ἀρχιερεῖς, κατὰ δὲ τὴν τάξιν Μελχισεδὲκ τὸν χριστὸν τοῦ θεοῦ. (4) πάσης τοίνυν ἡμῖν πράξεως καὶ παντὸς τοῦ βίου, ἐπεὶ σπεύδομεν ἐπὶ τὰ κρείττονα, ἀνακειμένης θεῷ, καὶ βουλομένων ἡμῶν ἔχειν πᾶσαν αὐτὴν ἀπαρχὴν τῶν πολλῶν ἀπαρχῶν, εἴ γε μὴ σφαλλόμεθα τοῦτο νομίζοντες, ποίαν ἐχρῆν εἶναι μετὰ τὸ κατὰ τὸ σῶμα κεχωρίσθαι ἡμᾶς ἀλλήλων διαφέρουσαν ἢ τὴν περὶ εὐαγγελίου ἐξέτασιν; καὶ γὰρ τολμητέον εἰπεῖν πασῶν τῶν γραφῶν εἶναι ἀπαρχὴν τὸ εὐαγγέλιον. ἀπαρχὴν οὖν πράξεων, ἐξ οὗ τῇ Ἀλεξανδρείᾳ ἐπιδεδημήκαμεν, τίνα ἄλλην ἢ τὴν εἰς τὴν ἀπαρχὴν τῶν γραφῶν ἐχρῆν γεγονέναι; χρὴ δ' ἡμᾶς εἰδέναι οὐ ταὐτὸν εἶναι ἀπαρχὴν καὶ πρωτογέννημα· μετὰ γὰρ τοὺς πάντας καρποὺς ἀναφέρεται ἡ ἀπαρχή, πρὸ δὲ πάντων τὸ πρωτογέννημα. τῶν τοίνυν φερομένων γραφῶν καὶ ἐν πάσαις ἐκκλησίαις θεοῦ πεπιστευμένων εἶναι θείων, οὐκ ἂν ἁμάρτοι τις λέγων πρωτογέννημα μὲν τὸν Μωϋσέως νόμον, ἀπαρχὴν δὲ τὸ εὐαγγέλιον. μετὰ γὰρ τοὺς πάντας τῶν προφητῶν καρποὺς τῶν μέχρι τοῦ κυρίου Ἰησοῦ ὁ τέλειος ἐβλάστησε λόγος.

3. (5) Ἐὰν δέ τις ἀνθυποφέρῃ διὰ τὴν ἔννοιαν τῆς ἀναπτύξεως τῶν ἀπαρχῶν φάσκων μετὰ τὰ εὐαγγέλια τὰς πράξεις καὶ τὰς ἐπιστολὰς φέρεσθαι τῶν ἀποστόλων, καὶ κατὰ τοῦτο μὴ ἂν ἔτι σώζεσθαι τὸ προαποδεδομένον περὶ ἀπαρχῆς, τὸ ἀπαρχὴν πάσης γραφῆς εἶναι τὸ εὐαγγέλιον· λεκτέον ἤτοι νοῦν εἶναι σοφῶν ἐν Χριστῷ ὠφελημένων ἐν ταῖς φερομέναις ἐπιστολαῖς, δεομένων, ἵνα πιστεύωνται, μαρτυριῶν τῶν ἐν τοῖς νομικοῖς καὶ προφητικοῖς λόγοις κειμένων· ὥστε σοφὰ

μὲν καὶ εὔπιστα λέγειν καὶ σφόδρα ἐπιτετευγμένα τὰ ἀποστολικὰ, οὐ μὴν παραπλήσια τῷ· Τάδε λέγει κύριος παντοκράτωρ. καὶ κατὰ τοῦτο ἐπίστησον εἰ, ἐπὰν λέγῃ ὁ Παῦλος· Πᾶσα γραφὴ θεόπνευστος καὶ ὠφέλιμος· ἐμπεριλαμβάνει καὶ τὰ ἑαυτοῦ γράμματα, ἢ οὔ τό· Ἐγὼ λέγω, καὶ οὐχ ὁ κύριος· καὶ τό· Ἐν πάσαις ἐκκλησίαις διατάσσομαι· καὶ τό· Οἷα ἔπαθον ἐν Ἀντιοχείᾳ, ἐν Ἰκονίῳ, ἐν Λύστροις· καὶ τὰ τούτοις παραπλήσια ἐνίοτε ὑπ' αὐτοῦ γραφέντα, τὴν μὲν ἐξουσίαν παρέχοντα ἀποστολικὴν, οὐ μὴν τὸ εἰλικρινὲς τῶν ἐκ θείας ἐπιπνοίας λόγων. ἢ καὶ τούτῳ παραστατέον ὅτι ἡ παλαιὰ μὲν οὐκ εὐαγγέλιον, οὐ δεικνύουσα τὸν ἐρχόμενον ἀλλὰ προκηρύσσουσα, πᾶσα δὲ ἡ καινὴ τὸ εὐαγγέλιόν ἐστιν, οὐ μόνον ὁμοίως τῇ ἀρχῇ τοῦ εὐαγγελίου φάσκουσα· Ἰδοὺ ὁ ἀμνὸς τοῦ θεοῦ, ὁ αἴρων τὴν ἁμαρτίαν τοῦ κόσμου· ἀλλὰ καὶ ποικίλας δοξολογίας περιέχουσα καὶ διδασκαλίας τοῦ δι' ὃν τὸ εὐαγγέλιον εὐαγγέλιόν ἐστιν. ἔτι δὲ εἰ ὁ θεὸς ἔθετο ἐν τῇ ἐκκλησίᾳ ἀποστόλους καὶ προφήτας καὶ εὐαγγελιστὰς ποιμένας τε καὶ διδασκάλους, ἐπὰν ἐξετάσωμεν τί τὸ ἔργον τοῦ εὐαγγελιστοῦ, ὅτι οὐ πάντως διηγήσασθαι τίνα τρόπον ὁ σωτὴρ τυφλὸν ἀπὸ γενετῆς ἰάσατο, ὁδωδότα νεκρὸν ἀνέστησεν, ἤ τι τῶν παραδόξων πεποίηκεν, οὐκ ὀκνήσομεν, χαρακτηριζομένου τοῦ εὐαγγελιστοῦ καὶ ἐν προτρεπτικῷ λόγῳ τῷ εἰς πιστοποίησιν τῶν περὶ Ἰησοῦ, εὐαγγέλιόν πως εἰπεῖν τὰ ὑπὸ τῶν ἀποστόλων γεγραμμένα. ἀλλ' ὅσον ἐπὶ τῇ δευτέρᾳ ἀποδόσει, τῷ ἀνθυποφέροντι διὰ τὸ μὴ ἐπιγράφθαι τὰς ἐπιστολὰς εὐαγγέλιον, ὡς οὐ καλῶς πᾶσαν τὴν καινὴν διαθήκην εὐαγγέλιον ἡμῶν ὀνομασάντων, λεκτέον ὅτι πολλαχοῦ τῶν γραφῶν δύο τινῶν ἢ πλειόνων τῷ αὐτῷ ὀνόματι ὀνομαζομένων κυριώτερον ἐπὶ τοῦ ἑτέρου τῶν λεγομένων κεῖται τὸ ὄνομα· οἷον λέγοντος τοῦ σωτῆρος· Μὴ καλέσητε διδάσκαλον ἐπὶ τῆς γῆς· ὁ ἀπόστολός φησι τετά-

---

1 ἐπιτετευγμένα] ev sup. ras.   5 ἢ οὔ τό· Ἐγώ] ἢ οὕτω τὸ ἐγὼ
8 τὴν μὲν ἐξουσίαν παρέχοντα ἀποστολικὴν] hic male laesus est codex, initio autem lacunae, quae xxx circa litteris constat, verba τὴν μὲν ἐξουσίαν, ad finem ἀποστολικ᾽ hodie, ut puto, legi possunt

χθαι ἐν τῇ ἐκκλησίᾳ καὶ διδασκάλους. οὐκ ἔσονται οὖν οὗτοι διδάσκαλοι ⸢ὅσον ἐπὶ τῇ ἀκριβείᾳ τῆς τοῦ εὐαγγελίου φωνῆς. οὕτως οὐκ ἔσται⸣ εὐαγγέλιον τὸ κατὰ τὰς ἐπιστολὰς πᾶν γράμμα, ὅταν παραβάλληται τῇ διηγήσει τῶν περὶ Ἰησοῦ πράξεων καὶ παθημάτων καὶ λόγων αὐτοῦ. πλὴν ἀπαρχὴ πάσης γραφῆς τὸ εὐαγγέλιον, καὶ πασῶν τῶν κατ' εὐχὴν ἡμῶν πράξεων ἐσομένων ἀπαρχὴν ποιούμεθα εἰς τὴν ἀπαρχὴν τῶν γραφῶν.

4. (6) Ἐγὼ δ' οἶμαι ὅτι καὶ δ' ὄντων τῶν εὐαγγελίων, οἱονεὶ στοιχείων τῆς πίστεως τῆς ἐκκλησίας, ἐξ ὧν στοιχείων ὁ πᾶς συνέστηκε κόσμος ἐν Χριστῷ καταλλαγεὶς τῷ θεῷ, καθά φησιν ὁ Παῦλος· Θεὸς ἦν ἐν Χριστῷ κόσμον καταλλάσσων ἑαυτῷ· οὗ κόσμου τὴν ἁμαρτίαν ἦρεν Ἰησοῦς· περὶ γὰρ τοῦ κόσμου τῆς ἐκκλησίας ὁ λόγος ἐστὶν ὁ γεγραμμένος· Ἰδοὺ ὁ ἀμνὸς τοῦ θεοῦ, ὁ αἴρων τὴν ἁμαρτίαν τοῦ κόσμου· ἀπαρχὴν τῶν εὐαγγελίων εἶναι τὸ προστεταγμένον ἡμῖν ὑπὸ σοῦ κατὰ δύναμιν ἐρευνῆσαι, τὸ κατὰ Ἰωάννην, τὸν γενεαλογούμενον εἰπὸν, καὶ ἀπὸ τοῦ ἀγενεαλογήτου ἀρχόμενον. Ματθαῖος μὲν γὰρ τοῖς προσδοκῶσι τὸν ἐξ Ἀβραὰμ καὶ Δαβὶδ Ἑβραίοις γράφων· Βίβλος, φησί, γενέσεως Ἰησοῦ Χριστοῦ, υἱοῦ Δαβὶδ, υἱοῦ Ἀβραάμ. καὶ Μάρκος, εἰδὼς ἃ γράφει, Ἀρχὴν διηγεῖται τοῦ εὐαγγελίου· τάχα εὑρισκόντων ἡμῶν τὸ τέλος αὐτοῦ παρὰ τῷ Ἰωάννῃ <διηγουμένῳ> τὸν ἐν ἀρχῇ λόγον θεὸν λόγον. ἀλλὰ καὶ Λουκᾶς εἰρηκὼς ἐν ἀρχῇ τῶν Πράξεων· Τὸν μὲν πρῶτον λόγον ἐποιησάμην περὶ πάντων ὧν ἤρξατο ὁ Ἰησοῦς ποιεῖν καὶ διδάσκειν· ἀλλά γε τηρεῖ τῷ ἐπὶ τὸ στῆθος ἀναπεσόντι τοῦ Ἰησοῦ τοὺς μείζονας καὶ τελειοτέρους περὶ Ἰησοῦ λόγους· οὐδεὶς γὰρ ἐκείνων ἀκράτως ἐφανέρωσεν αὐτοῦ τὴν θεότητα ὡς Ἰωάννης, παρα-

---

18 εἰπὸν] εἰπῶν   19 τὸν] τὸ pr. man. τοῖς sec. man.
20 Δαβὶδ] δᾶδ ut ubique   21 ἃ] ἅ   23 παρὰ] περὶ post Ἰωάννῃ laesus est codex, videtur autem plus xiv litteras intra Ἰωάννῃ et ἐν habuisse, quarum ad finem τὸν legere potui, διηγουμένῳ ex coniect. supplevi   24—26 εἰρηκὼς—διδάσκειν male laesus

στήσας αὐτὸν λέγοντα· Ἐγώ εἰμι τὸ φῶς τοῦ κόσμου· Jo viii 12.
Ἐγώ εἰμι ἡ ὁδὸς καὶ ἡ ἀλήθεια καὶ ἡ ζωή· Ἐγώ εἰμι ἡ xiv 6; xi 25; x 9, 11
ἀνάστασις· Ἐγώ εἰμι ἡ θύρα· Ἐγώ εἰμι ὁ ποιμὴν ὁ καλός·
καὶ ἐν τῇ Ἀποκαλύψει· Ἐγώ εἰμι τὸ Α καὶ τὸ Ω, ἡ ἀρχὴ Ap xxii 13
5 καὶ τὸ τέλος, ὁ πρῶτος καὶ ὁ ἔσχατος. τολμητέον τοίνυν
εἰπεῖν ἀπαρχὴν μὲν πασῶν γραφῶν εἶναι τὰ εὐαγγέλια, τῶν
δὲ εὐαγγελίων ἀπαρχὴν τὸ κατὰ Ἰωάννην, οὗ τὸν νοῦν οὐδεὶς
δύναται λαβεῖν μὴ ἀναπεσὼν ἐπὶ τὸ στῆθος Ἰησοῦ, μηδὲ cf. Jo xiii 25;
λαβὼν ἀπὸ Ἰησοῦ τὴν Μαρίαν γινομένην καὶ αὐτοῦ μητέρα. xix 26
10 καὶ τηλικοῦτον δὲ γενέσθαι δεῖ τὸν ἐσόμενον ἄλλον Ἰωάννην,
ὥστε οἱονεὶ τὸν Ἰωάννην δειχθῆναι ὄντα Ἰησοῦν ὑπὸ Ἰησοῦ.
εἰ γὰρ οὐδεὶς υἱὸς Μαρίας κατὰ τοὺς ὑγιῶς περὶ αὐτῆς
δοξάζοντας ἢ Ἰησοῦς, φησὶ δὲ Ἰησοῦς τῇ μητρί· Ἴδε ὁ
υἱός σου· καὶ οὐχί Ἴδε καὶ οὗτος υἱός σου· ἴσον εἴρηκε τῷ
15 Ἴδε οὗτός ἐστιν Ἰησοῦς ὃν ἐγέννησας. καὶ γὰρ πᾶς ὁ τετε-
λειωμένος ζῇ οὐκέτι, ἀλλ᾿ ἐν αὐτῷ ζῇ Χριστός, καὶ ἐπεὶ ζῇ cf. Ga ii 20
ἐν αὐτῷ Χριστός, λέγεται περὶ αὐτοῦ τῇ Μαρίᾳ· Ἴδε ὁ υἱός
σου ὁ χριστός. ἡλίκου τοίνυν νοῦ ἡμῖν δεῖ, ἵνα τὸν ἐν τοῖς cf. 2 Co iv 7
ὀστρακίνοις τῆς εὐτελοῦς λέξεως θησαυροῖς ἐναποκείμενον
20 λόγον, τοῦ ὑπὸ πάντων τῶν ἐντυγχανόντων ἀναγινωσκομένου
γράμματος καὶ ὑπὸ πάντων τῶν παρεχόντων τὰς σωματικὰς
ἀκοὰς ἀκουομένου αἰσθητοῦ διὰ φωνῆς λόγου, ἐκλαβεῖν
κατ᾿ ἀξίαν δυνηθῶμεν, τί δεῖ καὶ λέγειν; τὸν γὰρ μέλλοντα
ταῦτα ἀκριβῶς καταλαμβάνειν μετὰ ἀληθείας εἰπεῖν δεῖ·
25 Ἡμεῖς δὲ νοῦν Χριστοῦ ἔχομεν, ἵνα εἰδῶμεν τὰ ὑπὸ τοῦ θεοῦ 1 Co ii 16, 12
χαρισθέντα ἡμῖν· ἔστι δὲ προσαχθῆναι ἀπὸ τῶν ὑπὸ Παύ-
λου λεγομένων περὶ τοῦ πᾶσαν τὴν καινὴν εἶναι τὰ εὐαγγέλια
ὅταν που γράφῃ· Κατὰ τὸ εὐαγγέλιόν μου· ἐν γράμμασι Ro ii 16
γὰρ Παύλου οὐκ ἔχομεν βιβλίον εὐαγγέλιον συνήθως καλού-
30 μενον· ἀλλὰ πᾶν ὃ ἐκήρυσσε καὶ ἔλεγε τὸ εὐαγγέλιον ἦν.
ἃ δὲ ἐκήρυσσε καὶ ἔλεγε, ταῦτα καὶ ἔγραφε· καὶ ἃ ἔγραφε
ἄρα εὐαγγέλιον ἦν. εἰ δὲ τὰ Παύλου εὐαγγέλιον ἦν, ἀκό-

12 post ὑγιῶς] ins. καὶ sup. ras. al. man.   22 om. ἀκοὰς]
add. intra lin. al. man.   31 ἃ δὲ] εἰ δὲ pr. man. ut videtur

λουθὸν λέγειν ὅτι καὶ τὰ Πέτρου εὐαγγέλιον ἦν, καὶ ἅπαξαπλῶς τὰ συνιστάντα τὴν Χριστοῦ ἐπιδημίαν καὶ κατασκευάζοντα τὴν παρουσίαν αὐτοῦ, ἐμποιοῦντά τε αὐτὴν ταῖς ψυχαῖς τῶν βουλομένων παραδέξασθαι τὸν ἑστῶτα ἐπὶ τὴν θύραν καὶ κρούοντα καὶ εἰσελθεῖν βουλόμενον εἰς τὰς ψυχὰς 5 λόγον θεοῦ.

5. (7) Τί δὲ βούλεται δηλοῦν ἡ εὐαγγέλιον προσηγορία, καὶ διὰ τί ταύτην ἔχει τὴν ἐπιγραφὴν ταῦτα τὰ βιβλία, ἤδη καιρὸς ἐξετάσαι. ἔστι τοίνυν τὸ εὐαγγέλιον λόγος περιέχων ἀπαγγελίαν πραγμάτων κατὰ τὸ εὔλογον διὰ τὸ ὠφελεῖν 10 εὐφραινόντων τὸν ἀκούοντα, ἐπὰν παραδέξηται τὸ ἀπαγγελλόμενον. οὐδὲν δ᾽ ἧττον ὁ τοιοῦτος λόγος εὐαγγέλιόν ἐστιν, εἰ καὶ πρὸς τὴν σχέσιν τοῦ ἀκούοντος ἐξετάζηται. ἢ εὐαγγέλιόν ἐστι λόγος περιέχων ἀγαθοῦ τῷ πιστεύοντι παρουσίαν· ἢ λόγος ἐπαγγελλόμενος παρεῖναι τὸ ἀγαθὸν 15 τὸ προσδοκώμενον. πάντες δὲ οἱ προειρημένοι ἡμῖν ὅροι ἐφαρμόζουσι τοῖς ἐπιγραφομένοις εὐαγγελίοις. ἕκαστον γὰρ εὐαγγέλιον, σύστημα ἀπαγγελλομένων ὠφελίμων τῷ πιστεύοντι καὶ μὴ παρεκδεξαμένῳ τυγχάνον ὠφέλειαν ἐμποιοῦν, κατὰ τὸ εὔλογον εὐφραίνει, διδάσκον τὴν δι᾽ ἀνθρώπους τοῦ 20 πρωτοτόκου πάσης κτίσεως Χριστοῦ Ἰησοῦ σωτήριον αὐτοῖς ἐπιδημίαν. ἀλλὰ καὶ ὅτι λόγος ἐστὶν ἕκαστον εὐαγγέλιον διδάσκων τὴν τοῦ ἀγαθοῦ πατρὸς ἐν υἱῷ τοῖς βουλομένοις παραδέξασθαι ἐπιδημίαν, παντὶ τῷ πιστεύοντι σαφές. ὅτι δὲ καὶ ἀγαθὸν ἐπαγγέλλεται διὰ τῶν βιβλίων τούτων τὸ 25 προσδοκηθέν, οὐκ ἀσαφές. σχεδὸν γὰρ ὁ βαπτιστὴς Ἰωάννης τὴν παντὸς τοῦ λαοῦ λαβὼν φωνήν φησι πέμψας τῷ Ἰησοῦ· Σὺ εἶ ὁ ἐρχόμενος, ἢ ἕτερον προσδοκῶμεν; προσδοκώμενον γὰρ ἀγαθὸν τῷ λαῷ ὁ χριστὸς ἦν, περὶ οὗ κηρυσσόντων τῶν προφητῶν μέχρι καὶ τῶν τυχόντων πάντες 8 εἰς αὐτὸν ἔσχον οἱ ὑπὸ νόμον καὶ προφήτας τὰς ἐλπίδας, ὡς μαρτυρεῖ ἡ Σαμαρεῖτις λέγουσα· Οἶδα ὅτι Μεσσίας ἔρχεται,

9 ἐστι] sup. ras.   13 εἰ] sup. ras. al. man.   quid vero primo scriptum sit hodie non licet divinare

ὁ λεγόμενος Χριστός· ὅταν ἔλθῃ ἐκεῖνος, ἀπαγγελεῖ ἡμῖν ἅπαντα. ἀλλὰ καὶ Σίμων καὶ Κλεόπας, ὁμιλοῦντες πρὸς ἀλλήλους περὶ πάντων τῶν συμβεβηκότων τῷ Ἰησοῦ, αὐτῷ τῷ χριστῷ ἀναστάντι οὐδέπω γινώσκοντες ἐγηγέρθαι αὐτὸν ἐκ νεκρῶν φασί· Σὺ μόνος παροικεῖς ἐν Ἱερουσαλήμ, καὶ οὐκ ἔγνως τὰ γενόμενα ἐν αὐτῇ ἐν ταῖς ἡμέραις ταύταις; εἰπόντος δέ Ποῖα; ἀποκρίνονται Τὰ περὶ Ἰησοῦ τοῦ Ναζαρηνοῦ, ὃς ἐγένετο ἀνὴρ προφήτης, δυνατὸς ἐν ἔργῳ καὶ λόγῳ ἐναντίον τοῦ θεοῦ καὶ παντὸς τοῦ λαοῦ· ὅπως τε παρέδωκαν αὐτὸν οἱ ἀρχιερεῖς καὶ οἱ ἄρχοντες ἡμῶν εἰς κρίμα θανάτου καὶ ἐσταύρωσαν αὐτόν. ἡμεῖς δὲ ἠλπίζομεν ὅτι αὐτός ἐστιν ὁ μέλλων λυτροῦσθαι τὸν Ἰσραήλ. πρὸς τούτοις Ἀνδρέας ὁ ἀδελφὸς Σίμωνος Πέτρου εὑρὼν τὸν ἀδελφὸν τὸν ἴδιον Σίμωνα λέγει· Εὑρήκαμεν τὸν Μεσσίαν, ὅ ἐστι μεθερμηνευόμενον Χριστός. καὶ μετ' ὀλίγα ὁ Φίλιππος εὑρὼν τὸν Ναθαναὴλ λέγει αὐτῷ· Ὃν ἔγραψε Μωϋσῆς ἐν τῷ νόμῳ καὶ οἱ προφῆται εὑρήκαμεν, τὸν Ἰησοῦν τὸν υἱὸν τοῦ Ἰωσὴφ τὸν ἀπὸ Ναζαρέθ.

6. (8) Δόξαι δ' ἄν τις ἐνίστασθαι τῷ πρώτῳ ὅρῳ, ἐπεὶ καὶ τὰ μὴ ἐπιγεγραμμένα εὐαγγέλια ὑποπίπτει αὐτῷ· ὁ γὰρ νόμος καὶ οἱ προφῆται λόγοι πιστεύονται εἶναι περιέχοντες ἀπαγγελίαν πραγμάτων κατὰ τὸ εὔλογον διὰ τὸ ὠφελεῖν εὐφραινόντων τοὺς ἀκούοντας, ἐπὰν παραδέξωνται τὰ ἀπαγγελλόμενα. λεχθείη δ' ἂν πρὸς τοῦτο ὅτι πρὸ τῆς Χριστοῦ ἐπιδημίας ὁ νόμος καὶ οἱ προφῆται, ἅτε μηδέπω ἐληλυθότος τοῦ τὰ ἐν αὐτοῖς μυστήρια σαφηνίζοντος, οὐκ εἶχον τὸ ἐπάγγελμα τοῦ περὶ τοῦ εὐαγγελίου ὅρου· ὁ δὲ σωτὴρ ἐπιδημήσας καὶ τὸ εὐαγγέλιον σωματοποιηθῆναι ποιήσας τῷ εὐαγγελίῳ πάντα ὡσεὶ εὐαγγέλιον πεποίηκεν. καὶ οὐκ ἂν ἀπὸ σκοποῦ χρησαίμην τῷ παραδείγματι τοῦ· Μικρὰ ζύμη ὅλον τὸ φύραμα ζυμοῖ. <ὅτι ἐλθὼν ὁ προφητευθεὶς ὡραῖος εἶναι παρὰ τοὺς> υἱοὺς τῶν ἀνθρώπων τῇ θειότητι

14 Μεσσίαν] μεσίαν κ.τ.λ.] locus male laesus   23 εὐφραίνοντες (ut videtur) ὅτι κ.τ.λ.] lac. (40) υἱοὺς κ.τ.λ.   31 ζύμη

cf. 2 Co iii 16 αὐτοῦ, περιελὼν τὸ ἐν τῷ νόμῳ καὶ προφήταις κάλυμμα, πάντων τὸ θεῖον ἀπέδειξε· φανερῶς παραστήσας τοῖς βουληθεῖσι τῆς σοφίας αὐτοῦ γενέσθαι μαθηταῖς τίνα τὰ ἀληθινὰ
cf. He viii 5 τοῦ Μωϋσέως νόμου, ὧν ὑποδείγματι καὶ σκιᾷ ἐλάτρευον οἱ πάλαι, καὶ τίς ἡ ἀλήθεια τῶν ἐν ταῖς ἱστορίαις πραγμάτων, 5
cf. 1 Co x 11 ἅτινα τυπικῶς συνέβαινεν ἐκείνοις, ἐγράφη δὲ δι' ἡμᾶς, εἰς 9 οὓς τὰ τέλη τῶν αἰώνων κατήντησεν. πᾶς οὖν ᾧ Χριστὸς
cf. Jo iv 21 ff. ἐπεδεδήμηκεν οὔτε ἐν Ἱεροσολύμοις οὔτε ἐν τῷ τῶν Σαμαρειτῶν ὄρει προσκυνεῖ τῷ θεῷ, ἀλλὰ μαθὼν ὅτι πνεῦμα ὁ θεός, πνευματικῶς λατρεύων αὐτῷ, πνεύματι καὶ ἀληθείᾳ 10 οὐκέτι δὲ τυπικῶς προσκυνεῖ τὸν τῶν ὅλων πατέρα καὶ δημιουργόν. οὐκοῦν πρὸ τοῦ εὐαγγελίου, ὃ γέγονε διὰ τὴν Χριστοῦ ἐπιδημίαν, οὐδὲν τῶν πάλαι εὐαγγέλιον ἦν. τὸ δὲ
cf. Ro vii 6 εὐαγγέλιον, ὅπερ ἐστὶ διαθήκη καινή, ἀποστῆσαν ἡμᾶς παλαιότητος τοῦ γράμματος, τὴν μηδέποτε παλαιουμένην 15 καινότητα τοῦ πνεύματος, οἰκείαν τῆς καινῆς διαθήκης τυγχάνουσαν, ἐν πάσαις ἀνακειμένην γραφαῖς τῷ φωτὶ τῆς γνώσεως ἀνέλαμψεν. ἐχρῆν δὲ τὸ ποιητικὸν τοῦ καὶ ἐν τῇ παλαιᾷ διαθήκῃ νομιζομένου εὐαγγελίου εὐαγγέλιον ἐξαιρέτως καλεῖσθαι εὐαγγέλιον. 20

7. (9) Πλὴν οὐκ ἀγνοητέον Χριστοῦ ἐπιδημίαν καὶ πρὸ τῆς κατὰ σῶμα ἐπιδημίας τὴν νοητὴν γεγονέναι τοῖς τελειο-
cf. Ga iii 25; v 2 τέροις καὶ οὐ νηπίοις, οὐδὲ ὑπὸ παιδαγωγοὺς καὶ ἐπιτρόπους ἐπιτυγχάνουσιν, οἷς τὸ νοητὸν τοῦ χρόνου πλήρωμα ἐνέστη,
cf. He iii 5 ὥσπερ τοῖς πατριάρχαις καὶ Μωϋσεῖ τῷ θεράποντι καὶ τοῖς 25 τεθεαμένοις Χριστοῦ τὴν δόξαν προφήταις. ὥσπερ δὲ πρὸ τῆς ἐμφανοῦς καὶ κατὰ σῶμα ἐπιδημίας ἐπεδήμησε τοῖς τελείοις, οὕτω καὶ μετὰ τὴν κεκηρυγμένην παρουσίαν τοῖς ἔτι νηπίοις, ἅτε ὑπὸ ἐπιτρόπους τυγχάνουσι καὶ οἰκονόμους καὶ μηδέπω ἐπὶ τὸ πλήρωμα τοῦ χρόνου ἐφθακόσιν, οἱ μὲν 30 πρόδρομοι Χριστοῦ ἐπιδεδημήκασι παισὶ ψυχαῖς ἁρμόζοντες λόγοι, εὐλόγως ἂν κληθέντες παιδαγωγοί· αὐτὸς δὲ ὁ υἱὸς ὁ δεδοξασμένος θεὸς λόγος οὐδέπω, περιμένων τὴν δέουσαν γενέσθαι προπαρασκευὴν τοῖς μέλλουσι χωρεῖν αὐτοῦ τὴν

θεότητα ἀνθρώποις θεοῦ. καὶ τοῦτο δὲ εἰδέναι ἐχρῆν, ὅτι
ὥσπερ ἔστι νόμος σκιὰν περιέχων τῶν μελλόντων ἀγαθῶν cf. He x 1
ὑπὸ τοῦ κατὰ ἀλήθειαν καταγγελλομένου νόμου δηλουμένων,
οὕτω καὶ εὐαγγέλιον σκιὰν μυστηρίων Χριστοῦ διδάσκει, τὸ
5 νομιζόμενον ὑπὸ πάντων τῶν ἐντυγχανόντων νοεῖσθαι. ὃ δέ
φησιν Ἰωάννης εὐαγγέλιον αἰώνιον, οἰκείως ἂν λεχθησόμενον cf. Ap xiv 6
πνευματικὸν, σαφῶς παρίστησι τοῖς νοοῦσι τὰ πάντα ἐνώπιον cf. Pr viii 9
περὶ αὐτοῦ τοῦ υἱοῦ τοῦ θεοῦ, καὶ τὰ παριστάμενα μυστήρια
ὑπὸ τῶν λόγων αὐτοῦ, τά τε πράγματα ὧν αἰνίγματα ἦσαν
10 αἱ πράξεις αὐτοῦ. τούτοις δὲ ἀκόλουθόν ἐστιν ἐκλαμβάνειν
ὅτι ὃν τρόπον ἐν φανερῷ Ἰουδαῖός τίς ἐστι καὶ περιτομὴ cf. Ro ii 28
<τις ἐν τῷ φανερῷ ἐν σαρκὶ> καὶ ἄλλος ἐν κρυπτῷ, οὕτω
10 χριστιανὸς καὶ βάπτισμα. καὶ Παῦλος μὲν καὶ Πέτρος, ἐν
φανερῷ πρότερον ὄντες Ἰουδαῖοι καὶ περιτετμημένοι, ὕστερον
15 καὶ ἐν τῷ κρυπτῷ τοιοῦτοι τυγχάνειν ἀπὸ Ἰησοῦ εἰλήφασι,
τὸ ἐν φανερῷ εἶναι Ἰουδαῖοι διὰ τὴν τῶν πολλῶν σωτηρίαν
κατ᾽ οἰκονομίαν οὐ μόνον λόγοις ὁμολογοῦντες ἀλλὰ καὶ διὰ
τῶν ἔργων δεικνύντες. τὸ δ᾽ αὐτὸ καὶ περὶ τοῦ χριστιανισμοῦ
αὐτῶν λεκτέον. καὶ ὥσπερ οὐκ ἔστιν ὠφελῆσαι δυνατὸν
20 Παῦλον τοὺς κατὰ σάρκα Ἰουδαίους ἐὰν μὴ, ὅτε ὁ λόγος αἱρεῖ, cf. Act xvi 3;
περιτέμῃ τὸν Τιμόθεον, καὶ, ὅτε εὔλογόν ἐστι, ξυράμενον καὶ xxi 24 ff.
προσφορὰν ποιήσαντα καὶ ἁπαξαπλῶς τοῖς Ἰουδαίοις Ἰου- cf. 1 Co ix 20
δαῖον γενόμενον, ἵνα τοὺς Ἰουδαίους κερδήσῃ· οὕτως τὸν
ἐκκείμενον εἰς πολλῶν ὠφέλειαν οὐκ ἔστι διὰ τοῦ ἐν κρυπτῷ
25 χριστιανισμοῦ μόνον δυνατὸν τοὺς στοιχειουμένους ἐν τῷ
φανερῷ χριστιανισμῷ βελτιῶσαι καὶ προαγαγεῖν ἐπὶ τὰ
κρείττονα καὶ ἀνωτέρω. διόπερ ἀναγκαῖον πνευματικῶς καὶ
σωματικῶς χριστιανίζειν· καὶ ὅπου μὲν χρὴ τὸ σωματικὸν
κηρύσσειν εὐαγγέλιον, φάσκοντα μηδὲν εἰδέναι τοῖς σαρ- cf. 1 Co ii 2
30 κίνοις ἢ Ἰησοῦν Χριστὸν καὶ τοῦτον ἐσταυρωμένον, τοῦτο
ποιητέον· ἐπὰν δὲ εὑρεθῶσι κατηρτισμένοι τῷ πνεύματι καὶ

11, 12 περιτομὴ—σαρκὶ] περι lac. (28) καὶ ἄλλος κ.τ.λ.   12 καὶ
ἄλλος ἐν κρυπτῷ] ut videtur, sed male laesus est locus   24 κρυπτῷ]
χῶ   29 εἰδέναι] εἶναι

καρποφοροῦντες ἐν αὐτῷ ἐρῶντές τε τῆς οὐρανίου σοφίας, μεταδοτέον αὐτοῖς τοῦ λόγου ἐπανελθόντος ἀπὸ τοῦ σεσαρκῶσθαι ἐφ' ὃ ἦν ἐν ἀρχῇ πρὸς τὸν θεόν.

8. (10) Ταῦτα δὲ ἐξετάζοντες περὶ τοῦ εὐαγγελίου οὐ μάτην εἰρηκέναι ἡγούμεθα, οἱονεὶ αἰσθητὸν εὐαγγέλιον νοητοῦ καὶ πνευματικοῦ τῇ ἐπινοίᾳ διακρίνοντες. καὶ γὰρ νῦν πρόκειται τὸ αἰσθητὸν εὐαγγέλιον μεταλαβεῖν εἰς πνευματικόν· τίς γὰρ ἡ διήγησις τοῦ αἰσθητοῦ, εἰ μὴ μεταλαμβάνοιτο εἰς πνευματικόν; ἤτοι οὐδεμία, ἢ ὀλίγη καὶ τῶν τυχόντων ἀπὸ τῆς λέξεως αὐτοὺς πεπεικότων λαμβάνειν τὰ δηλούμενα. ἀλλὰ πᾶς ἀγὼν ἡμῖν ἐνέστηκε πειρωμένοις εἰς τὰ βάθη τοῦ εὐαγγελικοῦ νοῦ φθάσαι, καὶ ἐρευνῆσαι τὴν ἐν αὐτῷ γυμνὴν τύπων ἀλήθειαν. τῶν δὴ εὐαγγελιζομένων ἐν ἀγαθῶν ἀπαγγελίᾳ νοουμένων, οἱ μὲν ἀπόστολοι τὸν Ἰησοῦν εὐαγγελίζονται· λέγονται μέντοι ὡς ἀγαθὸν καὶ τὴν ἀνάστασιν εὐαγγελίζεσθαι, καὶ αὐτήν πως οὖσαν Ἰησοῦν· Ἰησοῦς γάρ φησιν· Ἐγώ εἰμι ἡ ἀνάστασις. Ἰησοῦς δὲ τὰ τοῖς ἁγίοις ἀποκείμενα εὐαγγελίζεται τοῖς πτωχοῖς, παρακαλῶν αὐτοὺς ἐπὶ τὰς θείας ἐπαγγελίας. καὶ μαρτυροῦσιν αἱ θεῖαι γραφαὶ τοῖς ὑπὸ τῶν ἀποστόλων εὐαγγελισμοῖς, καὶ τῷ ἀπὸ τοῦ σωτῆρος ἡμῶν. ὁ μὲν Δαβὶδ περὶ τῶν ἀποστόλων, τάχα δὲ καὶ εὐαγγελιστῶν, λέγων· Κύριος δώσει ῥῆμα τοῖς εὐαγγελιζομένοις δυνάμει πολλῇ· ὁ βασιλεὺς τῶν δυνάμεων τοῦ ἀγαπητοῦ· ἅμα καὶ διδάσκων ὅτι οὐ σύνθεσις λόγου καὶ προφορὰ φωνῶν καὶ ἠσκημένη καλλιλεξία ἀνύει πρὸς τὸ πείθειν, ἀλλὰ δυνάμεως θείας ἐπιχορηγία. διόπερ καὶ ὁ Παῦλός πού φησι· Γνώσομαι οὐ τὸν λόγον τῶν πεφυσιωμένων, ἀλλὰ τὴν δύναμιν· οὐ γὰρ ἐν λόγῳ ἡ βασιλεία τοῦ θεοῦ ἀλλ' ἐν δυνάμει. καὶ ἐν ἄλλοις· Καὶ ὁ λόγος μου καὶ τὸ κήρυγμά μου οὐκ ἐν πειθοῖς σοφίας λόγοις ἀλλ' ἐν ἀποδείξει πνεύματος καὶ δυνάμεως. ταύτῃ τῇ δυνάμει μαρτυροῦντες ὁ Σίμων καὶ ὁ Κλεόπας φασίν· Οὐχὶ ἡ καρδία ἡμῶν καιομένη ἦν ἐν τῇ ὁδῷ, ὡς διήνοιγεν ἡμῖν τὰς γραφάς;

16 οὖσαν] οὖν   32 φασίν] φησὶν

IN EVANGELIUM JOANNIS TOMUS I. 13

οἱ δὲ ἀπόστολοι, ἐπεὶ καὶ ποσότης ἐστὶ δυνάμεως ἐπιχορη-
γουμένης ὑπὸ θεοῦ διαφέρουσα τοῖς λέγουσιν, εἶχον κατὰ
τὸ παρὰ τῷ Δαβὶδ λεγόμενον· Κύριος δώσει ῥῆμα τοῖς Ps lxvii (lxviii) 12
εὐαγγελιζομένοις δυνάμει πολλῇ· πολλὴν δύναμιν. Ἡσαΐας
5 δὲ φάσκων· Ὡς ὡραῖοι οἱ πόδες τῶν εὐαγγελιζομένων Ro x 15; cf. Is lii 7
ἀγαθά· τὸ ὡραῖον καὶ ἐν καιρῷ γινόμενον τῶν ἀποστόλων
ὁδευόντων τὸν εἰπόντα· Ἐγώ εἰμι ἡ ὁδός· κήρυγμα νοήσας, Jo xiv 6
ἐπαινεῖ πόδας τοὺς διὰ τῆς νοητῆς ὁδοῦ Χριστοῦ Ἰησοῦ
βαδίζοντας, διά τε τῆς θύρας εἰσιόντας πρὸς τὸν θεόν.
10 ἀγαθὰ δὲ εὐαγγελίζονται οὗτοι ὧν ὡραῖοί εἰσιν οἱ πόδες
τὸν Ἰησοῦν.

9. (11) Καὶ μὴ θαυμάσῃ τις, εἰ πληθυντικῷ ὀνόματι
τῷ τῶν ἀγαθῶν τὸν Ἰησοῦν ἐξειλήφαμεν εὐαγγελίζεσθαι.
ἐκλαβόντες γὰρ τὰ πράγματα καθ' ὧν τὰ ὀνόματα κεῖται, ἃ
15 ὁ υἱὸς τοῦ θεοῦ ὀνομάζεται, συνήσομεν πῶς πολλὰ ἀγαθά
ἐστιν ὁ Ἰησοῦς, ὃν εὐαγγελίζονται οὗτοι ὧν ὡραῖοί εἰσιν οἱ
πόδες. ἓν μὲν γὰρ ἀγαθὸν ζωή, Ἰησοῦς δὲ ζωή. καὶ
ἕτερον ἀγαθὸν φῶς τοῦ κόσμου, φῶς τυγχάνον ἀληθινὸν,
καὶ φῶς τῶν ἀνθρώπων· ἅπερ πάντα ὁ υἱὸς εἶναι λέγεται
20 τοῦ θεοῦ. καὶ ἄλλο ἀγαθὸν κατ' ἐπίνοιαν παρὰ τὴν ζωὴν
καὶ τὸ φῶς ἡ ἀλήθεια, καὶ τέταρτον παρὰ ταῦτα ἡ ἐπὶ
ταύτην φέρουσα ὁδός· ἅπερ πάντα ὁ σωτὴρ ἡμῶν διδάσκει
ἑαυτὸν εἶναι λέγων· Ἐγώ εἰμι ἡ ὁδὸς, καὶ ἡ ἀλήθεια, καὶ Jo xiv 6
ἡ ζωή. πῶς δὲ οὐκ ἀγαθὸν τὸ ἀποτιναξάμενον τὸν χοῦν καὶ cf. Is lii 2
12 τὴν νεκρότητα ἀναστῆναι, τούτου τυγχάνοντα ἀπὸ τοῦ
κυρίου καθὸ ἀνάστασίς ἐστιν, ὃς καί φησιν· Ἐγώ εἰμι ἡ Jo xi 25
ἀνάστασις; ἀλλὰ καὶ ἡ θύρα, δι' ἧς τις εἰς τὴν ἄκραν
εἰσέρχεται μακαριότητα, ἀγαθόν· ὁ δὲ χριστός φησιν· Ἐγώ Jo x 9
εἰμι ἡ θύρα. τί δὲ δεῖ περὶ σοφίας λέγειν, ἣν ἔκτισεν ὁ Pr viii 22
30 θεὸς ἀρχὴν ὁδῶν αὐτοῦ, εἰς ἔργα αὐτοῦ, ᾗ προσέχαιρεν ὁ
πατὴρ αὐτῆς, ἐνευφραινόμενος τῷ πολυποικίλῳ νοητῷ κάλλει
αὐτῆς ὑπὸ νοητῶν ὀφθαλμῶν μόνων βλεπομένῳ, καὶ εἰς
ἔρωτα τὸν τὸ θεῖον κάλλος κατανοοῦντα οὐράνιον προκαλου-
μένῳ; ἀγαθὸν γὰρ ἡ σοφία τοῦ θεοῦ, ὅπερ μετὰ τῶν

προειρημένων εὐαγγελίζονται ὧν ὡραῖοι οἱ πόδες. ἀλλὰ καὶ
ἡ δύναμις τοῦ θεοῦ ἤδη ὄγδοον ἡμῖν ἀγαθὸν καταλέγεται,
ἥτις ἐστὶν ὁ χριστός. οὐ σιωπητέον δὲ οὐδὲ τὸν μετὰ τὸν
πατέρα τῶν ὅλων θεὸν λόγον· οὐδενὸς γὰρ ἔλαττον ἀγαθοῦ
καὶ τοῦτο τὸ ἀγαθόν. μακάριοι μὲν οὖν οἱ χωρήσαντες 5
ταῦτα τὰ ἀγαθὰ καὶ παραδεξάμενοι ἀπὸ τῶν ὡραίων τοὺς
πόδας καὶ εὐαγγελιζομένων αὐτά. πλὴν κἂν Κορίνθιός τις

cf. 1 Co ii 2   ὤν, κρίνοντος Παύλου οὐδὲν εἰδέναι παρ' αὐτῷ ἢ Ἰησοῦν
Χριστὸν καὶ τοῦτον ἐσταυρωμένον, τὸν δι' ἡμᾶς ἄνθρωπον
μανθάνων παραδέξηται, ἐν ἀρχῇ τῶν ἀγαθῶν γίνεται, ὑπὸ 10
cf. 1 Ti vi 11   τοῦ ἀνθρώπου Ἰησοῦ ἄνθρωπος γινόμενος θεοῦ, καὶ ἀπὸ τοῦ
Ro vi 10   θανάτου αὐτοῦ ἀποθνήσκων τῇ ἁμαρτίᾳ. καὶ γὰρ ἐκεῖνος
ὃ ἀπέθανε, τῇ ἁμαρτίᾳ ἀπέθανεν ἐφάπαξ. ἀπὸ δὲ τῆς ζωῆς
αὐτοῦ, ἐπεὶ Ἰησοῦς ὃ ζῇ, ζῇ τῷ θεῷ, πᾶς ὁ σύμμορφος
γενόμενος τῆς ἀναστάσεως αὐτοῦ λαμβάνει τὸ ζῆν τῷ θεῷ. 15
τίς δὲ διστάξει, εἰ αὐτοδικαιοσύνη ἀγαθόν ἐστι, καὶ αὐτο-
αγιασμὸς καὶ αὐτοαπολύτρωσις; ἅπερ καὶ αὐτὰ οἱ Ἰησοῦν
εὐαγγελιζόμενοι εὐαγγελίζονται, λέγοντες αὐτὸν γεγονέναι
1 Co i 30   ἡμῖν δικαιοσύνην ἀπὸ θεοῦ καὶ ἁγιασμὸν καὶ ἀπολύτρωσιν.

10. Παρέσται δὲ ἀπὸ τούτων τὰ γεγραμμένα περὶ 20
αὐτοῦ δυσεξαρίθμητα παριστάντα πῶς πλῆθος ἀγαθῶν ἐστιν
Ἰησοῦς, ἀπὸ τῶν δυσεξαριθμήτων καὶ γεγραμμένων κατα-
Col i 19; ii 9 στοχάζεσθαι τῶν ὑπαρχόντων μὲν ἐν αὐτῷ, εἰς ὃν εὐδόκησεν
ἅπαν τὸ πλήρωμα τῆς θεότητος κατοικῆσαι σωματικῶς, οὐ
μὴν ὑπὸ γραμμάτων κεχωρημένων. καὶ τί λέγω ὑπὸ γραμ- 13
μάτων, ὅτε καὶ περὶ ὅλου τοῦ κόσμου φησὶν ὁ Ἰωάννης
Jo xxi 25   ὅτι Οὐδὲ αὐτὸν οἶμαι τὸν κόσμον χωρῆσαι τὰ γραφόμενα
βιβλία; ταὐτὸν οὖν ἐστιν εἰπεῖν ὅτι οἱ ἀπόστολοι τὸν
σωτῆρα εὐαγγελίζονται, καὶ τὰ ἀγαθὰ εὐαγγελίζονται.
οὗτος γάρ ἐστιν ὁ ἀπὸ τοῦ ἀγαθοῦ πατρὸς τὸ ἀγαθὰ εἶναι 30
λαβών, ἵνα ἕκαστος ὃ χωρεῖ, ἢ ἃ χωρεῖ, διὰ Ἰησοῦ λαβὼν
ἐν ἀγαθοῖς τυγχάνῃ. οὐχ οἷοί τε δὲ ἦσαν οἱ ἀπόστολοι, ὧν
ὡραῖοι οἱ πόδες, καὶ οἱ τούτων ζηλωταὶ εὐαγγελίζεσθαι τὰ

25 κεχωρημενω

ἀγαθά, μὴ πρότερον Ἰησοῦ αὐτοῖς αὐτὰ εὐαγγελισαμένου,
ὡς ὁ Ἡσαΐας φησίν· Αὐτὸς ὁ λαλῶν πάρειμι· ὡς ὥρα ἐπὶ Is liiⳇ
τῶν ὀρέων, ὡς πόδες εὐαγγελιζομένου ἀκοὴν εἰρήνης, ὡς
εὐαγγελιζόμενος ἀγαθά, ὅτι ἀκουστὴν ποιήσω τὴν σωτηρίαν
5 σου λέγων Σιὼν Βασιλεύσει σου ὁ θεός. τίνα γὰρ τὰ ὄρη
ἐφ᾽ ὧν αὐτὸς ὁ λαλῶν παρεῖναι ὁμολογεῖ, ἢ οἱ μηδενὸς τῶν
ἐπὶ γῆς ὑψηλοτάτων καὶ μεγίστων ἥττονες; οὕστινας ζη-
τεῖσθαι δεῖ ὑπὸ τῶν ἱκανῶν διακόνων τῆς καινῆς διαθήκης, cf. 2 Co iii 6
ἵνα τηρήσωσι τὴν λέγουσαν ἐντολήν· Ἐπ᾽ ὄρος ὑψηλὸν Is xl 9
10 ἀνάβηθι ὁ εὐαγγελιζόμενος Σιών, ὕψωσον τῇ ἰσχύϊ τὴν
φωνήν σου ὁ εὐαγγελιζόμενος Ἰερουσαλήμ. οὐ θαυμαστὸν
δὲ εἰ τοῖς μέλλουσιν εὐαγγελίζεσθαι τὰ ἀγαθὰ Ἰησοῦς
εὐαγγελίζεται τὰ ἀγαθά, οὐκ ἄλλα τυγχάνοντα ἑαυτοῦ·
ἑαυτὸν γὰρ εὐαγγελίζεται ὁ υἱὸς τοῦ θεοῦ τοῖς δυναμένοις οὐ cf. Ga i 1
15 δι᾽ ἄλλων αὐτὸν μαθεῖν. πλὴν ὁ ἐπιβαίνων τῶν ὀρῶν καὶ
εὐαγγελιζόμενος αὐτοῖς τὰ ἀγαθά, μαθητευθεὶς τῷ ἀγαθῷ
πατρί, ἀνατέλλοντι τὸν ἥλιον ἐπὶ πονηροὺς καὶ ἀγαθοὺς καὶ Mt v 45
βρέχοντι ἐπὶ δικαίους καὶ ἀδίκους, τοὺς τὴν ψυχὴν πτωχοὺς
οὐχ ὑπερηφανεῖ. καὶ τούτοις γὰρ εὐαγγελίζεται, ὡς αὐτὸς
20 μαρτυρεῖ λαβὼν τὸν Ἡσαΐαν καὶ ἀναγνούς· Τὸ πνεῦμα L.c iv 18—21;
κυρίου ἐπ᾽ ἐμέ, οὗ ἕνεκεν ἔχρισέ με εὐαγγελίσασθαι πτωχοῖς, cf. Is lxi 1
ἀπέσταλκέ με κηρύξαι αἰχμαλώτοις ἄφεσιν καὶ τυφλοῖς
ἀνάβλεψιν. πτύξας γὰρ τὸ βιβλίον καὶ ἀποδοὺς τῷ ὑπη-
ρέτῃ ἐκάθισε. καὶ πάντων ἐνατενιζόντων αὐτῷ φησί
25 Σήμερον πεπλήρωται ἡ γραφὴ αὕτη ἐν τοῖς ὠσὶν ὑμῶν.
II. (12) Ἀναγκαῖον δὲ εἰδέναι ὅτι ἐμπεριλαμβάνεται
τῷ τηλικούτῳ εὐαγγελίῳ καὶ πᾶσα ἡ εἰς Ἰησοῦν γινομένη
πρᾶξις ἀγαθή, ὥσπερ καὶ τῆς τὰ πονηρὰ ἔργα πεποιηκυίας
καὶ μετανενοηκυίας εὐωδίαν δεδυνημένης διὰ τὴν ἀπὸ τῶν
30 κακῶν γνησίαν μετάστασιν καταχέαι τοῦ Ἰησοῦ, καὶ παντὶ
τῷ οἴκῳ τὴν τοῦ μύρου πνοὴν εἰς αἴσθησιν πάντων τῶν ἐν
αὐτῷ ἐμπεποιηκυίας. διὸ καὶ γέγραπται· Ὅπου ἂν κη- Mt xxvi 13
ρυχθῇ τὸ εὐαγγέλιον τοῦτο ἐν πᾶσι τοῖς ἔθνεσι, λαληθήσεται
καὶ ὃ ἐποίησεν αὕτη εἰς μνημόσυνον αὐτῆς. σαφὲς δὲ ὅτι

εἰς Ἰησοῦν γίνεται τὰ εἰς τοὺς μαθητευθέντας αὐτῷ ἐπιτελούμενα· δεικνὺς γοῦν τοὺς εὖ πεπονθότας φησὶ τοῖς πεποιηκόσι· Τούτοις ὃ ἐποιήσατε ἐμοὶ ἐποιήσατε· ὥστε πᾶσα πρᾶξις ἀγαθὴ ἡ εἰς τὸν πλησίον ὑφ᾽ ἡμῶν ἐπιτελουμένη εἰς τὸ εὐαγγέλιον ἀναφέρεται, τὸ ἐν ταῖς πλαξὶ τοῦ οὐρανοῦ γραφόμενον, καὶ ὑπὸ πάντων τῶν ἠξιωμένων τῆς τῶν ὅλων γνώσεως ἀναγινωσκόμενον. ἀλλὰ καὶ ἐκ τοῦ ἐναντίου μέρος ἐστὶ τοῦ εὐαγγελίου εἰς κατηγορίαν τῶν πραξάντων τὰ εἰς Ἰησοῦν ἁμαρτανόμενα. ἡ γοῦν Ἰούδα προδοσία καὶ ἡ τοῦ ἀσεβοῦς λαοῦ καταβόησις φάσκοντος· Αἶρε ἀπὸ τῆς γῆς τὸν τοιοῦτον, καί Σταύρου, σταύρου αὐτόν· καὶ οἱ ἐμπαιγμοὶ τῶν αὐτὸν τῇ ἀκάνθῃ στεφανωσάντων, καὶ τὰ τούτοις παραπλήσια ἐγκατατέτακται τοῖς εὐαγγελίοις. ἀκόλουθον δὲ τούτοις ἐστὶ νοῆσαι ὅτι πᾶς ὁ <τῶν μαθητῶν> τοῦ Ἰησοῦ προδότης Ἰησοῦ προδότης εἶναι λελόγισται. πρὸς γοῦν τὸν ἔτι διώκοντα Σαῦλον· Σαούλ, Σαούλ, τί με διώκεις; καί Ἐγώ εἰμι Ἰησοῦς, ὃν σὺ διώκεις. τινὲς δὲ τὰς ἀκάνθας ἔχουσιν, αἷς τὸν Ἰησοῦν ἀτιμάζοντες στεφανοῦσιν, οἱ ὑπὸ μεριμνῶν καὶ πλούτου καὶ ἡδονῶν τοῦ βίου συμπνιγόμενοι λαβόντες τὸν λόγον τοῦ θεοῦ οὐ τελεσφοροῦσι. διόπερ φυλακτέον μήποτε καὶ ἡμεῖς, ὡς ταῖς ἰδίαις ἀκάνθαις στεφανοῦντες τὸν Ἰησοῦν, ἀναγραφόμενοι τοιοῦτοι ἀναγινωσκώμεθα παρὰ τοῖς τὸν ἐν πᾶσι καὶ παρὰ πᾶσι λογικοῖς ἢ ἁγίοις Ἰησοῦν μανθάνουσι, τίνα τε τρόπον μύρῳ ἀλείφεται καὶ δειπνίζεται καὶ δοξάζεται, ἢ ἐκ τῶν ἐναντίων ἀτιμάζεται καὶ ἐμπαίζεται καὶ τύπτεται. ἀναγκαίως δὴ ταῦθ᾽ ἡμῖν εἴρηται δεικνύουσιν ὡς αἱ ἀγαθαὶ ἡμῶν πράξεις καὶ αἱ ἁμαρτίαι τῶν πταιόντων τῷ εὐαγγελίῳ ἐγκατατάσσονται, ἤτοι εἰς ζωὴν αἰώνιον, ἢ εἰς ὀνειδισμὸν καὶ εἰς αἰσχύνην αἰώνιον.

12. (13) Εἰ δὲ ἐν ἀνθρώποις εἰσὶν οἱ τετιμημένοι διακονίᾳ τῇ τῶν εὐαγγελιστῶν, καὶ αὐτὸς ὁ Ἰησοῦς εὐαγγελίζεται ἀγαθὰ καὶ πτωχοῖς εὐαγγελίζεται, οὐκ ἔδει τοὺς πεποιημένους

15 τῶν μαθητῶν] om.

ὑπὸ τοῦ θεοῦ πνεύματα ἀγγέλους καὶ τοὺς ὄντας πυρὸς cf. He i 7;
Ps ciii (civ) 4
φλόγα, λειτουργοὺς τοῦ τῶν ὅλων πατρὸς, ἐστερῆσθαι τοῦ
καὶ αὐτοὺς εἶναι εὐαγγελιστάς. διὰ τοῦτο καὶ ἄγγελος
ἐπιστὰς τοῖς ποιμέσι φησὶ, δόξαν ποιήσας περιλάμπειν
αὐτούς· Μὴ φοβεῖσθε, ἰδοὺ γὰρ εὐαγγελίζομαι ὑμῖν χαρὰν Lc ii 10
μεγάλην ἥτις ἔσται παντὶ τῷ λαῷ, ὅτι ἐτέχθη ὑμῖν σήμερον
σωτὴρ ὅς ἐστι χριστὸς κύριος ἐν πόλει Δαβίδ. ὅτε καὶ
μηδέπω ἀνθρώπων συνιέντων τὸ τοῦ εὐαγγελίου μυστήριον
οἱ κρείττονες αὐτῶν, οὐρανὸς τυγχάνοντες, στρατεία θεοῦ,
αἰνοῦντες τὸν θεὸν λέγουσι· Δόξα ἐν ὑψίστοις θεῷ καὶ ἐπὶ Lc ii 14
γῆς εἰρήνη, ἐν ἀνθρώποις εὐδοκία. καὶ ταῦτα εἰπόντες
ἀπέρχονται ἀπὸ τῶν ποιμένων εἰς τὸν οὐρανὸν οἱ ἄγγελοι,
καταλιπόντες ἡμῖν νοεῖν πῶς ἡ εὐαγγελισθεῖσα ἡμῖν διὰ τῆς
γενέσεως Χριστοῦ Ἰησοῦ χαρὰ δόξα ἐστὶν ἐν ὑψίστοις θεῷ,
τῶν ταπεινωθέντων εἰς χοῦν ἐπιστρεφόντων εἰς τὴν ἀνά- cf. Ps cxiv
(cxvi) 6, 7
παυσιν αὐτῶν, καὶ ἐν ὑψίστοις διὰ Χριστοῦ μελλόντων
δοξάζειν τὸν θεόν. ἀλλὰ καὶ θαυμάζουσιν οἱ ἄγγελοι τὴν
ἐπὶ γῆς ἐσομένην διὰ Ἰησοῦν εἰρήνην, τοῦ πολεμικοῦ
χωρίου, εἰς ὃ ἐκπεσὼν ἐκ τοῦ οὐρανοῦ ὁ ἑωσφόρος, ὁ πρωῒ Is xiv 12
ἀνατέλλων, ὑπὸ Ἰησοῦ συντρίβεται.

13. (14) Πρὸς τοῖς εἰρημένοις καὶ τοῦτο περὶ εὐαγγελίου
ἰστέον, ὅτι πρώτως τῆς κεφαλῆς τοῦ ὅλου τῶν σωζομένων cf. Eph i 22 f.
σώματος Χριστοῦ Ἰησοῦ ἐστι τὸ εὐαγγέλιον, ὥς φησιν ὁ
Μάρκος· Ἀρχὴ τοῦ εὐαγγελίου Χριστοῦ Ἰησοῦ. ἤδη δὲ καὶ Mc i 1
τῶν ἀποστόλων τυγχάνει· διὸ λέγει ὁ Παῦλος· Κατὰ τὸ Ro ii 16
εὐαγγέλιόν μου. πλὴν ἡ ἀρχὴ τοῦ εὐαγγελίου, ἔστι γὰρ
αὐτοῦ μέγεθος ἀρχὴν καὶ τὰ ἑξῆς καὶ μέσα καὶ τέλη ἔχοντος,
ἤτοι πᾶσά ἐστιν ἡ παλαιὰ διαθήκη, τύπου αὐτῆς ὄντος
Ἰωάννου, ἢ διὰ τὴν συναφὴν τῆς καινῆς πρὸς τὴν παλαιὰν
τὰ τέλη τῆς παλαιᾶς διὰ Ἰωάννου παριστάμενα. φησὶ γὰρ
ὁ αὐτὸς Μάρκος· Ἀρχὴ τοῦ εὐαγγελίου Ἰησοῦ Χριστοῦ, Mc i 1
cf. Mal iii 1
καθὼς γέγραπται ἐν Ἡσαΐᾳ τῷ προφήτῃ· Ἰδοὺ ἐγὼ ἀπο- Is xl 3
στέλλω τὸν ἄγγελόν μου πρὸ προσώπου σου ὃς κατα-
σκευάσει τὴν ὁδόν σου. φωνὴ βοῶντος ἐν τῇ ἐρήμῳ

Ἑτοιμάσατε τὴν ὁδὸν κυρίου, εὐθείας ποιεῖτε τὰς τρίβους αὐτοῦ. ὅθεν θαυμάζειν μοι ἔπεισι πῶς δυσὶ θεοῖς προσάπτουσιν ἀμφοτέρας τὰς διαθήκας οἱ ἑτερόδοξοι, οὐκ ἔλαττον καὶ ἐκ τούτου τοῦ ῥητοῦ ἐλεγχόμενοι. πῶς γὰρ δύναται ἀρχὴ εἶναι τοῦ εὐαγγελίου ὡς αὐτοὶ οἴονται ἑτέρου τυγχάνων θεοῦ ὁ Ἰωάννης, ὁ τοῦ δημιουργοῦ ἄνθρωπος, καὶ ἀγνοῶν, 16 ὡς νομίζουσι, τὴν καινὴν θεότητα;

14. Οὐ μίαν δὲ καὶ βραχεῖαν πιστεύονται διακονίαν εὐαγγελικὴν ἄγγελοι οὐδὲ μόνην τὴν πρὸς τοὺς ποιμένας γεγενημένην· ἀλλὰ γὰρ ἐπὶ τέλει μετέωρος καὶ ἱπτάμενος ἄγγελος εὐαγγέλιον ἔχων εὐαγγελιεῖται πᾶν ἔθνος, τοῦ ἀγαθοῦ πατρὸς οὐ πάντῃ καταλιπόντος τοὺς ἀποπεπτωκότας αὐτοῦ. φησὶ γοῦν ἐν τῇ Ἀποκαλύψει ὁ τοῦ Ζεβεδαίου Ἰωάννης· Καὶ εἶδον ἄγγελον πετόμενον ἐν μεσουρανήματι, ἔχοντα εὐαγγέλιον αἰώνιον εὐαγγελίσασθαι ἐπὶ τοὺς καθημένους ἐπὶ τῆς γῆς καὶ ἐπὶ πᾶν ἔθνος καὶ φυλὴν καὶ γλῶσσαν καὶ λαόν, λέγων ἐν φωνῇ μεγάλῃ Φοβήθητε τὸν θεὸν καὶ δότε αὐτῷ δόξαν, ὅτι ἦλθεν ἡ ὥρα τῆς κρίσεως αὐτοῦ, καὶ προσκυνήσατε τὸν ποιήσαντα τὸν οὐρανὸν καὶ τὴν γῆν καὶ τὴν θάλασσαν καὶ πηγὰς ὑδάτων.

15. Ἐπεὶ τοίνυν ἀρχὴ τοῦ εὐαγγελίου κατὰ μίαν ἐκδοχὴν τὴν πᾶσαν παρεστήσαμεν εἶναι παλαιὰν διαθήκην διὰ τοῦ ὀνόματος Ἰωάννου σημαινομένην, ὑπὲρ τοῦ μὴ ἀμάρτυρον εἶναι τὴν ἐκδοχὴν ταύτην παραθησόμεθα τὸ ἐκ Πράξεων περὶ τοῦ τῆς Αἰθιόπων βασιλίδος εὐνούχου εἰρημένον καὶ Φιλίππου· Ἀρξάμενος γάρ, φησίν, ὁ Φίλιππος ἀπὸ τῆς Ἡσαΐου γραφῆς τῆς Ὡς πρόβατον ἐπὶ σφαγὴν ἤχθη, καὶ ὡς ἀμνὸς ἐνώπιον τοῦ κείροντος ἄφωνος· εὐηγγελίσατο αὐτῷ τὸν κύριον Ἰησοῦν. πῶς γὰρ ἀρχόμενος ἀπὸ τοῦ προφήτου εὐαγγελίζεται Ἰησοῦν, εἰ μὴ τῆς ἀρχῆς τοῦ εὐαγγελίου μέρος τι ὁ Ἡσαΐας ἦν; ἅμα δὲ καὶ τὰ ἐν πρώτοις ἡμῖν εἰρημένα περὶ τοῦ δύνασθαι εὐαγγέλιον εἶναι πᾶσαν θείαν γραφὴν ἐντεῦθεν δύναται δηλοῦσθαι. καὶ γὰρ

16 φυλήν] φυλακήν

εἰ ὁ εὐαγγελιζόμενος ἀγαθὰ εὐαγγελίζεται, πάντες δὲ οἱ πρὸ
τῆς σωματικῆς Χριστοῦ ἐπιδημίας Χριστὸν εὐαγγελίζονται
ὄντα τὰ ἀγαθά, ὡς ἀπεδείξαμεν, πάντων πώς εἰσιν οἱ λόγοι
τοῦ εὐαγγελίου μέρος. ὅπερ εὐαγγέλιον λεγόμενον λα-
5 λεῖσθαι ἐν ὅλῳ τῷ κόσμῳ ἡμεῖς ἐκλαμβάνομεν ἀπαγγέλ-
λεσθαι ἐν ὅλῳ τῷ κόσμῳ, οὐ μόνον τῷ περιγείῳ τόπῳ
ἀλλὰ καὶ παντὶ τῷ συστήματι τῷ ἐξ οὐρανοῦ καὶ γῆς, ἢ ἐξ
οὐρανῶν καὶ γῆς. καὶ τί δεῖ ἐπὶ πλεῖον μηκύνειν τὸν περὶ
τοῦ τί τὸ εὐαγγέλιόν ἐστι λόγον; αὐτάρκως δὲ τούτων
10 εἰρημένων, καὶ ἐκ τούτων τῶν μὴ ἀνεντρεχῶν δυναμένων τὰ
παραπλήσια συναγαγεῖν ἀπὸ τῶν γραφῶν καὶ βλέπειν τίς
17 ἡ δόξα τῶν ἐν Ἰησοῦ Χριστῷ ἀγαθῶν ὑπὸ τοῦ εὐαγγελίου,
διακονουμένου ὑπὸ ἀνθρώπων καὶ ἀγγέλων, ἐγὼ δ᾽ οἶμαι ὅτι
καὶ ἀρχῶν καὶ ἐξουσιῶν καὶ θρόνων καὶ κυριοτήτων καὶ cf. Eph i 21
15 παντὸς ὀνόματος ὀνομαζομένου, οὐ μόνον ἐν τούτῳ τῷ αἰῶνι
ἀλλὰ καὶ ἐν τῷ μέλλοντι, εἴγε καὶ ὑπ᾽ αὐτοῦ τοῦ Χριστοῦ,
αὐτοῦ που καταπαύσομεν τὰ πρὸ τῆς συναναγνώσεως τῶν
γεγραμμένων. ἤδη δὲ θεὸν αἰτώμεθα συνεργῆσαι διὰ
Χριστοῦ ἡμῖν ἐν ἁγίῳ πνεύματι πρὸς ἀνάπτυξιν τοῦ ἐν ταῖς
20 λέξεσιν ἐναποτεθησαυρισμένου μυστικοῦ νοῦ.

16. Ἐν ἀρχῇ ἦν ὁ λόγοc. Οὐ μόνον Ἕλληνες πολλὰ
φασι σημαινόμενα εἶναι ἀπὸ τῆς ἀρχῆς προσηγορίας· ἀλλὰ
γὰρ εἴ τις τηρήσαι συνάγων πάντοθεν τοῦτο τὸ ὄνομα καὶ
ἀκριβῶς ἐξετάζων βούλοιτο κατανοεῖν ἐν ἑκάστῳ τόπῳ τῶν
25 γραφῶν ἐπὶ τίνος τέτακται, εὑρήσει καὶ κατὰ τὸν θεῖον λόγον
τὸ πολύσημον τῆς φωνῆς. ἡ μὲν γάρ τις ὡς μεταβάσεως,
αὕτη δέ ἐστιν ἡ ὡς ὁδοῦ καὶ μήκους· ὅπερ δηλοῦται ἐκ τοῦ·
Ἀρχὴ ὁδοῦ ἀγαθῆς τὸ ποιεῖν τὰ δίκαια. τῆς γὰρ ἀγαθῆς ὁδοῦ Pr xvi 7
μεγίστης τυγχανούσης, κατὰ μὲν τὰ πρῶτα νοητέον εἶναι τὸ
30 πρακτικόν, ὅπερ παρίσταται διὰ τοῦ· Ποιεῖν τὰ δίκαια· κατὰ
δὲ τὰ ἑξῆς τὸ θεωρητικόν· εἰς ὃ καταλήγειν οἶμαι καὶ τὸ
τέλος αὐτῆς ἐν τῇ λεγομένῃ ἀποκαταστάσει, διὰ τὸ μηδένα
καταλείπεσθαι τότε ἐχθρόν, εἴγε ἀληθὲς τό· Δεῖ γὰρ αὐτὸν 1 Co xv 25 f.

33 post αὐτὸν] ins. ἔτι intra lin. (ut videtur)

βασιλεύειν, ἕως ἂν θῇ τοὺς ἐχθροὺς αὐτοῦ ὑπὸ τοὺς πόδας
αὐτοῦ· ἔσχατος δὲ ἐχθρὸς καταργεῖται ὁ θάνατος. τότε
γὰρ μία πρᾶξις ἔσται τῶν πρὸς θεὸν διὰ τὸν πρὸς αὐτὸν
λόγον φθασάντων, ἢ τοῦ κατανοεῖν τὸν θεόν, ἵνα γένωνται
οὕτως ἐν τῇ γνώσει τοῦ πατρὸς μορφωθέντες πάντες ἀκρι- 5

cf. Mt xi 27; βῶς υἱός, ὡς νῦν μόνος ὁ υἱὸς ἔγνωκε τὸν πατέρα· εἰ γὰρ
Lc x 22
ἐπιμελῶς τις ἐξετάζοι πότε γνώσονται, οἷς ἀποκαλύπτει ὁ
ἐγνωκὼς τὸν πατέρα υἱός, τὸν πατέρα, καὶ †βλέποι† τὸ νῦν

1 Co xiii 12 δι᾽ ἐσόπτρου καὶ ἐν αἰνίγματι τὸν βλέποντα βλέπειν,
1 Co viii 2 οὐδέπω ἐγνωκότα καθὼς δεῖ γνῶναι, οὐκ ἂν ἁμάρτοι λέγων 10
μηδένα ἐγνωκέναι, κἂν ἀπόστολος κἂν προφήτης τις ᾖ, τὸν
cf. Jo xvii 21 πατέρα, ἀλλ᾽ ὅταν γένωνται ἐν ὡς ὁ υἱὸς καὶ ὁ πατὴρ ἕν
εἰσιν. εἰ καὶ δόξει τις ἡμᾶς παρεκβεβηκέναι, ἐν σημαι-
νόμενον τῆς ἀρχῆς σαφηνίζοντας καὶ ταῦτα εἰρηκότας,
δεικτέον ὅτι ἡ παρέκβασις πρὸς τὸ προκείμενον ἀναγκαία 18
καὶ χρήσιμος ἦν. εἰ γὰρ ἀρχὴ ὡς μεταβάσεώς ἐστι καὶ
Pr xvi 7 ὁδοῦ καὶ μήκους, ἀρχὴ δὲ ὁδοῦ ἀγαθῆς τὸ ποιεῖν τὰ δίκαια,
ἔστιν εἰδέναι εἰ πᾶσα ὁδὸς ἀγαθή πως ἀρχὴν μὲν ἔχει τὸ
ποιεῖν τὰ δίκαια, μετὰ δὲ τὴν ἀρχὴν τὴν θεωρίαν, καὶ τίνα
τρόπον τὴν θεωρίαν. 20

17. Ἔστι δὲ ἀρχὴ καὶ ἡ ὡς γενέσεως, ἢ δόξαι ἂν ἐπὶ
Ge i 1 τοῦ· Ἐν ἀρχῇ ἐποίησεν ὁ θεὸς τὸν οὐρανὸν καὶ τὴν γῆν·
οἶμαι δὲ σαφέστερον ἐν τῷ Ἰὼβ τοῦτο καταγγέλλεσθαι τὸ
Job xl 14 (19) σημαινόμενον κατὰ τό· Τοῦτ᾽ ἐστιν ἀρχὴ πλάσματος, πεποι-
ημένον ἐγκαταπαίζεσθαι ὑπὸ τῶν ἀγγέλων αὐτοῦ. ὑπο- 25
λάβοι γὰρ ἄν τις τῶν ἐν γενέσει τῇ τοῦ κόσμου τυγχανόντων
ἐν ἀρχῇ πεποιῆσθαι τὸν οὐρανὸν καὶ τὴν γῆν· βέλτιον δέ,
ὡς πρὸς τὸ δεύτερον ῥητόν, πολλῶν ὄντων τῶν ἐν σώμασι
γεγενημένων, πρῶτον τῶν ἐν σώματι τὸν καλούμενον εἶναι
Job iii 8 δράκοντα, ὀνομαζόμενον δέ που καὶ μέγα κῆτος ὅπερ ἐχειρώ- 30
σατο ὁ κύριος. καὶ ἀναγκαῖον ἐπιστῆσαι εἰ ἄυλον πάντῃ
καὶ ἀσώματον ζωὴν ζώντων ἐν μακαριότητι τῶν ἁγίων, ὁ
καλούμενος δράκων ἄξιος γεγένηται, ἀποπεσὼν τῆς καθαρᾶς
ζωῆς, πρὸ πάντων ἐνδεθῆναι ὕλῃ καὶ σώματι, ἵνα διὰ τοῦτο

χρηματίζων ὁ κύριος διὰ λαίλαπος καὶ νεφῶν λέγῃ· Τοῦτ᾽ ἔ- Job xl 14 (19)
στιν ἀρχὴ πλάσματος κυρίου, πεποιημένον ἐγκαταπαίζεσθαι ὑπὸ τῶν ἀγγέλων αὐτοῦ. δυνατὸν μέντοι γε τὸν δράκοντα μὴ ἁπαξαπλῶς εἶναι ἀρχὴν πλάσματος κυρίου,
5 ἀλλὰ πολλῶν ἐν σώματι ἐγκαταπαίζεσθαι πεποιημένων ὑπὸ τῶν ἀγγέλων, τοῦτον ἀρχὴν τῶν τοιούτων εἶναι, δυναμένων τινῶν ὑπάρχειν ἐν σώματι οὐχ οὕτως· καὶ γὰρ ἡ ψυχὴ τοῦ ἡλίου ἐν σώματι, καὶ πᾶσα ἡ κτίσις, περὶ ἧς ὁ ἀπόστολός φησι· Πᾶσα ἡ κτίσις στενάζει καὶ συνωδίνει ἄχρι τοῦ νῦν. Ro viii 22, 20
10 καὶ τάχα περὶ ἐκείνης ἐστὶ τό· Τῇ ματαιότητι ἡ κτίσις ὑπετάγη οὐχ ἑκοῦσα, ἀλλὰ διὰ τὸν ὑποτάξαντα τῇ ἐλπίδι, ἵνα ἐν ματαιότητι τὰ σώματα ᾖ, καὶ τὸ ποιεῖν τὰ σωματικά, ὅπερ ἀναγκαῖόν <ἐστι> τῷ ἐν σώματι <ἐπιμένοντι, οὐχ ἑκόντι αὐτῷ ἀλλὰ διὰ τὴν ἐλπίδα> ὑπάρχῃ. ὁ ἐν σώματι οὐχ ἑκὼν
15 ποιεῖ τὰ σώματος· διὰ τοῦτο τῇ ματαιότητι ἡ κτίσις ὑπετάγη
19 οὐχ ἑκοῦσα, καὶ οὐχ ἑκὼν ποιῶν τὰ σώματος ὃ ποιεῖ ποιεῖ διὰ τὴν ἐλπίδα, ὡς εἰ λέγοιμεν Παῦλον θέλειν ἐπιμένειν τῇ cf. Phil i 23 f. σαρκὶ οὐχ ἑκόντα ἀλλὰ διὰ τὴν ἐλπίδα. προτιμῶντα γὰρ κατ᾽ αὐτὸ τὸ ἀναλῦσαι καὶ σὺν Χριστῷ εἶναι, οὐκ ἄλογον
20 ἦν βούλεσθαι ἐπιμένειν τῇ σαρκὶ διὰ τὴν ἑτέρων ὠφέλειαν καὶ προκοπὴν τὴν ἐν τοῖς ἐλπιζομένοις, οὐ μόνον αὐτοῦ ἀλλὰ καὶ τῶν ὠφελουμένων ὑπ᾽ αὐτοῦ. κατὰ τοῦτο δὲ τὸ ὡς γενέσεως σημαινόμενον τὴν ἀρχὴν καὶ τὸ ὑπὸ τῆς σοφίας ἐν παροιμίαις λεγόμενον ἐκδέξασθαι δυνησόμεθα· Ὁ θεὸς Pr viii 22
25 γάρ, φησίν, ἔκτισέ με ἀρχὴν ὁδῶν αὐτοῦ εἰς ἔργα αὐτοῦ. δύναται μέντοι γε καὶ ἐπὶ τὸ πρῶτον ἀνάγεσθαι, τουτέστι τὸ ὡς ὁδοῦ, διὰ τὸ λέγεσθαι· Ὁ θεὸς ἔκτισέ με ἀρχὴν ὁδῶν αὐτοῦ. οὐκ ἀτόπως δὲ καὶ τὸν τῶν ὅλων θεὸν ἐρεῖ τις ἀρχήν, σαφῶς προπίπτων, ὅτι ἀρχὴ υἱοῦ ὁ πατήρ, καὶ ἀρχὴ
30 δημιουργημάτων ὁ δημιουργός, καὶ ἁπαξαπλῶς ἀρχὴ τῶν ὄντων ὁ θεός. παραμυθήσεται δὲ διὰ τοῦ· Ἐν ἀρχῇ ἦν ὁ λόγος, λόγον νοῶν τὸν υἱόν, παρὰ τὸ εἶναι ἐν τῷ πατρὶ

13 post ἀναγκαῖον] lac. iv circa litt.   post σώματι] lac. xl circa litt.   Quae uncinis concluduntur, ex coniectura supplevi.

λεγόμενον εἶναι ἐν ἀρχῇ. (18) τρίτον δὲ τὸ ἐξ οὗ οἴονται ἐξ
ὑποκειμένης ὕλης, ἀρχὴ παρὰ τοῖς ἀγένητον αὐτὴν ἐπιστα-
μένοις, ἀλλ᾿ οὐ παρ᾿ ἡμῖν τοῖς πειθομένοις, ὅτι ἐξ οὐκ ὄντων
τὰ ὄντα ἐποίησεν ὁ θεός, ὡς ἡ μήτηρ τῶν ἑπτὰ μαρτύρων ἐν

cf. 2 Macc
vii 28 Μακκαβαϊκοῖς, καὶ ὁ τῆς μετανοίας ἄγγελος ἐν τῷ ποιμένι 5
Hermas Vis
i 1 6 ἐδίδαξε. (19) πρὸς τούτοις ἀρχὴ καὶ τὸ καθ᾿ οἷον κατὰ τὸ
Col i 15 εἶδος, οὕτως· εἴπερ εἰκὼν τοῦ θεοῦ τοῦ ἀοράτου ὁ πρωτότοκος
πάσης κτίσεως, ἀρχὴ αὐτοῦ ὁ πατήρ ἐστιν. ὁμοίως δὲ καὶ
Χριστὸς ἀρχὴ τῶν κατ᾿ εἰκόνα γενομένων θεοῦ. εἰ γὰρ οἱ
ἄνθρωποι κατ᾿ εἰκόνα, ἡ εἰκὼν δὲ κατὰ τὸν πατέρα, τὸ μὲν 10
καθὸ τοῦ χριστοῦ ὁ πατὴρ ἀρχή, τὸ δὲ καθὸ τῶν ἀνθρώπων
ὁ χριστὸς γενομένων οὐ κατὰ τὸ οὗ ἐστιν εἰκών, ἀλλὰ

Jo i 1 κατὰ τὴν εἰκόνα· ἁρμόσει δὲ τό· Ἐν ἀρχῇ ἦν ὁ λόγος,
εἰς τὸ αὐτὸ παράδειγμα.

18. (20) Ἔστιν ἀρχὴ καὶ ὡς μαθήσεως, καθὸ τὰ στοι- 15
χεῖα φαμὲν ἀρχὴν εἶναι γραμματικῆς. κατὰ τοῦτό φησιν ὁ
He v 12 ἀπόστολος ὅτι Ὀφείλοντες εἶναι διδάσκαλοι διὰ τὸν χρόνον,
πάλιν χρείαν ἔχετε τοῦ διδάσκειν ὑμᾶς τίνα τὰ στοιχεῖα τῆς
ἀρχῆς τῶν λογίων τοῦ θεοῦ. διττὴ δὲ ἡ ὡς μαθήσεως
ἀρχή, ἡ μὲν τῇ φύσει, ἡ δὲ ὡς πρὸς ἡμᾶς· ὡς εἰ λέγοιμεν 20
ἐπὶ Χριστοῦ, φύσει μὲν αὐτοῦ ἀρχὴ ἡ θεότης, πρὸς ἡμᾶς
δέ, μὴ ἀπὸ τοῦ μεγέθους αὐτοῦ δυναμένους ἄρξασθαι τῆς 20'
περὶ αὐτοῦ ἀληθείας, ἡ ἀνθρωπότης αὐτοῦ, καθὸ τοῖς
1 Co ii 2 νηπίοις καταγγέλλεται Ἰησοῦς Χριστός, καὶ οὗτος ἐσταυ-
ρωμένος. ὡς κατὰ τοῦτο εἰπεῖν ἀρχὴν εἶναι μαθήσεως τῇ 25
cf. 1 Co i 24 μὲν φύσει Χριστὸν καθὸ σοφία καὶ δύναμις θεοῦ, πρὸς ἡμᾶς
Jo i 14 δὲ ὁ λόγος σὰρξ ἐγένετο, ἵνα σκηνώσῃ ἐν ἡμῖν, οὕτω
μόνον πρῶτον αὐτὸν χωρῆσαι δυναμένοις. καὶ τάχα διὰ
Col i 15 τοῦτο οὐ μόνον πρωτότοκός ἐστι πάσης κτίσεως, ἀλλὰ καὶ
Ἀδὰμ ἑρμηνεύεται ἄνθρωπος. ὅτι δὲ Ἀδάμ ἐστι, φησὶν ὁ 30
1 Co xv 45 Παῦλος· Ὁ ἔσχατος Ἀδὰμ εἰς πνεῦμα ζωοποιοῦν. (21) ἔστι
δὲ ἀρχὴ καὶ ὡς ἡ πράξεως, ἐν ᾗ πράξει ἐστί τι τέλος μετὸ

6 καθ᾿ οἷον] καθ᾿ ὁποῖον pr. man. ut videtur   22 μὴ] ἡ

την αρχήν. και επίστησον ει η σοφία αρχή των πράξεων ούσα του θεού ούτω δύναται νοείσθαι αρχή.

19. (22) Τοσούτων σημαινομένων επί του παρόντος ημίν υποπεσόντων περί αρχής, ζητούμεν επί τίνος δει λαμβάνειν
5 το· Εν αρχή ην ο λόγος. και σαφές ότι ουκ επί του ως μεταβάσεως, ή ως οδού και μήκους· ουκ άδηλον δε ότι ουδέ επί του ως γενέσεως. πλην δυνατόν ως το υφ' ου, όπερ εστί ποιούν, είγε ενετείλατο ο θεός και εκτίσθησαν. δημι- Ps cxlviii 5
ουργός γάρ πως ο χριστός εστιν, ω λέγει ο πατήρ· Γενηθή- Ge i 3, 6
10 τω φως, καί· Γενηθήτω στερέωμα. δημιουργός δε ο χριστός ως αρχή, καθό σοφία εστί, τω σοφία είναι καλούμενος αρχή. η γαρ σοφία παρά τω Σαλομώντί φησιν· Ο θεός Pr viii 22
cf. Jo i 1
έκτισέ με αρχήν οδών αυτού εις έργα αυτού, ίνα εν αρχή ή ο λόγος, εν τη σοφία· κατά μεν την σύστασιν της περί
15 των όλων θεωρίας και νοημάτων της σοφίας νοουμένης, κατά δε την προς τα λογικά κοινωνίαν των τεθεωρημένων του λόγου λαμβανομένου. και ου θαυμαστόν ει, ως προειρήκαμεν, πολλά ων αγαθά ο σωτήρ ενεπινοούμενα έχει εν αυτώ πρώτα και δεύτερα και τρίτα. ο γουν Ιωάννης
20 επήνεγκε φάσκων περί του λόγου· Ο γέγονεν, εν αυτώ ζωή Jo i 4
ην· γέγονεν ουν η ζωή εν τω λόγω· και ούτε ο λόγος έτερός εστι του χριστού, ο θεός λόγος, ο προς τον πατέρα, δι' ου τα πάντα εγένετο, ούτε η ζωή ετέρα του υιού του θεού· διό φησιν· Εγώ ειμι η οδός και η αλήθεια και η ζωή. Jo xiv 6
25 ώσπερ ουν η ζωή γέγονεν εν τω λόγω, ούτως ο λόγος ην εν
21 αρχή. επίστησον δε ει οίόν τε εστι και κατά το σημαινόμενον τούτο εκδέχεσθαι ημάς το· Εν αρχή ην ο λόγος· ίνα κατά την σοφίαν και τους τύπους του συστήματος των εν αυτώ νοημάτων τα πάντα γίνηται. οίμαι γαρ, ώσπερ
30 κατά τους αρχιτεκτονικούς τύπους οικοδομείται ή τεκταίνεται οικία και ναύς, αρχήν της οικίας και της νεώς εχόντων τους εν τω τεχνίτη τύπους και λόγους, ούτω τα σύμπαντα

20 επενέγκη   24 διό] pr. man. ut videtur

γεγονέναι κατὰ τοὺς ἐν τῇ σοφίᾳ προτρανωθέντας ὑπὸ θεοῦ τῶν ἐσομένων λόγους· Πάντα γὰρ ἐν σοφίᾳ ἐποίησε. καὶ λεκτέον ὅτι κτίσας, ἵν' οὕτως εἴπω, ἔμψυχον σοφίαν ὁ θεός, αὐτῇ ἐπέτρεψεν ἀπὸ τῶν ἐν αὐτῇ τύπων τοῖς οὖσι καὶ τῇ ὕλῃ παρασχεῖν καὶ τὴν πλάσιν καὶ τὰ εἴδη, ἐγὼ δὲ ἐφίστημι εἰ καὶ τὰς οὐσίας. οὐ χαλεπὸν μὲν οὖν παχύτερον εἰπεῖν ἀρχὴν τῶν ὄντων εἶναι τὸν υἱὸν τοῦ θεοῦ, λέγοντα· Ἐγώ εἰμι ἡ ἀρχὴ καὶ τὸ τέλος, τὸ Α καὶ τὸ Ω, ὁ πρῶτος καὶ ὁ ἔσχατος· ἀναγκαῖον δὲ εἰδέναι ὅτι οὐ κατὰ πᾶν ὃ ὀνομάζεται ἀρχή ἐστιν αὐτός. πῶς γὰρ καθὸ ζωή ἐστι δύναται εἶναι ἀρχή, ἥτις ζωὴ γέγονεν ἐν τῷ λόγῳ, δηλονότι ἀρχῇ τυγχάνοντι αὐτῆς; ἔτι δὲ σαφέστερον ὅτι καθὸ πρωτότοκός ἐστιν ἐκ τῶν νεκρῶν οὐ δύναται εἶναι ἀρχή. καὶ ἐὰν ἐπιμελῶς ἐξετάζωμεν αὐτοῦ πάσας τὰς ἐπινοίας, μόνον κατὰ τὸ εἶναι σοφία ἀρχή ἐστιν, οὐδὲ κατὰ τὸ εἶναι λόγος ἀρχὴ τυγχάνων, εἴγε ὁ λόγος ἐν ἀρχῇ ἦν· ὡς εἰπεῖν ἄν τινα τεθαρρηκότως ὅτι πρεσβύτερον πάντων τῶν ἐπινοουμένων ταῖς ὀνομασίαις τοῦ πρωτοτόκου πάσης κτίσεώς ἐστιν ἡ σοφία.

20. Ὁ θεὸς μὲν οὖν πάντῃ ἕν ἐστι καὶ ἁπλοῦν· ὁ δὲ σωτὴρ ἡμῶν διὰ τὰ πολλά, ἐπεὶ προέθετο αὐτὸν ὁ θεὸς ἱλαστήριον καὶ ἀπαρχὴν πάσης τῆς κτίσεως, πολλὰ γίνεται, ἢ καὶ τάχα πάντα ταῦτα, καθὰ χρῄζει αὐτοῦ ἡ ἐλευθεροῦσθαι δυναμένη πᾶσα κτίσις. καὶ διὰ τοῦτο γίνεται φῶς τῶν ἀνθρώπων, ὅτε ἄνθρωποι ὑπὸ τῆς κακίας σκοτισθέντες δέονται φωτὸς τοῦ ἐν τῇ σκοτίᾳ φαίνοντος καὶ ὑπὸ σκοτίας μὴ καταλαμβανομένου, οὐκ ἄν, εἰ μὴ γεγόνεισαν ἐν τῷ σκότῳ οἱ ἄνθρωποι, γενόμενος ἀνθρώπων φῶς. τὸ δ' ὅμοιόν ἐστι νοῆσαι καὶ ἐπὶ τοῦ εἶναι αὐτὸν πρωτότοκον τῶν νεκρῶν. εἰ γὰρ καθ' ὑπόθεσιν ἡ γυνὴ μὴ ἠπάτητο καὶ ὁ Ἀδὰμ μὴ παραπέπτωκε, κτισθεὶς δὲ ὁ ἄνθρωπος ἐπὶ ἀφθαρσίᾳ κεκρατήκει τῆς ἀφθαρσίας, οὔτ' ἂν εἰς χοῦν θανάτου καταβεβήκει, οὔτ' ἂν ἀπέθανεν οὐκ οὔσης ἁμαρτίας, ἢ διὰ τὴν φιλανθρω-

4 τοῖς οὖσι κ.τ.λ.] Vide Introd.   17 ὅτι] om.   22 καθὰ χρῄζει] e coniect. MS. καθαρίζει

πίαν αὐτὸν ἐχρῆν ἀποθανεῖν· ταῦτα δὲ μὴ ποιήσας οὐκ ἐγίνετο πρωτότοκος ἐκ τῶν νεκρῶν. ἐξεταστέον δὲ, μήποτε καὶ ποιμὴν οὐκ ἂν ἐγίνετο, τοῦ ἀνθρώπου μὴ παρασυμβληθέντος τοῖς κτήνεσι τοῖς ἀνοήτοις μηδ᾽ ὁμοιωθέντος αὐτοῖς. εἰ γὰρ ἀνθρώπους καὶ κτήνη σώζει ὁ θεός, σώζει ἃ σώζει κτήνη ποιμένα αὐτοῖς χαρισάμενος τοῖς μὴ χωροῦσι τὸν βασιλέα. βασανιστέον οὖν συναγαγόντα τὰς ὀνομασίας τοῦ υἱοῦ, ποῖαι αὐτῶν ἐπιγεγόνασιν, οὐκ ἂν ἐν μακαριότητι ἀρξαμένων καὶ μεινάντων τῶν ἁγίων γενόμεναι τὰ τοσάδε. τάχα γὰρ σοφία ἔμενε μόνον ἢ καὶ λόγος ἢ καὶ ζωὴ, πάντως δὲ καὶ ἀλήθεια· οὐ μὴν δὲ καὶ τὰ ἄλλα ὅσα δι᾽ ἡμᾶς προσείληφε. καὶ μακάριοί γε ὅσοι δεόμενοι τοῦ υἱοῦ τοῦ θεοῦ τοιοῦτοι γεγόνασιν ὡς μηκέτι αὐτοῦ χρῄζειν ἰατροῦ τοὺς κακῶς ἔχοντας θεραπεύοντος μηδὲ ποιμένος μηδὲ ἀπολυτρώσεως, ἀλλὰ σοφίας καὶ λόγου καὶ δικαιοσύνης, ἢ εἴ τι ἄλλο τοῖς διὰ τελειότητα χωρεῖν αὐτοῦ τὰ κάλλιστα δυναμένοις. τοσαῦτα περὶ τοῦ· Ἐν ἀρχῇ.

21. (23) Ἴδωμεν δὲ ἐπιμελέστερον τίς ὁ ἐν αὐτῇ λόγος. θαυμάζειν μοι πολλάκις ἐπέρχεται σκοποῦντι τὰ ὑπό τινων πιστεύειν εἰς τὸν χριστὸν βουλομένων λεγόμενα περὶ αὐτοῦ, τί δήποτε δυσεξαριθμήτων ὀνομάτων τασσομένων ἐπὶ τοῦ σωτῆρος ἡμῶν τὰ μὲν πλεῖστα παρασιωπῶσιν, ἀλλὰ καὶ εἴ ποτε μνήμη αὐτῶν γένοιτο μεταλαμβάνουσιν οὐ κυρίως ἀλλὰ τροπικῶς ταῦτα αὐτὸν ὀνομάζεσθαι, ἐπὶ δὲ μόνης τῆς λόγος προσηγορίας ἱστάμενοι, οἱονεὶ λόγον μόνον φασὶν εἶναι τὸν Χριστὸν τοῦ θεοῦ, καὶ οὐχὶ ἀκολούθως τοῖς λοιποῖς τῶν ὀνομαζομένων ἐρευνῶσι τοῦ σημαινομένου τὴν δύναμιν ἐκ τῆς λόγος φωνῆς. ὃ δέ φημι θαυμάζειν τῶν πολλῶν, σαφέστερον γὰρ ἐρῶ, τοιοῦτόν ἐστι. φησί που ὁ υἱὸς τοῦ θεοῦ· Ἐγώ εἰμι τὸ φῶς τοῦ κόσμου· καὶ ἐν ἄλλοις· Ἐγώ εἰμι ἡ ἀνάστασις· καὶ πάλιν· Ἐγώ εἰμι ἡ ὁδὸς καὶ ἡ ἀλήθεια καὶ ἡ ζωή·

	ORIGENIS COMMENTARIORUM
Jo x 9	γέγραπται δὲ καὶ τό· Ἐγώ εἰμι ἡ θύρα· εἴρηται καὶ τό·
Jo x 11	Ἐγώ εἰμι ὁ ποιμὴν ὁ καλός· καὶ πρὸς τὴν Σαμαρεῖτιν
Jo iv 25 f.	φάσκουσαν· Οἴδαμεν ὅτι Μεσσίας ἔρχεται, ὁ λεγόμενος

Χριστός· ὅταν ἔλθῃ ἐκεῖνος ἀναγγελεῖ ἡμῖν πάντα· ἀποκρίνεται· Ἐγώ εἰμι ὁ λαλῶν σοι. πρὸς τούτοις, ὅτε ἔνιψε τοὺς πόδας τῶν μαθητῶν, κύριος καὶ διδάσκαλος αὐτῶν

Jo xiii 13   εἶναι διὰ τούτων ὁμολογεῖ· Ὑμεῖς φωνεῖτέ με Ὁ διδάσκαλος καὶ Ὁ κύριος, καὶ καλῶς λέγετε, εἰμὶ γάρ. ἀλλὰ καὶ

Jo x 36   υἱὸν εἶναι θεοῦ σαφῶς ἑαυτὸν καταγγέλλει λέγων· Ὃν ὁ πατὴρ ἡγίασε καὶ ἀπέστειλεν εἰς τὸν κόσμον ὑμεῖς λέγετε

Jo xvii 1   ὅτι Βλασφημεῖς, ὅτι εἶπον Υἱὸς τοῦ θεοῦ εἰμι; καί· Πάτερ, ἐλήλυθεν ἡ ὥρα· δόξασόν σου τὸν υἱόν, ἵνα ὁ υἱὸς δοξάσῃ σε. εὑρίσκομεν δὲ καταγγέλλοντα ἑαυτὸν καὶ βασιλέα, ὡς

Jo xviii 33, 36   ἐπὰν ἀποκρινόμενος τῷ Πιλάτῳ πρὸς τό· Σὺ εἶ ὁ βασιλεὺς τῶν Ἰουδαίων; λέγῃ· Ἡ βασιλεία ἡ ἐμὴ οὐκ ἔστιν ἐκ τοῦ κόσμου τούτου· εἰ ἐκ τοῦ κόσμου τούτου ἦν ἡ βασιλεία ἡ ἐμή, οἱ ὑπηρέται οἱ ἐμοὶ ἠγωνίζοντο ἄν, ἵνα μὴ παραδοθῶ τοῖς Ἰουδαίοις· νῦν δὲ ἡ βασιλεία ἡ ἐμὴ οὐκ ἔστιν ἐν-

Jo xv 1, 5   τεῦθεν. ἀνέγνωμεν καὶ τό· Ἐγώ εἰμι ἡ ἄμπελος ἡ ἀληθινή, καὶ ὁ πατήρ μου ὁ γεωργός ἐστι· καὶ πάλιν· Ἐγώ εἰμι ἄμπελος, ὑμεῖς τὰ κλήματα. συναριθμείσθω τούτοις καὶ

Jo vi 35, 51, 33   τό· Ἐγώ εἰμι ὁ ἄρτος τῆς ζωῆς· καὶ πάλιν· Ἐγώ εἰμι ὁ ἄρτος ὁ ζῶν, ὁ ἐκ τοῦ οὐρανοῦ καταβὰς καὶ ζωὴν διδοὺς τῷ κόσμῳ. καὶ ταῦτα μὲν ἐπὶ τοῦ παρόντος ὑποπεσόντα ἀπὸ τῶν ἐν τοῖς εὐαγγελίοις κειμένων παρεθέμεθα, τοσαῦτα αὐτὸν λέγοντος εἶναι τοῦ υἱοῦ τοῦ θεοῦ.

Ap. i 17 f.   22. Ἀλλὰ καὶ ἐν τῇ Ἰωάννου ἀποκαλύψει λέγει· Ἐγώ εἰμι ὁ πρῶτος καὶ ὁ ἔσχατος, καὶ ὁ ζῶν, καὶ ἐγενόμην νεκρός, καὶ ἰδοὺ ζῶν εἰμι εἰς τοὺς αἰῶνας τῶν αἰώνων. καὶ πάλιν·

Ap xxii 13; cf. xxi 6   Γέγονα ἐγὼ τὸ Α καὶ τὸ Ω, καὶ ὁ πρῶτος καὶ ὁ ἔσχατος, ἡ ἀρχὴ καὶ τὸ τέλος. ἔστι δὲ οὐκ ὀλίγα τὸν μετὰ παρατηρήσεως ἐντυγχάνοντα ταῖς ἁγίαις βίβλοις καὶ ἀπὸ τῶν προφη-

3 Μεσσίας] μεσίας

τῶν παραπλήσια λαβεῖν, οἷον ὅτι βέλος ἐκλεκτὸν ἑαυτὸν καλεῖ καὶ δοῦλον τοῦ θεοῦ καὶ φῶς τῶν ἐθνῶν· λέγει δὲ οὕτω Ἡσαΐας· Ἐκ κοιλίας μητρός μου ἐκάλεσέ με τὸ Is xlix 1—3 ὄνομά μου καὶ ἔθηκε τὸ στόμα μου ὡς μάχαιραν ὀξεῖαν καὶ
5 ὑπὸ τὴν σκέπην τῆς χειρὸς αὐτοῦ ἔκρυψέ με· ἔθηκέ με ὡς βέλος ἐκλεκτὸν καὶ ἐν τῇ φαρέτρᾳ αὐτοῦ ἔκρυψέ με, καὶ εἶπέ μοι Δοῦλός μου εἶ σὺ Ἰσραὴλ καὶ ἐν σοὶ δοξασθήσομαι. καὶ μετ᾽ ὀλίγα· Καὶ ὁ θεός μου ἔσται μοι ἰσχύς. Is xlix 5 f. καὶ εἶπέ μοι Μέγα σοί ἐστι τοῦτο κληθῆναί σε παῖδά
10 μου, τοῦ στῆσαι τὰς φυλὰς Ἰακὼβ καὶ τὴν διασπορὰν τοῦ Ἰσραὴλ ἐπιστρέψαι; ἰδοὺ τέθεικά σε εἰς φῶς ἐθνῶν, τοῦ εἶναί σε εἰς σωτηρίαν ἕως ἐσχάτου τῆς γῆς. ἀλλὰ καὶ ἐν τῷ Ἰερεμίᾳ οὕτως αὐτὸν ἀρνίῳ ὁμοιοῖ· Ἐγὼ ὡς Jer xi 19 ἀρνίον ἄκακον ἀγόμενον τοῦ θύεσθαι. ταῦτα μὲν οὖν καὶ
24 τὰ τούτοις παραπλήσια αὐτὸς ἑαυτόν φησιν· ἔστι δὲ καὶ παρὰ τοῖς εὐαγγελίοις καὶ παρὰ τοῖς ἀποστόλοις καὶ διὰ τῶν προφητῶν μυρίας ὅσας προσηγορίας συναγαγεῖν ἃς καλεῖται ὁ υἱὸς τοῦ θεοῦ, ἤτοι τῶν τὰ εὐαγγέλια γραψάντων τὴν ἰδίαν διάνοιαν τῶν περὶ τοῦ ὅ τί ποτέ ἐστιν ἐκτιθεμένων,
20 ἢ τῶν ἀποστόλων ἐξ ὧν μεμαθήκασι δοξολογούντων αὐτὸν, καὶ τῶν προφητῶν προκηρυσσόντων αὐτοῦ τὴν ἐσομένην ἐπιδημίαν καὶ τὰ περὶ αὐτοῦ ἀπαγγελλόντων διαφόροις ὀνόμασιν. οἷον ὁ Ἰωάννης αὐτὸν ἀμνὸν θεοῦ ἀναγορεύει λέγων· Ἴδε ὁ ἀμνὸς τοῦ θεοῦ, ὁ αἴρων τὴν ἁμαρτίαν τοῦ Jo i 29—31
25 κόσμου· καὶ ἄνδρα διὰ τούτων· Οὗτός ἐστιν ὑπὲρ οὗ ἐγὼ εἶπον ὅτι ὀπίσω μου ἔρχεται ἀνὴρ ὃς ἔμπροσθέν μου γέγονεν, ὅτι πρῶτός μου ἦν· κἀγὼ οὐκ ᾔδειν αὐτόν. ἐν δὲ τῇ καθολικῇ ἐπιστολῇ ὁ Ἰωάννης παράκλητον περὶ τῶν ψυχῶν ἡμῶν πρὸς τὸν πατέρα φησὶν αὐτὸν εἶναι, λέγων· Καὶ ἐάν τις 1 Jo ii 1 f.
30 ἁμάρτῃ, παράκλητον ἔχομεν πρὸς τὸν πατέρα, Ἰησοῦν Χριστὸν δίκαιον. ἐπιφέρει δὲ ὅτι καὶ ἱλασμός ἐστι περὶ τῶν ἁμαρτιῶν ἡμῶν· ᾧ παραπλησίως ὁ Παῦλος λέγει αὐτὸν

12 εἰσωτηρίαν

ORIGENIS COMMENTARIORUM

Ro iii 25 f.

εἶναι ἱλαστήριον, φάσκων· Ὃν προέθετο ὁ θεὸς ἱλαστήριον διὰ πίστεως ἐν τῷ αἵματι αὐτοῦ, διὰ τὴν πάρεσιν τῶν προγεγονότων ἁμαρτημάτων ἐν τῇ ἀνοχῇ τοῦ θεοῦ. κεκήρυκται δὲ κατὰ τὸν Παῦλον σοφία εἶναι καὶ δύναμις θεοῦ,

1 Co i 24, 30

ὡς ἐν τῇ πρὸς Κορινθίους, ὅτι Χριστὸς δύναμίς ἐστι καὶ θεοῦ σοφία· πρὸς τούτοις, ὅτι καὶ ἁγιασμός ἐστι καὶ ἀπολύτρωσις· Ὃς ἐγενήθη γὰρ, φησὶ, σοφία ἡμῖν ἀπὸ θεοῦ, δικαιοσύνη τε καὶ ἁγιασμὸς καὶ ἀπολύτρωσις. ἀλλὰ καὶ ἀρχιερέα μέγαν διδάσκει ἡμᾶς αὐτὸν τυγχάνειν, πρὸς Ἑβραίους γράφων· Ἔχοντες οὖν ἀρχιερέα μέγαν, διεληλυθότα τοὺς οὐρανοὺς, Ἰησοῦν τὸν υἱὸν τοῦ θεοῦ, κρατῶμεν τῆς ὁμολογίας.

He iv 14

23. Οἱ δὲ προφῆται παρὰ ταῦτα καὶ ἑτέροις ὀνόμασιν αὐτὸν καλοῦσιν· ὁ μὲν Ἰακὼβ ἐν τῇ πρὸς τοὺς υἱοὺς

Ge xlix 8 f.

εὐλογίᾳ, Ἰούδαν, τὸ γάρ· Ἰούδα, σὲ αἰνέσαισαν οἱ ἀδελφοί σου· αἱ χεῖρές σου ἐπὶ νώτου τῶν ἐχθρῶν σου. σκύμνος λέοντος Ἰούδα· ἐκ βλαστοῦ, υἱέ μου, ἀνέβης· ἀναπεσὼν ἐκοιμήθης ὡς λέων, καὶ ὡς σκύμνος, τίς ἐγερεῖ αὐτόν; οὐ κατὰ τὸν ἐνεστηκότα δὲ καιρόν ἐστι πρὸς λέξιν παραστῆσαι πῶς τὰ τῷ Ἰούδᾳ λεγόμενα περὶ Χριστοῦ ἐστιν. ἀλλὰ καὶ

Ge xlix 10

ἀνθυποφορὰ εὐλόγως ἐπενεχθῆναι δυναμένη· Οὐκ ἐκλείψει ἄρχων ἐξ Ἰούδα, καὶ ἡγούμενος ἐκ τῶν μηρῶν αὐτοῦ· ἐν ἄλλοις εὐκαιρότερον λυθήσεται. οἶδε δὲ τὸν χριστὸν Ἰακὼβ

Is xlii 1—4; cf. Mt xii 18--21

καὶ Ἰσραὴλ ὀνομαζόμενον Ἡσαΐας λέγων· Ἰακὼβ ὁ παῖς μου, ἀντιλήψομαι αὐτοῦ· Ἰσραὴλ ὁ ἐκλεκτός μου, προσεδέξατο αὐτὸν ἡ ψυχή μου· κρίσιν τοῖς ἔθνεσιν ἀπαγγελεῖ. οὐκ ἐρίσει οὐδὲ κράξει οὐδὲ ἀκούσει τις ἐν ταῖς πλατείαις τὴν φωνὴν αὐτοῦ· κάλαμον συντετριμμένον οὐ κατεάξει καὶ λίνον τυφόμενον οὐ σβέσει, ἕως ἂν ἐκβάλῃ ἐκ νίκους τὴν κρίσιν, καὶ τῷ ὀνόματι αὐτοῦ ἔθνη ἐλπιοῦσιν. ὅτι γὰρ ὁ χριστός ἐστι, περὶ οὗ ταῦτα προφητεύεται, σαφῶς ὁ Ματθαῖος δηλοῖ ἐν τῷ εὐαγγελίῳ, μνησθεὶς ἀπὸ μέρους τῆς

Mt xii 17

περικοπῆς, εἰπών· Ἵνα πληρωθῇ τὸ εἰρημένον Οὐκ ἐρίσει οὐδὲ κράξει, καὶ τὰ ἑξῆς. καλεῖται δὲ καὶ Δαβὶδ ὁ χριστὸς,

ὡς ἐπὰν Ἰεζεκιὴλ προφητεύσας πρὸς τοὺς ποιμένας ἐπιφέρῃ
ἐκ προσώπου θεοῦ· Ἀναστήσω Δαβὶδ τὸν παῖδά μου, ὃς Ez xxxiv 23
ποιμανεῖ αὐτούς· οὐ γὰρ Δαβὶδ ὁ πατριάρχης ἀναστήσεται
ποιμαίνειν μέλλων τοὺς ἁγίους ἀλλὰ Χριστός. ἔτι δὲ ὁ
5 Ἡσαΐας ῥάβδον καὶ ἄνθος ὀνομάζει τὸν χριστὸν ἐν τῷ·
Ἐξελεύσεται ῥάβδος ἐκ τῆς ῥίζης Ἰεσσαὶ καὶ ἄνθος ἐκ τῆς Is xi 1—3
ῥίζης ἀναβήσεται, καὶ ἐπαναπαύσεται ἐπ᾿ αὐτὸν πνεῦμα τοῦ
θεοῦ, πνεῦμα σοφίας καὶ συνέσεως, πνεῦμα βουλῆς καὶ
ἰσχύος, πνεῦμα γνώσεως καὶ εὐσεβείας, καὶ ἐμπλήσει αὐτὸν
10 πνεῦμα φόβου θεοῦ. καὶ λίθος δὲ ἐν τοῖς ψαλμοῖς ὁ κύριος
ἡμῶν εἶναι λέγεται οὕτως· Λίθον ὃν ἀπεδοκίμασαν οἱ Ps cxvii (cxviii) 22 f.
οἰκοδομοῦντες, οὗτος ἐγενήθη εἰς κεφαλὴν γωνίας· παρὰ
κυρίου ἐγένετο αὕτη, καὶ ἔστι θαυμαστὴ ἐν ὀφθαλμοῖς ἡμῶν.
δηλοῖ δὲ τὸ εὐαγγέλιον, καὶ ἐν ταῖς Πράξεσιν ὁ Λουκᾶς, οὐκ
15 ἄλλον ἢ τὸν χριστὸν εἶναι τὸν λίθον· τὸ μὲν εὐαγγέλιον
οὕτως· Οὐδέποτε ἀνέγνωτε Λίθος ὃν ἀπεδοκίμασαν οἱ οἰκο- Lc xx 17 f. cf. Mt xxi 42.
δομοῦντες, οὗτος ἐγενήθη εἰς κεφαλὴν γωνίας; πᾶς ὁ πεσὼν 44
ἐπὶ τὸν λίθον τοῦτον συνθλασθήσεται· ἐφ᾿ ὃν δ᾿ ἂν πέσῃ,
λικμήσει αὐτόν· ἐν δὲ ταῖς Πράξεσιν ὁ Λουκᾶς γράφει·
20 Οὗτός ἐστιν ὁ λίθος ὁ ἐξουδενωθεὶς ὑφ᾿ ὑμῶν τῶν οἰκοδόμων, Act iv 11
ὁ γενόμενος εἰς κεφαλὴν γωνίας. ἐν δὲ τῶν ἐπὶ τοῦ σωτῆρος
τεταγμένων ὀνομάτων, ἀλλ᾿ οὐχ ὑπ᾿ αὐτοῦ λεγόμενον ὑπὸ
δὲ τοῦ Ἰωάννου ἀναγεγραμμένον, ἐστὶ καί· Ὁ ἐν ἀρχῇ cf. Jo i 1 f.
λόγος πρὸς τὸν θεὸν θεὸς λόγος.
25 24. Καὶ ἔστιν ἄξιον ἐπιστῆσαι τοῖς τὰ τοσαῦτα τῶν
ὀνομαζομένων παραπεμπομένοις καὶ τούτῳ ὡς ἐξαιρέτῳ
χρωμένοις, καὶ πάλιν ἐπ᾿ ἐκείνοις μὲν διήγησιν ζητοῦσιν, εἴ
τις αὐτοῖς προσάγοι αὐτά, ἐπὶ δὲ τούτῳ ὡς σαφὲς προσιεμέ-
νοις τὸ τί ποτέ ἐστιν ὁ υἱὸς τοῦ θεοῦ λόγος ὀνομαζόμενος,
30 καὶ μάλιστα ἐπεὶ συνεχῶς χρῶνται τῷ· Ἐξηρεύξατο ἡ Ps xliv (xlv) 2
καρδία μου λόγον ἀγαθόν· οἰόμενοι προφορὰν πατρικὴν
26 οἱονεὶ ἐν συλλαβαῖς κειμένην εἶναι τὸν υἱὸν τοῦ θεοῦ, καὶ

27 ἐπ᾽ ἐκείνοις] sup. ras.

κατὰ τοῦτο ὑπόστασιν αὐτῷ, εἰ ἀκριβῶς αὐτῶν πυνθανοίμεθα, οὐ διδόασιν, οὐδὲ οὐσίαν αὐτοῦ σαφηνίζουσιν, οὐδέπω φαμὲν τοιάνδε, ἀλλ᾽ ὅπως ποτὲ οὐσίαν. λόγον γὰρ ἀπαγγελλόμενον υἱὸν εἶναι νοῆσαι καὶ τῷ τυχόντι ἐστὶν ἀμήχανον. καὶ λόγον τοιοῦτον καθ᾽ αὑτὸν ζῶντα, καὶ ἤτοι οὐ κεχωρισμένον τοῦ πατρὸς, καὶ κατὰ τοῦτο τῷ μὴ ὑφεστάναι οὐδὲ υἱὸν τυγχάνοντα, ἢ καὶ κεχωρισμένον καὶ οὐσιωμένον ἀπαγγελλέτωσαν ἡμῖν θεὸν λόγον. λεκτέον οὖν ὅτι ὥσπερ καθ᾽ ἕκαστον τῶν προειρημένων ὀνομάτων ἀπὸ τῆς ὀνομασίας ἀναπτυκτέον τὴν ἔννοιαν τοῦ ὀνομαζομένου, καὶ ἐφαρμοστέον μετὰ ἀποδείξεως πῶς ὁ υἱὸς τοῦ θεοῦ τοῦτο τὸ ὄνομα εἶναι λέγεται, οὕτως καὶ ἐπὶ τοῦ λόγον αὐτὸν ὀνομάζεσθαι ποιητέον. τίς γὰρ ἡ ἀποκλήρωσις ἐφ᾽ ἑνὸς μὲν ἑκάστου μὴ ἵστασθαι ἐπὶ τῆς λέξεως, ἀλλὰ φέρε εἰπεῖν ζητεῖν πῶς αὐτὸν ἐκδεκτέον θύραν καὶ τίνα τρόπον ἄμπελον τίνα τε αἰτίαν ὁδόν, ἐπὶ δὲ μόνου τοῦ λόγον αὐτὸν ἀναγεγράφθαι τὸ παραπλήσιον οὐ ποιητέον; ἵνα τοίνυν μᾶλλον δυσωπητικώτερον παραδεξώμεθα τὰ λεχθησόμενα εἰς τὰ περὶ τοῦ πῶς λόγος ἐστὶν ὁ υἱὸς τοῦ θεοῦ, ἀρκτέον ἀπὸ τῶν ἐξ ἀρχῆς ἡμῖν προτεθέντων ὀνομάτων αὐτοῦ. καὶ ὅτι μὲν δόξει τισὶ σφόδρα παρεκβατικὸν εἶναι τὸ τοιοῦτον οὐκ ἀγνοοῦμεν· πλὴν ἐπιστήσαντι καὶ πρὸς τὸ προκείμενον χρήσιμον ἔσται τὸ βασανίσαι τὰς ἐννοίας καθ᾽ ὧν τὰ ὀνόματα κεῖται, καὶ προόδου τῶν ἐπιφερομένων ὑπάρξει ἡ κατανόησις τῶν πραγμάτων. ἅπαξ δὲ εἰς τὴν περὶ τοῦ σωτῆρος θεολογίαν ἐμπεσόντες, ἀναγκαίως ὅση δύναμις τὰ περὶ αὐτοῦ μετὰ ἐρεύνης εὑρίσκοντες πληρέστερον αὐτὸν οὐ μόνον ᾗ λόγος ἐστὶ νοήσομεν ἀλλὰ καὶ τὰ λοιπά.

cf. Jo viii 12;
ix 5

25. (24) Ἔλεγεν οὖν ἑαυτὸν εἶναι φῶς τοῦ κόσμου· καὶ τὰ παρακείμενα ταύτῃ τῇ ὀνομασίᾳ συνεξεταστέον, δόξαντα ἄν τισιν οὐχὶ παρακείμενα μόνον ἀλλὰ καὶ τὰ αὐτὰ τυγχά-

2 σαφηνίζουσαν   3 τοιάνδε] ἢ τοιάνδε τοιόνδε (sic)   14 ζητεῖν] βητεῖν   26 ὅση] ὡς ἡ

νειν. ἔστι δὲ τὸ φῶς τῶν ἀνθρώπων, καὶ τὸ φῶς τὸ ἀληθινὸν, καὶ φῶς ἐθνῶν· φῶς μὲν ἀνθρώπων ἐν τῇ τοῦ προκειμένου εὐαγγελίου ἀρχῇ· Ὃ γέγονε γάρ, φησὶν, ἐν αὐτῷ Jo i 4 f. ζωὴ ἦν, καὶ ἡ ζωὴ ἦν τὸ φῶς τῶν ἀνθρώπων· καὶ τὸ φῶς ἐν
5 τῇ σκοτίᾳ φαίνει, καὶ ἡ σκοτία αὐτὸ οὐ κατέλαβε· φῶς δὲ
27 ἀληθινὸν ἐν τοῖς ἑξῆς τῆς αὐτῆς γραφῆς ἐπιγέγραπται·
Ἦν τὸ φῶς ἀληθινὸν ὃ φωτίζει πάντα ἄνθρωπον ἐρχόμενον εἰς τὸν κόσμον. φῶς δὲ ἐθνῶν ἐν τῷ Ἡσαΐᾳ, ὡς προείπομεν παρατιθέμενοι τό· Ἰδοὺ τέθεικά σε εἰς φῶς ἐθνῶν, τοῦ εἶναί Is xlix 6
10 σε εἰς σωτηρίαν ἕως ἐσχάτου τῆς γῆς. φῶς δὲ κόσμου αἰσθητὸν ὁ ἥλιός ἐστι, καὶ μετὰ τοῦτον οὐκ ἀπᾳδόντως ἡ σελήνη καὶ οἱ ἀστέρες τῷ αὐτῷ ὀνόματι προσαγορευθήσονται. ἀλλὰ φῶς μὲν αἰσθητὸν τυγχάνοντες οἱ γεγονέναι παρὰ Μωσεῖ λεγόμενοι τῇ δ' ἡμέρᾳ, καθὸ φωτίζουσι τὰ ἐπὶ γῆς,
15 οὐκ εἰσὶ φῶς ἀληθινόν· ὁ δὲ σωτὴρ ἐλλάμπων τοῖς λογικοῖς καὶ ἡγεμονικοῖς, ἵνα αὐτῶν ὁ νοῦς τὰ ἴδια ὁρατὰ βλέπῃ, τοῦ νοητοῦ κόσμου ἐστὶ φῶς, λέγω δὲ τῶν λογικῶν ψυχῶν τῶν ἐν τῷ αἰσθητικῷ κόσμῳ, καὶ εἴ τι παρὰ ταῦτα συμπληροῖ τὸν κόσμον, ἀφ' οὗ ὁ σωτὴρ εἶναι ἡμᾶς διδάσκει, τάχα
20 μέρος αὐτοῦ τὸ κυριώτατον καὶ διαφέρον τυγχάνων καὶ, ὡς ἔστιν εἰπεῖν, ἥλιος ἡμέρας μεγάλης κυρίου ποιητής. δι' ἣν cf. Ap xvi 14; vi 17: ἡμέραν φησὶ τοῖς τοῦ φωτὸς αὐτοῦ μεταλαμβάνουσιν· Joel ii 11 Zeph i 14
Ἐργάζεσθε ἕως ἡμέρα ἐστίν· ἔρχεται νὺξ ὅτε οὐκέτι οὐδεὶς Jo ix 4 f. δύναται ἐργάζεσθαι. ὅταν ἐν τῷ κόσμῳ ὦ, φῶς εἰμι τοῦ
25 κόσμου. ἐπεὶ δὲ καὶ τοῖς μαθηταῖς φησιν· Ὑμεῖς ἐστε τὸ Mt v 14, 16 φῶς τοῦ κόσμου· καί· Λαμψάτω τὸ φῶς ὑμῶν ἔμπροσθεν τῶν ἀνθρώπων· τὸ δ' ἀνάλογον σελήνῃ καὶ ἄστροις ὑπολαμβάνομεν εἶναι περὶ τὴν νύμφην ἐκκλησίαν καὶ τοὺς μαθητάς, ἔχοντας οἰκεῖον φῶς ἢ ἀπὸ τοῦ ἀληθινοῦ ἡλίου ἐπίκτητον,
30 ἵνα φωτίσωσι μὴ δεδυνημένους πηγὴν ἐν αὑτοῖς κατασκευάσαι φωτός· οἷον Παῦλον μὲν καὶ Πέτρον φῶς ἐροῦμεν τοῦ κόσμου, τοὺς δὲ τυχόντας τῶν παρ' αὐτοῖς μαθητευομένων,

13 παρά] περί

φωτιζομένους μὲν, οὐ μὴν φωτίζειν ἑτέρους δυναμένους, τὸν κόσμον, οὗ κόσμου φῶς οἱ ἀπόστολοι ἦσαν. ὁ δὲ σωτὴρ, φῶς ὢν τοῦ κόσμου, φωτίζει οὐ σώματα ἀλλὰ ἀσωμάτῳ δυνάμει τὸν ἀσώματον νοῦν, ἵνα ὡς ὑπὸ ἡλίου ἕκαστος ἡμῶν φωτιζόμενος καὶ τὰ ἄλλα δυνηθῇ βλέπειν νοητά. ὥσπερ δὲ ἡλίου φωτίζοντος ἀμαυροῦται τὸ δύνασθαι φωτίζειν σελήνην καὶ ἀστέρας, οὕτως οἱ ἐλλαμπόμενοι ὑπὸ Χριστοῦ καὶ τὰς αὐγὰς αὐτοῦ κεχωρηκότες οὐδέν τινων διακονουμένων ἀποστόλων καὶ προφητῶν δέονται, τολμητέον γὰρ λέγειν τὴν ἀλήθειαν, οὐδὲ ἀγγέλων, προσθήσω δὲ ὅτι οὐδὲ τῶν κρειττόνων δυνάμεων, αὐτῷ τῷ πρωτογεννήτῳ μαθητευόμενοι φωτί. τοῖς δὲ μὴ χωροῦσι τὰς ἡλιακὰς Χριστοῦ ἀκτῖνας οἱ ἅγιοι διακονοῦντες παρέχουσι φωτισμὸν πολλῷ τοῦ προειρημένου ἐλάττονα, μόγις καὶ τοῦτον χωρεῖν δυναμένοις καὶ ὑπ᾽ αὐτοῦ πληρουμένοις.

26. Ἔστι δὲ ὁ χριστὸς, φῶς τυγχάνων κόσμου, φῶς ἀληθινὸν πρὸς ἀντιδιαστολὴν αἰσθητοῦ, οὐδενὸς αἰσθητοῦ ὄντος ἀληθινοῦ. ἀλλ᾽ οὐχὶ ἐπεὶ οὐκ ἀληθινὸν τὸ αἰσθητὸν ψεῦδος τὸ αἰσθητόν· δύναται γὰρ ἀναλογίαν ἔχειν τὸ αἰσθητὸν πρὸς τὸ νοητόν, οὐ μὴν τὸ ψεῦδος ὑγιῶς παντὸς κατηγορεῖσθαι τοῦ οὐκ ἀληθινοῦ. ζητῶ δὲ εἰ ταυτόν ἐστι τὸ φῶς τοῦ κόσμου τῷ φωτὶ τῶν ἀνθρώπων, καὶ ἡγοῦμαι πλείονα δύναμιν παρίστασθαι τοῦ φωτὸς ὅτε φῶς τοῦ κόσμου προσαγορεύεται ἤπερ φῶς τῶν ἀνθρώπων· ὁ γὰρ κόσμος κατὰ μίαν ἐκδοχὴν οὐ μόνον ἄνθρωποι. καὶ παραστήσει τὸ πλεῖον ἢ ἕτερον εἶναι τὸν κόσμον παρὰ τοὺς ἀνθρώπους ὁ Παῦλος πρὸς Κορινθίους προτέρᾳ λέγων·

1 Co iv 9 — Θέατρον ἐγενήθημεν τῷ κόσμῳ καὶ ἀγγέλοις καὶ ἀνθρώποις. ἐπίστησον δὲ εἰ κατὰ μίαν ἐκδοχὴν κόσμος ἐστὶν ἡ
cf. Ro viii 21, 19 — ἐλευθερουμένη κτίσις ἀπὸ τῆς δουλείας τῆς φθορᾶς εἰς τὴν ἐλευθερίαν τῆς δόξης τῶν τέκνων τοῦ θεοῦ, ἧς ἡ ἀποκαραδοκία τὴν ἀποκάλυψιν τῶν υἱῶν τοῦ θεοῦ ἀπεκδέχεται.

20 πάντως

Ἐπίστησον δὲ προσεθήκαμεν διὰ τὸ παρακεῖσθαι τὸ δυνάμενον τῷ· Ἐγὼ φῶς εἰμι τοῦ κόσμου· συνεξετάζεσθαι τὸ Jo viii 12
ἐπὶ τῶν μαθητῶν ὑπὸ Ἰησοῦ λεγόμενον· Ὑμεῖς ἐστε τὸ Mt v 14
φῶς τοῦ κόσμου. εἰσὶ γὰρ οἱ ὑπολαμβάνοντες μείζονας
5 εἶναι τοὺς ἀνθρώπους τοὺς τῷ Ἰησοῦ γνησίως μεμαθητευμένους τῶν ἄλλων κτισμάτων, οἱ μὲν φύσει τοιούτους γεγενημένους, οἱ δὲ καὶ ἐν λόγῳ τῷ κατὰ τὸν χαλεπώτερον
ἀγῶνα. πλείους γὰρ οἱ πόνοι καὶ ἐπισφαλὴς ἡ ζωὴ τῶν ἐν
σαρκὶ καὶ αἵματι παρὰ τοὺς ἐν αἰθερίῳ σώματι, οὐκ ἂν τῶν
10 ἐν οὐρανῷ φωστήρων ἐν τῷ ἀναλαβεῖν τὰ γήϊνα σώματα
ἀκινδύνως καὶ πάντως ἀναμαρτήτως διανυσάντων τὴν ἐνταῦθα
ζωήν· οἱ δὲ τῷ λόγῳ τούτῳ παριστάμενοι τὰ μέγιστα περὶ
ἀνθρώπων ἀποφαινομέναις χρήσονται λέξεσι τῶν γραφῶν
τὸ ἀνυπέρθετον τῆς ἐπαγγελίας ὅτι τὸν ἄνθρωπον φθάνει
15 φασκούσαις, οὐ μὴν ταὐτὸν τοῦτο καὶ περὶ τῆς κτίσεως
ἤ, ὡς ἐδεξάμεθα, κόσμου ἀπαγγελλούσαις. τὸ γάρ· Ὡς Jo xvii 21
ἐγὼ καὶ σὺ ἕν ἐσμεν, ἵνα καὶ αὐτοὶ ἐν ἡμῖν ἓν ὦσι· καί·
29 Ὅπου εἰμὶ ἐγὼ ἐκεῖ καὶ ὁ διάκονος ὁ ἐμὸς ἔσται, σαφῶς Jo xii 26
περὶ ἀνθρώπων ἀναγέγραπται· περὶ δὲ τῆς κτίσεως, ὅτι
20 ἐλευθεροῦται ἀπὸ τῆς δουλείας τῆς φθορᾶς εἰς τὴν ἐλευθε- cf. Ro viii 21
ρίαν τῆς δόξης τῶν τέκνων τοῦ θεοῦ· καὶ προσθήσουσιν ὅτι
οὐχί, εἰ ἐλευθεροῦται, ἤδη καὶ κοινωνεῖ τῆς δόξης τῶν τέκνων
τοῦ θεοῦ. οὐκ ἀποσιωπήσουσι δὲ οὗτοι καὶ τὸ τὸν πρω- cf. Col i 15
τότοκον πάσης κτίσεως διὰ τὴν πρὸς τὸν ἄνθρωπον ὑπὲρ
25 πάντα τιμὴν ἄνθρωπον μὲν γεγονέναι, οὐ μὴν ζῷόν τι τῶν ἐν
οὐρανῷ· ἀλλὰ καὶ δεύτερον καὶ διάκονον καὶ δοῦλον τῆς
γνώσεως Ἰησοῦ τὸν ἐν τῇ ἀνατολῇ φανέντα ἀστέρα δεδη- cf. Mt ii 2
μιουργῆσθαι, ἤτοι ὅμοιον ὄντα τοῖς λοιποῖς ἄστροις, ἢ τάχα
καὶ κρείττονα, ἅτε τοῦ πάντων διαφέροντος γενόμενον
30 σημεῖον. καὶ εἰ τὰ καυχήματα τῶν ἁγίων ἐστὶν ἐν θλίψεσιν, εἰδότων ὅτι Ἡ θλῖψις ὑπομονὴν κατεργάζεται, ἡ δὲ Ro v 3 ff
ὑπομονὴ δοκιμήν, ἡ δὲ δοκιμὴ ἐλπίδα, ἡ δὲ ἐλπὶς οὐ καται-

2 τῷ] τὸ   τὸ] om.

σχύνει, οὔτε ὑπομονὴν οὔτε δοκιμὴν οὔτε ἐλπίδα ἕξει ἡ μὴ
τεθλιμμένη κτίσις τὴν ἴσην ἀλλὰ ἑτέραν, ἐπεί· Τῇ ματαιό-
τητι ἡ κτίσις ὑπετάγη, οὐχ ἑκοῦσα ἀλλὰ διὰ τὸν ὑποτά-
ξαντα, ἐπ' ἐλπίδι. ὁ δὲ μὴ τολμῶν τὰ τηλικαῦτα τῷ
ἀνθρώπῳ κατακεχαρίσθαι, ὁμόσε χωρήσας τῷ προβλήματι,
φήσει τῇ ματαιότητι τὴν κτίσιν ὑποτασσομένην θλίβεσθαι,
μᾶλλον στενάζουσαν ἢ οἱ ὄντες ἐν τῷ σκήνει στενάζουσιν,
ἅτε καὶ πλεῖστον ὅσον χρόνον καὶ πολλαπλασίονα τοῦ
ἀνθρωπίνου ἀγῶνος τῇ ματαιότητι δουλεύουσαν. διὰ τί γὰρ
οὐχ ἑκοῦσα τοῦτο ποιεῖ, ἢ ὅτι παρὰ φύσιν ἐστὶν αὐτῇ τῇ
ματαιότητι ὑποτετάχθαι, καὶ μὴ τὴν προηγουμένην ἔχειν
τῆς ζωῆς κατάστασιν, ἣν ἀπολήψεται ἐλευθερουμένη ἐν τῇ
τοῦ κόσμου φθορᾷ καὶ τῆς τῶν σωμάτων ματαιότητος ἀπο-
λυομένη; ἀλλ' ἐπεὶ πλείονα καὶ οὐ κατὰ τὸ προκείμενον
πρόβλημα δοκοῦμεν εἰρηκέναι, ἐπανελευσόμεθα ἐπὶ τὸ ἐξ
ἀρχῆς, ὑπομιμνήσκοντες διὰ τί φῶς τοῦ κόσμου ὁ σωτὴρ
λέγεται καὶ φῶς ἀληθινὸν καὶ φῶς τῶν ἀνθρώπων. ἀποδέ-
δοται μὲν γὰρ ὅτι διὰ τὸ φῶς τοῦ κόσμου τὸ αἰσθητὸν
λέγεται φῶς ἀληθινόν, καὶ ὅτι ἤτοι ταὐτόν ἐστι τὸ φῶς τοῦ
κόσμου τῷ φωτὶ τῶν ἀνθρώπων ἢ ἐπιδέχεται ἐξέτασιν ὡς οὐ
ταὐτόν. ἀναγκαίως δὲ διὰ τοὺς μηδὲν ἐξειληφότας ἐκ τοῦ
λόγου εἶναι τὸν σωτῆρα ταῦτα ἡρεύνηται ἵνα πειθώμεθα μὴ
κατὰ ἀποκλήρωσιν ἵστασθαι μὲν ἐπὶ τῆς λόγος ἐννοίας καὶ
προσηγορίας χωρὶς μεταλήψεως τῆς δυναμένης μεταλαμβά-
νεσθαι, ἀνάγειν δὲ καὶ ἀλληγορεῖν τὴν φῶς τοῦ κόσμου
φωνὴν καὶ τὰ λοιπὰ τῶν πολλῶν ἃ παρεθέμεθα.

27. (25) Ὥσπερ δὲ παρὰ τὸ φωτίζειν καὶ καταλάμπειν
τὰ ἡγεμονικὰ τῶν ἀνθρώπων, ἢ ἁπαξαπλῶς τῶν λογικῶν, φῶς

---

5 καταχαρίσθαι   ὁμόσε]..οσε   προβλήματι] προ'λήματι.
Cod. Venetus habet θελήματι, Cod. Regius προσλήματι. Equidem
Lommatzschii coniecturae προσλήμματι ita assentiri velim, ut Ori-
genem pro usitatiore προσλήψει (assumptioni, *minor premiss*) hoc
scripsisse crediderim. Potius vero legendum προβλήματι   7 στε-
νάξασαν (ut videtur)   24 προσηγορίας] προσήκοι τῷ, vid.
Lomm. p. 57

ἐστιν ἀνθρώπων καὶ φῶς ἀληθινὸν καὶ φῶς τοῦ κόσμου, cf. Jo i 9; viii 12; ix 5
οὕτως ἐκ τοῦ ἐνεργεῖσθαι τὴν ἀπόθεσιν πάσης νεκρότητος
καὶ ἐμφύεσθαι τὴν κυρίως καλουμένην ζωὴν, ἐκ νεκρῶν
ἀνισταμένων τῶν αὐτὸν γνησίως κεχωρηκότων, καλεῖται ἡ
5 ἀνάστασις. τοῦτο δὲ οὐ μόνον ἐπὶ τοῦ παρόντος ἐνεργεῖ cf. Jo xi 25
τοῖς δυναμένοις λέγειν· Συνετάφημεν τῷ χριστῷ διὰ τοῦ Ro vi 4
βαπτίσματος καὶ συνανέστημεν αὐτῷ· ἀλλὰ πολλῷ μᾶλλον
ὅτε ἄκρως πᾶσάν τις ἀποθέμενος νεκρότητα κατὰ τὴν αὐτοῦ
τοῦ υἱοῦ καινότητα ζωῆς περιπατεῖ· τὴν γὰρ νέκρωσιν τοῦ 2 Co iv 10
10 Ἰησοῦ ἐν τῷ σώματι πάντοτε ἐνταῦθα περιφέρομεν, ὅτε
ἀξιολόγως ὠφελήμεθα, ἵνα ἡ ζωὴ τοῦ Ἰησοῦ ἐν τοῖς σώμα-
σιν ἡμῶν φανερωθῇ. (26) ἀλλὰ καὶ ἡ ἐν σοφίᾳ πορεία, καὶ
πρακτικὴ τῶν σωζομένων ἐν αὐτῷ γινομένη κατὰ τὰς περὶ
ἀληθείας ἐν λόγῳ θείῳ διεξόδους καὶ πράξεις τὰς κατὰ τὴν
15 ἀληθῆ δικαιοσύνην, παρίστησιν ἡμῖν νοεῖν πῶς αὐτός ἐστιν cf. Jo xiv 6
ἡ ὁδὸς, ἐφ' ἣν ὁδὸν οὐδὲν αἴρειν δεῖ, οὔτε πήραν οὔτε cf. Lc ix 3; Mc vi 8 f.
ἱμάτιον, ἀλλ' οὐδὲ ῥάβδον ἔχοντα ὁδεύειν χρὴ, οὐδὲ ὑποδή- Mt x 10
ματα ὑποδεδέσθαι κατὰ τοὺς πόδας. αὐτάρκης γάρ ἐστι
παντὸς ἐφοδίου αὐτὴ ἡ ὁδὸς, καὶ ἀνενδεὴς τυγχάνει πᾶς ὁ
20 ταύτης ἐπιβαίνων, κεκοσμημένος ἐνδύματι ᾧ πρέπει κεκοσμῆ-
σθαι τὸν ἐπὶ τὴν κλῆσιν τοῦ γάμου ἀπιόντα, οὐδενός τε
χαλεποῦ δυναμένου ἀπαντῆσαι κατὰ ταύτην τὴν ὁδόν.
ἀμήχανον γὰρ ὁδοὺς ὄφεως ἐπὶ πέτρας εὑρεῖν, κατὰ τὸν cf. Pr xxiv 54 (xxx 19)
Σαλομῶντα, φημὶ δ' ἐγὼ ὅτι καὶ οὐδέποτε θηρίου. διὸ οὐδὲ
25 χρεία ῥάβδον ἐν ὁδῷ οὐδὲ ἴχνη τῶν ἐναντίων ἐχούσῃ, καὶ
ἀνεπιδέκτῳ διὰ τὸ στερρὸν, διόπερ καὶ πέτρα λέγεται, τῶν
χειρόνων τυγχανούσῃ. (27) ἀλήθεια δὲ ὁ μονογενής ἐστι
πάντα ἐμπεριειληφὼς τὸν περὶ τῶν ὅλων κατὰ τὸ βούλημα
τοῦ πατρὸς μετὰ πάσης τρανότητος λόγον, καὶ ἑκάστῳ κατὰ
30 τὴν ἀξίαν αὐτοῦ, ᾗ ἀλήθειά ἐστι, μεταδιδούς. ἐὰν δέ τις
ζητῇ, εἰ πᾶν ὅ τί ποτε ἐγνωσμένον ὑπὸ τοῦ πατρὸς κατὰ
τὸ βάθος τοῦ πλούτου καὶ τῆς σοφίας καὶ τῆς γνώσεως cf. Ro xi 33

2 post ἐκ τοῦ] ins. διὰ τοῦ   8 κατὰ τὴν] καὶ τὴν   9 καινό-
τητι   γὰρ] om.

αὐτοῦ ἐπίσταται ὁ σωτὴρ ἡμῶν, καὶ φαντασίᾳ τοῦ δοξάζειν 31
τὸν πατέρα ἀποφαίνηταί τινα γινωσκόμενα ὑπὸ τοῦ πατρὸς
ἀγνοεῖσθαι ὑπὸ τοῦ υἱοῦ, διαρκοῦντος ἐξισωθῆναι ταῖς κατα-
λήψεσι τοῦ ἀγεννήτου θεοῦ, ἐπιστατέον αὐτὸν ἐκ τοῦ ἀλη-
θειαν εἶναι τὸν σωτῆρα, καὶ προσακτέον ὅτι εἰ ὁλόκληρός 5

cf. Jo xiv 6   ἐστιν ἡ ἀλήθεια, οὐδὲν ἀληθὲς ἀγνοεῖ, ἵνα μὴ σκάζῃ λεί-
πουσα ἡ ἀλήθεια οἷς οὐ γινώσκει, κατ' ἐκείνους, τυγχάνουσιν
ἐν μόνῳ τῷ πατρί, ἢ δεικνύτω τις ὅτι ἔστιν ἃ γινωσκόμενα
τῆς ἀληθείας προσηγορίας οὐ τυγχάνοντα ἀλλὰ ὑπὲρ αὐτὴν
ὄντα. (28) σαφὲς δὲ ὅτι κυρίως τῆς εἰλικρινοῦς καὶ ἀμιγοῦς 10

cf. Col i 15   πρός τι ἕτερον ζωῆς ἡ ἀρχὴ ἐν τῷ πρωτοτόκῳ πάσης
κτίσεως τυγχάνει· ἀφ' ἧς οἱ μέτοχοι τοῦ χριστοῦ λαμβά-
νοντες τὴν ἀληθῶς ζῶσι ζωήν, τῶν παρ' αὐτὸν νομι-
ζομένων ζῆν, ὥσπερ οὐκ ἐχόντων τὸ ἀληθινὸν φῶς, οὕτως
οὐδὲ τὸ ἀληθινὸν ζῆν. (29) καὶ ἐπεὶ ἐν τῷ πατρὶ οὐκ ἔστι 15
γενέσθαι, ἢ παρὰ τῷ πατρί, μὴ φθάσαντα πρῶτον κάτωθεν
ἀναβαίνοντα ἐπὶ τὴν τοῦ υἱοῦ θεότητα, δι' ἧς τις χειρα-

cf. Jo x 7   γωγηθῆναι δύναται καὶ ἐπὶ τὴν πατρικὴν μακαριότητα, θύρα
ὁ σωτὴρ ἀναγέγραπται. φιλάνθρωπος δὲ ὢν καὶ τὴν ὅπως
ποτὲ ἐπὶ τὸ βέλτιον ἀποδεχόμενος τῶν ψυχῶν ῥοπήν, τῶν 20
ἐπὶ τὸν λόγον μὴ σπευδόντων ἀλλὰ δίκην προβάτων οὐκ
ἐξητασμένον ἀλλὰ ἄλογον τὸ ἥμερον καὶ πρᾶον ἐχόντων,

Ps xxxv   ποιμὴν γίνεται· Ἀνθρώπους γὰρ καὶ κτήνη σώζει ὁ κύριος·
(xxxvi) 7
Je xxxviii   καὶ ὁ Ἰσραὴλ δὲ καὶ ὁ Ἰούδας σπείρεται σπέρμα οὐ μόνον
(xxxi) 27
ἀνθρώπων ἀλλὰ καὶ κτηνῶν.   25

28. (30) Πρὸς τούτοις ἐπισκοπητέον ἐξ ἀρχῆς τὴν
χριστὸς προσηγορίαν, καὶ προσληπτέον τὴν βασιλεύς, ἵνα τῇ

Ps xliv (xlv)   παραθέσει ἡ διαφορὰ νοηθῇ. λέγεται δὴ ἐν τῷ μδ´ ψαλμῷ ὁ
8
ἠγαπηκὼς δικαιοσύνην καὶ ἀνομίαν μεμισηκὼς παρὰ τοὺς
μετόχους αἰτίαν τοῦ κεχρῖσθαι τὸ οὕτω δικαιοσύνην προσ- 30
εληλυθέναι ἐσχηκέναι καὶ τὴν ἀνομίαν μεμισηκέναι, ὡς
οὐχ ἅμα τῷ εἶναι τὴν χρῖσιν συνυπάρχουσαν καὶ συγκτι-

2 γινωϑώσκόμενα (sic)   14 ζῆν] ζωὴν   19 φιλάνθροπος
20 τῶν] τὴν

σθεῖσαν λαβών, ἥτις χρίσις βασιλείας ἐπὶ γεννητοῖς ἐστι σύμβολον, ἔσθ' ὅτε δὲ καὶ ἱερωσύνης· ἆρ' οὖν ἐπιγενητή ἐστιν ἡ τοῦ υἱοῦ τοῦ θεοῦ βασιλεία, καὶ οὐ συμφυὴς αὐτῷ; καὶ πῶς οἴονται τὸν πρωτότοκον πάσης κτίσεως, οὐκ ὄντα cf. Col i 15
βασιλέα, ὕστερον βασιλέα γεγονέναι διὰ τὸ ἠγαπηκέναι cf. Ps xliv (xlv) 8
δικαιοσύνην, καὶ ταῦτα τυγχάνοντα δικαιοσύνην; μήποτε δὲ λανθάνει ἡμᾶς ὁ μὲν ἄνθρωπος αὐτοῦ χριστὸς ὤν, κατὰ τὴν ψυχὴν διὰ τὸ ἀνθρώπινον καὶ τεταραγμένην καὶ cf. Jo xii 27; Mt xxvi 38
περίλυπον γεγενημένην μάλιστα νοούμενος, ὁ δὲ βασιλεὺς κατὰ τὸ θεῖον. παραμυθοῦμαι δὲ τοῦτο ἐξ ἑβδομηκοστοῦ πρώτου ψαλμοῦ λέγοντος· Ὁ θεός, τὸ κρίμα σου τῷ Ps lxxi (lxxii) 1 f.
βασιλεῖ δός, καὶ τὴν δικαιοσύνην σου τῷ υἱῷ τοῦ βασιλέως, κρίνειν τὸν λαόν σου ἐν δικαιοσύνῃ, καὶ τοὺς πτωχούς σου ἐν κρίσει· σαφῶς γὰρ εἰς Σαλομῶντα ἐπιγεγραμμένος ὁ ψαλμὸς περὶ Χριστοῦ προφητεύεται. καὶ ἄξιον ἰδεῖν τίνι βασιλεῖ τὸ κρίμα εὔχεται δοθῆναι ὑπὸ θεοῦ ἡ προφητεία καὶ τίνι υἱῷ βασιλέως καὶ ποίου βασιλέως τὴν δικαιοσύνην. ἡγοῦμαι οὖν βασιλέα μὲν λέγεσθαι τὴν προηγουμένην τοῦ πρωτοτόκου πάσης κτίσεως φύσιν, ᾗ δίδοται διὰ τὸ ὑπερέχειν τὸ κρίνειν· τὸν δὲ ἄνθρωπον, ὃν ἀνείληφεν, ὑπ' ἐκείνης μορφούμενον κατὰ δικαιοσύνην καὶ ἐκτυπούμενον, υἱὸν τοῦ βασιλέως. καὶ προσάγομαι εἰς τὸ τοῦθ' οὕτως ἔχειν παραδέξασθαι ἀπὸ τοῦ εἰς ἕνα λόγον συνῆχθαι ἀμφότερα καὶ τὰ ἐπιφερόμενα οὐκέτι ὡς περὶ δύο τινῶν ἀπαγγέλεσθαι ἀλλ' ὡς περὶ ἑνός. πεποίηκε γὰρ ὁ σωτὴρ τὰ ἀμφότερα cf. Eph ii 14
ἕν, κατὰ τὴν ἀπαρχὴν τῶν γινομένων ἀμφοτέρων ἐν ἑαυτῷ πρὸ πάντων ποιήσας· ἀμφοτέρων δὲ λέγω καὶ ἐπὶ τῶν ἀνθρώπων, ἐφ' ὧν ἀνακέκραται τῷ ἁγίῳ πνεύματι ἡ ἑκάστου ψυχὴ καὶ γέγονεν ἕκαστος τῶν σωζομένων πνευματικός.
ὥσπερ οὖν εἰσί τινες ποιμαινόμενοι ὑπὸ Χριστοῦ, διὰ τὸ σφῶν αὐτῶν, ὡς προειρήκαμεν, πρᾷον μὲν καὶ εὐσταθὲς ἀλογώτερον δέ, οὕτω καὶ βασιλευόμενοι κατὰ τὸ λογι-

21 καί] om.   32 βασιλευόμενοι κατὰ τὸ] βασιλευόμενον οἱ κατὰ

κώτερον προσιέναι τῇ θεοσεβείᾳ. καὶ βασιλευομένων διαφοραί, ἤτοι μυστικώτερον καὶ ἀπορρητότερον καὶ θεοπρεπέστερον βασιλευομένων, ἢ ὑποδεέστερον. καὶ εἴποιμ' ἂν τοὺς μὲν τεθεωρηκότας τὰ ἔξω σωμάτων, καλούμενα παρὰ τῷ Παύλῳ ἀόρατα καὶ μὴ βλεπόμενα, ἔξω παντὸς αἰσθητοῦ λόγῳ γεγενημένους, βασιλευομένους ὑπὸ τῆς προηγουμένης φύσεως τοῦ μονογενοῦς· τοὺς δὲ μέχρι τοῦ περὶ τῶν αἰσθητῶν λόγον ἐφθακότας καὶ διὰ τούτων δοξάζοντας τὸν πεποιηκότα καὶ αὐτοὺς ὑπὸ λόγου βασιλευομένους, ὑπὸ τοῦ χριστοῦ βασιλεύεσθαι. μηδεὶς δὲ προσκοπτέτω διακρινόντων ἡμῶν τὰς ἐν τῷ σωτῆρι ἐπινοίας, οἰόμενος καὶ τῇ οὐσίᾳ ταὐτὸν ἡμᾶς ποιεῖν.

29. (31) Πάνυ δὲ καὶ τοῖς τυχοῦσιν σαφὲς πῶς ἐστι διδάσκαλος καὶ σαφηνιστὴς τῶν εἰς εὐσέβειαν συντεινόντων ὁ κύριος ἡμῶν, καὶ κύριος δούλων τῶν ἐχόντων πνεῦμα δουλείας εἰς φόβον· προκοπτόντων δὲ καὶ ἐπὶ τὴν σοφίαν σπευδόντων καὶ ταύτης ἀξιουμένων, ἐπεὶ ὁ δοῦλος οὐκ οἶδε τί θέλει ὁ κύριος αὐτοῦ, οὐ μένει κύριος, γινόμενος αὐτῶν φίλος. καὶ αὐτὸς τοῦτο διδάσκει, ὅπου μὲν ἔτι δοῦλοι ὑπῆρχον οἱ ἀκροώμενοι φάσκων· Ὑμεῖς φωνεῖτέ με Ὁ διδάσκαλος καὶ Ὁ κύριος, καὶ καλῶς λέγετε, εἰμὶ γάρ· ὅπου δέ· Οὐκέτι ὑμᾶς λέγω δούλους, ὅτι ὁ δοῦλος οὐκ οἶδε, τί τὸ θέλημα τοῦ κυρίου αὐτοῦ· ἀλλὰ λέγω ὑμᾶς φίλους, ὅτι διαμεμενήκατε μετ' ἐμοῦ ἐν πᾶσι τοῖς πειρασμοῖς μου. οἱ οὖν κατὰ φόβον βιοῦντες, ὃν ἀπαιτεῖ ἀπὸ τῶν οὐ καλῶν δούλων ὁ θεός, ὡς ἀνέγνωμεν ἐν τῷ Μαλαχίᾳ· Εἰ κύριός εἰμι ἐγώ, ποῦ ἐστιν ὁ φόβος μου; δοῦλοι τυγχάνουσι κυρίου τοῦ σωτῆρος αὐτῶν καλουμένου. (32) ἀλλὰ διὰ τούτων πάντων οὐ σαφῶς ἡ εὐγένεια παρίσταται τοῦ υἱοῦ, ὅτε δὲ τό· Υἱός μου εἶ σύ, ἐγὼ σήμερον γεγέννηκά σε· λέγεται πρὸς αὐτὸν ὑπὸ τοῦ θεοῦ, ᾧ ἀεί ἐστι τὸ σήμερον, οὐκ ἔνι γὰρ ἑσπέρα θεοῦ, ἐγὼ δὲ ἡγοῦμαι ὅτι οὐδὲ πρωΐα, ἀλλὰ ὁ συμπαρεκτείνων τῇ ἀγενήτῳ καὶ ἀϊδίῳ αὐτοῦ ζωῇ, ἵν' οὕτως εἴπω,

16 δέ] om.

χρόνος ἡμέρα ἐστὶν αὐτῷ σήμερον, ἐν ᾗ γεγέννηται ὁ υἱός, ἀρχῆς γενέσεως αὐτοῦ οὕτως οὐχ εὑρισκομένης ὡς οὐδὲ τῆς ἡμέρας.

30. (33) Προσθετέον τοῖς εἰρημένοις πῶς ἐστιν ὁ υἱὸς ἀληθινὴ ἄμπελος. τοῦτο δὲ δῆλον ἔσται τοῖς συνιεῖσιν cf. Jo xv 1 ἀξίως χάριτος προφητικῆς τό· Οἶνος εὐφραίνει καρδίαν Ps ciii (civ) ἀνθρώπου. εἰ γὰρ ἡ καρδία τὸ διανοητικόν ἐστι, τὸ δὲ 15 εὐφραῖνον αὐτὸ ὁ ποτιμώτατός ἐστι λόγος, ἐξιστῶν ἀπὸ τῶν ἀνθρωπικῶν καὶ ἐνθουσιᾶν ποιῶν καὶ μεθύειν μέθην οὐκ ἀλόγιστον ἀλλὰ θείαν, ἣν οἶμαι καὶ Ἰωσὴφ τοὺς cf. Gen xliii ἀδελφοὺς μεθύειν ποιεῖ, εὐλόγως ὁ τὸν εὐφραίνοντα καρ- 34 δίαν ἀνθρώπου οἶνον φέρων ἄμπελός ἐστιν ἀληθινή· διὰ τοῦτο ἀληθινὴ, ἐπεὶ βότρυς ἔχει τὴν ἀλήθειαν καὶ κλήματα cf. Jo xv 5 τοὺς μαθητὰς, μιμητὰς αὐτοῦ καὶ αὐτοὺς καρποφοροῦντας 15 τὴν ἀλήθειαν. ἔργον δὲ διαφορὰν παραστῆσαι ἄρτου καὶ ἀμπέλου, ἐπεὶ οὐ μόνον ἄμπελος ἀλλὰ καὶ ἄρτος ζωῆς εἶναί cf. Jo vi 48 φησιν. ὅρα δὲ μήποτε ὥσπερ ὁ ἄρτος τρέφει καὶ ἰσχυροποιεῖ, καὶ στηρίζειν λέγεται καρδίαν ἀνθρώπου, ὁ δὲ οἶνος ἤδει καὶ εὐφραίνει καὶ διαχεῖ, οὕτως τὰ μὲν ἠθικὰ μαθή- 20 ματα, ζωὴν περιποιοῦντα τῷ μανθάνοντι καὶ πράττοντι, ἄρτος ἐστὶ τῆς ζωῆς, οὐκ ἂν ταῦτα γεννήματα λέγοιτο τῆς ἀμπέλου, τὰ δὲ εὐφραίνοντα καὶ ἐνθουσιᾶν ποιοῦντα ἀπόρρητα καὶ μυστικὰ θεωρήματα, τοῖς κατατρυφῶσι τοῦ κυρίου ἐγγινόμενα καὶ οὐ μόνον τρέφεσθαι ἀλλὰ καὶ τρυφᾶν 25 ποθοῦσιν, ἔστιν ἀπὸ τῆς ἀληθινῆς ἀμπέλου ἐρχόμενα οἶνος καλούμενα.

31. (34) Πρὸς τούτοις δὲ τῷ πῶς πρῶτος καὶ ἔσχατος ἐν Ap i 17 τῇ Ἀποκαλύψει ἀναγέγραπται, ἕτερος, κατὰ τὸ πρῶτος εἶναι, τυγχάνων τοῦ ἄλφα καὶ τῆς ἀρχῆς, καὶ κατὰ τὸ ἔσχατος, 30 οὐκ ὁ αὐτὸς τῷ Ω καὶ τῷ τέλει. ἡγοῦμαι τοίνυν τῶν λογικῶν ζώων ἐν πολλοῖς εἴδεσι χαρακτηριζομένων, εἶναί τι πρῶτον αὐτῶν καὶ δεύτερον καὶ τρίτον καὶ τὰ καθεξῆς ἕως ἐσχάτον. καὶ τὸ μὲν ἀκριβὲς εἰπεῖν τί πρῶτον, καὶ ποῖον

27 δέ] ut videtur

τὸ δεύτερον, καὶ ἐπὶ τίνος ἀληθὲς τὸ τρίτον, καὶ οὕτως μέχρι τοῦ τελευταίου φθάσαι οὐ πάνυ τι ἀνθρώπινον, ἀλλὰ ὑπὲρ τὴν ἡμετέραν ἐστὶ φύσιν. στῆναι δὲ καὶ περιλαλῆσαι τὰ εἰς τὸν τόπον ὡς οἷοί τέ ἐσμεν πειρασόμεθα. εἰσί τινες θεοὶ ὧν ὁ θεὸς θεός ἐστιν, ὡς αἱ προφητεῖαί φασιν· Ἐξομολογεῖσθε τῷ θεῷ τῶν θεῶν· καί· Θεὸς θεῶν ἐλάλησε κύριος, καὶ ἐκάλεσε τὴν γῆν· θεὸς δὲ, κατὰ τὸ εὐαγγέλιον, οὐκ ἔστι νεκρῶν ἀλλὰ ζώντων· ζῶντες ἄρα εἰσι καὶ οἱ θεοὶ ὧν ὁ θεὸς θεός ἐστι. καὶ ὁ ἀπόστολος δὲ γράφων ἐν τῇ πρὸς Κορινθίους· Ὥσπερ εἰσὶ θεοὶ πολλοὶ καὶ κύριοι πολλοί· κατὰ τὰ προφητικά, τὸ τῶν θεῶν ἐξείληφεν ὄνομα ὡς τυγχανόντων. εἰσὶ δὲ παρὰ τοὺς θεοὺς, ὧν ὁ θεὸς θεός ἐστιν, ἕτεροί τινες οἳ καλοῦνται θρόνοι, καὶ ἄλλοι λεγόμενοι ἀρχαὶ, κυριότητές τε καὶ ἐξουσίαι παρὰ τούτους ἄλλοι. διὰ δὲ τό· Ὑπὲρ πᾶν ὄνομα ὀνομαζόμενον οὐ μόνον ἐν τούτῳ τῷ αἰῶνι ἀλλὰ καὶ ἐν τῷ μέλλοντι· καὶ ἄλλα παρὰ ταῦτα οὐ πάνυ συνήθως ἡμῖν ὀνομαζόμενα δεῖ πιστεύειν εἶναι λογικά, ὧν ἕν τι γένος ἐκάλει Σαβαὶ ὁ Ἑβραῖος, παρὸ ἐσχηματίσθαι τὸν Σαβαὼθ, ἄρχοντα ἐκείνων τυγχάνοντα, οὐχ ἕτερον τοῦ θεοῦ. καὶ ἐπὶ πᾶσι θνητὸν λογικὸν ὁ ἄνθρωπος. ὁ τοίνυν τῶν ὅλων θεὸς πρῶτόν τι τῇ τιμῇ γένος λογικὸν πεποίηκεν, ὅπερ οἶμαι τοὺς καλουμένους θεοὺς, καὶ δεύτερον ἐπὶ τοῦ παρόντος καλείσθωσαν θρόνοι, καὶ τρίτον χωρὶς διαστάσεως ἀρχαί. οὕτω δὲ τῷ λογικῷ καταβατέον ἐπὶ ἔσχατον λογικόν, τάχα οὐκ ἄλλο τι τοῦ ἀνθρώπου τυγχάνον. ὁ τοίνυν σωτὴρ θειότερον πολλῷ ἢ Παῦλος γέγονε τοῖς πᾶσι πάντα, ἵνα πάντα ἢ κερδήσῃ ἢ τελειώσῃ, καὶ σαφῶς γέγονεν ἀνθρώποις ἄνθρωπος καὶ ἀγγέλοις ἄγγελος. καὶ περὶ μὲν τοῦ ἄνθρωπον αὐτὸν γεγονέναι οὐδεὶς τῶν πεπιστευκότων διστάζει· περὶ δὲ τοῦ ἄγγελον πειθώμεθα τηροῦντες τὰς τῶν ἀγγέλων ἐπιφανείας καὶ λόγους, ὅτε τῆς τῶν ἀγγέλων ἐξουσίας φαίνεται, ἔν τισι τόποις τῆς γραφῆς ἀγγέλων λεγόντων, ὥσπερ ἐπὶ τοῦ·

11 ἐξειλήφαμεν   18 ὁ] om.

Ὤφθη ἄγγελος κυρίου ἐν πυρὶ φλογὸς βάτου. καὶ εἶπεν· Ἐγὼ θεὸς Ἀβραὰμ καὶ Ἰσαὰκ καὶ Ἰακώβ· ἀλλὰ καὶ ὁ Ἡσαΐας φησί· Καλεῖται τὸ ὄνομα αὐτοῦ μεγάλης βουλῆς ἄγγελος. πρῶτος οὖν καὶ ἔσχατος ὁ σωτήρ, οὐχ ὅτι οὐ τὰ 5 μεταξύ, ἀλλὰ τῶν ἄκρων, ἵνα δηλωθῇ ὅτι τὰ πάντα γέγονεν αὐτός. ἐπίστησον δὲ πότερον ἄνθρωπός ἐστι τὸ ἔσχατον ἢ τὰ καλούμενα καταχθόνια, ὧν εἰσι καὶ οἱ δαίμονες, ἤτοι πάντες ἢ τινες. ζητητέον τὰ εἰς ἃ καὶ αὐτὰ γενόμενος ὁ σωτὴρ διὰ τοῦ προφήτου Δαβὶδ φησι· Καὶ ἐγενόμην ὡσεὶ 10 ἄνθρωπος ἀβοήθητος, ἐν νεκροῖς ἐλεύθερος. ὥσπερ πλέον ἔχων παρὰ ἀνθρώπους κατὰ τὴν ἐκ παρθένου γένεσιν καὶ κατὰ τὸν λοιπὸν ἐν παραδόξοις βίον, οὕτως ἐν νεκροῖς, κατὰ τὸ μόνος ἐκεῖ εἶναι ἐλεύθερος, οὐκ ἐγκαταλέλειπται ἡ ψυχὴ αὐτοῦ εἰς τὸν ᾅδην. οὕτως μὲν οὖν πρῶτος καὶ 15 ἔσχατος. εἰ δέ ἐστι γράμματα θεοῦ, ὥσπερ ἐστίν, ἅπερ ἀναγινώσκοντες οἱ ἅγιοί φασιν ἀνεγνωκέναι τὰ ἐν ταῖς πλαξὶ τοῦ οὐρανοῦ, τὰ στοιχεῖα ἐκεῖνα, ἵνα δι' αὐτῶν τὰ 36 οὐράνια ἀναγνωσθῇ, αἱ ἔννοιαι τυγχάνουσιν, κατακερματιζόμεναι εἰς ἄλφα καὶ τὰ ἑξῆς μέχρι τοῦ Ω, τοῦ υἱοῦ τοῦ 20 θεοῦ. πάλιν δὲ ἀρχὴ καὶ τέλος ὁ αὐτός, ἀλλ' οὐ κατὰ τὰς ἐπινοίας ὁ αὐτός. ἀρχὴ γάρ, ὡς ἐν ταῖς παροιμίαις μεμαθήκαμεν, καθὸ σοφία τυγχάνει ἐστί· γέγραπται γοῦν· Ὁ θεὸς ἔκτισέ με ἀρχὴν ὁδῶν αὐτοῦ εἰς ἔργα αὐτοῦ. καθὸ δὲ λόγος ἐστὶν οὐκ ἔστιν ἀρχή· Ἐν ἀρχῇ γὰρ ἦν ὁ λόγος. 25 οὐκοῦν αἱ ἐπίνοιαι αὐτοῦ ἔχουσιν ἀρχὴν καὶ δεύτερόν τι παρὰ τὴν ἀρχὴν καὶ τρίτον καὶ οὕτως μέχρι τέλους· ὡσεὶ ἔλεγεν, ἀρχή εἰμι καθὸ σοφία εἰμί, δεύτερον δέ, εἰ οὕτω τύχοι, καθὸ ἀόρατός εἰμι, καὶ τρίτον καθὸ ζωή, ἐπεὶ ὃ γέγονεν ἐν αὐτῷ ζωὴ ἦν. καὶ εἴ τις ἱκανὸς βασανίζων τὸν 30 νοῦν τῶν γραφῶν ὁρᾶν, τάχα εὑρήσει πολλὰ τῆς τάξεως καὶ τὸ τέλος· οὐκ οἶμαι γὰρ εἰ πάντα. σαφέστερον δ' ἡ ἀρχὴ καὶ τέλος δοκεῖ κατὰ τὴν συνήθειαν ὡς ἐπὶ ἡνωμένου λέγεσθαι, οἷον ἀρχὴ οἰκίας ὁ θεμέλιος, καὶ τέλος ἡ στεφάνη. καὶ ἐφαρμοστέον γε διὰ τὸ ἀκρογωνιαῖον εἶναι λίθον τὸν

χριστὸν τῷ ἡνωμένῳ παντὶ σώματι τῶν σωζομένων τὸ
παράδειγμα τό· Πάντα γὰρ καὶ ἐν πᾶσι Χριστὸς ὁ μονογενής, ὡς μὲν ἀρχὴ ἐν ᾧ ἀνείληφεν ἀνθρώπῳ, ὡς δὲ τέλος
ἐν τῷ τελευταίῳ τῶν ἁγίων δηλονότι τυγχάνων καὶ ἐν τοῖς
μεταξύ, ᾗ ὡς μὲν ἀρχὴ ἐν Ἀδάμ, ὡς δὲ τέλος ἐν τῇ
ἐπιδημίᾳ, κατὰ τὸ εἰρημένον· Ὁ ἔσχατος Ἀδὰμ εἰς πνεῦμα
ζωοποιοῦν. πλὴν τοῦτο τὸ ῥητὸν ἐφαρμόσει καὶ τῇ ἀποδόσει τοῦ πρῶτος καὶ ἔσχατος. (35) Τηρήσαντες μέντοι τὰ
εἰρημένα περὶ πρώτου καὶ ἐσχάτου καὶ περὶ ἀρχῆς καὶ
τέλους, ὅπου μὲν εἰς εἴδη λογικῶν ἀνηνέγκαμεν, ὅπου δὲ εἰς
διαφόρους ἐπινοίας τοῦ υἱοῦ τοῦ θεοῦ, τὸν λόγον, καὶ ἔχομεν
τὴν διαφορὰν πρώτου καὶ ἀρχῆς, καὶ ἐσχάτου καὶ τέλους,
ἔτι δὲ καὶ τοῦ Α καὶ τοῦ Ω. οὐκ ἄδηλον οὐδὲ τὸ ζῶν καὶ
νεκρός, καὶ μετὰ τὸ νεκρὸς ζῶν εἰς τοὺς αἰῶνας τῶν αἰώνων.
ἐπεὶ γὰρ οὐκ ὠφελήμεθα ἀπὸ τῆς προηγουμένης ζωῆς αὐτοῦ,
γενόμενοι ἐν ἁμαρτίᾳ, κατέβη ἐπὶ τὴν νεκρότητα ἡμῶν, ἵνα
ἀποθανόντος αὐτοῦ τῇ ἁμαρτίᾳ τὴν νέκρωσιν τοῦ Ἰησοῦ
ἐν τῷ σώματι περιφέροντες, τὴν μετὰ τὴν νεκρότητα ζωὴν
αὐτοῦ εἰς τοὺς αἰῶνας τῶν αἰώνων τάξει χωρῆσαι δυνηθῶμεν·
οἱ γὰρ τὴν νέκρωσιν τοῦ Ἰησοῦ ἐν τῷ σώματι πάντοτε
περιφέροντες καὶ τὴν ζωὴν τοῦ Ἰησοῦ ἕξουσιν ἐν τοῖς 37
σώμασιν αὐτῶν φανερουμένην.

32. (36) Καὶ ταῦτα μὲν ἀπὸ τῶν τῆς καινῆς διαθήκης
βιβλίων ἐλέγετο ὑπ' αὐτοῦ περὶ ἑαυτοῦ. ἐν δὲ τῷ Ἡσαΐᾳ
ἔφασκεν ὑπὸ τοῦ πατρὸς τεθεῖσθαι αὐτοῦ τὸ στόμα ὡς
μάχαιραν ὀξεῖαν, καὶ κεκρύφθαι ὑπὸ τὴν σκέπην τῆς χειρὸς
αὐτοῦ, βέλει ἐκλεκτῷ ὡμοιωμένος καὶ ἐν τῇ φαρέτρᾳ τοῦ
πατρὸς κεκρυμμένος, δοῦλος τοῦ θεοῦ τῶν ὅλων ὑπ' αὐτοῦ
καλούμενος καὶ Ἰσραὴλ καὶ φῶς ἐθνῶν. μάχαιρα μὲν οὖν
ὀξεῖά ἐστι τὸ στόμα τοῦ υἱοῦ τοῦ θεοῦ, ἐπεὶ ζῶν τυγχάνει
ὁ λόγος τοῦ θεοῦ καὶ ἐνεργὴς καὶ τομώτερος ὑπὲρ πᾶσαν
μάχαιραν δίστομον καὶ διϊκνούμενος ἄχρι μερισμοῦ ψυχῆς
καὶ πνεύματος, ἁρμῶν τε καὶ μυελῶν, καὶ κριτικὸς ἐν-

18 μετά] κατά   28 κεκρυμμένως

θυμήσεων καὶ ἐννοιῶν καρδίας· ἄλλως τε καὶ ἐλθὼν οὐκ cf. Mt x 34
εἰρήνην ἐπὶ τὴν γῆν, τοῦτ' ἔστιν ἐπὶ τὰ σωματικὰ καὶ αἰσ-
θητά, βαλεῖν ἀλλὰ μάχαιραν, καὶ διακόπτων τὴν, ἵν' οὕτως
εἴπω, ἐπιβλαβῆ φιλίαν ψυχῆς καὶ σώματος, ἵν' ἡ ψυχὴ
5 ἐπιδιδοῦσα αὐτὴν τῷ στρατευομένῳ κατὰ τῆς σαρκὸς πνεύ- cf. Ga v 17
ματι φιλιωθῇ τῷ θεῷ, μάχαιραν ἢ ὡς μάχαιραν ὀξεῖαν κατὰ
τὸν προφητικὸν λόγον ἔσχε τὸ στόμα· ἀλλὰ καὶ βλέπων
τοσούτους τετρωμένους τῇ θείᾳ ἀγάπῃ, ὁμοίως τῇ ὁμολο-
γούσῃ τοῦτο πεπονθέναι ἐν τῷ Ἄσματι τῶν ᾀσμάτων διὰ
10 τοῦτο· Ὅτι τετρωμένη ἀγάπης ἐγώ· τὸ τρῶσαν βέλος τὰς Cant ii 5
τῶν τοσούτων εἰς ἀγάπην θεοῦ ψυχὰς οὐκ ἄλλο τι εὑρήσει
ἢ τὸν εἰπόντα· Ἔθηκέ με ὡς βέλος ἐκλεκτόν. (37) ἔτι δὲ Is xlix 2
πᾶς ὁ συνιεὶς πῶς τοῖς μαθητευομένοις ὁ Ἰησοῦς γεγένηται
οὐχ ὡς ὁ ἀνακείμενος ἀλλ' ὡς ὁ διακονῶν, μορφὴν δούλου cf. Lc. xxii
15 ὁ υἱὸς τοῦ θεοῦ ὑπὲρ ἐλευθερίας τῶν δουλευσάντων τῇ   27; Phil ii 7
ἁμαρτίᾳ λαβών, οὐκ ἀγνοήσει τίνα τρόπον ὁ πατήρ φησι
πρὸς αὐτὸν τό· Δοῦλός μου εἶ σύ· καὶ μετ' ὀλίγα· Μέγα Is xlix 3, 6
σοί ἐστι τοῦτο κληθῆναί σε παῖδά μου. τολμητέον γὰρ
εἰπεῖν πλείονα καὶ θειοτέραν καὶ ἀληθῶς κατ' εἰκόνα τοῦ
20 πατρὸς τὴν ἀγαθότητα φαίνεσθαι τοῦ χριστοῦ ὅτε ἑαυτὸν Phil ii 6, 8
ἐταπείνωσε γενόμενος ὑπήκοος μέχρι θανάτου, θανάτου δὲ
σταυροῦ, ἢ εἰ ἁρπαγμὸν ἡγήσατο τὸ εἶναι ἴσα θεῷ, καὶ μὴ
βουληθεὶς ἐπὶ τῇ τοῦ κόσμου σωτηρίᾳ γενέσθαι δοῦλος.
διὰ τοῦτο διδάξαι ἡμᾶς βουλόμενος μέγα δῶρον εἰληφέναι
25 ἀπὸ τοῦ πατρὸς τὸ οὕτως δεδουλευκέναι φησί· Καὶ ὁ θεός Is xlix 5 f.
μου ἔσται μοι ἰσχύς. καὶ εἰπέ μοι Μέγα σοί ἐστι τοῦτο
κληθῆναί σε παῖδά μου. μὴ γενόμενος γὰρ δοῦλος οὐκ ἂν
ἔστησε τὰς φυλὰς τοῦ Ἰακώβ, οὐδὲ τὴν διασπορὰν τοῦ
Ἰσραὴλ ἐπέστρεψεν, ἀλλ' οὐδὲ γεγόνει ἂν εἰς φῶς ἐθνῶν, τοῦ
30 εἶναι εἰς σωτηρίαν ἕως ἐσχάτου τῆς γῆς. καὶ μέτριόν γε
τὸ δοῦλον αὐτὸν γενέσθαι, εἰ καὶ μέγα ὑπὸ τοῦ πατρὸς
εἶναι τοῦτο λέγεται, συγκρίσει ἀρνίων ἀκάκου καὶ ἀμνοῦ.

32 συγκρίσει] συγκρίνει pr. man.

cf. Is liii 7
cf. Jo i 29
ὡς γὰρ ἀρνίον ἄκακον γεγένηται ἀγόμενον τοῦ θύεσθαι ὁ ἀμνὸς τοῦ θεοῦ ἵνα ἄρῃ τὴν ἁμαρτίαν τοῦ κόσμου, ὁ πᾶσι τοῦ λόγου χορηγός, ὁμοιωθεὶς ἀμνῷ ἐνώπιον τοῦ κείροντος ἀφώνῳ, ὅπως τῷ θανάτῳ αὐτοῦ ἡμεῖς πάντες καθαρθῶμεν, ἀναδιδομένῳ τρόπον φαρμάκου ἐπὶ τὰς ἀντικειμένας ἐνερ- 5
γείας καὶ τὴν τῶν βουλομένων ἀναδέξασθαι τὴν ἀλήθειαν ἁμαρτίαν· ἀτονῆσαι γὰρ ὁ θάνατος τοῦ χριστοῦ τὰς πολεμούσας τῷ τῶν ἀνθρώπων γένει πεποίηκε δυνάμεις, καὶ ἐξελεύσεσθαι τὴν ἐν ἑκάστῳ τῶν πιστευόντων ζωὴν τῇ

cf. 1 Co xv 26
ἁμαρτίᾳ ἀφάτῳ δυνάμει. ἐπεὶ δὲ ἕως πᾶς ἐχθρὸς αὐτοῦ 10 καταργηθῇ, καὶ τελευταῖός γε ὁ θάνατος, αἴρει τὴν ἁμαρτίαν, ἵνα ὁ πᾶς γένηται χωρὶς ἁμαρτίας κόσμος, διὰ τοῦτο

Jo i 29
ὁ Ἰωάννης δεικνὺς αὐτόν φησιν· Ἴδε ὁ ἀμνὸς τοῦ θεοῦ ὁ αἴρων τὴν ἁμαρτίαν τοῦ κόσμου· οὐχὶ ὁ μέλλων μὲν αἴρειν οὐχὶ δὲ καὶ αἴρων ἤδη, καὶ οὐχὶ ὁ ἄρας μὲν οὐχὶ δὲ καὶ 15 αἴρων· ἔτι γὰρ τὸ αἴρειν ἐνεργεῖ ἀπὸ ἑνὸς ἑκάστου τῶν ἐν τῷ κόσμῳ, ἕως ἀπὸ παντὸς τοῦ κόσμου ἀφαιρεθῇ ἡ ἁμαρτία

cf. 1 Co xv 24
καὶ παραδῷ ἕτοιμον βασιλείαν τῷ πατρὶ ὁ σωτήρ, τῷ μὴ εἶναι μηδὲ τὴν τυχοῦσαν ἁμαρτίαν χωροῦσαν τὸ ὑπὸ πατρὸς βασιλεύεσθαι, καὶ πάλιν ἐπιδεχομένην τὰ πάντα τοῦ θεοῦ 20

1 Co xv 28
ἐν ὅλῃ ἑαυτῇ καὶ πάσῃ, ὅτε πληροῦται τό· Ἵνα γένηται ὁ θεὸς τὰ πάντα ἐν πᾶσιν· ἀλλὰ καὶ ἀνὴρ πρὸς τούτοις λέγε-

cf. Jo i 30 f.
ται ὀπίσω Ἰωάννου ἐρχόμενος, ἔμπροσθεν αὐτοῦ γεγενημένος καὶ πρὸ αὐτοῦ ὤν, ἵνα διδαχθῶμεν καὶ τὸν ἄνθρωπον τοῦ υἱοῦ τοῦ θεοῦ τὸν τῇ θεότητι αὐτοῦ ἀνακεκραμμένον πρε- 25 σβύτερον εἶναι τῆς ἐκ Μαρίας γενέσεως, ὄντινα ἄνθρωπόν φησιν ὁ βαπτιστὴς ὅτι οὐκ ᾔδει. πῶς δὲ οὐκ ᾔδει ὁ

cf. Lc i 41, 44
σκιρτήσας ἐν ἀγαλλιάσει ἔτι βρέφος τυγχάνων ἐν τῇ κοιλίᾳ τῆς Ἐλισάβετ ὅτε ἐγένετο ἡ φωνὴ τοῦ ἀσπασμοῦ τῆς Μαρίας εἰς τὰ ὦτα τῆς Ζαχαρίου γυναικός; ἐπίστησον οὖν 30 εἰ δύναται τὸ οὐκ ᾔδειν κατὰ τὰ πρὸ σώματος λέγειν· εἰ δὲ καὶ οὐκ ᾔδει μὲν αὐτὸν πρὸ τοῦ τότε ἥκειν εἰς σῶμα, ἔγνω 39

16 ἔτι γὰρ τὸ] ἐπὶ τὸ γὰρ

δὲ ἔτι ὄντα ἐν τῇ κοιλίᾳ τῆς μητρὸς, τάχα μανθάνει τι περὶ
αὐτοῦ ἕτερον παρ' ὃ ἐγίνωσκεν, ὅτι ἐφ' ὃν ἂν τὸ πνεῦμα cf. Jo i 33
καταβὰν μείνῃ ἐπ' αὐτὸν, οὗτός ἐστιν ὁ βαπτίζων ἐν
πνεύματι ἁγίῳ καὶ πυρί· καὶ γὰρ εἰ ᾔδει αὐτὸν ἔτι ἐκ
5 κοιλίας μητρὸς, οὔτι γε ἐγίνωσκε πάντα τὰ περὶ αὐτοῦ.
τάχα δὲ καὶ ἠγνόει ὅτι οὗτός ἐστιν ὁ βαπτίζων ἐν πνεύματι
ἁγίῳ καὶ πυρί, ὅτε τεθέαται τὸ πνεῦμα καταβαῖνον καὶ μένον
ἐπ' αὐτόν. πλὴν ἄνδρα αὐτὸν τυγχάνοντα καὶ πρῶτον οὐκ
ᾔδει ὁ Ἰωάννης.

10 33. (38) Οὐδὲν δὲ τῶν προειρημένων ὀνομάτων τὴν
περὶ ἡμῶν πρὸς τὸν πατέρα προστασίαν αὐτοῦ δηλοῖ, παρα-
καλοῦντος ὑπὲρ τῆς ἀνθρώπων φύσεως καὶ ἱλασκομένου, ὡς
ὁ παράκλητος καὶ ἱλασμὸς καὶ τὸ ἱλαστήριον. ὁ μὲν
παράκλητος ἐν τῇ Ἰωάννου λεγόμενος ἐπιστολῇ· Ἐὰν γάρ 1 Jo ii 1 f.
15 τις ἁμάρτῃ, παράκλητον ἔχομεν πρὸς τὸν πατέρα Ἰησοῦν
Χριστὸν δίκαιον, καὶ οὗτος ἱλασμός ἐστι περὶ τῶν ἁμαρτιῶν
ἡμῶν. καὶ ὁ ἱλασμὸς ἐν τῇ αὐτῇ ἐπιστολῇ λεγόμενος
ἱλασμὸς εἶναι περὶ τῶν ἁμαρτιῶν ἡμῶν. ὁμοίως δὲ καὶ ἐν
τῇ πρὸς Ῥωμαίους ἱλαστήριον· Ὃν προέθετο ὁ θεὸς ἱλα- Ro iii 25
20 στήριον διὰ πίστεως· οὗ ἱλαστηρίου εἰς τὰ ἐσώτατα καὶ cf. Ex xxv
ἅγια τῶν ἁγίων σκιά τις ἐτύγχανε τὸ χρυσοῦν ἱλαστήριον, 17—19
ἐπικείμενον τοῖς δυσὶ Χερουβείμ. πῶς δ' ἂν παράκλητος
καὶ ἱλασμὸς καὶ ἱλαστήριον χωρὶς δυνάμεως θεοῦ ἐξαφανι-
ζούσης ἡμῶν τὴν ἀσθένειαν γενέσθαι οἷός τε ἦν, ἐπιρρε-
25 ούσης ταῖς τῶν πιστευόντων ψυχαῖς, ὑπὸ Ἰησοῦ διακονου-
μένης, ἧς πρῶτός ἐστιν, αὐτοδύναμις θεοῦ, δι' ὃν εἴποι τις
ἄν· Πάντα ἰσχύω ἐν τῷ ἐνδυναμοῦντί με Χριστῷ Ἰησοῦ; Phil iv 13
διόπερ Σίμωνα μὲν τὸν Μάγον αὐτὸν ἀναγορεύοντα δύναμιν cf. Act viii 10,
θεοῦ, τὴν καλουμένην μεγάλην, ἴσμεν ἅμα τῷ ἀργυρίῳ 20
30 αὐτοῦ εἰς ὄλεθρον καὶ ἀπώλειαν κεχωρηκέναι· Χριστὸν δὲ
ὁμολογοῦντες ἀληθῶς εἶναι δύναμιν θεοῦ, πάντα τὰ ὅπου cf. 1 Co i 24
ποτὲ δυναμούμενα μετέχειν αὐτοῦ, καθὸ δύναμίς ἐστι,
πεπιστεύκαμεν.

4 ἔτι] ὅτι   27 με—28 ἀναγορεύοντα] bis

34. (39) Μὴ παρασιωπηθήτω δ' ἡμῖν μηδὲ θεοῦ σοφία εὐλόγως τυγχάνων, καὶ διὰ τοῦτο τοῦτ' εἶναι λεγόμενος. οὐ γὰρ ἐν ψιλαῖς φαντασίαις τοῦ θεοῦ καὶ πατρὸς τῶν ὅλων τὴν ὑπόστασιν ἔχει ἡ σοφία αὐτοῦ, κατὰ τὰ ἀνάλογον τοῖς ἀνθρωπίνοις ἐννοήμασι φαντάσματα. εἰ δέ τις οἷός τέ ἐστιν ἀσώματον ὑπόστασιν ποικίλων θεωρημάτων περιεχόντων τοὺς τῶν ὅλων λόγους ζῶσαν καὶ οἱονεὶ ἔμψυχον ἐπινοεῖν, εἴσεται τὴν ὑπὲρ πᾶσαν κτίσιν σοφίαν τοῦ θεοῦ καλῶς περὶ αὑτῆς λέγουσαν· Ὁ θεὸς ἔκτισέ με ἀρχὴν ὁδῶν αὐτοῦ εἰς ἔργα αὐτοῦ. δι' ἣν κτίσιν δεδύνηται καὶ πᾶσα κτίσις ὑφεστάναι, οὐκ ἀνένδοχος οὖσα θείας σοφίας, καθ' ἣν γεγένηται· Πάντα γάρ, κατὰ τὸν προφήτην Δαβίδ, ἐν σοφίᾳ ἐποίησεν ὁ θεός. ἀλλὰ πολλὰ μὲν μετοχῇ σοφίας γεγένηται, οὐκ ἀντιλαμβανόμενα αὐτῆς, ᾗ ἔκτισται, σφόδρα δὲ ὀλίγα οὐ μόνον τὴν περὶ αὐτῶν καταλαμβάνει σοφίαν ἀλλὰ καὶ περὶ πολλῶν ἑτέρων, Χριστοῦ τῆς πάσης τυγχάνοντος σοφίας. ἕκαστος δὲ τῶν σοφῶν καθ' ὅσον χωρεῖ σοφίας τοσοῦτον μετέχει Χριστοῦ, καθὸ σοφία ἐστίν· ὥσπερ ἕκαστος τῶν δύναμιν ἐχόντων κρείττονα ὅσον εἴληχε τῆς δυνάμεως τοσοῦτον Χριστοῦ, καθὸ δύναμίς ἐστι, κεκοινώνηκεν. τὸ παραπλήσιον δὲ καὶ περὶ ἁγιασμοῦ καὶ ἀπολυτρώσεως νοητέον· αὐτὸς μὲν γὰρ ἁγιασμός, ὅθεν οἱ ἅγιοι ἁγιάζονται, ἡμῖν ὁ Ἰησοῦς γεγένηται, καὶ ἀπολύτρωσις· ἕκαστος δὲ ἡμῶν ἐκείνῳ τῷ ἁγιασμῷ ἁγιάζεται, καὶ κατ' ἐκείνην τὴν ἀπολύτρωσιν ἀπολυτροῦται. ἐπίστησον δὲ εἰ μὴ μάτην τὸ ἡμῖν παρὰ τῷ ἀποστόλῳ προσκαλεῖται λέγοντι· Ὃς ἐγενήθη σοφία ἡμῖν ἀπὸ θεοῦ, δικαιοσύνη τε καὶ ἁγιασμὸς καὶ ἀπολύτρωσις· καὶ εἰ μὴ ἐν ἄλλοις περὶ τοῦ χριστοῦ, καθὸ σοφία ἐστίν, ἀπολελυμένως ἐλέγετο καὶ καθὸ δύναμις, ὅτι Χριστὸς θεοῦ δύναμίς ἐστι καὶ θεοῦ σοφία, κἂν ὑπενοήσαμεν μὴ καθάπαξ αὐτὸν εἶναι σοφίαν μηδὲ δύναμιν θεοῦ

26 παρά] περί   32 μή] bis

ἀλλὰ ἡμῖν· νῦν δὲ ἐπὶ μὲν τῆς σοφίας καὶ δυνάμεως
πρὸς τῷ ἡμῖν καὶ τὸ ἀπόλυτον ἀναγέγραπται, ἐπὶ δὲ τοῦ
ἁγιασμοῦ καὶ τῆς ἀπολυτρώσεως ἡ αὐτὴ ἀπόφασις οὐκ
εἴρηται. διόπερ ὅρα, ἐπεὶ ὁ ἁγιάζων καὶ οἱ ἁγιαζόμενοι He ii 11
5 ἐξ ἑνὸς πάντες, εἰ αὐτοῦ τοῦ ἡμετέρου ἁγιασμοῦ ἁγιασμός
ἐστιν ὁ πατήρ, ὥσπερ Χριστοῦ ὄντος ἡμετέρας κεφαλῆς ὁ cf. 1 Co xi 3
πατὴρ αὐτοῦ ἐστι κεφαλή. ἀπολύτρωσις δὲ ἡμῶν ὁ
χριστὸς τῶν διὰ τὸ ᾐχμαλωτεῦσθαι ἀπολυτρώσεως δεδε-
ημένων. αὐτοῦ δὲ τὴν ἀπολύτρωσιν οὐ ζητῶ τοῦ πεπει- He iv 15
10 ραμένου κατὰ πάντα καθ' ὁμοιότητα χωρὶς ἁμαρτίας, καὶ
μηδέποτε ὑπὸ τῶν ἐχθρῶν εἰς αἰχμαλωσίαν κεκρατημένου.
(40) ἅπαξ δὲ διασταλέντων τοῦ ἡμῖν καὶ τοῦ ἁπλῶς, ἡμῖν
μὲν καὶ οὐχ ἁπλῶς τοῦ ἁγιασμοῦ καὶ τῆς ἀπολυτρώσεως,
41 καὶ ἡμῖν δὲ καὶ ἁπλῶς τῆς σοφίας καὶ τῆς δυνάμεως, οὐκ
15 ἀνεξέταστον ἐατέον τὸν περὶ τῆς δικαιοσύνης λόγον. καὶ
ὅτι μὲν ἡμῖν δικαιοσύνη ὁ χριστὸς δῆλον ἐκ τοῦ· "Ὃς ἐγε- 1 Co i 30
νήθη σοφία ἡμῖν ἀπὸ θεοῦ, δικαιοσύνη τε καὶ ἁγιασμὸς
καὶ ἀπολύτρωσις. ἐὰν δὲ μὴ εὑρίσκωμεν ἁπλῶς αὐτὸν
δικαιοσύνην, ὥσπερ ἁπλῶς σοφίαν καὶ δύναμιν θεοῦ, βασα-
20 νιστέον εἰ καὶ αὐτῷ τῷ χριστῷ ὥσπερ ἁγιασμὸς ὁ πατὴρ
οὕτω καὶ δικαιοσύνη ὁ πατήρ. καὶ γὰρ οὐκ ἀδικία παρὰ cf. Ro ix 14
τῷ θεῷ, καὶ δίκαιος καὶ ὅσιος κύριος καὶ ἐν δικαιοσύνῃ τὰ cf. Ap xvi 5, 7
κρίματα αὐτοῦ· δίκαιος δὲ ὢν δικαίως τὰ πάντα διέπει.

35. Τὸ δὲ σῆναν τοὺς ἀπὸ τῶν αἱρέσεων εἰς τὸ ἕτερον
25 εἰπεῖν τὸν δίκαιον τοῦ ἀγαθοῦ, μὴ τρανωθὲν δὲ παρ' αὐτοῖς,
οἰηθεῖσι δίκαιον μὲν εἶναι τὸν δημιουργὸν ἀγαθὸν δὲ τὸν
τοῦ χριστοῦ πατέρα, οἶμαι μετ' ἐξετάσεως ἀκριβῶς βασα-
νισθὲν δύνασθαι λέγεσθαι ἐπὶ τοῦ πατρὸς καὶ τοῦ υἱοῦ·
τοῦ μὲν υἱοῦ τυγχάνοντος δικαιοσύνης, ὃς ἔλαβεν ἐξουσίαν Jo v 27;
30 κρίσιν ποιεῖν, ὅτι υἱὸς ἀνθρώπου ἐστί, καὶ κρινεῖ τὴν cf. Ps ix 9;
οἰκουμένην ἐν δικαιοσύνῃ· τοῦ δὲ πατρὸς τοὺς ἐν τῇ δικαι- xcv (xcvi) 13
οσύνῃ τοῦ υἱοῦ παιδευθέντας μετὰ τὴν Χριστοῦ βασιλείαν

16 δικαιοσύνης χ̅ς̅   21 παρά] περί   24 σῆναν] ὃ ἦν ἂν
28 υἱοῦ] ι̅υ̅

εὐεργετοῦντος, τὴν ἀγαθὸς προσηγορίαν ἔργοις δείξοντος,
1 Co xv 28 ὅταν γένηται ὁ θεὸς τὰ πάντα ἐν πᾶσιν. καὶ τάχα τῇ
αὐτοῦ δικαιοσύνῃ ὁ σωτὴρ εὐτρεπίζει τὰ πάντα καιροῖς
ἐπιτηδείοις καὶ λόγῳ καὶ τάξει καὶ κολάσεσι καὶ τοῖς, ἵν᾽
οὕτως εἴπω, πνευματικοῖς αὐτοῦ ἰατρικοῖς βοηθήμασι, πρὸς 5
τὸ χωρῆσαι ἐπὶ τέλει τὴν ἀγαθότητα τοῦ πατρός· ἥν τινα
Mc x 18 νοήσας πρὸς τὸν μονογενῆ λέγοντα· Διδάσκαλε ἀγαθέ·
φησί· Τί με λέγεις ἀγαθόν; οὐδεὶς ἀγαθὸς εἰ μὴ εἷς ὁ θεός,
ὁ πατήρ. τὸ δ᾽ ὅμοιον ἐν ἑτέροις ἐδείξαμεν καὶ ἐπὶ τοῦ
μείζονά τινα εἶναι τοῦ δημιουργοῦ, δημιουργὸν μὲν ἐκλα- 10
βόντες τὸν χριστὸν μείζονα δὲ τούτου τὸν πατέρα· οὗτος
δὴ ὁ τὰ τοσαῦτα τυγχάνων, ὁ παράκλητος, ὁ ἱλασμός, τὸ
cf. He iv 15 ἱλαστήριον, συμπαθήσας ταῖς ἀσθενείαις ἡμῶν τῷ πεπει-
ρᾶσθαι κατὰ πάντα τὰ ἀνθρώπινα καθ᾽ ὁμοιότητα χωρὶς
ἁμαρτίας, μέγας ἐστὶν ἀρχιερεύς, οὐχ ὑπὲρ ἀνθρώπων μόνον 15
cf. He ix 28 ἀλλὰ καὶ παντὸς λογικοῦ τὴν ἅπαξ θυσίαν προσενεχθεῖσαν
He ii 9 ἑαυτὸν ἀνενεγκών· χωρὶς γὰρ θεοῦ ὑπὲρ παντὸς ἐγεύσατο
θανάτου, ὅπερ ἔν τισι κεῖται τῆς πρὸς Ἑβραίους ἀντι-
γράφοις χάριτι θεοῦ. εἴτε δὲ χωρὶς θεοῦ ὑπὲρ παντὸς
ἐγεύσατο θανάτου, οὐ μόνον ὑπὲρ ἀνθρώπων ἀπέθανεν 42
ἀλλὰ καὶ ὑπὲρ τῶν λοιπῶν λογικῶν· εἴτε χάριτι θεοῦ
ἐγεύσατο τοῦ ὑπὲρ παντὸς θανάτου, ὑπὲρ πάντων χωρὶς
θεοῦ ἀπέθανε· χάριτι γὰρ θεοῦ ὑπὲρ παντὸς ἐγεύσατο
θανάτου. καὶ γὰρ ἄτοπον ὑπὲρ ἀνθρωπίνων μὲν αὐτὸν
φάσκειν ἁμαρτημάτων γεγεῦσθαι θανάτου, οὐκ ἔτι δὲ καὶ 25
ὑπὲρ ἄλλου τινὸς παρὰ τὸν ἄνθρωπον ἐν ἁμαρτήμασι
γεγενημένου, οἷον ὑπὲρ ἄστρων, οὐδὲ τῶν ἄστρων πάντως
καθαρῶν ὄντων ἐνώπιον τοῦ θεοῦ, ὡς ἐν τῷ Ἰὼβ ἀνέγνωμεν·
Job xxv 5 Ἄστρα δὲ οὐ καθαρὰ ἐνώπιον αὐτοῦ, εἰ μὴ ἄρα ὑπερβολικῶς
τοῦτο εἴρηται. διὰ τοῦτο μέγας ἐστὶν ἀρχιερεύς, ἐπειδήπερ 30
πάντα ἀποκαθίστησι τῇ τοῦ πατρὸς βασιλείᾳ, οἰκονομῶν
τὰ ἐν ἑκάστῳ τῶν γενητῶν ἐλλιπῆ ἀναπληρωθῆναι πρὸς τὸ

23 γὰρ] bis

χωρῆσαι δόξαν πατρικήν. οὗτος ὁ ἀρχιερεὺς κατά τινα ἑτέραν παρὰ τὰ εἰρημένα ἐπίνοιαν Ἰούδας ὀνομάζεται, ἵνα οἱ ἐν κρυπτῷ Ἰουδαῖοι μὴ ἀπὸ τοῦ υἱοῦ Ἰακὼβ Ἰούδα Ἰουδαῖοι χρηματίζωσιν ἀλλὰ ἀπὸ τούτου, ὄντες αὐτοῦ 5 ἀδελφοὶ καὶ αἰνοῦντες αὐτὸν, ἀντιλαμβανόμενοι τῆς ἐλευθερίας ἣν ἐλευθεροῦνται ὑπ' αὐτοῦ ῥυσθέντες ἀπὸ τῶν ἐχθρῶν, αὐτοῦ τὰς χεῖρας αὐτοῦ τῷ νώτῳ αὐτῶν ἐπιτιθέντος καὶ ὑποτάξαντος αὐτούς. ἀλλὰ καὶ πτερνίσας τὴν ἀντικειμένην ἐνέργειαν, μόνος τε ὁρῶν τὸν πατέρα καὶ ὅτε ἄνθρωπος 10 γεγένηται, Ἰακώβ ἐστι καὶ Ἰσραήλ· ἀφ' οὗ, ὥσπερ γινόμεθα φῶς φωτὸς ὄντος τοῦ κόσμου, οὕτως Ἰακὼβ καλουμένου Ἰακὼβ, καὶ Ἰσραὴλ ὀνομαζομένου Ἰσραήλ. cf. Ro ii 29; Ge xlix 8

36 (41). Ἐπεὶ δὲ παραλαμβάνει τὴν βασιλείαν ἀπὸ βασιλέως ὃν ἑαυτοῖς ἐβασίλευσαν οἱ υἱοὶ Ἰσραήλ, καὶ οὐ 15 διὰ τοῦ θεοῦ ἄρξαντες αὐτὸν καὶ μὴ γνωρίσαντες τῷ θεῷ, πολέμους τε τοῦ κυρίου πολεμῶν ἑτοιμάζει εἰρήνην τῷ υἱῷ αὐτοῦ, λαῷ, τάχα διὰ τοῦτο Δαβὶδ προσαγορεύεται· καὶ μετὰ ταῦτα ῥάβδος, τοῖς δεομένοις ἐπιπόνου καὶ σκληροτέρας ἀγωγῆς, καὶ μὴ ἐμπαρεσχηκόσιν ἑαυτοὺς τῇ ἀγάπῃ καὶ 20 τῇ πραότητι τοῦ πατρός. διὰ τοῦτο ἐὰν ῥάβδος καλῆται, ἐξελεύσεται· οὐ γὰρ μένει ἐν αὐτῷ, ἀλλ' ἔξω τῆς προηγουμένης καταστάσεως εἶναι δοκεῖ. ἐξελθὼν δὲ καὶ γενόμενος ῥάβδος οὐ μένει ῥάβδος, ἀλλὰ μετὰ τὴν ῥάβδον ἄνθος γίνεται ἀναβαῖνον, καὶ πέρας τοῦ εἶναι ῥάβδος τὸ 25 ἄνθος ἀποδείκνυται τοῖς διὰ τοῦ αὐτὸν γεγονέναι ῥάβδον ἐπισκοπῆς τετυχηκόσιν· ἐπισκέψεται γὰρ ὁ θεὸς ἐν ῥάβδῳ, 43 τῷ χριστῷ, τὰς ἀνομίας αὐτῶν ὧν ἐπισκέψεται. τὸ δὲ ἔλεος οὐ μὴ διασκεδάσει ἀπ' αὐτοῦ· αὐτὸν γὰρ ἐλεεῖ, ὅτε οὓς βούλεται ὁ υἱὸς ἐλεεῖσθαι ὁ πατὴρ ἐλεεῖ. ἔστι δὲ καὶ 30 μὴ ἐπὶ τῶν αὐτῶν λαμβάνειν ῥάβδον αὐτὸν γίνεσθαι καὶ ἄνθος, ἀλλὰ ῥάβδος μὲν τοῖς δεομένοις κολάσεως, ἄνθος δὲ τοῖς σωζομένοις· βέλτιον δ' οἶμαι τὸ πρότερον. πλὴν cf. 1 Reg vlii; xxv 28

cf. Is xi 1

Ps lxxxviii (lxxxix) 33 f.

11 om. φῶς] add. in mg.   17 post τάχα] ins. δὲ   26 τετευχόσιν

τοῦτο προσθετέον κατὰ τὸν τόπον ὅτι τάχα διὰ τὸ τέλος, εἴ τινι μὲν γίνεται ῥάβδος, ἐστὶ πάντως ἄνθος, οὐ μὴν εἴ τινι ἄνθος, ἐκείνῳ πάντως καὶ ῥάβδος· εἰ μὴ ἄρα ἐπεί ἐστιν ἄνθος τελειότερον τοῦ ἄνθους, καὶ τοῦ ἀνθεῖν ἐπὶ τῶν μηδέπω τελείως καρποφορούντων ὀνομαζομένου, οἱ τέλειοι 5 τὸ ὑπὲρ τὸ ἄνθος χωροῦσι τοῦ χριστοῦ, οἱ δὲ ῥάβδου αὐτοῦ πεπειραμένοι ἅμα τῇ ῥάβδῳ οὐ τῆς τελειότητος αὐτοῦ ἀλλὰ τοῦ ἄνθους τοῦ πρὸ τῶν καρπῶν αὐτοῦ μεταλήψονται. τελευταῖον πρὸ τοῦ λόγου ἦν λίθος ὁ χριστὸς, ἀποδοκιμαζόμενος ὑπὸ τῶν οἰκοδόμων, καὶ εἰς κεφαλὴν 10 γωνίας κατατασσόμενος· ἐπεὶ γὰρ λίθοι ζῶντες οἰκοδομοῦνται ἐπὶ θεμελίῳ ἑτέροις λίθοις τῶν ἀποστόλων καὶ προφητῶν, ὄντος ἀκρογωνιαίου αὐτοῦ Χριστοῦ Ἰησοῦ τοῦ κυρίου ἡμῶν, διὰ τὸ εἶναι αὐτὸν μέρος τῆς ἐκ λίθων ζώντων ἐν χώρᾳ ζώντων οἰκοδομῆς, λίθος προσαγορεύεται. ταῦτα 15 δὲ ἡμῖν πάντα εἴρηται τὸ τῶν πολλῶν ἀποκληρωτικὸν καὶ ἀβασάνιστον ἐλέγξαι βουλομένοις, ὅτι τοσούτων ὀνομάτων εἰς αὐτὸν ἀναφερομένων ἵστανται ἐπὶ μόνης τῆς λόγος ὀνομασίας, οὐκ ἐξετάζοντες τί δήποτε λόγος εἶναι θεὸς ἐν ἀρχῇ πρὸς τὸν πατέρα, δι' οὗ τὰ πάντα ἐγένετο, ἀναγέ- 20 γραπται ὁ υἱὸς τοῦ θεοῦ.

37. (42) Ὥσπερ τοίνυν παρὰ τὴν ἐνέργειαν ἐκ τοῦ φωτίζειν τὸν κόσμον, οὗ φῶς ἐστι, φῶς κόσμου προσαγορεύεται, καὶ παρὰ τὸ ποιεῖν ἀποτίθεσθαι τὴν νεκρότητα τοὺς γνησίως αὐτῷ προσιόντας καὶ ἀναλαμβάνειν καινότητα 25 ζωῆς ἀνισταμένους ἀνάστασις καλεῖται, καὶ παρ' ἑτέραν πρᾶξιν ποιμὴν καὶ διδάσκαλος καὶ βασιλεὺς, βέλος τε ἐκλεκτὸν καὶ δοῦλος, πρὸς τούτοις παράκλητος καὶ ἱλασμὸς καὶ ἱλαστήριον, οὕτως καὶ λόγος καὶ πᾶν ἄλογον ἡμῶν περιαιρῶν καὶ κατὰ ἀλήθειαν λογικοὺς κατασκευάζων, πάντα 30 εἰς δόξαν θεοῦ πράττοντας μέχρι τοῦ ἐσθίειν καὶ τοῦ πίνειν, εἰς δόξαν θεοῦ ἐπιτελοῦντας διὰ τὸν λόγον καὶ τὰ κοινω- 44 νικώτερα καὶ τελειότερα τοῦ βίου ἔργα. εἰ γὰρ μετέχοντες αὐτοῦ ἀνιστάμεθα καὶ φωτιζόμεθα, τάχα δὲ καὶ ποιμαινό-

IN EVANGELIUM JOANNIS TOMUS I. 51

μεθα ἢ βασιλευόμεθα, δῆλον ὅτι καὶ ἐνθέως λογικοὶ γινόμεθα, τὰ ἐν ἡμῖν ἄλογα καὶ τὴν νεκρότητα ἀφανίζοντος αὐτοῦ καθὸ λόγος ἐστὶ καὶ ἀνάστασις. ἐπίστησον δὲ εἰ μετέχουσί πως αὐτοῦ πάντες ἄνθρωποι καθὸ λόγος ἐστί.
5 διόπερ ζητεῖσθαι οὐκ ἔξω τῶν ζητούντων ὑπὸ τῶν εὑρεῖν αὐτὸν προαιρουμένων διδάσκει ἡμᾶς ὁ ἀπόστολος, λέγων· Μὴ εἴπῃς ἐν τῇ καρδίᾳ σου Τίς ἀναβήσεται εἰς τὸν οὐρανόν; τοῦτ' ἔστι Χριστὸν καταγαγεῖν· ἢ Τίς καταβήσεται εἰς τὴν ἄβυσσον; τοῦτ' ἔστι Χριστὸν ἐκ νεκρῶν ἀναγαγεῖν.
10 ἀλλὰ τί λέγει ἡ γραφή; Ἐγγύς σου τὸ ῥῆμά ἐστι σφόδρα ἐν τῷ στόματί σου καὶ ἐν τῇ καρδίᾳ σου· ὡς τοῦ αὐτοῦ ὄντος Χριστοῦ καὶ ῥήματος τοῦ ζητουμένου. ἀλλὰ καὶ ὅτε αὐτός φησιν ὁ κύριος· Εἰ μὴ ἦλθον καὶ ἐλάλησα αὐτοῖς, ἁμαρτίαν οὐκ εἴχοσαν· νῦν δὲ πρόφασιν οὐκ ἔχουσι περὶ τῆς
15 ἁμαρτίας αὐτῶν· οὐκ ἄλλο νοητέον ἢ ὅτι ὁ λόγος φησὶν οἷς οὐδέπω συμπεπλήρωται μὴ εἶναι ἁμαρτίαν, τούτους δὲ ἐνόχους αὐτῆς τυγχάνειν, οἳ ἂν μετεσχηκότες ἤδη αὐτοῦ πράττωσι παρὰ τὰς ἐννοίας τὰς ἐξ ὧν οὗτος ἐν ἡμῖν συμπληροῦται, καὶ μόνως οὕτως ἀληθὲς τό· Εἰ μὴ ἦλθον καὶ
20 ἐλάλησα αὐτοῖς, ἁμαρτίαν οὐκ εἴχοσαν. φέρε γὰρ ἐπὶ Ἰησοῦ τοῦ ὁρατοῦ, ὡς οἱ πολλοὶ οἰήσονται, τοῦτ' ἐξεταζέσθω· πῶς δὲ ἀληθὲς τὸ μὴ ἔχειν ἁμαρτίαν τούτους, οἷς οὐκ ἐλήλυθε; πάντες γὰρ οἱ πρὸ τῆς ἐπιδημίας τοῦ σωτῆρος ἔσονται ἁμαρτίας πάσης ἀπολελυμένοι, ἐπεὶ οὐκ
25 ἐληλύθει ὁ βλεπόμενος κατὰ σάρκα Ἰησοῦς. ἀλλὰ καὶ πάντες οἷς οὐδαμῶς ἀνηγγέλη περὶ αὐτοῦ οὐχ ἕξουσιν ἁμαρτίαν, καὶ δῆλον ὅτι οἱ μὴ ἔχοντες ἁμαρτίαν κρίσει οὐχ ὑπόκεινται. λόγος δὲ ὁ ἐν ἀνθρώποις, οὗ μετέχειν εἰρήκαμεν τὸ γένος ἡμῶν, διχῶς λέγεται, ἤτοι κατὰ τὴν συμπλή-
30 ρωσιν τῶν ἐννοιῶν ἥτις ἐν παντὶ τῷ ὑπερβεβηκότι τὸν παῖδα τυγχάνει, ὑπεξαιρουμένων τῶν τεράτων, ἢ κατὰ τὴν ἀκρότητα ἥτις ἐν μόνοις τοῖς τελείοις εὑρίσκεται. κατὰ μὲν οὖν τὸ πρότερον τό· Εἰ μὴ ἦλθον καὶ ἐλάλησα αὐτοῖς, ἁμαρτίαν οὐκ εἴχοσαν· νῦν δὲ πρόφασιν οὐκ ἔχουσι περὶ

Ro x 6 ff.
cf. Deut xxx 12 ff.

Jo xv 22

cf. Is lii 15

της αμαρτίας αυτών· τὰ ῥητὰ ἐκλεκτέον· κατὰ δὲ τὸ δεύτερον· Πάντες ὅσοι πρὸ ἐμοῦ ἦλθον, κλέπται εἰσὶ καὶ λῃσταί, καὶ οὐκ ἤκουσαν αὐτῶν τὰ πρόβατα. πρὸ γὰρ τῆς τελειώσεως τοῦ λόγου πάντα ψεκτὰ τὰ ἐν ἀνθρώποις, ἅτε ἐνδεῆ καὶ ἐλλιπῆ, οἷς τελείως οὐχ ὑπακούει τὰ ἐν ἡμῖν ἄλογα, πρόβατα τροπικώτερον εἰρημένα. καὶ τάχα κατὰ μὲν τὸ πρότερον· Ὁ λόγος σὰρξ ἐγένετο· κατὰ δὲ τὸ δεύτερον· Θεὸς ἦν ὁ λόγος. τούτῳ δ' ἀκόλουθόν ἐστι ζητεῖν τί ἔστι μεταξὺ τοῦ· Ὁ λόγος σὰρξ ἐγένετο· καί· Θεὸς ἦν ὁ λόγος· ἐν τοῖς ἀνθρωπίνοις ἰδεῖν, οἷον ἀναστοιχειουμένου τοῦ λόγου ἀπὸ τοῦ γεγονέναι αὐτὸν σάρκα καὶ κατὰ βραχὺ λεπτυνομένου, ἕως γένηται ὅπερ ἦν ἐν ἀρχῇ, θεὸς λόγος ὁ πρὸς τὸν πατέρα· οὗ λόγου τὴν δόξαν εἶδεν ὁ Ἰωάννης ἀληθῶς μονογενοῦς ὡς ἀπὸ πατρός.

38. Δύναται δὲ καὶ ὁ λόγος υἱὸς εἶναι παρὰ τὸ ἀπαγγέλλειν τὰ κρύφια τοῦ πατρὸς ἐκείνου, ἀνάλογον τῷ καλουμένῳ υἱῷ λόγῳ νοῦ τυγχάνοντος. ὡς γὰρ ὁ παρ' ἡμῖν λόγος ἄγγελός ἐστι τῶν ὑπὸ τοῦ νοῦ ὁρωμένων, οὕτως ὁ τοῦ θεοῦ λόγος ἐγνωκὼς τὸν πατέρα, οὐδενὸς τῶν γενητῶν προσβαλεῖν αὐτῷ χωρὶς ὁδηγοῦ δυναμένου, ἀποκαλύπτει ὃν ἔγνω πατέρα. Οὐδεὶς γὰρ ἔγνω τὸν πατέρα εἰ μὴ ὁ υἱὸς καὶ ᾧ ἂν ὁ υἱὸς ἀποκαλύψῃ· καὶ καθὸ λόγος ἐστὶ μεγάλης τυγχάνει βουλῆς ἄγγελος ὤν, οὗ ἐγενήθη ἡ ἀρχὴ ἐπὶ τοῦ ὤμου αὐτοῦ· ἐβασίλευσε γὰρ διὰ τοῦ πεπονθέναι τὸν σταυρόν. ἐν δὲ τῇ ἀποκαλύψει ἐπὶ λευκοῦ ἵππου καθέζεσθαι λέγεται λόγος πιστὸς καὶ ἀληθινός, ὡς οἶμαι παριστᾶν τὸ σαφὲς τῆς φωνῆς ᾧ ἠχεῖται ὁ ἡμῖν ἐπιδημῶν ἀληθείας λόγος. οὐ τοῦ παρόντος δὲ καιροῦ δεῖξαι ὅτι ἐπὶ τῆς φωνῆς πολλαχοῦ τῆς γραφῆς, ἐν ᾗ ἔστι τὰ προκείμενα δι' ὧν ὠφελούμεθα θείων μαθημάτων ἀκροώμενοι, κεῖται ἡ ἵππος προσηγορία. μόνον δὲ ἑνὸς καὶ δευτέρου ὑπομνηστέον, τοῦ· Ψευδὴς ἵππος εἰς σωτηρίαν· καί· Οὗτοι

10 ἀναστοιχειομένου

IN EVANGELIUM JOANNIS TOMUS I. 53

ἐν ἅρμασι καὶ οὗτοι ἐν ἵπποις, ἡμεῖς δὲ ἐν ὀνόματι κυρίου θεοῦ ἡμῶν μεγαλυνθησόμεθα. τὸ δέ· Ἐξηρεύξατο ἡ καρδία μου λόγον ἀγαθόν, λέγω ἐγὼ τὰ ἔργα μου τῷ βασιλεῖ· ἐν τεσσαρακοστῷ τετάρτῳ ψαλμῷ ἀναγεγραμμένον, συνεχέσ-
5 τατα ὑπὸ τῶν πολλῶν φερόμενον ὡς νενοημένον, ἡμῖν οὐκ ἀβασάνιστον ἐατέον. ἔστω γὰρ τὸν πατέρα ταῦτα λέγειν, τίς οὖν ἡ καρδία αὐτοῦ, ἵνα ἀκολούθως τῇ καρδίᾳ ὁ ἀγαθὸς λόγος φανῇ; εἰ γὰρ ὁ λόγος οὐ δεῖται διηγήσεως, ὡς ἐκεῖνοι ὑπολαμβάνουσι, δῆλον ὅτι οὐδ' ἡ καρδία· ὅπερ ἐστὶν
10 ἀτοπώτατον, νομίζειν τὴν καρδίαν ὁμοίως τῷ ἐν ἡμετέρῳ σώματι εἶναι μέρος τοῦ θεοῦ. ἀλλ' ὑπομνηστέον αὐτοὺς ὅτι ὥσπερ χεὶρ καὶ βραχίων καὶ δάκτυλος ὀνομάζεται θεοῦ, οὐκ ἐρειδόντων ἡμῶν τὴν διάνοιαν εἰς ψιλὴν τὴν λέξιν ἀλλ' ἐξεταζόντων πῶς ταῦτα ὑγιῶς ἐκλαμβάνειν καὶ ἀξίως θεοῦ
15 δεῖ, οὕτως καὶ τὴν καρδίαν τοῦ θεοῦ τὴν νοητικὴν αὐτοῦ καὶ προθετικὴν περὶ τῶν ὅλων δύναμιν ἐκληπτέον, τὸν δὲ λόγον τῶν ἐν ἐκείνῃ τὸ ἀπαγγελτικόν. τίς δὲ ἀπαγγέλλει τὴν βουλὴν τοῦ πατρὸς τοῖς τῶν γενητῶν ἀξίοις καὶ παρ' αὐτοὺς γεγενημένοις ἢ ὁ σωτήρ; τάχα δὲ καὶ οὐ μάτην τὸ
20 Ἐξηρεύξατο· μυρία γὰρ ἕτερα ἐδύνατο λέγεσθαι ἀντὶ τοῦ Ἐξηρεύξατο· προέβαλεν ἡ καρδία μου λόγον ἀγαθόν· ἐλάλησεν ἡ καρδία μου λόγον ἀγαθόν· ἀλλὰ μήποτε ὥσπερ πνεύματός τινος ἀποκρύφου εἰς φανερὸν πρόοδός ἐστιν ἡ ἐρυγὴ τοῦ ἐρευγομένου, οἱονεὶ διὰ τούτου ἀναπνέον-
25 τος, οὕτω τὰ τῆς ἀληθείας θεωρήματα οὐ συνέχων ὁ πατὴρ ἐρεύγεται, καὶ ποιεῖ τὸν τύπον αὐτῶν ἐν τῷ λόγῳ, καὶ διὰ τοῦτο εἰκόνι καλουμένῳ τοῦ ἀοράτου θεοῦ. καὶ ταῦτα μὲν ἵνα συμπεριφερόμενοι τῇ τῶν πολλῶν ἐκδοχῇ παραδεξώμεθα ἀπὸ τοῦ πατρὸς λέγεσθαι τό· Ἐξηρεύξατο ἡ καρδία
30 μου λόγον ἀγαθόν.

39. Οὐ πάντῃ δὲ αὐτοῖς παραχωρητέον ὡς ὁμολογουμένως ταῦτα ἀπαγγέλλοντος τοῦ θεοῦ. διὰ τί γὰρ οὐχὶ ὁ

14 ταὔταυτα (sic) 20 ἀντί] quid scriptum sit in codice non liquet

προφήτης ἔσται λέγων πληρωθεὶς τοῦ πνεύματος καὶ προφερόμενος λόγον ἀγαθὸν περὶ προφητείας τῆς περὶ Χριστοῦ, συνέχειν αὐτὸν οὐ δυνάμενος, τό· Ἐξηρεύξατο ἡ καρδία μου λόγον ἀγαθόν, λέγω ἐγὼ τὰ ἔργα μου τῷ βασιλεῖ· ἡ γλῶσσά μου κάλαμος γραμματέως ὀξυγράφου· ὡραῖος κάλλει παρὰ τοὺς υἱοὺς τῶν ἀνθρώπων· εἶτα πρὸς αὐτὸν τὸν χριστόν· Ἐξεχύθη ἡ χάρις ἐν χείλεσί σου; πῶς γάρ, εἰ ὁ πατὴρ ταῦτ᾽ ἔλεγεν, ἐπεφέρετο τῷ· Ἐξεχύθη ἡ χάρις ἐν χείλεσί σου· τό· Διὰ τοῦτο εὐλόγησέ σε ὁ θεὸς εἰς τὸν αἰῶνα· καὶ μετ᾽ ὀλίγα· Διὰ τοῦτο ἔχρισέ σε ὁ θεός, ὁ θεός σου, ἔλαιον ἀγαλλιάσεως παρὰ τοὺς μετόχους σου; ἀνθυπενέγκοι δέ τις βουλόμενος ἐκ τοῦ πατρὸς τὰ ἐν τῷ ψαλμῷ ἀπαγγέλλεσθαι τό· Ἄκουσον, θύγατερ, καὶ ἴδε καὶ κλῖνον τὸ οὖς σου, καὶ ἐπιλάθου τοῦ λαοῦ σου καὶ τοῦ οἴκου τοῦ πατρός σου· οὐ γὰρ ὁ προφήτης πρὸς τὴν ἐκκλησίαν ἐρεῖ τό· Ἄκουσον, θύγατερ. οὐ χαλεπὸν δὲ δεῖξαι καὶ ἀπὸ ἑτέρων ψαλμῶν ὅτι προσώπων γίνονται ἐπὶ πλεῖον ἐναλλαγαί, ὥστε καὶ ἐνθάδε δύνασθαι ἀπὸ τοῦ· Ἄκουσον, θύγατερ· τὸν πατέρα λέγειν. παραθετέον δὲ εἰς τὴν περὶ τοῦ λόγου ἐξέτασιν καὶ τό· Τῷ λόγῳ τοῦ κυρίου οἱ οὐρανοὶ ἐστερεώθησαν, καὶ τῷ πνεύματι τοῦ στόματος αὐτοῦ πᾶσα ἡ δύναμις αὐτῶν· ἅπερ τινὲς ἡγοῦνται ἐπὶ τοῦ σωτῆρος καὶ τοῦ ἁγίου τάσσεσθαι πνεύματος, δυνάμενα δηλοῦν τὸ λόγῳ θεοῦ τοὺς οὐρανοὺς ἐστερεῶσθαι, ὡς εἰ λέγοιμεν λόγῳ ἀρχιτεκτονικῷ τὴν οἰκίαν καὶ λόγῳ ναυπηγικῷ τὴν ναῦν γεγονέναι, οὕτως οὖν λόγῳ θεοῦ τοὺς οὐρανούς, θειοτέρου τυγχάνοντας σώματος καὶ διὰ τοῦτο καλουμένου στερεοῦ, οὐκ ἔχοντος τὸ ἐπιπολὺ ῥευστὸν καὶ εὐδιάλυτον τῶν λοιπῶν καὶ κατωτέρω, ἐστερεῶσθαι καὶ διὰ τὸ διάφορον ἐσχηκέναι ἐξαιρέτως τῷ θείῳ λόγῳ. ἐπεὶ οὖν πρόκειται τό· Ἐν ἀρχῇ ἦν ὁ λόγος· σαφῶς ἰδεῖν, ἀρχὴ δὲ μετὰ μαρτυριῶν τῶν ἐκ τῶν παροιμιῶν ἀποδέδοται εἰρῆσθαι ἡ σοφία, καί ἐστι προεπινοουμένη ἡ σοφία τοῦ

11 ἀνθυπενέγκη   26 τυγχάνοντος

αὐτὴν ἀπαγγέλλοντος λόγου, νοητέον τὸν λόγον ἐν τῇ ἀρχῇ, τοῦτ' ἔστι τῇ σοφίᾳ, ἀεὶ εἶναι· ὄντα δὲ ἐν τῇ σοφίᾳ, καλουμένῃ ἀρχῇ, μὴ κωλύεσθαι εἶναι πρὸς τὸν θεὸν, καὶ αὐτὸν θεὸν τυγχάνοντα, καὶ οὐ γυμνῶς εἶναι αὐτὸν πρὸς τὸν θεὸν, ἀλλὰ ὄντα ἐν τῇ ἀρχῇ τῇ σοφίᾳ εἶναι πρὸς τὸν θεόν. ἐπιφέρει γοῦν καί φησιν· Οὗτος ἦν ἐν ἀρχῇ πρὸς τὸν θεόν· ἐδύνατο γὰρ εἰρηκέναι· Οὗτος ἦν πρὸς τὸν θεόν· ἀλλ' ὥσπερ ἦν ἐν ἀρχῇ, οὕτως καὶ πρὸς τὸν θεὸν ἐν ἀρχῇ ἦν, καὶ πάντα δι' αὐτοῦ ἐγένετο ὄντος ἐν τῇ ἀρχῇ· πάντα cf.Psciii(civ) γὰρ ἐν σοφίᾳ ὁ θεὸς κατὰ τὸν Δαβὶδ ἐποίησε. καὶ ἔτι εἰς²⁴ τὸ παραδέξασθαι τὸν λόγον ἰδίαν περιγραφὴν ἔχοντα, οἷον τυγχάνοντα ζῆν καθ' ἑαυτὸν, λεκτέον καὶ περὶ δυνάμεων, οὐ μόνον δυνάμεως· Τάδε λέγει κύριος τῶν δυνάμεων· πολλαχοῦ κεῖται, λογικῶν τινων θείων ζώων δυνάμεων ὀνομαζομένων, ὧν ἡ ἀνωτέρω καὶ κρείττων Χριστὸς ἦν, οὐ μόνον σοφία θεοῦ ἀλλὰ καὶ δύναμις προσαγορευόμενος. cf. 1 Co i 24 ὥσπερ οὖν δυνάμεις θεοῦ πλείονές εἰσιν, ὧν ἑκάστη κατὰ περιγραφὴν, ὧν διαφέρει ὁ σωτὴρ, οὕτως καὶ λόγος, εἰ καὶ ὁ παρ' ἡμῖν οὐκ ἔστι κατὰ περιγραφὴν ἐκτὸς ἡμῶν νοηθήσεται ὁ χριστὸς διὰ τὰ προεξητασμένα, ἐν ἀρχῇ τῇ σοφίᾳ τὴν ὑπόστασιν ἔχων. ταῦτα ἡμῖν ἐπὶ τοῦ παρόντος ἀρκέσει εἰς τό· Ἐν ἀρχῇ ἦν ὁ λόγος.

2 τῇ σοφίᾳ 1°] τῆς σοφίας pr. man. ut videtur

ΤΟΜΟΣ Β'.

1. Καὶ ὁ λόγοc ἦν πρόc τον θεόν, καὶ θεόc ἦν ὁ λόγοc. Αὐτάρκως κατὰ τὴν παροῦσαν δύναμιν, ἱερὲ ἀδελφὲ Ἀμβρόσιε, καὶ κατὰ τὸ εὐαγγέλιον μεμορφωμένε, ἐν τοῖς πρὸ τούτων διαλαβόντες τί ἐστιν εὐαγγέλιον καὶ τίς ἡ ἀρχή, ἐν ᾗ ἦν ὁ λόγος, τίς τε ὁ λόγος ὁ ἐν ἀρχῇ, ἀκολούθως νῦν ἐπισκοποῦμεν πῶς ὁ λόγος ἦν πρὸς τὸν θεόν. χρήσιμον τοίνυν συναγαγεῖν εἰς τοῦτο λόγον ἀναγεγραμμένον γεγονέναι πρός τινας, οἷον· Λόγος κυρίου ὃς ἐγενήθη πρὸς Ὡσηέ, τὸν τοῦ Βεηρεί· καί· Ὁ λόγος ὁ γενόμενος πρὸς Ἡσαΐαν, υἱὸν Ἀμώς, περὶ τῆς Ἰουδαίας καὶ περὶ Ἱερουσαλήμ· καί· Ὁ λόγος ὁ γενόμενος πρὸς Ἱερεμίαν περὶ τῆς ἀβροχίας. πῶς οὖν λόγος κυρίου ἐγενήθη πρὸς Ὡσηέ, καὶ ὁ λόγος ἐστὶν ὁ γενόμενος πρὸς Ἡσαΐαν, υἱὸν Ἀμώς, καὶ πάλιν ὁ λόγος πρὸς Ἱερεμίαν περὶ τῆς ἀβροχίας ἐπισκοπητέον, ἵν' ὡς παρακείμενον εὑρεθῆναι δυνηθῇ πῶς ὁ λόγος ἦν πρὸς τὸν θεόν. ὁ μὲν οὖν πολὺς ἁπλούστερον ἐκλήψεται τὰ περὶ τῶν προφητῶν εἰρημένα ὡς λόγου κυρίου ἢ τοῦ λόγου γενομένου πρὸς αὐτούς. μήποτε δὲ ὡς φαμὲν τόνδε τινὰ πρὸς τόνδε γίνεσθαι, οὕτως ὁ νῦν θεολογούμενος υἱὸς λόγος ἐγενήθη πρὸς Ὡσηέ, ἀποσταλεὶς ὑπὸ τοῦ πατρὸς πρὸς αὐτόν· κατὰ μὲν τὴν ἱστορίαν πρὸς τὸν υἱὸν τοῦ Βεηρεὶ, προφήτην Ὡσηὲ, κατὰ δὲ μυστικὸν λόγον πρὸς τὸν σωζόμενον, Ὡσηὲ γὰρ ἑρμηνεύεται Σωζόμενος, υἱὸν Βεηρεὶ, ὃς ἑρμηνεύεται Φρέατα· πηγῆς γὰρ ἐκ βάθους ἀναβλιστανούσης σοφίας θεοῦ ἕκαστος τῶν σωζομένων υἱὸς γίνεται. καὶ οὐδὲν θαυμαστὸν οὕτως

23 δς] οὗ

υἱὸν φρεάτων εἶναι τὸν ἅγιον, ἀπὸ τῶν ἀνδραγαθημάτων
πολλαχοῦ υἱὸν ὀνομαζόμενον, παρὰ μὲν τὸ λάμπειν αὐτοῦ
τὰ ἔργα ἔμπροσθεν τῶν ἀνθρώπων, φωτὸς, παρὰ δὲ τὸ ἔχειν
τὴν εἰρήνην τοῦ θεοῦ τὴν ὑπερέχουσαν πάντα νοῦν, εἰρήνης·
5 ἔτι δὲ διὰ τὴν ἀπὸ τῆς σοφίας ὠφέλειαν, τέκνον σοφίας·
Ἐδικαιώθη γὰρ, φησὶν, ἡ σοφία ἀπὸ τῶν τέκνων αὐτῆς.
49 οὕτως οὖν ὁ πάντα ἐρευνῶν θείῳ πνεύματι καὶ τὰ βάθη τοῦ
θεοῦ, ὥστε ἀποφθέγξασθαι αὐτόν· Ὦ βάθος πλούτου καὶ
σοφίας καὶ γνώσεως θεοῦ· δύναται εἶναι φρεάτων υἱὸς πρὸς
10 ὃν ὁ λόγος κυρίου γίνεται. ὁμοίως λόγος καὶ πρὸς Ἡσαΐαν
ἔρχεται, διδάσκων τὰ ἐν ἐσχάταις ἡμέραις ἀπαντησόμενα τῇ
Ἰουδαίᾳ καὶ Ἱερουσαλήμ· ὡσαύτως δὲ καὶ πρὸς Ἰερεμίαν
θείῳ μετεωρισμῷ ἐπαρθέντα, ἑρμηνεύεται γὰρ Μετεωρισμὸς
Ἰάω. ἀλλὰ πρὸς μὲν τοὺς ἀνθρώπους πρότερον οὐ χωροῦντας
15 τὴν τοῦ υἱοῦ τοῦ θεοῦ, λόγου τυγχάνοντος, ἐπιδημίαν ὁ λόγος
γίνεται· πρὸς δὲ τὸν θεὸν οὐ γίνεται, ὡς πρότερον οὐκ ὢν
πρὸς αὐτόν, παρὰ δὲ τὸ ἀεὶ συνεῖναι τῷ πατρὶ λέγεται· Καὶ
ὁ λόγος ἦν πρὸς τὸν θεόν· οὐ γὰρ ἐγένετο πρὸς τὸν θεόν.
καὶ ταὐτὸν ῥῆμα τὸ Ἦν τοῦ λόγου κατηγορεῖται, ὅτε ἐν ἀρχῇ
20 ἦν καὶ ὅτε πρὸς τὸν θεὸν ἦν, οὔτε τῆς ἀρχῆς χωριζόμενος
οὔτε τοῦ πατρὸς ἀπολειπόμενος, καὶ πάλιν οὔτε ἀπὸ τοῦ μὴ
εἶναι ἐν ἀρχῇ γινόμενος ἐν ἀρχῇ οὔτε ἀπὸ τοῦ μὴ τυγχάνειν
πρὸς τὸν θεὸν ἐπὶ τῷ πρὸς τὸν θεὸν εἶναι γινόμενος· πρὸ
γὰρ παντὸς χρόνου καὶ αἰῶνος ἐν ἀρχῇ ἦν ὁ λόγος, καὶ ὁ
25 λόγος ἦν πρὸς τὸν θεόν. ἐπεὶ τοίνυν εἰς εὕρεσιν τοῦ· Καὶ
ὁ λόγος ἦν πρὸς τὸν θεόν· παρεθέμεθα λέξεις προφητικὰς,
πῶς ἐγένετο πρὸς Ὡσηὲ καὶ Ἡσαΐαν καὶ Ἰερεμίαν, παρετηρή-
σαμέν τε οὐ τὴν τυχοῦσαν διαφορὰν τοῦ Ἐγενήθη καὶ Ἐγέ-
νετο πρὸς τὸ Ἦν, προσθήσομεν ὅτι ἐν μὲν τῷ πρὸς τοὺς
30 προφήτας γίνεσθαι φωτίζει τοὺς προφήτας τῷ φωτὶ τῆς
γνώσεως, ποιῶν αὐτοὺς ἅτε ἔμπροσθεν βλέποντας, ὁρᾶν ἃ
πρὸ αὐτοῦ οὐ κατενόουν· πρὸς δὲ τὸν θεὸν τὸ Θεός ἐστι
τυγχάνων ἀπὸ τοῦ εἶναι πρὸς αὐτόν. καὶ τάχα τοιαύτην τινὰ

19 ὅτε] ὅτι

Jo I 1   τάξιν ὁ Ἰωάννης ἐν τῷ λόγῳ ἰδὼν οὐ προέταξε τό· Θεὸς ἦν ὁ λόγος· τοῦ· Ὁ λόγος ἦν πρὸς τὸν θεόν· ὅσον ἐπὶ ταῖς ἀποφάσεσιν οὐδὲν ἂν κωλυθέντος τοῦ εἱρμοῦ πρὸς τὸ καθ' αὑτὸ ἰδεῖν ἑκάστου τῶν ἀξιωμάτων τὴν δύναμιν· ἓν γὰρ ἀξίωμα τό· Ἐν ἀρχῇ ἦν ὁ λόγος· καὶ δεύτερον τό· Ὁ λόγος ἦν πρὸς τὸν θεόν· καὶ ἑξῆς· Καὶ θεὸς ἦν ὁ λόγος. ἀλλ' ἐπεὶ τάχα τάξιν τινὰ δηλοῖ τὸ πρῶτον τετάχθαι τό· Ἐν ἀρχῇ ἦν ὁ λόγος· κατὰ τὸ οὕτως ἑξῆς τό· Καὶ ὁ λόγος ἦν πρὸς τὸν θεόν· καὶ τρίτον τό· Καὶ θεὸς ἦν ὁ λόγος· διὰ τοῦτο, ἵνα δυνηθῇ ἀπὸ τοῦ πρὸς τὸν θεὸν εἶναι ὁ λόγος νοηθῆναι γινόμενος θεός, λέγεται· Καὶ ὁ λόγος ἦν πρὸς τὸν θεόν· ἔπειτα· Καὶ θεὸς ἦν ὁ λόγος.

2. Πάνυ δὲ παρατετηρημένως καὶ οὐχ ὡς ἑλληνικὴν ἀκριβολογίαν οὐκ ἐπιστάμενος ὁ Ἰωάννης ὅπου μὲν τοῖς ἄρθροις ἐχρήσατο ὅπου δὲ ταῦτα ἀπεσιώπησεν, ἐπὶ μὲν τοῦ λόγου προστιθεὶς τὸ Ὁ, ἐπὶ δὲ τῆς θεὸς προσηγορίας ὅπου μὲν τιθεὶς ὅπου δὲ διαιρῶν. τίθησι μὲν γὰρ τὸ ἄρθρον ὅτε ἡ θεὸς ὀνομασία ἐπὶ τοῦ ἀγενήτου τάσσεται τῶν ὅλων αἰτίου, σιωπᾷ δὲ αὐτὸ ὅτε ὁ λόγος θεὸς ὀνομάζεται. ὡς δὲ διαφέρει κατὰ τούτους τοὺς τόπους ὁ θεὸς καὶ θεός, οὕτως μήποτε διαφέρῃ ὁ λόγος καὶ λόγος. ὃν τρόπον γὰρ ὁ ἐπὶ πᾶσι θεὸς ὁ θεὸς καὶ οὐχ ἁπλῶς θεός, οὕτως ἡ πηγὴ τοῦ ἐν ἑκάστῳ τῶν λογικῶν λόγου ὁ λόγος, τοῦ ἐν ἑκάστῳ λόγου οὐκ ἂν κυρίως ὁμοίως τῷ πρώτῳ ὀνομασθέντος καὶ λεχθέντος ὁ λόγος. καὶ τὸ πολλοὺς φιλοθέους εἶναι εὐχομένους ταράσσον, εὐλαβουμένους δύο ἀναγορεῦσαι θεοὺς καὶ παρὰ τοῦτο περιπίπτοντας ψευδέσι καὶ ἀσεβέσι δόγμασιν, ἤτοι ἀρνουμένους ἰδιότητα υἱοῦ ἑτέραν παρὰ τὴν τοῦ πατρός, ὁμολογοῦντας θεὸν εἶναι τὸν μέχρι ὀνόματος παρ' αὐτοῖς υἱὸν προσαγορευόμενον, ἢ ἀρνουμένους τὴν θεότητα τοῦ υἱοῦ τιθέντας δὲ αὐτοῦ τὴν ἰδιότητα καὶ τὴν οὐσίαν κατὰ περιγραφὴν τυγχάνουσαν ἑτέραν τοῦ πατρός, ἐντεῦθεν λύεσθαι δύναται. λεκτέον γὰρ αὐτοῖς ὅτι τότε μὲν αὐτόθεος ὁ θεός ἐστι, διόπερ καὶ ὁ σωτήρ φησιν ἐν τῇ πρὸς τὸν πατέρα εὐχῇ·

Ἵνα γινώσκωσι σὲ τὸν μόνον ἀληθινὸν θεόν· πᾶν δὲ τὸ Jo xvii 3
παρὰ τὸ αὐτόθεος μετοχῇ τῆς ἐκείνου θεότητος θεοποιούμενον
οὐχ ὁ θεὸς ἀλλὰ θεὸς κυριώτερον ἂν λέγοιτο, ᾧ πάντως ὁ
πρωτότοκος πάσης κτίσεως, ἅτε πρῶτος τῷ πρὸς τὸν θεὸν cf. Col i 15
51 εἶναι σπάσας τῆς θεότητος εἰς ἑαυτὸν, ἐστὶ τιμιώτερος τοῖς
λοιποῖς παρ' αὐτὸν θεοῖς ὧν ὁ θεὸς θεός ἐστι κατὰ τὸ λεγό-
μενον· Θεὸς θεῶν κύριος ἐλάλησε, καὶ ἐκάλεσε τὴν γῆν· Ps xlix (l) 1
διακονήσας τὸ γενέσθαι θεοῖς, ἀπὸ τοῦ θεοῦ ἀρύσας εἰς τὸ
θεοποιηθῆναι αὐτοὺς, ἀφθόνως κἀκείνοις κατὰ τὴν αὐτοῦ
10 χρηστότητα μεταδιδούς. ἀληθινὸς οὖν θεὸς ὁ θεός, οἱ δὲ κατ'
ἐκεῖνον μορφούμενοι θεοὶ ὡς εἰκόνες πρωτοτύπου· ἀλλὰ
πάλιν τῶν πλειόνων εἰκόνων ἡ ἀρχέτυπος εἰκὼν ὁ πρὸς τὸν
θεόν ἐστι λόγος ὃς ἐν ἀρχῇ ἦν, τῷ εἶναι πρὸς τὸν θεὸν ἀεὶ cf. Jo i 1
μένων θεὸς, οὐκ ἂν δ' αὐτὸ ἐσχηκὼς εἰ μὴ πρὸς τὸν θεὸν ἦν,
15 καὶ οὐκ ἂν μείνας θεὸς εἰ μὴ παρέμενε τῇ ἀδιαλείπτῳ θέᾳ
τοῦ πατρικοῦ βάθους.

3. Ἀλλ' ἐπεὶ εἰκὸς προσκόψειν τινὰς τοῖς εἰρημένοις,
ἑνὸς μὲν ἀληθινοῦ θεοῦ τοῦ πατρὸς ἀπαγγελλομένου παρὰ
δὲ τὸν ἀληθινὸν θεὸν θεῶν πλειόνων τῇ μετοχῇ τοῦ θεου
20 γινομένων, εὐλαβουμένους τὴν τοῦ πᾶσαν κτίσιν ὑπερέχοντος
δόξαν ἐξισῶσαι τοῖς λοιποῖς τῆς θεὸς προσηγορίας τυγχά-
νουσι, πρὸς τῇ ἀποδεδομένῃ διαφορᾷ, καθ' ἣν ἐφάσκομεν
πᾶσι τοῖς λοιποῖς θεοῖς διάκονον εἶναι τῆς θεότητος τὸν θεὸν
λόγον, καὶ ταύτην παραστατέον. ὁ γὰρ ἐν ἑκάστῳ λόγος
25 τῶν λογικῶν τοῦτον τὸν λόγον ἔχει πρὸς τὸν ἐν ἀρχῇ λόγον
πρὸς τὸν θεὸν ὄντα λόγον θεὸν, ὃν ὁ θεὸς λόγος πρὸς τὸν
θεόν· ὡς γὰρ αὐτόθεος καὶ ἀληθινὸς θεὸς ὁ πατὴρ πρὸς
εἰκόνα καὶ εἰκόνας τῆς εἰκόνος, διὸ καὶ κατ' εἰκόνα λέγονται cf. Gen i 26
εἶναι οἱ ἄνθρωποι, οὐκ εἰκόνες, οὕτως ὁ αὐτόλογος πρὸς τὸν
30 ἐν ἑκάστῳ λόγον. ἀμφότερα γὰρ πηγῆς ἔχει χώραν, ὁ μὲν
πατὴρ θεότητος, ὁ δὲ υἱὸς λόγου. ὥσπερ οὖν θεοὶ πολλοὶ 1 Co viii 6
ἀλλ' ἡμῖν εἷς θεός, ὁ πατὴρ, καὶ πολλοὶ κύριοι ἀλλ' ἡμῖν εἷς

14 τὸν] om.   29 αὐτὸς λόγος

κύριος, Ἰησοῦς Χριστός, οὕτως πολλοὶ λόγοι ἀλλ' ἡμῖν εὐχόμεθα ὅπως ὑπάρξῃ ὁ ἐν ἀρχῇ λόγος ὁ πρὸς τὸν θεὸν ὤν, ὁ θεὸς λόγος. ὃς γὰρ οὐ χωρεῖ τοῦτον τὸν λόγον, τὸν ἐν ἀρχῇ πρὸς τὸν θεόν, ἤτοι αὐτῷ γενομένῳ σαρκὶ προσέξει, ἢ μεθέξει τῶν μετεσχηκότων τινὸς τούτου τοῦ λόγου, ἢ ἀπο- 5 πεσὼν τοῦ μετέχειν τοῦ μετεσχηκότος ἐν πάντῃ ἀλλοτρίῳ τοῦ λόγου ἔσται καλουμένῳ. σαφὲς δὲ ἔσται τὸ εἰρημένον ἐκ παραδειγμάτων τῶν περὶ τοῦ θεοῦ καὶ τοῦ θεοῦ λόγου καὶ θεῶν ἤτοι μετεχόντων θεοῦ ἢ λεγομένων μὲν οὐδαμῶς δὲ 32 ὄντων θεῶν, καὶ πάλιν λόγου θεοῦ καὶ λόγου γενομένου θεοῦ 10 σαρκὸς καὶ λόγων ἤτοι μετεχόντων πως τοῦ λόγου λόγων δευτέρων ἢ τρίτων παρὰ τὸν πρὸ πάντων νομιζομένων μὲν λόγων οὐκ ὄντων δὲ ἀληθῶς λόγων ἀλλ', ἵν' οὕτως εἴπω, ὅλον τοῦτο ἀλόγων λόγων, ὥσπερ καὶ ἐπὶ τῶν λεγομένων μὲν, οὐκ ὄντων δὲ θεῶν τάξαι τις ἂν ἀντὶ τοῦ ἀλόγων λόγων 15 τὸ οὐ θεῶν θεῶν. ὁ μὲν οὖν θεὸς τῶν ὅλων τῆς ἐκλογῆς ἐστι θεός, καὶ πολὺ μᾶλλον τοῦ τῆς ἐκλογῆς σωτῆρος· ἔπειτα τῶν ἀληθῶς θεῶν ἐστι θεός, καὶ ἁπαξαπλῶς ζώντων καὶ οὐ νεκρῶν ἐστι θεός. ὁ δὲ θεὸς λόγος τάχα τῶν ἐν αὐτῷ ἱστάντων τὸ πᾶν καὶ τῶν πατέρα αὐτὸν νομιζόντων ἐστὶ 20 θεός. ἥλιος δὲ καὶ σελήνη καὶ ἀστέρες, ὥς τινες τῶν πρὸ ἡμῶν διηγήσαντο, ἀπενεμήθησαν τοῖς μὴ ἀξίοις ἐπιγράφεσθαι τὸν θεὸν τῶν θεῶν θεὸν αὐτῶν εἶναι. οὕτω δὲ ἐξεδέξαντο κινηθέντες ἐκ τῶν ἐν τῷ Δευτερονομίῳ τὸν τρόπον τοῦτον ἐχόντων· Μὴ ἀναβλέψας εἰς τὸν οὐρανὸν καὶ ἰδὼν 25 τὸν ἥλιον καὶ τὴν σελήνην καὶ πάντα τὸν κόσμον τοῦ οὐρανοῦ, πλανηθεὶς προσκυνήσῃς αὐτοῖς καὶ λατρεύσῃς αὐτοῖς, ἃ ἀπένειμεν αὐτὰ κύριος ὁ θεός σου πᾶσι τοῖς ἔθνεσιν. ὑμῖν δὲ οὐχ οὕτως ἔδωκε κύριος ὁ θεός σου. πῶς γὰρ ἀπένειμε πᾶσι τοῖς ἔθνεσιν ἥλιον καὶ σελήνην καὶ πάντα τὸν 30 κόσμον τοῦ οὐρανοῦ ὁ θεός, οὐχ οὕτως δεδωκὼς αὐτὰ τῷ Ἰσραήλ; τῷ τοὺς μὴ δυναμένους ἐπὶ τὴν νοητὴν ἀναδραμεῖν

4 ἤτοι] ἤτοι   11 λόγων 1°] λόγον   29 ἔδοκε

φύσιν, δι' αισθητών θεών κινουμένους περὶ θεότητος, ἀγαπητῶς κἂν ἐν τούτοις ἵστασθαι καὶ μὴ πίπτειν ἐπὶ εἴδωλα καὶ δαιμόνια. οὐκοῦν οἱ μὲν θεὸν ἔχουσι τὸν τῶν ὅλων θεόν, οἱ δὲ παρὰ τούτους δεύτεροι ἱστάμενοι ἐπὶ τὸν υἱὸν τοῦ θεοῦ τὸν χριστὸν αὐτοῦ· καὶ τρίτοι οἱ τὸν ἥλιον καὶ τὴν σελήνην καὶ πάντα τὸν κόσμον τοῦ οὐρανοῦ, ἀπὸ θεοῦ μὲν πλανηθέντες, πλὴν πλάνην πολλῷ διαφέρουσαν καὶ κρείττονα τῶν καλούντων θεοὺς ἔργα χειρῶν ἀνθρώπων, χρυσὸν καὶ ἄργυρον, τέχνης ἐμμελέτημα. τελευταῖοι δὲ εἰσιν οἱ λεγόμενοις μὲν θεοῖς ἀνακείμενοι οὐδαμῶς δὲ οὖσιν θεοῖς. οὕτω 53 τοίνυν οἱ μέν τινες μετέχουσιν αὐτοῦ τοῦ ἐν ἀρχῇ λόγου καὶ πρὸς τὸν θεὸν λόγου καὶ θεοῦ λόγου, ὥσπερ Ὠσηὲ καὶ Ἡσαΐας καὶ Ἱερεμίας καὶ εἴ τις ἕτερος τοιοῦτον ἑαυτὸν παρέστησεν ὡς τὸν λόγον κυρίου ἢ τὸν λόγον γενέσθαι πρὸς αὐτόν. ἕτεροι δὲ οἱ μηδὲν εἰδότες εἰ μὴ Ἰησοῦν Χριστὸν καὶ τοῦτον ἐσταυρωμένον, τὸν γενόμενον σάρκα λόγον τὸ πᾶν νομίσαντες εἶναι τοῦ λόγου, Χριστὸν κατὰ σάρκα μόνον γινώσκουσι· τοιοῦτον δέ ἐστι τὸ πλῆθος τῶν πεπιστευκέναι νομιζομένων. καὶ τρίτοι λόγοις μετέχουσί τι τοῦ λόγου ὡς πάντα ὑπερέχουσι λόγον προσεσχήκασι, καὶ μήποτε οὗτοί εἰσιν οἱ μετερχόμενοι τὰς εὐδοκιμούσας καὶ διαφερούσας ἐν φιλοσοφίᾳ παρ' Ἕλλησιν αἱρέσεις. τέταρτοι δὲ παρὰ τούτους οἱ πεπιστευκότες λόγοις πάντῃ διεφθορόσι καὶ ἀθέοις, τὴν ἐναργῆ καὶ σχεδὸν αἰσθητὴν πρόνοιαν ἀναιροῦσι καὶ ἄλλο τι τέλος παρὰ τὸ καλὸν ἀποδεχομένοις. εἰ καὶ ἐδόξαμεν δὲ παρεκβεβηκέναι, οἶμαι δ' ὅτι παρακειμένως ὑπὲρ τοῦ σαφῶς ἰδεῖν τέσσαρα πράγματα κατὰ τὸ θεός ὄνομα καὶ τέσσαρα κατὰ τὸ λόγος τοῦτο πεποιήκαμεν. ἦν γὰρ ὁ θεὸς καὶ θεός, εἶτα θεοὶ διχῶς, ὧν τοῦ κρείττονος τάγματος ὑπερέχει ὁ θεὸς λόγος ὑπερεχόμενος ὑπὸ τοῦ τῶν ὅλων θεοῦ. καὶ πάλιν ἦν ὁ λόγος, τάχα δὲ καὶ λόγος, ὁμοίως τῷ ὁ θεὸς καὶ θεός, καὶ οἱ λόγοι διχῶς. οἰκεῖοί τε ἄνθρωποι οἱ μὲν

cf. Ps cxiii 12 (cxv 4)

cf. Jo i 1

1 Co ii 2
cf. Jo i 14
cf. 2 Co v 16

30 ὑπερέχειν   32 ἀνθρώπινοι

τῷ πατρὶ, μερίδες ὄντες αὐτοῦ· καὶ τούτοις παρακείμενοι οὓς νῦν σαφέστερον ὁ λόγος ἡμῖν παρίστησιν, οἱ ἐπὶ τὸν σωτῆρα φθάσαντες καὶ τὸ πᾶν ἐν αὐτῷ ἱστάντες. καὶ τρίτοι οἱ προειρημένοι, ἥλιον καὶ σελήνην καὶ ἀστέρας νομίζοντες θεοὺς καὶ ἐν αὐτοῖς ἱστάμενοι. ἐπὶ πᾶσι δὲ καὶ ἐν τῇ κάτω 5 χώρᾳ οἱ τοῖς ἀψύχοις καὶ νεκροῖς εἰδώλοις ἐκκείμενοι. τὸ δὲ ἀνάλογον καὶ ἐπὶ τῶν κατὰ τὸν λόγον εὑρίσκομεν. οἱ μὲν γὰρ αὐτῷ τῷ λόγῳ κεκόσμηνται· οἱ δὲ παρακειμένῳ τινὶ αὐτῷ καὶ δοκοῦντι εἶναι αὐτῷ τῷ πρώτῳ λόγῳ, οἱ μηδὲν εἰδότες εἰ μὴ Ἰησοῦν Χριστὸν καὶ τοῦτον ἐσταυρωμένον, οἱ 10 τὸν λόγον σάρκα ὁρῶντες· καὶ τρίτοι, οὓς πρὸ βραχέως εἰρήκαμεν. τί δὲ δεῖ λέγειν περὶ τῶν νομιζομένων μὲν ἐν λόγῳ τυγχάνειν, ἀποπεπτωκότων δὲ οὐ μόνον αὐτοῦ τοῦ καλοῦ ἀλλὰ καὶ τῶν ἰχνέων καὶ μετεχόντων αὐτοῦ;

Jo i 2   4. Οὗτος ἦν ἐν ἀρχῇ πρὸς τὸν θεόν. Διὰ τῶν 54 προειρημένων τριῶν προτάσεων τάγματα τρία διδάξας ἡμᾶς ὁ εὐαγγελιστὴς συγκεφαλαιοῦται τὰ τρία εἰς ἕν, λέγων τό· Οὗτος ἦν ἐν ἀρχῇ πρὸς τὸν θεόν. πρῶτον δὲ τῶν τριῶν μεμαθήκαμεν ἐν τίνι ἦν ὁ λόγος, ὅτι ἐν ἀρχῇ, καὶ πρὸς τίνα οὗτος ἦν, ὅτι πρὸς τὸν θεόν, καὶ τίς ὁ λόγος ἦν, ὅτι 20 θεός. οἱονεὶ οὖν δεικνὺς τὸν προειρημένον θεὸν λόγον διὰ τοῦ Οὗτος, καὶ συνάγων εἰς τετάρτην πρότασιν τό τε· Ἐν ἀρχῇ ἦν ὁ λόγος· καὶ τό· Ὁ λόγος ἦν πρὸς τὸν θεόν, καὶ θεὸς ἦν ὁ λόγος· φησίν· Οὗτος ἦν ἐν ἀρχῇ πρὸς τὸν θεόν. δύναται μέντοι γε τὸ τῆς ἀρχῆς ὄνομα λαμβά- 25 νεσθαι καὶ ἐπὶ τῆς τοῦ κόσμου ἀρχῆς, μανθανόντων ἡμῶν διὰ τῶν λεγομένων ὅτι πρεσβύτερος ὁ λόγος τῶν ἀπ᾽ ἀρχῆς
Gen i 1 γενομένων ἦν. εἰ γὰρ ἐν ἀρχῇ ἐποίησεν ὁ θεὸς τὸν οὐρανὸν καὶ τὴν γῆν, τὸ δέ· Ἐν ἀρχῇ ἦν· σαφῶς πρεσβύτερόν ἐστι τοῦ ἐν ἀρχῇ πεποιημένου, οὐ μόνον στερεώ- 30 ματος καὶ ξηρᾶς ἀλλὰ οὐρανοῦ καὶ γῆς πρεσβύτερός ἐστιν ὁ λόγος. τάχα δὲ οὐκ ἀτόπως τις ζητήσαι ἂν διὰ τί οὐκ

28 post ἀρχῇ] ins. ἦν

εἴρηται· Ἐν ἀρχῇ ἦν ὁ λόγος τοῦ θεοῦ, καὶ ὁ λόγος τοῦ θεοῦ ἦν πρὸς τὸν θεόν, καὶ θεὸς ἦν ὁ λόγος τοῦ θεοῦ. ἀκόλουθον δέ ἐστι τὸν ζητοῦντα τί δήποτε οὐ γέγραπται· Ἐν ἀρχῇ ὁ λόγος τοῦ θεοῦ, καὶ τὰ ἑξῆς, πλείονας ἀπο-
5 φαίνεσθαι λόγους καὶ τάχα ἑτερογενεῖς, ἢ ὁ μέν τις τοῦ θεοῦ λόγος ἕτερος δὲ φέρε εἰπεῖν ἀγγέλων λόγος καὶ ἄλλος ἀνθρώπων, καὶ οὕτως ἐπὶ τῶν λοιπῶν λόγων. εἰ δὲ λόγος, τάχα καὶ σοφία καὶ δικαιοσύνη. ἄτοπον δὲ πλείονας φάσκειν τῆς λόγος προσηγορίας κυρίως τυγχάνειν καὶ τῆς
10 σοφία καὶ τῆς δικαιοσύνη. καὶ πληχθησόμεθα πρὸς τὸ μὴ δεῖν ζητεῖν πλείονας λόγους καὶ σοφίας καὶ δικαιοσύνας, κυρίως οὕτως ὀνομαζομένας, ἀπὸ τῆς ἀληθείας. πᾶς γὰρ ὁστισοῦν ὁμολογήσαι ἂν μίαν εἶναι τὴν ἀλήθειαν· οὐ γὰρ καὶ ἐπ' αὐτῆς τολμήσαι τις λέγειν ἑτέραν εἶναι τὴν τοῦ
15 θεοῦ ἀλήθειαν καὶ ἑτέραν τὴν τῶν ἀγγέλων καὶ ἄλλην τὴν τῶν ἀνθρώπων· ἐν γὰρ τῇ φύσει τῶν ὄντων μία ἡ περὶ ἑκάστου ἀλήθεια. εἰ δὲ ἀλήθεια μία, δῆλον ὅτι καὶ ἡ κατασκευὴ αὐτῆς, καὶ ἡ ἀπόδειξις σοφία τυγχάνουσα μία εὐλόγως ἂν νοοῖτο πάσης τῆς νομιζομένης σοφίας, οὐ κρα-
20 τούσης τῆς ἀληθείας οὐδὲ σοφίας ἂν ὑγιῶς χρηματιζούσης. εἰ δ' ἀλήθεια μία καὶ σοφία μία, καὶ λόγος ὁ ἀπαγγέλλων τὴν ἀλήθειαν καὶ τὴν σοφίαν ἁπλῶν καὶ φανερῶν εἰς τοὺς 55 χωρητικοὺς εἷς ἂν τυγχάνοι. καὶ οὐχὶ ταὐτά φαμεν ἀρνούμενοι τὴν ἀλήθειαν καὶ τὴν σοφίαν καὶ τὸν λόγον εἶναι
25 τοῦ θεοῦ, ἀλλὰ δεικνύντες τὸ χρήσιμον τοῦ σεσιωπῆσθαι Τοῦ θεοῦ, καὶ μὴ ἀναγεγράφθαι· Ἐν ἀρχῇ ἦν ὁ λόγος τοῦ θεοῦ.

5. Ὁ αὐτὸς δὲ Ἰωάννης ἐν τῇ Ἀποκαλύψει καὶ μετὰ τῆς προσθήκης αὐτὸν ὀνομάζει τοῦ θεοῦ λέγων· Καὶ εἶδον Ap xix 11 f.
30 οὐρανὸν ἀνεῳγμένον, ἰδοὺ ἵππος λευκὸς καὶ ὁ καθήμενος ἐπ' αὐτὸν καλούμενος πιστὸς καὶ ἀληθινός, καὶ ἐν δικαιοσύνῃ κρίνει καὶ πολεμεῖ· οἱ δὲ ὀφθαλμοὶ αὐτοῦ ὡς φλὸξ

9 τῆς 2°] τῇ   10 τῆς] τῇ   12 ὀνομαζόμενα

πυρός, καὶ ἐπὶ τὴν κεφαλὴν αὐτοῦ διαδήματα πολλά· ἔχων ὄνομα γεγραμμένον ὃ οὐδεὶς οἶδεν εἰ μὴ αὐτός, καὶ περιβεβλημένος ἱμάτιον ἐρραντισμένον αἵματι, καὶ ἐκέκλητο τὸ ὄνομα αὐτοῦ Λόγος τοῦ θεοῦ. καὶ τὰ στρατεύματα αὐτοῦ ἐν τῷ οὐρανῷ ἠκολούθει αὐτῷ ἐπὶ ἵπποις λευκοῖς ἐνδεδυμένοις βύσσινον καθαρόν. καὶ ἐκ τοῦ στόματος αὐτοῦ ἐκπορεύεται ῥομφαία ὀξεῖα, ἵνα ἐν αὐτῇ πατάξῃ τὰ ἔθνη, καὶ αὐτὸς ποιμανεῖ αὐτοὺς ἐν ῥάβδῳ σιδηρᾷ· καὶ αὐτὸς πατεῖ τὴν ληνὸν τοῦ οἴνου τῆς ὀργῆς τοῦ θυμοῦ τοῦ θεοῦ τοῦ παντοκράτορος. καὶ ἔχει ἐπὶ τὸ ἱμάτιον καὶ ἐπὶ τὸν μηρὸν αὐτοῦ ὄνομα γεγραμμένον Ὁ βασιλεὺς βασιλέων καὶ κύριος κυρίων. ἀναγκαίως δὲ καὶ ἀπολύτως εἴρηται καὶ λόγος, καὶ μετὰ προσθήκης λόγος τοῦ θεοῦ· ὧν εἰ τὸ ἕτερον σεσιώπητο, ἀφορμὰς ἂν εἴχομεν τοῦ παρεκδέξασθαι, καὶ ἀποπεσεῖν τῆς περὶ τοῦ λόγου ἀληθείας. εἰ γὰρ λόγος μὲν ἀναγέγραπτο λόγος δὲ θεοῦ μὴ εἴρητο, οὐ σαφῶς ἐμανθάνομεν ὅτι οὗτος ὁ λόγος λόγος τοῦ θεοῦ ἐστι. πάλιν τ' αὖ εἰ λόγος μὲν θεοῦ προσηγορεύετο λόγος δὲ ἀπολύτως οὐκ εἴρητο, κἂν πολλοὺς λόγους ἀναπλάσσοντες κατὰ τὴν πρὸς ἕκαστον τῶν λογικῶν σχέσιν· μάτην ἂν πολλοὺς κυρίως οὕτως ὀνομαζομένους παρεδεξάμεθα. καλῶς μέντοι γε διαγράφων τὰ περὶ τοῦ λόγου τοῦ θεοῦ ἐν τῇ Ἀποκαλύψει ὁ ἀπόστολος καὶ ὁ εὐαγγελιστής, ἤδη δὲ καὶ διὰ τῆς Ἀποκαλύψεως καὶ προφήτης, φησὶ τὸν τοῦ θεοῦ λόγον ἑωρακέναι ἐν ἀνεῳγότι τῷ οὐρανῷ ἐφ' ἵππῳ λευκῷ ὀχούμενον. τί δὲ αἰνίττεται τὸ ἀνεῷχθαι τὸν οὐρανὸν καὶ ὁ λευκὸς ἵππος καὶ τὸ ἐπ' αὐτοῦ καθέζεσθαι τὸν καλούμενον τοῦ θεοῦ λόγον, πρὸς τῷ εἶναι θεοῦ λόγον καὶ πιστὸν καὶ ἀληθινὸν καὶ ἐν δικαιοσύνῃ κρινοῦντα καὶ πολεμοῦντα λεγόμενον, κατανοητέον, ἵνα ἔτι μᾶλλον προβιβασθῶμεν τῷ ἐκλαβεῖν τὰ περὶ τοῦ λόγου τοῦ θεοῦ. κεκλεῖσθαι δὲ ἡγοῦμαι τὸν οὐρανὸν τοῖς ἀσεβέσι καὶ τὴν εἰκόνα τοῦ

7 post ῥομφαία] ins. ἃ (sic)   14 παραδέχεσθαι. Coniecit Huetius παρεκδέξασθαι   15 τοῦ] τῆς (ut videtur)   28 τῷ] τὸ

56 χοϊκοῦ φέρουσιν, ἀνεῷχθαι δὲ τοῖς δικαίοις καὶ κεκοσμη- cf. 1 Co xv 49
μένοις τῇ τοῦ ἐπουρανίου εἰκόνι· τοῖς μὲν γὰρ, ἅτε κάτω
τυγχάνουσι καὶ ἐν σαρκὶ ἔτι ὑπάρχουσιν, ἀποκέκλεισται τὰ
κρείττονα οὐ συνιεῖσιν αὐτὰ οὐδὲ τὸ κάλλος αὐτῶν δυνα-
5 μένοις, ἐπεὶ μὴ βούλονται κατανοεῖν συγκύπτοντες καὶ μὴ
ἐπιδιδόντες αὑτοὺς εἰς τὸ ἀνακύπτειν· τοῖς δὲ διαφέρουσιν,
ἅτε τὸ πολίτευμα ἔχουσιν ἐν οὐρανοῖς, τὰ οὐράνια τῇ κλειδὶ cf. Phil iii 20;
τοῦ Δαβὶδ ἀνέῳγε θεωρούμενα, τοῦ θείου λόγου ἀνοίγοντος Ap iii 7
αὐτὰ καὶ σαφηνίζοντος διὰ τοῦ ὀχεῖσθαι ἵππῳ, φωναῖς τὰ cf. Ap xix 11
10 σημαινόμενα ἀπαγγελλούσαις, λευκῷ διὰ τὸ φανερὸν καὶ
τὸ λευκὸν καὶ φωτεινὸν τῆς γνώσεως.

6. Καθέζεται δὲ ἐπὶ τὸν λευκὸν ἵππον ὁ καλούμενος
πιστός, ἱδρυμένος βεβαιώτερον καὶ, ἵν' οὕτως εἴπω, βασι-
λικώτερον ἐν φωναῖς ἀνατραπῆναι μὴ δυναμέναις, παντὸς
15 ἵππου ὀξύτερον καὶ τάχιον τρεχούσαις, καὶ παρευδοκιμούσαις
ἐν τῇ φορᾷ πάντα τὸν ἀνταγωνιστὴν ὑποκριτὴν λόγου νομι-
ζόμενον λόγον καὶ ἀληθείας δοκοῦσαν ἀλήθειαν. καλεῖται
δὲ πιστὸς ὁ ἐπὶ τοῦ λευκοῦ ἵππου οὐ διὰ τὸ πιστεύειν ὅσον
διὰ τὸ πιστευτὸς εἶναι, τουτέστι, τοῦ πιστεύεσθαι ἄξιος·
20 κύριος γὰρ, κατὰ τὸν Μωσέα, πιστὸς καὶ ἀληθινός. καὶ cf. Deut xxxii 4
ἀληθινὸς γὰρ πρὸς ἀντιδιαστολὴν σκιᾶς καὶ τύπου καὶ
εἰκόνος, ἐπεὶ τοιοῦτος ὁ ἐν τῷ ἀνεῳγότι οὐρανῷ λόγος· ὁ γὰρ
ἐπὶ γῆς οὐ τοιοῦτος ὁποῖος ὁ ἐν οὐρανῷ, ἅτε γενόμενος cf. Jo i 14
σὰρξ καὶ διὰ σκιᾶς καὶ τύπων καὶ εἰκόνων λαλούμενος. τὰ
25 δὲ πλήθη τῶν πεπιστευκέναι νομιζομένων τῇ σκιᾷ τοῦ
λόγου καὶ οὐχὶ τῷ ἀληθινῷ λόγῳ θεοῦ ἐν τῷ ἀνεῳγότι
οὐρανῷ τυγχάνοντι μαθητεύεται. διόπερ ὁ Ἱερεμίας φησί·
Πνεῦμα προσώπου ἡμῶν χριστὸς κύριος, οὗ εἴπομεν Ἐν Thren iv 20
τῇ σκιᾷ αὐτοῦ ζησόμεθα ἐν τοῖς ἔθνεσιν. οὗτος δὴ ὁ λόγος
30 τοῦ θεοῦ ὁ πιστὸς καλούμενος καὶ ἀληθινὸς καλεῖται καὶ
ἐν δικαιοσύνῃ κρίνει καὶ πολεμεῖ, τῇ αὐτοδικαιοσύνῃ καὶ
αὐτοκρίσει τὸ κατ' ἀξίαν ἑκάστου τῶν ὄντων ἀπονέμειν ἀπὸ
θεοῦ δύνασθαι λαβὼν καὶ κρίνειν. οὐδεὶς γὰρ τῶν μετε-
χόντων δικαιοσύνης καὶ τῆς τοῦ κρίνειν λαὸν δυνάμεως οὕτω

πάντη ἐναπομάξασθαι ἑαυτοῦ τῇ ψυχῇ δυνήσεται τοὺς τῆς δικαιοσύνης τύπους καὶ τοῦ κρίνειν ὥστε ἐν μηδενὶ ἀποδεῖν τῆς αὐτοδικαιοσύνης καὶ τῆς αὐτοκρίσεως, ὡς οὐδὲ ὁ γράφων εἰκόνα οἷός τε ἔσται μεταδοῦναι πάντων τῶν τοῦ γραφομένου ἰδιωμάτων τῇ γραφῇ. διὰ τοῦτο δὲ ἡγοῦμαι τὸν Δαβὶδ λέγειν τό· Οὐ δικαιωθήσεται ἐνώπιόν σου πᾶς ζῶν· οὐ γὰρ ἁπαξαπλῶς εἶπε πᾶς ἄνθρωπος ἢ πᾶς ἄγγελος ἀλλὰ πᾶς 57 ζῶν, ὅτι κἂν τῆς ζωῆς τις μετέχῃ καὶ πάντη τὴν νεκρότητα ἀποσείσηται, οὐδ' οὕτως ὡς πρὸς σὲ δικαιωθῆναι δυνήσεται παραπλησίως τῇ ζωῇ, οὐδὲ δυνατὸν τὸν μετέχοντα τῆς ζωῆς καὶ διὰ τοῦτο ζῶντα χρηματίζοντα αὐτὸν γενέσθαι ζωῇν, καὶ τὸν μετέχοντα δικαιοσύνης καὶ διὰ τοῦτο δίκαιον καλούμενον ἐξισωθῆναι πάντη τῇ δικαιοσύνῃ.

7. Ἔργον δὲ τούτου λόγου ὥσπερ κρίνειν ἐν δικαιοσύνῃ οὕτω καὶ πολεμεῖν ἐν δικαιοσύνῃ, ἵν' ἐκ τοῦ τοὺς ἐχθροὺς λόγῳ καὶ δικαιοσύνῃ οὕτω πολεμεῖν ἀναιρουμένων τῶν ἀλόγων καὶ τῆς ἀδικίας λέγεσθαι ἐνοικήσῃ καὶ δικαιώσῃ, ἐκβάλλων τὰ ἐναντία τῆς ψυχῆς τοῦ, ἵν' οὕτως εἴπω, ἐπὶ σωτηρίᾳ αἰχμαλωτισθέντος ὑπὸ Χριστοῦ. ἔτι δὲ μᾶλλόν ἐστι τὸν τοῦ λόγου πόλεμον ἰδεῖν ὃν πολεμεῖ, ἐπὰν αὐτὸς μὲν πρεσβεύῃ περὶ ἀληθείας, ὁ δ' ὑποκρινόμενος εἶναι λόγος οὐ λόγος ὤν, καὶ ἡ ἑαυτὴν ἀναγορεύσασα ἀλήθειαν οὐκ ἀλήθεια τυγχάνουσα ἀλλὰ ψεῦδος φάσκῃ εἶναι ἑαυτὴν τὴν ἀλήθειαν. τότε γὰρ καθοπλισάμενος ὁ λόγος κατὰ τοῦ ψεύδους ἀναλοῖ αὐτὸ τῷ πνεύματι τοῦ στόματος αὐτοῦ, καὶ καταργεῖ τῇ ἐπιφανείᾳ τῆς παρουσίας αὐτοῦ. καὶ ὅρα εἰ δύναται κατὰ τὸ νοητὸν ταῦτα ὑπὸ τοῦ ἀποστόλου ἐν τῇ πρὸς Θεσσαλονικεῖς παρίστασθαι ἐπιστολῇ. τί γάρ ἐστι τὸ ἀναλούμενον τῷ πνεύματι τοῦ στόματος Χριστοῦ, Χριστοῦ τυγχάνοντος λόγου καὶ ἀληθείας καὶ σοφίας, ἢ τὸ ψεῦδος; καὶ τί τὸ καταργούμενον τῇ ἐπιφανείᾳ τῆς παρουσίας Χριστοῦ, σοφίας καὶ λόγου

14 om. ἔργον—δικαιοσύνῃ] add. in mg.   22 ἑαυτήν] ἑαυτοῦ τήν

νοουμένου, ᾗ πᾶν τὸ ἐπαγγελλόμενον εἶναι σοφία, τυγχάνον δὲ ἓν τούτων, ὧν ὁ θεὸς δράσσεται ἐν τῇ πανουργίᾳ αὐτῶν; cf. 1 Co iii 19 ὅτι ὁ Ἰωάννης θαυμασιώτατα ἐν τοῖς περὶ τοῦ ὀχουμένου τῷ λευκῷ ἵππῳ λόγου φησὶ καὶ τό· Οἱ ὀφθαλμοὶ δὲ αὐτοῦ Ap xix 12 ὡς φλὸξ πυρός. ὡς γὰρ ἡ φλὸξ τὸ λαμπρὸν ἅμα καὶ φωτιστικόν, ἔτι δὲ καὶ πυρῶδες ἔχει καὶ ἀναλωτικὸν τῶν ὑλικωτέρων, οὕτως οἱ, ἵν᾽ οὕτως εἴπω, ὀφθαλμοὶ τοῦ λόγου, οἷς βλέπει καὶ πᾶς ὁ μετέχων αὐτοῦ, πρὸς τῷ διὰ τῶν ἐνυπαρχουσῶν αὐτῷ ἀντιλαμβάνεσθαι τῶν νοητῶν ἀναλοῦσι καὶ ἀφανίζουσι τὰ ὑλικώτερα καὶ παχύτερα τῶν νοημάτων· πάντα δὲ τὴν ἰσχνότητα καὶ λεπτότητα ἐκπέφευγε τῆς ἀληθείας τὰ ὁπωσποτοῦν ψευδόμενα.

8. Πάνυ δὲ τεταγμένως μετὰ τὸν ἐν δικαιοσύνῃ κρί- cf. Ap xix 11 f.
νοντα, καὶ κατὰ τὸ ἐν δικαιοσύνῃ κρίνειν πολεμοῦντα, ἑξῆς δὲ τῷ πολεμεῖν φωτίζοντα, ἐπιφέρεται τὸ ἐπὶ τὴν κεφαλὴν εἶναι αὐτοῦ πολλὰ διαδήματα. εἰ μὲν γὰρ ἓν ἦν καὶ μονοειδὲς τὸ ψεῦδος καθ᾽ οὗ τὸν στέφανον ἡττωμένου ἐλάμβανεν ὁ νικήσας πιστὸς καὶ ἀληθινὸς λόγος, καὶ ἓν διάδημα περικεῖσθαι εὐλόγως ἀναγέγραπτο ὁ ἐπικρατήσας τῶν ἐναντίων θεοῦ λόγος. νυνὶ δὲ πολλῶν ὄντων τῶν ἐπαγγελλομένων τὴν ἀλήθειαν ψευδῶν καθ᾽ ὧν στρατευσάμενος ὁ λόγος στεφανοῦται, πολλὰ γινόμενα τὰ διαδήματα τῇ κεφαλῇ τοῦ πάντα νικήσαντος περικείμενα, καὶ ἑκάστης δὲ ἀποστατησάσης ἐνεργείας κρατῶν πολλὰ διαδήματα τῷ νικᾶν περιτίθεται. ἑξῆς μετὰ τὰ διαδήματα ἀναγέγραπται ἔχειν ὄνομα γεγραμμένον ὃ οὐδεὶς οἶδεν εἰ μὴ αὐτός· οὗτος γὰρ ὁ ἔμψυχος λόγος ἐπίσταταί τινα μόνος, διὰ τὸ ὑποδεέστερον ἐν τοῖς ἑξῆς γενητοῖς τῆς φύσεως αὐτοῦ οὐδενὸς χωροῦντος πάντα ἃ ἐκεῖνος καταλαμβάνει θεωρεῖν. τάχα δὲ καὶ οἱ μετέχοντες ἐκείνου τοῦ λόγου μόνοι παρὰ τοὺς μὴ μετέχοντας ἴσασι τὰ μὴ εἰς ἐκείνους φθάνοντα. οὐ γυμνὸς δὲ τῷ Ἰωάννῃ ὁρᾶται τῷ ἵππῳ ὀχούμενος ὁ τοῦ θεοῦ λόγος,

1 νοουμένης   3 ὅτι] τί   31 ἴσασι] ἴασι

cf. Ap xix 13 περιβέβληται γὰρ ἱμάτιον ῥεραμμένον αἵματι, ἐπείπερ ἴχνη περίκειται ὁ γενόμενος λόγος σάρξ, καὶ διὰ τὸ γεγονέναι σὰρξ ἀποθανών, ὡς προχυθῆναι αὐτοῦ καὶ αἷμα ἐπὶ τὴν
cf. Jo xix 34 γῆν, νύξαντος τοῦ στρατιώτου τὴν πλευρὰν αὐτοῦ, ἐκείνου τοῦ πάθους· τάχα γὰρ κἂν ὁπωσποτὲ ἐν τῇ τοῦ λόγου 5 ὑψηλοτάτῃ καὶ ἀνωτάτῃ θεωρίᾳ γενώμεθα, καὶ τῆς ἀληθείας οὐ πάντῃ ἐπιλησόμεθα, τῆς ἐν σώματι ἡμῶν γενομένης δι'
cf. Ap xix 14 αὐτοῦ εἰσαγωγῆς. τούτῳ τῷ τοῦ θεοῦ λόγῳ τὰ ἐν τῷ οὐρανῷ στρατεύματα ἀκολουθεῖ πάντα, λόγῳ ἑπόμενα ἡγουμένῳ καὶ μιμούμενα αὐτὸν ἐν πᾶσι, καὶ μάλιστα τῷ 10
cf. Pr viii 9 ἐπιβεβηκέναι ὁμοίως αὐτῷ ἵπποις λευκοῖς· πάντα γὰρ
Is xxxv 10 ἐνώπιον τοῖς νοοῦσι. καὶ ὥσπερ ἀπέδρα ὀδύνη καὶ λύπη καὶ στεναγμὸς ἐπὶ τῷ τέλει τῶν πραγμάτων, οὕτως οἶμαι ὅτι ἀπέδρα ἀσάφεια καὶ ἀπορία, πάντων ἐπιμελῶς καὶ τρανῶς προπιπτόντων τῶν τῆς τοῦ θεοῦ σοφίας μυστηρίων. ἐπι- 15 σκέψαι δὲ τοὺς λευκοὺς ἵππους τῶν ἀκολουθούντων τῷ λόγῳ, ἐνδεδυμένους βύσσινον λευκὸν καὶ καθαρόν, εἰ μὴ, ἐπεὶ βύσσος ἀπὸ γῆς γίνεται, τῶν ἐπὶ γῆς διαλέκτων ἃς ἠμφιεσμέναι εἰσὶν αἱ σημαίνουσαι φωναὶ καθαρῶς τὰ πράγματα τύποι τυγχάνουσι τὰ βύσσινα ἐνδύματα. ταῦτα 20 δὴ ἐπὶ πλεῖον ἐκ τῆς Ἀποκαλύψεως διδασκούσης περὶ λόγου θεοῦ εἴρηται, ἵνα ἀκριβέστερον τὰ περὶ αὐτοῦ νοή- 39 σωμεν.

Jo i 2   9. (5) Οὗτος ἦν ἐν ἀρχῇ πρὸς τὸν θεόν. Τοῖς μὴ ἀκριβοῦσιν τὰς διαφόρους ἐν τοῖς ἀπαγγελλομένοις 25 προτάσεις δόξει ταυτολογεῖν ὁ εὐαγγελιστής, οὐδὲν πλέον λέγων ἐν τῷ· Οὗτος ἦν ἐν ἀρχῇ πρὸς τὸν θεόν· παρὰ τό·
Jo i 1   Καὶ ὁ λόγος ἦν πρὸς τὸν θεόν. τηρητέον δὲ ὅτι ἐν μὲν τῷ· Ὁ λόγος ἦν πρὸς τὸν θεόν· οὐ μανθάνομεν τὸ πότε ἢ ἐν τίνι ἦν πρὸς τὸν θεόν, κατὰ τὸ τέταρτον ἀξίωμα 30 προσκείμενον· τέσσαρα γὰρ ἀξιώματα, ἅπερ παρά τισι προτάσεις καλοῦνται, ἔστιν ἐνθάδε, ὧν τὸ τέταρτον· Οὗτος ἦν ἐν ἀρχῇ πρὸς τὸν θεόν. οὐ ταὐτὸν δὲ τό· Ὁ λόγος ἦν πρὸς τὸν θεόν· καὶ τό· Οὗτος ἦν· οὐχὶ ἁπλῶς πρὸς τὸν

θεόν, ἀλλὰ πότε ἢ ἐν τίνι πρὸς τὸν θεόν· Οὗτος γὰρ, Jo 1 2
φησὶν, ἦν ἐν ἀρχῇ πρὸς τὸν θεόν. ἀλλὰ καὶ τὸ Οὗτος
κατὰ δεῖξιν ἐκφερόμενον νομισθήσεται ἐπὶ τοῦ λόγου τε-
τάχθαι ἢ ἐπὶ τοῦ θεοῦ, ὑπὸ τοῦ μὴ συχνότερον ἐρευνῶντος
5 ἵνα καὶ εὕρῃ σύλληψιν τῶν προτέρων γινομένων ἐν τῇ
οὗτος προσηγορίᾳ τῆς τε λόγος ἐπινοίας καὶ τῆς θεὸς, ἵνα
ἡ δεῖξις συναγάγῃ εἰς ἓν τὰ τῇ ἐπινοίᾳ διάφορα· οὐ γὰρ
ἐν τῇ ἐπινοίᾳ τῇ λόγος ἐστὶν ἡ θεὸς, οὐδὲ ἐν τῇ θεὸς ἡ
λόγος. τάχα δὲ συγκεφαλαίωσίς ἐστι τῶν τριῶν προ-
10 τάσεων εἰς μίαν τήν· Οὗτος ἦν ἐν ἀρχῇ πρὸς τὸν θεόν.
καθὸ γὰρ ἐν ἀρχῇ ἦν ὁ λόγος οὐ μεμαθήκαμεν ὅτι πρὸς τὸν
θεόν· καθὸ δὲ πρὸς τὸν θεὸν ὁ λόγος ἦν οὐκ ἐγινώσκομεν
σαφῶς ὅτι ἐν ἀρχῇ πρὸς τὸν θεὸν ἦν· καθὸ δὲ θεὸς ὁ λόγος
ἦν οὔτε τὸ ἐν ἀρχῇ αὐτὸν εἶναι ἐδηλοῦτο οὔτε ὅτι πρὸς τὸν
15 θεὸν ἐτύγχανεν. ἐν δὲ τῇ· Οὗτος ἦν ἐν ἀρχῇ πρὸς τὸν
θεόν· ἀπαγγελίᾳ, τοῦ Οὗτος ἐπὶ τοῦ λόγου καὶ θεοῦ
νοουμένου, καὶ τοῦ Ἐν ἀρχῇ οὕτω συναπτομένου, τοῦ τε
Πρὸς τὸν θεὸν προστιθεμένου, οὐδὲν παραλείπεται τῶν ἐν
ταῖς τρισὶ προτάσεσιν ὃ οὐ συγκεφαλαιοῦται συναγομένων
20 εἰς ἕν. ὅρα δὲ εἰ κατὰ τὸ δισσὸν ὀνομάζεσθαι τὸ Ἐν
ἀρχῇ δυνατὸν ἡμᾶς μανθάνειν πράγματα δύο· ἓν μὲν ὅτι
ἐν ἀρχῇ ἦν ὁ λόγος, ὡς εἰ καὶ καθ᾽ αὑτὸν ἦν καὶ μὴ πάντως Jo 1 1
πρός τινα· ἕτερον δὲ ὅτι ἐν ἀρχῇ πρὸς τὸν θεὸν ἦν. καὶ
24 οἶμαι ὅτι οὐ ψεῦδος εἰπεῖν περὶ αὐτοῦ ὅτι ἐν ἀρχῇ ἦν καὶ
60 ἐν ἀρχῇ πρὸς τὸν θεόν, οὔτε πρὸς τὸν θεὸν μόνον τυγχάνων,
ἐπεὶ καὶ ἐν ἀρχῇ ἦν, οὔτε ἐν ἀρχῇ μόνον ὢν καὶ οὐχὶ
πρὸς τὸν θεὸν ὢν, ἐπεί· Οὗτος ἦν ἐν ἀρχῇ πρὸς τὸν θεόν.

10. (6) Πάντα δι᾽ αὐτοῦ ἐγένετο. Οὐδέποτε τὴν Jo 1 3
πρώτην χώραν ἔχει τὸ δι᾽ οὗ, δευτέραν δὲ ἀεί· οἷον ἐν τῇ
30 πρὸς Ῥωμαίους· Παῦλος δοῦλος, φησὶ, Χριστοῦ Ἰησοῦ, Ro 1 1 f.
κλητὸς ἀπόστολος, ἀφωρισμένος εἰς εὐαγγέλιον θεοῦ, ὃ
προεπηγγείλατο διὰ τῶν προφητῶν αὐτοῦ ἐν γραφαῖς ἁγίαις

12 om. καθὸ—θεὸν] add. in mg.

Ro i 3 ff. περὶ τοῦ υἱοῦ αὐτοῦ, τοῦ γενομένου ἐκ σπέρματος Δαβὶδ κατὰ σάρκα, τοῦ ὁρισθέντος υἱοῦ θεοῦ ἐν δυνάμει κατὰ πνεῦμα ἁγιωσύνης ἐξ ἀναστάσεως νεκρῶν, Ἰησοῦ Χριστοῦ τοῦ κυρίου ἡμῶν, δι' οὗ ἐλάβομεν χάριν καὶ ἀποστολὴν εἰς ὑπακοὴν πίστεως ἐν πᾶσι τοῖς ἔθνεσιν ὑπὲρ τοῦ ὀνόματος 5 αὐτοῦ. ὁ γὰρ θεὸς τὸ εὐαγγέλιον ἑαυτοῦ προεπηγγείλατο διὰ τῶν προφητῶν, ὑπηρετούντων τῶν προφητῶν καὶ ἐχόντων τὸν λόγον τοῦ δι' οὗ, καὶ πάλιν ὁ θεὸς ἔδωκε χάριν καὶ ἀποστολὴν εἰς ὑπακοὴν πίστεως ἐν πᾶσι τοῖς ἔθνεσι, Παύλῳ καὶ τοῖς λοιποῖς, καὶ ἔδωκε διὰ Χριστοῦ Ἰησοῦ τοῦ 10 σωτῆρος, ἔχοντος τὸ δι' οὗ. καὶ ἐν τῇ πρὸς Ἑβραίους ὁ
He i 2 αὐτὸς Παῦλός φησιν· Ἐπ' ἐσχάτου τῶν ἡμερῶν ἐλάλησεν ἡμῖν ἐν υἱῷ, ὃν ἔθηκε κληρονόμον πάντων, δι' οὗ καὶ ἐποίησε τοὺς αἰῶνας· διδάσκων ἡμᾶς ὅτι ὁ θεὸς τοὺς αἰῶνας πεποίηκε διὰ τοῦ υἱοῦ, ἐν τῷ τοὺς αἰῶνας γίνεσθαι τοῦ 15 μονογενοῦς ἔχοντος τὸ δι' οὗ. οὕτω τοίνυν καὶ ἐνθάδε εἰ πάντα διὰ τοῦ λόγου ἐγένετο, οὐχ ὑπὸ τοῦ λόγου ἐγένετο, ἀλλ' ὑπὸ κρείττονος καὶ μείζονος παρὰ τὸν λόγον. τίς δ' ἂν ἄλλος οὗτος τυγχάνῃ ἢ ὁ πατήρ; ἐξεταστέον δὲ, ἀληθοῦς
Jo i 3 ὄντος τοῦ· Πάντα δι' αὐτοῦ ἐγένετο· εἰ καὶ τὸ πνεῦμα τὸ 20 ἅγιον δι' αὐτοῦ ἐγένετο. οἶμαι γὰρ ὅτι τῷ μὲν φάσκοντι γενητὸν αὐτὸ εἶναι καὶ προιεμένῳ τό· Πάντα δι' αὐτοῦ ἐγένετο· ἀναγκαῖον παραδέξασθαι ὅτι τὸ ἅγιον πνεῦμα διὰ τοῦ λόγου ἐγένετο, πρεσβυτέρου παρ' αὐτὸ τοῦ λόγου τυγχάνοντος. τῷ δὲ μὴ βουλομένῳ τὸ ἅγιον πνεῦμα διὰ 25 τοῦ χριστοῦ γεγονέναι ἕπεται τὸ ἀγέννητον αὐτὸ λέγειν, ἀληθῆ τὰ ἐν τῷ εὐαγγελίῳ τούτῳ εἶναι κρίνοντι. ἔσται δέ τις καὶ τρίτος παρὰ τοὺς δύο, τόν τε διὰ τοῦ λόγου παραδεχόμενον τὸ πνεῦμα τὸ ἅγιον γεγονέναι καὶ τὸν ἀγέννητον 29 αὐτὸ εἶναι ὑπολαμβάνοντα, δογματίζων μηδὲ οὐσίαν τινὰ 61 ἰδίαν ὑφεστάναι τοῦ ἁγίου πνεύματος ἑτέραν παρὰ τὸν πατέρα καὶ τὸν υἱόν· ἀλλὰ τάχα προστιθέμενος μᾶλλον,

8 ἔδοκε   18 παρὰ] περὶ

ἐὰν ἕτερον νομίζῃ εἶναι τὸν υἱὸν παρὰ τὸν πατέρα, τῷ τὸ αὐτὸ αὐτῷ τυγχάνειν τῷ πατρὶ, ὁμολογουμένως διαιρέσεως δηλουμένης τοῦ ἁγίου πνεύματος παρὰ τὸν υἱὸν ἐν τῷ· "Ὃς Mt xii 32 ἐὰν εἴπῃ λόγον κατὰ τοῦ υἱοῦ τοῦ ἀνθρώπου, ἀφεθήσεται αὐτῷ· ὃς δ' ἂν βλασφημήσῃ εἰς τὸ ἅγιον πνεῦμα, οὐχ ἕξει ἄφεσιν οὔτε ἐν τούτῳ τῷ αἰῶνι οὔτε ἐν τῷ μέλλοντι. ἡμεῖς μέντοι γε τρεῖς ὑποστάσεις πειθόμενοι τυγχάνειν, τὸν πατέρα καὶ τὸν υἱὸν καὶ τὸ ἅγιον πνεῦμα, καὶ ἀγέννητον μηδὲν ἕτερον τοῦ πατρὸς εἶναι πιστεύοντες, ὡς εὐσεβέστερον καὶ ἀληθὲς προσιέμεθα τὸ πάντων διὰ τοῦ λόγου γενομένων τὸ cf. Jo i 3 ἅγιον πνεῦμα πάντων εἶναι τιμιώτερον, καὶ τάξει πάντων τῶν ὑπὸ τοῦ πατρὸς διὰ Χριστοῦ γεγενημένων. καὶ τάχα αὕτη ἐστὶν ἡ αἰτία τοῦ μὴ καὶ αὐτὸ υἱὸν χρηματίζειν τοῦ θεοῦ, μόνου τοῦ μονογενοῦς φύσει υἱοῦ ἀρχῆθεν τυγχάνοντος, οὗ χρῄζειν ἔοικε τὸ ἅγιον πνεῦμα διακονοῦντος αὐτοῦ τῇ ὑποστάσει, οὐ μόνον εἰς τὸ εἶναι ἀλλὰ καὶ σοφὸν εἶναι καὶ λογικὸν καὶ δίκαιον καὶ πᾶν ὁτιποτοῦν χρὴ αὐτὸ νοεῖν τυγχάνειν κατὰ μετοχὴν τῶν προειρημένων ἡμῖν Χριστοῦ ἐπινοιῶν. οἶμαι δὲ τὸ ἅγιον πνεῦμα τὴν, ἵν' οὕτως εἴπω, ὕλην τῶν ἀπὸ θεοῦ χαρισμάτων παρέχειν τοῖς δι' αὐτὸ καὶ τὴν μετοχὴν αὐτοῦ χρηματίζουσιν ἁγίοις, τῆς εἰρημένης ὕλης τῶν χαρισμάτων ἐνεργουμένης μὲν ἀπὸ τοῦ θεοῦ διακονουμένης δὲ ὑπὸ τοῦ χριστοῦ, ὑφεστώσης δὲ κατὰ τὸ ἅγιον πνεῦμα. καὶ κινεῖ με εἰς τὸ ταῦθ' οὕτως ἔχειν ὑπολαβεῖν Παῦλος περὶ χαρισμάτων οὕτω που γράφων· Διαι- 1 Co xii 4 ff. ρέσεις δὲ χαρισμάτων εἰσὶ, τὸ δ' αὐτὸ πνεῦμα· καὶ διαιρέσεις διακονιῶν εἰσι, καὶ ὁ αὐτὸς κύριος· καὶ διαιρέσεις ἐνεργημάτων εἰσὶ, καὶ ὁ αὐτός ἐστι θεὸς ὁ ἐνεργῶν τὰ πάντα ἐν πᾶσιν.

11. Ἔχει δὲ ἐπαπόρησιν διά τε τό· Πάντα δι' αὐτοῦ Jo i 3 ἐγένετο· καὶ τὸ ἀκολουθεῖν τὸ πνεῦμα γενητὸν ὂν διὰ τοῦ λόγου γεγονέναι, πῶς οἰονεὶ προτιμᾶται τοῦ χριστοῦ ἔν τισι

3 παρὰ] περὶ

γραφαῖς, ἐν μὲν τῷ Ἡσαΐᾳ ὁμολογοῦντος Χριστοῦ οὐχ ὑπὸ
τοῦ πατρὸς ἀπεστάλθαι μόνον ἀλλὰ καὶ ὑπὸ τοῦ ἁγίου πνεύ-
ματος· φησὶ γάρ· Καὶ νῦν κύριος ἀπέστειλέ με καὶ τὸ
πνεῦμα αὐτοῦ· ἐν δὲ τῷ εὐαγγελίῳ ἄφεσιν μὲν ἐπαγγελλο-
μένου ἐπὶ τῆς εἰς αὐτὸν ἁμαρτίας, ἀποφαινομένου δὲ περὶ 5
τῆς εἰς τὸ ἅγιον πνεῦμα βλασφημίας, ὡς οὐ μόνον ἐν τούτῳ
τῷ αἰῶνι μὴ ἐσομένης ἀφέσεως τῷ εἰς αὐτὸ δυσφημήσαντι
ἀλλ᾽ οὐδὲ ἐν τῷ μέλλοντι. καὶ μήποτε οὐ πάντως διὰ τὸ
τιμιώτερον εἶναι τὸ πνεῦμα τὸ ἅγιον τοῦ χριστοῦ, οὐ γίνεται
ἄφεσις τῷ εἰς αὐτὸν ἡμαρτηκότι, ἀλλὰ διὰ τὸ Χριστοῦ μὲν 10
πάντα μετέχειν τὰ λογικά, οἷς δίδοται συγγνώμη μεταβαλ-
λομένοις ἀπὸ τῶν ἁμαρτημάτων, τοῦ δὲ ἁγίου πνεύματος
τοὺς κατηξιωμένους μηδεμιᾶς εὔλογον εἶναι συγγνώμης
τυχεῖν μετὰ τηλικαύτης καὶ τοιαύτης συμπνοίας τοῖς εἰς τὸ
κακὸν ἔτι ἀποπίπτουσι καὶ ἐκτρεπομένοις τὰς τοῦ ἐνυπάρ- 15
χοντος πνεύματος συμβουλίας. εἰ δὲ κατὰ τὸν Ἡσαΐαν
φησὶν ὁ κύριος ἡμῶν ὑπὸ τοῦ πατρὸς ἀπεστάλθαι καὶ τοῦ
πνεύματος αὐτοῦ, ἔστι καὶ ἐνταῦθα περὶ τοῦ ἀποστείλαντος
τὸν χριστὸν πνεύματος ἀπολογήσασθαι, οὐχ ὡς φύσει
διαφέροντος ἀλλὰ διὰ τὴν γενομένην οἰκονομίαν τῆς ἐνανθρω- 20
πήσεως τοῦ υἱοῦ τοῦ θεοῦ ἐλαττωθέντος παρ᾽ αὐτὸ τοῦ
σωτῆρος. εἰ δέ τις ἐν τούτῳ προσκόπτει τῷ λέγειν ἠλατ-
τῶσθαι παρὰ τὸ ἅγιον πνεῦμα τὸν σωτῆρα ἐνανθρωπήσαντα,
προσακτέον αὐτὸν ἀπὸ τῶν ἐν τῇ πρὸς Ἑβραίους λεγομένων
ἐπιστολῇ, καὶ ἀγγέλων ἐλάττονα διὰ τὸ πάθημα τοῦ θανάτου 63
ἀποφηναμένου τοῦ Παύλου γεγονέναι τὸν Ἰησοῦν, φησὶ γάρ·
Τὸν δὲ βραχύ τι παρ᾽ ἀγγέλους ἠλαττωμένον βλέπομεν
Ἰησοῦν διὰ τὸ πάθημα τοῦ θανάτου δόξῃ καὶ τιμῇ ἐστεφα-
νωμένον. ἢ τάχα ἔστι καὶ τοῦτο εἰπεῖν, ὅτι ἐδεῖτο ἡ κτίσις
ὑπὲρ τοῦ ἐλευθερωθῆναι ἀπὸ τῆς δουλείας τῆς φθορᾶς, ἀλλὰ 30
καὶ τὸ τῶν ἀνθρώπων γένος μακαρίας καὶ θείας δυνάμεως
ἐνανθρωπούσης, ἥτις διορθώσεται καὶ τὰ ἐπὶ τῆς γῆς καὶ

15 κακὸν] καλὸν   22 τις] om.

ὡσπερεὶ ἐπέβαλλέ πως τῷ ἁγίῳ πνεύματι ἡ πρᾶξις αὕτη,
ἥντινα ὑπομένειν οὐ δυνάμενον προβάλλεται τὸν σωτῆρα, ὡς
τὸ τηλικοῦτον ἆθλον μόνον ἐνεγκεῖν δυνάμενον, καὶ τοῦ
πατρὸς ὡς ἡγουμένου ἀποστέλλοντος τὸν υἱὸν συναπο-
5 στέλλει καὶ συμπροπέμπει τὸ ἅγιον πνεῦμα αὐτὸν, ἐν καιρῷ
ὑπισχνούμενον καταβῆναι πρὸς τὸν υἱὸν τοῦ θεοῦ καὶ συνερ-
γῆσαι τῇ τῶν ἀνθρώπων σωτηρίᾳ. τοῦτο δὲ πεποίηκεν ὅτε
τῷ σωματικῷ εἴδει ὡσεὶ περιστερὰ ἐφίπταται μετὰ τὸ λοῦ- cf. Lc iii 22;
τρον αὐτῷ καὶ ἐπιστὰν οὐ παρέρχεται, τάχα ἐν ἀνθρώποις Jo i 33
10 τοῦτο πεποιηκότος τοῖς μὴ δυνηθεῖσιν ἀδιαλείπτως φέρειν
αὐτοῦ τὴν δόξαν. διόπερ σημαίνων ὁ Ἰωάννης περὶ τοῦ
γνῶναι ὅστις ποτέ ἐστιν ὁ χριστὸς, οὐχὶ μόνην τὴν ἐπὶ τὸν
Ἰησοῦν κατάβασιν τοῦ πνεύματος ἀλλὰ πρὸς τῇ καταβάσει
τὴν ἐν αὐτῷ μονήν. γέγραπται γὰρ εἰρηκέναι τὸν Ἰωάννην
15 ὅτι Ὁ πέμψας με βαπτίζειν εἶπεν Ἐφ' ὃν ἂν ἴδῃς τὸ Jo i 33
πνεῦμα καταβαῖνον καὶ μένον ἐπ' αὐτὸν, οὗτός ἐστιν ὁ βα-
πτίζων ἐν πνεύματι ἁγίῳ καὶ πυρί. οὐ γὰρ λέγεται· ἐφ' ὃν
ἂν ἴδῃς τὸ πνεῦμα καταβαῖνον μόνον, τάχα καὶ ἐπ' ἄλ-
λους καταβεβηκότος αὐτοῦ, ἀλλά· καταβαῖνον καὶ μένον
20 ἐπ' αὐτόν. ταῦτα δὲ ἐπιπολὺ ἐξήτασται σαφέστερον ἰδεῖν
βουλομένοις πῶς, εἰ πάντα δι' αὐτοῦ ἐγένετο, καὶ τὸ πνεῦμα cf. Jo i 3
διὰ τοῦ λόγου ἐγένετο, ἓν τῶν πάντων τυγχάνον ὑποδεεστέρων
τοῦ δι' οὗ ἐγένετο νοούμενον, εἰ καὶ λέξεις τινὲς περισπᾶν
ἡμᾶς εἰς τὸ ἐναντίον δοκοῦσιν.
25 12. Ἐὰν δὲ προσίηταί τις τὸ καθ' Ἑβραίους εὐαγγέλιον
ἔνθα αὐτὸς ὁ σωτήρ φησιν· Ἄρτι ἔλαβέ με ἡ μήτηρ μου, τὸ
ἅγιον πνεῦμα, ἐν μιᾷ τῶν τριχῶν μου καὶ ἀπένεγκέ με εἰς τὸ
ὄρος τὸ μέγα Θαβώρ· ἐπαπορήσει πῶς μήτηρ Χριστοῦ τὸ
διὰ τοῦ λόγου γεγενημένον πνεῦμα ἅγιον εἶναι δύναται.
30 ταῦτα δὲ καὶ τοῦτο οὐ χαλεπὸν ἑρμηνεῦσαι· εἰ γὰρ ὁ ποιῶν cf. Mt xii 50
τὸ θέλημα τοῦ πατρὸς τοῦ ἐν τοῖς οὐρανοῖς ἀδελφὸς καὶ
ἀδελφὴ καὶ μήτηρ ἐστὶν αὐτοῦ, καὶ φθάνει τὸ ἀδελφὸς

6 ὑπισκνούμενον   19 om. καταβαῖνον] in mg., ut videtur,
καταβῆν'

Χριστοῦ ὄνομα οὐ μόνον ἐπὶ τὸ τῶν ἀνθρώπων γένος ἀλλὰ
καὶ ἐπὶ τὰ τούτου θειότερα, οὐδὲν ἄτοπον ἔσται μᾶλλον
πάσης χρηματιζούσης μητρὸς Χριστοῦ διὰ τὸ ποιεῖν τὸ
θέλημα τοῦ ἐν τοῖς οὐρανοῖς πατρὸς τὸ πνεῦμα τὸ ἅγιον
εἶναι μητέρα. ἔτι εἰς τό· Πάντα δι' αὐτοῦ ἐγένετο· καὶ
ταῦτα ζητητέον· τῇ ἐπινοίᾳ ὁ λόγος ἕτερός ἐστι παρὰ τὴν
ζωήν, καὶ ὃ γέγονεν ἐν τῷ λόγῳ ζωὴ ἦν, καὶ ἡ ζωὴ ἦν τὸ
φῶς τῶν ἀνθρώπων. ἆρ' οὖν ὡς πάντα δι' αὐτοῦ ἐγένετο,
καὶ ἡ ζωὴ δι' αὐτοῦ ἐγένετο, ἥτις ἐστὶ τὸ φῶς τῶν ἀνθρώπων,
καὶ αἱ ἄλλαι τοῦ σωτῆρος ἐπίνοιαι, ἢ καθ' ὑπεξαίρεσιν τῶν
ἐν αὐτῷ νοητέον τό· Πάντα δι' αὐτοῦ ἐγένετο; ὅπερ δοκεῖ μοι
εἶναι κρεῖττον. ἵνα γὰρ συγχωρηθῇ διὰ τοῦ γεγονέναι τὴν
ζωὴν τὸ φῶς τῶν ἀνθρώπων, τί λεκτέον περὶ τῆς προεπινοου-
μένης τοῦ λόγου σοφίας; οὐ γὰρ δήπου διὰ τοῦ λόγου τὸ
περὶ τὸν λόγον γεγένηται. ὥστε χωρὶς τῶν ἐπινοουμένων
τῷ χριστῷ πάντα διὰ τοῦ λόγου γεγένηται τοῦ θεοῦ, ποιή-
σαντος ἐν σοφίᾳ αὐτὰ τοῦ πατρός· Πάντα γάρ, φησὶν, ἐν
σοφίᾳ ἐποίησας· οὐ· διὰ τῆς σοφίας ἐποίησας.

13. (7) Ἴδωμεν δέ, διὰ τί πρόσκειται τό· Καὶ χωρὶς
αὐτοῦ ἐγένετο οὐδὲ ἕν. τισὶ κἂν δόξαι περιττὸν τυγχάνειν
τό· Χωρὶς αὐτοῦ ἐγένετο οὐδὲ ἕν· ἐπιφερόμενον τῷ· Πάντα
δι' αὐτοῦ ἐγένετο. εἰ γὰρ πᾶν ὁτιποτοῦν διὰ τοῦ λόγου
γεγένηται, οὐδὲν χωρὶς τοῦ λόγου γεγένηται. οὐκέτι μέντοι
γε ἀκολουθεῖ τῷ χωρὶς τοῦ λόγου μὴ γεγενῆσθαί τι τὸ πάντα
διὰ τοῦ λόγου γεγενῆσθαι· ἔξεστι γὰρ οὐδενὸς χωρὶς τοῦ
λόγου γεγενημένου, μὴ μόνον διὰ τοῦ λόγου γεγονέναι πάντα
ἀλλὰ καὶ ὑπὸ τοῦ λόγου τινά. χρὴ τοίνυν εἰδέναι, πῶς δεῖ
ἀκούειν τοῦ Πάντα καὶ πῶς τοῦ Οὐδέν. δυνατὸν γὰρ ἐκ τοῦ
μὴ τετρανωκέναι ἀμφοτέρας τὰς λέξεις ἐκδέξασθαι ὅτι εἰ
πάντα διὰ τοῦ λόγου ἐγένετο, τῶν δὲ πάντων ἐστὶ καὶ ἡ
κακία καὶ πᾶσα ἡ χύσις τῆς ἁμαρτίας καὶ τὰ πονηρά, ὅτι καὶ
ταῦτα διὰ τοῦ λόγου ἐγένετο. τοῦτο δὲ ψεῦδος· κτίσματα

---

32 ante λόγου] ras. 1 litt.

IN EVANGELIUM JOANNIS TOMUS II. 75

65 μὲν γὰρ διὰ τοῦ λόγου γεγονέναι οὐκ ἄτοπον, ἀλλὰ καὶ διὰ τοῦ λόγου τὰ ἀνδραγαθήματα καὶ πάντα τὰ κατορθώματα κατωρθῶσθαι τοῖς μακαρίοις νοεῖν ἀναγκαῖον· οὐκέτι δὲ καὶ τὰ ἁμαρτήματα καὶ τὰ ἀποπτώματα. ἐξειλήφασιν οὖν τινες
5 τῷ ἀνυπόστατον εἶναι τὴν κακίαν, οὔτε γὰρ ἦν ἀπ᾽ ἀρχῆς οὔτε εἰς τὸν αἰῶνα ἔσται, ταῦτ᾽ εἶναι τὰ Μηδέν· καὶ ὥσπερ Ἑλλήνων τινές φασιν, εἶναι τῶν Οὔ τινων τὰ γένη καὶ τὰ εἴδη, οἷον τὸ ζῶον καὶ τὸν ἄνθρωπον, οὕτως ὑπέλαβον Οὐδὲν τυγχάνειν πᾶν τὸ οὐχ ὑπὸ θεοῦ οὐδὲ διὰ τοῦ λόγου τὴν δο-
10 κοῦσαν σύστασιν εἰληφός. καὶ ἐφίσταμεν εἰ δυνατὸν ἀπὸ τῶν γραφῶν πληκτικώτατα ταῦτα παραστῆσαι. ὅσον τοίνυν ἐπὶ τοῖς σημαινομένοις τοῦ Οὐδὲν καὶ τοῦ Οὐκ ὄν, δόξει εἶναι συνώνυμα, τοῦ Οὐκ ὄντος Οὐδενὸς ἂν λεγομένου, καὶ τοῦ Οὐδενὸς Οὐκ ὄντος. φαίνεται δὲ ὁ ἀπόστολος τὰ
15 Οὐκ ὄντα οὐχὶ ἐπὶ τῶν μηδαμῇ μηδαμῶς ὄντων ὀνομάζων ἀλλ᾽ ἐπὶ τῶν μοχθηρῶν, Μὴ ὄντα νομίζων τὰ πονηρά· Τὰ cf. Ro iv 17 μὴ ὄντα γάρ, φησὶν, ὁ θεὸς ὡς ὄντα ἐκάλεσεν. ἀλλὰ καὶ ὁ Μαρδοχαῖος ἐν τῇ κατὰ τοὺς Ἑβδομήκοντα Ἐσθὴρ μὴ ὄντας τοὺς ἐχθροὺς τοῦ Ἰσραὴλ καλεῖ, λέγων· Μὴ παραδῷς τὸ Esth iv 22
20 σκῆπρόν σου, κύριε, τοῖς μὴ οὖσιν. καὶ ἔστι προσαγαγεῖν (xiv 11) πῶς διὰ τὴν κακίαν μὴ ὄντες οἱ πονηροὶ προσαγορεύονται ἐκ τοῦ ἐν τῇ Ἐξόδῳ ὀνόματος ἀναγραφομένου τοῦ θεοῦ· Εἶπε cf. Ex iii 14 f. γὰρ κύριος πρὸς Μωϋσῆν· Ὁ ὢν τοῦτό μοί ἐστι τὸ ὄνομα. καθ᾽ ἡμᾶς δὲ τοὺς εὐχομένους εἶναι ἀπὸ τῆς ἐκκλησίας ὁ
25 ἀγαθὸς θεὸς ταυτά φησιν, ὃν δοξάζων ὁ σωτὴρ λέγει· Οὐ- Mc x 18; δεὶς ἀγαθὸς εἰ μὴ εἷς ὁ θεός, ὁ πατήρ. οὐκοῦν ὁ ἀγαθὸς τῷ cf. Lc xviii 19 ὄντι ὁ αὐτός ἐστιν. ἐναντίον δὲ τῷ ἀγαθῷ τὸ κακὸν ἢ τὸ πονηρόν, καὶ ἐναντίον τῷ Ὄντι τὸ Οὐκ ὄν· οἷς ἀκολουθεῖ ὅτι τὸ πονηρὸν καὶ κακὸν Οὐκ ὄν. καὶ τάχα τοῦτο ἔσηνε τοὺς
30 εἰπόντας τὸν διάβολον μὴ εἶναι θεοῦ δημιούργημα· καθὸ γὰρ διάβολός ἐστιν οὐκ ἔστι θεοῦ δημιούργημα, ᾧ δὲ συμβέβηκε διαβόλῳ εἶναι, γενητὸς ὤν, οὐδενὸς κτιστοῦ ὄντος παρὲξ τοῦ θεοῦ ἡμῶν, θεοῦ ἐστι κτίσμα· ὡς εἰ ἐφάσκομεν

16 om. νομίζων—17 μὴ ὄντα] add. in mg.

καὶ τὸν φονέα μὴ εἶναι θεοῦ δημιούργημα, οὐκ ἀναιροῦντες τὸ ᾗ ἄνθρωπός ἐστι πεποιῆσθαι αὐτὸν ὑπὸ θεοῦ. τιθέντες 66 γὰρ τὸ ᾗ ἄνθρωπος τυγχάνει ἀπὸ θεοῦ αὐτὸν τὸ εἶναι εἰληφέναι, καὶ ἡμεῖς οὐ τίθεμεν τὸ ᾗ φονεύς ἐστιν ἀπὸ θεοῦ τοῦτ' αὐτὸν εἰληφέναι. πάντες μὲν οὖν οἱ μετέχοντες τοῦ 5 Ὄντος, μετέχουσι δὲ οἱ ἅγιοι, εὐλόγως ἂν Ὄντες χρηματίζοιεν· οἱ δὲ ἀποστραφέντες τὴν τοῦ Ὄντος μετοχήν, τῷ ἐστερῆσθαι τοῦ Ὄντος γεγόνασιν Οὐκ ὄντες. προείπομεν δὲ ὅτι συνωνυμία ἐστὶ τοῦ Οὐκ ὄντος καὶ τοῦ Οὐδενός, καὶ διὰ τοῦτο οἱ Οὐκ ὄντες Οὐδέν εἰσι, καὶ πᾶσα ἡ κακία Οὐδέν 10 ἐστιν ἐπεὶ καὶ Οὐκ ὂν τυγχάνει, καὶ Οὐδὲν καλουμένη χωρὶς γεγένηται τοῦ λόγου, τοῖς Πᾶσιν οὐ συγκαταριθμουμένη. ἡμεῖς μὲν οὖν κατὰ τὸ δυνατὸν παρεστήσαμεν τίνα τὰ διὰ τοῦ λόγου γεγενημένα πάντα, καὶ τί τὸ χωρὶς αὐτοῦ γενόμενον μὲν, ὂν δὲ οὐδέποτε, καὶ διὰ τοῦτο Οὐδὲν καλούμενον. 15

14. (8) Βιαίως δὲ οἶμαι καὶ χωρὶς μαρτυρίου τὸν Οὐαλεντίνου λεγόμενον εἶναι γνώριμον Ἡρακλέωνα, διηγούμενον τό· Πάντα δι' αὐτοῦ ἐγένετο· ἐξειληφέναι Πάντα τὸν κόσμον καὶ τὰ ἐν αὐτῷ, ἐκκλείοντα τῶν πάντων, τὸ ὅσον ἐπὶ τῇ ὑποθέσει αὐτοῦ, τὰ τοῦ κοσμοῦ καὶ τῶν ἐν αὐτῷ διαφέροντα. 20 φησὶ γάρ· Οὐ τὸν αἰῶνα ἢ τὰ ἐν τῷ αἰῶνι γεγονέναι διὰ τοῦ λόγου, ἅτινα οἴεται πρὸ τοῦ λόγου γεγονέναι. ἀναιδέστερον δὲ ἱστάμενος πρὸς τό· Καὶ χωρὶς αὐτοῦ ἐγένετο οὐδὲ ἕν· μὴ εὐλαβούμενος τό· Μὴ προσθῇς τοῖς λόγοις αὐτοῦ, ἵνα μὴ ἐλέγξῃ σε καὶ ψευδὴς γένῃ· προστίθησι τῷ Οὐδὲ ἕν· Τῶν ἐν 25 τῷ κόσμῳ καὶ τῇ κτίσει. καὶ ἐπεὶ προφανῆ ἐστι τὰ ὑπ' αὐτοῦ λεγόμενα σφόδρα βεβιασμένα καὶ παρὰ τὴν ἐνάργειαν ἐπαγγελλόμενα, εἰ τὰ νομιζόμενα αὐτῷ θεῖα ἐκκλείεται τῶν Πάντων, τὰ δέ, ὡς ἐκεῖνος οἴεται, παντελῶς φθειρόμενα κυρίως Πάντα καλεῖται, οὐκ ἐπιδιατριπτέον τῇ ἀνατροπῇ 30 τῶν αὐτόθεν τὴν ἀτοπίαν ἐμφαινόντων· οἷον δὴ καὶ τὸ τῆς γραφῆς λεγούσης· Χωρὶς αὐτοῦ ἐγένετο οὐδὲ ἕν· προστι-

2 μὴ πεποιῆσθαι   15 om. δέ] add. intra lin.   27 ἐνέργειαν
31 δή] δέ

θέντα αὐτὸν ἄνευ παραμυθίας τῆς ἀπὸ τῆς γραφῆς τό· Τῶν ἐν τῷ κόσμῳ καὶ τῇ κτίσει· μηδὲ μετὰ πιθανότητος ἀποφαίνεσθαι, πιστεύεσθαι ἀξιοῦντα ὁμοίως προφήταις ἢ ἀποστόλοις τοῖς μετ᾽ ἐξουσίας καὶ ἀνυπευθύνως καταλείπουσι τοῖς καθ᾽ αὑτοὺς καὶ μεθ᾽ αὑτοὺς σωτήρια γράμματα. ἔτι δὲ ἰδίως καὶ τοῦ· Πάντα δι᾽ αὐτοῦ ἐγένετο· ἐξήκουσε φάσκων· Jo i 3 Τὸν τὴν αἰτίαν παρασχόντα τῆς γενέσεως τοῦ κόσμου τῷ δημιουργῷ, τὸν λόγον ὄντα, εἶναι οὐ τὸν ἀφ᾽ οὗ, ἢ ὑφ᾽ οὗ, ἀλλὰ τὸν δι᾽ οὗ, παρὰ τὴν ἐν τῇ συνηθείᾳ φράσιν ἐκδεχόμενος τὸ γεγραμμένον. εἰ γὰρ ὡς νοεῖ ἡ ἀλήθεια τῶν πραγμάτων ἦν, ἔδει διὰ τοῦ δημιουργοῦ γεγράφθαι πάντα γεγονέναι ὑπὸ τοῦ λόγου, οὐχὶ δὲ ἀνάπαλιν διὰ τοῦ λόγου ὑπὸ τοῦ δημιουργοῦ. καὶ ἡμεῖς μὲν τῇ δι᾽ οὗ χρησάμενοι ἀκολούθως τῇ συνηθείᾳ, οὐκ ἀμάρτυρον τὴν ἐκδοχὴν ἀφήκαμεν· ἐκεῖνος δὲ πρὸς τῷ μὴ παραμεμυθῆσθαι ἀπὸ τῶν θείων γραμμάτων τὸν καθ᾽ ἑαυτὸν νοῦν, φαίνεται καὶ ὑποπτεύσας τὸ ἀληθὲς καὶ ἀναιδῶς αὐτῷ ἀντιβλέψας· φησὶ γάρ· Ὅτι οὐχ ὡς ὑπ᾽ ἄλλου ἐνεργοῦντος αὐτὸς ἐποίει ὁ λόγος, ἵν᾽ οὕτω νοηθῇ τὸ δι᾽ αὐτοῦ, ἀλλ᾽ αὐτοῦ ἐνεργοῦντος ἕτερος ἐποίει. οὐ τοῦ παρόντος δὲ καιροῦ ἐλέγξαι τὸ μὴ τὸν δημιουργὸν ὑπηρέτην τοῦ λόγου γεγενημένον τὸν κόσμον πεποιηκέναι, καὶ ἀποδεικνύναι ὅτι ὑπηρέτης τοῦ δημιουργοῦ γενόμενος ὁ λόγος τὸν κόσμον κατεσκεύασε. κατὰ γὰρ τὸν προφήτην Δαβίδ· Ὁ θεὸς εἶπε καὶ ἐγενήθησαν, ἐνετείλατο Ps cxlviii 5 καὶ ἐκτίσθησαν. ἐνετείλατο γὰρ ὁ ἀγέννητος θεὸς τῷ πρωτοτόκῳ πάσης κτίσεως καὶ ἐκτίσθησαν, οὐ μόνον ὁ cf. Col i 15 ff. κόσμος καὶ τὰ ἐν αὐτῷ, ἀλλὰ καὶ τὰ λοιπὰ πάντα, εἴτε θρόνοι εἴτε κυριότητες εἴτε ἀρχαὶ εἴτε ἐξουσίαι· πάντα γὰρ δι᾽ αὐτοῦ καὶ εἰς αὐτὸν ἔκτισται, καὶ αὐτός ἐστι πρὸ πάντων.

15. (9) Ἔτι εἰς τό· Χωρὶς αὐτοῦ ἐγένετο οὐδὲ ἕν· οὐκ Jo i 3 ἀγύμναστον ἐατέον καὶ τὸν περὶ τῆς κακίας λόγον· κἂν γὰρ σφόδρα ἀπεμφαίνειν δοκῇ, οὐ πάνυ τι δοκεῖ μοι εὐκατα-

9 παρὰ τὴν] περὶ ὧν   15 παραμεμυ...σξ

φρόνητον εἶναι. ζητητέον γὰρ εἰ καὶ ἡ κακία διὰ τοῦ λόγου γεγένηται, νῦν λόγου προσεχῶς λαμβανομένου τοῦ ἐν ἑκάστῳ, ὡς καὶ αὐτὸς ἀπὸ τοῦ ἐν ἀρχῇ λόγου ἑκάστῳ ἐγγεγένηται. φησὶ τοίνυν ὁ ἀπόστολος· Χωρὶς νόμου ἁμαρτία νεκρά· καὶ ἐπιφέρει· Ἐλθούσης δὲ τῆς ἐντολῆς ἡ μὲν ἁμαρτία ἀνέζησε· καθολικὸν διδάσκων περὶ τῆς ἁμαρτίας ὡς μηδεμίαν ἐνέργειαν αὐτῆς ἐχούσης πρὶν νόμου καὶ ἐντολῆς· πῶς δὲ ἔχων ὁ λόγος νόμος εἶναι καὶ ἐντολή, καὶ οὐκ ἂν εἴη ἁμαρτία μὴ ὄντος νόμου, ἁμαρτία γὰρ οὐκ ἐλλογεῖται μὴ ὄντος νόμου· καὶ πάλιν οὐκ ἂν εἴη ἁμαρτία μὴ ὄντος λόγου· Εἰ γὰρ μὴ ἦλθον, φησὶ, καὶ ἐλάλησα αὐτοῖς ἁμαρτίαν οὐκ εἴχοσαν. πᾶσα γὰρ πρόφασις ἀφαιρεῖται τοῦ βουλομένου ἐπὶ τῇ ἁμαρτίᾳ ἀπολογήσασθαι, ἐπὰν ἐνυπάρχοντος λόγου καὶ παραδεικνύοντος ὃ πρακτέον μὴ πείθηταί τις αὐτῷ. τάχα οὖν πάντα μέχρι καὶ τῶν χειρόνων διὰ τοῦ λόγου γεγένηται καὶ χωρὶς αὐτοῦ, ἁπλούστερον ἡμῶν ἐκλαμβανόντων τὸ Οὐδὲν, ἐγένετο οὐδέν. καὶ οὐ πάντως τῷ λόγῳ ἐγκλητέον, εἰ πάντα δι' αὐτοῦ ἐγένετο καὶ χωρὶς αὐτοῦ ἐγένετο οὐδὲ ἕν, ὡς οὐδὲ ἐγκλητέον τῷ διδασκάλῳ παραδείξαντι τὰ δέοντα τῷ μανθάνοντι ἐπὰν διὰ τὰ τούτου μαθήματα μηκέτι τόπος καταλείπηται τῷ ἁμαρτάνοντι ἀπολογίας ὡς περὶ ἀγνοίας, καὶ μάλιστα ἐὰν νοήσωμεν διδάσκαλον τοῦ μανθάνοντος ἀχώριστον. οἱονεὶ γὰρ διδάσκαλος τοῦ μανθάνοντος ἀχώριστός ἐστιν ὁ ἐνυπάρχων τῇ φύσει τῶν λογικῶν λόγος, ἀεὶ ὑποβάλλων τὰ πρακτέα κἂν παρακούωμεν αὐτοῦ τῶν ἐντολῶν, ἐπιδιδόντες αὑτοὺς ταῖς ἡδοναῖς καὶ παραπεμπόμενοι τὰς ἀρίστας αὐτοῦ συμβουλάς. ὥσπερ δὲ ὑπηρέτῃ τῷ ὀφθαλμῷ ἐπὶ τοῖς κρείττοσιν ἡμῖν γεγενημένῳ, καὶ ἐφ' ὧν οὐ καλῶς ὁρῶμεν χρώμεθα, ὁμοίως καὶ τῇ ἀκοῇ ὅταν παρέχωμεν ἑαυτοὺς ἀκροάσεσι κρίσεως ᾀσμάτων καὶ τῶν ἀπηγορευμένων ἀκουσμάτων, οὕτως ἐνυβρίζοντες τὸν ἐν ἡμῖν λόγον καὶ οὐκ εἰς δέον αὐτῷ χρώμενοι,

17 post ἐγένετο] ins. τό   29 οὐκ ἄλλως

δι' αυτού παρανομούμεν εις κρίμα τοις αμαρτάνουσιν ενυπάρχοντος και διά τούτο κρίνοντος τον μη πάντων αυτόν προτιμήσαντα. όθεν καί φησιν· Ὁ λόγος ὃν ἐλάλησα αὐτὸς Jo xii 48
κρινεῖ ὑμᾶς· ἴσον διδάσκων τῷ· Ἐγὼ ὁ λόγος ὁ ἐν ὑμῖν ἀεὶ
5 ἐνηχῶν, αὐτὸς ὑμᾶς καταδικάσω τόπον ἀπολογίας καταλειπόμενον ἔχοντας οὐδαμῶς. δόξει μέντοι γε βιαιοτέρα εἶναι αὕτη ἡ ἐκδοχή, ἄλλον μὲν λόγον τὸν ἐν ἀρχῇ ἡμῶν ἐξειληφότων τὸν πρὸς τὸν θεόν, τὸν θεὸν λόγον, ἄλλως δὲ αὐτὸν νοούντων, ὅτε οὐ μόνον ἐπὶ τῶν προηγουμένων δημιουργημά-
10 των τό· Πάντα δι' αὐτοῦ ἐγένετο· λέγεσθαι ἐφάσκομεν, ἀλλὰ καὶ ἐπὶ πάντων ὑπὸ τῶν λογικῶν πραττομένων, οὐ λόγου χωρὶς οὐδὲν ἁμαρτάνομεν. καὶ ζητητέον, εἰ καὶ τὸν ἐν ἡμῖν λόγον τὸν αὐτὸν λεκτέον τῷ ἐν ἀρχῇ καὶ τῷ πρὸς cf. Jo i 1
τὸν θεὸν καὶ τῷ θεῷ λόγῳ, μάλιστα ἐπεὶ οὐχ ὡς ἑτέρου
15 τούτου τυγχάνοντος παρὰ τὸν ἐν ἀρχῇ πρὸς τὸν θεὸν λόγον ἔοικεν ὁ ἀπόστολος διδάσκειν τό· Μὴ εἴπῃς ἐν τῇ καρδίᾳ Ro x 6 ff.
cf. Deut xxx
σου Τίς ἀναβήσεται εἰς τὸν οὐρανόν; τοῦτ' ἔστιν Χριστὸν 12 ff.
69 καταγαγεῖν· ἢ Τίς καταβήσεται εἰς τὴν ἄβυσσον; τοῦτ' ἔστιν Χριστὸν ἐκ νεκρῶν ἀναγαγεῖν· ἀλλὰ τί λέγει ἡ γραφή;
20 Ἐγγύς σου τὸ ῥῆμά ἐστιν σφόδρα ἐν τῷ στόματί σου καὶ ἐν τῇ καρδίᾳ σου.

16. (10) Ὃ γέγονεν ἐν αὐτῷ ζωὴ ἦν, καὶ ἡ ζωὴ Jo i 4
ἦν τὸ φῶς τῶν ἀνθρώπων. Ἔστι τινὰ δόγματα παρ' Ἕλλησι καλούμενα παράδοξα, τῷ κατ' αὐτοὺς σοφῷ πλεῖστα
25 ὅσα προσάπτοντα μετά τινος ἀποδείξεως ἢ φαινομένης ἀποδείξεως, καθά φησι μόνον καὶ πάντα τὸν σοφὸν εἶναι ἱερέα, τῷ μόνον καὶ πάντα τὸν σοφὸν ἐπιστήμην ἔχειν τῆς τοῦ θεοῦ θεραπείας, καὶ μόνον καὶ πάντα τὸν σοφὸν εἶναι ἐλεύθερον, ἐξουσίαν αὐτοπραγίας ἀπὸ τοῦ θείου νόμου
30 εἰληφότα· καὶ τὴν ἐξουσίαν δὲ ὁρίζονται νόμιμον ἐπιτροπήν. καὶ τί δεῖ νῦν ἡμᾶς λέγειν περὶ τῶν καλουμένων παραδόξων, πολλῆς οὔσης τῆς εἰς αὐτὰ πραγματείας, καὶ δεομένων

9 ὅτε] ἄτε

ORIGENIS COMMENTARIORUM

συγκρίσεως τῆς πρὸς τὸ βούλημα τῆς γραφῆς τῶν ὑπ' αὐτῶν κατὰ τὰ παράδοξα ἀπαγγελλομένων, ἵνα ἐπὶ τίνων ὁ τῆς θεοσεβείας λόγος συμφῇ καὶ ἐπὶ τίνων τὸ ἐναντίον τοῖς ὑπ' ἐκείνων λεγομένοις βούλεται παραστῆσαι δυνηθῶμεν;

Jo i 4 τούτων δὲ ἡμῖν μνήμη γεγένηται ζητοῦσι τό· *Ὃ γέγονεν ἐν 5 αὐτῷ ζωὴ ἦν· διὰ τὸ οἱονεὶ τῷ χαρακτῆρι τῶν παραδόξων καί, εἰ δεῖ εἰπεῖν, παραδοξότερον παρὰ τὰ ὑπ' ἐκείνων λεγόμενα, δύνασθαι ἄν τινα ἑπόμενον τῇ γραφῇ δεῖξαι τοιαῦτα

cf. Jo i 1 πλείονα. ἐὰν γὰρ νοήσωμεν τὸν ἐν ἀρχῇ λόγον, τὸν πρὸς τὸν θεόν, τὸν θεὸν λόγον, τάχα δυνησόμεθα μόνον τὸν 10 τούτου, καθὰ τοιοῦτος, μετέχοντα λογικὸν εἰπεῖν· ὥστε καὶ ἀποφήνασθαι ἂν ὅτι μόνος ὁ ἅγιος λογικός. πάλιν ἐὰν

Jo xi 25 συνῶμεν τὴν γενομένην ἐν τῷ λόγῳ ζωήν, τὸν εἰπόντα· Ἐγώ εἰμι ἡ ζωή· ἐροῦμεν μηδένα τῶν ἔξω τῆς πίστεως Χριστοῦ

cf. Ro vi 11 ζῆν, πάντας εἶναι νεκροὺς τοὺς μὴ ζῶντας θεῷ, τό τε ζῆν 15 αὐτῶν ζῆν εἶναι τῆς ἁμαρτίας καὶ διὰ τοῦτο, ἵν' οὕτως εἴπω, ζῆν θανάτου τυγχάνειν. ἐπίστησον δὲ εἰ μὴ τοῦτο πολλαχοῦ παριστᾶσιν αἱ θεῖαι γραφαί, τὸ ὅπου μὲν τοῦ σωτῆρος φά-

Mc xii 26 f. σκοντος· Ἢ οὐκ ἀνέγνωτε τὸ ῥηθὲν ἐπὶ τῆς βάτου Ἐγὼ θεὸς Ἀβραὰμ καὶ θεὸς Ἰσαὰκ καὶ θεὸς Ἰακώβ; οὐκ ἔστι θεὸς 20

Ps cxlii (cxliii) 2 νεκρῶν ἀλλὰ ζώντων· καί· Οὐ δικαιωθήσεται κατενώπιόν σου πᾶς ζῶν. τί δὲ περὶ αὐτοῦ λέγειν δεῖ τοῦ θεοῦ ἢ τοῦ σωτῆρος; ἀμφιβάλλεται γὰρ ὁποτέρου εἶναι ἡ λέγουσα ἐν

Nu xiv 28
Ez xxxiv 8
Mc xii 27 τοῖς προφήταις φωνή· Ζῶ ἐγώ, λέγει κύριος.

17. (11) Καὶ πρῶτόν γε ἴδωμεν τό· Οὐκ ἔστι θεὸς 70 νεκρῶν ἀλλὰ ζώντων· ἴσον δυνάμενον τῷ· οὐκ ἔστιν ἁμαρτωλῶν ἀλλὰ ἁγίων θεός. μεγάλη γὰρ δωρεὰ τοῖς πατριάρχαις τὸ τὸν θεὸν ἀντὶ ὀνόματος προσάψαι τὴν ἐκείνων ὀνομασίαν τῇ θεὸς ἰδίᾳ αὐτοῦ προσηγορίᾳ, καθὰ καὶ ὁ

He xi 16 Παῦλός φησι· Διὸ οὐκ ἐπαισχύνεται ὁ θεὸς θεὸς καλεῖσθαι 30 αὐτῶν. οὐκοῦν θεός ἐστι τῶν πατέρων καὶ πάντων τῶν ἁγίων· καὶ οὐκ ἄν που ἀναγεγραμμένον εὑρίσκοιτο τὸν θεὸν εἶναι

1 συγκρίσεων

IN EVANGELIUM JOANNIS TOMUS II.

τὸν θεόν τινος τῶν ἀσεβῶν. εἰ τοίνυν ὁ θεὸς ἁγίων ἐστὶ καὶ
θεὸς ζώντων εἶναι λέγεται, οἱ ἅγιοι ζῶντές εἰσι καὶ οἱ ζῶντες
ἅγιοι, οὔτε ἁγίου ὄντος ἔξω τῶν ζώντων οὔτε ζῶντος χρημα-
τίζοντος μόνον καὶ οὐχὶ μετὰ τοῦ ζῆν ἔχοντος καὶ τὸ ἅγιον
5 αὐτὸν τυγχάνειν. τὸ παραπλήσιον δέ ἐστι καὶ ἐπὶ τοῦ·
Εὐαρεστήσω τῷ κυρίῳ ἐν χώρᾳ ζώντων· ἰδεῖν, ὡς εἰ ἔλεγεν Ps cxiv
ἐν τάξει ἁγίων, ἢ ἐν τῷ τόπῳ τῶν ἁγίων τῆς κυρίως εὐαρε- (cxvi) 9
στήσεως, ἤτοι ἐν τῇ τάξει τῶν ἁγίων ἢ ἐν τῷ τόπῳ τῶν
ἁγίων τυγχανούσης, οὐδέπω ἄκρως εὐαρεστοῦντος τοῦ μὴ εἰς
10 τὴν τάξιν τῶν ἁγίων κεχωρηκότος ἢ τοῦ μὴ εἰς τὸν τόπον
τῶν ἁγίων γεγενημένου· εἰς ὃν χωρῆσαι δεήσει πάντα τὸν
οἰονεὶ σκιὰν καὶ εἰκόνα τῆς εὐαρεστήσεως τῆς ἀληθινῆς ἐν
τῷ βίῳ τούτῳ προανειληφότα. καὶ τὸ οὐ δικαιωθήσεσθαι δὲ cf. Ps cxlii
κατ' ἐνώπιον τοῦ θεοῦ πάντα ζῶντα δηλοῖ ὅτι ὡς πρὸς θεὸν (cxliii) 2
15 καὶ τὴν ἐν αὐτῷ δικαιοσύνην οὐδεὶς δικαιωθήσεται τῶν πάνυ
μακαρίων, ὡς εἰ καὶ ἐλέγομεν ἐπὶ ἑτέρου παραδείγματος
τοιοῦτον· οὐ φωτιεῖ πᾶς λύχνος ἐνώπιον ἡλίου· φωτιεῖ μὲν
γὰρ πᾶς λύχνος, ἀλλ' ὅταν μὴ καταυγάζηται ὑπὸ ἡλίου·
δικαιωθήσεται δὲ καὶ πᾶς ζῶν, ἀλλ' οὐκ ἐνώπιον τοῦ θεοῦ,
20 ὅτε δὲ τοῖς κάτω συγκρίνεται καὶ ὑπὸ τοῦ σκότους κεκρα-
τημένοις παρ' οἷς λάμψει αὐτῶν τὸ φῶς. καὶ ὅρα εἰ κατὰ
τοῦτο καὶ τὸ ἐν τῷ εὐαγγελίῳ νοητέον· Λαμψάτω τὸ φῶς Mt v 16
ὑμῶν ἔμπροσθεν τῶν ἀνθρώπων. οὐ γάρ· λαμψάτω τὸ φῶς
ὑμῶν ἔμπροσθεν τοῦ θεοῦ· τοῦτο γὰρ εἰ ἐνετέλλετο, ἀδύνατον
25 ἂν ἐδίδου ἐντολήν, ὡς εἰ καὶ τοῖς λύχνοις ἐμψύχοις οὖσιν
ἐντολὴν ἐδίδου τὸ λάμψαι τὸ φῶς αὐτῶν ἔμπροσθεν τοῦ
ἡλίου. οὐχ οἱ τυχόντες οὖν μόνοι τῶν ζώντων οὐ δικαιωθή-
σονται κατενώπιον τοῦ θεοῦ, ἀλλὰ καὶ οἱ ὡς ἐν ζῶσι τῶν
ἐλαττόνων διαφέροντες· ἢ, ὅπερ μᾶλλον, ἅμα ἡ πάντων τῶν
30 ζώντων δικαιοσύνη οὐ δικαιωθήσεται ὡς πρὸς τὴν τοῦ θεοῦ
δικαιοσύνην· ὡς εἰ καὶ ἅμα πάντα τὰ ἐπὶ γῆς νυκτερινὰ
συναγαγὼν φῶτα ἔφασκον μὴ δύνασθαι ταῦτα φωτίζειν ὡς
71 πρὸς τὰς τούτου τοῦ ἡλίου αὐγάς. κατ' ἐπανάβασιν δὲ ἐκ
τῶν εἰρημένων νοητέον καὶ τό· Ζῶ ἐγώ, λέγει κύριος· τάχα Nu xiv 28

B. 6

τοῦ κυρίως ζῆν, μάλιστα ἐκ τῶν εἰρημένων περὶ τοῦ ζῆν,
παρὰ μόνῳ τυγχάνοντος τῷ θεῷ. καὶ ὅρα εἰ διὰ τοῦτο
δύναται ὁ ἀπόστολος τὴν εἰς ὑπερβολὴν ὑπεροχὴν νοήσας
τῆς ζωῆς τοῦ θεοῦ, καὶ ἀξίως θεοῦ συνιεὶς τό· Ζῶ ἐγώ, λέγει
κύριος· εἰρηκέναι περὶ θεοῦ· Ὁ μόνος ἔχων ἀθανασίαν· οὐ- 5
δενὸς τῶν παρὰ τὸν θεὸν ζώντων ἔχοντος τὴν ἄτρεπτον πάντῃ
καὶ ἀναλλοίωτον ζωήν. καὶ τί διστάζομεν περὶ τῶν λοιπῶν
ὅτε οὐδὲ ὁ χριστὸς ἔσχε τὴν τοῦ πατρὸς ἀθανασίαν; ἐγεύ-
σατο γὰρ ὑπὲρ παντὸς θανάτου.

18. (12) Ἅμα δὲ ἐξετάζοντες τὰ περὶ τοῦ ζῆν τοῦ θεοῦ 10
καὶ ζωῆς, ἥτις ἐστὶν ὁ χριστός, καὶ ζώντων ἐν χώρᾳ ἰδίᾳ
τυγχανόντων καὶ ζώντων οὐ δικαιουμένων ἐνώπιον τοῦ θεοῦ,
ἀκολούθως τούτοις παρατιθέμενοι τό· Ὁ μόνος ἔχων ἀθανα-
σίαν· τὰ ὑπονοούμενα συμπαραληψόμεθα περὶ τοῦ πᾶν
ὁτιποτοῦν λογικὸν μὴ οὐσιωδῶς ἔχειν ὡς ἀχώριστον συμβε- 15
βηκὸς τὴν μακαριότητα. ἐὰν γὰρ ἀχώριστον ἔχῃ τὴν μακα-
ριότητα καὶ τὴν προηγουμένην ζωήν, πῶς ἔτι ἔσται ἀληθὲς
τὸ περὶ τοῦ θεοῦ λεγόμενον· Ὁ μόνος ἔχων ἀθανασίαν· χρὴ
μέντοι γε εἰδέναι ὅτι τινὰ ὁ σωτὴρ οὐχ αὑτῷ εἶναι ἀλλ' ἑτέ-
ροις, τινὰ δὲ αὑτῷ καὶ ἑτέροις· ζητητέον δὲ εἴ τινα ἑαυτῷ καὶ 20
οὐδενί. σαφῶς μὲν γὰρ ἑτέροις ἐστὶ ποιμήν, οὐχ ὡς οἱ
παρὰ ἀνθρώποις ποιμένες ὄνησιν ἐκ τοῦ ποιμαίνειν εἰς ἑαυτὸν
λαμβάνων, εἰ μὴ ἄρα τὴν τῶν ποιμαινομένων ὠφέλειαν διὰ
φιλανθρωπίαν ἰδίαν εἶναι λογίσαιτο. ἀλλὰ καὶ ὁδός ἐστιν
ἑτέροις ὁμοίως καὶ θύρα, ὁμολογουμένως δὲ καὶ ῥάβδος· 25
ἑαυτῷ δὲ καὶ ἑτέροις σοφία, τάχα δὲ καὶ λόγος. ζητητέον
δὲ εἰ συστήματος θεωρημάτων ὄντος ἐν αὑτῷ καθὸ σοφία
ἐστίν, ἐστί τινα θεωρήματα ἀχώρητα τῇ λοιπῇ παρ' αὐτὸν
γεννητῇ φύσει ἅτινα οἶδεν ἑαυτῷ. καὶ οὐκ ἀνεξέταστον
λόγον ἐατέον διὰ τὴν περὶ τοῦ ἁγίου πνεύματος εὐλάβειαν. 30
ὅτι μὲν γὰρ καὶ αὐτὸ αὑτῷ μαθητεύεται, σαφὲς ἐκ τοῦ λεγο-
μένου περὶ παρακλήτου καὶ ἁγίου πνεύματος· Ὅτι ἐκ τοῦ

3 ἀπόστολος] extra lin.   15 σἀχώριστον   31 σαφῶς

ἐμοῦ λήψεται, καὶ ἀναγγελεῖ ὑμῖν. εἰ δὲ μαθητευόμενον
72 πάντα χωρεῖ ἃ ἐνατενίζων τῷ πατρὶ ἀρχόμενος ὁ υἱὸς γινώ-
σκει ἐπιμελέστερον ζητητέον. εἰ τοίνυν ὁ σωτὴρ ἃ μέν τινα
ἑτέροις, τινὰ δὲ τάχα που αὑτῷ καὶ ἢ οὐδενὶ ἢ ἑνὶ ἢ ὀλίγοις,
5 καθὸ ζωή ἐστιν ἡ γενομένη ἐν τῷ λόγῳ βατανιστέον πότερον
αὑτῷ καὶ ἑτέροις ζωή ἐστιν ἢ ἑτέροις, καὶ εἰ ἑτέροις, τίσι τού-
τοις. εἰ δὴ ταὐτόν ἐστι ζωὴ καὶ φῶς τῶν ἀνθρώπων, φησὶ
γάρ· "Ὃ γέγονεν ἐν αὐτῷ ζωὴ ἦν καὶ ἡ ζωὴ ἦν τὸ φῶς Jo 1 4
τῶν ἀνθρώπων· τὸ δὲ φῶς τῶν ἀνθρώπων τινῶν ἐστι φῶς,
10 καὶ τοῦτο οὐ πάντων τῶν λογικῶν, ὅσον ἐπὶ τῷ κεῖσθαι τὸ
Ἀνθρώπων, ἀλλὰ τῶν ἀνθρώπων ἐστὶ φῶς· εἴη ἂν καὶ ζωὴ
ἀνθρώπων ὧν καὶ φῶς ἐστιν· καὶ καθὸ ζωὴ λέγοιτο ἂν ὁ
σωτὴρ οὐχ αὑτῷ ἀλλὰ ἑτέροις εἶναι ζωὴ ὧν ἐστι καὶ φῶς.
αὕτη δὲ ἡ ζωὴ τῷ λόγῳ ἐπιγίνεται, ἀχώριστος αὐτοῦ μετὰ τὸ
15 ἐπιγενέσθαι τυγχάνουσα. λόγον γὰρ προϋπάρξαι τὸν καθαί-
ροντα τὴν ψυχὴν ἐν τῇ ψυχῇ δεῖ, ἵνα μετὰ τοῦτον καὶ τὴν
ἀπ᾽ αὐτοῦ κάθαρσιν, πάσης περιαιρεθείσης νεκρότητος καὶ
ἀσθενείας, ἡ ἀκραιφνὴς ζωὴ ἐγγένηται παρὰ παντὶ τῷ τοῦ
λόγου καθὸ θεός ἐστιν αὐτὸν ποιήσαντι χωρητικόν.
20 19. (13) Τηρητέον δὲ τὰ δύο Ἐν, καὶ τὴν διαφορὰν
αὐτῶν ἐξεταστέον· πρῶτον μὲν γὰρ ἐν τῷ· λόγος ἐν ἀρχῇ·
δεύτερον δὲ ἐν τῷ· ζωὴ ἐν λόγῳ. ἀλλὰ λόγος μὲν ἐν ἀρχῇ
οὐκ ἐγένετο· οὐκ ἦν γὰρ ὅτε ἡ ἀρχὴ ἄλογος ἦν, διὸ λέγεται·
Ἐν ἀρχῇ ἦν ὁ λόγος· ζωὴ δὲ ἐν τῷ λόγῳ οὐκ ἦν, ἀλλὰ ζωὴ Jo 1 1
25 ἐγένετο, εἴγε ζωή ἐστι τὸ φῶς τῶν ἀνθρώπων. ὅτε γὰρ
οὐδέπω ἄνθρωπος ἦν, οὐδὲ φῶς τῶν ἀνθρώπων ἦν, τοῦ φωτὸς
τῶν ἀνθρώπων κατὰ τὴν πρὸς ἀνθρώπους σχέσιν νοουμένου.
μηδεὶς δ᾽ ἡμᾶς θλιβέτω χρονικῶς οἰόμενος ταῦτα ἀπαγ-
γέλλειν, τῆς τάξεως τὸ πρῶτον καὶ τὸ δεύτερον καὶ τὰ
30 ἐφεξῆς ἀπαιτούσης, κἂν χρόνος μὴ εὑρίσκηται ὅτε τὰ ὑπὸ
τοῦ λόγου ὑποβαλλόμενα τρίτα καὶ τέταρτα οὐδαμῶς ἦν.
ὃν τρόπον τοίνυν πάντα δι᾽ αὐτοῦ ἐγένετο, καὶ οὐχὶ πάντα cf. Jo 1 3
δι᾽ αὐτοῦ ἦν, καὶ χωρὶς αὐτοῦ ἐγένετο οὐδὲ ἕν, οὐχὶ δὲ χωρὶς

6 εἰ] om.

αὐτοῦ ἦν οὐδὲ ἕν, οὕτως ὃ γέγονεν ἐν αὐτῷ, οὐχὶ ὃ ἦν ἐν αὐτῷ, ζωὴ ἦν. καὶ πάλιν οὐχὶ ὃ ἐγένετο ἐν ἀρχῇ ὁ λόγος ἦν, ἀλλὰ ὃ ἦν ἐν ἀρχῇ λόγος ἦν. τινὰ μέντοι γε τῶν ἀντιγράφων ἔχει, καὶ τάχα οὐκ ἀπιθάνως· "Ὃ γέγονεν ἐν αὐτῷ ζωή ἐστιν. εἰ δὲ ζωὴ ταὐτόν ἐστι τῷ τῶν ἀνθρώπων φωτί, οὐδεὶς ἐν σκότῳ τυγχάνων ζῇ καὶ οὐδεὶς τῶν ζώντων ἐν σκότῳ ἐστίν, ἀλλὰ πᾶς ὁ ζῶν καὶ ἐν φωτὶ ὑπάρχει, καὶ πᾶς ὁ ἐν φωτὶ ὑπάρχων ζῇ· ὥστε μόνον τὸν ζῶντα καὶ πάντα εἶναι φωτὸς υἱόν· φωτὸς 73 δὲ υἱός, οὗ λάμπει τὰ ἔργα ἔμπροσθεν τῶν ἀνθρώπων.

20. (14) Πάλιν, ἐπεί ἐστι τὰ παραλελειμμένα τῶν ἐναντίων νοεῖσθαι ἐκ τῶν εἰρημένων περὶ τῶν ἐναντίων, λέγεται δὲ περὶ ζωῆς καὶ φωτὸς ἀνθρώπων, ἐναντίον δὲ τῇ ζωῇ θάνατος καὶ ἐναντίον φωτὶ ἀνθρώπων σκότος ἀνθρώπων, ἔστιν ἰδεῖν ὅτι ὁ ἐν σκότῳ τῶν ἀνθρώπων τυγχάνων ἐν θανάτῳ ἐστὶν καὶ ὁ τὰ τοῦ θανάτου πράττων οὐκ ἀλλαχόσε τοῦ σκότους ἐστίν. ὁ δὲ μνημονεύων τοῦ θεοῦ, ἐάν γε νοῶμεν τί τὸ μνημονεύειν αὐτοῦ, οὐκ ἔστιν ἐν τῷ θανάτῳ, κατὰ τὸ εἰρημένον· Οὐκ ἔστιν ἐν τῷ θανάτῳ ὁ μνημονεύων σου. εἴτε δὲ σκότος ἀνθρώπων εἴτε θάνατος οὐ φύσει τοιαῦτά ἐστιν, ἄλλου λόγου· Ἡμεῖς ἤμεθά ποτε σκότος, νῦν δὲ φῶς ἐν κυρίῳ· κἂν μάλιστα ἅγιοι καὶ πνευματικοὶ ἤδη χρηματίζωμεν. ὥσπερ δὲ δεκτικὸς ὁ Παῦλος σκότος ὢν γέγονε τοῦ γενέσθαι φῶς ἐν κυρίῳ, οὕτως ὅστις ποτ' ἂν ᾖ σκότος. κατὰ δὲ τοὺς οἰομένους εἶναι φύσεις πνευματικάς, ὥσπερ τὸν Παῦλον καὶ τοὺς ἁγίους ἀποστόλους, οὐκ οἶδα εἰ σώζεται τὸ τὸν πνευματικὸν εἶναί ποτε σκότος καὶ ὕστερον αὐτὸν γεγονέναι φῶς. εἰ γὰρ ὁ πνευματικός ποτε σκότος ἦν, ὁ χοϊκὸς τίς ἐστιν; εἰ δ' ἀληθές ἐστι τὸ σκότος γεγονέναι φῶς, τίς ἡ ἀποκλήρωσις τοῦ μὴ πᾶν σκότος δύνασθαι γενέσθαι φῶς; εἰ μὴ γὰρ ἐπὶ Παύλου ἐλέγετο ὅτι ἤμεθά ποτε ἐν σκότῳ, νῦν δὲ φωτεινοὶ ἐν κυρίῳ, ἐπὶ δὲ ὧν οἴονται φύσεων ἀπολλυμένων, ὅτι σκότος ἦσαν ἢ σκότος εἰσί, κἂν χώραν εἶχεν ἡ

23 οὕτως ὅστις ποτ' ἂν ᾖ σκότος] ante ὥσπερ κ.τ.λ.   28 ἐστι] ὅτι

περὶ φύσεων ὑπόθεσις. νυνὶ δὲ ὁ Παῦλός φησι γεγονέναι ποτὲ σκότος, νῦν δὲ φῶς ἐν κυρίῳ, ὡς δυνατοῦ ὄντος τοῦ σκότους εἰς φῶς μεταβαλεῖν. οὐ χαλεπὸν δὲ τὰ περὶ παντὸς σκότους ἀνθρώπων καὶ περὶ τοῦ θανάτου τούτου τυγχάνοντος τῷ σκότῳ τῶν ἀνθρώπων ἐπιμελῶς ἰδεῖν ἐκ τῶν εἰρημένων, τὸ ἐνδεχόμενον ὁρῶντα τῆς ἐπὶ τὸ χεῖρον καὶ κρεῖττον ἑκάστου μεταβολῆς.

21. (15) Πάνυ δὲ βιαίως κατὰ τὸν τόπον γενόμενος ὁ Ἡρακλέων τό· "Ὃ γέγονεν ἐν αὐτῷ ζωὴ ἦν· ἐξείληφεν ἀντὶ τοῦ Ἐν αὐτῷ· Εἰς τοὺς ἀνθρώπους τοὺς πνευματικούς, οἱονεὶ ταὐτὸν νομίσας εἶναι τὸν λόγον καὶ τοὺς πνευματικούς, εἰ καὶ μὴ σαφῶς ταῦτ᾽ εἴρηκε· καὶ ὡσπερεὶ αἰτιολογῶν φησιν· Αὐτὸς γὰρ τὴν πρώτην μόρφωσιν τὴν κατὰ τὴν γένεσιν αὐτοῖς παρέσχε, τὰ ὑπ᾽ ἄλλου σπαρέντα εἰς μορφὴν καὶ εἰς φωτισμὸν καὶ περιγραφὴν ἰδίαν ἀγαγὼν καὶ ἀναδείξας. οὐ παρετήρησε δὲ καὶ τὸ περὶ τῶν πνευματικῶν παρὰ τῷ Παύλῳ λεγόμενον, ὅτι ἀνθρώπους αὐτοὺς εἶναι ἀπεσιώπησε· Ψυχικὸς ἄνθρωπος οὐ δέχεται τὰ τοῦ πνεύματος τοῦ θεοῦ, μωρία γὰρ αὐτῷ ἐστιν· ὁ δὲ πνευματικὸς ἀνακρίνει πάντα. ἡμεῖς γὰρ οὐ μάτην αὐτόν φαμεν ἐπὶ τοῦ πνευματικοῦ μὴ προστεθεικέναι τὸ "Ἄνθρωπος· κρεῖττον γὰρ ἢ ἄνθρωπος ὁ πνευματικός, τοῦ ἀνθρώπου ἤτοι ἐν ψυχῇ ἢ ἐν σώματι ἢ ἐν συναμφοτέροις χαρακτηριζομένου, οὐχὶ δὲ καὶ ἐν τῷ τούτων θειοτέρῳ πνεύματι, οὐ κατὰ μετοχὴν ἐπικρατοῦσαν χρηματίζει ὁ πνευματικός. ἅμα δὲ καὶ τὰ τῆς τοιαύτης ὑποθέσεως χωρὶς κἂν φαινομένης ἀποδείξεως ἀποφαίνεται, οὐδὲ μέχρι τῆς τυχούσης πιθανότητος φθάσαι εἰς τὸν περὶ τούτων δυνηθεὶς λόγον. καὶ ταῦτα μὲν περὶ ἐκείνου.

22. (16) Φέρε δὲ καὶ ἡμεῖς καὶ τοῦτο ζητήσωμεν, εἰ ἡ ζωὴ ἦν μόνων ἀνθρώπων φῶς καὶ μὴ παντὸς οὑτινοσοῦν ἐν μακαριότητι τυγχάνοντος. ἐὰν γὰρ ταὐτὸν ἦν ζωὴ καὶ φῶς ἀνθρώπων, καὶ μόνων ἀνθρώπων εἴη τὸ τοῦ χριστοῦ φῶς,

μόνων ἀνθρώπων καὶ ἡ ζωή. τοῦτο δ' ὑπολαμβάνειν ἐστὶν
ἠλίθιον ἅμα καὶ ἀσεβές, ἀντιμαρτυρουσῶν τῶν ἄλλων γρα-
φῶν ταύτῃ τῇ ἐκδοχῇ, εἴγε ὅταν προκόψωμεν ἰσάγγελοι ἐσό-
μεθα. οὕτω δὲ λυτέον τὸ ἀπορηθέν· οὐχὶ εἴ τι λέγεταί τινων,
ἐκείνων μόνων ἐστὶ τὸ λεγόμενον· οὕτως οὖν οὐχὶ ᾗ λέγεται
φῶς ἀνθρώπων μόνων ἀνθρώπων ἐστὶ φῶς· ἐδύνατο γὰρ προσ-
κεῖσθαι· ἡ ζωὴ ἦν τὸ τῶν ἀνθρώπων μόνων φῶς. ἔξεστι
γὰρ φῶς τῶν ἀνθρώπων καὶ ἑτέρων παρὰ τοὺς ἀνθρώπους
εἶναι φῶς, ὡς ἔξεστι τάδε τὰ ζῷα καὶ τάδε τὰ φυτά, ἀνθρώ-
πων ὄντα τροφήν, καὶ ἑτέρων παρὰ τοὺς ἀνθρώπους τὰ αὐτὰ
εἶναι τροφήν. καὶ τοῦτο μὲν ἀπὸ τῆς συνηθείας τὸ παρά-
δειγμα, ἄξιον δὲ ἀπὸ τῶν θεοπνεύστων λόγων ὅμοιον ἀντιπα-
ραβαλεῖν. ἐνθάδε τοίνυν ζητοῦμεν εἰ μηδὲν κωλύει τὸ φῶς
τῶν ἀνθρώπων καὶ ἑτέρων εἶναι φῶς, λέγοντες ὅτι οὐχὶ
ἐπεὶ λέγεται φῶς ἀνθρώπων ἤδη ἀποκέκλεισται καὶ ἑτέρων
παρὰ τοὺς ἀνθρώπους κρειττόνων ἢ ἀνθρώποις ὁμοίων εἶναι
φῶς. ἀναγέγραπται δὲ ὁ θεὸς θεὸς εἶναι Ἀβραὰμ καὶ θεὸς
Ἰσαὰκ καὶ θεὸς Ἰακώβ· ὁ δὴ βουλόμενος, ἐπειδὴ εἴρηται·
Ἡ ζωὴ ἦν τὸ φῶς τῶν ἀνθρώπων· τὸ φῶς μηδενὸς ἑτέρου
εἶναι ἢ τῶν ἀνθρώπων, κατὰ τὸ ὅμοιον οἰήσεται τὸν θεὸν
Ἀβραὰμ καὶ θεὸν Ἰσαὰκ καὶ θεὸν Ἰακὼβ μηδενὸς εἶναι θεὸν
ἢ τῶν τριῶν μόνων τούτων πατέρων. ἔστι δέ γε καὶ Ἡλίου
θεός, καὶ ὥς φησιν Ἰουδὶθ τοῦ πατρὸς αὐτῆς Συμεὼν, καὶ
θεὸς τῶν Ἑβραίων. διόπερ κατὰ τὸ ὅμοιον εἰ μηδὲν κωλύει
εἶναι αὐτὸν καὶ ἑτέρων θεόν, οὐδὲν κωλύει εἶναι τὸ φῶς τῶν
ἀνθρώπων καὶ ἑτέρων παρὰ τοὺς ἀνθρώπους φῶς.

23. (17) Ἄλλος δέ τις προσχρησάμενος τῷ· Ποιήσω-
μεν ἄνθρωπον κατ' εἰκόνα καὶ ὁμοίωσιν ἡμετέραν· πᾶν τὸ
κατ' εἰκόνα καὶ ὁμοίωσιν γενόμενον θεοῦ ἄνθρωπον εἶναι
φήσει, μυρίοις χρώμενος εἰς τοῦτο παραδείγμασιν ὅτι οὐδὲν
διαφέρει τῇ γραφῇ ἄνθρωπον ἢ ἄγγελον φάναι· ἐπὶ γὰρ τοῦ

8 ante φῶς ins. τὸ intra lin. videtur, codex autem laesus est.
ἡμετέραν—29 ὁμοίωσιν sed add. in mg.
16 ἄνθρωποι ὁμοίων εἶναι ut
23 Ἰουδὴθ   28 om.
30 φησι

IN EVANGELIUM JOANNIS TOMUS II. 87

αὐτοῦ ὑποκειμένου κεῖται ἡ Ἄγγελος καὶ Ἄνθρωπος προσηγορία, ὥσπερ ἐπὶ τῶν ξενισθέντων παρὰ τῷ Ἀβραὰμ τριῶν, cf. Gen xviii 2; He xiii 2; Gen xix 1
καὶ γενομένων ἐν Σοδόμοις δύο· καὶ ἐν ὅλῳ τῷ εἱρμῷ τῆς
γραφῆς ὅτε μὲν ἄνδρες ὅτε δὲ ἄγγελοι εἶναι λέγονται. πλὴν
5 ὁ τοῦτο νομίζων ἐρεῖ ὅτι ὥσπερ παρὰ τοῖς ὁμολογουμένοις
ἀνθρώποις εἰσὶν ἄγγελοι, ὡς ὁ Ζαχαρίας λέγων· Ἄγγελος cf. Hag i 13; Zech i
θεοῦ, ἐγὼ μεθ' ὑμῶν εἰμι, λέγει κύριος παντοκράτωρ· καὶ ὁ
Ἰωάννης, περὶ οὗ γέγραπται· Ἰδοὺ ἐγὼ ἀποστέλλω τὸν Mal iii 1
ἄγγελόν μου πρὸ προσώπου σου· οὕτως καὶ οἱ τοῦ θεοῦ
10 ἄγγελοι παρὰ τὸ ἔργον τοῦτο χρηματίζουσι καὶ οὐ παρὰ τὴν
φύσιν ἄνδρες κληθέντες. καὶ ἔτι μᾶλλον παραμυθήσεται ὅτι
ἐπὶ τῶν κρειττόνων δυνάμεων τὰ ὀνόματα οὐχὶ φύσεων ζώων
ἐστὶν ὀνόματα ἀλλὰ τάξεων, ὧν ἥδε τις καὶ ἥδε λογικὴ φύσις
τέτευχεν ἀπὸ θεοῦ. θρόνος γὰρ οὐκ εἶδος ζώου, οὐδὲ ἀρχὴ cf. Eph i 21
15 οὐδὲ κυριότης οὐδὲ ἐξουσία, ἀλλὰ ὀνόματα πραγμάτων ἐφ'
ὧν ἐτάχθησαν οἱ οὕτω προσαγορευόμενοι, ὧν τὸ ὑποκείμενον
οὐκ ἄλλο τί ἐστιν ἢ ἄνθρωπος, καὶ τῷ ὑποκειμένῳ συμβέβηκε
τὸ θρόνῳ εἶναι ἢ κυριότητι ἢ ἀρχῇ ἢ ἐξουσίᾳ. καὶ ἐν τῷ
Ἰησοῦ δὲ τῷ τοῦ Ναυῆ κεῖται τό· Ὤφθη τῷ Ἰησοῦ ἄν- Jos v 13 f.
20 θρωπος ἐν Ἱεριχῶ· ὅς φησιν· Ἐγὼ ἀρχιστράτηγος δυνάμεως
κυρίου νυνὶ παραγέγονα. κατὰ τοῦτο οὖν ὡς ἴσον δυνάμενον
ἐκλήψεται τὸ φῶς τῶν ἀνθρώπων καὶ φῶς παντὸς λογικοῦ,
παντὸς λογικοῦ τῷ κατ' εἰκόνα καὶ ὁμοίωσιν εἶναι θεοῦ ἀν- cf. Gen i 26
θρώπου τυγχάνοντος. τὸ αὐτὸ μέντοι γέ ἐστι τριχῶς ὀνο-
25 μαζόμενον· φῶς τῶν ἀνθρώπων, καὶ ἁπαξαπλῶς φῶς, καὶ
φῶς ἀληθινόν. φῶς μὲν οὖν ἀνθρώπων, ἤτοι, ὡς προαποδέδεικται, οὐδενὸς κωλύοντος τὸ ἐκλαμβάνειν καὶ ἑτέρων παρὰ
τὸν ἄνθρωπον εἶναι τὸ φῶς φῶς, ἢ πάντων τῶν λογικῶν
76 διὰ τὸ κατ' εἰκόνα θεοῦ γεγονέναι ἀνθρώπων καλουμένων.
30 (18) ἐπεὶ δὲ φῶς ἁπαξαπλῶς ἐνταῦθα μὲν ὁ σωτήρ, ἐν δὲ
τῇ καθολικῇ τοῦ αὐτοῦ Ἰωάννου ἐπιστολῇ λέγεται ὁ θεὸς 1 Jo i 5
εἶναι φῶς, ὁ μέν τις οἴεται καὶ ἐντεῦθεν κατασκευάζεσθαι τῇ

---

1 post ὑποκειμένου] ins. οὐ   15 post πραγμάτων] ins. τῶν

οὐσίᾳ μὴ διεστηκέναι τοῦ υἱοῦ τὸν πατέρα· ὁ δέ τις ἀκριβέστερον τηρήσας, ὁ καὶ ὑγιέστερον λέγων, φήσει οὐ ταὐτὸν εἶναι τὸ φαῖνον ἐν τῇ σκοτίᾳ φῶς καὶ μὴ καταλαμβανόμενον ὑπ' αὐτῆς, καὶ τὸ φῶς ἐν ᾧ οὐδαμῶς ἐστι σκοτία. τὸ μὲν γὰρ φαῖνον ἐν τῇ σκοτίᾳ φῶς οἱονεὶ ἐπέρχεται τῇ σκοτίᾳ, καὶ διωκόμενον ὑπ' αὐτῆς καὶ, ἵν' οὕτως εἴπω, ἐπιβουλευόμενον οὐ καταλαμβάνεται· τὸ δὲ φῶς ἐν ᾧ οὐδεμία ἐστὶ σκοτία οὔτε φαίνει ἐν τῇ σκοτίᾳ οὔτε τὴν ἀρχὴν διώκεται ὑπ' αὐτῆς, ἵνα καὶ ὡς νικῶν ἀναγράφηται τῷ μὴ καταλαμβάνεσθαι ὑπ' αὐτῆς διωκούσης. τρίτον ἦν τὸ λεγόμενον τοῦτο τὸ φῶς φῶς ἀληθινόν· ᾧ δὲ λόγῳ ὁ πατὴρ τῆς ἀληθείας θεὸς πλείων ἐστὶ καὶ μείζων ἢ ἀλήθεια, καὶ ὁ πατὴρ ὢν σοφίας κρείττων ἐστὶ καὶ διαφέρων ἢ σοφία, τούτῳ ὑπερέχει τοῦ εἶναι φῶς ἀληθινόν. παραστατικώτερον δὲ δύο φῶτα τὸν πατέρα καὶ τὸν υἱὸν ἀπὸ τοῦ Δαβὶδ τυγχάνειν διὰ τούτων εἰσόμεθα, ὅγε φησὶν ἐν τριακοστῷ πέμπτῳ ψαλμῷ· Ἐν φωτί σου ὀψόμεθα φῶς. ταὐτὸ δὲ αὐτὸ τὸ φῶς τῶν ἀνθρώπων, τὸ ἐν τῇ σκοτίᾳ φαῖνον, τὸ ἀληθινὸν φῶς, ἐν τοῖς ἑξῆς τοῦ εὐαγγελίου φῶς τοῦ κόσμου ἀναγορεύεται, φάσκοντος Ἰησοῦ· Ἐγώ εἰμι τὸ φῶς τοῦ κόσμου. μηδὲ τοῦτο δὴ ἀπαρασήμαντον ἐάσωμεν, ὅτι ἐνδεχομένου γεγράφθαι· Ὃ γέγονεν ἐν αὐτῷ φῶς ἦν τῶν ἀνθρώπων, καὶ τὸ φῶς τῶν ἀνθρώπων ζωὴ ἦν, τὸ ἀνάπαλιν πεποίηκε· προτάσσει γὰρ τὴν ζωὴν τοῦ τῶν ἀνθρώπων φωτός, εἰ καὶ ταὐτόν ἐστι ζωὴ καὶ ἀνθρώπων φῶς, τῷ προαπαντᾶν ἡμᾶς ἐπὶ τῶν μετεχόντων τῆς ζωῆς, τυγχανούσης καὶ φωτὸς ἀνθρώπων, τὸ ζῆν αὐτοὺς τὴν προειρημένην θείαν ζωὴν παρὰ τὸ πεφωτίσθαι· ὑποκεῖσθαι γὰρ δεῖ τὸ ζῆν, ἵν' ὁ ζῶν πεφωτισμένος γένηται· οὐκ ἦν δὲ ἀκόλουθον πεφωτίσθαι τὸν μηδέπω ζῆν νενοημένον καὶ ἐπιγίνεσθαι τῷ πεφωτίσθαι τὸ ζῆν. εἰ γὰρ καὶ ταὐτόν ἐστιν ἡ ζωὴ καὶ τὸ φῶς τῶν ἀνθρώπων, ἀλλ' αἵ γε ἐπίνοιαι καθ' ἕτερον καὶ ἕτερον λαμβάνονται. τοῦτο δὴ τὸ φῶς τῶν ἀνθρώπων καὶ φῶς ἐθνῶν παρὰ τῷ προφήτῃ Ἡσαΐᾳ λέγεται κατὰ τό· Ἰδοὺ τέθεικά σε εἰς διαθήκην γένους, εἰς φῶς ἐθνῶν· καὶ τούτῳ τῷ φωτὶ πε-

ποιθὼς ὁ Δαβίδ φησιν ἐν εἰκοστῷ ἕκτῳ ψαλμῷ· Κύριος Ps xxvi (xxvii) 1
φωτισμός μου καὶ σωτήρ μου, τίνα φοβηθήσομαι;

24. (19) Πρὸς δὲ τοὺς τὴν περὶ αἰώνων ἀναπλάσαντας ἐν συζυγίαις μυθολογίαν καὶ οἰομένους ὑπὸ νοῦ καὶ ἀληθείας προβεβλῆσθαι λόγον καὶ ζωὴν οὐκ ἀπίθανον καὶ ταῦτα ἀπορῆσαι. πῶς γὰρ ἡ κατ' αὐτοὺς σύζυγος τοῦ λόγου ζωὴ τὸ γεγονέναι ἐν τῷ συζύγῳ λαμβάνει; "Ὃ γέγονε γὰρ, Jo i 4 φησὶν, ἐν αὐτῷ, δηλονότι τῷ προειρημένῳ λόγῳ, ζωὴ ἦν. λεγέτωσαν οὖν ἡμῖν πῶς ἡ σύζυγος τοῦ λόγου ζωὴ γέγονεν ἐν τῷ λόγῳ, καὶ πῶς μᾶλλον τοῦ λόγου ἡ ζωὴ φῶς ἐστι τῶν ἀνθρώπων. εἰκὸς δὲ τοὺς εὐγνωμονεστέρους ἐν ταῖς ζητήσεσιν ἀνατρεπομένους, πληγέντας ὑπὸ τοῦ ἐπαπορήματος, ἀντερωτήσειν ἡμᾶς, καὶ αὐτοὺς θλιβομένους ἐὰν μὴ εὕρωμεν αἰτίαν δι' ἣν οὐχὶ λόγος εἴρηται τὸ φῶς τῶν ἀνθρώπων ἀλλ' ἡ γενομένη ἐν τῷ λόγῳ ζωή. πρὸς οὓς τοιαῦτα ἀποκρινούμεθα, ὅτι ζωὴ ἐνταῦθα οὐχ ἡ κοινὴ λογικῶν καὶ ἀλόγων λέγεται ἀλλ' ἡ ἐπιγινομένη τῷ ἐν ἡμῖν συμπληρουμένῳ λόγῳ, τῆς μετοχῆς ἀπὸ τοῦ πρώτου λαμβανομένης λόγου· καὶ κατὰ μὲν τὸ ἀποστραφῆναι τὴν δοκοῦσαν ζωὴν, οὐκ οὖσαν δὲ ἀληθῶς, καὶ ποθεῖν χωρῆσαι τὴν ἀληθῶς ζωὴν πρῶτον κοινωνοῦμεν αὐτῇ, ἥτις γενομένη ἐν ἡμῖν καὶ φωτὸς γνώσεως ὑπόστασις γίνεται. καὶ τάχα αὕτη ἡ ζωὴ cf. Hos x 12 παρ' οἷς μὲν δυνάμει καὶ οὐκ ἐνεργείᾳ φῶς ἐστι, τοῖς τὰ τῆς γνώσεως ἐξετάζειν μὴ φιλοτιμουμένοις, παρ' ἑτέροις δὲ καὶ ἐνεργείᾳ γινομένη φῶς· δῆλον δὲ ὅτι παρ' οἷς κατορθοῦται τὸ ὑπὸ τοῦ Παύλου προστεταγμένον· Ζηλοῦτε τὰ χαρί- 1 Co xii 31 σματα τὰ κρείττονα· μείζονα δὲ τῶν χαρισμάτων τὸ καὶ πάντων προτεταγμένον, ὅπερ ἐστὶ λόγος σοφίας, καὶ τούτῳ cf. 1 Co xii 8 ἕπεται λόγος γνώσεως. περὶ δὲ τῆς διαφορᾶς αὐτῶν, παρακειμένων ἀλλήλοις τῶν σημαινομένων σοφίας καὶ γνώσεως, οὐ τοῦ παρόντος ἐστὶν εἰπεῖν καιροῦ.

25. (20) Καὶ τὸ φῶς ἐν τῇ σκοτίᾳ φαίνει, καὶ ἡ Jo i 5

25 γινομένης

ϲκοτίᾳ αὐτὸ οὐ κατέλαβεν. Ἔτι περὶ τοῦ τῶν ἀνθρώπων, ἐπεὶ προτέτακται, ζητοῦμεν φωτός, οἶμαι δ' ὅτι καὶ τοῦ ἐναντίου καλουμένου σκοτίας, ἂν δὲ οὕτω δοκιμασθείσης, τῶν ἀνθρώπων φημί, ὅτι τάχα γενικόν ἐστι τὸ φῶς τῶν ἀνθρώπων δύο ἰδικῶν πραγμάτων, ὁμοίως δὲ καὶ ἡ σκοτία 78 αὐτῶν. ἔστι γὰρ τὸν τὸ φῶς τῶν ἀνθρώπων κεκτημένον καὶ κοινωνοῦντα τῶν αὐγῶν αὐτοῦ ἔργα φωτὸς ἐπιτελεῖν καὶ

cf. Hos x 12 γινώσκειν φωτιζόμενον φῶς γνώσεως· τὸ δὲ ἀνάλογον καὶ ἐκ τῶν ἐναντίων νοητέον, τῶν τε μοχθηρῶν πράξεων καὶ τῆς νομιζομένης γνώσεως, οὐκ οὔσης κατὰ ἀλήθειαν, τὸν λόγον 10 τῆς σκοτίας ἐχόντων. καὶ ὅτι μὲν τὰ πρακτικὰ φῶς ὁ ἱερὸς

Is xxvi 9 οἶδε λόγος, φησὶν ὁ Ἡσαΐας· Διότι φῶς τὰ προστάγματά
Ps xviii (xix) σου ἐπὶ τῆς γῆς· καὶ ὁ Δαβὶδ ἐν ιη' ψαλμῷ· Ἡ ἐντολὴ
9 κυρίου τηλαυγής, φωτίζουσα ὀφθαλμούς. ὅτι δὲ φῶς παρὰ τὰ προστάγματα καὶ τὰς ἐντολάς ἐστι τι γνώσεως, παρά 15

Hos x 12 τινι τῶν ιβ' εὕρομεν· Σπείρατε ἑαυτοῖς εἰς δικαιοσύνην, τρυγήσατε εἰς καρπὸν ζωῆς, φωτίσατε ἑαυτοῖς φῶς γνώσεως. ὡς γὰρ ὄντος καὶ ἑτέρου φωτὸς παρὰ τὰς ἐντολὰς τῆς γνώσεως λέγεται τό· Φωτίσατε ἑαυτοῖς φῶς· οὐχ ἁπλῶς φῶς ἀλλὰ ποιὸν φῶς, ὅτι τὸ τῆς γνώσεως· εἰ γὰρ πᾶν 20 φῶς ὃ φωτίζει ἄνθρωπος ἑαυτῷ φῶς γνώσεως ἦν, μάτην προσέκειτο τό· Φωτίσατε ἑαυτοῖς φῶς γνώσεως. πάλιν ὅτι ἡ σκοτία ἐπὶ τῶν μοχθηρῶν ἔργων παραλαμβάνεται διδάσκει ὁ αὐτὸς ἐν τῇ ἐπιστολῇ Ἰωάννης φάσκων ὅτι

1 Jo i 6 Ἐὰν εἴπωμεν ὅτι κοινωνίαν ἔχομεν μετ' αὐτοῦ, καὶ ἐν τῷ 25 σκότει περιπατῶμεν, ψευδόμεθα καὶ οὐ ποιοῦμεν τὴν
1 Jo ii 9, 11 ἀλήθειαν· καὶ πάλιν· Ὁ λέγων ἐν τῷ φωτὶ εἶναι καὶ τὸν ἀδελφὸν αὐτοῦ μισῶν, ἐν τῇ σκοτίᾳ ἐστὶν ἕως ἄρτι· καὶ ἔτι· Ὁ δὲ μισῶν τὸν ἀδελφὸν αὐτοῦ ἐν τῇ σκοτίᾳ ἐστὶ καὶ ἐν τῇ σκοτίᾳ περιπατεῖ, καὶ οὐκ οἶδε ποῦ ὑπάγει, ὅτι ἡ 30 σκοτία ἐτύφλωσε τοὺς ὀφθαλμοὺς αὐτοῦ. τὸ γὰρ ἐν τῷ σκότῳ περιπατεῖν ἐμφαίνει τὴν ψεκτὴν πρᾶξιν· καὶ τὸ

28 om. ἕως ἄρτι—29 ἐστὶ sed add. in mg.

μισεῖν δὲ τὸν ἀδελφὸν αὐτοῦ οὐ τῆς κυρίως καλουμένης
γνώσεώς ἐστιν ἀπόπτωμα; ὅτι δὲ καὶ ὁ ἀγνοῶν τὰ θεῖα
κατ' αὐτὸ τὸ ἀγνοεῖν ἐν σκότῳ διαπορεύεται, φησὶν ὁ Δαβίδ· Ps lxxxi (lxxxii) 5
Οὐκ ἔγνωσαν οὐδὲ συνῆκαν, ἐν σκότει διαπορεύονται. ἐπί-
5 στησον δὲ τῷ· Ὁ θεὸς φῶς ἐστι καὶ σκοτία ἐν αὐτῷ οὐκ 1 Jo i 5
ἔστιν οὐδεμία· εἰ μὴ διὰ τοῦτο λέγεται τῷ εἶναι μὴ μίαν
σκοτίαν, ἀλλ' ἤτοι διὰ τὸ γενικὸν δύο, ἢ καὶ διὰ τὸ καθ'
ἕκαστον τῶν ἰδικῶν πολλὰς εἶναι πράξεις μοχθηρὰς καὶ
πολλὰ δόγματα ψευδῆ, πολλαί εἰσι σκοτίαι ὧν οὐδεμία ἐν
10 τῷ θεῷ ἐστιν· οὐκ ἂν λεχθέντος ἐπὶ τοῦ ἁγίου ᾧ φησιν ὁ
σωτὴρ τό· Ὑμεῖς ἐστε τὸ φῶς τοῦ κόσμου· ὅτι φῶς ἐστιν Mt v 14
ὁ ἅγιος, καὶ σκοτία οὐκ ἔστιν ἐν αὐτῷ οὐδεμία.

26. (21) Ζητήσει δέ τις, εἰ ἐπὶ τοῦ πατρὸς τέτακται
τό· Σκοτία οὐκ ἔστιν ἐν αὐτῷ οὐδεμία· πῶς τὸ ἐξαίρετον
79 ἐροῦμεν εἶναι ἐν αὐτῷ, πάντη ἀναμάρτητον καὶ τὸν σωτῆρα
νοοῦντες, ὥστε καὶ περὶ αὐτοῦ ἂν εἰπεῖν ὅτι Φῶς ἐστι καὶ
σκοτία οὐκ ἔστιν ἐν αὐτῷ οὐδεμία. ἀπὸ μέρους μὲν οὖν ἐν
τοῖς ἀνωτέρω τὴν διαφορὰν παρεστήσαμεν· τολμηρότερόν
δὲ ἔτι ἐκείνοις καὶ νῦν προσθήσομεν, ὅτι εἰ τὸν μὴ γνόντα cf. 2 Co v 21
20 ἁμαρτίαν ὑπὲρ ἡμῶν ἁμαρτίαν ἐποίησε τὸν χριστόν, εἰ
ἐποίησεν αὐτὸν ὑπὲρ ἡμῶν ἁμαρτίαν ὁ θεός, οὐκ ἂν δύναιτο
λέγεσθαι περὶ αὐτοῦ· Σκοτία ἐν αὐτῷ οὐκ ἔστιν οὐδεμία.
κἂν γὰρ ἐν ὁμοιώματι σαρκὸς ἁμαρτίας κατακρίνας τυγχάνῃ cf. Ro viii 3
ὁ Ἰησοῦς τὴν ἁμαρτίαν τῷ τὸ ὁμοίωμα τῆς σαρκὸς τῆς
25 ἁμαρτίας ἀνειληφέναι, οὐκέτι ἕξει πάντη ὑγιῶς λεγόμενα
περὶ αὐτοῦ ὅτι Σκοτία ἐν αὐτῷ οὐκ ἔστιν οὐδεμία. προσ- 1 Jo i 5
θήσομεν δ' ὅτι αὐτὸς τὰς ἀσθενείας ἡμῶν ἔλαβε καὶ τὰς cf. Mt viii 17;
νόσους ἐβάστασε, καὶ ἀσθενείας τὰς τῆς ψυχῆς καὶ νόσους Is liii 4
τὰς τοῦ κρυπτοῦ τῆς καρδίας ἡμῶν ἀνθρώπου· δι' ἃς ἀσθε- cf. 1 Pe iii 4
30 νείας καὶ νόσους, βαστάσας αὐτὰς ἀφ' ἡμῶν, περίλυπον cf. Mc xiv 34;
ἔχειν τὴν ψυχὴν ὁμολογεῖ καὶ τεταραγμένην, καὶ ῥυπαρὰ cf. Zech iii 3
ἱμάτια ἐνδεδύσθαι παρὰ τῷ Ζαχαρίᾳ ἀναγέγραπται· ἅπερ,

10 ᾧ] δ   11 post ἐστι] ins. τοῦ κόσμου   23 post ἁμαρτίας]
ins. περὶ ἁμαρτίας intra lin. al. (?) man.

ὅτε ἐκδύεσθαι ἔμελλε, λέγεται εἶναι ἁμαρτήματα. ἐπιφέρει
γοῦν ἐκεῖ· Ἰδοὺ ἀφῄρηκα τὰς ἁμαρτίας σου. διὰ γὰρ τὸ
ἀναλαβεῖν αὐτὸν τὰ τοῦ λαοῦ τῶν πιστευόντων εἰς αὐτὸν
ἁμαρτήματα, πολλαχοῦ φησι· Μακρὰν ἀπὸ τῆς σωτηρίας
μου οἱ λόγοι τῶν παραπτωμάτων μου· καί· Σὺ ἔγνως τὴν
ἀφροσύνην μου, καὶ αἱ πλημμέλειαί μου ἀπὸ σοῦ οὐκ
ἐκρύβησαν. μηδεὶς δ' ἡμᾶς ὑπολαμβανέτω ταῦτα λέγειν
ἀσεβοῦντας εἰς τὸν χριστὸν τοῦ θεοῦ· ᾧ γὰρ λόγῳ ὁ πατὴρ
μόνος ἔχει ἀθανασίαν, τοῦ κυρίου ἡμῶν διὰ φιλανθρωπίαν
θάνατον τὸν ὑπὲρ ἡμῶν ἀνειληφότος, τούτῳ ὁ πατὴρ ἔχει
μόνος τό· Σκοτία ἐν αὐτῷ οὐκ ἔστιν οὐδεμία· τοῦ χριστοῦ
διὰ τὴν πρὸς ἀνθρώπους εὐεργεσίαν ἐφ' αὐτὸν τὰς ἡμῶν
σκοτίας ἀναδεδεγμένου, ἵνα τῇ δυνάμει αὐτοῦ καταργήσῃ
ἡμῶν τὸν θάνατον καὶ ἐξαφανίσῃ τὸ ἐν τῇ ψυχῇ ἡμῶν
σκότος, ἵνα πληρωθῇ τὸ παρὰ τῷ Ἡσαΐᾳ· Ὁ λαὸς ὁ
καθήμενος ἐν σκοτίᾳ φῶς εἶδε μέγα. τοῦτο δὲ τὸ φῶς
ὃ γέγονεν ἐν τῷ λόγῳ, τυγχάνον καὶ ζωή, φαίνει ἐν
τῇ σκοτίᾳ τῶν ψυχῶν ἡμῶν, καὶ ἐπιδεδήμηκεν ὅπου οἱ
κοσμοκράτορες τοῦ σκότους τούτου, οἵτινες διὰ τοῦ πα-
λαίειν τῷ τῶν ἀνθρώπων γένει τῷ σκότῳ ὑπάγειν ἀγωνί-
ζονται τοὺς μὴ παντὶ τρόπῳ ἱσταμένους ὑπὲρ τοῦ αὐτοὺς
πεφωτισμένους φωτὸς χρηματίσαι υἱούς. καὶ φαῖνον ἐν
τῇ σκοτίᾳ τοῦτο τὸ φῶς διώκεται μὲν ὑπ' αὐτῆς, οὐ
καταλαμβάνεται δέ.

27. (22) Ἐὰν δέ τις νομίσῃ τὸ μὴ γεγραμμένον ἡμᾶς
προστιθέναι, τὸ διώκεσθαι τὸ φῶς ὑπὸ τῆς σκοτίας, ἀκουέτω,
ὅτι τό· Ἡ σκοτία αὐτὸ οὐ κατέλαβε· μηδαμοῦ τῆς σκοτίας
διωξάσης τὸ φῶς, μάτην λέγεται. ὡς δὲ ἔχουσι νοῦν ἐκ-
δέξασθαι δυνάμενον ἀκολούθως τοῖς γεγραμμένοις τὰ νομι-
ζόμενα παραλελεῖφθαι ἔγραψεν ὁ Ἰωάνης τό· Ἡ σκοτία
αὐτὸ οὐ κατέλαβεν· εἰ γὰρ οὐ κατέλαβε, διώξασα οὐ κατέ-
λαβε. καὶ ὅτι ἐδίωξεν ἡ σκοτία τὸ φῶς δῆλον ἔκ τε ὧν
πέπονθεν ὁ σωτὴρ καὶ οἱ παραδεξάμενοι αὐτοῦ τὰ μαθήματα,
τὰ ἴδια τέκνα, τῆς σκοτίας ἐνεργούσης κατὰ τῶν υἱῶν τοῦ

φωτὸς καὶ βουληθείσης ἀποδιῶξαι ἀπὸ τῶν ἀνθρώπων
τὸ φῶς. ἀλλ' ἐπεὶ, ἐὰν θεὸς ὑπὲρ ἡμῶν, οὐδεὶς κἂν βούληται Ro viii 31
δυνήσεται καθ' ἡμῶν, ὅσῳ ἑαυτοὺς ἐταπείνουν, τοσούτῳ cf. Ex i 12
πλείους ἐγίνοντο, καὶ κατίσχυον σφόδρα σφόδρα. διχῶς δὲ
5 ἡ σκοτία τὸ φῶς οὐ κατείληφεν, ἢ σφόδρα αὐτοῦ ἀπολει-
πομένη καὶ διὰ τὴν ἰδίαν βραδύτητα τῇ ὀξύτητι τοῦ δρόμου
τοῦ φωτὸς οὐδὲ κατὰ τὸ ποσὸν παρακολουθῆσαι δυναμένη,
ἢ εἴ που ἐνεδρεῦσαι βεβούληται τὸ φῶς τὴν σκοτίαν καὶ
κατ' οἰκονομίαν παρέμεινεν ἐπερχομένην αὐτὴν, ἐγγίσασα ἡ
10 σκοτία τοῦ φωτὸς ἠφανίζετο. πλὴν ἑκατέρῳ ἡ σκοτία οὐ
κατέλαβε τὸ φῶς.

28. (23) Ἀναγκαῖον δὲ ἐν τούτοις ἡμᾶς γενομένους
ἐπισημειῶσαι ὅτι οὐ πάντως, εἴ που ὀνομάζεται σκότος, ἐπὶ
τῷ χείρονι λαμβάνεται, ἔσθ' ὅτε δὲ καὶ ἐπὶ τῷ κρείττονι
15 ἀναγέγραπται· ὅπερ οἱ ἑτερόδοξοι μὴ διαστειλάμενοι δυσ-
φημότατα περὶ τοῦ δημιουργοῦ δόγματα παραδεξάμενοι
ἀπέστησαν αὐτοῦ, ἀναπλάσμασι μύθων ἑαυτοὺς ἐπιδεδω-
κότες. πῶς οὖν καὶ πότε καὶ ἐπὶ τοῦ κρείττονος τὸ ὄνομα
τοῦ σκότους παραλαμβάνεται παραδεικτέον ἤδη. σκότος, cf. Ex xix,
20 γνόφος, θύελλα ἐν τῇ Ἐξόδῳ περὶ τὸν θεὸν εἶναι λέγεται, xx
καὶ ἐν τῷ ιζ ψαλμῷ· Ὁ θεὸς ἔθετο σκότος ἀποκρυφὴν Ps xvii
αὐτοῦ, κύκλῳ αὐτοῦ ἡ σκηνὴ αὐτοῦ, σκοτεινὸν ὕδωρ ἐν (xviii) 12
νεφέλαις ἀέρων. ἐὰν γάρ τις κατανοήσῃ τὸ πλῆθος τῶν
περὶ θεοῦ θεωρημάτων καὶ γνώσεως, ἄληπτον τυγχάνον
25 ἀνθρωπίνῃ φύσει, τάχα δὲ καὶ ἑτέροις παρὰ Χριστὸν καὶ
τὸ ἅγιον πνεῦμα γενητοῖς, εἴσεται πῶς περὶ τὸν θεόν ἐστι
σκότος, κατὰ τὸ ἀγνοεῖσθαι τὸν κατ' ἀξίαν περὶ αὐτοῦ
πλούσιον λόγον, ἐν ᾧ σκότῳ ἔθετο αὐτοῦ τὴν ἀποκρυφὴν,
81 τῷ τὰ περὶ αὐτοῦ ἀγνοεῖσθαι ἀχώρητα ὄντα τοῦτο πεποι-
30 ηκώς. ἐὰν δέ τις ταῖς τοιαύταις προσκόπτῃ ἐκδοχαῖς, προσ-
αγέσθω ἀπό τε τῶν σκοτεινῶν λόγων καὶ τῶν διδομένων

2 τὸ φῶς] τοῦ φωτὸς   5 ἀπολειπομένει   6 post καὶ
lacuna sex ut videtur litt.   post ὀξύτητι ins. καὶ ταχύτητι
intra lin. al. man.   19 περιλαμβάνεται

ὑπὸ θεοῦ Χριστῷ θησαυρῶν σκοτεινῶν, ἀποκρύφων, ἀοράτων·
οὐκ ἄλλο γάρ τι ἡγοῦμαι εἶναι τοὺς σκοτεινοὺς θησαυροὺς
ἐν Χριστῷ ἀποκαλυπτομένους, τό· Σκότος ἔθετο ὁ θεὸς
ἀποκρυφὴν ἑαυτοῦ· καί· Ὁ ἅγιος νοήσει παραβολὴν καὶ
σκοτεινὸν λόγον. ἐπίσκεψαι δὲ εἰ διὰ τοῦτό φησιν ὁ σωτὴρ
τοῖς μαθηταῖς· Ἀνθ' ὧν ὅσα ἠκούσατε ἐν τῇ σκοτίᾳ εἴπατε
ἐν τῷ φωτί. τὰ γὰρ ἐν ἀπορρήτῳ καὶ μὴ ἐπηκόῳ πολλῶν
δύσγνωστα καὶ ἀσαφῆ αὐτοῖς παραδεδομένα μυστήρια προσ-
τάσσει αὐτούς, φωτιζομένους καὶ διὰ τοῦτο λεγομένους εἶναι
ἐν φωτί, ἀπαγγέλλειν παντὶ τῷ γινομένῳ φωτί. παραδο-
ξότερον δ' ἂν ἐπὶ τοῦ ἐπαινουμένου σκότους εἴποιμι, ὅτι τοῦτο
σπεύδει ἐπὶ τὸ φῶς καὶ καταλαμβάνει αὐτὸ καὶ γίνεταί
ποτε, διὰ τὸ ἀγνοεῖσθαι σκότος, τῷ μὴ ὁρῶντι τὴν δύναμιν
αὐτοῦ οὕτω μεταβάλλον, ὥστε τὸν μεμαθηκότα ἀποφαίνεσθαι
γεγονέναι φῶς τὸ γνωσθέν ποτε ὑπάρχον αὐτῷ σκότος.

29. (24) Ἐγένετο ἄνθρωπος ἀπεσταλμένος παρὰ
θεοῦ, ὄνομα αὐτῷ Ἰωάννης. Ἀκριβέστερόν τις ἀκούων
τοῦ Ἀπεσταλμένος, ἐπειδὴ ὁ ἀπεσταλμένος ποθέν που
ἀποστέλλεται, ζητήσει πόθεν ὁ Ἰωάννης ἀπεστάλη καὶ
ποῦ. σαφοῦς δ' ὄντος τοῦ ποῦ, κατὰ μὲν τὴν ἱστορίαν, ὅτι
πρὸς τὸν Ἰσραὴλ καὶ τοὺς βουλομένους αὐτοῦ ἀκούειν ἐν τῇ
ἐρήμῳ τῆς Ἰουδαίας διατρίβοντος καὶ παρὰ τῷ Ἰορδάνῃ
ποταμῷ βαπτίζοντος, κατὰ δὲ βαθύτερον λόγον, ὅτι εἰς τὸν
κόσμον, κόσμου λαμβανομένου τοῦ περιγείου τόπου ἔνθα
εἰσὶν οἱ ἄνθρωποι, ἐξετάσει πῶς δεῖ λαμβάνειν τὸ πόθεν.
ἐπιπλεῖον δὲ βασανίζων τὴν λέξιν, τάχα καὶ ἀποφαίνεται
ὅτι ὥσπερ ἐπὶ τοῦ Ἀδὰμ γέγραπται· Καὶ ἐξαπέστειλεν
αὐτὸν κύριος ὁ θεὸς ἐκ τοῦ παραδείσου τῆς τρυφῆς, ἐργά-
ζεσθαι τὴν γῆν ἐξ ἧς ἐλήφθη· οὕτω καὶ ὁ Ἰωάννης ἀπε-
στάλη, εἴτε ἐξ οὐρανοῦ ἢ ἐκ τοῦ παραδείσου ἢ ὅθεν δήποτε
ἑτέρωθεν παρὰ τὸν ἐπὶ γῆς τοῦτον τόπον, καὶ ἀπεστάλη
ἵνα μαρτυρήσῃ περὶ τοῦ φωτός. ἔχει δὲ ἀνθυποφορὰν οὐκ
εὐκαταφρόνητον ὁ λόγος, ἐπεὶ καὶ παρὰ Ἡσαΐᾳ γέγραπται·

IN EVANGELIUM JOANNIS TOMUS II. 95

Τίνα ἀποστείλω καὶ τίς πορεύσεται πρὸς τὸν λαὸν τοῦτον; Is vi 8
82 ὅτε ἀποκρινόμενος ὁ προφήτης φησίν· Ἰδοὺ εἰμὶ ἐγώ, ἀπόστειλόν με. ἐρεῖ γὰρ ὁ ἐνιστάμενος τῇ βαθυτέρᾳ ἐμφαινομένῃ ὑπονοίᾳ ὅτι ὥσπερ ὁ Ἡσαΐας ἀπεστάλη, οὐχὶ
5 ἀφ' ἑτέρου τόπου παρὰ τὸν κόσμον τοῖτον ἀλλὰ μετὰ τὸ ἑωρακέναι τὸν κύριον καθήμενον ἐπὶ θρόνου ὑψηλοῦ καὶ cf. Is vi 1, 9 ἐπηρμένου πρὸς τὸν λαόν, ἵνα εἴπῃ· Ἀκοῇ ἀκούσετε καὶ οὐ μὴ συνῆτε, καὶ τὰ ἑξῆς· οὕτω καὶ ὁ Ἰωάννης, σιωπωμένης τῆς ἀρχῆς τῆς ἀποστολῆς, ἀναλογίαν ἐχούσης πρὸς τὴν
10 ἀποστολὴν τοῦ Ἡσαΐου, ἀποστέλλεται βαπτίζειν καὶ ἑτοι- cf. Lc i 17 μάζειν κυρίῳ λαὸν κατεσκευασμένον καὶ μαρτυρεῖν περὶ τοῦ φωτός. τούτων δ' οὕτως λεχθέντων ἂν πρὸς τὸν πρῶτον λόγον, λύσεις τοιαῦται προσάγονται συγκατάθεσιν ἐπισπώμεναι πρὸς τὸ περὶ Ἰωάννου βαθύτερον ὑπονοούμενον· αὐ-
15 τόθεν μὲν ἐπιφέρεται· Οὗτος ἦλθεν εἰς μαρτυρίαν, ἵνα Jo i 7 μαρτυρήσῃ περὶ τοῦ φωτός· εἰ γὰρ ἦλθεν, ποθὲν ἦλθε. καὶ λεκτέον πρὸς τὸν δυσπαραδεκτοῦντα τὸ ἐν τοῖς ἑξῆς ὑπὸ Ἰωάννου λεγόμενον ἐπὶ τῷ ἑωρακέναι τὸ πνεῦμα τὸ ἅγιον ὡς περιστερὰν κατερχόμενον ἐπὶ τὸν σωτῆρα· φησὶ γάρ·
20 Ὁ πέμψας με βαπτίσαι ἐν τῷ ὕδατι ἐκεῖνός μοι εἶπεν Ἐφ' Jo i 33 ὃν ἂν ἴδῃς τὸ πνεῦμα καταβαῖνον καὶ μένον ἐπ' αὐτόν, οὗτός ἐστιν ὁ βαπτίζων ἐν πνεύματι ἁγίῳ καὶ πυρί. πότε γὰρ πέμψας τοῦτ' ἐνετείλατο; ἀλλ' εἰκὸς ἀποκρίνεσθαι πρὸς τὸ πύσμα τοῦτο ὅτι, ὅτε δήποτε ἔπεμπεν ἐπὶ τὸ ἄρξασθαι βα-
25 πτίζειν, τότε τοῦτον τὸν λόγον εἶπεν ὁ χρηματίζων πρὸς αὐτόν.

30. Ἔτι δὲ ἐκπληκτικώτερον πρὸς τὸ ἑτέρωθέν ποθεν ἀπεστάλθαι τὸν Ἰωάννην ἐνσωματούμενον, ὑπόθεσιν οὐκ ἄλλην τῆς εἰς τὸν βίον ἐπιδημίας ἔχοντα ἢ τὴν περὶ τοῦ φωτὸς μαρτυρίαν, τὸ πνεύματος ἁγίου πλησθῆναι ἔτι ἐκ cf. Lc i 15,
30 κοιλίας μητρὸς αὐτοῦ, λεγόμενον ὑπὸ Γαβριὴλ εὐαγγελι- 44 ζομένου τῷ μὲν Ζαχαρίᾳ τὴν Ἰωάννου γένεσιν τῇ δὲ Μαριὰμ τὴν τοῦ σωτῆρος ἡμῶν ἐν ἀνθρώποις ἐπιδημίαν, καὶ

28 ἔχοντος

Lc i 44 τό· Ἰδοὺ γὰρ ὡς ἐγένετο ἡ φωνὴ τοῦ ἀσπασμοῦ εἰς τὰ ὦτά μου, ἐσκίρτησεν ἐν ἀγαλλιάσει τὸ βρέφος ἐν τῇ κοιλίᾳ μου. τῷ γὰρ τηροῦντι τὸ μηδὲν ἀδίκως μηδὲ κατὰ συντυχίαν ἢ ἀποκλήρωσιν ποιεῖν ἀναγκαῖον παραδέξασθαι πρεσβυτέραν οὖσαν τὴν Ἰωάννου ψυχὴν τοῦ σώματος καὶ πρότερον ὑφεστῶσαν πεπέμφθαι ἐπὶ διακονίαν τῆς περὶ τοῦ φωτὸς μαρτυρίας. πρὸς τούτοις δὲ οὐ καταφρονητέον καὶ τοῦ·

Mt xi 14 Οὗτός ἐστιν Ἠλίας ὁ μέλλων ἔρχεσθαι. ἐὰν δὲ κρατῇ ὁ καθόλου περὶ ψυχῆς λόγος ὡς οὐ συνεσπαρμένης τῷ σώματι ἀλλὰ πρὸ αὐτοῦ τυγχανούσης καὶ διὰ ποικίλας αἰτίας ἐνδουμένης σαρκὶ καὶ αἵματι, τό· Ἀπεσταλμένος ὑπὸ θεοῦ· οὐκέτι δόξει ἐξαίρετον εἶναι περὶ Ἰωάννου λεγόμενον. ὁ

cf. 2 Thess ii 3 γοῦν πάντων κάκιστος, ὁ ἄνθρωπος τῆς ἁμαρτίας, ὁ υἱὸς τῆς ἀπωλείας, λέγεται παρὰ τῷ Παύλῳ πέμπεσθαι ὑπὸ τοῦ θεοῦ·

2 Thess ii 11 f. Διὰ τοῦτο γάρ, φησί, πέμπει αὐτοῖς ὁ θεὸς ἐνέργειαν πλάνης εἰς τὸ πιστεῦσαι αὐτοὺς τῷ ψεύδει, ἵνα κριθῶσι πάντες οἱ μὴ πιστεύσαντες τῇ ἀληθείᾳ ἀλλ' εὐδοκήσαντες τῇ ἀδικίᾳ. τὸ δὲ ζητηθὲν ὅρα εἰ οὕτως λῦσαι δυνησόμεθα, ὅτι ὥσπερ ἁπλούστερον πᾶς ἄνθρωπος τῷ ὑπὸ θεοῦ ἐκτίσθαι ἄνθρωπός ἐστι θεοῦ, ἀλλ' οὐ χρηματίζει πᾶς ἄνθρωπος θεοῦ, ἢ μόνος ὁ θεῷ ἀνακείμενος, ὃν τρόπον Ἠλίας καὶ οἱ ἐν ταῖς γραφαῖς ἀναγεγραμμένοι ἄνθρωποι θεοῦ, οὕτως δύναται κατὰ μὲν τὸ κοινότερον πᾶς ἄνθρωπος ἀπεστάλθαι ἀπὸ θεοῦ, κυρίως δὲ λέγεσθαι ἀπεστάλθαι ὑπὸ θεοῦ οὐκ ἄλλος ἢ ὁ ἐπὶ διακονίᾳ θείᾳ καὶ λειτουργίᾳ σωτηρίας γένους ἀνθρώπων ἐπιδημῶν τῷ βίῳ. οὐχ εὕρομεν γοῦν τὸ ἀποστέλλεσθαι ἀπὸ θεοῦ ἐπ' ἄλλου του ἢ τῶν ἁγίων κείμενον· ἐπὶ μὲν τοῦ Ἡσαΐου, ὡς

Jer i 7 προπαρεθέμεθα· ἐπὶ δὲ τοῦ Ἱερεμίου· Πρὸς πάντας οὓς ἐὰν

cf. Ez ii 3 ἐξαποστείλω σε πορεύσῃ· ἐπὶ δὲ τοῦ Ἰεζεκιήλ· Ἰδοὺ ἐγὼ ἀποστέλλω σε πρὸς ἔθνη τὰ ἀφεστηκότα καὶ ἀπιστήσαντά μοι. δόξει δὲ οὐ πρὸς τὸ προκείμενον παρειλῆφθαι τὰ παραδείγματα ἀποστολῆς τῆς εἰς τὸν βίον ζητουμένης,

8 Ἠλίας] pr. man.   30 ἀποστήσαντα

ἀποστολὴν λέγοντα οὐ γυμνῶς τὴν ἔξωθεν τοῦ βίου ἐπὶ τὸν βίον. πλὴν καὶ οὕτως οὐκ ἀπίθανον μετάγειν τὸν λόγον ἐπὶ τὸ ζητηθέν, φάσκοντα ὅτι ὥσπερ μόνους τοὺς ἁγίους, ἐφ᾽ ὧν παρεθέμεθα, ἀποστέλλειν λέγεται ὁ θεός, οὕτως καὶ ἐπὶ τῶν εἰς τὸν βίον ἀποστελλομένων ἐκδεκτέον.

31. (25) Καὶ ἐπεὶ ἁπαξαπλῶς ἐν τῷ περὶ τοῦ Ἰωάννου ἐσμὲν λόγῳ, ζητοῦντες αὐτοῦ τὴν ἀποστολήν, οὐκ ἀκαίρως ὑπόνοιαν ἡμετέραν ἣν περὶ αὐτοῦ ἔχομεν προσθήσομεν. ἐπεὶ γὰρ ἀνέγνωμεν περὶ αὐτοῦ προφητείαν· Ἰδοὺ ἐγὼ ἀποστέλλω τὸν ἄγγελόν μου πρὸ προσώπου σου, ὃς κατασκευάσει τὴν ὁδόν σου ἔμπροσθέν σου· ἐφίσταμεν μήποτε εἷς τῶν ἁγίων ἀγγέλων τυγχάνων ἐπὶ λειτουργίᾳ καταπέμπεται τοῦ σωτῆρος ἡμῶν πρόδρομος. καὶ οὐδὲν θαυμαστὸν τοῦ πρωτοτόκου πάσης κτίσεως ἐνσωματουμένου κατὰ φιλανθρωπίαν ζηλωτάς τινας καὶ μιμητὰς γεγονέναι Χριστοῦ, ἀγαπήσαντας τὸ διὰ τοῦ ὁμοίου τοῦ σώματος ὑπηρετῆσαι τῇ εἰς ἀνθρώπους αὐτοῦ χρηστότητι. τίνα δ᾽ οὐκ ἂν κινῆσαι σκιρτῶν ἐν ἀγαλλιάσει ἔτι ἐν τῇ κοιλίᾳ τυγχάνων, ὡς τὴν κοινὴν τῶν ἀνθρώπων ὑπερπαίων φύσιν; εἰ δέ τις προσίεται καὶ τῶν παρ᾽ Ἑβραίοις φερομένων ἀποκρύφων τὴν ἐπιγραφομένην Ἰωσὴφ προσευχήν, ἄντικρυς τοῦτο τὸ δόγμα καὶ σαφῶς εἰρημένον ἐκεῖθεν λήψεται· ὡς ἄρα οἱ ἀρχῆθεν ἐξαίρετόν τι ἐσχηκότες παρὰ ἀνθρώπους, πολλῷ κρείττους τυγχάνοντες τῶν λοιπῶν ψυχῶν, ἀπὸ τοῦ εἶναι ἄγγελοι ἐπὶ τὴν ἀνθρωπίνην καταβεβήκασι φύσιν. φησὶ γοῦν ὁ Ἰακώβ· Ὁ γὰρ λαλῶν πρὸς ὑμᾶς ἐγὼ Ἰακὼβ καὶ Ἰσραὴλ ἄγγελος θεοῦ εἰμι ἐγὼ καὶ πνεῦμα ἀρχικόν, καὶ Ἀβραὰμ καὶ Ἰσαὰκ προεκτίσθησαν πρὸ παντὸς ἔργου· ἐγὼ δὲ Ἰακώβ, ὁ κληθεὶς ὑπὸ ἀνθρώπων Ἰακώβ, τὸ δὲ ὄνομά μου Ἰσραήλ, ὁ κληθεὶς ὑπὸ θεοῦ Ἰσραήλ, ἀνὴρ ὁρῶν θεόν, ὅτι ἐγὼ πρωτόγονος παντὸς ζῴου ζῳουμένου ὑπὸ θεοῦ. καὶ ἐπιφέρει· Ἐγὼ δὲ ὅτε ἠρχόμην ἀπὸ Μεσοποταμίας τῆς Συρίας, ἐξῆλθεν Οὐριὴλ

23 περὶ   25 φύσιν] intra lin.

ὁ ἄγγελος τοῦ θεοῦ, καὶ εἶπεν ὅτι κατέβην ἐπὶ τὴν γῆν καὶ κατεσκήνωσα ἐν ἀνθρώποις, καὶ ὅτι ἐκλήθην ὀνόματι Ἰακώβ· ἐζήλωσε καὶ ἐμαχέσατό μοι, καὶ ἐπάλαιε πρός με, λέγων προτερήσειν ἐπάνω τοῦ ὀνόματός μου τὸ ὄνομα αὐτοῦ καὶ τοῦ πρὸ παντὸς ἀγγέλου. καὶ εἶπα αὐτῷ τὸ ὄνομα αὐτοῦ καὶ πόσος ἐστὶν ἐν υἱοῖς θεοῦ· Οὐχὶ σὺ Οὐριὴλ ὄγδοος ἐμοῦ, κἀγὼ Ἰσραὴλ ἀρχάγγελος δυνάμεως κυρίου καὶ ἀρχιχιλίαρχός εἰμι ἐν υἱοῖς θεοῦ; οὐχὶ ἐγὼ Ἰσραὴλ ὁ ἐν προσώπῳ θεοῦ λειτουργὸς πρῶτος, καὶ ἐπεκαλεσάμην ἐν ὀνόματι ἀσβέστῳ τὸν θεόν μου; εἰκὸς γὰρ τούτων ἀληθῶς ὑπὸ τοῦ Ἰακὼβ λεγομένων καὶ διὰ τοῦτο ἀναγεγραμμένων, καὶ τό·

Hos xii 3 Ἐν κοιλίᾳ ἐπτέρνισε τὸν ἀδελφὸν αὐτοῦ· συνετῶς γεγονέναι. ἐπίστησον δὲ εἰ τὸ διαβόητον περὶ Ἰακὼβ καὶ Ἠσαῦ

Ro ix 11-14 ζήτημα λύσιν ἔχει, ἐπεὶ μηδέπω γεννηθέντων μηδὲ πραξάντων τι ἀγαθὸν ἢ φαῦλον, ἵνα ἡ κατ' ἐκλογὴν πρόθεσις τοῦ θεοῦ μένῃ, οὐκ ἐξ ἔργων ἀλλ' ἐκ τοῦ καλοῦντος, ἐρρέθη ὅτι Ὁ μείζων δουλεύσει τῷ ἐλάσσονι· καθάπερ γέγραπται· Τὸν Ἰακὼβ ἠγάπησα τὸν δὲ Ἠσαῦ ἐμίσησα. τί οὖν ἐροῦμεν; μὴ ἀδικία παρὰ τῷ θεῷ; μὴ γένοιτο· μήπω δὲ γεννηθέντων μηδὲ πραξάντων τι ἀγαθὸν ἢ φαῦλον, ἵν' ἡ κατ' ἐκλογὴν πρόθεσις τοῦ θεοῦ μένῃ, οὐκ ἐξ ἔργων ἀλλ' ἐκ τοῦ καλοῦντος, ἐρρέθη. οὐ κατατρεχόντων οὖν ἡμῶν ἐπὶ τὰ πρὸ τοῦ βίου τούτου ἔργα, πῶς ἀληθὲς τὸ μὴ εἶναι ἄδικον παρὰ θεῷ τοῦ μείζονος δουλεύοντος τῷ ἐλάττονι καὶ μισουμένου, πρὶν ποιῆσαι τὰ ἄξια τοῦ δουλεύειν καὶ τὰ ἄξια τοῦ μισεῖσθαι; ἐπὶ πλεῖον δὲ παρεξέβημεν παραλαβόντες τὸν περὶ Ἰακὼβ λόγον, καὶ μαρτυράμενοι ἡμῖν οὐκ εὐκαταφρόνητον γραφῇ, ἵνα πιστικώτερον ὁ περὶ Ἰωάννου γένηται λόγος, κατασκευάζων αὐτόν, κατὰ τὴν τοῦ Ἡσαΐου φωνήν, ἄγγελον ὄντα ἐν σώματι γεγονέναι ὑπὲρ τοῦ μαρτυρῆσαι τῷ φωτί. καὶ ταῦτα μὲν περὶ Ἰωάννου τοῦ ἀνθρώπου.

32. (26) Ἡγοῦμαι δὲ ὅτι ὥσπερ ἐν ἡμῖν φωνὴ καὶ λόγος διαφέρουσι, δυναμένης μέντοι γέ ποτε φωνῆς τῆς μηδὲν σημαινούσης προφέρεσθαι χωρὶς λόγου, οἷόν τε δὲ

ὄντος καὶ λόγου χωρὶς τῷ νῷ ἀπαγγέλλεσθαι φωνῆς, ὡς ἐπὰν ἐν ἑαυτοῖς διεξοδεύωμεν, οὕτω τοῦ σωτῆρος κατά τινα ἐπίνοιαν ὄντος λόγου διαφέρει τούτου ὁ Ἰωάννης, ὡς πρὸς τὴν ἀναλογίαν τοῦ χριστοῦ τυγχάνοντος λόγου, φωνὴ ὤν. ἐπὶ τοῦτο δέ με προκαλεῖται αὐτὸς ὁ Ἰωάννης, ὅστις ποτὲ εἴη πρὸς τοὺς πυνθανομένους ἀποκρινόμενος· Ἐγὼ φωνὴ βοῶντος ἐν τῇ ἐρήμῳ Ἑτοιμάσατε τὴν ὁδὸν κυρίου, εὐθείας ποιεῖτε τὰς τρίβους αὐτοῦ. καὶ τάχα διὰ τοῦτο ἀπιστήσας ὁ Ζαχαρίας τῇ γενέσει τῆς δεικνυούσης τὸν λόγον τοῦ θεοῦ φωνῆς ἀπόλλυσι τὴν φωνήν, λαμβάνων αὐτὴν ὅτε γεννᾶται ἡ πρόδρομος τοῦ λόγου φωνή. ἐνωτίσασθαι γὰρ δεῖ φωνήν, ἵνα μετὰ ταῦτα ὁ νοῦς τὸν δεικνύμενον ὑπὸ τῆς φωνῆς λόγον δέξασθαι δυνηθῇ. διόπερ καὶ ὀλίγῳ πρεσβύτερος κατὰ τὸ γενέσθαι ὁ Ἰωάννης ἐστὶ τοῦ χριστοῦ· φωνῆς γὰρ πρὸ λόγου ἀντιλαμβανόμεθα. ἀλλὰ καὶ δείκνυσι τὸν χριστὸν ὁ Ἰωάννης· φωνῇ γὰρ παρίσταται ὁ λόγος. ἀλλὰ καὶ βαπτίζεται ὑπὸ Ἰωάννου ὁ χριστός, ὁμολογοῦντος χρείαν ἔχειν ὑπ᾽ αὐτοῦ βαπτισθῆναι· ἀνθρώποις γὰρ ὑπὸ φωνῆς καθαίρεται λόγος, τῇ φύσει τοῦ λόγου καθαίροντος πᾶσαν τὴν σημαίνουσαν φωνήν. καὶ ἁπαξαπλῶς ὅτε Ἰωάννης τὸν χριστὸν δείκνυσιν, ἄνθρωπος θεὸν δείκνυσι καὶ σωτῆρα τὸν ἀσώματον, καὶ φωνὴ τὸν λόγον.

33. (27) Χρήσιμον δ᾽ ἂν ἦν ὥσπερ ἐπὶ πολλῶν ἡ τῶν ὀνομάτων ἐνέργεια, οὕτω καὶ ἐπὶ τοῦ τόπου τούτου τὸ ἰδεῖν ὅ τι σημαίνει ὁ Ἰωάννης καὶ ὁ Ζαχαρίας. καὶ γὰρ ὡς ὄντος τινὸς οὐκ εὐκαταφρονήτου κατὰ τὴν τοῦ ὀνόματος θέσιν, οἱ μὲν συγγενεῖς Ζαχαρίαν αὐτὸν καλεῖσθαι βούλονται, ξενιζόμενοι ἐπὶ τῷ βούλεσθαι τὴν Ἐλισάβετ Ἰωάννην αὐτὸν ὀνομάζειν· ὁ δὲ Ζαχαρίας γράψας τό· Ἰωάννης ἔσται ὄνομα αὐτῷ· ἀπολύεται τῆς ἐπιπόνου σιωπῆς. εὕρομεν τοίνυν ἐν τῇ ἑρμηνείᾳ τῶν ὀνομάτων· Ἰωάννης· τὸ Ἰωὰ χωρὶς τοῦ νης μεταλαμβανόμενον, ὅπερ ταὐτὸν οἰόμεθα εἶναι τῷ Ἰωάννης· ἐπεὶ καὶ ἄλλα ἡ καινὴ διαθήκη Ἑβραίων ὀνόματα ἐξελλήνισε, χαρακτῆρι αὐτὰ εἰποῦσα ἑλληνικῷ, ὥσπερ ἐπὶ

Ἰακὼβ Ἰάκωβον, καὶ ἐπὶ Συμεὼν Σίμων. Ζαχαρίας δὲ μνήμῃ εἶναι λέγεται, ἡ δὲ Ἐλισάβετ θεοῦ μου ὅρκος, ἢ θεοῦ μου ἕβδομον. ἀπὸ θεοῦ δὲ χάρις ἐκ τῆς περὶ θεοῦ μνήμης κατὰ τὸν τοῦ θεοῦ ἡμῶν ὅρκον τὸν περὶ τοὺς πατέρας ἐγεννήθη ὁ Ἰωάννης, ἑτοιμάζων κυρίῳ λαὸν κατεσκευασμένον ἐπὶ τέλει τῆς παλαιᾶς γενομένης διαθήκης, ἥ ἐστι σαββατισμοῦ κορωνίς· δι' ὃ οὐ δύναται γεγενῆσθαι ἀπὸ τῆς ἑβδομάδος τοῦ θεοῦ ἡμῶν τὴν μετὰ τὸ σάββατον ἀνάπαυσιν, τοῦ σωτῆρος ἡμῶν κατὰ τὴν ἀνάπαυσιν αὐτοῦ ἐμποιοῦντος τοῖς συμμόρφοις τῷ θανάτῳ αὐτοῦ γεγενημένοις καὶ διὰ τοῦτο καὶ τῆς ἀναστάσεως.

34. (28) Οὗτος ἦλθεν εἰς μαρτυρίαν, ἵνα μαρτυρήσῃ περὶ τοῦ φωτός, ἵνα πάντες πιστεύσωσι δι' αὐτοῦ. Τῶν ἑτεροδόξων τινὲς πιστεύειν φάσκοντες εἰς τὸν χριστὸν, καὶ διὰ τὸ ἀναπλάσσειν ἕτερον παρὰ τὸν δημιουργὸν ὡς ἀκόλουθον αὐτοῖς οὐ προσιέμενοι τὴν ἐπιδημίαν αὐτοῦ ὑπὸ τῶν προφητῶν προκατηγγέλθαι, ἀνατρέπειν πειρῶνται τὰς διὰ τῶν προφητῶν περὶ Χριστοῦ μαρτυρίας, φάσκοντες μὴ δεῖσθαι μαρτύρων τὸν υἱὸν τοῦ θεοῦ, ἔχοντα τὸ τοῦ πιστεύεσθαι ἄξιον ἔν τε οἷς κατήγγειλε σωτηρίοις λόγοις δυνάμεως πεπληρωμένοις, καὶ ἐν τεραστίοις ἔργοις αὐτόθεν καταπλήξασθαι πάνθ' ὁντινοῦν δυναμένοις. καί φασιν· Εἰ Μωσῆς πεπίστευται διὰ τὸν λόγον καὶ τὰς δυνάμεις, οὐ δεηθεὶς μαρτύρων πρὸ αὐτοῦ τινων αὐτὸν καταγγειλάντων, ἀλλὰ καὶ ἕκαστος τῶν προφητῶν παρεδέχθη ὑπὸ τοῦ λαοῦ ὡς ἀπὸ θεοῦ ἀποσταλείς, πῶς οὐχὶ μᾶλλον Μωϋσέως καὶ τῶν προφητῶν διαφέρων δύναται χωρὶς προφητῶν μαρτυρούντων τὰ περὶ αὐτοῦ ἀνῦσαι ὃ βούλεται καὶ ὠφελῆσαι τὸ τῶν ἀνθρώπων γένος; παρέλκειν οὖν οἴονται τὸ ὑπὸ προφητῶν αὐτὸν νομίζεσθαι προκατηγγέλθαι, τοῦτο πραγματευσαμένων, ὡς εἴποιεν ἂν ἐκεῖνοι, τῶν τὴν καινότητα τῆς θεότητος παραδέξασθαι τοὺς εἰς Χριστὸν πιστεύοντας οὐ

15 ἀναπλάσειν

βουλομένων, ἀλλὰ ἐπὶ τὸν αὐτὸν καταντῆσαι θεὸν ὃν καὶ πρὸ Ἰησοῦ Μωσῆς καὶ οἱ προφῆται ἐδίδαξαν. λεκτέον οὖν πρὸς αὐτοὺς ὅτι πολλῶν αἰτίων δυναμένων γενέσθαι προκαλουμένων εἰς τὸ πιστεύειν, ἐνίοτέ τινων ἀπὸ τῆσδε μὲν τῆς 5 ἀποδείξεως οὐ πληττομένων ἀπὸ ἑτέρας δὲ, ἔχειν τὸν θεὸν πλείονας ἀφορμὰς ἀνθρώποις παρέχειν, ἵνα παραδεχθῇ ὅτι θεὸς ὁ ὑπὲρ πάντα τὰ γενητὰ ἐνηνθρώπησεν. ἐναργῶς γοῦν ἔστιν ἰδεῖν τινας ἐκ τῶν προφητικῶν προρρήσεων εἰς θαυμασμὸν τοῦ χριστοῦ ἐρχομένους, καταπληττομένους τὴν τῶν 10 τοσούτων πρὸ αὐτοῦ προφητῶν φωνήν, συνιστᾶσαν τόπον γενέσεως αὐτοῦ καὶ χώραν ἀνατροφῆς καὶ ἰσχὺν διδασκαλίας, δυνάμεών τε θαυμασίων ποίησιν καὶ πάθος ἀνθρώπινον ὑπὸ ἀναστάσεως καταλυόμενον. καὶ τοῦτο δὲ ἐπισκεπτέον, ὅτι αἱ μὲν τεράστιοι δυνάμεις τοὺς κατὰ τὸν χρόνον τοῦ κυρίου 15 γενομένους προκαλεῖσθαι ἐπὶ τὸ πιστεύειν ἐδύναντο· οὐκ ἔσωζον δὲ τὸ ἐμφατικὸν μετὰ χρόνους πλείονας ἤδη καὶ μύθους εἶναι ὑπονοηθεῖσαι. πλεῖον γὰρ τῶν τότε γενομένων δυνάμεων ἰσχύει πρὸς πειθὼ ἡ νῦν συνεξεταζομένη ταῖς δυνάμεσι προφητεία, κἀκείναις ἀπιστεῖσθαι ὑπὸ τῶν ἐρευ-
20 νώντων αὐτὰς κωλύουσα. τάχα δὲ αἱ προφητικαὶ μαρτυρίαι οὐ μόνον κηρύσσουσι Χριστὸν ἐλευσόμενον, οὐδὲ τοῦθ' ἡμᾶς διδάσκουσι καὶ ἄλλο οὐδέν, ἀλλὰ πολλὴν θεολογίαν, σχέσιν τε πατρὸς πρὸς υἱὸν καὶ υἱοῦ πρὸς πατέρα, ἔστι μαθεῖν οὐκ ἔλαττον ἀπὸ τῶν προφητῶν, δι' ὧν ἀπαγγέλλουσι τὰ περὶ 25 αὐτοῦ, ἢ ἀπὸ τῶν ἀποστόλων διηγουμένων τὴν μεγαλειότητα τοῦ υἱοῦ τοῦ θεοῦ. ἔστι δὲ τολμήσαντα καὶ χωρὶς τούτων 88 τοιοῦτόν τι εἰπεῖν, ὅτι εἰσὶ Χριστοῦ μάρτυρες τῷ μαρτυρεῖν περὶ αὐτοῦ κοσμούμενοι, καὶ οὐ πάντως ἐκείνῳ τι διὰ τοῦ μαρτυρεῖν περὶ τοῦ υἱοῦ τοῦ θεοῦ καταχαριζόμενοι, ὡς ὁμο-
30 λογήσαιεν ἂν πάντες περὶ τῶν ἰδίως ὀνομαζομένων μαρτύρων Χριστοῦ. τί οὖν θαυμαστὸν εἰ ὥσπερ ἐκοσμήθησαν τῷ

7 γεννητὰ pr. man.   ἐνηνθρόπησεν   17 ὑπονοηθεῖσας
18 ἰσχύει] ἴσχει   22 οὐθὲν   24 ἐπαγγέλλουσι   25 ἀπὸ] ὑπὸ

μάρτυρες εἶναι Χριστοῦ πολλοὶ τῶν γνησίων Χριστοῦ μαθητῶν, οὕτως οἱ προφῆται τὸ προκαταγγεῖλαι Χριστὸν νοήσαντες αὐτὸν δῶρον ὑπὸ θεοῦ εἰλήφασι, διδάσκοντες οὐ μόνον τοὺς μετὰ τὴν Χριστοῦ ἐπιδημίαν ἃ δεῖ φρονεῖν περὶ τοῦ υἱοῦ τοῦ θεοῦ, ἀλλὰ καὶ τοὺς ἐν προτέραις ἐκείνων γενεαῖς· ὥσπερ ὁ μὴ ἐγνωκὼς τὸν υἱὸν νῦν οὐδὲ τὸν πατέρα ἔχει, οὕτω καὶ πρότερον νοητέον. διόπερ Ἀβραὰμ ἠγαλλιάσατο ἵνα ἴδῃ τὴν ἡμέραν Χριστοῦ, καὶ εἶδε καὶ ἐχάρη. ἀποστερεῖν τοίνυν βούλεται τὸν χορὸν τῶν προφητῶν χάριν τὴν μεγίστην ὁ βουλόμενος αὐτοὺς μὴ δεῖν μαρτυρεῖν περὶ Χριστοῦ· τί γὰρ ἂν καὶ ἡ προφητεία ἡ ἐξ ἐπιπνοίας ἁγίου πνεύματος εἶχε τηλικοῦτον, εἰ ὑπεξήρητο αὐτῆς τὰ περὶ τῆς κυρίου ἡμῶν οἰκονομίας; ὡς γὰρ ἡ θεοσέβεια κεκόσμηται τῶν διὰ μεσίτου καὶ ἀρχιερέως καὶ παρακλήτου καὶ ἐπιστημονικῶς προσερχομένων τῷ τῶν ὅλων θεῷ, σκάζουσα ἂν εἰ μὴ διὰ τῆς θύρας τις εἰσίῃ πρὸς τὸν πατέρα, οὕτως καὶ ἡ τῶν πάλαι θεοσέβεια τῇ νοήσει καὶ πίστει καὶ προσδοκίᾳ Χριστοῦ ἱερὰ ἦν καὶ παρὰ θεῷ ἀποδέκτη· ἐπεὶ τετηρήκαμεν ὅτι ὁ θεὸς μάρτυς εἶναι ὁμολογεῖ, καὶ περὶ τοῦ χριστοῦ τὸ αὐτὸ ἀποφαίνεσθαι, πάντας ἐπὶ τὸ μιμητὰς αὐτοὺς καὶ τοῦ χριστοῦ γενέσθαι παρακαλῶν, κατὰ τὸ μαρτυρεῖν αὐτοῦ οἷς χρὴ μαρτυρεῖν· φησὶ γάρ· Γένεσθέ μοι μάρτυρες, κἀγὼ μάρτυς, λέγει κύριος ὁ θεός, καὶ ὁ παῖς ὃν ἐξελεξάμην. πᾶς δὲ ὁ μαρτυρῶν τῇ ἀληθείᾳ, εἴτε λόγοις εἴτε ἔργοις εἴτε ὁπωσποτὲ ταύτῃ παριστάμενος, μάρτυς εὐλόγως ἂν χρηματίζοι. ἀλλ' ἤδη κυρίως τὸ τῆς ἀδελφότητος ἔθος, ἐκπλαγέντες διάθεσιν τῶν ἕως θανάτου ἀγωνισαμένων ὑπὲρ ἀληθείας ἢ ἀνδρείας, κυρίως μόνους μάρτυρας ὠνόμασαν τοὺς τῇ ἐκχύσει τοῦ ἑαυτῶν αἵματος μαρτυρήσαντας τῷ τῆς θεοσεβείας μυστηρίῳ, τοῦ σωτῆρος πάντα τὸν μαρτυροῦντα τοῖς περὶ αὐτοῦ καταγγελλομένοις μάρτυρας ὀνομάζοντος. φησὶ γοῦν ἀναλαμβανόμενος τοῖς ἀποστόλοις· Ἔσεσθέ μου μάρτυρες ἔν τε Ἱερουσαλὴμ καὶ ἐν πάσῃ τῇ Ἰουδαίᾳ καὶ

31 ὀνομάζοντας

89 Σαμαρεία καὶ ἕως ἐσχάτου τῆς γῆς. ἔστι δὲ ὥσπερ ὁ
καθαρθεὶς λεπρὸς τὸ προστεταγμένον ὑπὸ Μωσέως προσ- cf. Mt viii 4
άγων δῶρον, εἰς μαρτύριον τοῦτο ποιῶν τοῖς μὴ πιστεύσασιν
εἰς τὸν χριστόν, οὕτως εἰς μαρτύριον τοῖς ἀπίστοις οἱ
5 μάρτυρες μαρτυροῦσι καὶ πάντες οἱ ἅγιοι, ὧν λάμπει τὰ cf. Mt v 16
ἔργα ἔμπροσθεν τῶν ἀνθρώπων· πολιτεύονται γὰρ παρρησι-
αζόμενοι ἐν τῷ σταυρῷ τοῦ χριστοῦ καὶ μαρτυροῦντες
περὶ τοῦ ἀληθινοῦ φωτός.

35. (29) Καὶ Ἰωάννης τοίνυν ἦλθεν, ἵνα μαρτυρήσῃ
10 περὶ τοῦ φωτός· ὃς μαρτυρῶν κέκραγε λέγων· Ὁ ὀπίσω μου Jo i 15—18
ἐρχόμενος ἔμπροσθέν μου γέγονεν, ὅτι πρῶτός μου ἦν. ὅτι
ἐκ τοῦ πληρώματος αὐτοῦ ἡμεῖς πάντες ἐλάβομεν, καὶ χάριν
ἀντὶ χάριτος· ὅτι ὁ νόμος διὰ Μωσέως ἐδόθη, ἡ χάρις καὶ ἡ
ἀλήθεια διὰ Ἰησοῦ Χριστοῦ ἐγένετο. θεὸν οὐδεὶς ἑώρακε
15 πώποτε· ὁ μονογενὴς θεὸς ὁ ὢν εἰς τὸν κόλπον τοῦ πατρὸς
ἐκεῖνος ἐξηγήσατο. πᾶς γοῦν οὗτος ὁ λόγος ἐκ τοῦ προσώ-
που τοῦ βαπτιστοῦ μαρτυροῦντος τῷ χριστῷ εἴρηται, ὅπερ
λανθάνει τινὰς οἰομένους ἀπὸ τοῦ· Ἐκ τοῦ πληρώματος αὐ-
τοῦ ἡμεῖς πάντες ἐλάβομεν ἕως τοῦ· Ἐκεῖνος ἐξηγήσατο·
20 ἐκ τοῦ προσώπου Ἰωάννου τοῦ ἀποστόλου λέγεσθαι. πρὸς
τῇ προειρημένῃ δὲ τοῦ βαπτιστοῦ μαρτυρίᾳ, ἀρχομένῃ ἀπὸ
τοῦ· Ὁ ὀπίσω μου ἐρχόμενος ἔμπροσθέν μου γέγονε· καὶ
ληγούσῃ εἰς τό· Ἐκεῖνος ἐξηγήσατο· καὶ αὕτη ἡ μαρτυρία
ἐστὶν Ἰωάννου μετ' ἐκείνην δευτέρα, ὅτε πρὸς τοὺς ἀποστεί- cf. Jo i 19—
25 λαντας ἐξ Ἱεροσολύμων ἱερεῖς καὶ Λευίτας, Ἰουδαίων αὐτοὺς 23
ἀποστειλάντων, ὁμολογεῖ οὐκ ἀρνούμενος τὸ ἀληθές, ὡς ἄρα
οὐκ αὐτὸς εἴη ὁ χριστὸς οὐδὲ Ἠλίας οὐδὲ ὁ προφήτης,
ἀλλὰ φωνὴ βοῶντος ἐν τῇ ἐρήμῳ Εὐθύνατε τὴν ὁδὸν κυρίου,
καθὼς εἶπεν Ἡσαΐας ὁ προφήτης. μετὰ δὲ ταῦτα ἄλλη
30 μαρτυρία τοῦ αὐτοῦ βαπτιστοῦ περὶ Χριστοῦ ἐστι, τὴν
προηγουμένην αὐτοῦ ὑπόστασιν ἔτι διδάσκουσα διήκουσαν
ἐπὶ πάντα τὸν κόσμον κατὰ τὰς ψυχὰς τὰς λογικάς, ὅτε φησί·
Μέσος ὑμῶν ἕστηκεν ὃν ὑμεῖς οὐκ οἴδατε, ὀπίσω μου ἐρχό- Jo i 26 f.
μενος, οὗ οὐκ εἰμὶ ἄξιος ἐγὼ ἵνα λύσω αὐτοῦ τὸν ἱμάντα τοῦ

ὑποδήματος. καὶ ἐπίσκεψαι εἰ διὰ τὸ ἐν μέσῳ τοῦ παντὸς
εἶναι σώματος τὴν καρδίαν, ἐν δὲ τῇ καρδίᾳ τὸ ἡγεμονικὸν,
κατὰ τὸν ἐν ἑκάστῳ λόγον δύναται νοεῖσθαι τό· Μέσος ὑμῶν
ἕστηκεν ὃν ὑμεῖς οὐκ οἴδατε. τετάρτη δὲ πρὸς τούτοις μαρ
τυρία Ἰωάννου περὶ Χριστοῦ ἤδη καὶ τὸ ἀνθρώπινον αὐτοῦ
πάθος ὑπογράφουσα, ὅτε λέγει· Ἴδε ὁ ἀμνὸς τοῦ θεοῦ, ὁ
αἴρων τὴν ἁμαρτίαν τοῦ κόσμου. οὗτός ἐστιν ὑπὲρ οὗ ἐγὼ
εἶπον ὅτι ὀπίσω μου ἔρχεται ἀνὴρ ὃς ἔμπροσθέν μου γέγονεν,
ὅτι πρῶτός μου ἦν· κἀγὼ οὐκ ᾔδειν αὐτόν, ἀλλ' ἵνα φανε
ρωθῇ τῷ Ἰσραήλ, διὰ τοῦτο ἦλθον ἐγὼ ἐν ὕδατι βαπτίζων.
καὶ πέμπτη μαρτυρία ἀναγέγραπται κατὰ τό· Τεθέαμαι τὸ
πνεῦμα καταβαῖνον ὡς περιστερὰν ἐξ οὐρανοῦ, καὶ ἔμεινεν
ἐπ' αὐτόν· κἀγὼ οὐκ ᾔδειν αὐτόν, ἀλλ' ὁ πέμψας με βαπτί
ζειν ἐν ὕδατι, ἐκεῖνός μοι εἶπεν Ἐφ' ὃν ἂν ἴδῃς τὸ πνεῦμα
καταβαῖνον καὶ μένον ἐπ' αὐτόν, οὗτός ἐστιν ὁ βαπτίζων ἐν
πνεύματι ἁγίῳ. κἀγὼ ἑώρακα, καὶ μεμαρτύρηκα ὅτι οὗτός
ἐστιν ὁ υἱὸς τοῦ θεοῦ. ἕκτον δὲ μαρτυρεῖ τῷ χριστῷ ἐπὶ
δύο μαθητῶν ὁ Ἰωάννης, ὅτε ἐμβλέψας τῷ Ἰησοῦ περιπα
τοῦντι λέγει Ἴδε ὁ ἀμνὸς τοῦ θεοῦ. μεθ' ἣν μαρτυρίαν, ἀκου
σάντων τῶν δύο μαθητῶν τοῦ Ἰωάννου καὶ ἀκολουθησάντων
τῷ Ἰησοῦ, στραφεὶς ὁ Ἰησοῦς καὶ θεασάμενος τοὺς δύο ἀκο
λουθοῦντας ἀποκρίνεται λέγων Τί ζητεῖτε;

36. Καὶ τάχα οὐ μάτην μετὰ ἓξ μαρτυρίας παύεται μὲν
ὁ Ἰωάννης μαρτυρῶν, Ἰησοῦς δὲ κατὰ τὸ ἕβδομον προτείνει
τό· Τί ζητεῖτε; πρέπουσα δὲ ὠφελημένοις ὑπὸ τῆς Ἰωάννου
μαρτυρίας ἡ φωνὴ ἀναγορεύουσα τὸν χριστὸν διδάσκαλον
καὶ ὁμολογοῦσα τὸ οἰκητήριον ποθεῖν θεάσασθαι τοῦ υἱοῦ
τοῦ θεοῦ· φασὶ γὰρ αὐτῷ· Ῥαββὶ, ὃ λέγεται μεθερμη
νευόμενον Διδάσκαλε, ποῦ μένεις; καὶ ἐπεὶ πᾶς ὁ ζητῶν
εὑρίσκει, ζητήσασι τὴν Ἰησοῦ μονὴν τοῖς Ἰωάννου μαθηταῖς
ὑποδείκνυσι, λέγων αὐτοῖς· Ἔρχεσθε καὶ ὄψεσθε· τάχα διὰ
τοῦ μὲν Ἔρχεσθε ἐπὶ τὸ πρακτικὸν αὐτοὺς παρακαλῶν, διὰ

3 κατὰ] καὶ

δὲ τοῦ Ὄψεσθε τὴν ἀκολουθοῦσαν τῇ κατορθώσει τῶν πράξεων θεωρίαν πάντως ἔσεσθαι τοῖς βουλομένοις ὑπογράφων, γινομένην ἐν τῇ τοῦ Ἰησοῦ μονῇ. προύκειτο δὲ τοῖς ζητή- cf. Jo i 39 f. σασι ποῦ μένει Ἰησοῦς ἀκολουθήσασι τῷ διδασκάλῳ καὶ
5 θεασαμένοις παραμεῖναι τῷ Ἰησοῦ, καὶ τὴν ἡμέραν ἐκείνην συνδιατρίψαι τῷ υἱῷ τοῦ θεοῦ. ἐπεὶ δὲ ὁ δέκατος ἀριθμὸς τετήρηται ὡς ἅγιος, οὐκ ὀλίγων μυστηρίων ἐν τῇ δεκάδι ἀναγραφομένων γεγονέναι, νοητέον οὐ μάτην καὶ ἐν τῷ εὐαγγελίῳ τὴν δεκάτην ἀναγράφεσθαι ὥραν τῆς τῶν Ἰωάννου
10 μαθητῶν παρὰ τῷ Ἰησοῦ καταγωγῆς, ὧν Ἀνδρέας ὁ ἀδελφὸς Σίμωνος Πέτρου ἦν, ὅστις ὠφεληθεὶς ἐν τῷ παραμεμενηκέναι τῷ Ἰησοῦ, εὑρὼν τὸν ἀδελφὸν τὸν ἴδιον Σίμωνα, τάχα γὰρ πρότερον οὐχ εἴρητο, φησὶν εὑρηκέναι τὸν Μεσσίαν, ὅ ἐστι μεθερμηνευόμενον Χριστός. ἐπεὶ γὰρ ὁ ζητῶν εὑ- cf. Lc xi 10
15 ρίσκει, ἐζήτησε δὲ ποῦ μένει ὁ Ἰησοῦς, καὶ ἀκολουθήσας, θεωρήσας αὐτοῦ τὴν μονήν, παραμένει τῷ κυρίῳ ἐν τῇ δεκάτῃ ὥρᾳ καὶ εὑρίσκει τὸν υἱὸν τοῦ θεοῦ, τὸν λόγον καὶ τὴν
91 σοφίαν, βασιλεύεταί τε ὑπ' αὐτοῦ, διὰ τοῦτό φησιν Εὑρή- Jo i 41 καμεν τὸν Μεσσίαν. αὕτη δὲ ἡ φωνὴ ὑπὸ παντὸς ἂν λέγοιτο
20 τοῦτον τοῦ θεοῦ λόγον εὑρηκότος καὶ ὑπὸ τῆς θειότητος αὐτοῦ βασιλευομένου. καρπὸν δὲ εὐθέως προσάγει τὸν ἀδελφὸν τῷ χριστῷ, ᾧ Σίμωνι ἐχαρίσατο ὁ Ἰησοῦς τὸ ἐμβλέψαι αὐτῷ, ὅπερ ἐστὶ διὰ τοῦ ἐμβλέψαι ἐπισκοπῆσαι καὶ φωτίσαι αὐτοῦ τὸ ἡγεμονικόν· καὶ δεδύνηται διὰ τὸ ἐμβεβλεφέναι
25 αὐτῷ τὸν Ἰησοῦν ὁ Σίμων βεβαιωθῆναι, ὥστε τοῦ ἔργου τῆς βεβαιότητος καὶ τῆς στερρότητος ἐπώνυμος γενέσθαι καὶ κληθῆναι Πέτρος.

37. (30) Ἀλλ' ἐρεῖ τις, τί δήποτε προκειμένου διηγήσασθαι τό· Οὗτος ἦλθεν εἰς μαρτυρίαν, ἵνα μαρτυρήσῃ περὶ Jo i 7
30 τοῦ φωτός· πάντα ταῦτα διεξεληλύθαμεν; λεκτέον δὲ ὅτι ἔδει παραστῆσαι τὰς μαρτυρίας τοῦ Ἰωάννου τὰς περὶ τοῦ φωτός, καὶ τὴν τάξιν αὐτῶν ἐκθέσθαι, τήν τε ἀκολουθήσασαν

13 μεσίαν

οἷς ἐμαρτύρησεν ὠφέλειαν, γενομένην μετὰ τὴν Ἰωάννου μαρτυρίαν ἀπὸ τοῦ Ἰησοῦ, ἵνα τὸ ἀνύσιμον τῆς Ἰωάννου μαρτυρίας δηλωθῇ. καὶ πρὸ τῶν ἐνταῦθα δὲ μαρτυριῶν ἡ ἐν τῇ ἀγαλλιάσει σκίρτησις τοῦ βαπτιστοῦ ἐν τῇ κοιλίᾳ τῆς Ἐλισάβετ ἐπὶ τῷ ἀσπασμῷ τῆς Μαρίας μαρτυρία περὶ Χριστοῦ ἦν, μαρτυροῦντος τῇ θειότητι τῆς συλλήψεως καὶ γενέσεως αὐτοῦ. καὶ τί γὰρ ἢ πανταχοῦ μάρτυς καὶ πρόδρομος τοῦ Ἰησοῦ ἐστιν ὁ Ἰωάννης, προλαμβάνων τὴν γένεσιν αὐτοῦ καὶ πρὸ ὀλίγου τοῦ θανάτου ἀποθνήσκων τοῦ υἱοῦ τοῦ θεοῦ, ἵνα μὴ μόνον τοῖς ἐν γενέσει ἀλλὰ καὶ τοῖς προσδοκῶσι τὴν διὰ Χριστοῦ ἀπὸ θανάτου ἐλευθερίαν πρὸ τοῦ χριστοῦ ἐπιδημῶν, πανταχοῦ ἑτοιμάσῃ κυρίῳ λαὸν κατεσκευασμένον; φθάνει δὲ καὶ ἐπὶ τὴν δευτέραν Χριστοῦ παρουσίαν καὶ θειοτέραν ἡ Ἰωάννου μαρτυρία· Εἰ γὰρ θέλετε, φησί, δέξασθαι, αὐτός ἐστιν Ἠλίας ὁ μέλλων ἔρχεσθαι. ὁ ἔχων ὦτα ἀκούειν, ἀκουέτω. οὔσης δὲ ἀρχῆς ἐν ᾗ ὁ λόγος, ἥντινα σοφίαν εἶναι ἀπὸ τῶν Παροιμιῶν ἀπεδείξαμεν, ὄντος δὲ καὶ τοῦ λόγου, γενομένης τε ἐν τούτῳ ζωῆς, τῆς τε ζωῆς τυγχανούσης φωτὸς ἀνθρώπων, ζητῶ τί δήποτε ὁ γενόμενος ἄνθρωπος ἀπεσταλμένος παρὰ θεοῦ, ᾧ ὄνομα Ἰωάννης, ἦλθεν εἰς μαρτυρίαν, ἵνα μαρτυρήσῃ περὶ τοῦ φωτός. διὰ τί γοῦν οὐχ ἵνα μαρτυρήσῃ περὶ τῆς ζωῆς, ἢ ἵνα μαρτυρήσῃ περὶ τοῦ λόγου, ἢ περὶ τῆς ἀρχῆς, ἢ ὁποιασδήποτε ἄλλης ἐπινοίας τοῦ χριστοῦ; ἐπίσκεψαι δὲ εἰ μὴ ὁ λαὸς ὁ καθήμενος ἐν σκότῳ φῶς εἶδε μέγα, καὶ ἐπεὶ τὸ φῶς ἐν τῇ σκοτίᾳ φαίνει μὴ καταλαμβανόμενον ὑπ' αὐτῆς, οἱ ἐν σκότῳ τυγχάνοντες δέονται φωτός, τοῦτ' ἔστιν οἱ ἄνθρωποι. εἰ γὰρ τὸ φῶς τῶν ἀνθρώπων ἐν τῇ σκοτίᾳ φαίνει, ἔνθα οὐδαμῶς ἐνέργεια σκοτίας τυγχάνει, ἑτέρων ἐπινοιῶν τοῦ χριστοῦ κοινωνήσομεν, νῦν κυρίως καὶ κατὰ τὸ ἀκριβὲς οὐ μετέχοντες αὐτῶν. πῶς γὰρ μετέχομεν ζωῆς οἱ ἔτι τὸ σῶμα τοῦ θανάτου περικείμενοι, ὧν ἡ ζωὴ κέκρυπται σὺν τῷ

17 ἥντινα] ἦν τι

χριστῷ ἐν τῷ θεῷ; ὅταν γὰρ ὁ χριστὸς φανερωθῇ, ἡ ζωὴ ἡμῶν, τότε καὶ ἡμεῖς σὺν αὐτῷ φανερωθησόμεθα ἐν δόξῃ. οὐχ οἷόν τε οὖν ἦν τὸν ἐλθόντα μαρτυρῆσαι περὶ τῆς ζωῆς τῆς ἔτι κρυπτομένης σὺν τῷ χριστῷ ἐν τῷ θεῷ· ἀλλ'
5 οὐδὲ ἦλθεν εἰς μαρτυρίαν, ἵνα μαρτυρήσῃ περὶ τοῦ λόγου, cf. Jo i 7 λόγον ἡμῶν νοούντων τὸν ἐν ἀρχῇ πρὸς τὸν θεὸν καὶ θεὸν λόγον· ἐπὶ γῆς γὰρ ὁ λόγος σὰρξ ἐγένετο. καὶ ἦν ἂν μαρ- Jo i 14 τυρία, εἰ καὶ ἐδόκει γίνεσθαι περὶ τοῦ λόγου, κυρίως ἂν λεχθησομένη ἡ περὶ λόγου γενομένου σαρκός, οὐχὶ δὲ λόγου
10 θεοῦ· διόπερ οὐκ ἦλθεν ἵνα μαρτυρήσῃ περὶ τοῦ λόγου. πῶς δὲ μαρτυρία ἐδύνατο γίνεσθαι περὶ τῆς σοφίας τοῖς, κἂν δοκῶσιν ἐγνωκέναι, οὐ τὸ καθαρῶς ἀληθὲς κατανοοῦσιν ἀλλὰ βλέπουσι δι' ἐσόπτρου καὶ ἐν αἰνίγματι; εἰκὸς μέντοι γε πρὸ cf. 1 Co xiii 12 τῆς δευτέρας καὶ θειοτέρας Χριστοῦ ἐπιδημίας ἐλεύσεσθαι
15 μαρτυρήσοντα τὸν Ἰωάννην, ἢ Ἠλίαν, περὶ ζωῆς πρὸ ὀλίγου τὸν χριστὸν φανερωθήσεσθαι τὴν ζωὴν ἡμῶν, καὶ τότε μαρ- cf. Col iii 4 τυρήσειν περὶ τοῦ λόγου, παραστήσειν τε τὸ περὶ τῆς σοφίας μαρτύριον. βασάνου δὲ δεῖται εἰ ἔνεστιν οἷον ἡ Ἰωάννου μαρτυρία πρόδρομος ἑκάστῃ τῶν τοῦ χριστοῦ ἐπινοιῶν.
20 ταῦτα μὲν εἰς τό· Οὗτος ἦλθεν εἰς μαρτυρίαν, ἵνα μαρτυρήσῃ περὶ τοῦ φωτός. ἑξῆς δὲ ἐπισκεπτέον τί δεῖ νοεῖν εἰς τό· Ἵνα πάντες πιστεύσωσι δι' αὐτοῦ.

11 ἐδύνατο] ἐγίνετο

ΤΟΜΟΣ Ϛ'.

1. Πᾶσα μὲν οἰκία, ὡς ἔνι μάλιστα στερρότατα κατασκευασθησομένη, ἐν εὐδίᾳ καὶ νηνεμίᾳ οἰκοδομεῖται, ἵνα μὴ ἐμποδίζηται τὴν δέουσαν πῆξιν ἀναλαβεῖν, ὅπως δύνηται καὶ τοιαύτη γενέσθαι ὥστε ὑπομεῖναι πλημμύρας ὁρμὴν καὶ πρόσρηξιν ποταμοῦ, καὶ ὅσα φιλεῖ χειμῶνος συμβαίνοντος ἐλέγχειν μὲν τὰ σαθρὰ τῶν οἰκοδομημάτων δεικνύναι δὲ τὰ τὴν οἰκείαν ἀρετὴν ἀπειληφότα τῶν κατασκευασμάτων. ἐξαιρέτως δὲ ἡ τῶν τῆς ἀληθείας θεωρημάτων δεκτικὴ λογικὴ ὡς ἐν ἐπαγγελίᾳ ἢ γράμμασιν οἰκοδομὴ τότε μάλιστα οἰκοδομεῖται, καλῶς συνοικοδομοῦντος τῷ προθεμένῳ τὸ ἄριστον τοῦτο ἔργον ἐπιτελεῖν τοῦ θεοῦ, ἐπὰν γαληνιάζῃ τῇ ὑπερεχούσῃ πάντα νοῦν εἰρήνῃ χρωμένη ἡ ψυχή, πάσης ταραχῆς ἀλλοτριουμένη καὶ οὐδαμῶς κυματουμένη. ταῦτα δή μοι δοκοῦσιν ἀκριβῶς κατανενοηκότες οἱ τοῦ προφητικοῦ πνεύματος ὑπηρέται καὶ οἱ τοῦ εὐαγγελικοῦ κηρύγματος διάκονοι ἀξίους ἑαυτοὺς παρειληφέναι τοῦ λαβεῖν τὴν ἐν κρυπτῷ εἰρήνην ἀπὸ τοῦ ἀεὶ τοῖς ἀξίοις διδόντος αὐτήν, τοῦ εἰρηκότος· Εἰρήνην ἀφίημι ὑμῖν, εἰρήνην τὴν ἐμὴν δίδωμι ὑμῖν· οὐ καθὼς ὁ κόσμος δίδωσιν εἰρήνην κἀγὼ δίδωμι εἰρήνην. ἐπισκόπησον δὲ μήποτε τοιοῦτόν τι αἰνίττεται ἡ περὶ τὸν Δαβὶδ καὶ Σολομῶντα περὶ τοῦ ναοῦ ἱστορία. Δαβὶδ μὲν γὰρ πολέμους κυρίου πολεμῶν καὶ πρὸς πλείονας ἱστάμενος ἐχθροὺς ἑαυτοῦ καὶ τοῦ Ἰσραήλ, θέλων οἰκοδομῆσαι ναὸν τῷ θεῷ, ὑπὸ τοῦ θεοῦ διὰ τοῦ Ναθὰν κωλύεται λέγοντος

20 δέ] δὴ

πρὸς αὐτόν· Οὐκ οἰκοδομήσεις μοι οἶκον, ὅτι ἀνὴρ αἱμάτων σύ. Σολομῶν δὲ ὄναρ τὸν θεὸν ἰδὼν καὶ ὄναρ τὴν σοφίαν λαβὼν, ἐτηρεῖτο γὰρ τὸ ὕπαρ τῷ λέγοντι· Ἰδοὺ, πλεῖον Σολομῶντος ὧδε· ἐν βαθυτάτῃ γενόμενος εἰρήνῃ, ὡς ἀναπαύεσθαι τότε ἕκαστον ὑποκάτω τῆς ἀμπέλου αὐτοῦ καὶ ὑποκάτω τῆς συκῆς αὐτοῦ, καὶ τῆς κατὰ τοὺς χρόνους αὐτοῦ εἰρήνης ἐπώνυμος τυγχάνων, Σολομῶν γὰρ ἑρμηνεύεται εἰρηνικὸς, διὰ τὴν εἰρήνην σχολάζει τὸν διαβόητον οἰκοδομῆσαι ναὸν τῷ θεῷ. καὶ κατὰ τοὺς Ἔσδρα δὲ χρόνους, ὅτε νικᾷ ἡ ἀλήθεια τὸν οἶνον καὶ τὸν ἐχθρὸν βασιλέα καὶ τὰς γυναῖκας, ἀνοικοδομεῖται ὁ ναὸς τῷ θεῷ.

2. Ταῦτα δ' ἡμῖν ἀπολογουμένοις πρὸς σὲ, ἱερὲ Ἀμβρόσιε, εἴρηται, ἐπεὶ τὸν εὐαγγελικὸν πύργον κατὰ τὴν ἁγίαν σου προτροπὴν ἐν γράμμασιν οἰκοδομῆσαι θελήσαντες ἐψηφίσαμεν μὲν καθεσθέντες τὴν δαπάνην, εἰ ἔχομεν τὰ πρὸς ἀπαρτισμὸν, ἵνα μὴ ἐμπαιζώμεθα ὑπὸ τῶν θεωρούντων καταγινωσκόμενοι ὡς θεμέλιον μὲν καταβαλλόμενοι ἐκτελέσαι δὲ τὸ ἔργον μὴ δεδυνημένοι. ψηφίσαντες δὲ ἕτοιμα μὲν τὰ εἰς ἀπαρτισμὸν τῆς οἰκοδομῆς ἡμῖν παρόντα οὐ κατειλήφαμεν, τῷ θεῷ δὲ πεπιστεύκαμεν τῷ πλουτίζοντι ἐν παντὶ λόγῳ καὶ πάσῃ γνώσει, ὅτι ἀγωνιζομένους ἡμᾶς αὐτοὺς τηρεῖν τοὺς πνευματικοὺς νόμους πλουτίσει, καὶ ἐκ τῶν ἐπιχορηγουμένων ὑπ' αὐτοῦ προκόπτοντες ἐν τῷ οἰκοδομεῖν φθάσομεν καὶ ἐπὶ τὴν στεφάνην τοῦ οἰκοδομήματος, κωλύουσαν πίπτειν τὸν ἀνεληλυθότα ἐπὶ τὸ δῶμα τοῦ λόγου, ἀπὸ μόνων τῶν ἐστερημένων τῆς στεφάνης πιπτόντων τῶν πιπτόντων διὰ τὸ ἀτελὲς τῶν οἰκοδομημάτων, φόνων αἰτίων τοῖς ἐν αὐτῷ τυγχάνουσι καὶ πτωμάτων γινομένων. καὶ μέχρι γε τοῦ πέμπτου τόμου, εἰ καὶ ὁ κατὰ τὴν Ἀλεξανδρείαν χειμὼν ἀντιπράττειν ἐδόκει, τὰ διδόμενα ὑπηγορεύσαμεν, ἐπιτιμῶντος τοῖς ἀνέμοις καὶ τοῖς κύμασι τῆς θαλάσσης τοῦ Ἰησοῦ· καὶ ἕκτου δὲ ἐπὶ ποσὸν προεληλυθότες ἐξειλ-

9 Ἔσδρα] corr. 14 θελήσαντος 16 ἐμποδιζώμεθα
32 ἐκ τοῦ δὲ ἔπι πεσὸν

κύσθημεν ἀπὸ τῆς Αἰγύπτου, ῥυσαμένου ἡμᾶς τοῦ θεοῦ τοῦ ἐξαγαγόντος τὸν λαὸν αὐτοῦ ἀπ᾽ αὐτῆς. ἔπειτα τοῦ ἐχθροῦ πικρότατα ἡμῶν καταστρατευσαμένου διὰ τῶν καινῶν αὐτοῦ γραμμάτων τῶν ἀληθῶς ἐχθρῶν τῷ εὐαγγελίῳ, καὶ πάντας τοὺς ἐν Αἰγύπτῳ ἀνέμους τῆς πονηρίας καθ᾽ ἡμῶν ἐγείραντος, στῆναι μᾶλλόν με πρὸς τὸν ἀγῶνα παρεκάλει ὁ λόγος καὶ τηρῆσαι τὸ ἡγεμονικόν, μήποτε μοχθηροὶ λογισμοὶ ἐξισχύσωσι τὸν χειμῶνα καὶ τῇ ψυχῇ μου ἐπεισαγαγεῖν, ἤπερ ἀκαίρως, πρὶν γαλήνην τὴν διάνοιαν λαβεῖν, συνάπτειν τὰ ἑξῆς τῆς γραφῆς. καὶ οἱ συνήθεις δὲ ταχυγράφοι μὴ παρόντες τοῦ ἔχεσθαι τῶν ὑπαγορεύσεων ἐκώλυον. νῦν δ᾽ ὅτε τὰ καθ᾽ ἡμῶν πεπυρωμένα πολλὰ σβεννύντος θεοῦ βέλη ἤμβλυνται, καὶ ἐνεθισθεῖσα ἡμῶν ἡ ψυχὴ τοῖς συμβεβηκόσι διὰ τὸν οὐράνιον λόγον φέρειν ῥᾷον βιάζεται τὰς γεγενημένας ἐπιβουλάς, ὡσπερεὶ ποσῆς εὐδίας λαβόμενοι οὐκέτι ὑπερτιθέμενοι ὑπαγορεύειν τὰ ἀκόλουθα βουλόμεθα, θεὸν διδάσκαλον ὑπηχοῦντα ἐν τῷ ἀδύτῳ τῆς ψυχῆς ἡμῶν παρεῖναι εὐχόμενοι, ἵνα τέλος λάβῃ ἡ τῆς διηγήσεως τοῦ κατὰ Ἰωάννην εὐαγγελίου οἰκοδομή. γένοιτο δ᾽ ὁ θεὸς ἐπήκοος ἡμῶν τῇ εὐχῇ, εἰς τὸ συνάψαι δυνηθῆναι τὸ σῶμα τοῦ ὅλου λόγου, μηκέτι μεσολαβούσης περιστάσεως διακοπὴν τοῦ εἱρμοῦ τῆς γραφῆς ὁποιανδήποτε ἐνεργήσασθαι δυναμένης. ἴσθι δὲ ὅτι ἀπὸ πολλῆς προθυμίας δευτέραν ταύτην ἀρχὴν ποιοῦμαι ἕκτου τόμου, διὰ τὸ τὰ προϋπαγορευθέντα ἡμῖν ἐν τῇ Ἀλεξανδρείᾳ οὐκ οἶδ᾽ ὅπως μὴ κεκομίσθαι. βέλτιον γὰρ ἡγησάμην, ὑπὲρ τοῦ μὴ ἀπράκτως μοι τοῦδε τοῦ ἔργου παρελθεῖν καὶ τοῦτον τὸν χρόνον, ἤδη τῶν λοιπῶν ἄρξασθαι καὶ μή, μετ᾽ ἀδήλῳ τῷ εὑρεθήσεσθαι τὰ προϋπαγορευθέντα ἡμῖν ἀναμένων, κέρδος οὐκ ὀλίγον ἀπολέσαι τὸ τῶν μεταξὺ ἡμερῶν. καὶ ταῦτα μὲν αὔταρκες πεπροοιμιάσθω, ἤδη δὲ καὶ τῆς λέξεως ἐχώμεθα.

Jo i 19

3. (2) Καὶ αὕτη ἐστὶν ἡ μαρτυρία τοῦ Ἰωάννου.

Jo i 15

Δευτέρα αὕτη ἀναγεγραμμένη Ἰωάννου τοῦ βαπτιστοῦ περὶ Χριστοῦ μαρτυρία, τῆς προτέρας ἀρξαμένης ἀπὸ τοῦ· Οὗτος

ἦν ὁ εἰπὼν Ὁ ὀπίσω μου ἐρχόμενος· καὶ ληγούσης εἰς τό·
Μονογενὴς θεὸς ὁ ὢν εἰς τὸν κόλπον τοῦ πατρὸς ἐκεῖνος
ἐξηγήσατο. οὐχ ὑγίως δὲ ὁ Ἡρακλέων ὑπολαμβάνει· Οὐδεὶς
τὸν θεὸν ἑώρακεν πώποτε· καὶ τὰ ἑξῆς, φάσκων εἰρῆσθαι
οὐκ ἀπὸ τοῦ βαπτιστοῦ ἀλλ' ἀπὸ τοῦ μαθητοῦ. εἰ γὰρ καὶ
κατ' αὐτὸν τό· Ἐκ τοῦ πληρώματος αὐτοῦ ἡμεῖς πάντες ἐλά-
βομεν, καὶ χάριν ἀντὶ χάριτος· ὅτι ὁ νόμος διὰ Μωυσέως
ἐδόθη, ἡ χάρις καὶ ἡ ἀλήθεια διὰ Ἰησοῦ Χριστοῦ ἐγένετο·
ὑπὸ τοῦ βαπτιστοῦ εἴρηται, πῶς οὐκ ἀκόλουθον τὸν ἐκ τοῦ
πληρώματος τοῦ χριστοῦ εἰληφότα καὶ χάριν δευτέραν ἐπὶ
προτέρας χάριτος, ὁμολογοῦντά τε διὰ Μωσέως μὲν δε-
δόσθαι τὸν νόμον, τὴν δὲ χάριν καὶ τὴν ἀλήθειαν διὰ Ἰησοῦ
Χριστοῦ γεγονέναι, ἐκ τῶν ἀπὸ τοῦ πληρώματος εἰς αὐτὸν
ἐληλυθότων νενοηκέναι πῶς θεὸν οὐδεὶς ἑώρακεν πώποτε, καὶ
τὸ τὸν μονογενῆ εἰς τὸν κόλπον ὄντα τοῦ πατρὸς τὴν
ἐξήγησιν αὐτῷ καὶ πᾶσι τοῖς ἐκ τοῦ πληρώματος εἰληφόσι
παραδεδωκέναι; οὐ γὰρ νῦν πρῶτον ἐξηγήσατο ὁ ὢν εἰς
τὸν κόλπον τοῦ πατρός, ὡς οὐδενὸς ἐπιτηδείου πρότερον
γεγενημένου λαβεῖν, ἃ τοῖς ἀποστόλοις διηγήσατο· εἴγε
πρὶν Ἀβραὰμ γενέσθαι ὢν διδάσκει ἡμᾶς τὸν Ἀβραὰμ
ἠγαλλιᾶσθαι ἵνα ἴδῃ τὴν ἡμέραν αὐτοῦ καὶ ἐν χαρᾷ γε-
γονέναι. καὶ τό· Ἐκ τοῦ πληρώματος δὲ αὐτοῦ ἡμεῖς πάντες
ἐλάβομεν· καὶ τό· Χάριν ἀντὶ χάριτος, ὡς ἐν τοῖς πρὸ
τούτων εἰρήκαμεν, δηλοῖ καὶ τοὺς προφήτας ἀπὸ τοῦ πληρώ-
ματος Χριστοῦ τὴν δωρεὰν κεχωρηκέναι, καὶ τὴν δευτέραν
χάριν ἀντὶ τῆς προτέρας αὐτοὺς εἰληφέναι· ἐφθάκεισαν γὰρ
κἀκεῖνοι ὑπὸ τοῦ πνεύματος χειραγωγούμενοι μετὰ τὴν ἐν
τοῖς τύποις εἰσαγωγὴν ἐπὶ τὴν τῆς ἀληθείας θέαν. διόπερ
οὐ πάντες οἱ προφῆται ἀλλὰ πολλοὶ ἐπεθύμησαν ἰδεῖν ἃ
οἱ ἀπόστολοι ἔβλεπον. εἰ γὰρ ἦν προφητῶν διαφορά, οἱ

ὃν εἶπον   ὁ υἱὸς
1 ὁ εἰπὼν   2 μονογενὴς θς̄   5 βαπτιστοῦ...μαθητοῦ]
Sic cod. recte: sed litt. αβγδ seriori manu inter lineas insertis
transponuntur β. et μ.   6 κατ' αὐτὸν] καϊα ταυτ῍ (sic)   17 ὁ
ὢν] om.

τετελειωμένοι καὶ διαφέροντες οὐκ ἐπεθύμησαν ἰδεῖν ἃ εἶδον οἱ ἀπόστολοι, τεθεωρήκασι γὰρ αὐτά· οἱ δὲ μὴ φθάσαντες ὁμοίως τούτοις εἰς τὸ ὕψος ἀναβῆναι τοῦ λόγου ἐν ὀρέξει γεγόνασι τῶν τοῖς ἀποστόλοις διὰ Χριστοῦ ἐγνωσμένων. τὸ γὰρ ἰδεῖν ἡμεῖς οὐ σωματικῶς εἰρῆσθαι ἐξειλήφαμεν, καὶ τὸ ἀκοῦσαι πνευματικῶς ἀπαγγελλόμενον νενοήκαμεν, μόνου τοῦ ὦτα κτησαμένου ἀκούειν παρεσκευασμένου τῶν λόγων τοῦ Ἰησοῦ· ὅπερ οὐ πάνυ ἀθρόως γίνεται.

4. Ἔτι δὲ περὶ τοῦ τοὺς πρὸ τῆς σωματικῆς ἐπιδημίας τοῦ Ἰησοῦ ἁγίους πλέον τι τῶν πολλῶν τῶν πιστευόντων ἐσχηκότας τὰ τῆς θειότητος μυστήρια κατανενοηκέναι, τοῦ λόγου τοῦ θεοῦ διδάσκοντος αὐτοὺς καὶ πρὶν γένηται σάρξ, ἀεὶ γὰρ εἰργάζετο, μιμητὴς τοῦ πατρὸς ὢν περὶ οὗ λέγει· *Ὁ πατήρ μου ἕως ἄρτι ἐργάζεται·* ἔστιν ἐπιλογίσασθαι καὶ ἀπὸ τούτων τῶν λέξεων. φησί που πρὸς τοὺς Σαδδουκαίους ἀπιστοῦντας τῷ περὶ ἀναστάσεως λόγῳ· *Οὐκ ἀνέγνωτε τὸ ῥηθὲν ἐπὶ τῆς βάτου ὑπὸ τοῦ θεοῦ· Ἐγὼ θεὸς Ἀβραὰμ καὶ θεὸς Ἰσαὰκ καὶ θεὸς Ἰακώβ; θεὸς δὲ οὐκ ἔστι νεκρῶν ἀλλὰ ζώντων.* εἰ τοίνυν ὁ θεὸς οὐκ ἐπαισχύνεται θεὸς τῶν ἀνδρῶν τούτων καλεῖσθαι, καὶ ἐν ζῶσιν ὑπὸ Χριστοῦ καταριθμοῦνται, υἱοί τε τοῦ Ἀβραὰμ πάντες εἰσὶν οἱ πιστεύοντες, ἐπεὶ ἐνευλογοῦνται τῷ πιστῷ Ἀβραὰμ πάντα τὰ ἔθνη, πατρὶ τῶν ἐθνῶν ὑπὸ τοῦ θεοῦ τεθειμένῳ, διστάζομεν παραδέξασθαι ἐγνωκέναι τοὺς ζῶντας τὰ τῶν ζώντων μαθήματα, μαθητευθέντας Χριστῷ τῷ πρὸ Ἑωσφόρου γεγενημένῳ πρὶν γένηται σάρξ; διὰ τοῦτο δὲ ἔζων, ἐπεὶ μετεῖχον τοῦ εἰπόντος· *Ἐγώ εἰμι ἡ ζωή·* καὶ ἐχώρουν ὡς τηλικούτων κληρονόμοι ἐπαγγελιῶν ἐπιφάνειαν οὐ μόνον ἀγγέλων ἀλλὰ καὶ θεοῦ ἐν Χριστῷ, καὶ τάχα ὁρῶντες τὴν εἰκόνα τοῦ θεοῦ τοῦ ἀοράτου, ἐπεὶ ὁ ἑωρακὼς τὸν υἱὸν ἑώρακε τὸν πατέρα, ἀναγεγραμμένοι εἰσί, θεὸν νενοηκότες καὶ θεοῦ λόγων θεοπρεπῶς ἀκηκοότες, ἑωρακέναι θεὸν καὶ

---

7 κτισαμένου   παρασκευασαμένου

IN EVANGELIUM JOANNIS TOMUS VI. 113

ἀκηκοέναι αὐτοῦ. ἐγὼ δ' οἶμαι ὅτι οἱ τελείως καὶ γνησίως υἱοὶ τοῦ Ἀβραὰμ τῶν πνευματικῶν νοουμένων πράξεων αὐτοῦ εἰσιν υἱοὶ καὶ τῆς φανερωθείσης αὐτῷ γνώσεως, τῶν ἐκείνῳ γνωσθέντων καὶ πραχθέντων ἐγγινομένων τοῖς χρη-
5 ματίζουσιν υἱοῖς τοῦ πατριάρχου, καθὰ διδάσκει τοὺς ἔχοντας cf. Mt xi 15
ὦτα λέγων· Εἰ τέκνα τοῦ Ἀβραὰμ ἦτε, τὰ ἔργα τοῦ Jo viii 39
Ἀβραὰμ ἐποιεῖτε. καὶ εἰ· Σοφὸς νοήσει τὰ ἀπὸ ἰδίου Pr xvi 23
στόματος, ἐπὶ δὲ χείλεσι φορέσει ἐπιγνωμοσύνην· ἀναγκαῖον ἤτοι προπετῶς ἀποφήνασθαί τινα περὶ προφητῶν ὡς οὐ
10 σοφῶν, εἰ μὴ νενοήκασι τὰ ἀπὸ τοῦ ἰδίου στόματος, ἢ τὸ εὔφημον καὶ ἀληθὲς παραδεξαμένους ὅτι ἦσαν οἱ προφῆται σοφοὶ, ὁμολογεῖν νενοηκέναι αὐτοὺς τὰ ἀπὸ ἰδίου στόματος, καὶ ἐπὶ τοῖς χείλεσι πεφορεκέναι τὴν ἐπιγνωμοσύνην. καὶ δῆλον ὅτι Μωσῆς ἑώρα τῷ νοῒ τὴν ἀλήθειαν τοῦ νόμου
15 καὶ τὰς κατὰ ἀναγωγὴν ἀλληγορίας τῶν ἀναγεγραμμένων παρ' αὐτῷ ἱστοριῶν. Ἰησοῦς δὲ τὴν ἀληθῆ κληροδοσίαν cf. Jos xii
γενομένην μετὰ τὴν καθαίρεσιν τῶν εἴκοσι καὶ ἐννέα βασι- 9 ff.
λέων συνίει, μᾶλλον ἡμῶν δυνάμενος συνορᾶν τίνων ἀληθῶν σκιαὶ ἐτύγχανον τὰ δι' αὐτοῦ ἐπιτελούμενα. δῆλον δ' ὅτι
20 καὶ Ἡσαΐας τὸ μυστήριον ἑώρα τοῦ ἐπὶ τοῦ θρόνου καθε- Is vi 1 ff.
ζομένου, καὶ τῶν δύο Σεραφὶμ καὶ τῶν πτερύγων αὐτοῦ, τοῦ τε θυσιαστηρίου καὶ τῆς λαβίδος, καὶ τῆς ἐπικαλύψεως τοῦ προσώπου καὶ τῶν ποδῶν γινομένης ὑπὸ τῶν Σεραφίμ. Ἰεζεκιὴλ δὲ τὰ Χερουβὶμ καὶ τὴν πορείαν αὐτῶν, καὶ τὸ cf. Ez i 4 ff.
25 ἐπ' αὐτῶν στερέωμα, καὶ τὸν ἐπικαθεζόμενον τῷ θρόνῳ, ὧν τί ἂν εἴη ἐνδοξότερον καὶ ὑψηλότερον; καὶ ἵνα μὴ καθεὶν λέγων ἐπὶ πολὺ μηκύνω τὸν λόγον, βουλόμενος κατασκευάζειν οὐκ ἔλαττον τῶν τοῖς ἀποστόλοις ὑπὸ Χριστοῦ ἀποκαλυφθέντων ἐγνωκέναι τοὺς τετελειωμένους ἐν ταῖς
30 προτέραις γενεαῖς, ἀποκαλύπτοντος αὐτοῖς τοῦ καὶ τοὺς ἀποστόλους διδάξαντος τὰ ἀπόρρητα τῆς θεοσεβείας μυστήρια, ἔτι ὀλίγα προσθεὶς κρίνειν τοῖς ἐντυγχάνουσι κατα-

12 τὰ] om.   32 ἔτι] ὅτι

λείψω καὶ ὃ βούλονται περὶ τούτων σκοπεῖν. φησὶ γὰρ ἐν
τῇ πρὸς τοὺς Ῥωμαίους ἐπιστολῇ ὁ Παῦλος· Τῷ δὲ δυναμένῳ ὑμᾶς στηρίξαι κατὰ τὸ εὐαγγέλιόν μου κατὰ ἀποκάλυψιν μυστηρίου χρόνοις αἰωνίοις σεσιγημένου, φανερωθέντος
δὲ νῦν διά τε γραφῶν προφητικῶν καὶ τῆς ἐπιφανείας τοῦ
κυρίου ἡμῶν Ἰησοῦ Χριστοῦ. εἰ γὰρ διὰ γραφῶν προφητικῶν τὸ πάλαι σεσιωπημένον μυστήριον πεφανέρωται τοῖς
ἀποστόλοις, καὶ οἱ προφῆται ἐνόουν τὰ ἀπὸ ἰδίου στόματος,
ἅτε ὄντες σοφοὶ, τὰ πεφανερωμένα τοῖς ἀποστόλοις οἱ
προφῆται ᾔδεσαν. ἐπεὶ δὲ τοῖς πολλοῖς οὐκ ἀπεκαλύπτετο,
διὰ τοῦτό φησιν ὁ Παῦλος· Ἑτέραις γενεαῖς οὐκ ἐγνωρίσθη
τοῖς υἱοῖς τῶν ἀνθρώπων, ὡς νῦν ἀπεκαλύφθη τοῖς ἁγίοις
ἀποστόλοις αὐτοῦ καὶ προφήταις ἐν πνεύματι, εἶναι τὰ ἔθνη
συγκληρονόμα καὶ σύσσωμα.

5. Ὅρα δὲ εἰ καὶ οὕτως οἷόν τε ἀνθυπενεχθησομένην
ἀνθυποφορὰν ὑπὸ τῶν μὴ παραδεχομένων τὸν λόγον <λῦσαι,
τῷ> τὴν λέξιν ταύτην οὕτως ἐκλαβεῖν τὸ ἀποκαλυπτόμενον,
μήποτε διχῶς ἔστιν ἰδεῖν ἀποκαλυπτόμενον, καθ' ἕνα μὲν
τρόπον ὅτε νοεῖται, καθ' ἕτερον δὲ ἐὰν ᾖ τοῦτο προφητευόμενον, ὥστε γενέσθαι καὶ πληρωθῆναι αὐτό· τότε γὰρ
ἀποκαλύπτεται, ὅτε ἐπιτελεῖται πληρούμενον. τὸ τοίνυν
τὰ ἔθνη συγκληρονόμα καὶ σύσσωμα καὶ συμμέτοχα εἶναι
τῆς ἐπαγγελίας ἐν Χριστῷ, ὅσον μὲν ἐπὶ τῇ γνώσει τοῦ
ἔσεσθαι τὰ ἔθνη συγκληρονόμα καὶ σύσσωμα καὶ συμμέτοχα, καὶ πότε ἔσεσθαι, καὶ διὰ τί, καὶ τίνα ὄντα, καὶ πῶς
ξένα τῶν διαθηκῶν τυγχάνοντα καὶ ἀλλότρια τῆς ἐπαγγελίας σύσσωμα καὶ συμμέτοχα ὕστερον ἐσόμενα, ᾔδεσαν οἱ
προφῆται, ἀποκαλυφθέντος αὐτοῖς τούτου. ἀλλ' οὐχ οὕτως
τοῖς νοοῦσιν, οὐχ ὁρῶσι δὲ ἐπιτελούμενα, τὰ προφητευόμενα
ἀποκεκάλυπται τὰ ἐσόμενα ὡς τοῖς ὑπ' ὄψιν θεωροῦσι τὴν
ἔκβασιν αὐτῶν· ὅπερ γέγονεν ἐπὶ τῶν ἀποστόλων. οὕτω

5 om. καὶ τῆς—6, 7 προφητικῶν] sed add. in mg.   16, 17 λῦσαι τῷ
om.   19 locus valde corruptus. equidem e coniectura sensum quidem restituere velim pro ᾖ τοῦτο legendo τελῆται τὸ

γὰρ, ὡς οἶμαι, ἐνόουν τὰ πράγματα οὐ μᾶλλον τῶν πατέρων
καὶ προφητῶν, ἀληθεύεται δὲ περὶ αὐτῶν τό· "Ο ἑτέραις Eph iii 5 f.
γενεαῖς οὐκ ἀπεκαλύφθη, ὡς νῦν τοῖς ἀποστόλοις καὶ προ-
φήταις, εἶναι τὰ ἔθνη συγκληρονόμα καὶ σύσσωμα καὶ
5 συμμέτοχα τῆς ἐπαγγελίας ἐν Χριστῷ· τῷ πρὸς τῷ νοεῖν
αὐτοὺς τὰ μυστήρια καὶ τὴν ἐνέργειαν διὰ τοῦ πράγματος
ἐπιτελουμένου κατανοεῖν. δύναται δὲ καὶ τό· Πολλοὶ προ- Mt xiii 17
φῆται καὶ δίκαιοι ἐπεθύμησαν ἰδεῖν ἃ ὑμεῖς βλέπετε, καὶ
οὐκ εἶδον, καὶ ἀκοῦσαι ἃ ἀκούετε, καὶ οὐκ ἤκουσαν· τὴν
10 ὁμοίαν ἔχειν διήγησιν, οἱονεὶ ἐπιθυμησάντων κἀκείνων ἰδεῖν
οἰκονομούμενον τὸ μυστήριον τῆς τοῦ υἱοῦ τοῦ θεοῦ ἐνσωμα-
τώσεως καὶ καταβάσεως ἐπὶ τὴν οἰκονομίαν τοῦ σωτηρίου
τοῖς πολλοῖς πάθους αὐτοῦ· ὡς ἐπὶ παραδείγματος καὶ ἄλλο
τι τοιοῦτον λαμβάνωμεν· ἔστω τινὰ τῶν ἀποστόλων, συν-
15 ιέντα τὰ ἄρρητα ῥήματα ἃ οὐκ ἐξὸν ἄνθρωπον λαλῆσαι, cf. 2 Co xii 4
μὴ ὀψόμενον τὴν παρὰ τοῖς πεπιστευκόσι κατηγγελμένην
δευτέραν σωματικὴν Ἰησοῦ ἔνδοξον ἐπιδημίαν, ἐπιθυμεῖν
αὐτὴν ὁρᾶν· ἕτερον δέ τινα οὐ μόνον τὰ αὐτὰ τῷ ἀποστόλῳ
ἠκριβωκότα καὶ νενοηκότα, ἀλλὰ καὶ πολλῷ αὐτοῦ ἔλαττον
20 ἀντεχόμενον τῆς θείας ἐλπίδος καταλαμβάνειν τὴν δευτέραν
τοῦ σωτῆρος ἡμῶν ἐπιδημίαν, ἣν ἐπιτεθυμηκέτω μὲν κατὰ
τὸ παράδειγμα ὁ ἀπόστολος, μὴ τεθεωρηκέτω δέ. οὐ ψεῦ-
δος δὴ ἐροῦμεν ὅτι οἴδε δύο, ἃ ἐπεθύμησεν ὁ ἀπόστολος
ἰδεῖν, ἢ καὶ ἀπόστολοι, τεθέανται, καὶ οὐ πάντως παρὰ τοῦτο
25 συνετωτέρους αὐτοὺς ἢ μακαριωτέρους ἀνάγκη λέγειν τῶν
ἀποστόλων· οὕτως οὐδὲ τοὺς ἀποστόλους σοφωτέρους τῶν
πατέρων ἢ Μωσέως καὶ τῶν προφητῶν, καὶ μάλιστα τῶν
ἐπιπλεῖον δι' ἀρετὴν ἀξιωθέντων ἐπιφανειῶν καὶ ἐμφανειῶν
θείων, καὶ ἀποκαλύψεων μυστηρίων μεγάλων.
30 6. (3) Ἐπιπλέον δὲ διετρίψαμεν ἐξετάζοντες περὶ τού-
των, ἐπεὶ τῇ φαντασίᾳ τοῦ δοξάζειν τὴν Χριστοῦ ἐπιδημίαν
πολλοὶ σοφωτέρους τοὺς ἀποστόλους τῶν πατέρων καὶ τῶν

14 ἐλαμβάνομεν   24 παρὰ] περὶ   31 ἐπεὶ] ἐπὶ

προφητῶν λέγοντες, οἱ μὲν καὶ ἕτερον ἀναπεπλάκασι θεὸν μείζονα, οἱ δὲ μὴ τοῦτο τολμήσαντες, ὅσον ἐπὶ τῷ αὐτῶν λόγῳ, διὰ τὸ ἀβασάνιστον τῶν δογμάτων χρεοκοποῦσι τὴν δεδομένην τοῖς πατράσι καὶ τοῖς προφήταις ἀπὸ θεοῦ διὰ

cf. Jo i 3   Χριστοῦ δωρεάν, δι' οὗ τὰ πάντα ἐγένετο· εἰ δὲ τὰ πάντα, δῆλον ὅτι καὶ τὰ ἐκείνοις ἀποκαλυφθέντα καλὰ καὶ πεπραγμένα σύμβολα μυστηρίων θεοσεβείας ἁγίων. ἐπεὶ δὲ πάντῃ φράσσεσθαι δεῖ τοὺς γενναίους Χριστοῦ στρατιώτας ὑπὲρ ἀληθείας, οὐδαμοῦ κατὰ τὸ δυνατὸν παρείσδυσιν ἐῶντας ἐγγενέσθαι τῇ ἀπὸ τοῦ ψεύδους πιθανότητι, φέρε καὶ ταῦτα σκοπήσωμεν. τάχα γὰρ φήσουσι τὴν προτέραν Ἰωάννου

Jo i 15 f.   περὶ Χριστοῦ μαρτυρίαν εἶναι· Ὁ ὀπίσω μου ἐρχόμενος ἔμπροσθέν μου γέγονεν, ὅτι πρῶτός μου ἦν. τὸ δέ· Ὅτι ἐκ τοῦ πληρώματος αὐτοῦ ἡμεῖς πάντες ἐλάβομεν καὶ χάριν ἀντὶ χάριτος, καὶ τὰ ἑξῆς, εἰρῆσθαι ἐκ προσώπου τοῦ μαθητοῦ. ἀναγκαῖον δὲ καὶ οὕτως διελέγξαι ὡς βεβιασμένην καὶ ἀνακόλουθον τὴν ἐκδοχήν· πάνυ γὰρ βίαιον τὸ οἴεσθαι αἰφνίδιον οἱονεὶ ἀκαίρως διακόπτεσθαι τὸν τοῦ βαπτιστοῦ λόγον ὑπὸ τοῦ λόγου τοῦ μαθητοῦ, καὶ παντὶ τῷ καὶ ἐπὶ ποσὸν ἀκούειν συμφράσεως λεγομένων ἐπισταμένῳ σαφὲς τὸ τοῦ εἱρμοῦ τῆς λέξεως· Οὗτος ἦν ὁ εἰπὼν Ὁ ὀπίσω μου 107 ἐρχόμενος ἔμπροσθέν μου γέγονεν, ὅτι πρῶτός μου ἦν. διδάσκει δὲ ὁ βαπτιστὴς πῶς ἔμπροσθεν αὐτοῦ γέγονεν

cf. Col i 15   Ἰησοῦς τῷ πρῶτος αὐτοῦ, ἐπεὶ πρωτότοκος πάσης κτίσεως, εἶναι διὰ τοῦ· Ὅτι ἐκ τοῦ πληρώματος αὐτοῦ ἡμεῖς πάντες ἐλάβομεν. διὰ τοῦτο γάρ, φησίν, ἔμπροσθέν μου γέγονεν, ὅτι πρῶτός μου ἦν. διὰ τοῦτο δὲ νοῶ αὐτὸν πρῶτόν μου ὄντα καὶ τιμιώτερον παρὰ τῷ πατρί, ἐπεὶ ἐκ τοῦ πληρώματος αὐτοῦ ἐγώ τε καὶ οἱ πρὸ ἐμοῦ προφῆται εἰλήφαμεν χάριν τὴν θειοτέραν καὶ μείζονα καὶ προφητικὴν ἀντὶ χάριτος τῆς κατὰ τὴν προαίρεσιν ἡμῶν ἀποδεχθείσης παρ' αὐτοῦ. διὰ τοῦτο δὲ καὶ ἔμπροσθεν γέγονεν ὅτι πρῶτός

7 ἐπειδὴ   25 διὰ τοῦ] δι' αὐτοῦ   31 ἀποδεχθεῖσαν παρ' αὐτῷ

μου ἦν, ἐπεὶ καὶ νενοήκαμεν ἐκ τοῦ πληρώματος αὐτοῦ
εἰληφότες, τὸν μὲν νόμον διὰ Μωσέως δεδόσθαι, οὐχ ὑπὸ
Μωσέως, τὴν δὲ χάριν καὶ τὴν ἀλήθειαν διὰ Ἰησοῦ Χριστοῦ
οὐ δεδόσθαι μόνον ἀλλὰ καὶ γεγονέναι, τοῦ θεοῦ καὶ πατρὸς
5 αὐτοῦ τόν τε νόμον διὰ Μωσέως δεδωκότος, τὴν χάριν καὶ
τὴν ἀλήθειαν διὰ Ἰησοῦ Χριστοῦ πεποιηκότος, χάριν δὲ
καὶ ἀλήθειαν πεποιηκότος διὰ Ἰησοῦ Χριστοῦ τὴν ἐπ'
ἀνθρώπους φθάσασαν. εὐγνωμονέστερον γὰρ ἀκούσαντες
τῆς λέξεως τῆς φασκούσης· Ἡ χάρις καὶ ἡ ἀλήθεια διὰ Jo i 17
10 Ἰησοῦ Χριστοῦ ἐγένετο· οὐ ταραχθησόμεθα, ὡς ὑπὸ ἐναν-
τιώματος ταύτῃ τῇ φωνῇ ὄντος τοῦ· Ἐγώ εἰμι ἡ ὁδὸς καὶ Jo xiv 6
ἡ ἀλήθεια καὶ ἡ ζωή. εἰ γὰρ Ἰησοῦς ἐστιν ὁ φάσκων·
Ἐγώ εἰμι ἡ ἀλήθεια· πῶς ἡ ἀλήθεια διὰ Ἰησοῦ Χριστοῦ
γίνεται; αὐτὸς γάρ τις δι' ἑαυτοῦ οὐ γίνεται. ἀλλὰ νοητέον
15 ὅτι ἡ αὐτοαλήθεια ἡ οὐσιώδης καὶ, ἵν' οὕτως εἴπω, πρωτό-
τυπος τῆς ἐν ταῖς λογικαῖς ψυχαῖς ἀληθείας, ἀφ' ἧς ἀληθείας
οἱονεὶ εἰκόνες ἐκείνης ἐντετύπωνται τοῖς φρονοῦσι τὴν ἀλή-
θειαν, οὐχὶ διὰ Ἰησοῦ Χριστοῦ ἐγένετο οὐδ' ὅλως διά τινος,
ἀλλ' ὑπὸ θεοῦ ἐγένετο· ὡς καὶ ὁ λόγος οὐ διά τινος ὁ ἐν cf. Jo i 2
20 ἀρχῇ πρὸς τὸν θεόν, καὶ ἡ σοφία ἣν ἔκτισεν ἀρχὴν ὁδῶν Pr viii 22
αὐτοῦ ὁ θεὸς οὐ διά τινος, οὕτως οὐδὲ ἡ ἀλήθεια διά τινος.
ἡ δὲ παρ' ἀνθρώποις ἀλήθεια διὰ Ἰησοῦ Χριστοῦ ἐγένετο·
οἷον ἡ ἐν Παύλῳ ἀλήθεια καὶ τοῖς ἀποστόλοις διὰ Ἰησοῦ
Χριστοῦ ἐγένετο. καὶ οὐ θαυμαστὸν μιᾶς οὔσης ἀληθείας
25 οἱονεὶ πολλὰς ἀπ' ἐκείνης λέγειν ἐρρυηκέναι. οἶδε γοῦν
ὁ προφήτης Δαβὶδ πολλὰς ἀληθείας, λέγων· Ἀληθείας Ps xxx
ἐκζητεῖ κύριος· οὐ γὰρ τὴν μίαν ἐκζητεῖ ἀλήθειαν ὁ πατὴρ (xxxi) 24
αὐτῆς ἀλλὰ τὰς πολλὰς, δι' ἃς σώζονται οἱ ἔχοντες αὐτάς.
τὸ δ' ὅμοιον τῷ περὶ τῆς ἀληθείας καὶ τῶν ἀληθειῶν λόγῳ
30 εὑρίσκομεν εἰρημένον περὶ δικαιοσύνης καὶ δικαιοσυνῶν.
108 τὸ γὰρ αὐτοδικαιοσύνη ἡ οὐσιώδης Χριστός ἐστιν· Ὅς 1 Co i 30
ἐγενήθη σοφία ἡμῖν ἀπὸ θεοῦ, δικαιοσύνη τε καὶ ἁγιασμὸς

3 om. τὴν ἀλήθειαν—4 οὐ, sed add. in mg. pr. man.

καὶ ἀπολύτρωσις. ἀπ' ἐκείνης δὲ τῆς δικαιοσύνης ἡ ἐν ἑκάστῳ δικαιοσύνη τυποῦται, ὡς γίνεσθαι ἐν τοῖς σωζομένοις πολλὰς δικαιοσύνας· διὸ καὶ γέγραπται· Ὅτι δίκαιος κύριος, καὶ δικαιοσύνας ἠγάπησεν· οὕτω γὰρ ἐν τοῖς ἀκριβέσιν ἀντιγράφοις εὕρομεν καὶ ταῖς λοιπαῖς παρὰ τοὺς ἑβδομήκοντα ἐκδόσεσι καὶ τῷ Ἑβραϊκῷ. ἐπίστησον δὲ εἰ δύναται ὁμοίως καὶ τὰ ἄλλα, ὅσα Χριστὸς εἶναι λέγεται ἑνικῶς, πληθυνόμενα ἀνάλογον ὀνομάζεσθαι πληθυντικῶς, οἷον· Χριστός ἐστιν ἡ ζωὴ ἡμῶν, ὡς αὐτὸς ὁ σωτήρ φησιν· Ἐγώ εἰμι ἡ ὁδὸς καὶ ἡ ἀλήθεια καὶ ἡ ζωή· καὶ ὁ ἀπόστολος· Ὅταν Χριστὸς φανερωθῇ, ἡ ζωὴ ὑμῶν, τότε καὶ ὑμεῖς σὺν αὐτῷ φανερωθήσεσθε ἐν δόξῃ. ἐν ψαλμοῖς δὲ πάλιν ἀναγέγραπται· Κρεῖττον τὸ ἔλεός σου ὑπὲρ ζωάς· διὰ γὰρ τὸν ἐν ἑκάστῳ χριστὸν ὄντα ζωὴν πληθύνονται αἱ ζωαί. τάχα δὲ οὕτω ζητητέον καὶ τό· Εἰ δοκιμὴν ζητεῖτε τοῦ ἐν ἐμοὶ λαλοῦντος χριστοῦ; οἱονεὶ γὰρ καθ' ἕκαστον ἅγιον Χριστὸς εὑρίσκεται, καὶ γίνονται διὰ τὸν ἕνα χριστὸν πολλοὶ χριστοὶ οἱ ἐκείνου μιμηταὶ καὶ κατ' αὐτὸν εἰκόνα ὄντα θεοῦ μεμορφωμένοι· ὅθεν ὁ θεὸς διὰ τοῦ προφήτου φησί· Μὴ ἅψησθε τῶν χριστῶν μου. ὃ τοίνυν ἐδόξαμεν παρεληλυθέναι διηγούμενοι τό· Ἡ χάρις καὶ ἡ ἀλήθεια διὰ Ἰησοῦ Χριστοῦ ἐγένετο· τοῦτο νῦν κατὰ τὸ ἐμπεσὸν ἀνεπτύξαμεν· ἅμα δὲ παρεστήσαμεν ὅτι τοῦ βαπτιστοῦ Ἰωάννου ἐστὶν ἡ φωνή, ἔτι καὶ διὰ τούτων μαρτυροῦντος τῷ υἱῷ τοῦ θεοῦ.

7. (4) Ἤδη οὖν ἴδωμεν τὴν δευτέραν Ἰωάννου μαρτυρίαν. Ἀπὸ Ἱεροσολύμων Ἰουδαῖοι, ὡς συγγενεῖς ὄντες τοῦ Βαπτιστοῦ ἀπὸ γένους ἱερατικοῦ τυγχάνοντος, ἱερεῖς πέμπουσι καὶ Λευίτας πευσομένους ὅστις ποτὲ εἴη ὁ Ἰωάννης. ὁ δὲ λέγων τό· Ἐγὼ οὐκ εἰμὶ ὁ χριστός· δι' αὐτοῦ τούτου ὁμολογίαν ἀληθείας πεποίηται, καὶ οὐχ ὡς ἄν τις ὑπολάβοι διὰ τό· Οὐκ εἰμὶ ὁ χριστός· ἠρνήσατο· οὐ γάρ ἐστιν ἄρνησις τὸ εἰς δόξαν Χριστοῦ λέγειν μὴ αὐτὸν εἶναι Χριστόν. ἅπαξ δὲ οἱ πεμφθέντες ἀπὸ Ἱεροσολύμων ἱερεῖς καὶ Λευῖται ἀκούσαντες τὸ μὴ εἶναι αὐτὸν τὸν προσδοκώ-

μενον χριστόν, πυνθάνονται περὶ τοῦ δευτέρου ἐλπιζομένου
παρ' αὐτοῖς τιμίου ὀνόματος Ἠλίου, εἰ αὐτὸς εἴη ἐκεῖνος.
λέγει δὲ μὴ τυγχάνειν Ἠλίας, πάλιν ὁμολογῶν διὰ τοῦ Οὐκ
εἰμὶ τὸ ἀληθές. ἐπεὶ δὲ πολλῶν προφητῶν γινομένων ἐν
5 Ἰσραὴλ εἷς τις ὁ ὑπὸ Μωσέως προφητευθεὶς ἐξαιρέτως
προσεδοκᾶτο κατὰ τὸ φάσκον ῥητόν· Προφήτην ὑμῖν ἀνα- Act iii 22 f.
στήσει κύριος ὁ θεὸς ἡμῶν ἐκ τῶν ἀδελφῶν ὑμῶν ὡς ἐμέ, 15 f.
αὐτοῦ ἀκούσεσθε. καὶ ἔσται πᾶσα ἡ ψυχὴ ἥτις ἂν μὴ
ἀκούσῃ τοῦ προφήτου ἐκείνου ἐξολοθρευθήσεται ἐκ τοῦ
10 λαοῦ αὐτοῦ· τρίτον ἐρωτῶσιν οὐχὶ εἰ προφήτης εἴη, ἀλλ' εἰ
ὁ προφήτης. καὶ τοῦτο τὸ ὄνομα ἐκείνων οὐκ ἐπὶ Χριστοῦ
ταττόντων ἀλλ' οἰομένων ἕτερον παρὰ τὸν χριστὸν αὐτὸν
εἶναι, αὐτὸς γινώσκων τὸν οὗ πρόδρομός ἐστιν ὅτι καὶ ὁ
χριστὸς καὶ ὁ προφήτης οὗτος ἐστιν ὁ προφητευθεὶς, φησίν
15 Οὔ· τάχα τὸ Ναί ἀποκρινάμενος, εἰ χωρὶς τοῦ ἄρθρου
ἠρωτήκεισαν· οὐ γὰρ ἠγνόει προφήτης ὤν. καὶ ἐν ταύταις
ὅλαις ταῖς ἀποκρίσεσιν ἡ δευτέρα οὐδέπω τετέλεσται μαρ-
τυρία Ἰωάννου, ἕως τοῖς αἰτοῦσιν ἀπόκρισιν ἀπαγγελθησο-
μένην τοῖς πέμψασιν ἑαυτὸν ἀπὸ προφητικῆς κατήγγειλε
20 φωνῆς τῆς τοῦ Ἡσαΐου οὕτως ἐχούσης· Φωνὴ βοῶντος ἐν Is xl 3
τῇ ἐρήμῳ, εὐθύνατε τὴν ὁδὸν κυρίου.

8. (5) Ἄξιον δὲ ζητῆσαι πότερον τετέλεσται ἡ δευτέρα
μαρτυρία, καὶ τρίτη γίνεται πρὸς ἀπεσταλμένους ἐκ τῶν
Φαρισαίων καὶ βουλομένους μαθεῖν τί δήποτε βαπτίζει,
25 μήτε Χριστὸς μήτε Ἠλίας μήτε ὁ προφήτης τυγχάνων, ἐν cf. Jo i 25
τῷ· Ἐγὼ βαπτίζω ἐν ὕδατι· μέσος δὲ ὑμῶν ἔστηκεν ὃν Jo i 26
ὑμεῖς οὐκ οἴδατε, ὁ ὀπίσω μου ἐρχόμενος, οὗ οὐκ εἰμὶ ἐγὼ
ἄξιος ἵνα λύσω αὐτοῦ τὸν ἱμάντα τοῦ ὑποδήματος· ἢ μέρος
τῆς δευτέρας ἐστὶ καὶ τὸ ἀπαγγελλόμενον πρὸς τοὺς Φαρι-
30 σαίους. ἐγὼ δ' ὅσον ἐκ τῆς λέξεως στοχάσασθαι εἴποιμ'
ἂν τρίτην εἶναι μαρτυρίαν τὸν πρὸς τοὺς ἀποσταλέντας ἀπὸ
τῶν Φαρισαίων λόγον. παρατηρητέον μέντοι γε ὅτι ἡ
πρώτη μαρτυρία τὸ ἔνθεον τοῦ σωτῆρος παρίστησιν, ἡ δὲ
δευτέρα τὴν ὑπόνοιαν τῶν διστάζοντων μήποτε Ἰωάννης εἴη

Χριστὸς καθαιρεῖ, ἡ δὲ τρίτη τὸν ἀοράτως τοῖς ἀνθρώποις παρόντα κηρύττει ὅσον οὐδέπω ἐλευσόμενον. πρὶν δὲ τῶν ἑξῆς μαρτυριῶν, καθ᾽ ἃς δεικνύμενος μαρτυρεῖται, ἑκάστην λέξιν ἴδωμεν τῆς δευτέρας καὶ τρίτης μαρτυρίας, τοῦτο πρῶτον ἐπιτηρήσαντες ὅτι δύο ἀποστολαὶ γίνονται πρὸς τὸν βαπτιστὴν, μία μὲν ἀπὸ Ἱεροσολύμων ὑπὸ Ἰουδαίων πεμπόντων ἱερεῖς καὶ Λευΐτας ἵνα ἐρωτήσωσιν αὐτόν Σὺ τίς εἶ; ἑτέρα δὲ Φαρισαίων ἀποστελλόντων καὶ πρὸς τὴν γεγενημένην ἀπόκρισιν τοῖς ἱερεῦσι καὶ Λευΐταις ἐπαπορούντων. παρατήρει τοίνυν πῶς κατὰ τὸ ἱερατικὸν καὶ λευϊτικὸν πρόσωπόν ἐστι μεθ᾽ ἡμερότητος λεγόμενα καὶ φιλομαθείας τό· Σὺ τίς εἶ; καὶ τό· Τί οὖν; σὺ Ἠλίας εἶ; καὶ τό· Ὁ προφήτης ἆρα εἶ σύ; καὶ ἐπὶ τούτοις· Τίς εἶ, ἵνα ἀπόκρισιν δῶμεν τοῖς πέμψασιν ἡμᾶς; τί λέγεις περὶ σεαυτοῦ; οὐδὲν γὰρ αὔθαδες οὐδὲ θρασὺ ἐν τῇ τούτων ἐστὶ πεύσει, ἀλλὰ πάντα ἁρμόττοντα ἀκριβέσι θεραπευταῖς θεοῦ. οἱ δὲ ἀπὸ τῶν Φαρισαίων ἀπεσταλμένοι οὐδὲν περιεργασαμένων πρὸς τὰ εἰρημένα τῶν Λευϊτῶν καὶ ἱερέων, οἱονεὶ ὑβριστικὰς καὶ ἀπανθρωποτέρας προσάγουσι τῷ βαπτιστῇ φωνὰς διὰ τοῦ· Τί οὖν βαπτίζεις, εἰ σὺ οὐκ εἶ ὁ χριστὸς οὐδὲ Ἠλίας οὐδὲ ὁ προφήτης; καὶ σχεδὸν οὐ μαθεῖν βουλόμενοι, ὡς οἱ προειρημένοι ἱερεῖς καὶ Λευῖται ἀποστέλλουσιν, ἀλλὰ κωλῦσαι ἀπὸ τοῦ βαπτίζειν, ἴσως οἰόμενοι οὐδενὸς ἑτέρου ἔργον τυγχάνειν τὸ βαπτίζειν ἢ Χριστοῦ καὶ Ἠλίου καὶ τοῦ προφήτου. καὶ πανταχοῦ ἐπιμέλειαν τὸν ἀκριβῶς ἐντευξόμενον τῇ γραφῇ ποιητέον, τηρεῖν ἀναγκαίου ὄντος τὰ λεγόμενα, ὑπὸ τίνων καὶ πότε λέγεται, ἵν᾽ εὑρίσκωμεν τὸ τοῖς προσώποις ἁρμοζόντως περιτεθεῖσθαι λόγους δι᾽ ὅλων τῶν ἁγίων βιβλίων.

9. (6) Τότε ἀπέστειλαν οἱ Ἰουδαῖοι ἐξ Ἱεροσολύμων ἱερεῖς καὶ Λευίτας ἵνα ἐρωτήσωσιν αὐτόν Σὺ τίς εἶ; καὶ ὡμολόγησε καὶ οὐκ ἠρνήσατο, καὶ ὡμολόγησεν ὅτι

19 ἀνθρωποτέρας   24 τοῦ] intra lin.

Ἐγὼ ογκ εἰμὶ ὁ χριστός. Καὶ τίνας ἐχρῆν πρεσβύτας πεπέμφθαι πρὸς τὸν Ἰωάννην ἀπὸ Ἰουδαίων καὶ πόθεν ἢ τοὺς διαφέρειν νενομισμένους κατ' ἐκλογὴν θεοῦ ἀπὸ τοῦ ἐξειλεγμένου παρὰ πᾶσαν τὴν λεγομένην γῆν ἀγαθὴν τόπου
5 Ἱεροσολύμων, ἔνθα ὁ ναὸς ἦν τοῦ θεοῦ; Ἰωάννου μὲν οὖν μετὰ τοσαύτης πυνθάνονται τιμῆς· περὶ Χριστοῦ δὲ οὐδὲν τοιοῦτον ἀναγέγραπται γεγονέναι ὑπὸ Ἰουδαίων· ἀλλ' ὅπερ Ἰουδαῖοι πρὸς Ἰωάννην ποιοῦσι, τοῦτο Ἰωάννης πρὸς Χριστὸν διὰ τῶν ἰδίων μαθητῶν πυνθανόμενος· Σὺ εἶ ὁ Mt xi 3
10 ἐρχόμενος ἢ ἕτερον προσδοκῶμεν; καὶ Ἰωάννης μὲν πρὸς τοὺς ἐληλυθότας ὁμολογήσας καὶ μὴ ἀρνησάμενος, ὕστερον τό· Ἐγὼ φωνὴ βοῶντος ἐν τῇ ἐρήμῳ· ἀποφαίνεται· Χριστὸς Jo i 23 δὲ τὴν ἀπόκρισιν ποιεῖται ὡς μείζονα τὴν μαρτυρίαν cf. Jo v 36 Ἰωάννου ἔχων λόγοις καὶ ἔργοις, φάσκων· Πορευθέντες Mt xi 4 f.
15 ἀπαγγείλατε Ἰωάννῃ ἃ βλέπετε καὶ ἀκούετε· τυφλοὶ ἀναβλέπουσι, χωλοὶ περιπατοῦσι, λεπροὶ καθαρίζονται, κωφοὶ ἀκούουσι, πτωχοὶ εὐαγγελίζονται· περὶ ὧν εὐκαιρότερον, θεοῦ διδόντος, ἐν τοῖς οἰκείοις διαληψόμεθα τόποις. ἴσως δ' ἂν οὐκ ἀλόγως τις ἐπιστήσειε τί δήποτε τῶν ἱερέων καὶ
20 Λευϊτῶν πυνθανομένων Ἰωάννου οὐχὶ εἰ αὐτὸς εἴη ὁ χριστός, cf. Jo i 19 ἀλλά· Σὺ τίς εἶ; ἀποκρίνεται ὁ βαπτιστὴς οὐχ ὅπερ ἐχρῆν πρὸς τό· Σὺ τίς εἶ; Ἐγὼ φωνὴ βοῶντος ἐν τῇ ἐρήμῳ· ἀλλ' ὅπερ οἰκείως ἂν ἐλέγετο εἰ ἦσαν πυθόμενοι Σὺ εἶ ὁ χριστός; ἥρμοττε γὰρ πρὸς τό· Σὺ εἶ ὁ χριστός; τό· Ἐγὼ οὐκ εἰμὶ ὁ
111 χριστός· πρὸς δὲ τό· Σὺ τίς εἶ; τό· Ἐγὼ φωνὴ βοῶντος ἐν τῇ ἐρήμῳ. λεκτέον δὲ πρὸς τοῦτο ὅτι, ὡς εἰκὸς, ἑώρα ἀπὸ τῆς πεύσεως τὸ εὐλαβὲς τῶν ἱερέων καὶ Λευϊτῶν, ἐμφαινόντων μὲν ὑπόνοιαν ὑπολήψεως, μήποτ' εἴη βαπτίζων Χριστὸς, γυμνότερον δὲ ὀνομάσαι τοῦτο ὑπὲρ τοῦ μὴ δοκεῖν
30 εἶναι προπετεῖς φυλαττομένων. ὅθεν εὐλόγως ὑπὲρ τοῦ πᾶσαν ὑπόνοιαν αὐτῶν πρῶτον περιαιρεθῆναι ψευδῆ τὴν περὶ ἑαυτοῦ, εἶθ' οὕτως παραστῆσαι τὸ ἀληθὲς, τὸ οὐκ εἶναι

28 εἴης pr. man.

Χριστὸς πρὸ πάντων ἀποφαίνεται. δηλοῖ δὲ τὸ τοιοῦτόν τι
αὐτοὺς ὑπονενοηκέναι ἡ δευτέρα ἐρώτησις καὶ ἔτι ἡ τρίτη.
ἐπεὶ γὰρ καὶ δεύτερον τῇ τιμῇ ἐλπιζόμενον μὲν καὶ μετὰ
Χριστὸν αὐτοῖς τετιμημένον Ἠλίαν εἶναι ὑπελάμβανον,
ἀποφαινομένου τοῦ Ἰωάννου ὡς οὐκ εἴη Χριστός, ἠρώτησαν· 5

Jo i 21   Τί οὖν; σὺ Ἠλίας εἶ; καὶ εἶπεν Οὐκ εἰμί. τὸ τρίτον εἰ
αὐτὸς εἴη ὁ προφήτης βούλονται μαθεῖν· οὗ ἀποκριναμένου
τὸ Οὔ, οὐκέτι ἔχοντες ἰδικῶς ὄνομα ἐλπιζομένου ἐπιδημήσειν

Jo i 22   αὐτοῖς εἰπεῖν, φασί· Τίς εἶ; ἵνα ἀπόκρισιν δῶμεν τοῖς
πέμψασιν ἡμᾶς· τί λέγεις περὶ σεαυτοῦ; τοῦτο δηλοῦντες· 10
ταῦτα μὲν οὐκ εἶ ἅπερ ἐλπιζόμενα τῷ Ἰσραὴλ παρέσεσθαι
προσδοκᾶται, ὅστις δὲ ὧν βαπτίζεις οὐκ ἴσμεν· διόπερ
τοῦτο ἡμᾶς δίδαξον, ἵν' ἔχωμεν ἀπαγγεῖλαι τοῖς ἡμᾶς διὰ
τοῦτο πέμψασι πρός σέ. ἔτι δὲ καὶ τοῦτο ἐχόμενον τῶν
προκειμένων προσθήσομεν, ὅτι ὁ καιρὸς τῆς Χριστοῦ ἐπι- 15
δημίας ἔσαινε τὸν λαόν, ἤδη πως ἐνεστηκὼς περὶ τὰ ἔτη τὰ
ἀπὸ τῆς γενέσεως τοῦ Ἰησοῦ καὶ ὀλίγῳ ἀνωτέρω μέχρι τῆς
ἀναδείξεως τοῦ κηρύγματος. διόπερ, ὡς εἰκός, τῶν γραμ-
ματέων καὶ νομικῶν τὸν ἐλπιζόμενον, ἀπὸ τῶν θείων γραφῶν

cf. Act v 36 f.   καταγαγόντων αὐτοῦ τὸν χρόνον, ἤδη προσδοκώντων, ἐπε- 20
φύησαν Θευδᾶς, οὐκ ὀλίγον πλῆθος ὡς Χριστός, οἶμαι,
συναγαγών, καὶ μετ' ἐκεῖνον Ἰούδας ὁ Γαλιλαῖος ἐν ταῖς τῆς
ἀπογραφῆς ἡμέραις. εἰκὸς οὖν θερμότερον τῆς Χριστοῦ

cf. Jo i 19   ἐπιδημίας προσδοκωμένης καὶ λαλουμένης, οἱ Ἰουδαῖοι ἀπὸ
Ἱεροσολύμων τοὺς ἱερεῖς καὶ Λευίτας πέμπουσι πρὸς τὸν 25
Ἰωάννην, διὰ τοῦ· Σὺ τίς εἶ; μαθεῖν βουλόμενοι εἰ αὐτὸς
Χριστὸς εἶναι ὁμολογήσει.

Jo i 21   10. (7) Καὶ ἠρώτησαν αὐτόν Τί οὖν; Cὺ Ἠλίας
εἶ; καὶ λέγει Οὐκ εἰμί. Τίς οὐκ ἂν ζητήσαι τῶν ἀκουόν-

Mt xi 14   των Ἰησοῦ λέγοντος περὶ Ἰωάννου· Εἰ θέλετε δέξασθαι, 30
αὐτός ἐστιν Ἠλίας ὁ μέλλων ἔρχεσθαι· πῶς πρὸς τοὺς
ἐρωτῶντας τό· Σὺ Ἠλίας εἶ; λέγει ὁ Ἰωάννης Οὐκ εἰμί·

5 ἐρωτήσιν pr. man.   8 Οὔ] intra lin.

πῶς δὲ καὶ νοῆσαι δεῖ τὸν Ἰωάννην αὐτὸν εἶναι Ἠλίαν τὸν μέλλοντα ἔρχεσθαι κατὰ τὸ εἰρημένον ὑπὸ τοῦ Μαλαχίου οὕτως ἔχον· Καὶ ἰδοὺ, ἐγὼ ἀποστέλλω ὑμῖν Ἠλίαν τὸν Θεσβίτην πρὶν ἐλθεῖν ἡμέραν κυρίου τὴν μεγάλην καὶ ἐπιφανῆ, ὃς ἀποκαταστήσει καρδίαν πατρὸς πρὸς υἱὸν καὶ καρδίαν ἀνθρώπου πρὸς τὸν πλησίον αὐτοῦ, μὴ ἔλθω καὶ πατάξω τὴν γῆν ἄρδην; καὶ ὁ τοῦ ὀφθέντος δὲ τῷ Ζαχαρίᾳ ἀγγέλου κυρίου, ἑστῶτος ἐκ δεξιῶν τοῦ θυσιαστηρίου τοῦ θυμιάματος, λόγος πρὸς τὸν Ζαχαρίαν παραπλήσιόν τι ἐμφαίνει τοῖς ὑπὸ τοῦ Μαλαχίου εἰρημένοις διὰ τούτων· Καὶ ἡ γυνή σου Ἐλισάβετ γεννήσει υἱόν σοι, καὶ καλέσεις τὸ ὄνομα αὐτοῦ Ἰωάννην· καὶ μετ᾽ ὀλίγα· Αὐτὸς προελεύσεται ἐνώπιον αὐτοῦ ἐν πνεύματι καὶ δυνάμει Ἠλίου, ἐπιστρέψαι καρδίας πατέρων ἐπὶ τέκνα καὶ ἀπειθεῖς ἐν φρονήσει δικαίων, ἑτοιμάσαι κυρίῳ λαὸν κατεσκευασμένον. πρὸς δὴ τὸ πρῶτον ὁ μέν τις ἐρεῖ ὅτι ἑαυτὸν ἠγνόει Ἰωάννης Ἡλίαν ὄντα· καὶ τάχα τούτῳ χρήσονται οἱ ἐκ τούτων τῷ περὶ μετενσωματώσεως παριστάμενοι λόγῳ, ὡς τῆς ψυχῆς μεταμφιεννυμένης σώματα καὶ οὐ πάντως μεμνημένης τῶν προτέρων βίων. οἱ δ᾽ αὐτοὶ οὗτοι ἐροῦσι καί τινας τῶν Ἰουδαίων τῷ δόγματι συγκατατιθεμένους περὶ τοῦ σωτῆρος εἰρηκέναι ὡς ἄρα εἷς τις εἴη τῶν ἀρχαίων προφητῶν, ἀναστὰς οὐκ ἀπὸ τῶν μνημείων ἀλλ᾽ ἀπὸ τῆς γενέσεως. πῶς γὰρ ἐδύνατο, σαφῶς δεικνυμένης τῆς μητρὸς αὐτοῦ Μαρίας, ὑπολαμβανομένου τε πατρὸς αὐτῷ τυγχάνειν Ἰωσὴφ τοῦ τέκτονος, νομίζειν ἕνα τινὰ τῶν προφητῶν αὐτὸν τυγχάνοντα ἐγηγέρθαι ἀπὸ τῶν νεκρῶν; καὶ τῷ· Ἐξαλείψω δὲ πᾶσαν τὴν ἐξανάστασιν· ἀναγεγραμμένῳ ἐν τῇ Γενέσει οἱ αὐτοὶ χρώμενοι τὸν πεφροντικότα πιθανότητας ἀπατηλὰς προσαγομένας ἀπὸ τῶν γραφῶν λύειν εἰς ἀγῶνα περιστήσουσιν ἱστάμενον πρὸς τὸ δόγμα.

11. Ἕτερος δέ τις ἐκκλησιαστικὸς τὸν περὶ τῆς μετεν-

---

5 πρὸς] intra lin.   10 ante εἰρημένοις ins. εἴρη   24 ἐδύνατο

σωματώσεως ἀποπτύων ὡς ψευδῆ λόγον, μὴ προσιέμενος τὸ
τὴν ψυχὴν Ἰωάννου Ἠλίαν ποτὲ γεγονέναι, τῷ προειρημένῳ
λόγῳ τοῦ ἀγγέλου χρήσεται, ψυχὴν Ἠλίου μὴ ὀνομάσαντος
ἐπὶ τῆς Ἰωάννου γενέσεως ἀλλὰ πνεῦμα καὶ δύναμιν διὰ τοῦ·
Καὶ αὐτὸς προελεύσεται ἐνώπιον αὐτοῦ ἐν πνεύματι καὶ
δυνάμει Ἠλίου, ἐπιστρέψαι καρδίας πατέρων ἐπὶ τέκνα· διὰ
μυρίων δυνάμενος ἀποδεικνύναι γραφῶν ἕτερον εἶναι τὸ
πνεῦμα τῆς ψυχῆς, καὶ τὴν ὀνομαζομένην δύναμιν τοῦ
πνεύματος καὶ τῆς ψυχῆς· περὶ ὧν οὐκ εὔκαιρον νῦν παρα-
τίθεσθαι τὰ πολλά, ἵνα μὴ πάνυ τὸν λόγον περισπάσωμεν.
ἀρκεσθήσεται δὲ ἐπὶ τοῦ παρόντος πρὸς μὲν τὸ διαφέρειν
δύναμιν πνεύματος τό· Πνεῦμα ἅγιον ἐπελεύσεται ἐπὶ σέ,
καὶ δύναμις ὑψίστου ἐπισκιάσει σοι· πρὸς δὲ τὰ ἐν τοῖς
προφήταις πνεύματα, ἅτε δεδωρημένα αὐτοῖς ὑπὸ θεοῦ,
οἱονεὶ ἐκείνων ὀνομάζεσθαι κτήματα, τό· Πνεύματα προ-
φητῶν προφήταις ὑποτάσσεται· καὶ τό· Ἀναπέπαυται τὸ
πνεῦμα Ἠλίου ἐπὶ Ἐλισσαιέ. οὕτω γὰρ οὐδὲν ἄτοπον,
φησὶν, ἔσται τὸν Ἰωάννην, ἐν πνεύματι καὶ δυνάμει Ἠλίου
ἐπιστρέφοντα καρδίας πατέρων ἐπὶ τέκνα, διὰ τοῦτο τὸ
πνεῦμα Ἠλίαν λέγεσθαι τὸν μέλλοντα ἔρχεσθαι. εἰς παρα-
μυθίαν δὲ τούτων καὶ τούτῳ χρήσεται τῷ λόγῳ· εἰ ὁ τῶν
ὅλων θεὸς οἰκειωθεὶς τοῖς ἁγίοις αὐτῶν γίνεται, οὕτως
ὀνομαζόμενος θεὸς Ἀβραὰμ καὶ θεὸς Ἰσαὰκ καὶ θεὸς
Ἰακώβ, πόσῳ πλέον τὸ ἅγιον πνεῦμα οἰκειωθὲν τοῖς προφή-
ταις πνεῦμα αὐτῶν χρηματίζειν οἷόν τε ἔσται, ἵν' ᾖ οὕτως
πνεῦμα Ἠλίου καὶ πνεῦμα Ἠσαΐου λεγόμενον τὸ πνεῦμα;
ὁ αὐτός τε οὗτος ἐκκλησιαστικὸς ἐρεῖ δύνασθαι μὲν τοὺς
ὑπειληφότας ἕνα τῶν προφητῶν εἶναι τὸν Ἰησοῦν ἀναστάντα
ἐκ νεκρῶν ἠπατῆσθαι κατά τε τὸ προειρημένον δόγμα καὶ
κατὰ τὸ ὑπολαμβάνειν αὐτὸν ἕνα τῶν προφητῶν τυγχάνειν,
δύνασθαι δὲ πρὸς τῷ κατὰ τὸ νομίζειν αὐτὸν τῶν προφητῶν
εἶναι ἕνα πταίειν καὶ ψευδοδοξεῖν καὶ κατὰ τὸ ἀγνοεῖν αὐτοῦ

12 τό] τῶ   15 τό] τῶ   16 τό] τῶ   20 πνεῦμα] πνα extra lin.

τὸν λεγόμενον πατέρα καὶ τὴν οὖσαν μητέρα, οἴεσθαί τε
αὐτὸν ἀπὸ τῶν μνημείων ἐγηγέρθαι. καὶ πρὸς τὸ ἐν τῇ
Γενέσει τε περὶ τῆς ἐξαναστάσεως ὑπαντήσεται ὁ ἐκκλησι-
αστικὸς χρώμενος τῷ· Ἐξανέστησε γάρ μοι ὁ θεὸς σπέρμα Ge iv 25
ἕτερον ἀντὶ Ἄβελ, ὃν ἀπέκτεινε Κάϊν· τῆς ἐξαναστάσεως
καὶ ἐπὶ γενέσεως κειμένης. οὗτος δὴ πρὸς τὸ πρῶτον
ἀπορηθὲν ἑτέρως παρὰ τὸν ὑπολαμβάνοντα μετενσωμάτωσιν
ἀπολογούμενος ἐρεῖ διὰ μὲν τὰ ἀρτίως κατασκευασθέντα
λόγῳ τινὶ εἶναι τὸν Ἰωάννην Ἠλίαν τὸν μέλλοντα ἔρχεσθαι,
ἀποκεκρίσθαι δὲ πρὸς τοὺς ἱερεῖς καὶ Λευΐτας τὸ Οὐκ εἰμὶ cf. Jo i 21
στοχασάμενον τοῦ βουλήματος τῆς ἐρωτήσεως αὐτῶν. οὐ
γὰρ τοῦτο ἤθελεν ἡ προλεγομένη ἐξέλευσις τῷ Ἰωάννῃ ἀπὸ
τῶν ἱερέων καὶ Λευϊτῶν, τὸ μαθεῖν εἰ τὸ αὐτὸ πνεῦμα ἐν
ἀμφοτέροις ἐτύγχανεν, ἀλλ' εἰ ὁ Ἰωάννης αὐτὸς Ἠλίας ὁ
ἀναληφθεὶς, νῦν ἐπιφαινόμενος κατὰ τὸ Ἰουδαίοις προσδο-
κώμενον χωρὶς γενέσεως, ἣν τάχα καὶ ἠγνόουν οἱ ἀπὸ Ἱε-
ροσολύμων ἀποσταλέντες· πρὸς ἣν πεῦσιν εἰκότως ἀπο-
κρίνεται τὸ Οὐκ εἰμί, οὐ γὰρ Ἠλίας ὁ ἀναληφθεὶς ἀμείψας
σῶμα ἐληλύθει Ἰωάννης ὀνομαζόμενος.

12. Ὁ δὲ πρῶτος, οὗ τὸν νοῦν παρεθήκαμεν οἰομένου
μετενσωμάτωσιν ἐντεῦθεν κατασκευάζεσθαι, προσδιατρίβων
τῇ βασάνῳ τῆς λέξεως ἐρεῖ πρὸς τὸν δεύτερον, ὅτι οὐκ ἀκό-
λουθον τὸν τηλικούτου ἱερέως Ζαχαρίου υἱὸν, ἐπὶ γήρᾳ
γεγεννημένον ἀμφοτέροις γονεῦσι παρὰ πᾶσαν ἀνθρωπίνην
προσδοκίαν, ἀγνοεῖσθαι ὑπὸ τῶν τοσούτων ἐν Ἱεροσολύμοις
Ἰουδαίων καὶ τῶν πεμφθέντων ὑπ' αὐτῶν Λευϊτῶν καὶ
ἱερέων, οὐ γινωσκόντων τὸ γεγενῆσθαι αὐτόν· καὶ μάλιστα
Λουκᾶ μαρτυροῦντος ὅτι· Ἐγένετο ἐπὶ πάντας φόβος τοὺς Lc i 65
περιοικοῦντας αὐτοὺς, δῆλον δὲ ὅτι τὸν Ζαχαρίαν καὶ τὴν
Ἐλισάβετ, καὶ ἐν ὅλῃ τῇ ὀρεινῇ τῆς Ἰουδαίας διελαλεῖτο
πάντα τὰ ῥήματα ταῦτα. εἰ δὲ οὐκ ἠγνοεῖτο ἡ ἐκ Ζαχαρίου
γένεσις Ἰωάννου, ἔπεμπον δὲ οἱ ἀπὸ Ἱεροσολύμων Ἰουδαῖοι

12 ἐξέλευσις] ἐξέτασις   19 ante Ἰωάννης] ὁ
28 τοὺς] intra lin.

διὰ τῶν Λευϊτῶν καὶ ἱερέων πευσόμενοι τό· Σὺ Ἠλίας εἶ;
δῆλον ὅτι τοῦτο ἔλεγον τὸ περὶ μετενσωματώσεως δόγμα
οἰόμενοι εἶναι ἀληθές, ὡς πάτριον τυγχάνον καὶ οὐκ ἀλλό-
τριον τῆς ἐν ἀπορρήτοις διδασκαλίας αὐτῶν. διὰ τοῦτο οὖν
λέγει· Οὐκ εἰμὶ Ἠλίας· ὁ Ἰωάννης, ἐπεὶ ἀγνοεῖ τὸν ἴδιον
πρότερον βίον.

13. Τούτων δὴ οὐκ εὐκαταφρόνητον πιθανότητα ἐχόν-
των, πάλιν ὁ ἐκκλησιαστικὸς ἀπορήσει πρὸς τὸν πρότερον
εἰ κατὰ τὸν προφήτην ἐστὶν ὑπὸ τοῦ πνεύματος φωτιζόμενον
καὶ ὑπὸ Ἡσαΐου προφητευόμενον, ὑπό τε τηλικούτου τοῦ
ἀγγέλου πρὶν γεννηθῆναι τεχθήσεσθαι προειρημένον, ἐκ τοῦ
πληρώματος Χριστοῦ εἰληφότα, χάριτος τηλικαύτης μετε-
σχηκότα, τὴν ἀλήθειαν διὰ Ἰησοῦ Χριστοῦ γεγενῆσθαι
νενοηκότα, περὶ θεοῦ καὶ τοῦ μονογενοῦς τοῦ εἰς τὸν κόλπον
τοῦ πατρὸς διηγησάμενον τὰ τοσαῦτα, τὸ ψεύσασθαι καὶ
ὅπερ ἦν οὐκ ἐγνωκότα μηδ' ἐπισχεῖν. ἐχρῆν γὰρ περὶ τῶν
ἀδηλοτέρων ἐπέχειν ὁμολογεῖν, καὶ μήτε τιθέναι μήτε αἴρειν
τὴν πρότασιν. πῶς δὲ οὐκ ἦν εὔλογον, εἰ πολλῶν τοῦτο
δόγμα ἐτύγχανεν, ἐπισχεῖν τὸν Ἰωάννην περὶ αὐτοῦ, μήποτε
ἡ ψυχὴ αὐτοῦ ποτε ἐν Ἠλίᾳ ἦν; καὶ ἐπὶ τὴν ἱστορίαν δὲ
ὁ ἐκκλησιαστικὸς προκαλέσεται τὸν πρότερον πευσόμενον
παρὰ τῶν τὰ ἀπόρρητα ἐγνωκέναι παρ' Ἑβραίοις ἐπαγγελ-
λομένων, εἰ τοιοῦτόν τι δόγμα ἐστὶ παρ' αὐτοῖς· ἐὰν γὰρ
μηδαμῶς φαίνηται τοῦθ' οὕτως ἔχον, δῆλον ὅτι ἐσκέδασται
ὁ τοῦ προτέρου λόγος. οὐδὲν τοίνυν ἧττον ὁ ἐκκλησιαστι-
κὸς χρήσεται τῇ προαποδεδομένῃ λύσει, ἔτι καὶ αὐτὸς τὸ
βούλημα τῶν πυθομένων παραστῆσαι ἀπαιτούμενος. εἰ
γάρ, ὡς κατεσκεύασεν, οἱ πέμψαντες ἴσασι γεγενημένον ἐκ
Ζαχαρίου καὶ Ἐλισάβετ τὸν Ἰωάννην, καὶ πολλῷ πλέον
οἱ πεμφθέντες γένους ὄντες ἱερατικοῦ, οὓς οὐκ ἂν ἔλαθεν ἡ
τοῦ οὕτως ἐπιφανοῦς συγγενοῦς Ζαχαρίου παράδοξος εὐ-
παιδία, τί νοήσαντες πυνθάνονται τό· Σὺ Ἠλίας εἶ; ἄνδρες

16 μηδ'] κἂν   19 δόγμα] δόγματα   25 λόγου   28 κατε-
σκεύασαν   29 τὸν] τῶν

ἀνεγνωκότες ἀνειλῆφθαι αὐτὸν ὡς εἰς τὸν οὐρανὸν καὶ προσδοκῶντες ἐπιδημίαν αὐτοῦ; τάχα οὖν, ἐπεὶ πρὸς τῇ συντελείᾳ προσδοκῶσιν Ἠλίαν πρὸ Χριστοῦ καὶ ἐπὶ τούτῳ Χριστὸν, οἰονεὶ τροπικώτερον φαίνονται ἐρωτῶντες Εἰ σὺ εἶ
5 ὁ προκαταγγέλλων τὸν πρὸ Χριστοῦ ἐπὶ συντελείᾳ ἐλευσόμενον λόγον; καὶ ἐπιστημόνως πρὸς τοῦτο ἀποκρίνεται τὸ· Οὐκ εἰμί.

14. Ἔτι δὲ ὁ ἐκκλησιαστικὸς ἱστάμενος πρὸς τὰ ἐξητασμένα ὑπὸ τοῦ ἑτέρου ἀποδεικνύναι πειρωμένου μὴ ἂν
10 λεληθέναι τοὺς ἱερεῖς οὕτως ἐπιφανῆ γεγενημένην τὴν Ἰωάννου γένεσιν διὰ τὸ ἐν τῇ ὀρεινῇ τῆς Ἰουδαίας διαλελαλῆσθαι πάντα τὰ ῥήματα ταῦτα, φήσει τὴν παραπλησίαν ἀπάτην πολλοῖς γεγονέναι καὶ περὶ τοῦ σωτῆρος, ἐπεὶ Οἱ μὲν ἔλεγον αὐτὸν Ἰωάννην τὸν βαπτιστὴν, ἄλλοι δὲ Mt xvi 14
15 Ἠλίαν, ἄλλοι δὲ Ἰερεμίαν ἢ ἕνα τῶν προφητῶν· ὡς καὶ οἱ μαθηταὶ πυνθανομένῳ τῷ κυρίῳ, γενομένῳ ἐν τοῖς μέρεσι Καισαρείας τῆς Φιλίππου, εἰρήκασι. καὶ ὁ Ἡρώδης δὲ λέγων· Ὃν ἐγὼ ἀπεκεφάλισα Ἰωάννην, αὐτὸς ἠγέρθη ἀπὸ Mc vi 16 τῶν νεκρῶν· περὶ τοῦ χριστοῦ ἔοικε μὴ εἰδέναι τὰ λεγόμενα
20 ὑπὸ τῶν φασκόντων· Οὐχ οὗτός ἐστιν ὁ τοῦ τέκτονος υἱός; Mt xiii 55 f. οὐχ ἡ μήτηρ αὐτοῦ λέγεται Μαριὰμ, καὶ οἱ ἀδελφοὶ αὐτοῦ Ἰάκωβος καὶ Ἰωσὴφ καὶ Σίμων καὶ Ἰούδας; καὶ ἀδελφαὶ αὐτοῦ οὐχὶ πᾶσαι πρὸς ἡμᾶς εἰσιν; οὐδὲν οὖν θαυμαστὸν, ὥσπερ ἐπὶ τοῦ σωτῆρος, πολλῶν ἐγνωκότων τὴν ἐκ Μαρίας
25 γένεσιν αὐτοῦ, ἄλλους ἠπατῆσθαι, οὕτω καὶ ἐπὶ τοῦ Ἰωάννου οὓς μὲν μὴ λεληθέναι τὴν ἐκ Ζαχαρίου γένεσιν αὐτοῦ, ἑτέρους δὲ διστάζειν μήποτε ὁ προσδοκώμενος Ἠλίας ἐπεφάνη κατὰ τὸν Ἰωάννην. καὶ οὐ χώραν γε μᾶλλον ἔχει ἡ περὶ τοῦ Ἰωάννου ἐπαπόρησις, μήποτε εἴη Ἠλίας, ἤπερ ἡ
30 περὶ τοῦ σωτῆρος, μὴ ἄρα αὐτὸς τυγχάνῃ Ἰωάννης; ὧν τοῦ Ἠλίου μὲν τὸν χαρακτῆρα ἀπὸ μόνης τῆς λέξεως, καὶ οὐχὶ ἀπὸ τῆς αἰσθήσεως ἀποβάλλεσθαι διὰ τό· Ἀνὴρ δασὺς 4 Reg i 8 καὶ ζώνην δερματίνην περιεζωσμένος περὶ τὴν ὀσφὺν αὐτοῦ· τοῦ δὲ Ἰωάννου τὸ εἶδος προεγνωσμένον τάχα, οὐδὲ παρα-

πλήσιον τυγχάνον τῷ χαρακτῆρι τοῦ Ἰησοῦ, οὐδὲν ἧττον
ὑπόνοιάν τισι παρεσχηκέναι, μήποτε ὁ Ἰωάννης ἀνέστη ἐκ
νεκρῶν Ἰησοῦς μετονομαζόμενος. καὶ περὶ μετωνυμίας
γὰρ, ὡς ἐν ἀπορρήτοις, οὐκ οἶδα πόθεν κινούμενοι οἱ
Ἑβραῖοι παραδιδόασι Φινεὲς, τὸν Ἐλεαζάρου υἱὸν, ὁμολο- 5
γουμένως παρατείναντα τὴν ζωὴν ἕως πολλῶν κριτῶν, ὡς ἐν

cf. Jud xx 28 τοῖς Κριταῖς ἀνέγνωμεν, αὐτὸν εἶναι Ἠλίαν, καὶ τὸ ἀθά- 116
νατον ἐν τοῖς Ἀριθμοῖς αὐτῷ διὰ τῆς ὀνομαζομένης εἰρήνης
ἐπηγγέλθαι, ἀνθ᾿ ὧν ζηλώσας θείῳ ζήλῳ κεκινημένος ἐξε-
κέντησε τὴν Μαδιανῖτιν καὶ τὸν Ἰσραηλίτην καὶ κατέπαυσε 10

cf. Nu xxv τὸν λεγόμενον θυμὸν τοῦ θεοῦ κατὰ τὸ γεγραμμένον· Φινεὲς
11
υἱὸς Ἐλεάζαρ υἱοῦ Ἀαρὼν κατέπαυσε τὸν θυμόν μου, ἀνθ᾿
ὧν ἐζήλωσε τὸν ζῆλόν μου. θαυμαστὸν οὖν οὐδὲν εἰ οἱ τὸν
αὐτὸν ὑπολαμβάνοντες Φινεὲς καὶ Ἠλίαν, ἤτοι ὑγιῶς λέγον-
τες ἢ μὴ, οὐ γὰρ περὶ τούτου νῦν πρόκειται ἐξετάζειν, τὸν 15
αὐτὸν ἐνόμιζον εἶναι Ἰωάννην καὶ Ἰησοῦν. ἢ ἐδίσταζόν γε
περὶ τούτου, μαθεῖν τε ἐβούλοντο εἰ ὁ αὐτός ἐστιν Ἰωάννης
καὶ Ἠλίας. προηγουμένως δὲ ἐν ἄλλοις ἐπιμελέστερον
ἐξεταστέον καὶ ἐπὶ πλεῖον τὸν λόγον ἐρευνητέον τὸν περὶ
τῆς οὐσίας τῆς ψυχῆς καὶ τῆς ἀρχῆς τῆς συστάσεως αὐτῆς 20
καὶ τῆς εἰς τὸ γήϊνον σῶμα εἰσκρίσεως αὐτῆς, τῶν τε
ἐπιμερισμῶν τοῦ ἑκάστης βίου καὶ τῆς ἐντεῦθεν ἀπαλλαγῆς,
καὶ εἰ ἐνδέχεται αὐτὴν εἰσκριθῆναι δεύτερον ἐν σώματι ἢ μὴ,
καὶ τῇ αὐτῇ περιόδῳ καὶ τῇ αὐτῇ διακοσμήσει ἢ οὔ, καὶ τῷ
αὐτῷ σώματι ἢ ἑτέρῳ, καὶ εἰ τῷ αὐτῷ, πότερον καθ᾿ ὑπο- 25
κείμενον μένοντι τῷ αὐτῷ κατὰ δὲ ποιότητα μεταβαλο-
μένῳ, ἢ καὶ καθ᾿ ὑποκείμενον καὶ ποιότητα ἐσομένῳ τῷ
αὐτῷ, καὶ εἰ ἀεὶ τῷ αὐτῷ σώματι χρήσεται ἢ ἀμείψει αὐτό.
ἐν οἷς καὶ τί ἐστι κυρίως μετενσωμάτωσις ἐξετάσαι δεήσει,
τί τε αὕτη διαφέρει ἐνσωματώσεως, καὶ εἰ ἀκολουθεῖ τῷ 30
λέγοντι μετενσωμάτωσιν ἄφθαρτον τηρεῖν τὸν κόσμον. ἐν
οἷς ἀναγκαῖον ἔσται παραθεῖναι καὶ τοὺς λόγους τῶν θελόν-

1 περιπλήσιον   6 κριττῶν

των κατὰ τὰς γραφὰς συσπείρεσθαι τὴν ψυχὴν τῷ σώματι καὶ τὰ ἀκολουθοῦντα αὐτοῖς. καὶ ἀπαξαπλῶς ὁ περὶ ψυχῆς λόγος πολὺς καὶ δυσερμήνευτος ὤν, ἀναλεχθησόμενος ἀπὸ cf. He v 11 τῶν ἐν ταῖς γραφαῖς σποράδην κειμένων, ἰδίας δεῖται πραγματείας. διόπερ νῦν κατὰ τὸ παρῆκον ἐκ τῶν περὶ Ἠλίου καὶ Ἰωάννου ἐζητημένων ἐπὶ βραχὺ ἐξετάσαντες τὸ πρόβλημα μετίωμεν ἐπὶ τὰ ἑξῆς.

15. (8) Ὁ προφήτης εἶ σύ, καὶ ἀπεκρίθη Οὔ. Jo i 21
Εἰ ὁ νόμος καὶ οἱ προφῆται ἕως Ἰωάννου, καὶ τί ἄλλο ἂν cf. Lc xvi 16
λέγοιμεν εἶναι Ἰωάννην ἢ προφήτην; ὡς καὶ ὁ πατὴρ αὐτοῦ cf. Lc i 67
Ζαχαρίας πλησθεὶς πνεύματος ἁγίου προφητεύων φησί· Καὶ Lc i 76
σὺ δέ, παιδίον, προφήτης ὑψίστου κληθήσῃ, προπορεύσῃ
γὰρ ἐνώπιον κυρίου ἑτοιμάσαι ὁδοὺς αὐτοῦ· εἰ μὴ ἄρα τις
ἐπιλήψεται τοῦ Κληθήσῃ, μὴ εἰρημένου τοῦ Ἔσῃ, καὶ
μάλιστα διὰ τὸ πρὸς τοὺς οἰομένους αὐτὸν προφήτην εἶναι
εἰρηκέναι τὸν σωτῆρα· Ἀλλὰ τί ἐξήλθετε ἰδεῖν; προφήτην; Mt xi 9
ναί, λέγω ὑμῖν, καὶ περισσότερον προφήτου. παρατηρητέον
δὲ ὅτι τό· Ναί, λέγω ὑμῖν· τίθησι τὸ προφήτην εἶναι τὸν
Ἰωάννην, καὶ οὐκ ἀναιρεῖται τὸ προφήτην αὐτὸν εἶναι. ἐὰν
δὲ πρὸς τῷ προφήτης τυγχάνειν καὶ περισσότερον προφήτου
ὑπὸ τοῦ σωτῆρος λέγηται, πῶς οὖν, εἰ προφήτης ἐστί, πρὸς
τοὺς ἱερεῖς καὶ Λευίτας ἐρωτῶντας· Ὁ προφήτης εἶ σύ;
ἀπεκρίθη Οὔ; λεκτέον δὲ πρὸς τοῦτο ὅτι οὐ ταὐτόν ἐστιν·
Ὁ προφήτης εἶ σύ; τῷ· Προφήτης εἶ σύ; τὰ δὲ ὅμοια τετηρήκαμεν ἐξετάζοντες τί διαφέρει τὸ Ὁ θεὸς τοῦ Θεός, καὶ
Ὁ λόγος τοῦ Λόγος. ἐπεὶ τοίνυν ἐν τῷ Δευτερονομίῳ
γέγραπται· Προφήτην ὑμῖν ἀναστήσει ὁ θεὸς ὑμῶν ἐκ τῶν Act iii 22 f.;
ἀδελφῶν ὑμῶν ὡς ἐμέ, αὐτοῦ ἀκούσεσθε· καὶ ἔσται πᾶσα 15 f.
ψυχὴ ἥτις ἂν μὴ ἀκούσῃ τοῦ προφήτου ἐκείνου ἐξολοθρευθήσεται ἐκ τοῦ λαοῦ αὐτοῦ, προσεδοκᾶτο ἐξαιρέτως τις
προφήτης ὅμοιον Μωσεῖ τι ἔχων, τὸ μεσιτεῦσαι θεοῦ καὶ
ἀνθρώπων καὶ τὸ λαβὼν διαθήκην ἀπὸ θεοῦ δοῦναι τοῖς

24 om. τῷ—σύ, sed add. in mg.   26 τοῦ Λόγος] τοῦ λόγου

μαθητευομένοις τὴν καινήν· καὶ καθ' ἕκαστον τῶν προφητῶν
ἐγίνωσκον ὁ λαὸς Ἰσραὴλ μηδένα ἐκείνων εἶναι τὸν ὑπὸ τοῦ
Μωσέως προφητευθέντα. ὥσπερ οὖν ἐδίσταζον περὶ Ἰω-
άννου μήποτε ἄρα Χριστὸς αὐτὸς ἦν, οὕτως καὶ μήποτε ὁ
προφήτης. οὐ θαυμαστὸν δὲ εἰ μὴ ἠκρίβουν ὅτι ὁ αὐτός
ἐστι Χριστὸς καὶ ὁ προφήτης, οἱ διστάζοντες περὶ Ἰωάννου,
μήποτε αὐτὸς ὁ χριστὸς ἦν· ἀκόλουθον γὰρ τῷ περὶ τούτου
δισταγμῷ τὸ ἀγνοεῖν τὸν αὐτὸν εἶναι Χριστὸν καὶ τὸν
προφήτην. ἔλαθε δὲ τοὺς πολλοὺς ἡ διαφορὰ τοῦ Ὁ
προφήτης καὶ Προφήτης, ὡς καὶ τὸν Ἡρακλέωνα, ὅστις
αὐταῖς λέξεσί φησιν ὡς ἄρα Ἰωάννης ὡμολόγησε μὴ εἶναι
ὁ χριστός, ἀλλὰ μηδὲ προφήτης μηδὲ Ἠλίας. καὶ δέον
αὐτὸν οὕτως ἐκλαβόντα ἐξετάσαι τὰ κατὰ τοὺς τόπους,
πότερον ἀληθεύει λέγων μὴ εἶναι προφήτης, μηδὲ Ἠλίας,
ἢ οὔ. ὁ δὲ μὴ ἐπιστήσας τοῖς τόποις, ἐν οἷς καταλέλοιπεν
ὑπομνήμασιν ἀνεξετάστως παρελήλυθε τὰ τηλικαῦτα, σφό-
δρα ὀλίγα καὶ μὴ βεβασανισμένα ἐν τοῖς ἑξῆς εἰπών, περὶ
ὧν εὐθέως ἐροῦμεν.

16. (9) Εἶπον ὀῦν αὐτῷ Τίς εἶ; ἵνα ἀπόκρισιν
δῶμεν τοῖς πέμψασιν ἡμᾶς· τί λέγεις περὶ σεαυτοῦ;
Δυνάμει τοῦτο λέγουσιν οἱ ἀποσταλέντες· Ὅπερ ὑπονο-
οῦντες εἶναί σε ἐληλύθαμεν μαθησόμενοι ἔγνωμεν οὐκ ὄντα·
λείπεται δὲ μετὰ ταῦτα ἀπὸ σοῦ ἀκοῦσαι τὸ ὅστις εἶ, ἵνα
τοῖς πέμψασιν τὴν σὴν ἀπόκρισιν περὶ σοῦ ἀπαγγείλωμεν.

17. (10) Ἐγὼ φωνὴ βοῶντος ἐν τῇ ἐρήμῳ Εὐ-
θύνατε τὴν ὁδὸν κυρίου, καθὼς εἶπεν Ἡσαΐας ὁ
προφήτης. Ὥσπερ ὁ κυρίως υἱὸς τοῦ θεοῦ, οὐχ ἕτερος
λόγου τυγχάνων, χρῆται λόγῳ, αὐτὸς γὰρ ὁ ἐν ἀρχῇ λόγος
ἦν, ὁ πρὸς τὸν θεόν, ὁ λόγος θεός, οὕτως Ἰωάννης ὁ
ὑπηρέτης ἐκείνου τοῦ λόγου, εἰ κυρίως ἀκούοιμεν τῆς γρα-
φῆς, οὐχ ἕτερος ὢν φωνῆς, χρῆται φωνῇ δεικνυούσῃ τὸν

---

1 καὶ] intra lin.   5 ante αὐτός om. ὁ   11 ἄρα] ἆρ' εἰ
14 ante λέγων ins. ἧ   20 πεμψασϊσϊν (sic)

IN EVANGELIUM JOANNIS TOMUS VI. 131

λόγον. οὗτος δὴ συνιεὶς τὴν περὶ ἑαυτοῦ προφητείαν παρὰ τῷ Ἡσαΐᾳ εἰρημένην φησὶν εἶναι φωνὴ, οὐχὶ βοῶσα ἐν τῇ ἐρήμῳ, ἀλλὰ βοῶντος ἐν τῇ ἐρήμῳ, τοῦ ἑστῶτος καὶ κεκραγότος· Ἐάν τις διψᾷ, ἐρχέσθω πρὸς μὲ καὶ πινέτω· Jo vii 37
5 λέγοντος καὶ τό· Εὐθύνατε τὴν ὁδὸν κυρίου, εὐθείας ποιεῖτε Lc iii 4 f.
τὰς τρίβους αὐτοῦ. πᾶσα φάραγξ πληρωθήσεται καὶ πᾶν Is xl 3 f.
ὄρος καὶ βουνὸς ταπεινωθήσεται, καὶ ἔσται πάντα τὰ σκολιὰ
εἰς εὐθεῖαν. ὥσπερ γὰρ ἐν τῇ Ἐξόδῳ γέγραπται πρὸς
Μωσέα λέγεσθαι ὑπὸ θεοῦ· Ἰδοὺ δέδωκά σε θεὸν Φαραώ, Ex vii 1
10 καὶ Ἀαρὼν ὁ ἀδελφός σου ἔσται σου προφήτης· οὕτω
νοητέον ἀνάλογόν τι τούτοις, εἰ καὶ μὴ πάντη ὅμοιον, εἶναι
τὸν ἐν ἀρχῇ λόγον θεὸν καὶ Ἰωάννην· φωνὴ γὰρ δεικτικὴ cf. Jo i 1
καὶ παραστατικὴ ἐκείνου τοῦ λόγου ὁ Ἰωάννης ἦν. διόπερ
πάνυ ἁρμοζόντως οὐκ ἄλλῃ κολάσει περιβάλλεται Ζα-
15 χαρίας, εἰπὼν πρὸς τὸν ἄγγελον· Κατὰ τί γνώσομαι τοῦτο; Lc i 18
ἐγὼ γάρ εἰμι πρεσβύτης, καὶ ἡ γυνή μου προβεβηκυῖα ἐν
ταῖς ἡμέραις αὐτῆς· ἢ τῇ στερήσει τῆς φωνῆς διὰ τὴν
ἀπιστίαν τῆς γενέσεως τῆς φωνῆς, κατὰ τὸ εἰρημένον ὑπὸ
τοῦ Γαβριὴλ πρὸς αὐτόν· Ἰδοὺ ἔσῃ σιωπῶν καὶ μὴ δυνά- Lc i 20
20 μενος λαλῆσαι ἄχρι ἧς ἡμέρας γένηται ταῦτα, ἀνθ' ὧν οὐκ
ἐπίστευσας τοῖς λόγοις μου, οἵτινες πλησθήσονται εἰς τὸν
καιρὸν αὐτῶν· οὗτος δὴ ὁ Ζαχαρίας, ὅτε Αἰτήσας πινακίδιον Lc i 63 f.
ἔγραψε λέγων Ἰωάννης ἐστὶν ὄνομα αὐτοῦ, καὶ ἐθαύμασαν
πάντες, ἀπείληφε τὴν φωνήν· Ἀνεῴχθη γὰρ τὸ στόμα αὐτοῦ
25 παραχρῆμα καὶ ἡ γλῶσσα αὐτοῦ, καὶ ἐλάλει εὐλογῶν τὸν
θεόν.
18. Ὥσπερ δὲ διαλαμβάνοντες περὶ τοῦ τίνα τρόπον
νοητέον λόγον εἶναι τὸν υἱὸν τοῦ θεοῦ τὰ παριστάμενα
ἐδηλώσαμεν, οὕτως κατὰ τὴν ἁρμόζουσαν ἀκολουθίαν, ἐπεὶ
30 ὁ Ἰωάννης ἦλθεν εἰς μαρτυρίαν, ἄνθρωπος ἀπεσταλμένος cf. Jo i 6
119 παρὰ θεοῦ, ἵνα μαρτυρήσῃ περὶ τοῦ φωτός, ἵνα πάντες
πιστεύσωσι δι' αὐτοῦ, νοητέον φωνὴν εἶναι μόνην χωρῆσαι
κατ' ἀξίαν τὸν ἀπαγγελλόμενον λόγον δυναμένην τὸν Ἰωάννην. καὶ μάλιστα τοῦτο συνήσομεν ἐὰν ὑπομνησθῶμεν

ὧν προπαρεθέμεθα διηγούμενοι τό· "Ἵνα πάντες πιστεύσωσι δι' αὐτοῦ· περὶ τοῦ· Οὗτός ἐστι περὶ οὗ γέγραπται Ἰδοὺ ἐγὼ ἀποστέλλω τὸν ἄγγελόν μου πρὸ προσώπου σου, ὃς κατασκευάσει τὴν ὁδόν σου ἔμπροσθέν σου. καλῶς δὲ καὶ τὸ μὴ εἶναι αὐτὸν τὴν φωνὴν λέγοντος ἐν τῇ ἐρήμῳ, ἀλλὰ βοῶντος ἐν τῇ ἐρήμῳ· ὁ μὲν γὰρ βοῶν τό· Εὐθύνατε τὴν ὁδὸν κυρίου, καὶ λέγει· ἐνδέχεται δὲ τὸ αὐτὸ τοῦτο λέγειν μὴ βοῶντα. βοᾷ δὲ καὶ κέκραγεν ἵνα καὶ οἱ μακρὰν τοῦ λέγοντος ἀκούσωσι καὶ οἱ βαρυήκοοι συνῶσι τοῦ μεγέθους τῶν λεγομένων, μετὰ μεγέθους ἀπαγγελλομένου φωνῆς, βοηθῶν τοῖς τε ἀφεστῶσι θεοῦ καὶ τοῖς τὸ ὀξὺ τῆς ἀκοῆς ἀπολωλεκόσιν. διὰ τοῦτο γὰρ καὶ εἱστήκει ὁ Ἰησοῦς καὶ ἔκραξε λέγων Ἐάν τις διψᾷ ἐρχέσθω πρὸς μὲ καὶ πινέτω. διὰ τοῦτο καὶ ὁ Ἰωάννης μαρτυρεῖ περὶ αὐτοῦ καὶ κέκραγε λέγων. διὰ τοῦτο καὶ κελεύει ὁ θεὸς τῷ Ἡσαΐᾳ βοᾶν ἐν τῇ φωνῇ λέγοντος Βόησον· κἀγὼ εἶπον Τί βοήσω; ἐὰν δὲ μὴ παντελῶς ᾖ νοητὴ τῶν εὐχομένων φωνὴ μεγάλη καὶ οὐ βραχεῖα, οὐδὲ ἂν αὐξήσωσι τὴν βοὴν καὶ τὴν κραυγὴν ἀκούει τῶν οὕτως εὐχομένων ὁ θεός, ὁ λέγων πρὸς Μωσέα· Τί βοᾷς πρός μέ; οὐκ αἰσθητῶς βεβοηκότα, οὐ γὰρ ἀναγέγραπται τοῦτο ἐν τῇ Ἐξόδῳ, μεγάλως δὲ τὴν ἀκουομένην μόνῳ θεῷ φωνὴν βεβοηκότα διὰ τῆς εὐχῆς. διὰ τοῦτο καὶ Δαβὶδ φησι· Φωνῇ μου πρὸς κύριον ἐκέκραξα καὶ ἐπήκουσέ μου. χρεία δὲ τῆς φωνῆς τοῦ βοῶντος ἐν τῇ ἐρήμῳ, ἵνα καὶ ἡ ἐστερημένη θεοῦ ψυχὴ καὶ ἔρημος ἀληθείας, (τίς γὰρ ἄλλη χαλεπωτέρα ἐρημία ψυχῆς θεοῦ καὶ πάσης ἀρετῆς ἠρημωμένης;) διὰ τὸ ἔτι σκολιῶς πορεύεσθαι δεομένη διδασκαλίας, ἐπὶ τὸ εὐθύνειν τὴν ὁδὸν κυρίου παρακαληται. ἥντινα ὁδὸν εὐθύνει μὲν ὁ μηδαμῶς τὴν σκολιότητα τῆς τοῦ ὄφεως πορείας μιμούμενος, ὁ δὲ τούτῳ ἐναντίος διαστρέφει. διόπερ καὶ ἐπιπλήσσεται ἅμα τοῖς ὁμοίοις ὁ τοιοῦτος διὰ τοῦ· Ἵνα τί διαστρέφετε τὰς ὁδοὺς κυρίου τὰς εὐθείας;

7 τοῦτο (sic) 18 ἂν αὐξήσωσι] ἀναυξῆσαι 28 παράκληται

19. (11) Διχῶς δὲ ἡ ὁδὸς κυρίου εὐθύνεται, κατά τε τὸ θεωρητικὸν, τρανούμενον ἐν ἀληθείᾳ ἀπαραμίκτως τοῦ ψεύδους, καὶ κατὰ τὸ πρακτικὸν, μετὰ τὴν ὑγιῆ θεωρίαν τοῦ πρακτέου ἁρμονίου πράξεως ἀποδιδομένης τῷ περὶ τῶν 120 πρακτέων ὑγιεῖ λόγῳ. καὶ ἵνα ἀκριβέστερον τό· Εὐθύνατε Jo i 23 τὴν ὁδὸν κυρίου· νοήσωμεν, εὔκαιρον ἔσται παραθέσθαι τὸ ἐν ταῖς Παροιμίαις εἰρημένον· Μὴ ἐκκλίνῃς μήτε δεξιὰ μήτε Pr iv 27 ἀριστερά· ὁ γὰρ ἐκκλίνων εἰς ὁποτέραν τὸ εὐθύνειν ἀπολώλεκεν, οὐκέτι ἐπισκοπῆς ἄξιος γινόμενος ὅταν παρεκ-
10 βαίνῃ τὴν τῆς πορείας εὐθύτητα· ὅτι γὰρ δίκαιος ὁ κύριος Ps x (xi) 7 καὶ δικαιοσύνας ἠγάπησε καὶ εὐθύτητα εἶδε τὸ πρόσωπον αὐτοῦ. ὅπερ δὲ ὁρᾷ φωτίζει· διὰ τοῦτο ὁ ἐπισκοπούμενος ἀντιλαμβανόμενος τῆς ἀπὸ τῆς ἐπισκοπῆς ὠφελείας φησίν· Ἐσημειώθη ἐφ' ἡμᾶς τὸ φῶς τοῦ προσώπου σου, Κύριε. Ps iv 7
15 στῶμεν τοίνυν κατὰ τὰ ὑπὸ Ἰερεμίου εἰρημένα ἐπὶ ταῖς cf. Jer vi 16 ὁδοῖς, καὶ ἰδόντες ἐρωτήσωμεν τρίβους κυρίου αἰωνίους καὶ ἴδωμεν ποῖά ἐστιν ἡ ὁδὸς ἡ ἀγαθή, καὶ πορευθῶμεν ἐν αὐτῇ, ὡς παρέστησαν οἱ ἀπόστολοι καὶ ἠρώτησαν τὰς τοῦ κυρίου αἰωνίους τρίβους τοὺς πατριάρχας καὶ τοὺς προ-
20 φήτας, ὧν τὰ γράμματα ἐρωτήσαντες ὕστερον τῷ νενοηκέναι αὐτὰ εἶδον τὴν ἀγαθὴν ὁδὸν, Ἰησοῦν Χριστὸν, τὸν εἰπόντα· Ἐγώ εἰμι ἡ ὁδός· καὶ ἐπορεύθησαν ἐν αὐτῇ. ἀγα- Jo xiv 6 θὴ γὰρ ὁδὸς ἡ ἀπάγουσα πρὸς τὸν ἀγαθὸν πατέρα τὸν cf. Mt vii 13; xii 35 ἀγαθὸν ἄνθρωπον, ἐκ τοῦ ἀγαθοῦ θησαυροῦ προφέροντα
25 τὰ ἀγαθὰ, καὶ τὸν ἀγαθὸν δοῦλον καὶ πιστόν. αὕτη δὲ cf. Mt xxv 21 ὁδὸς στενὴ μὲν, τῶν πολλῶν οὐ χωρούντων ὁδεύειν αὐτὴν καὶ μεγαλοσάρκων, ἀλλὰ καὶ τεθλιμμένη ὑπὸ τῶν βιαζομένων πορεύεσθαι δι' αὐτῆς ἐστιν ὁδός, ἐπεὶ οὐκ εἴρηται θλίβουσα ἀλλὰ τεθλιμμένη. θλίβει γὰρ ζῶσαν τὴν ὁδὸν
30 καὶ αἰσθομένην τῶν ἰδιωμάτων τοῦ ὁδεύοντος ὁ μὴ ὑπο- cf. Ex iii 5 λυσάμενος τὰ ὑποδήματα ἐκ τῶν ποδῶν, μηδὲ γνησίως παραδεχόμενος ὅτι ὁ τόπος ἐν ᾧ ἕστηκεν, ἢ καὶ ὃν βαδίζει,

δ
4 ἁρμονίου (sic)

γῆ ἁγία ἐστίν. ἀπάξει δὲ ἐπὶ τὴν ζωὴν ὄντα τὸν εἰπόντα·
Jo xiv 6 Ἐγώ εἰμι ἡ ζωή. ὁ γὰρ σωτήρ, εἰς ὃν πᾶσά ἐστιν ἀρετή,
ταῖς ἐπινοίαις πολύς· διὰ τοῦτ' ἐστι τῷ μὲν μηδέπω φθάσαντι ἐπὶ τὸ τέλος ἀλλ' ἔτι προκόπτοντι ὁδός, τῷ δ' ἤδη
πᾶσαν νεκρότητα ἀποθεμένῳ ζωή. ταύτην τὴν ὁδὸν ὁδεύων 5
cf. Mc vi 8 f. διδάσκεται μηδὲν αἴρειν εἰς αὐτὴν ἔχουσαν ἄρτους καὶ τὰ
πρὸς ζωήν, διὰ τὸ μηδὲν δύνασθαι τοὺς πολεμίους ἐν αὐτῇ
οὐδὲ ῥάβδου χρῄζων, καὶ ἐπεὶ ἁγία ἐστὶν οὐδ' ὑποδημάτων.
Jo i 23   20. (12) Δύναται μέντοι γε τό· Ἐγὼ φωνὴ βοῶντος
ἐν τῇ ἐρήμῳ, καὶ τὸ ἑξῆς, ἴσον εἶναι τῷ Ἐγώ εἰμι περὶ οὗ 10
γέγραπται φωνὴ βοῶντος, ὡς βοῶντα εἶναι τὸν Ἰωάννην,
καὶ τούτου τὴν φωνὴν ἐν τῇ ἐρήμῳ βοᾶν· Εὐθύνατε τὴν
ὁδὸν κυρίου. δυσφημότερον δὲ ὁ Ἡρακλέων περὶ Ἰωάννου
καὶ τῶν προφητῶν διαλαμβάνων φησὶν ὅτι Ὁ λόγος μὲν ὁ 121
σωτήρ ἐστιν, φωνὴ δὲ ἡ ἐν τῇ ἐρήμῳ ἡ διὰ Ἰωάννου δια- 15
νοουμένη, ἦχος δὲ πᾶσα προφητικὴ τάξις. λεκτέον δὲ
1 Co xiv 8 πρὸς αὐτὸν ὅτι ὥσπερ ἐὰν ἄδηλον σάλπιγξ φωνὴν δῷ οὐδεὶς
cf. 1 Co xiii παρασκευάζεται εἰς πόλεμον, καὶ ὁ χωρὶς ἀγάπης ἔχων
1 f. γνῶσιν μυστηρίων ἢ προφητείαν γέγονε χαλκὸς ἠχῶν ἢ
κύμβαλον ἀλαλάζον, οὕτως εἰ μηδέν ἐστιν ἕτερον ἢ ἦχος ἡ 20
προφητικὴ φωνή, πῶς ἀναπέμπων ἡμᾶς ἐπ' αὐτὴν ὁ σωτὴρ
Jo v 39 Ἐρευνᾶτε, φησί, τὰς γραφάς, ὅτι ὑμεῖς δοκεῖτε ἐν αὐταῖς
ζωὴν αἰώνιον ἔχειν· καὶ ἐκεῖναί εἰσιν αἱ μαρτυροῦσαι· καί·
Jo v 46 Εἰ ἐπιστεύετε Μωσεῖ, ἐπιστεύετε ἂν ἐμοί, περὶ γὰρ
Mt xv 7 f. ἐμοῦ ἐκεῖνος ἔγραψε· καί· Καλῶς ἐπροφήτευσε περὶ ὑμῶν 25
cf. Is xxix 13 Ἡσαΐας, λέγων Ὁ λαὸς οὗτος τοῖς χείλεσί με τιμᾷ; οὐκ
οἶδα γὰρ εἰ τὸν ἄσημον ἦχον παραδέξεταί τις εὐλόγως ὑπὸ
τοῦ σωτῆρος ἐπαινεῖσθαι, ἢ ἔνεστι παρασκευάσασθαι ἀπὸ
τῶν γραφῶν ὡς ἀπὸ φωνῆς σάλπιγγος, ἐφ' ἃς ἀναπεμπόμεθα,
εἰς τὸν πρὸς τὰς ἀντικειμένας ἐνεργείας πόλεμον, ἀδήλου 30
φωνῆς ἦχον τυγχανούσης. τίνα δὲ τρόπον, εἰ μὴ ἀγάπην
εἶχον οἱ προφῆται καὶ διὰ τοῦτο χαλκὸς ἦσαν ἠχοῦντες ἢ
κύμβαλον ἀλαλάζον, ἐπὶ τὸν ἦχον αὐτῶν, ὡς ἐκεῖνοι εἰλήφασιν, ἀναπέμπει ὁ κύριος ὠφεληθησομένους; οὐκ οἶδα

δ' ὅπως χωρὶς πάσης κατασκευῆς ἀποφαίνεται τὴν φωνὴν
οἰκειοτέραν οὖσαν τῷ λόγῳ λόγον γίνεσθαι, ὡς καὶ τὴν
γυναῖκα εἰς ἄνδρα μετατίθεσθαι. καὶ ὡς ἐξουσίαν ἔχων τοῦ
δογματίζειν καὶ πιστεύεσθαι, καὶ προκόπτειν τῷ ἤχῳ φησὶν
5 ἔσεσθαι τὴν εἰς φωνὴν μεταβολήν, μαθητοῦ μὲν χώραν
διδοὺς τῇ μεταβαλλούσῃ εἰς λόγον φωνῇ, δούλου δὲ τῇ ἀπὸ
ἤχου εἰς φωνήν. καὶ εἰ μὲν ὅπως ποτὲ πιθανότητα ἔφερεν
ἐπὶ τῷ αὐτὰ κατασκευάσαι, κἂν ἠγωνισάμεθα περὶ τῆς
τούτων ἀνατροπῆς· ἀρκεῖ δὲ εἰς ἀνατροπὴν ἡ ἀπαραμύθητος
10 ἀπόφασις. ὅπερ δὲ ὑπερεθέμεθα ἐν τοῖς πρὸ τούτων
ἐξετάσαι, πῶς κεκίνηται, νῦν φέρε διαλάβωμεν. ὁ μὲν γὰρ
σωτήρ, κατὰ τὸν Ἡρακλέωνα, φησὶν αὐτὸν καὶ προφήτην cf. Mt xi 13 f.
καὶ Ἠλίαν, αὐτὸς δὲ ἑκάτερον τούτων ἀρνεῖται. καὶ προ-
φήτην μὲν καὶ Ἠλίαν ὁ σωτὴρ ἐπὰν αὐτὸν λέγῃ, οὐκ αὐτὸν
15 ἀλλὰ τὰ περὶ αὐτοῦ, φησί, διδάσκει· ὅταν δὲ μείζονα προ-
φητῶν καὶ ἐν γεννητοῖς γυναικῶν, τότε αὐτὸν τὸν Ἰωάννην cf. Lc vii 28;
χαρακτηρίζει· αὐτὸς δέ, φησί, περὶ ἑαυτοῦ ἐρωτώμενος Mt xi 11
ἀποκρίνεται ὁ Ἰωάννης, οὐ τὰ περὶ αὐτόν. ὅσην δὲ βά-
σανον ἡμεῖς περὶ τούτων κατὰ τὸ δυνατὸν πεποιήμεθα,
20 οὐδὲν ἀπαραμύθητον ἐῶντες τῶν λεγομένων ὅρων, συγκρῖναι
τοῖς ὑπὸ Ἡρακλέωνος, ἅτε οὐκ ἐξουσίαν ἔχοντος τοῦ λέγειν
ὃ βούλεται, ἀποφανθεῖσι. πῶς γὰρ ὅτι περὶ τῶν περὶ
αὐτόν ἐστι τὸ Ἠλίαν αὐτὸν καὶ προφήτην εἶναι, καὶ περὶ
αὐτοῦ τὸ φωνὴν αὐτὸν εἶναι βοῶντος ἐν τῇ ἐρήμῳ, οὐδὲ
25 κατὰ τὸ τυχὸν πειρᾶται ἀποδεικνύναι· ἀλλὰ χρῆται παρα-
δείγματι, ὅτι τὰ περὶ αὐτὸν οἱονεὶ ἐνδύματα ἦν ἕτερα αὐτοῦ,
καὶ οὐκ ἂν ἐρωτηθεὶς περὶ τῶν ἐνδυμάτων εἰ αὐτὸς εἴη τὰ
ἐνδύματα, ἀπεκρίθη ἂν τὸ Ναί. πῶς γὰρ ἐνδύματα τὸ εἶναι
τὸν Ἠλίαν τὸν μέλλοντα ἔρχεσθαι Ἰωάννου, οὐ πάνυ τι cf. Mt xi 14
30 κατ' αὐτὸν θεωρῶ· τάχα καθ' ἡμᾶς, ὡς δεδυνήμεθα διη-
γησαμένους τό· Ἐν πνεύματι καὶ δυνάμει Ἠλίου· δυνα- Lc i 17
μένου πως λέγεσθαι τοῦτο τὸ πνεῦμα Ἠλίου ἔνδυμα εἶναι
τῆς Ἰωάννου ψυχῆς.

6 φωνῇ] φωνὴν ἦ   8 ἠγωνισόμεθα   25 τό] intra lin.
32 ἔνδυμα] coniec. Thorndike; MS. ἐν δυνάμει

21. Θέλων δ' ἔτι παραστῆσαι διὰ τί ἱερεῖς καὶ Λευῖται οἱ ἐπερωτῶντες ἀπὸ τῶν Ἰουδαίων πεμφθέντες εἰσὶν, οὐ κακῶς μὲν λέγει τὸ Ὅτι τούτοις προσῆκον ἦν περὶ τούτων πολυπραγμονεῖν καὶ πυνθάνεσθαι, τοῖς τῷ θεῷ προσκαρτεροῦσιν, οὐ πάνυ δὲ ἐξητασμένως τὸ Ὅτι καὶ αὐτὸς ἐκ τῆς λευϊτικῆς φυλῆς ἦν, ὥσπερ προαποροῦντες ἡμεῖς ἐξητάσαμεν, ὅτι εἰ ᾔδεισαν τὸν Ἰωάννην οἱ πεμφθέντες καὶ τὴν γένεσιν αὐτοῦ, πῶς χώραν εἶχον πυνθάνεσθαι περὶ τοῦ εἰ αὐτὸς Ἠλίας ἐστίν; καὶ πάλιν ἐν τῷ περὶ τοῦ εἰ ὁ προφήτης εἶ σύ; μηδὲν ἐξαίρετον οἰόμενος σημαίνεσθαι κατὰ τὴν προσθήκην τοῦ ἄρθρου, λέγει ὅτι Ἐπηρώτησαν εἰ προφήτης εἴη τὸ κοινότερον βουλόμενοι μαθεῖν. ἔτι δὲ οὐ μόνος Ἡρακλέων, ἀλλ' ὅσον ἐπ' ἐμῇ ἱστορίᾳ καὶ πάντες οἱ ἑτερόδοξοι, εὐτελῆ ἀμφιβολίαν διαστείλασθαι μὴ δεδυνημένοι, μείζονα Ἠλίου καὶ πάντων τῶν προφητῶν τὸν Ἰωάννην ὑπειλήφασι διὰ τό· Μείζων ἐν γεννητοῖς γυναικῶν Ἰωάννου οὐδείς ἐστιν· οὐχ ὁρῶντες ὅτι ἀληθὲς τό· Οὐδεὶς μείζων Ἰωάννου ἐν γεννητοῖς γυναικῶν· διχῶς γίνεται, οὐ μόνον τῷ αὐτὸν εἶναι πάντων μείζονα, ἀλλὰ καὶ τῷ ἴσους αὐτῷ εἶναί τινας· ἀληθὲς γὰρ, ἴσων ὄντων αὐτῷ πολλῶν προφητῶν, κατὰ τὴν δεδομένην αὐτῷ χάριν τὸ μηδένα τούτου μείζονα εἶναι. οἴεται δὲ κατασκευάζεσθαι τὸ 123 Μείζονα τῷ προφητεύεσθαι ὑπὸ Ἡσαΐου, ὡς μηδενὸς ταύτης τῆς τιμῆς ἠξιωμένου ὑπὸ θεοῦ τῶν πώποτε προφητευσάντων. ἀληθῶς δ' ὡς καταφρονῶν τῆς παλαιᾶς χρηματιζούσης διαθήκης καὶ μὴ τηρήσας καὶ αὐτὸν Ἡλίαν προφητευόμενον τοῦτ' ἀπετόλμησεν εἰπεῖν· καὶ γὰρ Ἡλίας προφητεύεται ὑπὸ Μαλαχίου λέγοντος· Ἰδοὺ ἀποστέλλω ὑμῖν Ἡλίαν τὸν Θεσβίτην, ὃς ἀποκαταστήσει καρδίαν πατρὸς πρὸς υἱόν. καὶ Ἰωσίας δὲ, ὡς ἐν τῇ τρίτῃ τῶν Βασιλειῶν ἀνέγνωμεν, προφητεύεται ὀνομαστὶ ὑπὸ τοῦ ἐληλυθότος ἐξ

1 Θέλων δ' ἔτι] θέλοντες   2 πεμφθέντες] hic male laesus est codex, videtur autem plus x litt. habuisse. Cod. Ven. οἱ πεμφθέντες   3 λέγοι   22 post δὲ] ins. τὸ   23 post Μείζονα ins. εἶναι in mg. ut videtur   τῷ] om.

Ἰούδα προφήτου λέγοντος, παρόντος καὶ τοῦ Ἱεροβοὰμ, Θυσιαστήριον, τάδε λέγει κύριος Ἰδοὺ υἱὸς τίκτεται τῷ Δαβίδ, Ἰωσίας ὄνομα αὐτῷ. φασὶ δέ τινες καὶ τὸν Σαμψὼν ὑπὸ τοῦ Ἰακὼβ προφητεύεσθαι λέγοντος· Δὰν κρινεῖ τὸν ἑαυτοῦ λαὸν, ὡσεὶ καὶ μία φυλὴ ἐν Ἰσραήλ· ἐπεὶ ἀπὸ τῆς φυλῆς τοῦ Δὰν γενόμενος ὁ Σαμψὼν ἔκρινε τὸν Ἰσραήλ. καὶ ταῦτα δὲ εἰς ἔλεγχον τῆς προπετείας τοῦ ἀποφηναμένου μηδένα πλὴν Ἰωάννου προφητεύεσθαι εἰρήσθω, ταῦτα εἰρηκότος ἐν τῷ θέλειν αὐτὸν διηγεῖσθαι τί τό· Ἐγὼ φωνὴ βοῶντος ἐν τῇ ἐρήμῳ.

22. (13) Καὶ ἀπεσταλμένοι ἦσαν ἐκ τῶν Φαρισαίων. καὶ ἠρώτησαν αὐτὸν καὶ εἶπαν αὐτῷ Τί οὖν Βαπτίζεις εἰ σὺ οὐκ εἶ ὁ χριστὸς οὐδὲ Ἠλίας οὐδὲ ὁ προφήτης; Οἱ μὲν ἀπὸ Ἱεροσολύμων πέμψαντες τοὺς ἐρωτήσοντας τὸν Ἰωάννην ἱερεῖς καὶ Λευίτας μαθόντες ὅστις τε οὐκ ἦν ὁ Ἰωάννης καὶ ὃς ἦν, σεμνοπρεπέστατα ἡσυχάζουσιν, οἱονεὶ συγκατατιθέμενοι διὰ τῆς σιωπῆς καὶ ἐμφαίνοντες τὸ παραδέχεσθαι τὰ εἰρημένα, ὅτι ἁρμόζει τῇ τοῦ βοῶντος ἐν τῇ ἐρήμῳ φωνῇ εἰς τὸ εὐθύνειν τὴν ὁδὸν κυρίου τὸ βαπτίζειν. οἱ δὲ Φαρισαῖοι, ἅτε κατὰ τὸ ὄνομα ὄντες διῃρημένοι τινὲς καὶ στασιώδεις, τὸ μὴ ὁμονοεῖν παριστᾶσι τοῖς ἐν τῇ μητροπόλει Ἰουδαίοις καὶ τοῖς λειτουργοῖς τῆς τοῦ θεοῦ θεραπείας, ἱερεῦσι καὶ Λευίταις, διὰ τοῦ ἀποστεῖλαι οἱονεὶ ἐπιπληκτικῶς καὶ τὸ ὅσον ἐπ' αὐτοῖς κωλυτικῶς τοῦ βαπτίζειν τοὺς ἐρωτήσοντας· Τί οὖν βαπτίζεις εἰ σὺ οὐκ εἶ ὁ χριστὸς οὐδὲ Ἠλίας οὐδὲ ὁ προφήτης; καὶ τάχα εἰ συγκλώσαιμεν εἰς ἓν σωματοποιοῦντες τὰ ἐν τοῖς εὐαγγελίοις γεγραμμένα, εἴποιμεν ἂν νῦν μὲν αὐτοὺς ταῦτα εἰρηκέναι ὕστερον δὲ οὐκ οἶδ' ὅπως αὐτοὺς ἐπιδεδωκότας τῷ βαπτίσασθαι ἀκηκοέναι ὑπὸ τοῦ Ἰωάννου τό· Γεννήματα ἐχιδνῶν, τίς ὑπέδειξεν ὑμῖν φυγεῖν ἀπὸ τῆς μελλούσης

---

7 προπετείας] coniec. Ruaeus; MS. προφητείας   11 ἀπεσταλ-
μένοι (sic)

ὀργῆς; ποιήσατε οὖν ἀξίους καρποὺς τῆς μετανοίας. ταῦτα γὰρ ὑπὸ τοῦ βαπτιστοῦ εἴρηται παρὰ τῷ Ματθαίῳ ἰδόντος πολλοὺς τῶν Φαρισαίων καὶ Σαδδουκαίων ἐρχομένους ἐπὶ τὸ βάπτισμα, δηλονότι οὐκ ἔχοντας καρποὺς μετανοίας καὶ φαρισαϊκῶς ἀλαζονευομένους ἐν ἑαυτοῖς ἐπὶ τῷ Ἀβραὰμ ὡς πατρί· διόπερ ἐπιπλήσσονται ὑπὸ τοῦ τὸν ζῆλον Ἠλίου κατὰ τὴν κοινωνίαν τοῦ ἁγίου πνεύματος ἔχοντος Ἰωάννου.

Mt iii 9 f. ἐπιπληκτικὸς γὰρ λόγος ὁ Μὴ δόξητε λέγειν ἐν ἑαυτοῖς Πατέρα ἔχομεν τὸν Ἀβραάμ· καὶ διδασκαλικὸς ὁ περὶ τοῦ καὶ τοὺς διὰ τὴν λιθίνην καρδίαν ἀπίστους λίθους ὀνομαζομένους δυνάμει θεοῦ μεταβαλεῖν οἵους τε εἶναι ἀπὸ λίθων εἰς τέκνα Ἀβραάμ, ἐπεὶ γεγόνασιν ἐν ὀφθαλμοῖς τοῦ προφήτου, μὴ φεύγοντες τὴν θείαν αὐτοῦ ὄψιν· διόπερ τό· Λέγω ὑμῖν, ὅτι δύναται ὁ θεὸς ἐκ τῶν λίθων τούτων ἐγεῖραι τέκνα τῷ Ἀβραάμ· ὑπ' αὐτοῦ λέγεται. καὶ ἐπεὶ μὴ ποιήσαντες καρπὸν ἄξιον τῆς μετανοίας ἔρχονται ἐπὶ τὸ βάπτισμα, ἁρμονιώτατα πρὸς αὐτοὺς λέγεται τό· Ἤδη δὲ ἡ ἀξίνη πρὸς τὴν ῥίζαν τῶν δένδρων κεῖται· πᾶν δένδρον μὴ ποιοῦν καρπὸν καλὸν ἐκκόπτεται καὶ εἰς τὸ πῦρ βάλλεται· οἱονεὶ γὰρ ἄντικρύς φησι πρὸς αὐτοὺς Ἐπεὶ ἐληλύθατε ἐπὶ τὸ βάπτισμα μὴ ποιήσαντες καρπὸν μετανοίας, δένδρον ἐστὲ μὴ ποιοῦν καρπὸν καλόν, ἐκκοπησόμενον ἀπὸ τῆς ὀξυτάτης

cf. He iv 12 καὶ εὐτονωτάτης ἀξίνης τοῦ ζῶντος λόγου καὶ ἐνεργοῦς καὶ τομωτέρου ὑπὲρ πᾶσαν μάχαιραν δίστομον.

23. Παρέστησε δὲ τὸν τῶν Φαρισαίων περὶ αὐτῶν
Lc xviii 10 f. λόγον καὶ ὁ Λουκᾶς διὰ τοῦ· Ἄνθρωποι δύο ἀνέβησαν εἰς τὸ ἱερὸν προσεύξασθαι, ὁ εἷς Φαρισαῖος καὶ ὁ ἕτερος τελώνης. καὶ ὁ Φαρισαῖος σταθεὶς ταῦτα πρὸς ἑαυτὸν προσηύχετο· Ὁ θεός, εὐχαριστῶ σοι ὅτι οὐκ εἰμὶ ὡς οἱ λοιποὶ τῶν ἀνθρώπων, ἅρπαγες, ἄδικοι, μοιχοί, ἢ καὶ ὡς οὗτος ὁ τελώνης· ὅτε διὰ τούτους τοὺς λόγους ὁ τελώνης μᾶλλον αὐτοῦ εἰς τὸν οἶκον καταβαίνει δεδικαιωμένος, καὶ

17 αὐτούς] τοὺς αὑ (sic)   25 τὸν] τὸ   αὐτῶν λόγον] αὐτολόγων

ἐπιλέγεται πάντα τὸν ὑψοῦντα ἑαυτὸν ταπεινοῦσθαι. ὡς cf. Lc xviii 14
ὑποκριταὶ τοίνυν, κατὰ τοὺς τοῦ σωτῆρος πρὸς αὐτοὺς ἐλεγ-
κτικοὺς λόγους, ἔρχονται ἐπὶ τὸ βάπτισμα, οὐ λανθάνοντες
τὸν βαπτίζοντα, ἔτι ἔχοντες τῶν ἐχιδνῶν ἰὸν ὑπὸ τὰς γλώσ-
5 σας αὐτῶν καὶ τὸν τῶν ἀσπίδων· Ἰὸς γὰρ ἀσπίδων ὑπὸ Ps xiii (xiv) 3
τὰ χείλη αὐτῶν. ἀληθῶς τε θυμὸς αὐτοῖς κατὰ τὴν ὁμοί-
ωσιν τοῦ ὄφεως ἦν ἐμφαινόμενος καὶ διὰ τῆς πικρᾶς ταύτης
125 ἐρωτήσεως τῆς· Τί οὖν βαπτίζεις, εἰ σὺ οὐκ εἶ ὁ χριστὸς Jo i 25
οὐδὲ Ἠλίας οὐδὲ ὁ προφήτης; πρὸς οὓς εἴποιμ᾽ ἂν ὡς
10 Χριστοῦ καὶ Ἠλίου καὶ τοῦ προφήτου βαπτιζόντων, τῆς δὲ
ἐν τῇ ἐρήμῳ φωνῆς τοῦ βοῶντος ταύτην τὴν ἐξουσίαν μὴ
εἰληφυίας, Ὦ οὗτοι, ἀπηνῶς πυνθάνεσθε τοῦ ἀπεσταλ- cf. Mc i 2
μένου ἀγγέλου πρὸ προσώπου Χριστοῦ κατασκευάσαι τὴν
ὁδὸν αὐτοῦ ἔμπροσθεν αὐτοῦ, ὅλα τὰ κατὰ τὸν τόπον αὐτοῦ
15 ἀγνοοῦντες μυστήρια· ὁ γὰρ χριστὸς, Ἰησοῦς ὢν κἂν μὴ
βούλησθε, αὐτὸς οὐκ ἐβάπτιζεν, ἀλλ᾽ οἱ μαθηταὶ αὐτοῦ, Jo iv 2
αὐτὸς ὢν ὁ προφήτης. πόθεν δὲ ὑμῖν πεπίστευται Ἠλίαν
βαπτίσειν τὸν ἐλευσόμενον, οὐδὲ τὰ ἐπὶ τοῦ θυσιαστηρίου
ξύλα κατὰ τοὺς τοῦ Ἀχαὰβ χρόνους δεόμενα λουτροῦ ἵνα
20 ἐκκαυθῇ, ἐπιφανέντος ἐν πυρὶ τοῦ κυρίου, βαπτίσαντα;
ἐπικελεύεται γὰρ τοῖς ἱερεῦσι τοῦτο ποιῆσαι οὐ μόνον ἅπαξ,
λέγει γάρ· Δευτερώσατε· ὅτε καὶ ἐδευτέρωσαν, καί· Τρισ- 3 Reg xviii 34
σώσατε· ὅτε καὶ ἐτρίσσωσαν. ὁ τοίνυν μὴ αὐτὸς βαπτίσας
τότε ἀλλ᾽ ἑτέροις τοῦ ἔργου παραχωρήσας, πῶς κατὰ τὰ
25 ὑπὸ τοῦ Μαλαχίου λεγόμενα ἐπιδημήσας βαπτίζειν ἔμελλε; cf. Mal iv 4 ff.
Χριστὸς οὖν ἐν ὕδατι οὐ βαπτίζει, ἀλλ᾽ οἱ μαθηταὶ αὐτοῦ· cf. Mt iii 11; Lc iii 16
ἑαυτῷ δὲ τηρεῖ τὸ ἁγίῳ πνεύματι βαπτίζειν καὶ πυρί.
παραδεξάμενος δὲ ὁ Ἡρακλέων τὸν τῶν Φαρισαίων λόγον,
ὡς ὑγιῶς εἰρημένον περὶ τοῦ ὀφείλεσθαι τὸ βαπτίζειν
30 Χριστῷ καὶ Ἠλίᾳ καὶ παντὶ προφήτῃ, αὐταῖς λέξεσί φησιν
Οἷς μόνοις ὀφείλεται τὸ βαπτίζειν, καὶ ἐκ τῶν εἰρημένων
μὲν ἡμῖν ἔναγχος ἐλεγχόμενος, μάλιστα δὲ ὅτι κοινότερον

20 βαπτίσαντος 21 ἐπελεύσεται 27 ὦ (sic)
32 ὅτι] ὅτε

τὸν προφήτην νενόηκεν· οὐ γὰρ ἔχει δεῖξαί τινα τῶν προφητῶν βαπτίσαντα. οὐκ ἀπιθάνως δέ φησι πυνθάνεσθαι τοὺς Φαρισαίους κατὰ τὴν αὐτῶν πανουργίαν, οὐχὶ ὡς μαθεῖν θέλοντας.

24. (14) Ἐπεὶ δὲ ἀναγκαῖον ἡμῖν φαίνεται παρατιθέναι τὰς ὁμοίας τῶν εὐαγγελίων λέξεις τοῖς ἐν χερσὶ ῥητοῖς, καὶ τοῦτο καθ' ἕκαστον μέχρι τέλους ποιεῖν ὑπὲρ τοῦ τὰ μὲν συγκρούειν δοκοῦντα ἀποδείκνυσθαι σύμφωνα, τὰ δ' ὁμοίως ἔχοντα ἕκαστον κατ' ἰδίαν σαφηνίζεσθαι, φέρε τοῦτο

Jo i 23   καὶ ἐνταῦθα ποιήσωμεν. τὸ γάρ· Φωνὴ βοῶντος ἐν τῇ ἐρήμῳ Εὐθύνατε τὴν ὁδὸν κυρίου· παρὰ μὲν τῷ μαθητῇ τῷ Ἰωάννῃ ἐκ προσώπου τοῦ βαπτιστοῦ λέγεται· παρὰ δὲ τῷ Μάρκῳ ὡς ἀρχὴ τοῦ εὐαγγελίου Ἰησοῦ Χριστοῦ κατὰ τὴν

Mc i 1 ff.   Ἡσαΐου γραφὴν ἀναγέγραπται οὕτως· Ἀρχὴ τοῦ εὐαγγελίου Ἰησοῦ Χριστοῦ, καθὼς γέγραπται ἐν τῷ Ἡσαΐᾳ τῷ

Mal iii 1   προφήτῃ Ἰδοὺ ἐγὼ ἀποστέλλω τὸν ἄγγελόν μου πρὸ

Is xl 3   προσώπου σου, ὃς κατασκευάσει τὴν ὁδόν σου· Φωνὴ βοῶντος ἐν τῇ ἐρήμῳ Ἑτοιμάσατε τὴν ὁδὸν κυρίου, εὐθείας ποιεῖτε τὰς τρίβους αὐτοῦ. οὐ κεῖται μέντοι γε ἐν τῷ προφήτῃ Εὐθύνατε τὴν ὁδὸν κυρίου, ὅπερ παρέθετο ὁ Ἰωάννης. μήποτ' οὖν ὁ Ἰωάννης ἐπιτεμνόμενος τό· Ἑτοιμάσατε τὴν ὁδὸν κυρίου, εὐθείας ποιεῖτε τὰς τρίβους τοῦ θεοῦ ἡμῶν· ἀνέγραψεν· Εὐθύνατε τὴν ὁδὸν κυρίου· ὅ τι ὁ Μάρκος δύο προφητείας ἐν διαφόροις εἰρημένας τόποις ὑπὸ δύο προφητῶν εἰς ἓν συνάγων πεποίηκε· Καθὼς γέγραπται ἐν τῷ Ἡσαΐᾳ τῷ προφήτῃ Ἰδοὺ ἐγὼ ἀποστέλλω τὸν ἄγγελόν μου πρὸ προσώπου σου, ὃς κατασκευάσει τὴν ὁδόν σου. φωνὴ βοῶντος ἐν τῇ ἐρήμῳ Ἑτοιμάσατε τὴν ὁδὸν κυρίου, εὐθείας ποιεῖτε τὰς τρίβους αὐτοῦ. τὸ μὲν γάρ· Φωνὴ βοῶντος ἐν τῇ ἐρήμῳ· μετὰ τὴν περὶ τοῦ Ἐζεκίου ἱστορίαν ἀναστάντος ἐκ τῆς νόσου εὐθέως ἀναγέγραπται, τὸ δέ· Ἰδοὺ ἐγὼ ἀποστέλλω τὸν ἄγγελόν μου

8 σύγκρουσιν   9 ὁμοίως] ὅμως ὡς   21 Ἰωάννης] Μάρκος
28 om. ἐρήμῳ, sed add. extra lin.

πρὸ προσώπου σου· ὑπὸ Μαλαχίου. ὅπερ δὲ ἐποίησεν Ἰωάννης ἐπιτεμνόμενος ὃ παρέθετο ῥητὸν, τοῦτο ἐπ᾽ ἄλλης λέξεως ὁ Μάρκος καὶ αὐτὸς ἐνέφηνεν· ὁ μὲν γὰρ προφήτης φησίν· Ἑτοιμάσατε τὴν ὁδὸν κυρίου, εὐθείας ποιεῖτε τὰς τρίβους τοῦ θεοῦ ἡμῶν· ὁ δὲ Μάρκος· Ἑτοιμάσατε τὴν ὁδὸν κυρίου, εὐθείας ποιεῖτε τὰς τρίβους αὐτοῦ. τὴν δ᾽ ὁμοίαν ἐπιτομὴν πεποίηται καὶ ἐπὶ τοῦ· Ἰδοὺ ἐγὼ ἀποστέλλω τὸν ἄγγελόν μου πρὸ προσώπου σου, ὃς κατασκευάσει τὴν ὁδόν σου. οὐ παρέθετο γὰρ τὸ προκείμενον τὸ Ἔμπροσθέν μου.

25. Ἔτι ἐπὶ τό· Ἀπεσταλμένοι ἦσαν ἐκ τῶν Φαρισαίων, καὶ ἠρώτησαν αὐτόν· ἐξετάζοντες ἡμεῖς προετάξαμεν τὴν ἐρώτησιν τῶν Φαρισαίων, ὡς σεσιωπημένην παρὰ τῷ Ματθαίῳ, τοῦ ἀναγεγραμμένου γεγονέναι παρὰ τῷ Ματθαίῳ, ὅτι Ἰδὼν ὁ Ἰωάννης πολλοὺς τῶν Φαρισαίων καὶ Σαδδουκαίων ἐρχομένους ἐπὶ τὸ βάπτισμα εἶπεν αὐτοῖς Γεννήματα ἐχιδνῶν, καὶ τὰ ἑξῆς· ἀκόλουθον γάρ ἐστι πρῶτον πυθέσθαι, εἶτ᾽ ἐληλυθέναι. καὶ τοῦτο παρατηρητέον, ὅτι ὁ μὲν Ματθαῖος ἐκπορευομένους πρὸς τὸν Ἰωάννην τὰ Ἱεροσόλυμα καὶ πᾶσαν τὴν Ἰουδαίαν καὶ πᾶσαν τὴν περίχωρον τοῦ Ἰορδάνου ἐπὶ τῷ βαπτίσασθαι ἐν τῷ Ἰορδάνῃ ποταμῷ, ἐξομολογουμένους ἑαυτῶν τὰς ἁμαρτίας, οὐδένα λόγον ἐπιπληκτικὸν καὶ ἐλεγκτικόν φησιν ἀκηκοέναι ἀπὸ τοῦ βαπτιστοῦ, μόνους δὲ τοὺς ἑοραμένους πολλοὺς τῶν Φαρισαίων καὶ Σαδδουκαίων ἐληλυθότας ἀκηκοέναι τό· Γεννήματα ἐχιδνῶν, καὶ τὰ ἑξῆς· ὁ δὲ Μάρκος οὐδέν φησιν ἐπιπληκτικὸν εἰρῆσθαι ὑπὸ τοῦ Ἰωάννου τοῖς ἐληλυθόσιν, οὖσι πάσῃ τῇ Ἰουδαίᾳ καὶ Ἱεροσολυμίταις πᾶσι, καὶ βαπτιζομένοις ὑπ᾽ αὐτοῦ ἐν τῷ Ἰορδάνῃ καὶ ἐξομολογουμένοις τὰς ἁμαρτίας αὐτῶν, ἀκολούθως τῷ μηδὲ ὠνομακέναι τοὺς Φαρισαίους καὶ Σαδδουκαίους. ἔτι δὲ καὶ τοῦτο ἀναγκαῖον ἡμᾶς παραθέσθαι, ὅτι ἀμφότεροι μὲν, ὅ τε Ματθαῖος καὶ

11 Ἔτι] ὅτι   15 τῶν] τὸν   29 καὶ] ἦν

ὁ Μάρκος, ἐξομολογουμένους τὰς ἁμαρτίας αὐτῶν φασι βαπτίζεσθαι πᾶσαν Ἱεροσόλυμα καὶ πᾶσαν τὴν Ἰουδαίαν καὶ πᾶσαν τὴν περίχωρον τοῦ Ἰορδάνου, ἢ πᾶσαν τὴν Ἰουδαίαν χώραν καὶ τοὺς Ἱεροσολυμίτας πάντας· ὁ δὲ Ματθαῖος εἰσάγει μὲν ἐρχομένους ἐπὶ τὸ βάπτισμα τοὺς Φαρισαίους καὶ Σαδδουκαίους, οὐ μὴν ἐξομολογουμένους τὰς ἁμαρτίας αὐτῶν· διόπερ εἰκὸς καὶ τοῦτο εὔλογον εἶναι αἴτιον τοῦ ἀκηκοέναι αὐτοὺς Γεννήματα ἐχιδνῶν.

26. Μὴ ὑπολάβῃς δ' ἡμᾶς καὶ ἀκαίρως τὰ ἀπὸ τῶν ἑτέρων εὐαγγελίων παρατεθεῖσθαι, τὰ ἐκ τῶν ἀπεσταλμένων ἐκ τῶν Φαρισαίων καὶ ἐρωτησάντων τὸν Ἰωάννην ἐξετάζοντας. εἰ γὰρ καλῶς ἐφηρμόσαμεν τὴν τῶν Φαρισαίων πεῦσιν, ἀναγεγραμμένην παρὰ τῷ μαθητῇ Ἰωάννῃ, τῷ βαπτισμῷ αὐτῶν παρὰ τῷ Ματθαίῳ κειμένῳ, ἀκόλουθον ἦν ἐξετάσαι τὰ κατὰ τοὺς τόπους καὶ παραθέσθαι τὰ εὑρεθέντα παρατηρήματα. ὁμοίως δὲ τῷ Μάρκῳ καὶ ὁ Λουκᾶς τοῦ· Φωνὴ βοῶντος ἐν τῇ ἐρήμῳ· μέμνηται ἀπὸ ἰδίου προσώπου οὕτως· Ἐγένετο ῥῆμα θεοῦ ἐπὶ Ἰωάννην τὸν Ζαχαρίου υἱὸν ἐν τῇ ἐρήμῳ, καὶ ἦλθεν εἰς πᾶσαν περίχωρον τοῦ Ἰορδάνου κηρύσσων βάπτισμα μετανοίας εἰς ἄφεσιν ἁμαρτιῶν, ὡς γέγραπται ἐν βίβλῳ λόγων Ἡσαΐου τοῦ προφήτου· Φωνὴ βοῶντος ἐν τῇ ἐρήμῳ Ἑτοιμάσατε τὴν ὁδὸν κυρίου, εὐθείας ποιεῖτε τὰς τρίβους αὐτοῦ. προσέθηκε δὲ ὁ Λουκᾶς καὶ τὰ ἑξῆς τῆς προφητείας· Πᾶσα φάραγξ πληρωθήσεται καὶ πᾶν ὄρος καὶ βουνὸς ταπεινωθήσεται, καὶ ἔσται τὰ σκολιὰ εἰς εὐθείας καὶ αἱ τραχεῖαι εἰς ὁδοὺς λείας· καὶ ὄψεται πᾶσα σὰρξ τὸ σωτήριον τοῦ θεοῦ· ὁμοίως τῷ Μάρκῳ ἀναγράψας τό· Εὐθείας ποιεῖτε τὰς τρίβους αὐτοῦ, ἐπιτεμνόμενος, ὡς προειρήκαμεν, τό· Εὐθείας ποιεῖτε τὰς τρίβους τοῦ θεοῦ ἡμῶν. ἀντὶ δὲ τοῦ· Καὶ ἔσται πάντα σκολιὰ εἰς εὐθείας· χωρὶς τοῦ Πάντα τὴν λέξιν ἔθηκε, μετὰ τοῦ ἀντὶ ἑνικοῦ τοῦ Εἰς εὐθεῖαν πεποιηκέναι πλη-

23 προσέθηκε] προέθηκε pr. man.

θυντικὸν Εὐθείας. ἔτι δὲ καὶ ἀντὶ τοῦ· Ἡ τραχεῖα εἰς πεδία· ἐποίησε· Καὶ αἱ τραχεῖαι εἰς ὁδοὺς λείας· παραλιπών τε· Καὶ ὀφθήσεται ἡ δόξα κυρίου· παρέθετο τὸ ἑξῆς, τό· Καὶ ὄψεται πᾶσα σὰρξ τὸ σωτήριον τοῦ θεοῦ. χρήσιμοι δὲ αἱ παρατηρήσεις πρὸς ἀπόδειξιν περὶ τοῦ ἐπιτέμνεσθαι τοὺς εὐαγγελιστὰς τὰ προφητικά.

27. Ἔτι δὲ καὶ τοῦτο παρατηρητέον, ὅτι τὸ Γεννήματα ἐχιδνῶν καὶ τὰ ἑξῆς ὁ μὲν Ματθαῖος τοῖς Φαρισαίοις καὶ Σαδδουκαίοις ἐρχομένοις ἐπὶ τὸ βάπτισμα εἰρῆσθαί φησιν, ἑτέροις οὖσιν παρὰ τοὺς ἐξομολογουμένους τὰς ἁμαρτίας αὐτῶν καὶ μηδὲν τοιοῦτον ἀκούοντας· ὁ δὲ Λουκᾶς τοῖς ἐκπορευομένοις ὄχλοις βαπτισθῆναι ὑπ᾿ αὐτοῦ ταῦτ᾿ εἰρῆσθαι ἀναγράφει, οὐ ποιήσας δύο τάγματα βαπτιζομένων, ὕπερ παρὰ τῷ Ματθαίῳ εὕρομεν. εἰκότως δὲ καὶ οὗτος, ἐπεὶ οἱ ὄχλοι οὐκ ἐν ἐπαίνῳ τάσσονται, ὡς τοῖς τηροῦσι σαφὲς ἔσται, τοῖς ὄχλοις εἰσάγει λέγοντα τὸν βαπτιστὴν τὸ Γεννήματα ἐχιδνῶν καὶ τὰ ἑξῆς. ἔτι δὲ πρὸς μὲν τοὺς Φαρισαίους καὶ Σαδδουκαίους Ποιήσατε εἴρηται ἑνικῶς καρπὸν ἄξιον τῆς μετανοίας· πρὸς δὲ τοὺς ὄχλους πληθυντικῶς ἀξίους καρποὺς τῆς μετανοίας. τάχα γὰρ οἱ μὲν Φαρισαῖοι τὸν ἐξαίρετον ἀπαιτοῦνται καρπὸν μετανοίας, οὐκ ἄλλον ὄντα τοῦ υἱοῦ καὶ τῆς εἰς αὐτὸν πίστεως, οἱ δὲ ὄχλοι, οὐδὲ ἀρχὴν ἔχοντες ἀγαθῶν, πάντας ἀπαιτοῦνται τοὺς καρποὺς τῆς μετανοίας· διόπερ πρὸς αὐτοὺς τὸ πληθυντικὸν εἴρηται. λέγεται πρὸς τούτοις τοῖς Φαρισαίοις· Μὴ δόξητε λέγειν ἐν ἑαυτοῖς Πατέρα ἔχομεν τὸν Ἀβραάμ. οἱ μὲν γὰρ ὄχλοι νῦν ἀρχὴν ἔχουσι, δοκοῦντες εἰσάγεσθαι εἰς τὸν θεῖον λόγον, τοῦ προσιέναι τῇ ἀληθείᾳ· διόπερ ἄρχονται λέγειν ἐν ἑαυτοῖς· Πατέρα ἔχομεν τὸν Ἀβραάμ· οἱ δὲ Φαρισαῖοι οὐκ ἄρχονται, ἀλλὰ πρὸ πολλοῦ τοῦτο δοξάζουσι. πλὴν ἑκάτεροι τοὺς προειρημένους λίθους δεικνυμένους ἀκούουσιν δύνασθαι ἐγερθῆναι τέκνα τῷ Ἀβραάμ, ἀπὸ τῆς ἀναισθησίας καὶ νεκρότητος ἀναστησομένους.

25 εἰρῆσθαι

28. Παρατήρει δὲ ὅτι τοῖς μὲν Φαρισαίοις, κατὰ τὸ εἰρημένον ἐν τῷ προφήτῃ· Ἐφάγετε καρπὸν ψευδῆ· ἔχουσι μὲν καρπὸν ψευδῆ, λέγεται· Πᾶν οὖν δένδρον μὴ ποιοῦν καρπὸν καλὸν ἐκκόπτεται καὶ εἰς πῦρ βάλλεται, τοῖς δὲ ὄχλοις, οὐδ᾽ ὅλως καρποφοροῦσι, τό· Πᾶν οὖν δένδρον μὴ ποιοῦν καρπὸν ἐκκόπτεται. τὸ μὲν γὰρ μὴ ἔχον καρπὸν οὐδὲ καλὸν ἔχει καρπόν· διόπερ ἐκκοπῆς ἐστιν ἄξιον. τὸ δὲ ἔχον καρπὸν οὐ πάντως καλὸν ἔχει καρπόν· διόπερ καὶ αὐτὸς εὐλόγως ὑπὸ τῆς ἀξίνης καταβάλλεται. ἐὰν δὲ ἀκριβέστερον ἐρευνήσωμεν τὰ περὶ τοὺς καρποὺς, εὑρήσομεν ὅτι ἀμήχανον τὸ ἄρτι τοῦ γεωργεῖσθαι ἀρχόμενον, κἂν καρποφορῇ, τοὺς πρώτους ἐνεγκεῖν καρποὺς καλούς. ἀγαπᾷ δὲ ὁ γεωργὸς πρῶτον τὸ ἐνεγκεῖν αὐτὸ τοὺς ἐπιβάλλοντας καρποὺς τῷ ἀρχομένῳ γεωργίας, ὕστερον ὁδῷ διὰ τῶν πρεπόντων γεωργικῇ καθαρσίων μετὰ τοὺς ὁποίους δήποτε καρποὺς ληψόμενος καὶ καρποὺς καλούς· καὶ ὁ νόμος δὲ ταύτῃ τῇ ἐκδοχῇ ἡμῶν μαρτυρεῖ, λέγων δεῖν τὸν φυτεύοντα τρία ἔτη ποιεῖν ἀπερικάθαρτον ἐῶντα τὸ πεφυτευμένον, οὐκ ἐσθιομένων αὐτοῦ τῶν καρπῶν· Τρία γὰρ, φησὶν, ἔτη ὑμῖν ὁ καρπὸς ἀπερικάθαρτος οὐ βρωθήσεται, τῷ δὲ τετάρτῳ ἔτει ἔσται πᾶς ὁ καρπὸς ἅγιος, αἰνετὸς τῷ κυρίῳ. εὐλόγως τοίνυν πρὸς τοὺς ὄχλους χωρὶς τῆς τοῦ Καλοῦ προσθήκης λέγεται· Πᾶν οὖν δένδρον μὴ ποιοῦν καρπὸν ἐκκόπτεται καὶ εἰς πῦρ βάλλεται· καὶ τὸ ἐπὶ πλεῖον δὲ φέρον καρπὸν ὅμοιον τῇ ἀρχῇ, δένδρον τυγχάνον μὴ ποιοῦν καρπὸν καλὸν, ἐκκόπτεται καὶ εἰς πῦρ βάλλεται, ἐπὰν ἐνστάσης τῆς μετὰ τὴν τριάδα εἰσαγωγῆς ἐν τῇ τετράδι γενομένης μὴ ποιῇ καρπὸν ἅγιον, αἰνετὸν τῷ κυρίῳ. ταῦτα δὲ πάντα εἰ καὶ μετὰ παρεκβάσεως ἡμῖν εἰρῆσθαι δοκεῖ παρατιθεμένοις καὶ τὰ ἀπὸ τῶν λοιπῶν εὐαγγελίων, οὐκ ἄκαιρα δὲ ἐμοὶ φαίνεται οὐδὲ ἀλλότρια τῆς ἐνεστηκυίας σκέψεως. Φαρισαῖοι γὰρ ἀποστέλλουσι πρὸς τὸν Ἰωάννην μετὰ τοὺς ἀπὸ

10 εὐρίσωμεν   13 αὐτὸ τοὺς] αὐτοὺς pr. man.   17 φητεύοντα   19 οὐ καὶ σθιομένων   27 γενόμενος

Ἱεροσολύμων ἱερεῖς καὶ Λευίτας πεμφθέντας ἐρωτῆσαι αὐτὸν ὅστις εἴη, ἐξετάζοντες· Τί οὖν βαπτίζεις, εἰ σὺ Jo i 25 οὐκ εἶ ὁ χριστὸς οὐδὲ Ἠλίας οὐδὲ ὁ προφήτης; καὶ ἐξετάσαντες ἐνταῦθα, ἑξῆς παραγινόμενοι βαπτισόμενοι, ὡς ὁ cf. Mt iii 7
5 Ματθαῖος ἀναγράφει, ἀκούουσι δὲ τὰ ἁρμόζοντα αὐτῶν τῇ ἀλαζονείᾳ καὶ ὑποκρίσει. ἐπεὶ δὲ ὅμοια ἦν τὰ τούτοις εἰρημένα τοῖς λεγομένοις πρὸς τοὺς ὄχλους, ἐχρῆν τὴν τῶν ῥητῶν σύγκρισιν καὶ σαφήνειαν ποιήσασθαι· ὧν γινομένων πλείονα ἀπῄτησεν ἡμᾶς ἡ ἀκολουθία θεωρῆσαι. ἔτι δὲ καὶ
10 ταῦτα τοῖς εἰρημένοις δεόντως προσθήσομεν· δύο τάγματα πεμπόντων παρὰ τῷ Ἰωάννῃ ἀναγέγραπται, ἓν μὲν Ἰουδαίων τῶν ἀπὸ Ἱεροσολύμων ἀποστελλόντων ἱερεῖς καὶ Λευίτας, ἕτερον δὲ Φαρισαίων ἐπαπορούντων διὰ τί βαπτίζει. καὶ ἀποδεδώκαμεν ὅτι μετὰ τὴν πεῦσιν οἱ Φαρισαῖοι παρα-
15 γίνονται βαπτισόμενοι. μήποτ' οὖν πρὸ τούτων οἱ πρὸ τούτων ἀποστείλαντες ἀπὸ Ἱεροσολύμων Ἰουδαῖοι παραδεξάμενοι τοὺς Ἰωάννου λόγους, ἅτε πρότεροι τῶν Φαρισαίων πέμψαντες, καὶ πρότεροι ἔρχονται. Ἱεροσόλυμα γάρ, πᾶσα cf. Mt iii 5 Ἰουδαία καὶ ἀκολούθως πᾶσα ἡ περίχωρος τοῦ Ἰορδάνου
20 ἐβαπτίζοντο ἐν τῷ Ἰορδάνῃ ποταμῷ ὑπ' αὐτοῦ, ἐξομολογούμενοι τὰς ἁμαρτίας αὐτῶν, ἢ ὡς ὁ Μάρκος φησίν·
130 Ἐξεπορεύετο πρὸς αὐτὸν πᾶσα ἡ Ἰουδαία χώρα καὶ οἱ Mc i 5 Ἱεροσολυμῖται πάντες, καὶ ἐβαπτίζοντο ὑπ' αὐτοῦ ἐν τῷ Ἰορδάνῃ ποταμῷ, ἐξομολογούμενοι τὰς ἁμαρτίας αὐτῶν.
25 οὔτε μέντοι Ματθαῖος τοὺς Φαρισαίους καὶ Σαδδουκαίους, πρὸς οὓς λέγεται Γεννήματα ἐχιδνῶν, οὔτε Λουκᾶς τοὺς ὄχλους τὴν αὐτὴν ἐπίπληξιν ἀκούοντας εἰσάγουσιν ἐξομολογουμένους τὰς ἁμαρτίας αὐτῶν.

29. Ἄξιον δὲ ἐπαπορῆσαι πῶς πάσης τῆς Ἱεροσολυ-
30 μιτῶν πόλεως καὶ πάσης τῆς Ἰουδαίας καὶ πάσης τῆς περιχώρου τοῦ Ἰορδάνου βαπτιζομένων ἐν τῷ Ἰορδάνῃ ὑπὸ Ἰωάννου ὁ σωτήρ φησιν· Ἐλήλυθεν ὁ Ἰωάννης ὁ βα- Mt xi 18

9 ἀπήντησεν   15 βαπτισάμενοι   17 τούς] τοῦ pr. man.
21 Μάρκος] Λουκᾶς   30 om. καὶ—Ἰουδαίας, sed add. in mg.

πτιστὴς μήτε ἐσθίων μήτε πίνων, καὶ λέγετε Δαιμόνιον ἔχει·
καὶ πρὸς τοὺς πυθομένους· Ἐν ποίᾳ ἐξουσίᾳ ταῦτα ποιεῖς;
λέγει· Κἀγὼ ἐρωτήσω ὑμᾶς ἕνα λόγον, ὃν ἐὰν εἴπητέ μοι,
κἀγὼ ὑμῖν ἐρῶ ἐν ποίᾳ ἐξουσίᾳ ταῦτα ποιῶ· Τὸ βάπτισμα
τὸ Ἰωάννου πόθεν ἦν; ἐξ οὐρανοῦ ἢ ἐξ ἀνθρώπων; ὅτε καὶ
διαλογιζόμενοί φασιν· Ἐὰν εἴπωμεν Ἐξ οὐρανοῦ, ἐρεῖ Διὰ
τί οὐκ ἐπιστεύσατε αὐτῷ; λύεται δὲ τὸ ἀπορηθὲν οὕτως·
Φαρισαῖοι, ὡς προτετηρήκαμεν, οἱ ἀκούσαντες Γεννήματα
ἐχιδνῶν, οὐ πεπιστευκότες αὐτῷ παραγίνονται ἐπὶ τὸ βά-
πτισμα, εἰκὸς ὅτι τὸν ὄχλον φοβούμενοι καὶ κατὰ τὴν πρὸς
ἐκείνους ὑπόκρισιν ἀξιοῦντες λούσασθαι, ἵνα μὴ δοκοῖεν
ἐναντιοῦσθαι τοῖς τοιούτοις. φρονοῦντες γοῦν αὐτὸν ἀπ'
ἀνθρώπων ἔχειν καὶ οὐκ ἀπ' οὐρανοῦ τὸ βαπτίζειν, διὰ τὸν
ὄχλον, μήποτε λιθασθῶσιν, φοβοῦνται ὅπερ ὑπολαμβά-
νουσιν εἰπεῖν· ὥστε οὐκ ἐναντιοῦται ὑπὸ τοῦ σωτῆρος
εἰρημένα πρὸς τοὺς Φαρισαίους τοῖς ἀναγεγραμμένοις ἐν
τοῖς εὐαγγελίοις περὶ τοῦ πλήθους τῶν παρὰ τῷ Ἰωάννῃ
βαπτισαμένων. τοῦ θράσους δὲ τῶν Φαρισαίων ἦν δαι-
μόνιον ἔχειν λέγειν τὸν Ἰωάννην, καὶ ἐν Βεελζεβοὺλ τῷ
ἄρχοντι τῶν δαιμονίων τὰς δυνάμεις φάσκειν τὸν Ἰησοῦν
πεποιηκέναι.

30. (15) Ἀπεκρίνατο αὐτοῖς ὁ Ἰωάννης λέγων
Ἐγὼ βαπτίζω ἐν ὕδατι· μέσος ὑμῶν ἕστηκεν ὃν
ὑμεῖς οὐκ οἴδατε, ὀπίσω μου ἐρχόμενος, οὗ οὐκ εἰμὶ
ἐγὼ ἄξιος ἵνα λύσω αὐτοῦ τὸν ἱμάντα τοῦ ὑποδή-
ματος. Ὁ μὲν Ἡρακλέων οἴεται ὅτι ἀποκρίνεται ὁ Ἰωάννης
τοῖς ἐκ τῶν Φαρισαίων πεμφθεῖσιν, οὐ πρὸς ὃ ἐκεῖνοι ἐπη-
ρώτων, ἀλλ' ὃ αὐτὸς ἐβούλετο, ἑαυτὸν λανθάνων ὅτι κατη-
γορεῖ τοῦ προφήτου ἀμαθίας, εἴγε ἄλλο ἐρωτώμενος περὶ
ἄλλου ἀποκρίνεται· χρὴ γὰρ καὶ τοῦτο φυλάττεσθαι ὡς
ἐν κοινολογίᾳ ἁμάρτημα τυγχάνον. ἡμεῖς δέ φαμεν ὅτι

3 ὃν] intra lin.   12 τοσούτοις   23 post μέσος ins. δὲ
intra lin.   ἕστηκεν   24 ante ὀπίσω add. in mg. pr. man.
αὐτός ἐστιν ὁ   28 μανθάνων

μάλιστα πρὸς ἔπος ἐστὶν ἡ ἀπόκρισις· πρὸς γὰρ τό· Τί Jo i 25
οὖν βαπτίζεις, εἰ σὺ οὐκ εἶ ὁ χριστός; τί ἄλλο ἐχρῆν εἰπεῖν
ἢ τὸ ἴδιον παραστῆσαι βάπτισμα σωματικώτερον τυγχάνον;
Ἐγὼ γὰρ, φησὶν, βαπτίζω ἐν ὕδατι. καὶ τοῦτο εἰπὼν πρὸς Jo i 26
τό· Τί οὖν βαπτίζεις; πρὸς τὸ δεύτερον· Εἰ σὺ οὐκ εἶ ὁ
χριστός· δοξολογίαν περὶ τῆς προηγουμένης οὐσίας Χριστοῦ
διηγεῖται, ὅτι δύναμιν τοσαύτην ἔχει ὡς καὶ ἀόρατος εἶναι
τῇ θειότητι αὐτοῦ, παρὼν παντὶ ἀνθρώπῳ παντὶ δὲ καὶ
ὅλῳ τῷ κόσμῳ συμπαρεκτεινόμενος· ὅπερ δηλοῦται διὰ τοῦ·
Μέσος ὑμῶν ἔστηκεν. καὶ ἐπεὶ οὐδὲν οἱ προσδοκῶντες
Χριστοῦ ἐπιδημίαν Φαρισαῖοι τηλικοῦτον περὶ αὐτοῦ ἑώρων,
ἄνθρωπον τέλειον ἅγιον μόνον ὑπολαμβάνοντες αὐτὸν εἶναι,
ἐμμελῶς ἐλέγχει τὴν περὶ τῆς ὑπεροχῆς αὐτοῦ Φαρισαίων
ἄγνοιαν, προστιθεὶς τῷ· Μέσος ὑμῶν ἕστηκε· τό· Ὃν ὑμεῖς
οὐκ οἴδατε. καὶ ἵνα μή τις ὑπολάβῃ ἕτερον εἶναι τὸν
ἀόρατον καὶ διήκοντα ἐπὶ πάντα ἄνθρωπον, ἢ καὶ ἐπὶ ὅλον
τὸν κόσμον, παρὰ τὸν ἐνανθρωπήσαντα καὶ ἐπὶ τῆς γῆς
ὀφθέντα καὶ τοῖς ἀνθρώποις συναναστραφέντα, συνάπτει τῷ·
Μέσος ὑμῶν ἔστηκεν, ὃν ὑμεῖς οὐκ οἴδατε· τό· Ὀπίσω μου
ἐρχόμενος· τοῦτ' ἔστι μετ' ἐμὲ φανερωθησόμενος. οὗ καὶ
τὴν ὑπερβάλλουσαν ὑπεροχὴν συνιεὶς παρὰ τὴν ἑαυτοῦ
φύσιν, ἀμφιβαλλομένην ὑπό τινων μήποτ' ἄρ' αὐτὸς εἴη
Χριστὸς, ὅσον ἀπολείπεται τῆς τοῦ χριστοῦ μεγαλειότητος
παραστῆσαι βουλόμενος, ἵνα μή τις εἰς αὐτὸν λογίσηται cf. 2 Co xii 6
ὑπὲρ ὃ βλέπει ἢ ἀκούει ἐξ αὐτοῦ, λέγει καὶ τό· Οὗ οὐκ εἰμὶ
ἐγὼ ἄξιος ἵνα λύσω αὐτοῦ τὸν ἱμάντα τοῦ ὑποδήματος·
αἰνιττόμενος τὸ οὐχ ἱκανὸς εἶναι τὸν περὶ τῆς ἐνσωματώσεως
αὐτοῦ λόγον, οἱονεὶ δεδεμένον καὶ κεκρυμμένον τοῖς μὴ
νοοῦσι, λῦσαι καὶ σαφηνίσαι, ὥστε ἄξιόν τι τῆς τοσαύτης
ἐπιδημίας εἰς οὕτω βραχύτητα συνεσταλμένης εἰπεῖν.

31. (16) Οὐκ ἄκαιρον δὲ ἐξετάζουσιν ἡμῖν τό· Ἐγὼ

1 Τί οὖν] intra lin.   2 τί ἄλλοις χρῆν (sic)   3 τε (sic)
23 ὅσον] ὅν (sic)   28 δεδομένον

Jo i 26 βαπτίζω ἐν ὕδατι· τὰς ὁμοίας τῶν εὐαγγελιστῶν παραθέσθαι
περὶ τούτου λέξεις καὶ συγκρῖναι τῇ προκειμένῃ. φησὶ
Mt iii 7, 11 τοίνυν ὁ Ματθαῖος· Ἰδὼν πολλοὺς τῶν Φαρισαίων καὶ Σαδ-
δουκαίων ἐρχομένους ἐπὶ τὸ βάπτισμα, μετὰ τὰ ἐπιπλη-
κτικὰ περὶ ὧν ἐξητάσαμεν· Ἐγὼ μὲν ὑμᾶς ἐν ὕδατι βαπτίζω
εἰς μετάνοιαν· ὁ δὲ ὀπίσω μου ἐρχόμενος ἰσχυρότερός μού
ἐστιν, οὗ οὐκ εἰμὶ ἱκανὸς τὰ ὑποδήματα βαστάσαι· αὐτὸς
ὑμᾶς βαπτίσει ἐν πνεύματι ἁγίῳ καὶ πυρί· σύμφωνον τῷ
κατὰ Ἰωάννην λόγῳ τὴν ὁμολογίαν τοῦ ἐν ὕδατι βαπτίσμα-
τος πρὸς τοὺς πεμφθέντας ἐκ τῶν Φαρισαίων λέγοντι. ὁ δὲ
Mc i 7 f. Μάρκος· Ἐκήρυσσε, φησὶν, Ἰωάννης λέγων Ἔρχεται ὁ
ἰσχυρότερός μου ὀπίσω, οὗ οὐκ εἰμὶ ἱκανὸς κύψας λῦσαι τὸν 132
ἱμάντα τῶν ὑποδημάτων αὐτοῦ. ἐγὼ ἐβάπτισα ὑμᾶς ὕδατι,
αὐτὸς δὲ βαπτίσει ὑμᾶς ἐν πνεύματι ἁγίῳ· πρὸς πλείονας
καὶ πάντας τοὺς ἀκούοντας διδάσκων ταῦτα κεκηρῦχθαι.
Lc iii 15 f. ὁ δὲ Λουκᾶς φησιν ὅτι Προσδοκῶντος τοῦ λαοῦ, καὶ διαλογι-
ζομένων πάντων ἐν ταῖς καρδίαις αὐτῶν περὶ τοῦ Ἰωάννου,
μήποτε αὐτὸς εἴη ὁ χριστός, ἀπεκρίνατο λέγων πᾶσιν ὁ
Ἰωάννης Ἐγὼ μὲν ὕδατι βαπτίζω ὑμᾶς· ἔρχεται δὲ ἰσχυρό-
τερός μου, οὗ οὐκ εἰμὶ ἱκανὸς λῦσαι τὸν ἱμάντα τῶν ὑπο-
δημάτων αὐτοῦ· αὐτὸς ὑμᾶς βαπτίσει ἐν πνεύματι ἁγίῳ καὶ
πυρί.

32. (17) Ἔχοντες τοίνυν τὰς ὁμοίας λέξεις τῶν τεσσά-
ρων, φέρε κατὰ τὸ δυνατὸν ἴδωμεν ἰδίᾳ τὸν νοῦν ἑκάστης
καὶ τὰς διαφοράς, ἀρξάμενοι ἀπὸ τοῦ Ματθαίου, ὃς καὶ
παραδέδοται πρῶτος τῶν λοιπῶν τοῖς Ἑβραίοις ἐκδεδωκέναι
Mt iii 11 τὸ εὐαγγέλιον, τοῖς ἐκ περιτομῆς πιστεύουσιν. Ἐγὼ μὲν,
φησὶν, ὑμᾶς ἐν ὕδατι βαπτίζω εἰς μετάνοιαν· οἱονεὶ καθαί-
ρων καὶ ἀποτρεπόμενος ἀπὸ τῶν χειρόνων καὶ ἐπὶ μετάνοιαν
cf. Lc i 17 παρακαλῶν· Ἑτοιμάσαι γὰρ κυρίῳ λαὸν κατεσκευασμένον
ἐγὼ ἐλήλυθα, καὶ χώραν διὰ τοῦ βαπτίσματος τῆς μετα-
νοίας εὐτρεπίσαι τῷ μετ' ἐμὲ ἥξοντι, καὶ διὰ τοῦτο ἰσχυ-

4 ἐπιπληκτικά] ἐπικλητικά pr. man. 25 η (sic) ὅς 32 καί]
intra lin.

ρότερον πολλῷ τῆς ἐμῆς δυνάμεως καὶ κρεῖττον ὑμᾶς
ὠφελήσοντι· οὐ σωματικὸν γὰρ τὸ ἐκείνου βάπτισμα, τὸν
μετανοοῦντα πληροῦντος ἁγίου πνεύματος, καὶ θειοτέρου
πυρὸς πᾶν ὑλικὸν ἀφανίζοντος καὶ πᾶν γεῶδες ἐξαναλίσκον-
5 τος, οὐ μόνον ἀπὸ τοῦ χωρήσαντος αὐτὸ ἀλλὰ καὶ ἀπὸ τοῦ
τῶν ἐχόντων ἀκούοντος. τοσοῦτον δέ ἐστιν ἐμοῦ ἰσχυ-
ρότερος ὁ μετ' ἐμὲ ἐρχόμενος, ὡς μηδὲ τὰ τῆς περιβολῆς
τῶν περὶ αὐτὸν δυνάμεων ἐσχάτων, οὐχὶ γυμνῶν ἐκκει-
μένων, ὥστε καὶ τοὺς τυχόντας νοεῖν αὐτὰ δύνασθαι, ἱκανόν
10 με τυγχάνειν βαστάσαι, μηδὲ ταῦτα ὑπομένοντας φέρειν.
οὐκ οἶδα δὲ ὁπότερον εἴπω, πότερον τὴν πολλήν μου
ἀσθένειαν, τὰ εὐτελῆ τοῦ χριστοῦ συγκρίσει τῶν περὶ
ἑαυτὸν μειζόνων φέρειν μὴ δυναμένην, ἢ δὴ τὴν ἐκείνου
ὑπερβάλλουσαν καὶ μείζονα παντὸς τοῦ κόσμου θειότητα·
15 εἴγε ἐγώ, ὁ τηλικαύτην χωρήσας χάριν ὡς καὶ προφητείας
ἠξιῶσθαί με, προλεγούσης τὰ περὶ τῆς εἰς τὸν βίον τῶν
ἀνθρώπων ἐπιδημίας μου ἐν τῷ· Ἐγὼ φωνὴ βοῶντος ἐν τῇ Jo i 23
ἐρήμῳ· καί· Ἰδοὺ ἐγὼ ἀποστέλλω τὸν ἄγγελόν μου πρὸ Mt xi 10
προσώπου σου· ἐγώ, οἳ τὴν γένεσιν Γαβριὴλ ὁ παρεστηκὼς cf. Lc i 19
133 ἐνώπιον τοῦ θεοῦ παραδόξως εὐηγγελίσατο ἐν γήρᾳ γε-
γενημένῳ τῷ πατρί μου, ἐγώ, ἐφ' οὗ τῷ ὀνόματι Ζαχαρίας
ἅμα ἀπέλαβε τὴν φωνὴν καὶ τὸ προφητεύειν δι' αὐτῆς, cf. Lc i 64
ἐγώ, ὁ ὑπὸ τοῦ κυρίου μου μαρτυρούμενος ὡς ἄρα μείζων
ἐν γεννητοῖς γυναικῶν ἐμοῦ οὐδεὶς τυγχάνει, οὐδὲ τὰ ὑπο- Mt xi 11
25 δήματα βαστάσαι ἱκανός· εἰ μὴ γὰρ μηδὲ τὰ ὑποδήματα,
τί λεκτέον περὶ τῶν ἐνδυμάτων αὐτοῦ; τίς οὗτος ὃς ὁλό-
κληρον αὐτοῦ τὸ ἱμάτιον τηρῆσαι δυνήσεται; τίς, ὃς νοήσει
τὸν ἐκ τῶν ἄνωθεν χιτῶνα ἄραφον διὰ τὸ δι' ὅλου ὑφαντὸν cf. Jo xix 23
τυγχάνειν καταλαβεῖν ὃν ἔχει λόγον;
30 33. Παρατηρητέον δὲ ὅτι τῶν τεσσάρων εἰρηκότων τὸ
ἐν ὕδατι ὁμολογεῖν Ἰωάννην ἐληλυθέναι βαπτίζειν, μόνος
Ματθαῖος τούτῳ προστέθεικε τὸ Εἰς μετάνοιαν· διδάσκων cf. Mt iii 11

1 καὶ] intra lin.   4 πᾶν 2°] intra lin.   11 δὲ] δὴ   13 δὴ]
διὰ   24 post ἐμοῦ ins. ἐμοῦ   31 ἐν ὕδατι] ἐνδύματι

τὴν ἀπὸ τοῦ βαπτίσματος ὠφέλειαν ἔχεσθαι τῆς προαιρέσεως τοῦ βαπτιζομένου, τῷ μετανοοῦντι μὲν ἐγγινομένην, μὴ οὕτω δὲ προσιόντι εἰς κρίμα χαλεπώτερον ἐσομένην. χρὴ δὲ εἰδέναι ὅτι ὥσπερ αἱ κατὰ τὰς γεγενημένας ὑπὸ τοῦ σωτῆρος θεραπείας τεράστιοι δυνάμεις, σύμβολα τυγχάνουσαι τῶν ἀεὶ λόγῳ τοῦ θεοῦ ἀπαλλαττομένων πάσης νόσου καὶ μαλακίας, οὐδὲν ἧττον καὶ σωματικῶς γενόμεναι ὤνησαν εἰς πίστιν προσκαλεσάμεναι τοὺς εὐεργετηθέντας, οὕτως καὶ τὸ διὰ τοῦ ὕδατος λουτρόν, σύμβολον τυγχάνον καθαρσίου ψυχῆς πάντα ῥύπον ἀπὸ κακίας ἀποπλυνομένης, οὐδὲν ἧττον καὶ καθ' αὑτὸ τῷ ἐμπαρέχοντι ἑαυτὸν τῇ θειότητι τῆς δυνάμεως τῶν τῆς προσκυνητῆς τριάδος ἐπικλήσεών ἐστιν ἡ χαρισμάτων θείων ἀρχὴ καὶ πηγή· διαιρέσεις γὰρ χαρισμάτων εἰσί. μαρτυρεῖ δέ μου τῷ λόγῳ ἡ ἐν ταῖς τῶν ἀποστόλων Πράξεσιν ἀναγεγραμμένη ἱστορία περὶ τοῦ οὕτως ἐναργῶς τότε τὸ πνεῦμα τοῖς βαπτιζομένοις ἐπιδεδημηκέναι, προευτρεπίσαντος αὐτῷ τοῦ ὕδατος τοῖς γνησίως προσιοῦσιν ὁδόν, ὡς καὶ τὸν μάγον Σίμωνα καταπλαγέντα θέλειν μὲν τὴν χάριν ταύτην ἀπὸ τοῦ Πέτρου λαβεῖν, ἐθέλειν δὲ τὸ δικαιότατον διὰ τοῦ μαμωνᾶ τῆς ἀδικίας. καὶ τοῦτο δὲ παρασημειωτέον, ὅτι τὸ Ἰωάννου βάπτισμα ὑποδεέστερον ἐτύγχανε τοῦ βαπτίσματος Ἰησοῦ, διδομένου διὰ τῶν μαθητῶν αὐτοῦ. οἱ γοῦν ἐν ταῖς Πράξεσι βεβαπτισμένοι εἰς τὸ Ἰωάννου βάπτισμα, μηδὲ εἰ πνεῦμα ἅγιόν ἐστιν ἀκούσαντες, βαπτίζονται δεύτερον ὑπὸ τοῦ ἀποστόλου. τὸ γὰρ τῆς ἀναγεννήσεως οὐ παρὰ τῷ Ἰωάννῃ ἀλλὰ παρὰ τῷ Ἰησοῦ διὰ τῶν μαθητῶν αὐτοῦ ἐγίνετο, καὶ παλιγγενεσίας ὀνομαζόμενον λουτρὸν μετὰ ἀνακαινώσεως γινόμενον πνεύματος, τοῦ καὶ νῦν ἐπιφερομένου, ἐπειδὴ παρὰ θεοῦ ἐστιν, ἐπάνω τοῦ ὕδατος, ἀλλ' οὐ πᾶσι μετὰ τὸ ὕδωρ

1 τὴν] τὸ   10 τὸν ἀπὸ κακίας Bas.   ἀποπλυνόμενος 11 καθ αὑτον   11 τῇ θειότητι—14 εἰσί] τῇ θεότητι τῆς προσκυνητῆς τριάδος διὰ τῆς δυνάμεως τῶν ἐπικλήσεων χαρισμάτων ἀρχὴν ἔχει καὶ πηγήν Bas.   om. 13 θείων—14 χαρισμάτων sed add. pr. man. intra lin.   29 παρὰ] περὶ

ἐγγινομένου. καὶ ταῦτα μὲν εἰς τὴν ἐξέτασιν τῶν ἐν τῷ κατὰ Ματθαῖον.

34. (18) Ἤδη δὲ καὶ τὰ Μάρκου κατανοήσωμεν, ὃς ἀνέγραψε κηρύσσοντα τὸν Ἰωάννην ταῦτα μὲν εἰρηκέναι cf. Mc i 7 κατὰ τό· Ἔρχεται ὁ ἰσχυρότερός μου ὀπίσω μου· ἰσοδυναμεῖ γὰρ ταῦτα τῷ· Ὁ ὀπίσω μου ἐρχόμενος ἰσχυρότερός μού Mt iii 11 ἐστιν· οὐκέτι δὲ τὰ αὐτὰ ἐν τῷ· Οὐκ εἰμὶ ἱκανὸς κύψας λῦσαι τὸν ἱμάντα τῶν ὑποδημάτων αὐτοῦ. ἕτερον μὲν γὰρ τὸ βαστάζειν τὰ ὑποδήματα, δηλονότι ἤδη λελυμένα ἀπὸ τῶν τοῦ ὑποδεδεμένου ποδῶν, ἕτερον δὲ τὸ κύψαντα λῦσαι τὸν ἱμάντα τῶν ὑποδημάτων. καὶ ἀκόλουθόν γε, μηδενὸς σφαλλομένου τῶν εὐαγγελιστῶν μηδὲ ψευδομένου, ὡς εἴποιεν ἂν οἱ πιστεύοντες, ἀμφότερα κατὰ διαφόρους καιροὺς εἰρηκέναι τὸν βαπτιστὴν καθ' ἕτερον καὶ ἕτερον νοῦν κινούμενον. οὐ γὰρ περὶ τῶν αὐτῶν, ὥς οἴονταί τινες, οἱ ἀπομνημονεύοντες διαφόρως ἠνέχθησαν μὴ ἀκριβοῦντες τῇ μνήμῃ ἕκαστον τῶν εἰρημένων ἢ γεγενημένων. μέγα μὲν οὖν τὸ βαστάσαι τοῦ Ἰησοῦ τὰ ὑποδήματα, μέγα δὲ καὶ τὸ ἐπὶ τὰ σωματικὰ αὐτοῦ κάτω που γεγενημένα κύψαντα, ὑπὲρ τοῦ τὴν εἰκόνα κάτω θεάσασθαι, λῦσαι ἕκαστον τῶν περὶ τοῦ μυστηρίου τῆς ἐνσωματώσεως ἀσαφῶν, οἱονεὶ τὸν ἱμάντα τῶν ὑποδημάτων τυγχάνοντα. εἷς γὰρ ὁ τῆς ἀσαφείας δεσμός, ὥσπερ καὶ μία ἡ τῆς γνώσεως κλείς, ἅτινα οὐδὲ ὁ μείζων ἐν cf. Lc xi 52; vii 28 γεννητοῖς γυναικῶν καθ' αὑτὸν ἱκανὸς λῦσαι ἢ ἀνοῖξαι, τοῦ cf. Apoc v 2; iii 7 δήσαντος καὶ κλείσαντος μόνου δωρουμένου οἷς βούλεται τὸ λῦσαι καὶ ἀνοῖξαι τὸν ἱμάντα τῶν ὑποδημάτων καὶ τὰ κεκλεισμένα.

35. Εἰ δὲ μυστικὸς ὁ περὶ τῶν ὑποδημάτων τόπος, οὐδὲ τοῦτον παρελθετέον. οἶμαι τοίνυν τὴν μὲν ἐνανθρώπησιν, ὅτε σάρκα καὶ ὀστέα ἀναλαμβάνει ὁ τοῦ θεοῦ υἱός, τὸ ἕτερον εἶναι τῶν ὑποδημάτων, τὴν δὲ εἰς ᾅδου κατάβασιν, ὅστις ποτέ ἐστιν ὁ ᾅδης, καὶ τὴν εἰς φυλακὴν μετὰ τοῦ πνεύματος

3 κατανοήσομεν sup. ras.   25 κλίσαντος   27 κεκλιμένα

πορείαν τὸ λοιπόν. περὶ τῆς εἰς ᾅδου καταβάσεως τό· Οὐκ ἐγκαταλείψεις τὴν ψυχήν μου εἰς τὸν ᾅδην, ἐν ιε΄ ψαλμῷ εἴρηται· καὶ περὶ τῆς ἐν φυλακῇ πορείας μετὰ πνεύματος παρὰ τῷ Πέτρῳ ἐν τῇ καθολικῇ ἐπιστολῇ· Θανατωθεὶς γάρ, φησί, σαρκί, ζωοποιηθεὶς δὲ πνεύματι· ἐν ᾧ καὶ τοῖς ἐν φυλακῇ πνεύμασι πορευθεὶς ἐκήρυξεν, ἀπειθήσασί ποτε ὅτε ἀπεξεδέχετο ἡ τοῦ θεοῦ μακροθυμία ἐν ἡμέραις Νῶε κατασκευαζομένης κιβωτοῦ. ὁ τοίνυν κατ᾿ ἀξίαν ἀμφοτέρων τῶν ἐπιδημιῶν τοὺς λόγους παραστῆσαι δυνάμενος, τὸν ἱμάντα λύειν τῶν Ἰησοῦ ἱκανός ἐστιν ὑποδημάτων, καὶ αὐτὸς τῷ νοῒ κύπτων καὶ συγκαταβαίνων τῷ καταβεβηκότι εἰς ᾅδου, καὶ ἀπὸ οὐρανοῦ καὶ τῶν περὶ τῆς θεότητος Χριστοῦ μυστηρίων καταβαίνων ἐπὶ τὴν ἀναγκαίως γεγενημένην παρ᾿ ἡμῖν αὐτοῦ ἐπιδημίαν, ὅτε τὸν ἄνθρωπον ὑπεδήσατο. ὁ δὲ τὸν ἄνθρωπον ὑποδησάμενος καὶ τὸν νεκρὸν ὑπεδήσατο· Εἰς τοῦτο γὰρ Ἰησοῦς ἀπέθανε καὶ ἀνέστη, ἵνα καὶ νεκρῶν καὶ ζώντων κυριεύσῃ· καὶ διὰ τοῦτο ζῶντα καὶ νεκρὸν ὑπεδήσατο, τοῦτ᾿ ἔστι τὸν ἐν γῇ καὶ τὸν ἐν ᾅδου, ἵνα καὶ νεκρῶν καὶ ζώντων κυριεύσῃ. τίς οὖν ἄρα ἱκανὸς κύψας λῦσαι τὸν ἱμάντα τῶν τοιούτων ὑποδημάτων, καὶ λύσας μὴ ἐᾶσαι ἀλλὰ κατὰ δευτέραν ἱκανότητα ἀναλαβεῖν αὐτὰ καὶ βαστάσαι διὰ τοῦ ἐν τῇ μνήμῃ περιφέρειν τὰ νενοημένα; (19) μὴ ἀνεξέταστον δὲ ἐάσθω τὸ χωρὶς τοῦ Κύψας ὁμοίως παρὰ τῷ Λουκᾷ καὶ Ἰωάννῃ εἰρημένον. καὶ τάχα ἐνδέχεται μὲν κύψαντα λῦσαι κατὰ τὸ προειρημένον· δυνατὸν δὲ καὶ τὸ ἀνάστημα τοῦ ἀπὸ τοῦ λόγου ἐπάρματος φυλάττοντα εὑρεῖν τὴν λύσιν τῶν ἐν τῷ ζητεῖσθαι δεδεμένων ὑποδημάτων, ἵνα τὰ αὐτά τις λύσας τὸν χωρὶς τῶν ὑποδημάτων ἴδῃ λόγον γυμνὸν τῶν ὑποδεεστέρων καθ᾿ αὑτόν, υἱὸν τοῦ θεοῦ.

36. (20) Οὐ ταὐτὸν δὲ τὸ μὴ εἶναι ἱκανὸν τῷ μὴ εἶναι ἄξιον ἀναγράφει ὁ Ἰωάννης. δυνατὸν γὰρ μὴ ὄντα ἄξιον

γενέσθαι ἱκανόν· δυνατὸν δὲ καὶ ἄξιον ὄντα μηδέπω εἶναι ἱκανόν. εἰ γὰρ καὶ πρὸς τὸ συμφέρον δίδοται τὰ χαρίσματα, καὶ οὐ μόνον κατὰ τὴν ἀναλογίαν τῆς πίστεως, cf. Ro xii 6 φιλανθρώπου ἂν εἴη θεοῦ ἔργον, προορωμένου βλάβην ἀπὸ οἰήματος ἐπακολουθήσοντος ἢ φυσιώσεως, τὸ καὶ τῷ ἀξίῳ ποτὲ μὴ διδόναι τὴν ἱκανότητα· οἰκεῖον δὲ τῆς χρηστότητος τοῦ θεοῦ νικᾶν ἐν τῷ εὐεργετεῖν τὸν εὐεργετούμενον, προλαμβάνοντα τὸν ἐσόμενον ἄξιον, καὶ πρὶν γένηται ἄξιος κοσμοῦντα αὐτὸν τῇ ἱκανότητι, ἵνα μετὰ τὴν ἱκανότητα ἔλθῃ ἐπὶ τὸ γενέσθαι ἄξιος, καὶ μὴ πάντως ἀπὸ τοῦ εἶναι ἄξιος, φθάνων τὸν δωρούμενον καὶ προλαβὼν αὐτοῦ τὰς χάριτας, ἔλθῃ ἐπὶ τὸ γενέσθαι ἱκανός. ὁ τοίνυν Ἰωάννης φησὶ παρὰ μὲν τοῖς τρισὶν οὐκ εἶναι ἱκανός, παρὰ δὲ τῷ Ἰωάννῃ οὐκ εἶναι ἄξιος. οὐκ ἀποκλείεται δὲ ὅς γε ἔλεγεν οὐδέπω ὢν ἱκανὸς γεγονέναι ἱκανός, εἰ καὶ μὴ ωξιός πω ἦν· καὶ πάλιν ὅτε ἔλεγεν οὐκ εἶναι ἄξιος, οὐκ ὢν ἄξιος ἐφθακέναι ἐπὶ τὸ γεγονέναι ἄξιος. εἰ μὴ ἄρα τις ἐρεῖ, ἐπὶ τὸ κατ᾽ ἀξίαν τῆς λύσεως καὶ βαστάξεως αὐτῶν μὴ χωροῦσαν τὴν θνητὴν φύσιν ἥκειν ποτὲ ἀληθευόμενον ἔχειν τὸ μηδέποτε γενέσθαι ἱκανὸν λῦσαι τὸν ἱμάντα τῶν ὑποδημάτων καὶ ἄξιον τοῦ αὐτοῦ. ὅσα δὲ ἐὰν χωρήσωμεν ἔτι ὑπολείπεται τὰ μηδέπω νενοημένα, ἐπεί· Ὅταν συντελέσῃ ἄνθρωπος τότε Sap Sir ἄρχεται, καὶ ὅταν παύσηται τότε ἀπορηθήσεται· κατὰ τὴν xviii (6) 7 Ἰησοῦ υἱοῦ Σειρὰχ Σοφίαν.

37. (21) Ἔτι περὶ τῶν ὑποδημάτων τῶν παρὰ τοῖς τρισὶν οὕτως ὀνομασθέντων εὐαγγελισταῖς διαλάβωμεν, συγκρίνοντες ἐκεῖνα τῷ παρὰ τῷ μαθητῇ Ἰωάννῃ ἑνικῶς ὀνομασθέντι· Οὐκ εἰμὶ γὰρ, φησίν, ἐγὼ ἄξιος ἵνα λύσω αὐτοῦ τὸν ἱμάντα τοῦ ὑποδήματος. τάχα οὖν νικώμενος ὑπὸ τῆς τοῦ θεοῦ χάριτος δωρεὰν εἴληφε, μηδέπω τὸ ὅσον cf. Mt x 8 ἐφ᾽ ἑαυτῷ ἄξιος ὢν λῦσαι τὸν ἱμάντα τοῦ ἑτέρου τῶν ὑποδημάτων, νοήσας αὐτοῦ τὴν ἐν ἀνθρώποις ἐπιδημίαν,

13 παρὰ 2°] περὶ

περὶ ἧς καὶ μαρτυρεῖ· ἐπεὶ δὲ ἔλειπεν αὐτῷ ἡ περὶ τῶν ἑξῆς κατάληψις, οὐκ εἰδότι πότερον Ἰησοῦς ἐστιν ὁ κἀκεῖ ἐρχόμενος, ὅπου ἀπὸ τῆς φυλακῆς γίνεσθαι ἔμελλεν ἀποκεφαλισθείς, ἢ ἕτερον προσδοκᾶν ἐχρῆν, διὰ τοῦτο τὴν σαφέστερον ὕστερον ἐπαπόρησιν ἡμῖν δηλουμένην καὶ νῦν αἰνιττόμενος φησὶ τό· Οὐκ εἰμὶ ἐγὼ ἄξιος ἵνα λύσω αὐτοῦ τὸν ἱμάντα τοῦ ὑποδήματος. ὁ δὲ οἰόμενος περιεργότερον τοῦτο εἰρῆσθαι εἰς ταὐτὸν συνάξει τὸ τῶν ὑποδημάτων καὶ τοῦ ὑποδήματος, ἵνα οἱονεὶ λέγῃ Οὐδαμῶς ἄξιός εἰμι λῦσαι τὸν ἱμάντα οὐδὲ κατὰ τὴν ἀρχήν, κἂν τοῦ ἑνὸς ὑποδήματος· ἢ καὶ οὕτως δυνατὸν εἰς ἓν συνάγεσθαι τὰ παρὰ τοῖς τέσσαρσιν εἰρημένα· εἰ γὰρ ὁ Ἰωάννης συνίει μὲν τὰ περὶ τῆς ἐνταῦθα αὐτοῦ ἐπιδημίας, ἐνηπόρει δὲ περὶ τῶν ἑξῆς, ἀληθεύει λέγων καὶ τὸ μὴ εἶναι ἱκανὸν λύειν τὸν ἱμάντα τῶν ὑποδημάτων, οὐ γὰρ λύει ἀμφότερα λύσας τοῦ ἑνός, ἀληθεύει δὲ λέγων καὶ τὸν ἱμάντα τοῦ ὑποδήματος, ἐπεί, ὡς προείρηται, ἔτι διαπορεῖ περὶ τοῦ πότερον αὐτός ἐστιν ἐρχόμενος ἢ ἕτερος, ὁ κἀκεῖ προσδοκητέος.

38. (22) Καὶ περὶ δὲ τοῦ· Μέσος ὑμῶν ἕστηκεν, ὃν ὑμεῖς οὐκ οἴδατε· ταῦτα διαληπτέον περὶ τοῦ υἱοῦ τοῦ θεοῦ, τοῦ λόγου, δι' οὗ τὰ πάντα γέγονεν, ὑφεστηκότος οὐσιωδῶς κατὰ τὸ ὑποκείμενον, τοῦ αὐτοῦ ὄντος τῇ σοφίᾳ. οὗτος γὰρ δι' ὅλης πεφοίτηκε τῆς κτίσεως, ἵνα ἀεὶ τὰ γινόμενα δι' αὐτοῦ γίνηται, καὶ περὶ παντὸς οὑτινοσοῦν ἀεὶ ἀληθὲς ἦν τό· Πάντα δι' αὐτοῦ ἐγένετο καὶ χωρὶς αὐτοῦ ἐγένετο οὐδὲ ἕν· καὶ τό· Πάντα ἐν σοφίᾳ ἐποίησας. εἰ δὲ δι' ὅλης τῆς κτίσεως πεφοίτηκε, δῆλον ὅτι καὶ τῶν πυνθανομένων Τί οὖν βαπτίζεις, εἰ σὺ οὐκ εἶ ὁ χριστὸς οὐδὲ Ἠλίας οὐδὲ ὁ προφήτης; μέσος ἕστηκεν ὁ αὐτὸς καὶ βέβαιος ὢν λόγος, ὑπὸ τοῦ πατρὸς ἐστηριγμένος πανταχοῦ· ἢ τό· Μέσος ὑμῶν ἕστηκεν· ἀκουέσθω ὅτι ὑμῶν τῶν ἀνθρώπων διὰ τὸ εἶναι ὑμᾶς λογικοὺς μέσος ὑμῶν ἑστώς, τῷ τοῦ παντὸς σώματος

12 παρὰ] περὶ 19 δὲ] intra lin. post τοῦ ins. δὲ
31 ὑμῶν] pr. man.; ἡμῶν sec.

ἐν μέσῳ εἶναι τὸ ἡγεμονικὸν ἀποδείκνυσθαι κατὰ τὰς γραφὰς ἐν τῇ καρδίᾳ τυγχάνον. οἱ τοίνυν ἔχοντες τὸν λόγον ἐν μέσῳ ἑαυτῶν, μὴ διαλαμβάνοντες δὲ περὶ τῆς φύσεως αὐτοῦ, μηδὲ ἀπὸ ποίας πηγῆς καὶ ἀρχῆς ἐλήλυθεν, μηδ' ὅπως ποτὲ
5 συνέστηκεν αὐτοῖς, οὗτοι μέσον αὐτὸν ἔχοντες οὐκ ἴσασιν. ὁ δὲ Ἰωάννης αὐτὸν οἶδε· τὸ γάρ· "Ὃν ὑμεῖς οὐκ οἴδατε·" Jo i 26 ὀνειδιστικῶς λεγόμενον πρὸς τοὺς Φαρισαίους, ἐμφαίνει τὸν λόγον τῷ ἐπιμελῶς ἐγνωκέναι τὸ ὑπ' ἐκείνων ἀγνοούμενον. δι' ὃ καὶ γινώσκων αὐτὸν ὁ βαπτιστὴς οἶδεν ὀπίσω αὐτοῦ
10 ἐρχόμενον τὸν ἐν μέσῳ τυγχάνοντα, τοῦτ' ἔστι μετ' αὐτὸν καὶ τὴν ὑπ' αὐτοῦ ἐν τῷ βαπτίσματι διδασκαλίαν ἐπιδη-
138 μοῦντα τοῖς κατὰ λόγον ἀπολουσαμένοις. οὐ ταὐτὸν δὲ σημαίνεται ἐκ τῆς ὀπίσω φωνῆς ἐνθάδε, καὶ ὅταν ὁ Ἰησοῦς πέμπῃ ἡμᾶς ὀπίσω ἑαυτοῦ. ἐκεῖ μὲν γὰρ ἵνα κατ' ἴχνη βαί-
15 νοντες αὐτοῦ φθάσωμεν πρὸς τὸν πατέρα, ὀπίσω αὐτοῦ γίνεσθαι κελευόμεθα· ἐνθάδε ἵνα δηλωθῇ τὸ μετὰ τὰς Ἰωάννου διδασκαλίας, ἐπεὶ ἐλήλυθεν οὗτος ἵνα πάντες Jo i 7 πιστεύσωσι δι' αὐτοῦ, τοῖς προευτρεπισαμένοις ἐπιδημεῖν προκεκαθαρμένοις διὰ τῶν ἡττόνων καὶ τὸν τέλειον λόγον.
20 προηγουμένως μὲν οὖν ἕστηκεν ὁ πατήρ, ἄτρεπτος καὶ ἀναλλοίωτος ὤν· ἕστηκε δὲ καὶ ὁ λόγος αὐτοῦ ἀεὶ ἐν τῷ σῴζειν, κἂν γένηται σάρξ, κἂν μέσος ᾖ ἀνθρώπων, οὐ καταλαμβανόμενος ἀλλ' οὐδὲ βλεπόμενος. ἕστηκε δὲ καὶ διδάσκων, προκαλούμενος πάντας ἐπὶ τὸ πίνειν ἀπὸ τῆς
25 ἀφθόνου πηγῆς αὐτοῦ· Εἱστήκει γὰρ ὁ Ἰησοῦς καὶ ἔκραζε Jo vii 37 λέγων Ἐάν τις διψᾷ, ἐρχέσθω πρός με καὶ πινέτω.

39. (23) Ὁ δὲ Ἡρακλέων τό· Μέσος ὑμῶν ἕστηκε· Jo i 26 φησὶν ἀντὶ τοῦ Ἤδη πάρεστι καὶ ἔστιν ἐν τῷ κόσμῳ καὶ ἐν ἀνθρώπῳ, καὶ ἐμφανής ἐστιν ἤδη πᾶσιν ὑμῖν. διὰ
30 τούτων δὲ περιαιρεῖ τὸ παρασταθὲν περὶ τοῦ διαπεφοιτηκέναι αὐτὸν δι' ὅλου τοῦ κόσμου. λεκτέον γὰρ πρὸς αὐτόν· πότε γὰρ οὐ πάρεστιν; πότε δὲ οὐκ ἔστιν ἐν τῷ κόσμῳ; καὶ

1 ἀποδείκνυται   5 συνέστησεν   7 γενόμενον

ταῦτα τοῦ εὐαγγελίου λέγοντος· Ἐν τῷ κόσμῳ ἦν, καὶ ὁ κόσμος δι' αὐτοῦ ἐγένετο. καὶ διὰ τοῦτο καὶ οὗτοι, πρὸς οὓς ὁ λόγος ὁ Ὃν ὑμεῖς οὐκ οἴδατε, οὐκ οἴδασιν αὐτόν, ἐπεὶ οὐδέπω τοῦ κόσμου ἐξεληλύθασιν, ὁ δὲ κόσμος αὐτὸν οὐκ ἔγνω. ποῖον δὲ χρόνον διέλειπε τοῦ ἐν ἀνθρώπῳ εἶναι; ἢ οὐκ ἐν Ἡσαΐᾳ ἦν, λέγοντι· Πνεῦμα κυρίου ἐπ' ἐμέ, οὗ εἵνεκεν ἔχρισέ με· καί· Ἐμφανὴς ἐγενόμην τοῖς ἐμὲ μὴ ζητοῦσι; λεγέτωσαν δὲ εἰ μὴ καὶ ἐν Δαβὶδ ἦν, οὐκ ἀφ' αὑτοῦ λέγοντι· Ἐγὼ δὲ κατεστάθην βασιλεὺς ὑπ' αὐτοῦ ἐπὶ Σιὼν ὄρος τὸ ἅγιον αὐτοῦ· καὶ ὅσα ἐκ προσώπου Χριστοῦ ἐν ψαλμοῖς ἀναγέγραπται. καὶ τί με δεῖ καθ' ἕκαστον ἀποδεικνύναι, δυσεξαριθμήτων ὄντων τῶν παραστῆσαι ἐναργῶς δυναμένων, ὅτι ἀεὶ ἐν ἀνθρώπῳ ἦν, πρὸς τὸ ἐλέγξαι οὐχ ὑγιῶς εἰρημένον τὸ Ἤδη πάρεστι καὶ ἔστιν ἐν κόσμῳ καὶ ἐν ἀνθρώπῳ εἰς διήγησιν παρὰ τῷ Ἡρακλέωνι τοῦ· Μέσος ὑμῶν ἕστηκεν; οὐκ ἀπιθάνως δὲ παρ' αὐτῷ λέγεται ὅτι τό· Ὀπίσω μου ἐρχόμενος· τὸ πρόδρομον εἶναι τὸν Ἰωάννην τοῦ χριστοῦ δηλοῖ· ἀληθῶς γὰρ ὡσπερεὶ οἰκέτης ἐστὶ προτρέπων τοῦ κυρίου. πολὺ δὲ ἁπλούστερον τό· Οὐκ εἰμὶ ἄξιος 139 ἵνα λύσω αὐτοῦ τὸν ἱμάντα τοῦ ὑποδήματος· ἐξείληφεν ὅτι οὐδὲ τῆς ἀτιμοτάτης ὑπηρεσίας τῆς πρὸς τὸν χριστὸν ἄξιος εἶναι διὰ τούτων ὁ βαπτιστὴς ὁμολογεῖ. πλὴν μετὰ ταύτην τὴν ἐκδοχὴν οὐκ ἀπιθάνως ὑποβέβληκε τὸ Οὐκ ἐγώ εἰμι ἱκανὸς ἵνα δι' ἐμὲ κατέλθῃ ἀπὸ μεγέθους, καὶ σάρκα λάβῃ ὡς ὑπόδημα, περὶ ἧς ἐγὼ λόγον ἀποδοῦναι οὐ δύναμαι οὐδὲ διηγήσασθαι ἢ ἐπιλῦσαι τὴν περὶ αὐτῆς οἰκονομίαν. ἁδρότερον δὲ καὶ μεγαλοφυέστερον ὁ αὐτὸς Ἡρακλέων κόσμον τὸ ὑπόδημα ἐκδεξάμενος μετέστη ἐπὶ τὸ ἀσεβέστερον ἀποφήνασθαι ταῦτα πάντα δεῖν ἀκούεσθαι καὶ περὶ τοῦ προσώπου τοῦ διὰ τοῦ Ἰωάννου νοουμένου. οἴεται γὰρ τὸν δημιουργὸν τοῦ κόσμου ἐλάττονα ὄντα τοῦ χριστοῦ τοῦτο ὁμολογεῖν διὰ τούτων τῶν λέξεων, ὅπερ ἐστὶ πάντων ἀσεβέ-

12 δυσεξαρίθμητον (ο sup. ras.) ὄντως τῶν] om. δυναμένω
21 ἀτιμωτάτης   30 τοῦ] τούτου

στατον· ὁ γὰρ πέμψας αὐτὸν πατὴρ, ὁ τῶν ζώντων θεὸς,
ὡς αὐτὸς Ἰησοῦς μαρτυρεῖ, τοῦ Ἀβραὰμ καὶ τοῦ Ἰσαὰκ
καὶ τοῦ Ἰακὼβ, ὁ διὰ τοῦτο κύριος τοῦ οὐρανοῦ καὶ τῆς γῆς,
ὅτι πεποίηκεν αὐτὰ, οὗτος καὶ μόνος ἀγαθὸς καὶ μείζων τοῦ
5 πεμφθέντος. εἰ δὲ καὶ, ὡς προειρήκαμεν, ἁδρότερον νε-
νόηται καὶ πᾶς ὁ κόσμος ὑπόδημα εἶναι τοῦ Ἰησοῦ τῷ
Ἡρακλέωνι, ἀλλ' οὐκ οἶμαι δεῖν συγκατατίθεσθαι. πῶς
γὰρ μετὰ τῆς τοιαύτης ἐκδοχῆς σωθήσεται τό· Οὐρανός μοι
θρόνος, ἡ δὲ γῆ ὑποπόδιον τῶν ποδῶν μου· μαρτυρούμενον
10 ὡς περὶ τοῦ πατρὸς εἰρημένον ὑπὸ τοῦ Ἰησοῦ; Μὴ γὰρ
ὀμόσητε, φησὶ, τὸν οὐρανὸν, ὅτι θρόνος ἐστὶ τοῦ θεοῦ,
μηδὲ τὴν γῆν, ὅτι ὑποπόδιόν ἐστι τῶν ποδῶν αὐτοῦ. πῶς
δὲ μετὰ τοῦ τὸν ὅλον κόσμον ὑπόδημα νοεῖσθαι τοῦ Ἰησοῦ
παραστῆσαι νοήσεται τό· Οὐχὶ τὸν οὐρανὸν καὶ τὴν γῆν
15 ἐγὼ πληρῶ; λέγει κύριος; πλὴν ἄξιον ἐπιστῆσαι πότερον
τῷ τὸν λόγον καὶ τὴν σοφίαν διαπεφοιτηκέναι δι' ὅλου τοῦ
κόσμου, τὸν δὲ πατέρα ἐν τῷ υἱῷ εἶναι, ὡς παρεθέμεθα, τὰ
ῥητὰ δεῖ νοῆσαι, ἢ ὁ προηγουμένως περιζωσάμενος πᾶσαν
τὴν κτίσιν παρὰ τὸ τὸν υἱὸν εἶναι ἐν αὐτῷ ἐχαρίσατο τῷ
20 σωτῆρι, ὡς μετ' αὐτὸν δευτέρῳ καὶ θεῷ λόγῳ τυγχάνοντι,
δι' ὅλης ἐφθακέναι τῆς κτίσεως. καὶ μάλιστα τοῖς δυνα-
μένοις κατανοεῖν τὴν τοῦ τηλικούτου οὐρανοῦ ἀδιάλειπτον
κίνησιν, ἀπὸ ἀνατολῶν ἐπὶ δυσμὰς συμπεριάγοντος ἑαυτῷ
τὸ τοσοῦτο τῶν ἀστέρων πλῆθος, ἄξιον ἔσται ζητήσεως
25 περὶ τοῦ τίς ἡ ἐνυπάρχουσα δύναμις τοσαύτη καὶ τηλικαύτη
τῷ παντὶ κόσμῳ. ἕτερον γὰρ παρὰ τὸν πατέρα καὶ τὸν
υἱὸν ταύτην τολμῆσαι εἰπεῖν μήποτε οὐκ ἔστιν εὐσεβές.

40. (24) Ταῦτα ἐν Βηθαβαρᾷ ἐγένετο πέραν τοῦ
Ἰορδάνου, ὅπου ἦν Ἰωάννης βαπτίζων. Ὅτι μὲν σχε-
30 δὸν ἐν πᾶσι τοῖς ἀντιγράφοις κεῖται· Ταῦτα ἐν Βηθανίᾳ
ἐγένετο· οὐκ ἀγνοοῦμεν, καὶ ἔοικε τοῦτο καὶ ἔτι πρότερον
γεγονέναι· καὶ παρὰ Ἡρακλέωνι γοῦν Βηθανίαν ἀνέγνωμεν.

5 προσειρήκαμεν   19 τὸ] τῷ   26 παρὰ] περὶ
28 Βηθαρά   ἐγένετο] bis

ἐπείσθημεν δὲ μὴ δεῖν Βηθανίᾳ ἀναγινώσκειν, ἀλλὰ Βηθαβαρᾷ, γενόμενοι ἐν τοῖς τόποις ἐπὶ ἱστορίαν τῶν ἰχνῶν Ἰησοῦ καὶ τῶν μαθητῶν αὐτοῦ καὶ τῶν προφητῶν. Βηθανία γὰρ, ὡς ὁ αὐτὸς εὐαγγελιστής φησιν, ἡ πατρὶς Λαζάρου καὶ Μάρθας καὶ Μαρίας, ἀπέχει τῶν Ἱεροσολύμων σταδίους δέκα πέντε· ἧς πόρρω ἐστὶν ὁ Ἰορδάνης ποταμὸς ὡς ἀπὸ σταδίων πλατεῖ λόγῳ ρπ΄. ἀλλ᾽ οὐδὲ ὁμώνυμος τῇ Βηθανίᾳ τόπος ἐστὶν περὶ τὸν Ἰορδάνην· δείκνυσθαι δὲ λέγουσι παρὰ τῇ ὄχθῃ τοῦ Ἰορδάνου τὰ Βηθαβαρᾶ, ἔνθα ἱστοροῦσι τὸν Ἰωάννην βεβαπτικέναι. ἔστι τε ἡ ἑρμηνεία τοῦ ὀνόματος ἀκόλουθος τῷ βαπτίσματι τοῦ ἑτοιμάζοντος κυρίῳ λαὸν κατεσκευασμένον· μεταλαμβάνεται γὰρ εἰς οἶκον κατασκευῆς, ἡ δὲ Βηθανία εἰς οἶκον ὑπακοῆς. ποῦ γὰρ ἀλλαχόσε ἐχρῆν βαπτίζειν τὸν ἀποσταλέντα ἄγγελον πρὸ προσώπου τοῦ χριστοῦ, κατασκευάσαι τὴν ὁδὸν αὐτοῦ ἔμπροσθεν αὐτοῦ, ἢ εἰς τὸν τῆς κατασκευῆς οἶκον; ποία δὲ οἰκειοτέρα πατρὶς τῇ τὴν ἀγαθὴν μερίδα ἐκλεξαμένῃ μὴ ἀφαιρουμένην αὐτῆς Μαριὰμ καὶ τῇ περισπωμένῃ διὰ τὴν Ἰησοῦ ὑποδοχὴν Μάρθα καὶ τῷ τούτων ἀδελφῷ, φίλῳ ὑπὸ τοῦ σωτῆρος εἰρημένῳ, Λαζάρῳ, ἢ Βηθανία ὁ τῆς ὑπακοῆς οἶκος; οὐ καταφρονητέον οὖν τῆς περὶ τὰ ὀνόματα ἀκριβείας τῷ ἀπαραλείπτως βουλομένῳ συνεῖναι τὰ ἅγια γράμματα.

41. Τὸ μέντοι γε ἡμαρτῆσθαι ἐν τοῖς Ἑλληνικοῖς ἀντιγράφοις τὰ περὶ τῶν ὀνομάτων πολλαχοῦ καὶ ἀπὸ τούτων ἄν τις πεισθείη ἐν τοῖς εὐαγγελίοις. ἡ περὶ τοὺς ὑπὸ τῶν δαιμονίων κατακρημνιζομένους καὶ ἐν τῇ θαλάσσῃ συμπνιγομένους χοίρους οἰκονομία ἀναγέγραπται γεγονέναι ἐν τῇ χώρᾳ τῶν Γερασηνῶν. Γέρασα δὲ τῆς Ἀραβίας ἐστὶ πόλις, οὔτε θάλασσαν οὔτε λίμνην πλησίον ἔχουσα. καὶ οὐκ ἂν οὕτως προφανὲς ψεῦδος καὶ εὐέλεγκτον οἱ εὐαγγελισταὶ εἰρήκεσαν, ἄνδρες ἐπιμελῶς γινώσκοντες τὰ περὶ τὴν Ἰουδαίαν. ἐπεὶ δὲ ἐν ὀλίγοις εὕρομεν· Εἰς τὴν χώραν τῶν

9 Βηθαρά

Γαδαρηνῶν· καὶ πρὸς τοῦτο λεκτέον. Γάδαρα γὰρ πόλις
μέν ἐστι τῆς Ἰουδαίας, περὶ ἣν τὰ διαβόητα θερμὰ τυγχάνει,
λίμνη δὲ κρημνοῖς παρακειμένη οὐδαμῶς ἐστιν ἐν αὐτῇ ἢ
θάλασσα. ἀλλὰ Γέργεσα, ἀφ᾽ ἧς οἱ Γεργεσαῖοι, πόλις
5 ἀρχαία περὶ τὴν νῦν καλουμένην Τιβεριάδα λίμνην, περὶ ἣν
κρημνὸς παρακείμενος τῇ λίμνῃ, ἀφ᾽ οὗ δείκνυται τοὺς χοί-
ρους ὑπὸ τῶν δαιμόνων καταβεβλῆσθαι. ἑρμηνεύεται δὲ ἡ
Γέργεσα παροικία ἐκβεβληκότων, ἐπώνυμος οὖσα τάχα
προφητικῶς οὗ περὶ τὸν σωτῆρα πεποιήκασι παρακαλέσαν-
10 τες αὐτὸν μεταβῆναι ἐκ τῶν ὁρίων αὐτῶν οἱ τῶν χοίρων
πολῖται. τὸ δ᾽ ὅμοιον περὶ τὰ ὀνόματα σφάλμα πολλαχοῦ
τοῦ νόμου καὶ τῶν προφητῶν ἔστιν ἰδεῖν, ὡς ἠκριβώσαμεν
ἀπὸ Ἑβραίων μαθόντες, καὶ τοῖς ἀντιγράφοις αὐτῶν τὰ
ἡμέτερα συγκρίναντες, μαρτυρηθεῖσιν ὑπὸ τῶν μηδέπω δια-
15 στραφεισῶν ἐκδόσεων Ἀκύλου καὶ Θεοδοτίωνος καὶ Συμμά-
χου. ὀλίγα τοίνυν παραθησόμεθα ὑπὲρ τοῦ τοὺς φιλομαθεῖς
ἐπιστρεφεστέρους γενέσθαι περὶ ταῦτα· εἷς τῶν υἱῶν Λευὶ ὁ
πρῶτος Γεσὼν ἐν τοῖς πλείστοις τῶν ἀντιγράφων ὠνόμασται
ἀντὶ τοῦ Γηρσών, ὁμώνυμος τυγχάνων τῷ πρωτοτόκῳ Μω-
20 σέως, ἑκατέρων διὰ τὴν παροικίαν ἐν γῇ ἀλλοτρίᾳ γενηθέν-
των τοῦ ὀνόματος ἑτοίμως κειμένου. πάλιν τῷ Ἰούδᾳ παρ᾽
ἡμῖν μὲν ὁ δεύτερος Αὐνὰν εἶναι λέγεται, παρὰ δὲ Ἑβραίοις cf. Ge xlvi 12
Ὠνάν ἐστι, πόνος αὐτῶν. πρὸς τούτοις ἐν ταῖς ἀπάρσεσι
τῶν υἱῶν Ἰσραὴλ ἐν τοῖς Ἀριθμοῖς εὕρομεν ὅτι Ἀπῆραν ἐκ cf. Nu xxxiii
25 Σοχὼθ καὶ παρενέβαλον εἰς Βουθάν· τὸ δὲ Ἑβραϊκὸν ἀντὶ 6
Βουθὰν Αἰμὰν λέγει. καὶ τί με δεῖ διατρίβοντα πλείονα
παρατίθεσθαι, παρόντος τῷ βουλομένῳ τοῦ ἐξετάζειν καὶ
γινώσκειν τὰ κατὰ τὰ ὀνόματα ἀληθῆ; μάλιστα δὲ ὑπ-
οπτευτέον τοὺς τόπους τῶν γραφῶν, ἔνθα κατάλογός ἐστιν
30 ἅμα ὀνομάτων πλειόνων, ὡς ἐν τῷ Ἰησοῦ τὰ περὶ τῆς κλη-
ροδοσίας, καὶ ἐν τῇ πρώτῃ τῶν Παραλειπομένων ἀρχῆθεν
ἑξῆς μέχρι τοῦ ἐγγύς που ὑπὲρ τὸν Λαυ· ὁμοίως δὲ καὶ ἐν

3 ἢ] om.

τῷ Ἔσδρᾳ. καὶ οὐ καταφρονητέον τῶν ὀνομάτων, πραγμά- 142
των σημαινομένων ἀπ᾽ αὐτῶν χρησίμων τῇ τῶν τόπων ἑρμη-
νείᾳ. οὐκ εὔκαιρον δὲ νῦν τὸν περὶ τῆς θεωρίας τῶν ὀνομά-
των ἐξετάσαι λόγον, ἀφέμενον τῶν προκειμένων.

42. (25) Ἴδωμεν τοίνυν τὰ τῆς εὐαγγελικῆς λέξεως. 5
Ἰορδάνης μὲν ἑρμηνεύεται Κατάβασις αὐτῶν. τούτῳ δὲ, ἵν᾽
οὕτως εἴπω, γειτνιᾷ τὸ ὄνομα τοῦ Ἰαρὲδ, ὃ καὶ αὐτὸ ἑρμη-
νεύεται Καταβαίνων, ἐπειδήπερ γεγένηται τῷ Μαλελεὴλ, ὡς
ἐν τῷ Ἐνὼχ γέγραπται, εἴ τῳ φίλον παραδέχεσθαι ὡς ἅγιον

cf. Ge vi 2 τὸ βιβλίον, ταῖς ἡμέραις τῆς τῶν υἱῶν τοῦ θεοῦ καταβάσεως 10
ἐπὶ τὰς θυγατέρας τῶν ἀνθρώπων· ἥντινα κατάβασιν αἰνίσ-
σεσθαί τινες ὑπειλήφασι τὴν τῶν ψυχῶν κάθοδον ἐπὶ τὰ
σώματα, θυγατέρας ἀνθρώπων τροπικώτερον τὸ γήινον σκῆ-
νος λέγεσθαι ὑπειληφότες. εἰ δὴ τοῦθ᾽ οὕτως ἔχει, τίς ἂν
εἴη ποταμὸς κατάβασις αὐτῶν, ἐφ᾽ ὃν ἐρχόμενον καθαίρε- 15
σθαι δεῖ οὐκ ἰδίαν κατάβασιν καταβεβηκότα, ἀλλὰ τὴν τῶν
ἀνθρώπων, ἢ ὁ σωτὴρ ἡμῶν διορίζων τοὺς ὑπὸ Μωσέως
κληροδοτουμένους ἀπὸ τῶν διὰ Ἰησοῦ τὰς οἰκείους ἀπολαμ-
βανόντων μερίδας; τούτου δὴ τοῦ διὰ τοῦ καταβεβηκότος

Ps xlv (xlvi) ποταμοῦ τὰ ὁρμήματα εὐφραίνουσιν, ὡς ἐν ψαλμοῖς εὕρομεν, 20
5 τὴν πόλιν τοῦ θεοῦ, οὐ τὴν αἰσθητὴν Ἰερουσαλήμ, οὐ γὰρ
ἔχει παρακείμενον ποταμόν, ἀλλὰ τὴν ἄμωμον τοῦ θεοῦ

Eph ii 20 ἐκκλησίαν, οἰκοδομουμένην ἐπὶ τῷ θεμελίῳ τῶν ἀποστόλων
καὶ τῶν προφητῶν, ὄντος ἀκρογωνιαίου Χριστοῦ Ἰησοῦ τοῦ
κυρίου ἡμῶν. Ἰορδάνην μέντοι γε νοητέον τοῦ θεοῦ λόγον 25

cf. Jo i 14 τὸν γενόμενον σάρκα καὶ σκηνώσαντα ἐν ἡμῖν, Ἰησοῦν δὲ
τὸν κληροδοτήσαντα ὃ ἀνείληφεν ἀνθρώπινον, ὅπερ ἐστὶ καὶ

cf. 1 Pe ii 6 ἀκρογωνιαῖος λίθος, ὁ καὶ αὐτὸς ἐν τῇ θεότητι τοῦ υἱοῦ τοῦ
θεοῦ γενόμενος τῷ ἀνειλῆφθαι ὑπ᾽ αὐτοῦ λούεται, καὶ τότε
χωρεῖ τὴν ἀκέραιον καὶ ἄδολον περιστερὰν τοῦ πνεύματος, 30

Jo i 33 συνδεδεμένην αὐτῷ καὶ μηκέτι ἀποπτῆναι δυναμένην· Ἐφ᾽
ὃν γὰρ, φησὶν, ἐὰν ἴδῃς τὸ πνεῦμα καταβαῖνον καὶ μένον ἐπ᾽

15 καταίρεσθαι   21 οὐ 1°] om.   24 ἀκρογωνιαῖον

αὐτὸν, οὗτός ἐστιν ὁ βαπτίζων ἐν πνεύματι ἁγίῳ, διὰ τοῦτο λαβὼν τὸ πνεῦμα μένον ἐπ᾽ αὐτὸν ἵν᾽ ἐν αὐτῷ μείναντι βαπτίζειν τοὺς ἐρχομένους αὐτῷ δυνηθῇ. πέραν δὲ τοῦ Ἰορδάνου, κατὰ τὰ ἔξω τῆς Ἰουδαίας νεύοντα κλίματα, ἐν τῇ Βηθαβαρᾷ βαπτίζει ὁ Ἰωάννης, πρόδρομος ὢν τοῦ ἐληλυθότος καλέσαι οὐ δικαίους ἀλλὰ ἁμαρτωλοὺς, διδάσκοντος cf. Mt ix 12 μὴ χρείαν ἔχειν τοὺς ἰσχύοντας ἰατρῶν ἀλλὰ τοὺς κακῶς ἔχοντας· καὶ γὰρ εἰς ἄφεσιν ἁμαρτιῶν τὸ λουτρὸν δίδοται.

43. (26) Εἰκὸς δέ τινα τὰς διαφόρους ἐπινοίας τοῦ σωτῆρος μὴ νενοηκότα προσκόψειν τῇ ἀποδοθείσῃ περὶ τοῦ Ἰορδάνου ἑρμηνείᾳ, διὰ τὸ λέγειν τὸν Ἰωάννην· Ἐγὼ βα- Mt iii 11 πτίζω ἐν ὕδατι, ὁ δὲ ἐρχόμενος μετ᾽ ἐμὲ ἰσχυρότερός μού ἐστιν, αὐτὸς ὑμᾶς βαπτίσει ἐν πνεύματι ἁγίῳ. πρὸς ὃν λεκτέον ὅτι ὥσπερ ποτὸν τυγχάνων ὁ τοῦ θεοῦ λόγος οἷς μέν ἐστιν ὕδωρ, ἑτέροις δὲ οἶνος εὐφραίνων καρδίαν ἀνθρώπου, cf. Ps ciii (civ) 15 ἄλλοις δὲ αἷμα διὰ τό· Ἐὰν μὴ πίητέ μου τὸ αἷμα, οὐκ Jo vi 53 ἔχετε ζωὴν ἐν ἑαυτοῖς· ἀλλὰ καὶ τροφὴ λεγόμενος οὐ κατὰ τὰ αὐτὰ νοεῖται ἄρτος ζῶν καὶ σάρξ· οὕτως ὁ αὐτός ἐστι βάπτισμα ὕδατος καὶ πνεύματος καὶ πυρός, τισὶ δὲ καὶ αἵματος. περὶ δὲ τοῦ τελευταίου βαπτίσματος, ὥς τινες, φησὶν ἐν τῷ· Βάπτισμα δὲ ἔχω βαπτισθῆναι, καὶ πῶς συνέχομαι Lc xii 50 ἕως ὅτου τελεσθῇ; τούτῳ τε συμφώνως ἐν τῇ ἐπιστολῇ ὁ μαθητὴς Ἰωάννης τὸ πνεῦμα καὶ τὸ ὕδωρ καὶ τὸ αἷμα ἀνέ- cf. 1 Jo v 8 γραψε τὰ τρία εἰς ἓν γινόμενα. καὶ ὁδὸς δέ που καὶ θύρα εἶναι ὁμολογῶν, σαφής ἐστι μηδέπω τυγχάνων θύρα ᾧ ἔτι ὁδός ἐστι, καὶ μηκέτι ὁδὸς ᾧ ἤδη θύρα. πάντες οὖν οἱ στοιχειούμενοι τῇ ἀρχῇ τῶν λογίων τοῦ θεοῦ, τῇ φωνῇ τοῦ cf. He v 12 ἐν τῇ ἐρήμῳ βοῶντος Εὐθύνατε τὴν ὁδὸν κυρίου προσιόντες, Jo i 23, 28 πέραν τοῦ Ἰορδάνου τυγχανούσῃ παρὰ τῷ οἴκῳ τῆς κατασκευῆς, εὐτρεπιζέσθωσαν πρὸς τὸ δυνηθῆναι διὰ τῆς προετοιμασίας χωρῆσαι τὸν πνευματικὸν λόγον, ἐγγινόμενον διὰ τοῦ φωτισμοῦ τοῦ πνεύματος. ἐχομένως δὴ τοῦ προκειμένου

2 ἵν᾽] ἰν,   18 αὐτὰ νοεῖται] αὐτ᾽᾽ οειται   22 ὁ] om.
26 ἤδη] δὴ

τὰ περὶ τοῦ Ἰορδάνου συνάγοντες ἀκριβέστερον τὸν ποταμὸν νοήσομεν. ὁ θεὸς τοίνυν διὰ Μωσέως διαβιβάζει τὸν λαὸν τὴν ἐρυθρὰν θάλασσαν, αὐτὸ τὸ ὕδωρ αὐτοῖς ποιήσας τεῖχος ἐκ δεξιῶν καὶ ἐξ εὐωνύμων, διὰ δὲ τοῦ Ἰησοῦ τὸν Ἰορδάνην.

44. Ἐντυχὼν δὲ τῇ γραφῇ ὁ Παῦλος, οὐκέτι κατὰ τὴν σάρκα στρατευόμενος αὐτῆς, ᾔδει γὰρ ὅτι ὁ νόμος πνευματικός ἐστι, πνευματικῶς διδάσκει ἡμᾶς ἐξειληφέναι τὰ τῆς κατὰ τὴν ἐρυθρὰν θάλασσαν διόδου, λέγων ἐν τῇ πρὸς Κορινθίους προτέρᾳ· Οὐ θέλω γὰρ ὑμᾶς ἀγνοεῖν, ἀδελφοί, ὅτι οἱ πατέρες ἡμῶν πάντες ὑπὸ τὴν νεφέλην ἦσαν καὶ πάντες διὰ τῆς θαλάσσης διῆλθον, καὶ πάντες εἰς τὸν Μωυσῆν ἐβαπτίσαντο ἐν τῇ νεφέλῃ καὶ ἐν τῇ θαλάσσῃ, καὶ πάντες τὸ αὐτὸ βρῶμα πνευματικὸν ἔφαγον καὶ πάντες τὸ πνευματικὸν ἔπιον πόμα· ἔπινον γὰρ ἐκ πνευματικῆς ἀκολουθούσης πέτρας, ἡ πέτρα δὲ ἦν ὁ χριστός. οἷς ἀκολούθως καὶ ἡμεῖς αἰτήσωμεν λαβεῖν ἀπὸ τοῦ θεοῦ τὸ νοῆσαι πνευματικῶς τὴν διὰ Ἰησοῦ δίοδον τοῦ Ἰορδάνου, λέγοντες ὅτι εἶπεν ἂν καὶ περὶ ταύτης ὁ Παῦλος· οὐ θέλω ὑμᾶς ἀγνοεῖν, ἀδελφοί, ὅτι οἱ πατέρες ἡμῶν πάντες διὰ τοῦ Ἰορδάνου διῆλθον, καὶ πάντες εἰς τὸν Ἰησοῦν ἐβαπτίσαντο ἐν τῷ πνεύματι καὶ τῷ ποταμῷ. τύπος δὲ ὁ διαδεξάμενος ἦν Μωσῆν Ἰησοῦς τοῦ διαδεξαμένου τὴν διὰ τοῦ νόμου οἰκονομίαν τῷ εὐαγγελικῷ κηρύγματι Ἰησοῦ τοῦ χριστοῦ· διόπερ εἰ καὶ πάντες ἐκεῖνοι εἰς Μωσῆν βαπτίζονται ἐν τῇ νεφέλῃ καὶ ἐν τῇ θαλάσσῃ, πικρὸν μέν τι ἔχει καὶ ἁλμυρὸν τὸ ἐκείνων βάπτισμα, ἔτι φοβουμένων τοὺς ἐχθροὺς παρ' αὐτῶν, καὶ ἀναβοώντων πρὸς τὸν κύριον καὶ τῷ Μωσῇ λεγόντων· Παρὰ τὸ μὴ ὑπάρχειν μνήματα ἐν Αἰγύπτῳ ἐξήγαγες ἡμᾶς θανατῶσαι ἐν τῇ ἐρήμῳ· τί τοῦτο ἐποίησας ἡμῖν, ἐξαγαγὼν ἐξ Αἰγύπτου; τὸ δὲ εἰς Ἰησοῦν βάπτισμα ἐν τῷ ἀληθῶς γλυκεῖ καὶ ποτίμῳ ποταμῷ πολλὰ ἔχει παρ' ἐκεῖνο ἐξαίρετα, ἤδη τρανουμένης καὶ πρέπουσαν τάξιν λαμβανούσης τῆς θεοσεβείας· κιβωτὸς γὰρ τῆς διαθήκης κυρίου

30 ἔχειν

τοῦ θεοῦ ἡμῶν καὶ ἱερεῖς καὶ Λευῖται προπορεύονται, τοῦ λαοῦ ἑπομένου τοῖς θεραπευταῖς τοῦ θεοῦ, κἀκείνου δὲ τοῖς χωροῦσι τὴν περὶ ἁγνείας ἐντολήν. Ἰησοῦς δὲ λέγει τῷ λαῷ· Ἁγνίσασθε Jos iii 5 εἰς τὴν αὔριον, ποιήσει ἐν ἡμῖν κύριος θαυμάσια. καὶ τοῖς
5 ἱερεῦσι μετὰ τῆς κιβωτοῦ τῆς διαθήκης κελεύει προπορεύεσθαι ἔμπροσθεν τοῦ λαοῦ, ὅτε καὶ τὸ μυστήριον τῆς τοῦ πατρὸς πρὸς τὸν υἱὸν οἰκονομίας ἐμφαίνεται, ὑπερυψούμενον ὑπ' αὐτοῦ διδόντος χάρισμα Ἰν ἐν τῷ ὀνόματι Ἰησοῦ πᾶν γόνυ Phil ii 10 f. κάμψῃ ἐπουρανίων καὶ ἐπιγείων καὶ καταχθονίων, καὶ πᾶσα
10 γλῶσσα ἐξομολογήσηται ὅτι κύριος Ἰησοῦς Χριστὸς εἰς δόξαν θεοῦ πατρός. διὰ γὰρ τούτων δηλοῦται ἐν τῷ Ἰησοῦ ἀναγεγραμμένων ταῦτα· Καὶ εἶπε κύριος πρὸς Ἰησοῦν Ἐν Jos iii 7 τῇ ἡμέρᾳ ταύτῃ ἄρξομαι ὑψῶσαί σε κατενώπιον τῶν υἱῶν Ἰσραήλ. καὶ ἀκουστέον τοῦ κυρίου ἡμῶν Ἰησοῦ λέγοντος
15 τοῖς υἱοῖς Ἰσραήλ· Προσάγετε ὧδε καὶ ἀκούσετε τὸ ῥῆμα Jos iii 9 f. κυρίου τοῦ θεοῦ ἡμῶν· ἐν τούτῳ γνώσεσθε, ὅτι θεὸς ζῶν ἐν ὑμῖν ἐστιν· ἐν γὰρ τῷ βαπτίσασθαι εἰς Ἰησοῦν γνωσόμεθα ὅτι θεὸς ζῶν ἐν ἡμῖν ἐστι.

45. Κἀκεῖ μὲν τὸ πάσχα ποιήσαντες ἐν Αἰγύπτῳ, ἀρχὴν
20 τῆς ἐξόδου ποιοῦνται· παρὰ δὲ τῷ Ἰησοῦ μετὰ τὴν δίοδον τοῦ Ἰορδάνου, τῇ δεκάτῃ τοῦ πρώτου μηνὸς κατεστρατοπέδευσαν
145 ἐν Γαλγάλοις, ὅτε πρῶτον ἔδει λαβόντα τὸ πρόβατον ἐπονομάσαι τοὺς εὐωχηθησομένους μετὰ τὸ Ἰησοῦ βάπτισμα. καὶ τῇ ἀκροτόμῳ πέτρᾳ ὑπὸ Ἰησοῦ οἱ υἱοὶ Ἰσραήλ, ὅσοι ποτὲ cf. Jos v 2 ff.
25 ἀπερίτμητοι ἦσαν τῶν ἐξεληλυθότων ἐξ Αἰγύπτου, περιτέμνονται· τὸν δὲ ὀνειδισμὸν τῆς Αἰγύπτου ἀφελεῖν κύριος ὁμολογεῖ τῇ ἡμέρᾳ τοῦ εἰς Ἰησοῦν βαπτίσματος, ὅτε Ἰησοῦς περιεκάθαιρεν τοὺς υἱοὺς Ἰσραήλ. γέγραπται γάρ· Καὶ εἶπε Jos v 9 κύριος τῷ Ἰησοῦ υἱῷ Ναυῆ Ἐν τῇ σήμερον ἡμέρᾳ ἀφεῖλον
30 τὸν ὀνειδισμὸν Αἰγύπτου ἀφ' ὑμῶν. τότε ἐποίησαν οἱ υἱοὶ Ἰσραὴλ τὸ πάσχα τῇ τεσσαρεσκαιδεκάτῃ ἡμέρᾳ τοῦ μηνός, πολλῷ τοῦ ἐν Αἰγύπτῳ ἱλαρώτερον, ὅτε καὶ ἔφαγον ἀπὸ τοῦ

7 υἱόν] Ἴν   24 ὅσοι] ὅποι   26 Αἰγύπτου] αἰγύ

σίτου τῆς ἁγίας γῆς ἄζυμα, καὶ νέᾳ τροφῇ τοῦ μάννα κρείττονι. οὐ γὰρ ὅτε τὴν κατ᾽ ἐπαγγελίαν γῆν ἀπειλήφασι τοῖς ἐλάττοσιν αὐτοὺς ἑστιᾷ θεός, οὐδὲ διὰ τοῦ τηλικούτου Ἰησοῦ ὑποδεεστέρου ἄρτου τυγχάνουσι. τοῦτ᾽ ἔσται σαφὲς τῷ τὴν ἀληθῆ ἁγίαν νοήσαντι γῆν καὶ τὴν ἄνω Ἱερουσαλήμ. διὰ τοῦτο καὶ ἐν τῷ αὐτῷ εὐαγγελίῳ κεῖται· Οἱ πατέρες ἐν τῇ ἐρήμῳ ἔφαγον τὸ μάννα καὶ ἀπέθανον· ὁ φαγὼν τοῦτον τὸν ἄρτον ζήσει εἰς τὸν αἰῶνα. τὸ μὲν γὰρ μάννα, εἰ καὶ ἀπὸ τοῦ θεοῦ διδόμενος, ἄρτος ἦν προκοπῆς, ἄρτος τοῖς ἔτι παιδαγωγουμένοις χορηγούμενος, ἄρτος τοῖς ὑπὸ ἐπιτρόπους καὶ οἰκονόμους ἁρμονιώτατος. ὁ δὲ ἐν τῇ ἁγίᾳ γῇ νέος ἀπὸ τοῦ σίτου τῆς γῆς Ἰησοῦ προξενοῦντος θεριζόμενος, ἄλλων μὲν κεκοπιακότων τῶν δὲ μαθητῶν αὐτοῦ θεριζόντων, ἄρτος ἦν ἐκείνου ζωτικώτερος, τοῖς τὴν πατρῴαν κληρονομίαν διὰ τὴν τελειότητα ἀπολαβεῖν δυναμένοις ἀποδιδόμενος. διόπερ ὁ μὲν ἐκείνῳ ἔτι παιδευόμενος τῷ ἄρτῳ τὸ λόγῳ θάνατον δέξασθαι δύναται, ὁ δὲ φθάσας ἐπὶ τὸν μετ᾽ ἐκεῖνον ἄρτον φαγὼν αὐτὸν ζήσεται εἰς τὸν αἰῶνα. ταῦτα δὲ πάντα οὐκ ἀκαίρως οἶμαι παρατεθεῖσθαι τοῦ παρὰ τῷ Ἰορδάνῃ βαπτίσματος, ἐν Βηθαβαρᾷ ὑπὸ Ἰωάννου γινομένου, ἐξεταζομένου.

46. (27) Ἔτι δὲ καὶ τοῦτο παρατηρητέον, ὅτι μέλλων ἀναλαμβάνεσθαι Ἡλίας ἐν συσσεισμῷ ὡς εἰς τὸν οὐρανόν, λαβὼν τὴν μηλωτὴν αὐτοῦ καὶ εἰλήσας ἐπάταξε τὸ ὕδωρ, ὅπερ διῃρέθη ἔνθα καὶ ἔνθα, καὶ διέβησαν ἀμφότεροι, δηλονότι αὐτὸς καὶ ὁ Ἐλισαῖος· ἐπιτηδειότερος γὰρ πρὸς τὸ ἀναληφθῆναι γεγένηται ἐν τῷ Ἰορδάνῃ βαπτισάμενος, ἐπεὶ τὴν δι᾽ ὕδατος παραδοξοτέραν διάβασιν βάπτισμα, ὡς προπαρεθέμεθα, ὠνόμασεν ὁ Παῦλος. διὰ τὸν αὐτὸν δὴ τοῦτον Ἰορδάνην χωρεῖ ὃ βεβούληται χάρισμα διὰ Ἡλίου ὁ Ἐλισαῖος λαβεῖν, εἰπών· Γενηθήτω δὴ διπλᾶ ἐν πνεύματί σου ἐπ᾽ ἐμέ. καὶ τάχα διὰ τοῦτο διπλοῦν ἔλαβε τὸ χάρισμα ἐν

---

1 κρείττονα   4 τὸ τ᾽   13 κεκοπιακότων] κεκληκότων
15 post τελειότητα] ins. δεῖ   16 ἐκεῖνα ἐπιπαιδευόμενος
19 Βηθάρα

πνεύματι Ἡλίου ἐφ' ἑαυτόν, ἐπεὶ δὶς διῆλθε τὴν Ἰορδάνην, ἅπαξ μὲν μετὰ τοῦ Ἡλίου, δεύτερον δὲ ὅτε λαβὼν τὴν μηλωτὴν τοῦ Ἡλίου ἐπάταξε τὸ ὕδωρ, καὶ εἶπε Ποῦ ὁ Θεὸς Ἡλίου ἀφφώ; καὶ ἐπάταξε τὰ ὕδατα καὶ διεῖλεν ἔνθα καὶ ἔνθα. (28) ἐὰν δέ τις προσκόπτῃ τῷ· Ἐπάταξε τὸ ὕδωρ· διὰ τὰ παραδεδομένα ἡμῖν περὶ τοῦ Ἰορδάνου, ὃς τύπος ἦν τοῦ τὴν κατάβασιν ἡμῶν καταβάντος λόγου, λεκτέον ὅτι παρὰ τῷ ἀποστόλῳ σαφῶς ἡ πέτρα Χριστὸς ἦν, ἥτις τῇ ῥάβδῳ δὶς πλήσσεται, ἵνα δυνηθῶσι πιεῖν ἀπὸ τῆς πνευματικῆς ἀκολουθούσης πέτρας. ἔστιν οὖν τις καὶ ἀγαπώντων πληγὴ ἐν τῇ ἐπαπορήσει πρὶν μαθεῖν τὸ ζητούμενον τὰ ἐναντία προφερομένων τῷ τοῦ λόγου συμπεράσματι, ὧν ἀπαλλάττων ἡμᾶς ὁ θεὸς ὅπου μὲν διψῶσι δίδωσι πότον, ὅπου δὲ τὸ ἄβατον ἡμῖν καὶ ἀχώρητον διὰ τὸ βάθος διόδευτον τῇ διαιρέσει τοῦ λόγου παρασκευάζει, τῶν πλείστων τῷ διαιρετικῷ λόγῳ ἡμῖν σαφηνιζομένων.

47. Ἔτι δὲ εἰς τὸ παραδέξασθαι τὴν περὶ τοῦ ποτιμωτάτου καὶ χαριστικωτάτου Ἰορδάνου ἑρμηνείαν, χρήσιμον παραθέσθαι τόν τε ἀπὸ τῆς λέπρας καθαριζόμενον Ναιμὰν τὸν Σύρον, καὶ τὰ λεγόμενα περὶ τῶν παρὰ τοῖς πολεμίοις τῆς θεοσεβείας ποταμῶν. περὶ μὲν οὖν Ναιμὰν γέγραπται ὅτι Ἦλθεν ἐν ἵππῳ καὶ ἅρματι, καὶ ἔστη ἐπὶ θύραις οἴκου Ἐλισαιέ. καὶ ἀπέστειλεν Ἐλισαιὲ ἄγγελον πρὸς αὐτὸν λέγων Πορευθεὶς λοῦσαι ἑπτάκις ἐν τῷ Ἰορδάνῃ, καὶ ἐπιστρέψει ἡ σάρξ σού σοι καὶ καθαρισθήσῃ. ὅτε καὶ θυμοῦται Ναιμὰν, οὐ νοῶν ὅτι ὁ Ἰορδάνης ἡμῶν ἐστιν ὁ ἀπολύων τοὺς διὰ τὴν λέπραν ἀκαθάρτους τῆς ἀκαθαρσίας καὶ ἰώμενος, οὐχὶ δὲ ὁ προφήτης· προφήτου γὰρ ἔργον πέμψαι ἐπὶ τὸ θεραπεῦον. μὴ συνιεὶς τοίνυν τὸ τοῦ Ἰορδάνου μέγα μυστήριον ὁ Ναιμάν φησιν· Ἰδοὺ δὴ ἔλεγον ὅτι πάντως ἐξελεύσεται πρός με καὶ στήσεται καὶ ἐπικαλέσεται ἐν ὀνόματι κυρίου θεοῦ αὐτοῦ καὶ ἐπιθήσει τὴν χεῖρα αὐτοῦ ἐπὶ

4 Reg ii 14

cf. 1 Co x 4

4 Reg v 9 f.

4 Reg v 11

13 ἄβατον] ἄβα   20 παρὰ] περὶ   25 καθαρισθή

τὸν τόπον καὶ ἀποσυνάξει τὸ λεπρόν. τὸ γὰρ ἐπιθεῖναι τὴν χεῖρα λέπρᾳ καὶ καθαρίσαι μόνου τοῦ κυρίου μου Ἰησοῦ ἔργον ἦν, οὐ μόνον εἰπόντος τῷ μετὰ πίστεως ἀξιώσαντι Ἐὰν θέλῃς δύνασαί με καθαρίσαι, τό· Θέλω, καθαρίσθητι· πρὸς γὰρ τῷ λόγῳ καὶ ἥψατο αὐτοῦ, καὶ ἐκαθαρίσθη ἀπὸ τῆς λέπρας αὐτοῦ. ἔτι δὲ πλανώμενος ὁ Ναιμὰν καὶ οὐχ ὁρῶν ὅσον ἀπολείπονται οἱ ἕτεροι τοῦ Ἰορδάνου ποταμοὶ πρὸς θεραπείαν τῶν πεπονθότων, ἐπαινεῖ τοὺς τῆς Δαμασκοῦ ποταμοὺς, Ἀβανὰ καὶ Φαρφὰ, λέγων· Οὐχὶ ἀγαθὸς Ἀβανὰ καὶ Φαρφὰ, ποταμοὶ Δαμασκοῦ, ὑπὲρ πάντα τὰ ὕδατα Ἰσραήλ; οὐχὶ πορευθεὶς λούσομαι ἐν αὐτοῖς καὶ καθαρισθήσομαι; ὥσπερ γὰρ οὐδεὶς ἀγαθὸς εἰ μὴ εἷς ὁ θεὸς ὁ πατήρ, οὕτως ἐν ποταμοῖς οὐδεὶς ἀγαθὸς εἰ μὴ ὁ Ἰορδάνης, καὶ λέπρας ἀπαλλάξαι δυνάμενος τὸν μετὰ πίστεως τὴν ψυχὴν λουόμενον εἰς τὸν Ἰησοῦν. οἶμαι δὲ διὰ τοῦτον κλαίειν ἀναγεγράφθαι πᾶσι τοῖς Βαβυλῶνος ποταμοῖς καθεζομένους τοὺς μνησθέντας τῆς Σιών· ἄλλων γὰρ ὑδάτων γευσάμενοι μετὰ τὸν ἅγιον Ἰορδάνην οἱ διὰ τὴν κακίαν αἰχμαλωτευθέντες εἰς ὑπόμνησιν καὶ ποθὴν ἔρχονται τοῦ οἰκείου καὶ σωτηρίου ποταμοῦ. διόπερ ἐπὶ τῶν ποταμῶν Βαβυλῶνός φησιν· Ἐκεῖ ἐκαθίσαμεν, δηλονότι διὰ τὸ μὴ δύνασθαι στῆναι, καὶ ἐκλαύσαμεν. καὶ ὁ Ἰερεμίας δὲ ἐπιπλήσσει τοῖς θέλουσιν Αἰγύπτιον ὕδωρ πιεῖν καὶ καταλείπουσι τὸ ἐξ οὐρανοῦ καταβαῖνον καὶ ἐπώνυμον τῆς καταβάσεως τυγχάνον, τὸν Ἰορδάνην, λέγων· Τί σοι καὶ τῇ ὁδῷ Αἰγύπτου τοῦ πιεῖν ὕδωρ Γηών, καὶ τοῦ πιεῖν ὕδωρ ποταμῶν; ἢ ὡς τὸ Ἑβραϊκὸν ἔχει τοῦ πιεῖν ὕδωρ Σιών· περὶ οὗ οὐ νῦν πρόκειται λέγειν.

48. (29) Ὅτι δὲ οὐ περὶ αἰσθητῶν ποταμῶν ὁ προηγούμενος λόγος ἐστὶ τῷ ἐν ταῖς θεοπνεύστοις γραφαῖς λαλοῦντι πνεύματι καὶ ἀπὸ τῶν ἐν τῷ Ἐζεκιὴλ ἐπὶ Φαραώ, βασιλέα Αἰγύπτου, προφητευομένων ἔστιν ἰδεῖν οὕτως ἐχόντων· Ἰδοὺ,

6 δὴ   19 πόθεν   25 τυγχάνων   27 οὗ] τοῦ

IN EVANGELIUM JOANNIS TOMUS VI. 167

ἐγὼ ἐπὶ σὲ Φαραώ, βασιλεῦ Αἰγύπτου, τὸν δράκοντα τὸν μέγαν τὸν ἐγκαθήμενον ἐν μέσῳ ποταμῶν αὐτοῦ, λέγοντα Ἐμοί εἰσιν οἱ ποταμοί, καὶ ἐγὼ ἐποίησα αὐτούς. καὶ ἐγὼ δώσω παγίδας εἰς τὰς σιαγόνας σου, καὶ προσκολλήσω τοὺς ἰχθύας τοῦ ποταμοῦ πρὸς τὰς πτέρυγάς σου, καὶ ἀνάξω σε ἐκ μέσου τοῦ ποταμοῦ σου καὶ πάντας τοὺς ἰχθύας τοῦ ποταμοῦ, καὶ καταβαλῶ σε ἐν τάχει καὶ πάντας τοὺς ἰχθύας τοῦ ποταμοῦ· ἐπὶ προσώπου τοῦ πεδίου σου πέσῃ καὶ οὐ μὴ συναχθῇς καὶ οὐ μὴ περισταλῇς. ποῖος γὰρ σωματικὸς δράκων ἐν τῷ σωματικῷ τῆς Αἰγύπτου ποταμῷ ὀφθεὶς ἱστόρηταί ποτε; ἀλλὰ μήποτε χωρίον ἐστὶ τοῦ ἐχθροῦ ἡμῶν δράκοντος ὁ τῆς Αἰγύπτου ποταμός, μηδὲ παιδίον ἀποκτεῖναι Μωσέα δυνηθείς. ὥσπερ δὲ δράκων ἐν τῷ Αἰγυπτίῳ ἐστὶ ποταμῷ, οὕτως ὁ θεὸς ἐν τῷ εὐφραίνοντι τὴν πόλιν τοῦ θεοῦ ποταμῷ· ὁ πατὴρ γὰρ ἐν τῷ υἱῷ. διὰ τοῦτο οἱ γινόμενοι ἐν αὐτῷ ἐπὶ τῷ λούσασθαι, τὸν ὀνειδισμὸν ἀποτίθενται τῆς Αἰγύπτου, καὶ ἐπιτηδειότεροι πρὸς τὸ ἀναλαμβάνεσθαι γίνονται, καὶ ἀπὸ τῆς μιαρωτάτης λέπρας καθαρίζονται, καὶ διπλασιασμὸν χωροῦσι χαρισμάτων, καὶ ἕτοιμοι πρὸς πνεύματος ἁγίου παραδοχὴν γίνονται, ἄλλῳ ποταμῷ οὐκ ἐφιπταμένης τῆς πνευματικῆς περιστερᾶς. διόπερ θεοπρεπέστερον νοήσαντες τὸν Ἰορδάνην, καὶ τὸ ἐν αὐτῷ λουτρὸν, καὶ τὸν Ἰησοῦν ἐν αὐτῷ λουόμενον, καὶ τὸν τῆς κατασκευῆς οἶκον, ὅσον δεόμεθα τῆς τοιαύτης ὠφελείας ἀπὸ τοῦ ποταμοῦ ἀρυσώμεθα.

49. (30) Τῇ ἐπαύριον βλέπει τὸν Ἰησοῦν ἐρχόμενον πρὸς αὐτόν. Πρότερον ἡ μήτηρ τοῦ Ἰησοῦ ἅμα τῷ συλλαβεῖν αὐτὸν τῇ μητρὶ τοῦ Ἰωάννου καὶ αὐτῇ ἐγκύμονι τυγχανούσῃ ἐπεδήμει, ὅτε ὁ μορφούμενος τῷ μορφουμένῳ ἀκριβέστερον τὴν μόρφωσιν χαρίζεται, σύμμορφον ἐνεργῶν αὐτὸν γενέσθαι τῇ δόξῃ αὐτοῦ, ὥστε διὰ τὸ κοινὸν τῆς μορφῆς Ἰωάννην τε Χριστὸν ὑπονοεῖσθαι τυγχάνειν,

cf. Ps xlv (xlvi) 5

Jo i 29

cf. Phil ii 2
cf. Lc iii 15
Mt xiv 2

2 αὐτὸν   6 τοῦ 1°] om.

καὶ Ἰησοῦν Ἰωάννην ἀναστάντα ἐκ νεκρῶν νομίζεσθαι παρὰ τοῖς μὴ διακρίνουσι τὴν εἰκόνα ἀπὸ τοῦ κατὰ τὴν εἰκόνα· νῦν δὴ ὁ Ἰησοῦς μετὰ τὰ προεξετασθέντα μαρτύρια Ἰωάννου περὶ αὐτοῦ αὐτὸς βλέπεται ὑπὸ τοῦ βαπτιστοῦ ἐρχόμενος πρὸς αὐτόν. παρατηρητέον δὲ ὅτι ἐκεῖ μὲν διὰ τὴν τοῦ Μαρίας ἀσπασμοῦ φωνὴν ἐληλυθυῖαν εἰς τὰ ὦτα τῆς Ἐλισάβετ, σκιρτᾷ τὸ βρέφος Ἰωάννης ἐν τῇ κοιλίᾳ τῆς μητρός, τότε, ὡς ἀπὸ τῆς γῆς, λαμβανούσης πνεῦμα ἅγιον· Ἐγένετο γὰρ, φησὶν, ὡς ἤκουσε τὸν ἀσπασμὸν τῆς Μαρίας ἡ Ἐλισάβετ, ἐσκίρτησε τὸ βρέφος ἐν τῇ κοιλίᾳ αὐτῆς, καὶ ἐπλήσθη πνεύματος ἁγίου ἡ Ἐλισάβετ καὶ ἀνεφώνησε κραυγῇ μεγάλῃ καὶ εἶπεν· ἔνθα δέ· Βλέπει ὁ Ἰωάννης τὸν Ἰησοῦν ἐρχόμενον πρὸς αὐτὸν, καὶ λέγει Ἴδε ὁ ἀμνὸς τοῦ θεοῦ ὁ αἴρων τὴν ἁμαρτίαν τοῦ κόσμου· ἀκοῇ δὲ τῇ περὶ τῶν κρειττόνων πρότερόν τις παιδεύεται, καὶ μετὰ ταῦτα αὐτόπτης αὐτῶν γίνεται. ὅτι μέντοι γε εἰς τὴν μόρφωσιν ὠφέληται ὁ Ἰωάννης ἀπὸ τοῦ ἔτι μορφουμένου τοῦ κυρίου, γενομένου ἐν τῇ μητρὶ πρὸς τὴν Ἐλισάβετ, τῷ κεκρατηκότι τῶν εἰρημένων περὶ τοῦ φωνὴν μὲν εἶναι τὸν Ἰωάννην, λόγον δὲ τὸν Ἰησοῦν, δῆλον ἔσται· μεγάλη γὰρ φωνὴ γίνεται ἐν τῇ Ἐλισάβετ πληρωθείσῃ πνεύματος ἁγίου διὰ τὸν ἀσπασμὸν τῆς Μαρίας, ὡς αὐτὴ ἡ λέξις παρίστησιν οὕτως ἔχουσα· Καὶ ἀνεφώνησε κραυγῇ μεγάλῃ, δηλονότι ἡ Ἐλισάβετ, καὶ εἶπεν. ἡ γὰρ φωνὴ τοῦ ἀσπασμοῦ τῆς Μαρίας γενομένη ἐν τοῖς ὠσὶ τῆς Ἐλισάβετ ἐπλήρωσε τὸν Ἰωάννην ἑαυτῆς· διόπερ σκιρτᾷ ὁ Ἰωάννης, καὶ οἱονεὶ στόμα τοῦ υἱοῦ καὶ προφῆτις ἡ μήτηρ γίνεται ἀναφωνοῦσα κραυγῇ μεγάλῃ καὶ λέγουσα· Εὐλογημένη σὺ ἐν γυναιξὶ, καὶ εὐλογημένος ὁ καρπὸς τῆς κοιλίας σου. ἤδη οὖν δύναται δῆλος ἡμῖν γίνεσθαι καὶ ἡ μετὰ σπουδῆς πορεία τῆς Μαρίας εἰς τὴν ὀρεινὴν, καὶ ἡ εἴσοδος εἰς τὸν οἶκον Ζαχαρίου, καὶ ὁ ἀσπασμὸς ὃν ἀσπάζεται τὴν Ἐλισάβετ· ἵνα γὰρ μεταδῷ ἀφ' ἧς

24 ἡ] om.

ἔχει ἐξ οὗ συνείληφε δυνάμεως τῷ Ἰωάννῃ ἔτι ἐν τῇ μήτρᾳ τυγχάνοντι τῆς μητρὸς ἡ Μαριάμ, καὶ αὐτῷ μεταδώσοντι τῇ μητρὶ ἀφ' ἧς ἔλαβε χάριτος προφητικῆς, ταῦτα πάντα γίνεται. καὶ εὐλογώτατά γε ἐν τῇ ὀρεινῇ αἱ τοιαῦται 5 οἰκονομίαι ἐπιτελοῦνται, οὐδενὸς μεγάλου χωρουμένου ὑπὸ τῶν διὰ τὴν ταπεινότητα κοιλάδων κληθησομένων. καὶ ἐνθάδε οὖν μετὰ τὰς Ἰωάννου μαρτυρίας, πρώτην μὲν τὴν ὑπὸ κεκραγότος λεγομένην καὶ θεολογοῦντος, δευτέραν δὲ πρὸς τοὺς ἱερεῖς καὶ Λευίτας τοὺς ἀπὸ Ἱεροσολύμων ὑπὸ cf. Jo i 19 10 Ἰουδαίων ἀπεσταλμένους, καὶ τρίτην τὴν πρὸς τοὺς ἐκ τῶν Φαρισαίων πικρότερον ἐρωτήσαντας, Ἰησοῦς ἤδη βλέπεται cf. Jo i 24 ὑπὸ τοῦ μαρτυρήσαντος, ἐρχόμενος πρὸς αὐτὸν ἔτι προκόπτοντα καὶ βελτίονα γινόμενον· ἧς προκοπῆς καὶ βελτιώσεως σύμβολον ἡ ὠνομασμένη αὔριον· οἱονεὶ γὰρ ἐν 15 ἑξῆς φωτισμῷ καὶ δευτέρᾳ ἡμέρᾳ παρὰ τὰ πρότερον ὁ Ἰησοῦς ἔρχεται, οὐ μόνον γινωσκόμενος ὡς μέσος ἑστηκὼς cf. Jo i 26 καὶ τῶν οὐκ εἰδότων, ἀλλ' ἤδη καὶ ὁρώμενος ἥκων τῷ ταῦτα πρότερον ἀποφηναμένῳ. πρώτῃ οὖν ἡμέρᾳ αἱ μαρτυρίαι 150 γίνονται, καὶ δευτέρᾳ Ἰησοῦς πρὸς Ἰωάννην ἔρχεται· τρίτῃ 20 δὲ ἑστὼς ὁ Ἰωάννης μετὰ δύο μαθητῶν, ἐνιδὼν Ἰησοῦ περιπατοῦντι εἰπὼν τό· Ἴδε ὁ ἀμνὸς τοῦ θεοῦ· προτρέπει τοὺς Jo i 36 παρόντας ἀκολουθῆσαι τῷ υἱῷ τοῦ θεοῦ. καὶ τετάρτῃ θελήσας ἐξελθεῖν εἰς τὴν Γαλιλαίαν ὁ ἐξελθὼν ζητῆσαι τὸ ἀπολωλὸς εὑρίσκει Φίλιππον καὶ λέγει αὐτῷ Ἀκολούθει Jo i 44 25 μοι. τρίτῃ δὲ ἀπὸ τῆς τετάρτης, ἥτις ἐστὶν ἕκτη τῶν ἀρχῆθεν ἡμῖν κατειλεγμένων, ὁ γάμος γίνεται ἐν Κανᾷ τῆς cf. Jo ii 1 Γαλιλαίας, περὶ οὗ εἰσόμεθα γενόμενοι κατὰ τὸν τόπον. παρατηρητέον δὲ καὶ τοῦτο, ὅτι ἡ διαφέρουσα Μαρία πρὸς τὴν ὑποδεεστέραν Ἐλισάβετ ἔρχεται, καὶ ὁ υἱὸς τοῦ θεοῦ 30 πρὸς τὸν βαπτιστήν, δι' ὧν εἰς τὸ ἄοκνον πρὸς τὸ ὠφελεῖν τοὺς ἥττονας καὶ μετριότητα ὠφελούμεθα.

50. (31) Ἐπεὶ δὲ παρὰ τῷ μαθητῇ Ἰωάννῃ πόθεν

1 μήτρᾳ] μητρί   13 ἧς] ἡ   25 τρίτῃ] τῇ

170 ORIGENIS COMMENTARIORUM

Mt iii 13 πρὸς τὸν βαπτιστὴν Ἰωάννην ὁ σωτὴρ ἔρχεται οὐ λέγεται, τοῦτο μανθάνομεν ἀπὸ τοῦ Ματθαίου γράψαντος· Τότε παραγίνεται ὁ Ἰησοῦς ἀπὸ τῆς Γαλιλαίας ἐπὶ τὸν Ἰορδάνην πρὸς τὸν Ἰωάννην, τοῦ βαπτισθῆναι ὑπ᾿ αὐτοῦ. ὁ δὲ Μάρκος

Mc i 9 καὶ τὸν τόπον τῆς Γαλιλαίας προσέθηκεν εἰπών· Καὶ ἐγένετο 5 ἐν ἐκείναις ταῖς ἡμέραις, ἦλθεν Ἰησοῦς ἀπὸ Ναζαρὲτ τῆς Γαλιλαίας καὶ ἐβαπτίσθη εἰς τὸν Ἰορδάνην ὑπὸ Ἰωάννου. Λουκᾶς δὲ τὸν μὲν τόπον ἀπεσιώπησεν ὅθεν Ἰησοῦς ἔρχεται, παραχωρήσας τοῖς εἰρηκόσι τὸν λόγον, ὕπερ δὲ ἀπ᾿ ἐκείνων οὐ μεμαθήκαμεν αὐτὸς ἡμᾶς διδάσκει, ὡς ἄρα μετὰ τὸ 10

Lc iii 21 βάπτισμα αὐτῷ προσευχομένῳ ἀνεῴχθη ὁ οὐρανός, καὶ κατέβη τὸ ἅγιον πνεῦμα σωματικῷ εἴδει ὡς περιστερά. πάλιν τὸ Ἰωάννην διακεκωλυκέναι τὸν κύριον λέγοντα τῷ

Mt iii 14 σωτῆρι· Ἐγὼ χρείαν ἔχω ὑπὸ σοῦ βαπτισθῆναι, καὶ σὺ ἔρχῃ πρός με; τῷ Ματθαίῳ εἰρηκότι οὐδεὶς προσέθηκεν, ἵνα 15 μὴ ταυτολογῶσι. καὶ τὸ ὑπὸ τοῦ κυρίου δὲ πρὸς αὐτὸν

Mt iii 15 εἰρημένον· Ἄφες ἄρτι, οὕτω γὰρ πρέπον ἐστὶν ἡμῖν πληρῶσαι πᾶσαν δικαιοσύνην· μόνος ἀνέγραψεν ὁ Ματθαῖος.

Jo i 29 51. (32) Καὶ λέγει Ἴδε ὁ ἀμνὸϲ τοῦ θεοῦ ὁ αἴρων τὴν ἁμαρτίαν τοῦ κόϲμου. Πέντε ζώων προσ- 20 φερομένων ἐπὶ τὸ θυσιαστήριον, τριῶν μὲν χερσαίων πτηνῶν δὲ δύο, ἄξιόν μοι ζητεῖν φαίνεται τί δήποτε ὑπὸ τοῦ Ἰωάννου ὁ σωτὴρ ἀμνὸς λέγεται, καὶ οὐδὲν τῶν λοιπῶν, ἀλλὰ καὶ ἐπὶ τῶν χερσαίων καθ᾿ ἕκαστον τριῶν ἡλικιῶν προσαγομένων, ἀπὸ τοῦ γένους τῶν προβάτων τὸν ἀμνὸν 25 ὠνόμασε. πέντε δὲ ζῶα ταῦτά ἐστι· μόσχος, πρόβατον, 151 αἴξ, τρυγών, περιστερά. καὶ τρεῖς ἡλικίαι ἑκάστου τῶν χερσαίων αὗται· μόσχος, βοῦς, μοσχάριον, κριός, ἀμνός, ἀρνίον, τράγος, αἴξ, ἔριφος· πτηνῶν δὲ, περιστερῶν μὲν ζεῦγος νεοσσῶν μόνον, τρυγόνων ζεῦγος τέλειον. ζητητέον 30 οὖν τῷ βουλομένῳ ἀκριβῶς τὸν περὶ τῶν θυσιῶν πνευματικὸν καταλαβεῖν λόγον τίνων ἐπουρανίων ὑποδείγματι καὶ

11 προσερχομένῳ   29 δὲ] μὲν   περιστερὰς

σκιᾷ ταῦτ' ἐγίνετο, καὶ ἕκαστον τῶν ζώων ἐπὶ τίνι νομοθετεῖ ὁ λόγος θύεσθαι· καὶ ἰδίᾳ συνακτέον τὰ περὶ τοῦ ἀμνοῦ. ὅτι δὲ ὁ περὶ τῶν θυσιῶν λόγος περί τινων οὐρανίων μυστηρίων νοεῖσθαι ὀφείλει φησί που ὁ ἀπόστολος· Οἵτινες He viii 5
5 ὑποδείγματι καὶ σκιᾷ λατρεύουσι τῶν ἐπουρανίων· καὶ πάλιν· Ἀνάγκη οὖν τὰ μὲν ὑποδείγματα τῶν ἐν τοῖς He ix 23 οὐρανοῖς τούτοις καθαρίζεσθαι, αὐτὰ δὲ τὰ ἐπουράνια κρείττοσι θυσίαις παρὰ ταύτας. τὸ δὲ καθ' ἓν δυνηθῆναι τούτων εὑρόντα ἐκλαβεῖν τὴν διὰ Ἰησοῦ Χριστοῦ γεγενη- cf. Jo i 17
10 μένην τοῦ πνευματικοῦ νόμου ἀλήθειαν, σφόδρα μεῖζον τυγχάνον τῆς ἀνθρωπίνης φύσεως, οὐδενὸς ἄλλου ἔργον ἢ τοῦ τελείου ἐστί, τοῦ διὰ τὴν ἕξιν τὰ αἰσθητήρια γεγυμνα- He v 14 σμένα ἔχοντος πρὸς διάκρισιν καλοῦ τε καὶ κακοῦ, δυναμένου ἀπὸ διαθέσεως ἀληθενούσης εἰπεῖν· Σοφίαν δὲ λαλοῦμεν 1 Co ii 6
15 ἐν τοῖς τελείοις. καὶ ἀληθῶς ἐπὶ τούτων ἔστιν εἰπεῖν καὶ τῶν τούτοις παραπλησίων· Ἣν οὐδεὶς τῶν ἀρχόντων τούτου 1 Co ii 8 τοῦ αἰῶνος ἔγνωκε.

52. (33) Πλὴν τὸν ἀμνὸν ἐν ταῖς θυσίαις τοῦ ἐνδελεχισμοῦ εὑρίσκομεν προσφερόμενον. οὕτω δὲ γέγραπται· Καὶ Ex xxix 38—44
20 ταῦτά ἐστιν ἃ ποιήσεις ἐπὶ τοῦ θυσιαστηρίου· ἀμνοὺς ἐνιαυσίους ἀμώμους δύο τὴν ἡμέραν ἐπὶ τὸ θυσιαστήριον ἐνδελεχῶς, κάρπωμα ἐνδελεχισμοῦ. τὸν ἀμνὸν τὸν ἕνα ποιήσεις τὸ πρωΐ, καὶ τὸν ἀμνὸν τὸν δεύτερον ποιήσεις τὸ δειλινόν. καὶ δέκατον σεμιδάλεως πεφυραμένης ἐν ἐλαίῳ κεκομμένῳ τῷ
25 τετάρτῳ τοῦ εἴν· καὶ σπονδὴν τὸ τέταρτον τοῦ εἴν οἴνου τῷ ἀμνῷ τῷ ἑνί. καὶ τὸν ἀμνὸν τὸν δεύτερον ποιήσεις τὸ δειλινὸν κατὰ τὴν θυσίαν τὴν πρώτην καὶ κατὰ τὴν σπονδὴν αὐτοῦ. ποιήσεις ὀσμὴν εὐωδίας, κάρπωμα κυρίῳ, θυσίαν ἐνδελεχισμοῦ εἰς τὰς γενεὰς ὑμῶν ἐπὶ θύραις τῆς σκηνῆς τοῦ
30 μαρτυρίου ἔναντι κυρίου, ἐν οἷς γνωσθήσομαί σοι ἐκεῖ ὥστε λαλῆσαί σοι. καὶ τάξομαι ἐκεῖ τοῖς υἱοῖς Ἰσραὴλ καὶ ἁγιασθήσομαι ἐν δόξῃ μου καὶ ἁγιασμῷ ἁγιάσω τὴν σκηνὴν τοῦ

10 ἡ ἀλήθια σφόδρα μείζων   24 πεφυραμένη   25 καὶ—εἴν] om.   32 ἁγιάσω] om.

μαρτυρίου. ποία δὲ ἑτέρα θυσία δύναται ἐνδελεχισμοῦ εἶναι 152
τῷ λογικῷ νοητὴ ἢ λόγος ἀκμάζων, λόγος ἀμνὸς συμβολικῶς καλούμενος ἅμα τῷ φωτίζεσθαι τὴν ψυχὴν ἀναπεμπόμενος, αὕτη γὰρ ἂν εἴη ἡ ἑωθινὴ τοῦ ἐνδελεχισμοῦ θυσία, καὶ
πάλιν ἐπὶ τέλει τῆς τοῦ νοῦ ἐν τοῖς θειοτέροις διατριβῆς 5
ἀναφερόμενος; οὐ γὰρ ἀεὶ δύναται διαρκεῖν τὸ εἶναι ἐν τοῖς
κρείττοσιν, ὅσον κεκλήρωται ἡ ψυχὴ συνεζεῦχθαι τῷ γηΐνῳ
καὶ βαροῦντι σώματι. (34) ἐὰν δέ τις ζητῇ τί ἐν τοῖς
μεταξὺ τῆς ἕω καὶ ἑσπέρας ποιήσει ὁ ἅγιος, μεταφερέτω
ἀπὸ τῶν κατὰ τὴν λατρείαν τὸν λόγον, ἔπειτα καὶ ἐν τούτοις 10
ἀκολουθείτω. καὶ γὰρ ἐκεῖ οἱ ἱερεῖς ἀρχὴν μὲν τῶν θυσιῶν
προσφέρουσι τὴν τοῦ ἐνδελεχισμοῦ, ἑξῆς δὲ πρὸ τῆς ἑσπερινῆς τοῦ ἐνδελεχισμοῦ τὰς κατὰ τὸν νόμον λοιπάς, οἷον
περὶ πλημμελείας ἢ ἀκουσίων ἢ σωτηρίου ἢ εὐχῆς ἢ ζηλοτυπίας ἢ σαββάτου ἢ νουμηνίας καὶ τῶν λοιπῶν, ἃ μακρὸν 15
ἂν εἴη ἐπὶ τοῦ παρόντος λέγειν. οὕτω τοίνυν καὶ ἡμεῖς ἀπὸ
τοῦ περὶ τῆς εἰκόνος λόγου πεποιημένοι τὴν ἀρχὴν τῆς ἀναφορᾶς, ὅς ἐστιν ὁ χριστός, διαλαμβάνειν περὶ πολλῶν καὶ
ὠφελιμωτάτων δυνησόμεθα. καὶ πάλιν ἐν τοῖς περὶ Χριστοῦ
καταλήξαντες ἐπὶ τὴν οἱονεὶ ἑσπέραν φθάσομεν καὶ νύκτα, 20
ἐρχόμενοι καὶ ἐπὶ τὰ σωματικά.

53. (35) Ἐὰν δὲ τὸν λόγον ἐξετάζωμεν τὸν περὶ τοῦ
δεικνυμένου Ἰησοῦ ὑπὸ τοῦ Ἰωάννου κατὰ τό· Οὗτός ἐστιν ὁ
ἀμνὸς τοῦ θεοῦ ὁ αἴρων τὴν ἁμαρτίαν τοῦ κόσμου, ἱστάμενοι
ἐπ' αὐτὴν τὴν οἰκονομίαν τῆς σωματικῆς τοῦ υἱοῦ τοῦ θεοῦ 25
εἰς τὸν τῶν ἀνθρώπων βίον ἐπιδημίας, τὸν ἀμνὸν οὐκ ἄλλον τοῦ
ἀνθρώπου ὑπολήψόμεθα· οὗτος γὰρ ὡς πρόβατον ἐπὶ σφαγὴν
ἤχθη, καὶ ὡς ἀμνὸς ἐνώπιον τοῦ κείραντος αὐτὸν ἄφωνος,
λέγων· Ἐγὼ ὡς ἀρνίον ἄκακον ἀγόμενον τοῦ θύεσθαι. διόπερ
καὶ ἐν τῇ Ἀποκαλύψει ἀρνίον ὁρᾶται ἑστηκὸς ὡς ἐσφαγμέ- 30
νον. οὗτος δὴ ὁ ἀμνὸς σφαγεὶς καθάρσιον γεγένηται, κατά
τινας ἀπορρήτους λόγους, τοῦ ὅλου κόσμου, ὑπὲρ οὗ κατὰ

11 ἀκολουθεῖ   17 πεποιημένου

τὴν τοῦ πατρὸς φιλανθρωπίαν καὶ τὴν σφαγὴν ἀνεδέξατο, ὠνούμενος τῷ ἑαυτοῦ αἵματι ἀπὸ τοῦ ταῖς ἁμαρτίαις ἡμᾶς πιπρασκομένους ἀγοράσαντος. ὁ δὲ προσαγαγὼν τοῦτον τὸν ἀμνὸν ἐπὶ τὴν θυσίαν ὁ ἐν τῷ ἀνθρώπῳ ἦν θεὸς, μέγας ἀρχιερεὺς, ὅστις τοῦτο δηλοῖ διὰ τοῦ· Οὐδεὶς αἴρει τὴν ψυχήν Jo x 18 μου ἀπ' ἐμοῦ, ἀλλ' ἐγὼ τίθημι αὐτὴν ἀπ' ἐμαυτοῦ. ἐξουσίαν ἔχω θεῖναι, καὶ πάλιν ἐξουσίαν ἔχω λαβεῖν αὐτήν.

54. (36) Καὶ ταύτῃ θυσίᾳ συγγενεῖς εἰσιν αἱ λοιπαὶ, ὧν σύμβολόν εἰσιν αἱ νομικαί. λοιπαὶ δὲ καὶ συγγενεῖς ταύτῃ τῇ θυσίᾳ θυσίαι ἐκχύσεις εἶναί μοι φαίνονται τοῦ τῶν γενναίων μαρτύρων αἵματος, οὐ μάτην ὁρωμένων ἑστάναι ὑπὸ τοῦ μαθητοῦ Ἰωάννου παρὰ τῷ οὐρανίῳ θυσιαστηρίῳ. cf. Apoc vi 9 Τίς δὲ σοφὸς καὶ συνήσει ταῦτα; ἢ συνετὸς καὶ ἐπιγνώσεται Hos xiv 9 αὐτά; πρὸς δὲ τὸ θεωρητικώτερον κἂν ἐπὶ ποσὸν παραδέξασθαι τὸν περὶ τῶν τοιούτων θυσιῶν λόγον, καθαιρουσῶν τοὺς ὑπὲρ ὧν προσάγονται, κατανοητέον τὸν λόγον τῆς ὁλοκαυτουμένης θυγατρὸς Ἰεφθάε, διὰ ταύτην εὐχὴν νικήσαντος τοὺς υἱοὺς Ἀμμών, ᾗ συνηυδόκησε καὶ ἡ ὁλοκαυτουμένη, λέγουσα πρὸς τὸν πατέρα, εἰπόντα Ἀνέῳξα τὸ στόμα μου Jud xi 35 f. κατὰ σοῦ πρὸς κύριον, Καὶ εἰ ἀνέῳξας τὸ στόμα σου κατ' ἐμοῦ πρὸς κύριον, ποίει τὴν εὐχήν σου. ἔμφασις μὲν οὖν πολλῆς ὠμότητος διὰ τούτων παρεισφέρεται τοῦ ᾧ τοιαῦται ὑπὲρ σωτηρίας ἀνθρώπων ἐπιτελοῦνται θυσίαι. μεγαλοφυεστέρου δὲ νοῦ καὶ βλέποντος τὰ λεγόμενα κατὰ τῆς προνοίας λύειν χρῄζομεν, ἵν' ἅμα περὶ πάντων ὡς ἀπορρητοτέρων ὄντων καὶ ὑπὲρ ἀνθρωπίνην φύσιν ἀπολογώμεθα· Μεγάλαι Sap xvii 1 γὰρ αἱ κρίσεις τοῦ θεοῦ καὶ δυσδιήγητοι· διὰ τοῦτο ἀπαίδευτοι ψυχαὶ ἐπλανήθησαν. μεμαρτύρηται δὲ καὶ παρὰ τοῖς ἔθνεσιν ὅτι πολλοί τινες, λοιμικῶν ἐνσκηψάντων νοσημάτων, ἑαυτοὺς σφάγια ὑπὲρ τοῦ κοινοῦ παραδεδώκασι. καὶ παρα- cf. Clem. ad Cor. c. LV. δέχεται ταῦθ' οὕτως γεγονέναι οὐκ ἀλόγως πιστεύσας ταῖς

8 ταύτης   14 τὸ] τοῦτο   19, 20 μου κατὰ σοῦ] σοῦ κατ' ἐμοῦ   20 ἀνέῳξας] ἀνέῳξα   22 παρεισφέρεται τοῦ] om. φέρεται τοῦ, relicto spat.   25 λύειν] λύσιν

ἱστορίαις ὁ πιστὸς Κλήμης, ὑπὸ Παύλου μαρτυρούμενος λέγοντος· Μετὰ Κλήμεντος καὶ τῶν λοιπῶν συνεργῶν μου, ὧν τὰ ὀνόματα ἐν βίβλῳ ζωῆς. τὴν ὁμοίαν δὲ ἔχει ἀπέμφασιν παρὰ τῷ θέλοντι τῶν τοὺς πολλοὺς λανθανόντων μυστηρίων κατηγορεῖν καὶ τὰ περὶ τῶν μαρτύρων προστεταγμένα· εὐδοκοῦντος τοῦ θεοῦ μᾶλλον ἡμᾶς ἀναδέξασθαι πάσας χαλεπωτάτας αἰκίας ἐν τῷ ὁμολογεῖν αὐτοῦ τὴν θειότητα, ἤπερ ἀπαλλαγῆναι τῶν τοσούτων νομιζομένων κακῶν πρὸς βραχὺν χρόνον, λόγῳ συμπεριενεχθέντας τῷ θελήματι τῶν ἐχθρῶν τῆς ἀληθείας. κατάλυσιν οὖν νομιστέον γίνεσθαι δυνάμεων κακοποιῶν διὰ τοῦ θανάτου τῶν ἁγίων μαρτύρων, οἷον τῆς ὑπομονῆς αὐτῶν καὶ τῆς ὁμολογίας τῆς μέχρι θανάτου καὶ τῆς εἰς τὸ εὐσεβὲς προθυμίας ἀμβλυνούσης τὸ ὀξὺ τῆς ἐκείνων κατὰ τοῦ πάσχοντος ἐπιβουλῆς, ὥστε ἀμβλυνομένης καὶ ἀτονησάσης τῆς δυνάμεως αὐτῶν καὶ ἑτέρους πλείονας τῶν νενικημένων ἀνίεσθαι ἐλευθερουμένους τοῦ βάρους οὗ αἱ πονηραὶ δυνάμεις ἐπικείμεναι ἐφόρτιζον καὶ ἔβλαπτον. ἀλλὰ καὶ οἱ παθόντες ἄν, μὴ ἀτονησάντων τῶν ἐνεργησάντων εἰς ἑτέρους τὰ χείρονα, οὐκέτι περιπίπτουσι τῷ πάθει, νικήσαντος τοῦ τὴν τοιαύτην θυσίαν προσαγαγόντος τήνδε τὴν ἀντικειμένην δύναμιν, ὡς εἰ ἀπὸ μέρους ἐχρησάμην εἰκόνι χρησίμῳ πρὸς τὰ προκείμενα τοιαύτῃ· ὅτι ἀναιρῶν τὸ ἰοβόλον ἢ κατακοιμίζων ἐπῳδῇ ἢ δυνάμει τινὶ κενῶν αὐτὸ τοῦ ἰοῦ πολλοὺς εὐεργετεῖ τῶν ὕστερον πεισομένων τι ἀπ' αὐτοῦ, εἰ μὴ ἀνῄρητο ἢ κατακεκοίμιστο ἢ τοῦ ἰοῦ κεκένωτο. εἰ δὲ καὶ τῶν δηχθέντων τινὶ φανερὸν γένοιτο περὶ τῆς ἐπὶ τῷ δήγματι βλάβης ἀπαλλαγῆς, εἰ ἐνατενίσαι ἀποθανόντι τῷ βλάψαντι, ἢ ἐπιβαίη νεκροῦ, ἢ ἐφάψαιτο τεθνηκότος, ἢ γεύσαιτο μέρους τοῦδε, γένοιτ' ἂν καὶ τῷ προπεπονθότι ἴασις καὶ εὐεργεσία ἀπὸ τοῦ τὸ βλάψαν ἀνῃρηκότος. τοιοῦτόν τι δὴ νοητέον τῷ θανάτῳ τῶν εὐσεβεστάτων μαρτύρων γίνεσθαι, πολλῶν ἀφάτῳ τινὶ δυνάμει ὠφελουμένων ἀπὸ τοῦ θανάτου αὐτῶν.

19 νικήσαντες   22 τοιαῦτοι

IN EVANGELIUM JOANNIS TOMUS VI. 175

55. (37) Προσδιετρίψαμεν δέ, ὑπὲρ τοῦ τὸ ἐξαίρετον
ἰδεῖν τοῦ ὡς πρόβατον ἐπὶ σφαγὴν ἀχθέντος καὶ ὡς ἀμνοῦ cf. Is liii 7
ἐνώπιον τοῦ κείραντος ἀφώνου, τῷ περὶ τῶν μαρτύρων λόγῳ
καὶ τῷ ὑπὲρ τῶν τεθνηκότων διὰ λοιμικὰ καταστήματα διη-
5 γήματι. εἰ γὰρ τάδε μὲν ὑπὸ Ἑλλήνων οὐ μάτην ἱστόρηται,
τὰ δὲ καλῶς περὶ τῶν μαρτύρων εἴρηται περικαθαρμάτων cf. 1 Co iv 13
τοῦ κόσμου γινομένων, καὶ πάντων περίψημα λεγομένων διὰ
ταῦτα τῶν ἀποστόλων, τί ὑποληπτέον καὶ πηλίκον περὶ τοῦ
ἀμνοῦ τοῦ θεοῦ, διὰ τοῦτο θυομένου ἵνα ἄρῃ ἁμαρτίαν οὐκ cf. Jo i 29
10 ὀλίγων ἀλλ' ὅλου τοῦ κόσμου, ὑπὲρ οὗ καὶ πέπονθε; κἂν 1 Jo ii 1 f.
γάρ τις ἁμάρτῃ, παράκλητον ἔχομεν πρὸς τὸν πατέρα Ἰησοῦν
155 Χριστὸν δίκαιον, καὶ αὐτὸς ἱλασμός ἐστι περὶ τῶν ἁμαρτιῶν
ἡμῶν, οὐκ ἐπὶ τῶν ἡμετέρων δὲ μόνον ἀλλὰ καὶ περὶ ὅλου
τοῦ κόσμου· ἐπεὶ σωτήρ ἐστι πάντων ἀνθρώπων, μάλιστα 1 Tim iv 10
15 πιστῶν, ὁ ἐξαλείψας τὸ καθ' ἡμῶν χειρόγραφον τῷ ἑαυτοῦ Col ii 14 f.
αἵματι καὶ ἄρας αὐτὸ ἐκ τοῦ μέσου, ἵνα μηδὲ ἴχνη κἂν
ἀπαληλειμμένων τῶν ἁμαρτημάτων εὑρίσκηται, καὶ προσ-
ηλώσας τῷ σταυρῷ· ὃς ἀπεκδυσάμενος τὰς ἀρχὰς καὶ τὰς
ἐξουσίας ἐδειγμάτισεν ἐν παρρησίᾳ θριαμβεύσας ἐν τῷ ξύλῳ.
20 καὶ θαρρεῖν γοῦν θλιβόμενοι ἐν τῷ κόσμῳ διδασκόμεθα, τὴν
αἰτίαν τοῦ θαρρεῖν μανθάνοντες ταύτην εἶναι, τὸ νενικῆσθαι
τὸν κόσμον καὶ δηλονότι ὑποτετάχθαι τῷ νικήσαντι αὐτόν.
διὰ τοῦτο πάντα τὰ ἔθνη ἀνεθέντα ἀπὸ τῶν πρότερον ἐπικρα-
τούντων δουλεύουσιν αὐτῷ, ὅτι ἐρρύσατο πτωχὸν ἐκ δυνάστου Ps lxxi(lxxii)
25 διὰ τοῦ ἰδίου πάθους, καὶ πένητα ᾧ οὐχ ὑπῆρχε βοηθός. 12
οὗτος δὴ ὁ σωτὴρ ταπεινώσας συκοφάντην διὰ τοῦ ἑαυτὸν
τεταπεινωκέναι, συμπαραμένει τῷ νοητῷ ἡλίῳ πρὸ τῆς Ps lxxi(lxxii)
λαμπροτάτης ἐκκλησίας, τροπικώτερον σελήνης λεγομένης, 4 f.
τυγχάνων γενεῶν γενεαῖς. ἀνελὼν δὲ διὰ τοῦ πάθους τοὺς
30 πολεμίους ὁ ἐν πολέμῳ δυνατὸς καὶ κραταιὸς κύριος καθαρ- cf. Ps xxiii
σίου δεόμενος τοῦ ἀπὸ μόνου τοῦ πατρὸς αὐτῷ δοθῆναι ἐπὶ (xxiv) 8
τοῖς ἀνδραγαθήμασι δυναμένου, κωλύει αὐτοῦ ἅψασθαι τὴν
Μαρίαν λέγων· Μή μου ἅπτου, οὔπω γὰρ ἀναβέβηκα πρὸς Jo xx 17
τὸν πατέρα· ἀλλὰ πορεύου καὶ εἰπὲ τοῖς ἀδελφοῖς μου

Πορεύομαι πρὸς τὸν πατέρα μου καὶ πατέρα ὑμῶν καὶ θεόν μου καὶ θεὸν ὑμῶν.

56. Ὅτε δὲ πορεύεται νικηφόρος καὶ τροπαιοφόρος μετὰ τοῦ ἐκ νεκρῶν ἀναστάντος σώματος, πῶς γὰρ ἄλλως δεῖ νοεῖν τό· Οὔπω ἀναβέβηκα πρὸς τὸν πατέρα μου; καὶ τό· Πορεύομαι δὲ πρὸς τὸν πατέρα μου; τότε αἱ μέν τινες λέγουσι δυνάμεις· Τίς οὗτος ὁ παραγενόμενος ἐξ Ἐδώμ, ἐρύθημα ἱματίων ἐκ Βοσόρ, οὕτως ὡραῖος; οἱ δὲ προπέμποντες αὐτὸν τοῖς ἐπὶ τῶν οὐρανίων πυλῶν τεταγμένοις φασὶ τό· Ἄρατε πύλας, οἱ ἄρχοντες, ὑμῶν, καὶ ἐπάρθητε πύλαι αἰώνιοι, καὶ εἰσελεύσεται ὁ βασιλεὺς τῆς δόξης. ἔτι δὲ πυνθάνονται οἱονεὶ, εἰ δεῖ οὕτως εἰπεῖν, ἡμαγμένην αὐτοῦ βλέποντες τὴν δεξιὰν, καὶ ὅλον πεπληρωμένον τῶν ἀπὸ τῆς ἀριστείας ἔργων· Διὰ τί σου ἐρυθρὰ τὰ ἱμάτια, καὶ τὰ ἐνδύματά σου ὡς ἀποπάτημα ληνοῦ πλήρους καταπεπατημένης; ὅτε καὶ ἀποκρίνεται· Κατέθλασα αὐτούς. ἀληθῶς γὰρ ἐπὶ τούτοις δεδήεται τοῦ πλῦναι ἐν οἴνῳ τὴν στολὴν αὐτοῦ, καὶ ἐν αἵματι σταφυλῆς τὴν περιβολὴν αὐτοῦ. τὰς γὰρ ἀσθενείας ἡμῶν λαβὼν καὶ τὰς νόσους βαστάξας, παντός τε τοῦ κόσμου ἄρας τὴν ἁμαρτίαν καὶ τοὺς τοσούτους εὐεργετήσας, τάχα τότε βάπτισμα εἴληφε τὸ παντὸς τοῦ ὑπονοηθέντος ἂν παρὰ τοῖς ἀνθρώποις μεῖζον, περὶ οὗ οἶμαι αὐτὸν εἰρηκέναι· Βάπτισμα δὲ ἔχω βαπτισθῆναι, καὶ πῶς συνέχομαι ἕως ὅτου τελεσθῇ; ἵνα γὰρ τολμηρότερον βασανίζων τὸν λόγον στῶ πρὸς τὰ ὑπὸ τῶν πλείστων ὑπονοούμενα, λεγέτωσαν ἡμῖν οἱ τὸ βάπτισμα τὸ μέγιστον, ὑπὲρ ὃ ἄλλο οὐκ ἔστι νοῆσαι βάπτισμα, νομίσαντες αὐτοῦ εἶναι τὸ μαρτύριον, τί δήποτε μετὰ τοῦτο λέγει τῇ Μαριάμ· Μή μου ἅπτου; ἐχρῆν γὰρ μᾶλλον ἑαυτὸν ἐμπαρέχειν τῇ ἁφῇ, ἅτε τὸ τέλειον βάπτισμα διὰ τοῦ μυστηρίου τοῦ πάθους εἰληφότα.

57. Ἀλλ᾽ ἐπεὶ, ὡς προείπομεν, τὰ κατὰ τῶν ἀντικειμένων ἀνδραγαθήματα πεποιηκὼς ἐδεῖτο τοῦ πλῦναι ἐν οἴνῳ τὴν στολὴν αὐτοῦ, καὶ ἐν αἵματι σταφυλῆς τὴν περιβολὴν

αὐτοῦ, ἀνῄει πρὸς τὸν γεωργὸν τῆς ἀληθινῆς ἀμπέλου
πατέρα, ἵν' ἐκεῖ ἀποπλυνάμενος μετὰ τὸ ἀναβῆναι εἰς ὕψος,
αἰχμαλωτεύσας τὴν αἰχμαλωσίαν, καταβῇ φέρων τὰ ποικίλα
χαρίσματα, τὰς διαμεμερισμένας τοῖς ἀποστόλοις γλώσσας
5 ὡσεὶ πυρὸς, καὶ τοὺς παρεσομένους ἐν πάσῃ πράξει ἁγίους
ἀγγέλους καὶ ῥυσομένους αὐτούς. πρὸ γὰρ τούτων τῶν
οἰκονομιῶν ἅτε μηδέπω κεκαθαρμένοι οὐκ ἐχώρουν ἀγγέλων
παρ' αὐτοῖς ἐπιδημίαν, τάχα οὐδ' αὐτῶν βουλομένων πω τοῖς
μὴ εὐτρεπισαμένοις καὶ κεκαθαρμένοις ὑπὸ τοῦ Ἰησοῦ
10 παρεῖναι. τῆς γὰρ Ἰησοῦ μόνου φιλανθρωπίας ἦν μετὰ
ἁμαρτωλῶν καὶ τελωνῶν ἐσθίειν καὶ πίνειν, καὶ παρέχειν
ἑαυτοῦ τοὺς πόδας τοῖς δάκρυσι τῆς μετανοούσης ἁμαρ-
τωλοῦ, καὶ μέχρι θανάτου καταβαίνειν ὑπὲρ ἀσεβῶν, οὐχ
ἁρπαγμὸν ἡγουμένου τὸ εἶναι ἴσα θεῷ, καὶ κενοῦν ἑαυτὸν
15 τὴν τοῦ δούλου λαμβάνοντος μορφήν. ταῦτα δὲ πάντα
ἐπιτελῶν μᾶλλον τὸ θέλημα τοῦ πατρὸς τοῦ παραδόντος
ἑαυτὸν ὑπὲρ ἀσεβῶν ἐπετέλει ἤπερ τὸ ἑαυτοῦ· ὁ μὲν γὰρ
πατὴρ ἀγαθὸς, ὁ δὲ σωτὴρ εἰκὼν τῆς ἀγαθότητος αὐτοῦ.
πάντα δὲ τὸν κόσμον εὐεργετῶν, ἐπεὶ θεὸς ἐν Χριστῷ
20 κόσμον καταλλάσσει ἑαυτῷ, πρότερον διὰ τὴν κακίαν
ἐχθρὸν γεγενημένον, ὁδῷ καὶ τάξει τὰ εὐεργετούμενα εὐερ-
γετεῖ, οὐκ ἀθρόως λαμβάνων ὑποπόδιον τῶν ποδῶν πάντας
τοὺς ἐχθρούς· λέγει γὰρ αὐτῷ ὁ πατὴρ τῷ κυρίῳ ἑκάστου
ἡμῶν· Κάθου ἐκ δεξιῶν μου, ἕως ἂν θῶ τοὺς ἐχθρούς σου
25 ὑποπόδιον τῶν ποδῶν σου. καὶ ταῦτα γίνεται ἕως ὁ ἔσχα-
τος ἐχθρὸς, ὁ θάνατος, ὑπ' αὐτοῦ καταργηθῇ. ἐὰν δὲ τὸ
ὑποτάσσεσθαι τῷ χριστῷ νοήσωμεν ὅ τί ποτ' ἔστι μάλιστ'
ἐκ τοῦ· Ὅταν δὲ αὐτῷ τὰ πάντα ὑποταγῇ, τότε αὐτὸς ὁ
υἱὸς ὑποταγήσεται τῷ ὑποτάξαντι αὐτῷ πάντα· ἀξίως τῆς
30 ἀγαθότητος τοῦ τῶν ὅλων θεοῦ νοήσωμεν τὸν ἀμνὸν τοῦ
θεοῦ αἴροντα τὴν ἁμαρτίαν τοῦ κόσμου.

58. Οὐ πάντων δὲ ἡ ἁμαρτία ὑπὸ τοῦ ἀμνοῦ αἴρεται, μὴ

9 κεκαρμένοις   25 γίνεται ἕως] γείνεται ὡς

ἀλγούντων μηδὲ βασανιζομένων ἕως ἀρθῇ. ἄκανθαι γὰρ οὐ μόνον ἐμπαρεῖσαι ἀλλὰ καὶ ἐπιπολὺ ῥιζῶσαι ἐν ταῖς χερσὶ παντὸς τοῦ διὰ τὴν κακίαν μεθυσθέντος καὶ τὸ νήφειν ἀπολωλεκότος, κατὰ τὸ ἐν Παροιμίαις εἰρημένον· "Ἄκανθαι φύονται ἐν χειρὶ τοῦ μεθύσου· ὅσον πόνον ἐνεργάσονται τῷ τὰ τοιαῦτα φυτὰ εἰς τὸ ἑαυτοῦ σῶμα τῆς ψυχῆς παραδεξαμένῳ τί δεῖ καὶ λέγειν; κατατμηθῆναι γὰρ ὑπὸ τοῦ τομωτέρου πάσης μαχαίρας διστόμου λόγου ζῶντος θεοῦ καὶ ἐνεργοῦς καὶ καυστικωτέρου παντὸς πυρὸς ἀνάγκη τὸν ἐπὶ τοσοῦτον εἰς βάθος τῆς ἑαυτοῦ ψυχῆς τὴν κακίαν χωρήσαντα, ὡς γενέσθαι αὐτὸν γῆν ἀκανθοφόρον. καὶ δεήσει ἐπὶ τὴν τοιαύτην ψυχὴν πεμφθῆναι τὸ εὑρίσκον τὰς ἀκάνθας πῦρ, καὶ μέχρι αὐτῶν στησόμενον διὰ τὴν ἑαυτοῦ θειότητα, καὶ οὐ προσεμπρῆσον ἅλωνας ἢ στάχυας πεδίων. τοῦ αἴροντος δὲ τὴν ἁμαρτίαν τοῦ κόσμου ἀμνοῦ διὰ τῆς ἰδίας σφαγῆς ἀρχομένου ὁδοὶ τυγχάνουσι πλείονες, ὧν αἱ μὲν σαφεῖς εἶναι τοῖς πολλοῖς δύνανται, αἱ δὲ τοὺς τοσούτους λανθάνουσαι τοῖς τῆς θείας σοφίας ἀξιουμένοις, οἷς μόνοις εἰσὶ γνώριμοι. τί γὰρ δεῖ λέγειν δι' ὅσων ὁδῶν τις ἐπὶ τὸ πιστεύειν ἔρχεται ἐν ἀνθρώποις, ἔτι ἐν τῷ τοιούτῳ σώματι παρὸν ἑκάστῳ καθ' αὑτὸν ἐπισκοπεῖν; πλὴν ἔνια τῶν ὁδῶν ἐστι τοῦ πιστεύειν καὶ αἴρεσθαι τὴν ἁμαρτίαν διὰ μαστίγων καὶ πνευμάτων πονηρῶν καὶ νόσων χαλεπωτάτων καὶ μαλακιῶν ἐπιπονωτάτων. τίς οὖν οἶδε καὶ τὰ μετὰ ταῦτα; ἀναγκαῖον δὲ ἦν ὑπὲρ τοῦ μὴ ἀναινεθῆναι τὸν δοκοῦντα τῇ ἐξετάσει τοῦ λόγου παρακολουθεῖν τοῦ λέγοντος· "Ἴδε ὁ ἀμνὸς τοῦ θεοῦ ὁ αἴρων τὴν ἁμαρτίαν τοῦ κόσμου· ἐπιπλεῖον περὶ τούτων διαλαβεῖν, ἵν' εἰδότες ὅτι καὶ θυμῷ θεοῦ ἔστιν ἐλεγχθῆναι καὶ ὀργῇ θεοῦ παιδευθῆναι, διὰ τὸ εἰς ὑπερβολὴν φιλάνθρωπον οὐδένα πάντῃ ἀνέλεγκτον καὶ ἀπαίδευτον ἐῶντος, πάντα ποιήσωμεν εἰς τὸ μὴ δεηθῆναι τοιούτων ἐλέγχων καὶ τῆς διὰ τῶν ἐπιπονωτάτων παιδείας.

2 ριζῶσ^α   7 τί δεῖ] ᾔδει   14 τοῦ] om.   15 κόσμου] κόσ   20 ἔρχεται] ἄρχεται   21 ἔνια] διὰ   31 μὴ] om

59. (38) Ἐπισκεπτέον δὲ τῷ ἐντυγχάνοντι τὰ ἐν τοῖς προτέροις ἡμῖν εἰρημένα μετὰ παραθέσεως πλειόνων παραδειγμάτων περὶ τοῦ τί σημαίνεται κατὰ τὴν γραφὴν ἐκ τῆς Κόσμος φωνῆς· οὐ γὰρ εὔλογον ἡγησάμην παλιλλογεῖν. οὐκ ἀγνοοῦμεν δέ τινα κόσμον ἐξειληφέναι τὴν ἐκκλησίαν μόνην, κόσμον οὖσαν τοῦ κόσμου, ἐπεὶ καὶ φῶς λέγεται τοῦ κόσμου· Ὑμεῖς γάρ ἐστε, φησί, τὸ φῶς τοῦ κόσμου· κόσμος δὲ τοῦ κόσμου ἡ ἐκκλησία, κόσμου αὐτῆς γινομένου Χριστοῦ, τοῦ πρώτου φωτὸς τοῦ κόσμου. κατανοητέον δὴ εἰ μὴ τοῦ αὐτοῦ κόσμου φῶς εἶναι λέγεται ὁ χριστὸς καὶ οἱ μαθηταὶ αὐτοῦ· ἀλλ᾽ ὅτε μὲν Χριστὸς φῶς τοῦ κόσμου ἐστί, τάχα τῆς ἐκκλησίας ἐστὶ φῶς· ὅτε δὲ οἱ μαθηταὶ αὐτοῦ φῶς τοῦ κόσμου, μήποτε τῶν παρακαλουμένων εἰσὶ φῶς, ἑτέρων ὄντων παρὰ τὴν ἐκκλησίαν, ὥσπερ τῷ Παύλῳ περὶ τούτων εἴρηται ἐν τῷ προοιμίῳ τῆς προτέρας πρὸς Κορινθίους ἐπιστολῆς γράφοντι· Τῇ ἐκκλησίᾳ τοῦ θεοῦ, σὺν πᾶσι τοῖς ἐπικαλουμένοις τὸ ὄνομα τοῦ κυρίου Ἰησοῦ Χριστοῦ· ἐάν τις ὑπονοῇ τοῦ κόσμου φῶς λέγεσθαι τὴν ἐκκλησίαν, οἱονεὶ τοῦ λοιποῦ γένους τῶν ἀνθρώπων καὶ τῶν ἀπίστων, εἰ μὲν προφητικῶς τοῦτο διὰ τὸν περὶ τέλους λόγον ἐκλήψεται, τάχα ἔχει χώραν τὸ λεγόμενον· εἰ δὲ ὡς ἤδη γινόμενον, ἐπεὶ τὸ φῶς τινος φωτίζει ἐκεῖνο οὗ ἐστι φῶς, δεικνύτωσαν πῶς τὸ λοιπὸν γένος φωτίζεται ὑπὸ τῆς παρεπιδημούσης τῷ κόσμῳ ἐκκλησίας. εἰ δὲ τοῦτο δεικνύναι οὐ δύνανται, ἐπιστησάτωσαν μήποτε ὑγιῶς ἐξειλήφαμεν φῶς μὲν εἶναι τὴν ἐκκλησίαν κόσμον δὲ τοὺς ἐπικαλουμένους. ἡ δὲ ἑξῆς φωνή, κειμένη ἐν τῷ κατὰ Ματθαῖον, τῷ ἐπιμελέστατα ἐρευνῶντι τὰς γραφὰς παραστήσει τὴν διήγησιν· Ὑμεῖς γάρ, φησίν, ἐστὲ τὸ ἅλας τῆς γῆς· τάχα τῆς γῆς τῶν λοιπῶν ἀνθρώπων νοουμένων, ὧν ἅλας εἰσὶν οἱ πεπιστευκότες, αἴτιοι τοῦ τηρεῖσθαι τὸν κόσμον διὰ τοῦ πιστεύειν τυγχάνοντες· τότε γὰρ ἡ συντέλεια ἔσται ἐὰν τὸ ἅλας μωρανθῇ καὶ μηκέτι ᾖ τὸ ἁλίζον καὶ συντηροῦν τὴν

16 ἐπιστολῇ   29, 30, 33 ἅλας] ἀλα

γῆν, ἐπεὶ σαφὲς ὅτι ἐὰν πληθυνθῇ ἡ ἀνομία, καὶ ψυγῇ ἡ ἀγάπη ἐπὶ τῆς γῆς, ὡς καὶ αὐτὸν τὸν σωτῆρα διστακτικὴν προενέγκασθαι περὶ τῶν ἐν τῇ ἐπιδημίᾳ ἑαυτοῦ φωνὴν, λέγοντα· Πλὴν ὁ υἱὸς τοῦ ἀνθρώπου ἐλθὼν ἆρα εὑρήσει τὴν πίστιν ἐπὶ τῆς γῆς; τότε συντέλεια ἔσται τοῦ πρὸ αἰῶνος. λεγέσθω τοίνυν ἡ ἐκκλησία κόσμος ὅτε ὑπὸ τοῦ σωτῆρος φωτίζεται· ἡμεῖς δὲ ζητοῦμεν εἰ κατὰ τό· Ἴδε ὁ ἀμνὸς τοῦ θεοῦ ὁ αἴρων τὴν ἁμαρτίαν τοῦ κόσμου· κόσμον νοητέον ὑγιῶς τὴν ἐκκλησίαν, περικλειομένου τοῦ αἴρεσθαι τὴν ἁμαρτίαν εἰς μόνην τὴν ἐκκλησίαν. πῶς γὰρ τὸ ἐν τῇ ἐπιστολῇ ὑπὸ τοῦ αὐτοῦ μαθητοῦ εἰρημένον περὶ τοῦ σωτῆρος ἱλασμοῦ περὶ τῶν ἁμαρτιῶν τυγχάνοντος διηγησόμεθα οὕτως ἔχον· Καὶ ἐάν τις ἁμάρτῃ, παράκλητον ἔχομεν πρὸς τὸν πατέρα Ἰησοῦν Χριστὸν δίκαιον· καὶ αὐτὸς ἱλασμός ἐστι περὶ τῶν ἁμαρτιῶν ἡμῶν, οὐ περὶ τῶν ἡμετέρων δὲ μόνον, ἀλλὰ καὶ περὶ ὅλου τοῦ κόσμου; καὶ τὸ παρὰ τῷ Παύλῳ δὲ τούτῳ νομίζω εἶναι παραπλήσιον οὕτως ἔχον· Ὅς ἐστι σωτὴρ πάντων ἀνθρώπων, μάλιστα πιστῶν.

60. Πάλιν ἐν τῷ τόπῳ ὁ Ἡρακλέων γενόμενος, χωρὶς πάσης κατασκευῆς καὶ παραθέσεως μαρτυριῶν ἀποφαίνεται ὅτι τὸ μέν· Ἀμνὸς τοῦ θεοῦ· ὡς προφήτης φησὶν ὁ Ἰωάννης, τὸ δέ· Ὁ αἴρων τὴν ἁμαρτίαν τοῦ κόσμου· ὡς περισσότερον προφήτου. καὶ οἴεται τὸ μὲν πρότερον περὶ τοῦ σώματος αὐτοῦ λέγεσθαι, τὸ δὲ δεύτερον περὶ τοῦ ἐν τῷ σώματι, τῷ τὸν ἀμνὸν ἀτελῆ εἶναι ἐν τῷ τῶν προβάτων γένει, οὕτω δὲ καὶ τὸ σῶμα παραθέσει τοῦ ἐνοικοῦντος αὐτῷ. τὸ δὲ τέλειον εἰ ἐβούλετο, φησὶ, τῷ σώματι μαρτυρῆσαι, κριὸν εἶπεν ἂν τὸ μέλλον θύεσθαι. οὐχ ἡγοῦμαι δὲ εἶναι ἀναγκαῖον μετὰ τηλικαύτας γεγενημένας ἐξετάσεις τευτάζειν περὶ τὸν τόπον, ἀγωνιζομένους πρὸς τὰ εὐτελῶς ὑπὸ τοῦ Ἡρακλέωνος εἰρημένα. μόνον δὲ τοῦτο ἐπισημειωτέον, ὅτι ὥσπερ μόγις ἐχώρησεν ὁ κόσμος τὸν κενώσαντα ἑαυτὸν, οὕτως ἀμνοῦ καὶ οὐ κριοῦ ἐδεήθη, ἵνα ἀρθῇ αὐτοῦ ἡ ἁμαρτία.

16 τό] τῷ   27 σώματι] σῶμα· τό   28 εἶπεν ἂν] εἰπεῖν αὐτό

ΤΟΜΟΣ Ι'.

1. Μετὰ τοῦτο κατέβη εἰς Καφαρναοὺμ αὐτὸς καὶ Jo ii 12—23
ἡ μήτηρ αὐτοῦ καὶ οἱ ἀδελφοὶ καὶ οἱ μαθηταί, καὶ ἐκεῖ
ἔμειναν οὐ πολλὰς ἡμέρας. καὶ ἐγγὺς ἦν τὸ πάσχα
τῶν Ἰουδαίων, καὶ ἀνέβη εἰς Ἱεροσόλυμα ὁ Ἰησοῦς.
καὶ εὗρεν ἐν τῷ ἱερῷ τοὺς πωλοῦντας βόας καὶ
πρόβατα καὶ περιστερὰς καὶ τοὺς κερματιστὰς καθη-
μένους, καὶ ποιήσας ὡς φραγέλλιον ἐκ σχοινίων πάντας
ἐξέβαλεν ἐκ τοῦ ἱεροῦ τά τε πρόβατα καὶ τοὺς βόας,
καὶ τῶν κολλυβιστῶν ἐξέχεε τὰ κέρματα καὶ τὰς
τραπέζας ἀνέστρεψε, καὶ τοῖς τὰς περιστερὰς πωλοῦσιν
εἶπεν Ἄρατε ταῦτα ἐντεῦθεν, μὴ ποιεῖτε τὸν οἶκον τοῦ
πατρός μου οἶκον ἐμπορίου. τότε ἐμνήσθησαν οἱ
μαθηταὶ αὐτοῦ, ὅτι γεγραμμένον ἐστὶν ὅτι Ὁ ζῆλος
τοῦ οἴκου σου καταφάγεταί με. ἀπεκρίθησαν οὖν οἱ
Ἰουδαῖοι καὶ εἶπαν αὐτῷ Τί σημεῖον δεικνύεις ἡμῖν, ὅτι
ταῦτα ποιεῖς; ἀπεκρίθη Ἰησοῦς, καὶ εἶπε Λύσατε τὸν
ναὸν τοῦτον, καὶ ἐν τρισὶν ἡμέραις ἐγερῶ αὐτόν.
ἀπεκρίθησαν οὖν οἱ Ἰουδαῖοι Τεσσαράκοντα καὶ ἓξ
ἔτεσιν ᾠκοδομήθη ὁ ναὸς οὗτος, καὶ σὺ ἐν τρισὶν
ἡμέραις ἐγερεῖς αὐτόν; ἐκεῖνος δὲ ἔλεγε περὶ τοῦ ναοῦ
τοῦ σώματος αὐτοῦ. ὅτε οὖν ἠγέρθη ἐκ νεκρῶν,
ἐμνήσθησαν οἱ μαθηταὶ αὐτοῦ ὅτι τοῦτο ἔλεγε, καὶ
ἐπίστευσαν τῇ γραφῇ καὶ τῷ λόγῳ ὃν εἶπεν ὁ Ἰησοῦς.
ὡς δὲ ἦν ἐν τοῖς Ἱεροσολύμοις ἐν τῷ πάσχα ἐν τῇ

Jo ii 23 ff. ἑορτῇ, ἐπίϲτευϲαν εἰϲ τὸ ὄνομα αὐτοῦ πολλοί, θεωροῦν-
τεϲ αὐτοῦ τὰ ϲημεῖα ἃ ἐποίει· αὐτὸϲ δὲ ὁ Ἰηϲοῦϲ οὐκ
ἐπίϲτευϲεν ἑαυτὸν αὐτοῖϲ, διὰ τὸ αὐτὸν γινώϲκειν
πάνταϲ καὶ ὅτι οὐ χρείαν εἶχεν ἵνα τιϲ μαρτυρήϲῃ περὶ
ἀνθρώπου, αὐτὸϲ γὰρ ἐγίνωϲκε τί ἦν ἐν τῷ ἀνθρώπῳ. 5
Ἐν αὐτῇ ἀναγεγραμμένοι ἀριθμοὶ, κατά τινα ἀναλογίαν
ἁρμόζουσαν ἑκάστῳ πράγματι, γραφῆς ἠξιώθησαν. ἐξετα-
στέον δὲ μήποτε μία τῶν βίβλων Μωσέως, ἐπιγεγραμμένη
Ἀριθμοί, ἐξαιρέτως τὸν περὶ ἀριθμῶν τοῖς τὰ τοιαῦτα ἐξι-
χνεύειν δυναμένοις διδάσκει λόγον. ταῦτα δέ μοι ἐν ἀρχῇ 10
τοῦ δεκάτου τόμου λέγεται πρὸς σὲ, πολλαχοῦ ὁρῶντι τῆς 161
γραφῆς διαφερούσης προνομίας τετευχότα τὸν δέκα ἀριθμὸν,
ὡς ἔνεστι καί σοι ἐπιμελῶς κατανοεῖν, ἐλπίζοντί τε λήψεσθαι
ἀπὸ θεοῦ πλέον τι καὶ εἰς τοῦτον τὸν τόμον· ὅπερ ἵνα
ὑπαρχθῇ, κατὰ δύναμιν ἐμπαρέχειν ἑαυτοὺς τῷ δωρεῖσθαι 15
τὰ κάλλιστα βουλομένῳ θεῷ πειρώμεθα. ἀρκτέον δὲ τοῦ
Jo ii 12 βιβλίου ἐντεῦθεν· Μετὰ τοῦτο κατέβη εἰς Καφαρναοὺμ
αὐτὸς καὶ ἡ μήτηρ αὐτοῦ καὶ οἱ ἀδελφοὶ καὶ οἱ μαθηταί, καὶ
ἐκεῖ ἔμειναν οὐ πολλὰς ἡμέρας. καὶ οἱ λοιποὶ γ΄ γράψαντες
τὰ εὐαγγέλια μετὰ τὸν πρὸς τὸν διάβολον ἀγῶνα τοῦ κυρίου 20
εἰς τὴν Γαλιλαίαν φασὶν αὐτὸν ἀνακεχωρηκέναι. Ματθαῖος
δὲ καὶ Λουκᾶς, πρότερον γενόμενον ἐν Ναζάροις μετὰ ταῦτα
καταλελοιπότα αὐτὰ ἐλθόντα κατῳκηκέναι εἰς Καφαρναούμ.
ὁ δὲ Ματθαῖος καὶ Μάρκος καὶ αἰτίαν τινὰ λέγουσι τοῦ
αὐτὸν ἐκεῖθεν ἀνακεχωρηκέναι, τὸ ἀκηκοέναι ὅτι Ἰωάννης 25
παρεδόθη.
Mt iv 11—15 2. Ἔχει δὲ οὕτως τὰ ῥητά, τοῦ μὲν Ματθαίου· Τότε
ἀφίησιν αὐτὸν ὁ διάβολος, καὶ ἰδοὺ ἄγγελοι προσῆλθον
καὶ διηκόνουν αὐτῷ. ἀκούσας δὲ ὅτι Ἰωάννης παρεδόθη,
ἀνεχώρησεν εἰς τὴν Γαλιλαίαν καὶ καταλιπὼν τὴν Ναζαρὲθ 30
ἐλθὼν κατῴκησεν εἰς Καφαρναοὺμ τὴν παραθαλασσίαν, ἐν
ὁρίοις Ζαβουλὼν καὶ Νεφθαλείμ, ἵνα πληρωθῇ τὸ ῥηθὲν διὰ

---

1 πολλοί] intra lin.

Ἡσαΐου τοῦ προφήτου, λέγοντος Γῆ Ζαβουλών· καὶ μετὰ
τὰ ἐν τῷ Ἡσαΐᾳ ῥητὰ λέγει· Ἀπὸ τότε ἤρξατο ὁ Ἰησοῦς Mt iv 17
κηρύσσειν καὶ λέγειν Μετανοεῖτε, ἤγγικε γὰρ ἡ βασιλεία
τῶν οὐρανῶν. ὁ δὲ Μάρκος· Καὶ ἦν, φησὶν, ἐν τῇ ἐρήμῳ Mc i 13 ff.
5 τεσσαράκοντα ἡμέρας πειραζόμενος ὑπὸ τοῦ Σατανᾶ, καὶ ἦν
μετὰ τῶν θηρίων, καὶ οἱ ἄγγελοι διηκόνουν αὐτῷ. μετὰ δὲ
τὸ παραδοθῆναι τὸν Ἰωάννην ἦλθεν ὁ Ἰησοῦς εἰς τὴν
Γαλιλαίαν, κηρύσσων τὸ εὐαγγέλιον τοῦ θεοῦ, ὅτι Πε-
πλήρωται ὁ καιρὸς καὶ ἤγγικεν ἡ βασιλεία τοῦ θεοῦ· μετα-
10 νοεῖτε καὶ πιστεύετε τῷ εὐαγγελίῳ. ἔπειτα διηγησάμενος
καὶ περὶ Ἀνδρέου καὶ Πέτρου, Ἰακώβου τε καὶ Ἰωάννου,
ἀναγράφει ταῦτα· Καὶ εἰσπορευόμενος εἰς Καφαρναούμ, καὶ Mc i 21
εὐθέως τοῖς σάββασιν ἐδίδασκεν εἰς τὴν συναγωγήν. ὁ δὲ
Λουκᾶς· Καὶ συντελέσας, φησὶ, τὸν πειρασμὸν ὁ διάβολος Lc iv 13—16
15 ἀπέστη ἀπ' αὐτοῦ ἄχρι καιροῦ. καὶ ὑπέστρεψεν ὁ Ἰησοῦς
ἐν τῇ δυνάμει τοῦ πνεύματος εἰς τὴν Γαλιλαίαν. καὶ φήμη
ἐξῆλθε καθ' ὅλης τῆς περιχώρου περὶ αὐτοῦ. καὶ αὐτὸς
ἐδίδασκεν ἐν ταῖς συναγωγαῖς αὐτῶν, δοξαζόμενος ὑπὸ
πάντων. καὶ ἦλθεν εἰς Ναζάρα, οὗ ἦν τεθραμμένος, καὶ
162 εἰσῆλθε κατὰ τὸ εἰωθὸς αὐτῷ ἐν τῇ ἡμέρᾳ τῶν σαββάτων
εἰς τὴν συναγωγήν. παραστήσας δὲ τὰ ἐν Ναζάροις αὐτῷ
εἰρημένα, καὶ τὸν κατ' αὐτοῦ θυμὸν τῶν ἐν τῇ συναγωγῇ, cf. Lc iv 28 ff.
ἐκβαλλόντων αὐτὸν ἔξω τῆς πόλεως καὶ ἀγαγόντων ἕως
ὀφρύος τοῦ ὄρους, ἐφ' οὗ ἡ πόλις αὐτῶν ᾠκοδόμητο, ὥστε
25 κατακρημνίσαι αὐτόν, καὶ ὡς διελθὼν διὰ μέσου αὐτῶν ὁ
κύριος ἐπορεύετο, ἐπισυνάπτει ταῦτα· Καὶ κατῆλθεν εἰς Lc iv 31
Καφαρναοὺμ πόλιν τῆς Γαλιλαίας καὶ ἦν διδάσκων αὐτοὺς
ἐν τοῖς σάββασι.

3. (2) Δεῖ τὴν περὶ τούτων ἀλήθειαν ἀποκεῖσθαι ἐν
30 τοῖς νοητοῖς, ἢ μὴ λυομένης τῆς διαφωνίας ἀφεῖσθαι τῆς
περὶ τῶν εὐαγγελίων πίστεως, ὡς οὐκ ἀληθῶν οὐδὲ θειοτέρῳ
πνεύματι γεγραμμένων, ἢ ἐπιτετευγμένως ἀπομνημονευθέν-

24 ἡ πόλεις   30 om. ἢ   31 θειοτέρων   32 γεγραμμένον

των· εκατέρως γὰρ λέγεται συντετάχθαι ἡ τούτων γραφή. λεγέτωσαν γὰρ ἡμῖν οἱ παραδεχόμενοι τὰ τέσσαρα εὐαγγέλια, καὶ τὴν δοκοῦσαν διαφωνίαν οἰόμενοι μὴ λύεσθαι διὰ τῆς ἀναγωγῆς, πρὸς ταῖς προειρημέναις ἡμῖν ἐπαπορήσεσι περὶ τῶν τεσσαράκοντα τοῦ πειρασμοῦ ἡμερῶν, 5 οὐδαμῶς δυναμένων χώραν ἔχειν παρὰ τῷ Ἰωάννῃ, πότε γέγονεν ἐν τῇ Καφαρναοὺμ ὁ κύριος· εἰ γὰρ μετὰ τὰς ἓξ

cf. Jo ii 1   τοῦ ὅτε ἐβαπτίσθη ἡμέρας, τῇ ἕκτῃ γενομένης τῆς κατὰ τὸν ἐν Κανᾷ τῆς Γαλιλαίας γάμον οἰκονομίας, δῆλον ὅτι οὔτε πεπείρασται οὔτε ἐν Ναζάροις ἐγένετο οὔτε Ἰωάννης πω 10

cf. Jo ii 12—15   παρεδέδοτο. μετὰ οὖν τὴν Καφαρναούμ, ἔνθα ἔμεινεν οὐ πολλὰς ἡμέρας, τοῦ πάσχα τῶν Ἰουδαίων ἐγγὺς ὄντος ἀνέβη εἰς Ἱεροσόλυμα, ὅτε ἐκβάλλει ἐκ τοῦ ἱεροῦ τά τε πρόβατα καὶ τοὺς βόας, καὶ ἐκχέει τῶν κερματιστῶν τὰ

cf. Jo iii 1   κέρματα. ἔοικε δὲ ἐν τοῖς Ἱεροσολύμοις ὁ τῶν Φαρισαίων 15 ἀρχων Νικόδημος νυκτὸς πρὸς αὐτὸν ἀρχὴν ἐληλυθέναι, καὶ

Jo iii 22 ff.   ἀκηκοέναι ταῦτα ἃ ἔξεστιν ἐκ τοῦ εὐαγγελίου λαβεῖν. Μετὰ δὲ ταῦτα ἦλθεν ὁ Ἰησοῦς καὶ οἱ μαθηταὶ αὐτοῦ εἰς τὴν Ἰουδαίαν γῆν, καὶ ἐκεῖ διέτριβε μετ' αὐτῶν καὶ ἐβάπτιζε· καθ' ὃν καιρὸν ἦν καὶ Ἰωάννης βαπτίζων ἐν Αἰνὼν ἐγγὺς 20 τοῦ Σαλείμ, ὅτι ὕδατα πολλὰ ἦν ἐκεῖ, καὶ παρεγίνοντο καὶ ἐβαπτίζοντο· οὔπω γὰρ ἦν βεβλημένος εἰς τὴν φυλακὴν ὁ

cf. Jo iii 25   Ἰωάννης· ὅτε καὶ ἐγένετο ζήτησις ἐκ τῶν μαθητῶν Ἰωάννου μετὰ Ἰουδαίων περὶ καθαρισμοῦ, καὶ ἦλθον πρὸς τὸν

Jo iii 26   Ἰωάννην, λέγοντες περὶ τοῦ σωτῆρος τό· Ἴδε οὗτος βαπτίζει 25 καὶ πάντες ἔρχονται πρὸς αὐτόν. ἀκηκόασιν ἀπὸ τοῦ βαπτιστοῦ λόγους οὓς ἔστιν ἀπ' αὐτῆς τῆς γραφῆς ἀκριβέστερον λαβεῖν. εἰ δὲ πυνθανομένοις ἡμῖν περὶ τοῦ πότε 163 γέγονε πρῶτον ἐν τῇ Καφαρναοὺμ ὁ χριστός, τῇ λέξει Ματθαίου καὶ τῶν λοιπῶν δύο ἀκολουθοῦντες φήσουσι μετὰ 30

Mt iv 13; cf. Mc i 13 ff. Lc iv 13 ff.   τὸν πειρασμόν, ὅτε καταλείπων τὴν Ναζαρὲθ ἐλθὼν κατῴκησεν εἰς Καφαρναοὺμ τὴν παραθαλασσίαν, πῶς ἅμα ἀληθῆ

6 πότε] τότε   9 οὔτε] ὅτε   16 ἀρχῶν
21 Σαλείμ] ἀλίμ   24 ἦλθεν

εἶναι ἐροῦσι τό τε παρὰ τῷ Ματθαίῳ καὶ Μάρκῳ εἰρημένον,
ὡς διὰ τὸ ἀκηκοέναι αὐτὸν περὶ τοῦ Ἰωάννου παραδοθέντος cf. Mt iv 12
εἰς τὴν Γαλιλαίαν ἀναχωρήσαντος, καὶ τὸ παρὰ τῷ Ἰωάννῃ
μετὰ καὶ ἄλλας οἰκονομίας πρὸς τῇ ἐν Καφαρναοὺμ μονῇ cf. Jo ii 12 f
iii 23 f.
5 κείμενον, καὶ τὴν Ἱεροσόλυμα ἄνοδον, τήν τε εἰς τὴν
Ἰουδαίαν ἐκεῖθεν κάθοδον, ὅτι οὔπω βεβλημένος ἦν εἰς
φυλακὴν ὁ Ἰωάννης, ἀλλ' ἐβάπτιζεν ἐν Αἰνὼν ἐγγὺς τοῦ
Σαλείμ; καὶ ἐπὶ ἄλλων δὲ πλειόνων εἴ τις ἐπιμελῶς ἐξε-
τάζοι τὰ εὐαγγέλια περὶ τῆς κατὰ τὴν ἱστορίαν ἀσυμφωνίας,
10 ἥντινα καθ' ἕκαστον πειρασόμεθα κατὰ τὸ δυνατὸν παρα-
στῆσαι, σκοτοδεινιάσας ἤτοι ἀποστήσεται τοῦ κυροῦν ὡς
ἀληθῶς τὰ εὐαγγέλια, καὶ ἀποκληρωτικῶς ἑνὶ αὐτῶν προσ-
θήσεται, μὴ τολμῶν πάντῃ ἀθετεῖν τὴν περὶ τοῦ κυρίου
ἡμῶν πίστιν, ἢ προσιέμενος τὰ τέσσαρα εἶναι ἀληθὲς αὐτῶν
15 οὐκ ἐν τοῖς σωματικοῖς χαρακτῆρσιν.

4. (3) Ὑπὲρ δὲ τοῦ ποσὴν ἐπίνοιαν τοῦ βουλήματος
τῶν εὐαγγελίων περὶ τῶν τοιούτων λαβεῖν, καὶ τοῦτο ἡμῖν
λεκτέον. ἔστω τισὶ προκείμενον βλέπουσι τῷ πνεύματι τὸν
θεὸν καὶ τοὺς τούτου πρὸς τοὺς ἁγίους λόγους, τήν τε
20 παρουσίαν, ἣν πάρεστιν αὐτοῖς ἐξαιρέτοις καιροῖς τῆς προ-
κοπῆς αὐτῶν ἐπιφαινόμενος, πλέοσιν οὖσι τὸν ἀριθμὸν καὶ
ἐν διαφόροις τόποις, οὐχ ὁμοειδεῖς τε πάντῃ εὐεργεσίας
εὐεργετουμένοις, ἑκάστῳ ἰδίᾳ ἀπαγγεῖλαι ἃ βλέπει τῷ
πνεύματι περὶ τοῦ θεοῦ καὶ τῶν λόγων αὐτοῦ, τῶν τε πρὸς
25 τοὺς ἁγίους ἐμφανειῶν, ὥστε τόνδε μὲν περὶ τῶνδε τῷδε τῷ
δικαίῳ κατὰ τόνδε τὸν τόπον λεγομένων ὑπὸ θεοῦ καὶ
πραττομένων ἀπαγγέλλειν, τόνδε δὲ περὶ τῶν ἑτέρῳ χρη-
σμῳδουμένων καὶ ἐπιτελουμένων, καὶ ἄλλον περί τινος
τρίτου παρὰ τοὺς προειρημένους δύο θέλειν ἡμᾶς διδάσκειν·
30 ἔστω δέ τις καὶ τέταρτος τὸ ἀνάλογον τοῖς τρισὶ περί τινος
ποιῶν. συμφερέσθωσαν δὲ οἱ τέσσαρες οὗτοι περί τινων
ὑπὸ τοῦ πνεύματος αὐτοῖς ὑποβαλλομένων ἀλλήλοις, καὶ

12 ἑνί] ἐν   17 τοιούτων] bis   21 αὐτῶν] αὐτὴν
30 ἔστω] ἔστιν

περὶ ἑτέρων ἐν ὀλίγῳ παραγγελλέτωσαν, ὥστε εἶναι τοιαύτας αὐτῶν τὰς διηγήσεις· ὤφθη ὁ θεὸς τῷδε κατὰ τόνδε τὸν καιρὸν ἐν τῷδε τῷ τόπῳ, καὶ τάδε αὐτῷ πεποίηκεν· οὕτως εἰ αὐτῷ ἐπιφαινόμενος τοιῷδε τῷ σχήματι, καὶ ἐχει- 164 ραγώγησε τόνδε τὸν τόπον, ἔνθα πεποίηκε τάδε. ὁ δεύτερος 5 κατὰ τὸν αὐτὸν τοῖς εἰρημένοις γεγονέναι παρὰ τῷ προτέρῳ χρόνον ἔν τινι πόλει ἀπαγγελλέτω τὸν θεὸν ὦφθαι, ᾧ καὶ αὐτὸς νοεῖ, τινὶ δευτέρῳ ὄντι ἐν πολὺ ἀπεσχοινισμένῳ τόπῳ παρὰ τὸν τόπον τὸν τοῦ προτέρου, καὶ ἑτέρους λόγους ἀναγραφέτω κατὰ τὸν αὐτὸν καιρὸν εἰρῆσθαι ᾧ κατὰ τὴν 10 ὑπόθεσιν εἰλήφαμεν δευτέρῳ. τὰ δὲ παραπλήσια περὶ τοῦ τρίτου καὶ τοῦ τετάρτου νοητέον. συμφερέσθωσαν δέ, ὡς προειρήκαμεν, οὗτοι τὰ ἀληθῆ ἀπαγγέλλοντες περὶ τοῦ θεοῦ καὶ τῶν πρός τινας εὐεργεσιῶν αὐτοῦ ἀλλήλοις ἐπί τινων ἀπαγγελλομένων ὑπ' αὐτῶν διηγήσεων. δόξει τοίνυν τῷ 15 ἱστορίαν εἶναι νομίζοντι τὴν τούτων γραφήν, ἢ διὰ εἰκόνος ἱστορικῆς προσθετὰ ὄντα παραστῆσαι πράγματα, καὶ τὸν θεὸν ὑπολαμβάνοντι κατὰ περιγραφὴν εἶναι ἐν τόπῳ, μὴ δυνάμενον τῷ αὐτῷ πλείονας ἑαυτοῦ ἐμποιῆσαι φαντασίας πλείοσιν ἐν πλείοσι τόποις καὶ πλείονα ἅμα λέγειν, ἀδύνα- 20 τον εἶναι ἀληθεύειν οὓς ὑπεθέμην τέσσαρας, τῷ ἀδύνατον εἶναι ἐν τῷδέ τινι τῷ τεταγμένῳ καιρῷ τὸν θεὸν εἶναι, ἅτε καὶ κατὰ περιγραφὴν αὐτὸν νενοημένον ἐν τόπῳ εἶναι, καὶ τῷδε καὶ τῷδε λέγειν τάδε καὶ τάδε, καὶ ποιεῖν τάδε καὶ τὰ τούτοις ἐναντία, καί, φέρε εἰπεῖν, καθεζόμενον ἅμα καὶ 25 ἑστῶτα εἶναι, εἰ ὁ μὲν τῷδε τῷ καιρῷ λέγων αὐτὸν ἑστῶτα τάδε τινὰ εἰρηκέναι ἢ πεποιηκέναι ἐν τῷδε τῷ τόπῳ, ὁ δὲ καθεζόμενον.

5. (4) Ὥσπερ οὖν ἐπὶ τούτων, ὧν ὑπεθέμην, ἐκληφθεὶς ὁ νοῦς τῶν ἱστορικῶν, χαρακτῆρι βουληθέντων ἡμᾶς διδάξαι 30 τὰ ὑπὸ τοῦ νοῦ αὐτῶν τεθεωρημένα, οὐδεμίαν ἂν εὑρεθείη ἔχων διαφωνίαν, εἰ οἱ τέσσαρες εἶεν σοφοί· οὕτω νοητέον

16 ἱστορία   ἢ διὰ] ἴδια   17 προσθετὰ] προσθοιτ"
21 δυνατὸν

καὶ ἐπὶ τῶν τεσσάρων ἔχειν εὐαγγελιστῶν, καταχρησαμένων μὲν πολλοῖς τῶν κατὰ τὸ τεράστιον καὶ παραδοξότατον τῆς δυνάμεως Ἰησοῦ πεπραγμένοις καὶ εἰρημένοις, ἔσθ' ὅπου καὶ προσυφανάντων τῇ γραφῇ μετὰ λέξεως ὡς περὶ αἰσθητῶν τὸ καθαρῶς νοητῶς αὐτοῖς τετρανωμένον. οὐ καταγινώσκω δέ που καὶ τὸ ὡς κατὰ τὴν ἱστορίαν ἑτέρως γενόμενον πρὸς τὸ χρήσιμον τούτων μυστικοῦ σκοποῦ μετατιθέναι πως αὐτοὺς, ὥστε εἰπεῖν τὸ ἐν τόπῳ γενόμενον ὡς ἐν ἑτέρῳ, ἢ τὸ ἐν τῷδε τῷ καιρῷ ὡς ἐν ἄλλῳ, καὶ τὸ οὑτωσὶ ἀπαγγελλόμενον μετά τινος παραλλαγῆς αὐτοὺς πεποιηκέναι. προέκειτο γὰρ αὐτοῖς ὅπου μὲν ἐνεχώρει ἀληθεύειν πνευματικῶς ἅμα καὶ σωματικῶς, ὅπου δὲ μὴ ἐνεδέχετο ἀμφοτέρως, προκρίνειν τὸ πνευματικὸν τοῦ σωματικοῦ, σωζομένου πολλάκις τοῦ ἀληθοῦς πνευματικοῦ ἐν τῷ σωματικῷ, ὡς ἂν εἴποι τις, ψεύδει· ὡς εἰ καὶ ἀπὸ τῆς ἱστορίας λέγοιμεν ὅτι ὁ Ἰακὼβ φάσκων τῷ Ἰσαάκ· Ἐγὼ Ἠσαῦ ὁ πρωτότοκος σου υἱός· κατὰ μὲν τὸ πνευματικὸν ἠλήθευε, μεταλαβὼν τῶν πρωτοτοκίων ἤδη ἐν τῷ ἀδελφῷ παραπολλυμένων, καὶ διὰ τῆς στολῆς τῶν τε ἐριφίων δερμάτων τὸν ἔξωθεν χαρακτῆρα τοῦ Ἠσαῦ ἀναλαβὼν, καὶ γενόμενος χωρὶς τῆς αἰνούσης τὸν θεὸν φωνῆς Ἠσαῦ, ἵνα χώραν λάβῃ πρὸς τὸ εὐλογηθῆναι ὕστερον ὁ Ἠσαῦ. τάχα γὰρ εἰ μὴ ηὐλόγητο Ἰακὼβ ὡς Ἠσαῦ, οὐκ ἂν οὐδὲ Ἠσαῦ καθ' ἑαυτὸν δέξασθαι τὴν εὐλογίαν οἷός τε ἦν. καὶ ὁ Ἰησοῦς τοίνυν πολλά ἐστι ταῖς ἐπινοίαις, ὧν ἐπινοιῶν εἰκὸς τοὺς εὐαγγελιστὰς διαφόρους ἐννοίας λαμβάνοντας, ἔσθ' ὅτε καὶ συμφερομένους ἀλλήλοις περί τινων ἀναγεγραφέναι τὰ εὐαγγέλια· οἷον ἀληθὲς εἰπεῖν τὰ ὡς πρὸς τὴν λέξιν ἀντικείμενα περὶ τοῦ κυρίου ἡμῶν, ὅτι γέγονεν ἐκ Δαβίδ, καὶ οὐ γέγονεν ἐκ Δαβίδ. ἀληθὲς μὲν γὰρ τὸ Γέγονεν ἐκ Δαβὶδ, ὡς καὶ ὁ ἀπόστολός φησι· Τοῦ γενομένου ἐκ σπέρματος Δαβὶδ κατὰ

Ge xxvii 19

cf. Ge xxv 31; xxvii 16

Ro i 3

1 καταχρησάμενον   2 περιδοξότατον   5 τετρανωμένων
9 ἐν ἄλλῳ] σενάλλω   10 πεπονηκέναι   27 ἀλλήλοις] ἄλλους
29 κυρίου] ισ

σάρκα, εἰ τὸ σωματικὸν αὐτοῦ ἐκλάβοιμεν· ψευδὲς δὲ αὐτὸ τοῦτο, εἰ ἐπὶ τῆς θειοτέρας δυνάμεως ἀκούοιμεν τὸ γεγονέναι αὐτὸν ἐκ σπέρματος Δαβίδ· ὡρίσθη γὰρ υἱὸς θεοῦ ἐν δυνάμει.

6. Καὶ τάχα διὰ τοῦτο αἱ ἅγιαι προφητεῖαι ὅπου μὲν δοῦλον ὅπου δὲ υἱὸν αὐτὸν ἀναγορεύουσι· δοῦλον μὲν διὰ τὴν δούλου μορφὴν καὶ τὸν ἐκ σπέρματος Δαβίδ, υἱὸν δὲ κατὰ τὴν πρωτότοκον αὐτοῦ δύναμιν. οὕτως αὐτὸν ἀληθές εἰπεῖν ἄνθρωπον καὶ οὐκ ἄνθρωπον· ἄνθρωπον μὲν κατὰ τὸ θανάτου δεκτικόν, οὐκ ἄνθρωπον δὲ κατὰ τὸ ἀνθρώπου θειότερον. ἐγὼ δ᾿ οἶμαι καὶ τὸν Μαρκίωνα παρεκδεξάμενον ὑγιεῖς λόγους, ἀθετοῦντα αὐτοῦ τὴν ἐκ Μαρίας γένεσιν κατὰ τὴν θείαν αὐτοῦ φύσιν, ἀποφήνασθαι ὡς ἄρα οὐκ ἐγεννήθη ἐκ Μαρίας, καὶ διὰ τοῦτο τετολμηκέναι περιγράψαι τούτους τοὺς τόπους ἀπὸ τοῦ εὐαγγελίου· ᾧ παραπλήσιον πεπονθέναι φαίνονται οἱ ἀναιροῦντες αὐτοῦ τὴν ἀνθρωπότητα, καὶ μόνην αὐτοῦ τὴν θεότητα παραδεξάμενοι, οἵ τε τούτοις ἐναντίοι καὶ τὴν θεότητα αὐτοῦ περιγράψαντες, τὸν δὲ ἄνθρωπον ὡς ἅγιον καὶ δικαιότατον πάντων ἀνθρώπων ὁμολογήσαντες. καὶ οἱ τὴν δόκησιν δὲ εἰσάγοντες, τὸν ταπεινώσαντα αὐτὸν μέχρι θανάτου καὶ ὑπήκοον γενόμενον μέχρι σταυροῦ μὴ νοήσαντες, μόνον δὲ τὸ ἀπαθὲς καὶ τὸ κρεῖττον παντὸς τοιούτου συμπτώματος φαντασθέντες, ἀποστερεῖν ἡμᾶς τὸ ὅσον ἐφ᾿ ἑαυτοῖς θέλουσι τοῦ πάντων ἀνθρώπων δικαιοτάτου ἀνθρώπου, οὐ δυναμένους δι᾿ ἐκείνου σώζεσθαι. ὡς γὰρ δι᾿ ἑνὸς ἀνθρώπου ὁ θάνατος, οὕτως καὶ δι᾿ ἑνὸς ἀνθρώπου ἡ τῆς ζωῆς δικαίωσις· οὐκ ἂν χωρὶς τοῦ ἀνθρώπου χωρησάντων ἡμῶν τὴν ἀπὸ τοῦ λόγου ὠφέλειαν, μένοντος ὁποῖος ἦν τὴν ἀρχὴν πρὸς τὸν πατέρα θεόν, καὶ μὴ ἀναλαβόντος ἄνθρωπον, τὸν πάντων πρῶτον καὶ πάντων τιμιώτερον καὶ πάντων μᾶλλον καθαρώτερον αὐτὸν χωρῆσαι δυνάμενον· μεθ᾿ ὃν καὶ ἡμεῖς δέξασθαι οἷοί τε αὐτὸν ἐσόμεθα, ἕκαστος τοσοῦτον καὶ τοιοῦτον, ὁποῖος ἦν, αὐτῷ ποιοῦμεν

30 ἀναλαβόντα

καὶ πηλίκην χώραν ἐν τῇ ψυχῇ ἡμῶν. ταῦτα δέ μοι πάντα εἴρηται τὰς ἐμφαινομένας διαφωνίας τῶν εὐαγγελίων παραστῆσαι θέλοντι ὁδῷ τῆς πνευματικῆς ἐκδοχῆς.

7. (5) Εἰς δὲ τὸν αὐτὸν τόπον καὶ τοιούτῳ παραδείγματι χρηστέον, ὅτι Παῦλος ὁ μὲν σαρκικὸς πεπρᾶσθαι Ro vii 14 λέγει ὑπὸ τὴν ἁμαρτίαν, καὶ οὐδὲν ἀνακρίνειν οἷός τε ἦν, ὁ 1 Co ii 15 δὲ πνευματικὸς ἀνέκρινε πάντα, καὶ ὑπ᾽ οὐδενὸς ἀνεκρίνετο. καὶ τοῦ μὲν σαρκικοῦ εἰσι φωναί· Οὐ γὰρ ὃ θέλω τοῦτο Ro vii 15 πράσσω, ἀλλ᾽ ὃ μισῶ τοῦτο ποιῶ· τοῦ δὲ πνευματικοῦ· ὃ θέλω πράσσω, καὶ ὃ μισῶ οὐ ποιῶ. ἀλλὰ καὶ ὁ ἁρπαγεὶς 2 Co xii 4 f. ἕως τρίτου οὐρανοῦ καὶ ἀκούσας ἄρρητα ῥήματα ἕτερος ἦν παρὰ τὸν λέγοντα· Περὶ τοῦ τοιούτου καυχήσωμαι, ὑπὲρ δὲ ἐμαυτοῦ οὐ καυχήσομαι. εἰ δὲ καὶ τοῖς Ἰουδαίοις ὡς 1 Co ix 20 ff. Ἰουδαῖος γίνεται, ἵνα Ἰουδαίους κερδήσῃ, καὶ τοῖς ὑπὸ νόμον ὡς ὑπὸ νόμον, ἵνα τοὺς ὑπὸ νόμον κερδήσῃ, τοῖς τε ἀνόμοις ὡς ἄνομος, μὴ ὢν ἄνομος θεοῦ ἀλλ᾽ ἔννομος Χριστοῦ, ἵνα κερδήσῃ τοὺς ἀνόμους, καὶ τοῖς ἀσθενέσιν ἀσθενής, ἵνα τοὺς ἀσθενεῖς κερδήσῃ, δῆλον ὅτι ἐξεταστέον αὐτοῦ τοὺς λόγους, ἰδίᾳ μὲν ὡς Ἰουδαῖος, ἰδίᾳ δὲ ὅτε ἐστὶν ὡς ὑπὸ νόμον, καὶ ἄλλοτε ὅτε ἐστὶν ὡς ἄνομος, ἔσθ᾽ ὅτε δὲ ὅτε γίνεται ἀσθενής. οἷον ἃ λέγει κατὰ συγγνώμην, οὐ 1 Co vii 6 κατ᾽ ἐπιταγήν, ἀσθενὴς ὢν λέγει· Τίς γάρ, φησίν, ἀσθενεῖ 2 Co xi 29 καὶ οὐκ ἀσθενῶ; ὅτε δὲ ξύρεται καὶ προσφορὰν προσφέρει, cf. Act xxi 24 ff. ἢ τὸν Τιμόθεον περιτέμνει, Ἰουδαῖος γίνεται· ὅτε δὲ Ἀθη- Act xvi 3 ναίοις φησίν· Εὗρον βωμὸν ἐν ᾧ ἐγέγραπτο Ἀγνώστῳ θεῷ· Act xvii 23 ὃ οὖν ἀγνοοῦντες εὐσεβεῖτε, τοῦτο ἐγὼ καταγγέλλω ὑμῖν· καὶ τό· Ὡς καί τινες τῶν καθ᾽ ὑμᾶς ποιητῶν εἰρήκασι Τοῦ γὰρ καὶ γένος ἐσμέν· τοῖς ἀνόμοις ὡς ἄνομος γίνεται, εὐσέβειαν μαρτυρῶν τοῖς ἀσεβεστάτοις καὶ τῷ εἰπόντι Ἐκ Διὸς cf. Arati ἀρχώμεθα· τοῦ γὰρ καὶ γένος ἐσμέν· καταχρησάμενος πρὸς ὃ Phaen 5 ἐβούλετο. τάχα δ᾽ ἔσθ᾽ ὅπου τοῖς μὴ Ἰουδαίοις, ὑπὸ νόμον δὲ, ὑπὸ νόμον γίνεται.

2 τῆς ἐμφαινομένης   6 ἦν] η   7 ἀνέκρινε] ἀνακρίνειν ἀνακρίνετο   15 ἵνα—νόμον] om.   19 ὡς] τοὺς   Ἰουδαίους

8. (6) Ταῦτα δὲ οὐ μόνον εἰς τὰ περὶ τοῦ σωτῆρος χρήσιμα ἡμῖν ἐστι τὰ παραδείγματα, ἀλλὰ καὶ εἰς τὰ περὶ τῶν μαθητῶν, περὶ ὧν καὶ αὐτῶν ἐστί τις κατὰ τὸ ῥητὸν διαφωνία. τάχα γὰρ τῇ ἐπινοίᾳ εὑρισκόμενος ὑπὸ τοῦ ἰδίου ἀδελφοῦ Σίμων Ἀνδρέου καὶ ἀκούων· Σὺ κληθήσῃ Κηφᾶς· ἕτερός ἐστι παρὰ τὸν ὁρώμενον ἅμα τῷ ἀδελφῷ ὑπὸ τοῦ περιπατοῦντος παρὰ τὴν θάλασσαν τῆς Γαλιλαίας Ἰησοῦ, καὶ ἀκούοντα ἅμα ἐκείνῳ τῷ Ἀνδρέᾳ· Δεῦτε ὀπίσω μου καὶ ποιήσω ὑμᾶς ἁλιεῖς ἀνθρώπων. ἔπρεπε γὰρ τῷ λογικώτερον ἀπαγγέλλοντι περὶ τοῦ γενομένου σαρκὸς λόγου, καὶ τὴν γένεσιν διὰ τοῦτο μὴ ἀναγράψαντι τοῦ ἐν ἀρχῇ πρὸς τὸν θεὸν λόγου, μηδὲ τὸν παρὰ τῇ θαλάσσῃ εὑρημένον καὶ ἐκεῖθεν καλούμενον εἰπεῖν, ἀλλὰ τὸν εὑρισκόμενον ὑπὸ τοῦ ἀδελφοῦ, μείναντος παρὰ τῷ Ἰησοῦ τῇ δεκάτῃ ὥρᾳ, καὶ διὰ τὸ οὕτως εὑρίσκεσθαι εὐθέως λαμβάνοντα τὸ Κηφᾶς. ὁ γὰρ ὁρώμενος ὑπὸ τοῦ περιπατοῦντος παρὰ τὴν θάλασσαν τῆς Γαλιλαίας μόλις ποτὲ καὶ ὕστερον λαμβάνει τό· Σὺ εἶ Πέτρος, καὶ ἐπὶ ταύτῃ τῇ πέτρᾳ οἰκοδομήσω μου τὴν ἐκκλησίαν. καὶ ὁ μὲν παρὰ τῷ Ἰωάννῃ Ἰησοῦς γινώσκεται παρὰ τοῖς Φαρισαίοις βαπτίζων, ἐν τοῖς μαθηταῖς αὐτοῦ βαπτίζων, μετὰ καὶ τῶν ἄλλων ἐξαιρέτων καὶ τοῦτο ποιῶν· ὁ δὲ παρὰ τοῖς γ΄ Ἰησοῦς οὐδαμῶς βαπτίζει. ἔτι δὲ καὶ ὁ βαπτιστὴς Ἰωάννης μέχρι πολλοῦ παρὰ τῷ ὁμωνύμῳ εὐαγγελιστῇ διαρκεῖ μὴ βεβλημένος εἰς φυλακήν. ὁ δὲ παρὰ τῷ Ματθαίῳ σχεδὸν Ἰησοῦ πειραζομένου εἰς τὴν φυλακὴν παραδίδοται· δι᾽ ὃν καὶ ἀναχωρεῖ ὁ Ἰησοῦς εἰς τὴν Γαλιλαίαν, περιϊστάμενος τὸ γενέσθαι ἐν τῇ φυλακῇ· ἀλλ᾽ οὐδὲ εὑρίσκεται ἐν τῷ Ἰωάννῃ ὁ βαπτιστὴς παραδιδόμενος εἰς φυλακήν. τίς δ᾽ οὕτως σοφὸς καὶ ἐπὶ τοσοῦτον ἱκανὸς ὡς πάντα τὸν Ἰησοῦν ἀπὸ τῶν δ΄ εὐαγγελιστῶν μαθεῖν, καὶ ἕκαστον ἰδίᾳ χωρῆσαι νοῆσαι, καὶ πάσας αὐτοῦ τὰς καθ᾽

---

9 τῷ] τῶ θῶ· Forsan legendum θεολογικώτερον

ἕκαστον τόπον ἰδεῖν ἐπιδημίας καὶ λόγους καὶ ἔργα; κατὰ
μέντοι γε τὸν προκείμενον τόπον ἀκολούθως νομίζομεν τῇ
ἕκτῃ ἡμέρᾳ τὸν σωτῆρα, ὅτε γεγένηται ἡ κατὰ τὸν γάμον
οἰκονομία ἐν Κανᾷ τῆς Γαλιλαίας, καταβεβηκέναι ἅμα τῇ cf. Jo ii 12
5 μητρὶ καὶ τοῖς ἀδελφοῖς καὶ τοῖς μαθηταῖς εἰς τὴν Καφαρ-
ναούμ, ὅπερ ἑρμηνεύεται ἀγρὸς παρακλήσεως. ἐχρῆν γὰρ
μετὰ τὴν ἐν τῷ οἴνῳ εὐωχίαν καὶ εἰς τὸν τῆς παρακλήσεως
ἀγρὸν ἅμα τῇ μητρὶ καὶ τοῖς μαθηταῖς ἐληλυθέναι τὸν
σωτῆρα, παρακαλέσοντα ἐπὶ τοῖς ἐν τῷ πλήρει ἀγρῷ ἐσο-
10 μένοις καρποῖς τοὺς μαθητευομένους καὶ τὴν συνειληφυῖαν
αὐτὸν ψυχὴν ἐκ τοῦ ἁγίου πνεύματος, ἢ τοὺς ἐκεῖ ὠφελη-
μένους.

9. (7) Ζητητέον μέντοι γε διὰ τί εἰς μὲν τὸν γάμον
οὐ καλοῦνται οἱ ἀδελφοὶ αὐτοῦ· ἀλλ' οὐδὲ ἦσαν ἐκεῖ, οὐ
15 γὰρ εἴρηται· εἰς δὲ Καφαρναοὺμ καταβαίνουσι μετ' αὐτοῦ
καὶ τῆς μητρὸς αὐτοῦ καὶ τῶν μαθητῶν. ἔτι δὲ ἐξεταστέον
διὰ τί νῦν οὐκ εἰσέρχονται εἰς τὴν Καφαρναοὺμ μηδὲ ἀνα-
βαίνουσιν εἰς αὐτὴν ἀλλὰ καταβαίνουσιν. ὅρα οὖν εἰ
ἐνταῦθα τοὺς ἀδελφοὺς ἀντὶ τῶν συγκαταβεβηκυιῶν αὐτῷ
20 δυνάμεων ἐκληπτέον, οὐ καλουμένων εἰς τὸν γάμον καθ' ἃς
εἴπαμεν διηγήσεις, κατωτέρω δὲ ἐν ὑποδεεστέροις τῶν χρη-
ματιζόντων μαθητῶν τοῦ χριστοῦ καὶ ἀλλοειδῶς ὠφελη-
μένων· ὅτι εἰ καλεῖται μήτηρ αὐτοῦ, εἰσί τινες καρποφο-
ροῦντες, πρὸς οὓς αὐτός τε καταβαίνει ὁ κύριος σὺν τοῖς
25 ὑπηρέταις τοῦ λόγου καὶ μαθηταῖς, τοὺς τοιούτους ὠφελῶν,
καὶ τῆς μητρὸς αὐτῷ συμπαρούσης. ἐοίκασί γε οἱ κα-
λούμενοι Καφαρναοὺμ μὴ χωρεῖν τὴν ἐπιπλεῖον διατριβὴν
παρ' αὐτοῖς τοῦ Ἰησοῦ καὶ τῶν συγκαταβαινόντων αὐτῷ·
ὅθεν μένουσι μὲν παρ' αὐτοῖς, οὐ μὴν πολλὰς ἡμέρας· τὸν
30 γὰρ περὶ τῶν πλειόνων δογμάτων φωτισμὸν ὁ τῆς κατωτέρω
παρακλήσεως ἀγρὸς οὐ χωρεῖ, ὀλιγωτέρων τυγχάνων δεκ-
τικός. παραθετέον δὲ πρὸς τὸ θεωρῆσαι διαφορὰς τῶν

1 κατά] καὶ a   2 τόν] bis   9 πλήθει
22 ἀλλοειδῶς] ἄλλου εἴδους

ἐπιπλεῖον ἢ ἔλαττον δεχομένων τὸν Ἰησοῦν τῷ· Ἐκεῖ ἔμειναν
οὐ πολλὰς ἡμέρας· τὸ ἐν τῷ κατὰ Ματθαῖον τῷ ἀναστάντι 169
ἐκ νεκρῶν μεμαθητευμένοις λεγόμενον καὶ ἀποστελλομένοις
μαθητεῦσαι πάντα τὰ ἔθνη οὕτως ἔχον· Ἰδοὺ ἐγὼ μεθ᾽ ὑμῶν
εἰμι πάσας τὰς ἡμέρας ἕως τῆς συντελείας τοῦ αἰῶνος. 5
τοῖς μὲν γὰρ πάντα ὅσα ἐνδέχεται φύσιν ἀνθρωπίνην γνῶναι
ἔτι ἐνταῦθα τυγχάνουσαν εἰσομένοις λέγεται δεικτικῶς τό·
Ἰδοὺ ἐγὼ μεθ᾽ ὑμῶν εἰμι· καὶ περὶ πάσης τῆς ἐν τοῖς
θεωρησομένοις ἀνατολῆς ἡμέρας πλείονας ποιούσης τοῖς
μακαριωτάτοις τό· Πάσας τὰς ἡμέρας ἕως τῆς συντελείας 10
τοῦ αἰῶνος· περὶ δὲ τῶν ἐν Καφαρναοὺμ, πρὸς οὓς ὡς
ὑποδεεστέρους καταβαίνουσιν οὐ μόνον ὁ Ἰησοῦς ἀλλὰ καὶ
ἡ μήτηρ αὐτοῦ καὶ οἱ ἀδελφοὶ αὐτοῦ καὶ οἱ μαθηταί· Ἐκεῖ
ἔμειναν οὐ πολλὰς ἡμέρας.

10. (8) Εἰκὸς δὲ οὐκ ἀλόγως ζητήσειν τινὰς εἰ μετὰ 15
πάσας τὰς ἡμέρας τούτου τοῦ αἰῶνος οὐκέτι ἔσται ὁ εἰπών·
Ἰδοὺ ἐγὼ μεθ᾽ ὑμῶν· μετὰ τῶν χωρησάντων αὐτὸν ἕως τῆς
συντελείας τοῦ αἰῶνος· τὸ γὰρ ἕως οἱονεὶ περιγραφήν τινα
δηλοῖ χρόνου. λεκτέον δὲ καὶ πρὸς τοῦτο ὅτι οὐ ταὐτόν
ἐστι τὸ Μεθ᾽ ὑμῶν εἰμι τῷ Ἐν ὑμῖν εἰμι. τάχα οὖν κυρι- 20
ώτερον λέγοιμεν οὐκ ἐν τοῖς μαθητευομένοις εἶναι τὸν
σωτῆρα, ἀλλὰ μετ᾽ αὐτῶν ὅσον τῷ νῷ οὐκ ἐφθάκασιν ἐπὶ
τὴν τοῦ αἰῶνος συντέλειαν. ἐπὰν δὲ τοῦ κόσμου σταυρω-
θέντος αὐτοῖς τὴν συντέλειαν αὐτοῦ ἐνστᾶσαν τὸ ὅσον ἐπὶ
τῇ αὐτῶν παρασκευῇ θεωρήσωσι, τότε οὐκέτι μετ᾽ αὐτῶν 25
ἀλλὰ ἐν αὐτοῖς γενομένου τοῦ Ἰησοῦ ἐροῦσι τό· Οὐκέτι ζῶ
ἐγώ, ζῇ δὲ ἐν ἐμοὶ Χριστός· καὶ τό· Εἰ δοκιμὴν ζητεῖτε τοῦ
ἐν ἐμοὶ λαλοῦντος χριστοῦ. ταῦτα δὲ λέγομεν τηρουμένης
πως ἰδίᾳ καὶ τῆς παριστάσης ἐκδοχῆς τὸ πάσας τὰς ἡμέρας
λέγεσθαι τὰς ἕως συντελείας τοῦ αἰῶνος κατὰ τὰ ἐφικτὰ τῇ 30
ἀνθρωπίνῃ φύσει καταλαβεῖν ἔτι ἐνταῦθα τυγχανούσῃ· ἔστι
γὰρ καὶ ἐκείνης τῆς ἑρμηνείας τηρουμένης ἐπιστῆσαι τῷ

15 ζήτησιν   20 τῷ—εἰμι] om.   22 ἐφθακόσιν
23 post δὲ] ins. τὴν   27 δοκαμὴν

ἐγώ, ἵνα ὁ μὲν ἕως τῆς συντελείας μετὰ τῶν ἀποστελλο- cf. Mt xxviii
μένων μαθητεύειν πάντα τὰ ἔθνη ᾖ ὁ κενώσας ἑαυτὸν καὶ Phil ii 7
τὴν τοῦ δούλου μορφὴν λαβών· ὡσπερεὶ δὲ τούτου ἕτερος
ἐν τῇ καταστάσει ὢν τῇ πρὸ τοῦ κενῶσαι ἑαυτόν, μετὰ τὴν
5 συντέλειαν τοῦ αἰῶνος γένηται μετὰ τούτων, ἕως ὑπὸ τοῦ cf. He x 13
πατρὸς τεθῶσι πάντες οἱ ἐχθροὶ αὐτοῦ ὑποπόδιον τῶν ποδῶν
αὐτοῦ, μετὰ ταῦτα, ὅτε παραδίδωσιν ὁ υἱὸς τὴν βασιλείαν 1 Co xv 24
170 τῷ θεῷ καὶ πατρί, τοῦ πατρὸς ἐροῦντος αὐτοῖς τό· Ἰδοὺ ἐγὼ
μεθ᾿ ὑμῶν εἰμι· πότερον δὲ πάσας ἡμέρας ἕως τοῦδε τοῦ
10 χρόνου, ἢ ἁπλῶς πάσας τὰς ἡμέρας, ἢ οὐδὲ πάσας ἀλλὰ
πᾶσαν, ἐνέστω σκοπεῖν τῷ βουλομένῳ. νῦν γὰρ ἡμᾶς
οὐκ ἀπαιτεῖ τὰ προκείμενα ἐπὶ τοσοῦτον παρεκβῆναι τοῦ
λόγου.

11. (9) Ὁ μέντοι γε Ἡρακλέων τό· Μετὰ τοῦτο κατ- Jo ii 12
15 έβη εἰς Καφαρναοὺμ αὐτός· διηγούμενος ἄλλης πάλιν
οἰκονομίας ἀρχὴν φησὶ δηλοῦσθαι, οὐκ ἀργῶς τοῦ Κατέβη
εἰρημένου· καί φησι τὴν Καφαρναοὺμ σημαίνειν ταῦτα τὰ
ἔσχατα τοῦ κόσμου, ταῦτα τὰ ὑλικὰ εἰς ἃ κατῆλθε, καὶ διὰ τὸ
ἀνοίκειον, φησίν, εἶναι τὸν τόπον οὐδὲ πεποιηκώς τι λέγεται
20 ἐν αὐτῇ ἢ λελαληκώς. εἰ μὲν οὖν μηδὲ ἐν τοῖς λοιποῖς
εὐαγγελίοις πεποιηκώς τι ἢ λελαληκὼς ἐν τῇ Καφαρναοὺμ
ὁ κύριος ἡμῶν ἀνεγέγραπτο, τάχα ἂν ἐδιστάξαμεν περὶ τοῦ
παραδέξασθαι αὐτοῦ τὴν ἑρμηνείαν. νυνὶ δὲ ὁ μὲν Ματ- Mt iv 13, 17
θαῖος καταλιπόντα φησὶ τὸν κύριον ἡμῶν τὴν Ναζαρά,
25 ἐλθόντα κατῳκηκέναι εἰς Καφαρναοὺμ τὴν παραθαλασσίαν,
καὶ ἀπὸ τότε ἀρχὴν τοῦ κηρύσσειν πεποιῆσθαι λέγοντα·
Μετανοεῖτε, ἤγγικε γὰρ ἡ βασιλεία τῶν οὐρανῶν. ὁ δὲ Mc i 13 ff.
Μάρκος ἀπὸ τοῦ πρὸς τὸν διάβολον πειρασμοῦ, μετὰ τὸ
παραδοθῆναι τὸν Ἰωάννην ἀπαγγέλλει ἡμῖν εἰς τὴν Γαλι-
30 λαίαν κηρύσσοντα τὸ εὐαγγέλιον τοῦ θεοῦ ἐληλυθέναι τὸν
κύριον· καὶ μετὰ τὴν εἰς ἀποστολὴν ἐκλογὴν τῶν δ᾿ ἁλιέων
εἰσπορεύονται εἰς Καφαρναούμ· καὶ εὐθὺς τοῖς σάββασιν

3 τούτον] τοῦτο   7 τήν] bis   10 ἢ οὐδέ] τοῦδε   16 κατε
23 περιδέξασθαι

194   ORIGENIS COMMENTARIORUM

ἐδίδασκεν εἰς τὴν συναγωγὴν, καὶ ἐξεπλήσσοντο ἐπὶ τῇ διδαχῇ αὐτοῦ. ἀλλὰ καὶ πρᾶξιν αὐτοῦ ἀναγράφει γεγενη-
Mc i 23 ff. μένην ἐν Καφαρναοὺμ, εὐθὺς γάρ φησιν· Ἐν τῇ συναγωγῇ αὐτῶν ἦν ἄνθρωπος ἐν πνεύματι ἀκαθάρτῳ, καὶ ἀνέκραξε λέγων Ἔα, τί ἡμῖν καὶ σοί, Ἰησοῦ Ναζαρηνέ; ἦλθες 5 ἀπολέσαι ἡμᾶς; οἴδαμέν σε τίς εἶ, ὁ υἱὸς τοῦ θεοῦ. καὶ ἐπετίμησεν αὐτῷ ὁ Ἰησοῦς λέγων Φιμώθητι καὶ ἔξελθε ἐξ
cf. Mc i 26 f. αὐτοῦ· ὅτε ἐσπάραξεν αὐτὸν τὸ πνεῦμα τὸ ἀκάθαρτον καὶ φωνῆσαν φωνῇ μεγάλῃ ἐξῆλθεν ἐξ αὐτοῦ· καὶ ἐθαμβήθησαν
cf. Mc i 30 ἅπαντες. καὶ ἡ πενθερὰ Σίμωνος τοῦ πυρετοῦ ἀπαλ- 10 λάσσεται ἐν τῇ Καφαρναούμ. πρὸς τούτοις ὁ Μάρκος
cf. Mc i 32, φησὶν ἑσπέρας γεγενημένης ἐν τῇ Καφαρναοὺμ τεθερα-
34   πεῦσθαι πάντας τοὺς κακῶς ἔχοντας καὶ δαιμονιζομένους.
Lc iv 31-35 καὶ ὁ Λουκᾶς δὲ τὰ παραπλήσια τῷ Μάρκῳ ἀπαγγέλλει περὶ τῆς Καφαρναοὺμ λέγων· Καὶ ἦλθεν εἰς Καφαρναούμ, 15 πόλιν τῆς Γαλιλαίας, καὶ ἦν διδάσκων αὐτοὺς ἐν τοῖς σάββασι, καὶ ἐξεπλήσσοντο ἐπὶ τῇ διδαχῇ αὐτοῦ, ὅτι 17 ἐν ἐξουσίᾳ ἦν ὁ λόγος αὐτοῦ. καὶ ἐν τῇ συναγωγῇ ἦν ἄνθρωπος ἔχων πνεῦμα δαιμονίου ἀκαθάρτου, καὶ ἀνέκραξε φωνῇ μεγάλῃ Ἔα, τί ἡμῖν καὶ σοί, Ἰησοῦ Ναζαρηνέ; 20 οἶδά σε τίς εἶ, ὁ ἅγιος τοῦ θεοῦ. καὶ ἐπετίμησεν αὐτῷ ὁ Ἰησοῦς λέγων Φιμώθητι καὶ ἔξελθε ἀπ' αὐτοῦ. τότε καὶ ῥῖψαν αὐτὸν τὸ δαιμόνιον εἰς μέσον ἐξῆλθεν ἀπ' αὐτοῦ
Lc iv 38   μηδὲν βλάψαν αὐτόν. καὶ μετ' αὐτὰ ἀπαγγέλλει ὡς Ἀνα- στὰς ὁ κύριος ἀπὸ τῆς συναγωγῆς εἰσῆλθεν εἰς τὴν οἰκίαν 25
cf. Lc iv 39 Σίμωνος, καὶ ἐπιτιμήσας τῷ ἐν τῇ πενθερᾷ αὐτοῦ πυρετῷ
Lc iv 40 f. ἀπήλλαξεν αὐτὴν τῆς νόσου· μεθ' ἣν θεραπευθεῖσαν Δύντος, φησί, τοῦ ἡλίου πάντες ὅσοι εἶχον ἀσθενοῦντας νόσοις ποικίλαις ἦγον αὐτοὺς πρὸς αὐτόν· ὁ δὲ ἑνὶ ἑκάστῳ αὐτῶν τὰς χεῖρας ἐπιθεὶς ἐθεράπευεν αὐτούς. ἐξήρχοντο δὲ καὶ 30 δαιμόνια ἀπὸ πολλῶν, κραυγάζοντα καὶ λέγοντα ὅτι Σὺ εἶ ὁ υἱὸς τοῦ θεοῦ· καὶ ἐπιτιμῶν οὐκ εἴα αὐτὰ λαλεῖν, ὅτι

7 ἔξελθε] ἐξῆλθεν   15 λέγων—Καφαρναοὺμ] bis   18 εξουσι   20 σοί] σὺ   26 ἐπιτιμήσας   28 ἀσθενοῦντας] ἀσθένειαν

ᾔδεισαν Χριστὸν αὐτὸν εἶναι. ταῦτα δὲ πάντα περὶ τῶν ἐν Καφαρναοὺμ τῷ σωτῆρι εἰρημένων καὶ πεπραγμένων παρεστήσαμεν ὑπὲρ τοῦ ἐλέγξαι τὴν Ἡρακλέωνος ἑρμηνείαν λέγοντος· Διὰ τοῦτο οὐδὲ πεποιηκώς τι λέγεται ἐν αὐτῇ
5 ἢ λελαληκώς. ἢ γὰρ δύο ἐπινοίας διδότω καὶ αὐτὸς τῆς Καφαρναοὺμ καὶ παριστάτω καὶ πεισάτω ποίας· ἢ τοῦτο ποιῆσαι μὴ δυνάμενος ἀφιστάσθω τοῦ λέγειν τὸν σωτῆρα μάτην τινὶ τόπῳ ἐπιδεδημηκέναι. καὶ ἡμεῖς δέ, θεοῦ διδόντος, γενόμενοι κατὰ τὰ τοιαῦτα χωρία τῆς συναναγνώσεως
10 ὅπου δόξαι ἂν μηδὲν ἠνυκέναι ἐπιδημήσας χωρίοις τισί, πειρασόμεθα τὸ μὴ μάταιον τῆς ἐπιδημίας αὐτοῦ τρανῶσαι.

12. (10) Ἔτι δὲ ὁ Ματθαῖος εἰσελθόντος τοῦ κυρίου εἰς τὴν Καφαρναοὺμ φησι τὸν ἑκατόνταρχον αὐτῷ προσεληλυθέναι λέγοντα· Ὁ παῖς μου βέβληται ἐν τῇ οἰκίᾳ Mt viii 6
15 παραλυτικός,· δεινῶς βασανιζόμενος· καὶ ἀκηκοέναι μεθ᾽ ἕτερα εἰρημένα τῷ κυρίῳ περὶ αὐτοῦ τό· Ὕπαγε, καὶ ὡς Mt viii 13 ἐπίστευσας γενηθήτω σοι· καὶ τὰ περὶ τῆς Πέτρου cf. Mt viii 14 πενθερᾶς συμφώνως τοῖς ἄλλοις δυσὶ καὶ αὐτὸς παρέστησεν. ἡγοῦμαι δὲ εἶναι φιλότιμον καὶ πρέπον τῷ ἐν Χριστῷ
20 φιλομαθεῖ, συναγαγεῖν ἀπὸ τῶν δ᾽ εὐαγγελίων πάντα τὰ περὶ τῆς Καφαρναοὺμ ἀναγεγραμμένα, καὶ τοὺς ἐν αὐτῇ λόγους καὶ ἔργα τοῦ κυρίου, καὶ ὁσάκις εἰς αὐτὴν ἐπιδεδήμηκε, καὶ πότε μὲν λέγεται καταβεβηκέναι εἰς αὐτήν, πότε δὲ εἰσεληλυθέναι, καὶ πόθεν. ταῦτα γὰρ ἀλλήλοις
25 συντεθέντα οὐκ ἐάσει ἡμᾶς διαπεσεῖν εἰς τὴν περὶ τῆς Καφαρναοὺμ ἐκδοχήν. πλὴν εἰ καὶ νοσοῦντες ἐκεῖ θεραπεύονται καὶ ἄλλαι δυνάμεις ἐκεῖ γίνονται, τό τε κηρύσσειν· Ἤγγικεν ἡ βασιλεία τῶν οὐρανῶν· ἐκεῖθεν ἄρχεται, ἔοικεν Mt iv 17 εἶναι σύμβολον, ὡς κατὰ τὰς ἀρχὰς ὑπεδειξάμεθα, ὑπο-
30 δεεστέρου τινὸς χωρίου παρακλήσεως, τάχα διὰ τὸν Ἰησοῦν γινομένου, παρακαλέσαντα ἐφ᾽ οἷς ἐδίδαξε καὶ πεποίηκεν ἐκεῖ, τούτου τόπου χωρίου παρακλήσεως· ἴσμεν γὰρ καὶ

8 τινὶ τῷ   10 ποῦ δοξὰν μηδὲν ἂν, ἦν ἱκέναι   16 παρ᾽ αὐτοῦ   18 συμφώνοις   32 τούτου] τοῦτο   περικλήσεως

τόπων ὀνόματα ἐπώνυμα τυγχάνοντα τοῖς κατὰ τὸν Ἰησοῦν πράγμασιν· ὥσπερ τὰ Γέργεσα, ἔνθα παρεκάλεσαν αὐτὸν μεταβῆναι ἐκ τῶν ὁρίων αὐτῶν οἱ τῶν χοίρων πολῖται, ἑρμηνεύεται παροικία ἐκβεβληκότων. ἔτι δὲ καὶ τοῦτο περὶ τῆς Καφαρναοὺμ τετηρήκαμεν, ὅτι οὐ μόνον ἐν αὐτῇ κηρύσσειν τό· Ἤγγικεν ἡ βασιλεία τῶν οὐρανῶν· ἤρξατο, ἀλλὰ κατὰ τοὺς γ΄ εὐαγγελιστὰς τὰς πρώτας δυνάμεις ἐκεῖ πεποίηκεν. οὐδεὶς δὲ τῶν τριῶν ἐφ' οἷς πρῶτον ἀνέγραψε παραδόξοις ἐν τῇ Καφαρναοὺμ γεγενημένοις τὴν τοῦ μαθητοῦ Ἰωάννου ἐπὶ τῷ πρώτῳ ἔργῳ σημείωσιν πεποίηται λέγοντος· Ταύτην ἀρχὴν τῶν σημείων ἐποίησεν ὁ Ἰησοῦς ἐν Κανᾷ τῆς Γαλιλαίας. οὐ γὰρ ἦν ἀρχὴ τῶν σημείων τὸ ἐν Καφαρναοὺμ, τῷ προηγούμενον μὲν σημείων εἶναι τοῦ υἱοῦ τοῦ θεοῦ τὴν εὐφροσύνην, διὰ δὲ τὰ τοῖς ἀνθρώποις συμβεβηκότα περιστατικὸν, οὐχ οὕτως τὴν θεραπείαν ἐπιδεικνυμένου τοῦ λόγου τὸ ἴδιον κάλλος, ἐν τῷ θεραπεύειν τοὺς πεπονθότας, ὅσον ἐν τῷ εὐφραίνειν τῷ νηφαλίῳ πόματι τοὺς διὰ τοῦ ὑγιαίνειν καὶ εὐωχίᾳ σχολάζειν δυναμένους.

13. (11) Καὶ ἐγγὺς ἦν τὸ πάσχα τῶν Ἰουδαίων. Τὴν τοῦ σοφωτάτου Ἰωάννου ἐξετάζων ἀκρίβειαν κατ' ἐμαυτὸν ἐζήτουν τί βούλεται αὐτῷ ἡ προσθήκη Τῶν Ἰουδαίων. ποίου γὰρ ἄλλου ἔθνους ἐστὶν ἑορτὴ τὸ πάσχα; διόπερ αὔταρκες ἦν εἰπεῖν Καὶ ἦν ἐγγὺς τὸ πάσχα. μήποτε δὲ, ἐπεὶ τὸ μέν τί ἐστι πάσχα ἀνθρώπινον, τῶν μὴ κατὰ βούλησιν τῆς γραφῆς ἐπιτελούντων αὐτὸ, τὸ δέ τι θεῖον, τὸ ἀληθὲς πνεύματι καὶ ἀληθείᾳ ἐνεργούμενον ὑπὸ τῶν πνεύματι καὶ ἀληθείᾳ προσκυνούντων τὸν θεὸν, ἀντιδιέσταλται πρὸς τὸ θεῖον τὸ λεγόμενον τῶν Ἰουδαίων. ἀκούσωμεν γοῦν τοῦ κυρίου νομοθετοῦντος τὸ πάσχα, τί φησιν ὅτε καὶ πρῶτον ὠνόμασται ἐν τῇ γραφῇ· Καὶ εἶπε κύριος πρὸς Μωϋσῆν καὶ Ἀαρὼν ἐν γῇ Αἰγύπτου λέγων Ὁ μὴν οὗτος ὑμῖν ἀρχὴ μηνῶν, πρῶτός ἐστιν ὑμῖν ἐν τοῖς μησὶ τοῦ

23 ἦν εἰπεῖν] ἵ εἶπεν   27 πνεύματι] πνα   ἀντιδιεστάλθαι

ἐνιαυτοῦ. λάλησον πρὸς πᾶσαν συναγωγὴν υἱῶν Ἰσραὴλ Ex xii 3
173 λέγων Τῇ δεκάτῃ τοῦ μηνὸς τούτου λαβέτωσαν ἕκαστος
πρόβατον κατ᾽ οἴκους πατριῶν· καὶ μετ᾽ ὀλίγα, ἐν οἷς
οὐδέπω τὸ πάσχα ὀνομαστὶ εἴρητο, ἐπιφέρει· Οὕτω δὲ Ex xii 11
5 φάγεσθε αὐτό· αἱ ὀσφύες ὑμῶν περιεζωσμέναι καὶ τὰ ὑπο-
δήματα ὑμῶν ἐν τοῖς ποσὶν ὑμῶν καὶ αἱ βακτηρίαι ἐν ταῖς
χερσὶν ὑμῶν, καὶ ἔδεσθε αὐτὸ μετὰ σπουδῆς. πάσχα ἐστὶ
τοῦ κυρίου. οὐ γάρ φησι Πάσχα ἐστὶν ὑμῶν. καὶ μετ᾽
ὀλίγα δεύτερον οὕτως ὀνομάζει τὴν ἑορτήν· Καὶ ἔσται ἐὰν Ex xii 26 f.
10 λέγωσι πρὸς ὑμᾶς οἱ υἱοὶ ὑμῶν Τίς ἡ λατρεία αὕτη; καὶ
ἐρεῖτε αὐτοῖς Θυσία τὸ πάσχα τοῦ κυρίου, ὡς ἐσκέπασε τοὺς
οἴκους τῶν υἱῶν Ἰσραήλ. καὶ πάλιν δὲ μετ᾽ ὀλίγα· Εἶπε Ex xii 43
δὲ κύριος πρὸς Μωϋσῆν καὶ Ἀαρὼν λέγων Οὗτος ὁ νόμος
τοῦ πάσχα· πᾶς ἀλλογενὴς οὐκ ἔδεται ἀπ᾽ αὐτοῦ. καὶ
15 πάλιν μετ᾽ ὀλίγα· Ἐὰν δέ τις προσέλθῃ πρὸς ὑμᾶς προσή- Ex xii 48
λυτος καὶ ποιῇ τὸ πάσχα κυρίου, περιτεμεῖται αὐτοῦ πᾶν
ἀρσενικόν. παρατηρητέον γὰρ ὅτι ἐν τῇ νομοθεσίᾳ οὐδαμοῦ
λέγεται Πάσχα ὑμῶν, ἀλλ᾽ ἅπαξ μὲν ἐν οἷς προεθέμεθα
χωρὶς πάσης προσθήκης, τρὶς δὲ Τὸ πάσχα τοῦ κυρίου.
20 πρὸς δὲ τὸ παραδέξασθαι τοῦθ᾽ οὕτως ἔχειν περὶ τῆς δια-
φορᾶς τοῦ πάσχα κυρίου καὶ πάσχα Ἰουδαίων, ἴδωμεν καὶ
τὰ ἐν τῷ Ἡσαΐᾳ τοῦτον τὸν τρόπον εἰρημένα· Τὰς νου- Is i 13 f.
μηνίας ὑμῶν καὶ τὰ σάββατα καὶ ἡμέραν μεγάλην οὐκ
ἀνέχομαι· νηστείαν καὶ ἀργείαν καὶ τὰς νουμηνίας ὑμῶν καὶ
25 τὰς ἑορτὰς ὑμῶν μισεῖ ἡ ψυχή μου. οὐκ ἴδια γὰρ ἑαυτοῦ
φησιν ὁ κύριος τὰ ὑπὸ τῶν ἁμαρτανόντων ἐπιτελούμενα,
ὑπὸ τῆς ψυχῆς αὐτοῦ, εἴ τίς ποτέ ἐστι, μισούμενα, οὔτε τὰς
νουμηνίας οὔτε τὰ σάββατα οὔτε ἡμέραν μεγάλην οὔτε
νηστείαν οὔτε τὰς ἑορτάς. ἐν μέντοι γε τῇ νομοθεσίᾳ τῆς
30 Ἐξόδου περὶ σαββάτου ταῦτα λέγεται· Εἶπε δὲ Μωϋσῆς Ex xvi 23,
πρὸς αὐτούς Τοῦτο τὸ ῥῆμα ὃ ἐλάλησε κύριος Σάββατα 25
ἀνάπαυσις ἁγία τῷ κυρίῳ. καὶ μετ᾽ ὀλίγα· Εἶπε δὲ ὁ

3 προβάτων

Μωϋσῆς Φάγετε, σήμερον γάρ ἐστι σάββατα τῷ κυρίῳ. καὶ ἐν Ἀριθμοῖς πρὸ τούτων ἐφ᾽ ἑκάστῃ ἑορτῇ θυσιῶν, ὡς ἑορτῆς οὔσης κατὰ τὸν νόμον τοῦ ἐνδελεχισμοῦ καὶ ἑκάστης ἡμέρας, ταῦτα γέγραπται· Καὶ ἐλάλησε κύριος πρὸς Μωϋσῆν Ἀπάγγειλαι τοῖς υἱοῖς Ἰσραὴλ καὶ ἐρεῖς πρὸς 5 αὐτοὺς λέγων Τὰ δῶρά μου, δόματά μου, καρπώματά μου εἰς ὀσμὴν εὐωδίας διατηρήσετε προσφέρειν μοι ἐν ταῖς ἑορταῖς μου. καὶ ἐρεῖς πρὸς αὐτούς Ταῦτα τὰ καρπώματα, ὅσα προσάξετε τῷ κυρίῳ. ἰδίας γὰρ ἑορτὰς ὠνόμασε καὶ οὐ τῶν νομοθετουμένων τὰς ἐκκειμένας ἐν τῇ γραφῇ, καὶ 10 δῶρα αὐτοῦ, καὶ δόματα αὐτοῦ.

14. Ὅμοιον δέ τι τούτοις ἐστὶ καὶ περὶ τοῦ λαοῦ ἐν τῇ Ἐξόδῳ ἀναγεγραμμένον, ὅστις ὑπὸ τοῦ θεοῦ ἴδιος εἶναι 174 λέγεται ὅτε μὴ ἁμαρτάνει· ἀποκηρύττων δὲ αὐτὸν ἐν τῇ μοσχοποιΐᾳ λαὸν Μωϋσέως ὠνόμασε· πρὸς μὲν γὰρ τὸν 15 Φαραὼ Ἐρεῖς, φησί, Τάδε λέγει κύριος Ἐξαπόστειλον τὸν λαόν μου ἵνα λατρεύσῃ μοι ἐν τῇ ἐρήμῳ. ἐὰν δὲ μὴ βούλῃ ἐξαποστεῖλαι τὸν λαόν μου, ἰδοὺ ἐγὼ ἐξαποστέλλω ἐπὶ σὲ καὶ ἐπὶ τοὺς θεράποντάς σου καὶ ἐπὶ τὸν λαόν σου καὶ ἐπὶ τοὺς οἴκους σου κυνόμυιαν, καὶ πλησθήσονται αἱ οἰκίαι τῶν 20 Αἰγυπτίων τῆς κυνομυίας, καὶ εἰς τὴν γῆν ἐφ᾽ ἧς εἰσιν ἐπ᾽ αὐτῆς. καὶ παραδοξάσω τῇ ἡμέρᾳ ἐκείνῃ τὴν γῆν Γεσὲμ, ἐφ᾽ ἧς ὁ λαός μου ἔπεστιν ἐπ᾽ αὐτῆς, ἐφ᾽ ᾧ οὐκ ἔσται κυνόμυια, ἵνα εἰδῇς ὅτι ἐγώ εἰμι κύριος ὁ κύριος πάσης τῆς γῆς. καὶ δώσω διαστολὴν ἀνὰ μέσον τοῦ ἐμοῦ λαοῦ. πρὸς 25 δὲ τὸν Μωϋσέα ἐλάλησε κύριος λέγων Βάδιζε, κατάβηθι τὸ τάχος· ἠνόμησε γὰρ ὁ λαός σου οὓς ἐξήγαγες ἐκ γῆς Αἰγύπτου. ὥσπερ οὖν ὁ λαὸς μὴ ἁμαρτάνων μὲν τοῦ θεοῦ ἐστιν, ἁμαρτάνων δὲ οὐκέτι λέγεται εἶναι αὐτοῦ· οὕτω καὶ αἱ ἑορταὶ, ὅτε μὲν μισοῦνται ὑπὸ τῆς τοῦ κυρίου ψυχῆς, 30 τῶν ἁμαρτανόντων εἰσὶν ἑορταὶ, ὅτε δὲ ὑπὸ τοῦ κυρίου νομοθετοῦνται, κυρίου εἶναι προσαγορεύονται. τῶν δὲ ἑορτῶν μία ἐστὶ καὶ τὸ πάσχα, ὅπερ ἐν τῇ προκειμένῃ τοῦ

23 ἔσται] ἔστι

εὐαγγελίου γραφῇ οὐ τοῦ κυρίου ἀλλὰ τῶν Ἰουδαίων εἶναι
λέγεται· καὶ ἀλλαχοῦ δέ· Αὗται, φησὶν, αἱ ἑορταὶ κυρίου Le xxiii
ἃς καλέσετε αὐτὰς κλητὰς ἁγίας. ἀπὸ μὲν οὖν τῆς τοῦ
κυρίου φωνῆς οὐκ ἔστιν ἀντιλέγειν οἷς παρεστήσαμεν.
5 πιθανῶς δέ τις ἀπὸ τοῦ ἀποστόλου ζητήσει ἐν τῇ πρὸς
Κορινθίους ἀναγράφοντος· Καὶ γὰρ τὸ πάσχα ἡμῶν ἐτύθη 1 Co v 7
Χριστός· οὐ γάρ φησι Τὸ πάσχα κυρίου ἐτύθη Χριστός.
καὶ πρὸς τοῦτο δὲ λεκτέον ἤτοι ὅτι ἁπλούστερον πάσχα
ἡμῶν τυθὲν τὸ δι' ἡμᾶς τυθὲν εἴρηκεν, ἢ ὅτι πᾶσα ἑορτὴ
10 ἀληθῶς κυρίου, ὧν μία ἐστὶ τὸ πάσχα, οὐκ ἐν τούτῳ τῷ
αἰῶνι οὐδὲ ἐπὶ γῆς ἀλλ' ἐν τῷ μέλλοντι καὶ ἐν οὐρανοῖς,
ἐνστάσης τῆς βασιλείας τῶν οὐρανῶν, ἐπιτελεσθήσεται. καὶ
περὶ ἐκείνων γε τῶν ἑορτῶν ὁ μὲν εἷς τῶν ιβ΄ προφητῶν
φησι Τί ποιήσετε ἐν ἡμέραις πανηγύρεως καὶ ἐν ἡμέραις Hos ix 5
15 ἑορτῆς τοῦ κυρίου; ὁ δὲ Παῦλος ἐν τῇ πρὸς Ἑβραίους·
Ἀλλὰ προσεληλύθατε Σιὼν ὄρει καὶ πόλει θεοῦ ζῶντος, He xii 22 f.
Ἰερουσαλὴμ ἐπουρανίῳ, καὶ μυριάσιν ἀγγέλων, πανηγύρει
καὶ ἐκκλησίᾳ πρωτοτόκων ἀπογεγραμμένων ἐν οὐρανοῖς.
καὶ ἐν τῇ πρὸς Κολασσαεῖς· Μὴ οὖν τις ὑμᾶς κρινέτω ἐν Col ii 16 f
20 βρώσει καὶ ἐν πόσει, ἢ ἐν μέρει ἑορτῆς ἢ νουμηνίας ἢ
σαββάτων, ἅ ἐστι σκιὰ τῶν μελλόντων.
175   15. (12) Τίνα δὲ τρόπον ἐν τοῖς ἐπουρανίοις, ὧν σκιὰ cf. He viii 5
παρὰ τοῖς σωματικοῖς Ἰουδαίοις ἦν, ἑορτάσομεν, ὑπὸ τὸν
ἀληθῆ πρότερον παιδαγωγούμενοι νόμον παρὰ ἐπιτρόποις cf. Gal iii 24;
25 καὶ οἰκονόμοις ἕως τὸ ἐκεῖ πλήρωμα τοῦ χρόνου ἐνστῇ καὶ iv 2, 4
τὴν τελειότητα τοῦ υἱοῦ τοῦ θεοῦ χωρήσωμεν, ἔργον σοφίας cf. 1 Co ii 7
τῆς ἐν μυστηρίῳ ἀποκεκρυμμένης ἔστι φανερῶσαι, καὶ τὰ
περὶ βρωμάτων νομοθετούμενα, σύμβολα τῶν ἐκεῖ μελλόν-
των τρέφειν καὶ ἰσχυροποιεῖν ἡμῶν τὴν ψυχὴν τυγχάνοντα,
30 θεωρεῖν. εἰκὸς δὲ φαντασιωθέντα τινὰ τὸ πέλαγος τῶν
τοσούτων νοημάτων καὶ βουλόμενον σῶσαι πῶς ἡ κατὰ
τόπον λατρεία ὑπόδειγμα καὶ σκιά ἐστι τῶν ἐπουρανίων,
τά τε θύματα καὶ τὸ πρόβατον νοῆσαι βουλόμενον, προσ-

23 ἑορτὰς οἱ μὲν   30 εἰκῇ   32 σκιαὶ   33 προκόψαι

κόψαι καὶ τῷ ἀποστόλῳ, ἐπᾶραι μὲν ἡμῶν τὸ φρόνημα βουληθέντι ἀπὸ τῶν γηΐνων περὶ τοῦ νόμου δογμάτων οὐ πάνυ δὲ παραστήσαντι πῶς ταῦτα μέλλει γίνεσθαι. ἐὰν δὲ καὶ ἑορταί, ὧν μία τὸ πάσχα ἐστὶ, καὶ ἐπὶ τὸν μέλλοντα ἀνάγωνται αἰῶνα, ἔτι μᾶλλον ἐπισκοπητέον πῶς καὶ νῦν τὸ πάσχα ἡμῶν ἐτύθη Χριστὸς καὶ μετὰ ταῦτα τυθήσεται.

16. (13) Ὀλίγα δὲ εἰς τὴν ἐπαπόρησιν τῶν δογμάτων παραθετέον ἡμῖν, ἰδίας δεομένων πραγματείας ἐξαιρέτου καὶ πολυβίβλου, παντός τε τοῦ κατὰ νόμον μυστικοῦ λόγου, καὶ ἰδίᾳ τῶν κατὰ τὰς ἑορτὰς, καὶ ἔτι ἰδικώτερον περὶ τοῦ πάσχα. Ἰουδαίων μὲν οὖν τὸ πάσχα πρόβατόν ἐστι θυόμενον, λαμβανόμενον ἑκάστῳ κατ' οἴκους πατριῶν καὶ ἐπιτελούμενον μυριάσι σφαζομέναις ἀμνῶν καὶ ἐρίφων, πλείοσι κατὰ τὴν ἀναλογίαν τοῦ ἀριθμοῖ τῶν οἴκων τοῦ λαοῦ· τὸ δὲ ἡμῶν πάσχα ἐτύθη Χριστός. καὶ πάλιν ἐκείνων μέν ἐστι τὰ ἄζυμα ἀφανιζομένης πάσης ζύμης ἐκ τῶν οἴκων αὐτῶν· ἡμεῖς δὲ ἑορτάζομεν οὐ ζύμῃ παλαιᾷ οὐδὲ ζύμῃ κακίας καὶ πονηρίας, ἀλλ' ἐν ἀζύμοις εἰλικρινείας καὶ ἀληθείας. εἰ δέ ἐστί τι τρίτον παρὰ τὰ εἰρημένα δύο τὸ πάσχα τοῦ κυρίου καὶ ἀζύμων ἑορτὴ, ἀκριβέστερον ἐξεταστέον διὰ τὸ ὑποδείγματι καὶ σκιᾷ λατρεύειν ἐκείνους τῶν ἐπουρανίων ἐκείνων, καὶ οὐ μόνον βρώματα καὶ πόματα καὶ νεομηνίας καὶ σάββατα ἀλλὰ καὶ τὰς ἑορτὰς σκιὰν εἶναι τῶν μελλόντων. πρῶτον δὴ τοῦ ἀποστόλου λέγοντος· Τὸ πάσχα ἡμῶν ἐτύθη Χριστός· ἐπαπορήσει τις πρὸς αὐτὸν ταῦτα· εἰ τύπος ἐστὶ τῆς Χριστοῦ θύσεως τὸ παρὰ Ἰουδαίοις πρόβατον, ἤτοι ἐχρῆν ἓν καὶ μὴ πολλὰ θύεσθαι παρ' αὐτοῖς πρόβατα, ὥσπερ εἷς ἐστιν ὁ χριστὸς, ἢ πολλῶν θυομένων προβάτων οἱονεὶ πολλοὺς Χριστοὺς θυομένους ἀκολούθως τῷ τύπῳ ζητητέον. ἵνα δὲ τοῦτο παραπεμψώμεθα, πῶς τὸ θυόμενον πρόβατον Χριστοῦ περιέχει εἰκόνα, τοῦ μὲν προβάτου ὑπὸ τῶν τηρούντων τὸν νόμον θυομένου, Χριστοῦ δὲ

4 ἑορταί] ἑορτα   8 ἡμῶν ἰδέας

ὑπὸ τῶν παραβαινόντων αὐτὸν ἀναιρουμένου, ἔτι δὲ πῶς
ἐπὶ Χριστοῦ τό· Φάγονται τὰ κρέα ταύτῃ τῇ νυκτὶ ὀπτὰ Ex xii 8 ff.
πυρί, καὶ ἄζυμα ἐπὶ πικρίδων ἔδονται· ἑρμηνευτέον· καὶ τό·
Οὐκ ἔδεσθε ἀπ' αὐτῶν ὠμὸν οὐδὲ ἡψημένον ἐν ὕδατι, ἀλλ' ἢ
5 ὀπτὰ πυρί· κεφαλὴν σὺν τοῖς ποσὶ καὶ τοῖς ἐνδοσθίοις· οὐκ
ἀπολείψετε ἀπ' αὐτῶν ἕως πρωΐ, καὶ ὀστοῦν οὐ συντρίψετε
ἀπ' αὐτῶν· τὰ δὲ καταλειπόμενα ἀπ' αὐτῶν ἕως πρωῒ κατα-
καύσετε· ἔοικε δὲ τῷ· Ὀστοῦν οὐ συντρίψεται ἀπ' αὐτοῦ·
ὁ Ἰωάννης ἐν τῷ εὐαγγελίῳ κεχρῆσθαι ὡς ἀναφερομένῳ
10 ἐπὶ τὴν περὶ τὸν σωτῆρα οἰκονομίαν, καὶ ὅτε ἐν τῷ νόμῳ
κελεύονται τὸ πρόβατον ἐσθίοντες ὀστοῦν αὐτοῦ μὴ συντρί-
βειν. λέγει δὲ οὕτως· Ἦλθον οὖν οἱ στρατιῶται, καὶ τοῦ Jo xix 32—36
μὲν πρώτου κατέαξαν τὰ σκέλη καὶ τοῦ ἄλλου τοῦ συσταυ-
ρωθέντος αὐτῷ· ἐπὶ δὲ τὸν Ἰησοῦν ἐλθόντες, ὡς εἶδον ἤδη
15 αὐτὸν τεθνηκότα οὐ κατέαξαν αὐτοῦ τὰ σκέλη. ἀλλ' εἷς
τῶν στρατιωτῶν λόγχῃ τὴν πλευρὰν αὐτοῦ ἔνυξε· καὶ
ἐξῆλθεν εὐθὺς αἷμα καὶ ὕδωρ. καὶ ὁ ἑωρακὼς μεμαρτύρηκε,
καὶ ἀληθινὴ αὐτοῦ ἐστιν ἡ μαρτυρία· καὶ ἐκεῖνος οἶδεν ὅτι
ἀληθῆ λέγει, ἵνα καὶ ὑμεῖς πιστεύητε. ἐγένετο γὰρ ταῦτα
20 ἵνα ἡ γραφὴ πληρωθῇ Ὀστοῦν αὐτοῦ οὐ συντριβήσεται.

17. Καὶ ἄλλα δὲ μυρία παρὰ ταῦτά ἐστι τὰ πρὸς τὴν
τοῦ ἀποστόλου λέξιν ἀναζητηθησόμενα καὶ περὶ τοῦ πάσχα
καὶ ἀζύμων, ἐξετασθησόμενα δέ, ὡς προειρήκαμεν, προηγου-
μένης πολυβίβλου συγγραφῆς. νῦν δὲ ὡς ἐν ἐπιτομῇ διὰ
25 τὴν προκειμένην λέξιν ταῦτα παραθέμενοι, τὰ φαινόμενα
ὡς ἐν βραχέσιν οὕτω λύειν πειρασόμεθα, ὑπομνησθέντες
καὶ τοῦ· Οὗτός ἐστιν ὁ ἀμνὸς τοῦ θεοῦ ὁ αἴρων τὴν ἁμαρ- Jo i 29
τίαν τοῦ κόσμου· ἐπεὶ καὶ ἐν τῷ πάσχα Ἀπὸ τῶν ἀμνῶν, Ex xii 5
φησί, καὶ τῶν ἐρίφων λήψεσθε. δόξει γὰρ καὶ ὁ εὐαγγε-
30 λιστὴς συνᾴδων τῷ Παύλῳ τοιαύταις ἐνέχεσθαι τῶν ἐξη-
τασμένων ἀπορίαις. λεκτέον δὲ ὅτι εἰ ὁ λόγος γέγονε σάρξ,
καί φησιν ὁ κύριος· Ἐὰν μὴ φάγητε τὴν σάρκα τοῦ υἱοῦ Jo vi 53

2 φάγοντᵃ   6 σιντρίψετε   13 καὶ τοῦ ἄλλου] ἄλλοῦ
20 ἡ] om.   συντριβήσετε   31 γεγονέναι

τοῦ ἀνθρώπου καὶ πίητε αὐτοῦ τὸ αἷμα, οὐκ ἔχετε ζωὴν ἐν ἑαυτοῖς. ὁ τρώγων μου τὴν σάρκα καὶ πίνων μου τὸ αἷμα ἔχει ζωὴν αἰώνιον, κἀγὼ ἀναστήσω αὐτὸν ἐν τῇ ἐσχάτῃ ἡμέρᾳ· ἡ γὰρ σάρξ μου ἀληθής ἐστι βρῶσις, καὶ τὸ αἷμά μου ἀληθής ἐστι πόσις. ὁ τρώγων μου τὴν σάρκα καὶ πίνων μου τὸ αἷμα ἐν ἐμοὶ μένει κἀγὼ ἐν αὐτῷ· μήποτε αὕτη ἐστιν ἡ σὰρξ τοῦ αἴροντος τὴν ἁμαρτίαν τοῦ κόσμου ἀμνοῦ, καὶ τοῦτ' ἔστι τὸ αἷμα ἀφ' οὗ τιθέναι δεῖ ἐπὶ τῶν δύο σταθμῶν, καὶ ἐπὶ τὴν φλιὰν ἐν τοῖς οἴκοις, ἐν οἷς ἐσθίομεν τὸ πάσχα, καὶ ἀπὸ τῶν τοῦ ἀμνοῦ τούτου δεῖ φαγεῖν κρέα ἐν τῷ τοῦ κόσμου χρόνῳ, ὅς ἐστι νύξ· ὀπτὰ δὲ τὰ κρέα πυρὶ βρωτέον μετὰ τοῦ ἀπὸ ἀζύμων ἄρτου· ὁ γὰρ τοῦ θεοῦ λόγος οὐ μόνον ἐστὶ σάρξ· φησὶ γοῦν· Ἐγώ εἰμι ὁ ἄρτος τῆς ζωῆς· καί· Οὗτός ἐστιν ὁ ἄρτος ὁ ἐκ τοῦ οὐρανοῦ καταβαίνων ἵνα τις ἐξ αὐτοῦ φάγῃ καὶ μὴ ἀποθάνῃ. ἐγώ εἰμι ὁ ἄρτος ὁ ζῶν ὁ ἐκ τοῦ οὐρανοῦ καταβάς· ἐάν τις φάγῃ ἐκ τούτου τοῦ ἄρτου ζήσει εἰς τὸν αἰῶνα. οὐκ ἀγνοητέον μέντοι γε ὅτι πᾶσα τροφὴ καταχρηστικώτερον ἄρτος λέγεται, ὡς ἐπὶ Μωϋσέως ἐν τῷ Δευτερονομίῳ γέγραπται· Τεσσαράκοντα ἡμέρας ἄρτον οὐκ ἔφαγε καὶ ὕδωρ οὐκ ἔπιεν· ἀντὶ τοῦ· οὔτε ξηρᾶς, οὔτε ὑγρᾶς μετείληφε τροφῆς. τοῦτο δέ μοι τετήρηται διὰ τὸ καὶ ἐν τῷ κατὰ Ἰωάννην λέγεσθαι· Καὶ ὁ ἄρτος δὲ ὃν ἐγὼ δώσω ἡ σάρξ μού ἐστιν ὑπὲρ τῆς τοῦ κόσμου ζωῆς. ἤτοι δὲ διὰ τὰς ἐπὶ τοῖς ἁμαρτήμασιν ἡμῶν μετανοίας τὴν κατὰ θεὸν λύπην λυπουμένοι, μετάνοιαν εἰς σωτηρίαν ἀμεταμέλητον ἡμῖν ἐργαζομένην, ἐπὶ πικρίδων ἐσθίομεν τὰ κρέα τοῦ ἀμνοῦ καὶ τὰ ἄζυμα, ἢ διὰ τὰς βασάνους ζητοῦντες καὶ τρεφόμενοι ἀπὸ τῶν εὑρισκομένων τῆς ἀληθείας θεωρημάτων.

18. Οὐκ ὠμὴν οὖν βρωτέον τὴν σάρκα τοῦ ἀμνοῦ, ὥσπερ ποιοῦσιν οἱ τῆς λέξεως δοῦλοι, τρόπον ἀλόγων ζώων καὶ ἀποτεθηριωμένων πρὸς τοὺς ἀληθῶς λογικοὺς διὰ τοῦ

25 λυπουμένων

συνιέναι βούλεσθαι τὰ πνευματικὰ λόγου, μεταλαμβάνοντες θηρίων ἀπηγριωμένων. φιλοτιμητέον δὲ τῷ εἰς ἕψησιν μεταλαμβάνοντι τὸ ὠμὸν τῆς γραφῆς μὴ ἐπὶ τὸ πλαδαρώτερον καὶ ὑδαρέστερον καὶ ἐκλελυμένον μεταλαμβάνειν τὰ γεγραμμένα, ὅπερ ποιοῦσιν οἱ κνηθόμενοι τὴν ἀκοὴν καὶ ἀπὸ μὲν τῆς ἀληθείας ἀποστρέφοντες αὐτήν, ἐπὶ δὲ τὸ ἀνειμένον καὶ ὑδαρέστερον τῆς πολιτείας μεταλαμβάνοντες τὰς κατ' αὐτοὺς ἀναγωγάς. ἡμεῖς δὲ τῷ ζέοντι πνεύματι, καὶ τοῖς διδομένοις ὑπὸ θεοῦ διαπύροις λόγοις, ὁποίους Ἱερεμίας εἰλήφει ἀπὸ τοῦ λέγοντος πρὸς αὐτόν· Ἰδοὺ δέδωκα τοὺς λόγους μου εἰς τὸ στόμα σου πῦρ· ὀπτὰ ποιήσωμεν τὰ κρέα τοῦ ἀμνοῦ, ὥστε τοὺς μεταλαμβάνοντας αὐτῶν λέγειν, Χριστοῦ ἐν ἡμῖν λαλοῦντος, ὅτι Ἡ καρδία ἡμῶν καιομένη ἦν ἐν τῇ ὁδῷ, ὡς διήνοιγεν ἡμῖν τὰς γραφάς. εἰ δὲ εἰς τὸ τοιοῦτον ἡμᾶς ζητῆσαι πυρὶ ὀπτῆσαι δεήσει τὰ τοῦ ἀμνοῦ κρέα, παραθετέον τὴν ὁμολογίαν οὗ ἐπεπόνθει ἐπὶ τοῖς λόγοις τοῦ θεοῦ πάθους Ἱερεμίας λέγων· Καὶ ἐγένετο ὡς πῦρ καιόμενον, φλέγον ἐν τοῖς ὀστέοις μου, καὶ παρεῖμαι πάντοθεν καὶ οὐ δύναμαι φέρειν. ἀρκτέον δὲ ἐν τῷ ἐσθίειν ἀπὸ τῆς κεφαλῆς, τουτέστι τῶν κορυφαιοτάτων καὶ ἀρχικῶν δογμάτων περὶ τῶν ἐπουρανίων, καὶ καταληκτέον ἐπὶ τοὺς πόδας, τὰ ἔσχατα τῶν μαθημάτων τὰ ζητοῦντα περὶ τῆς τελευταίας ἐν τοῖς οὖσι φύσεως, ἤτοι τῶν ὑλικωτέρων ἢ τῶν καταχθονίων ἢ τῶν πονηρῶν πνευμάτων καὶ ἀκαθάρτων δαιμονίων. ὁ γὰρ περὶ αὐτῶν λόγος, ἕτερος ὢν αὐτῶν, ἐναποκείμενος τοῖς μυστηρίοις τῆς γραφῆς δύναται τροπικώτερον πόδες ὠνομάσθαι τοῦ ἀμνοῦ. καὶ τῶν ἐνδοσθίων δὲ καὶ ἐσωτερικῶν καὶ ἀποκεκρυμμένων οὐκ ἀφεκτέον· ὡς ἑνὶ δὲ σώματι τῇ ἁπάσῃ προσελθετέον γραφῇ, καὶ τὰς ἐν τῇ ἁρμονίᾳ τῆς πάσης συνθέσεως αὐτῆς εὐτονωτάτας καὶ στερροτάτας συνοχὰς οὐ συντριπτέον οὐδὲ δια-

---

2 τῷ] τῶν ut videtur 3 πλαδαρώτερον] in mg. ἐκλυτώτερον. add. intra lin. χαῦνον ἢ ἀσθενές. 4 ὑδωρέστερον
8 αὐτοῦ 15 εἰ] εἰς δεήσει] δὲ ἥξει

κοπτέον, ὅπερ πεποιήκασιν οἱ τὴν ἑνότητα τοῦ ἐν πάσαις ταῖς γραφαῖς πνεύματος τὸ ὅσον ἐπ᾽ αὐτοῖς συντρίβοντες. αὕτη μέντοι γε ἡ ἀπὸ τοῦ ἀμνοῦ προειρημένη προφητεία τὴν νύκτα μόνην ἡμᾶς τρεφέτω τοῦ ἐν τῷ βίῳ σκότους· ὡς γὰρ τῆς ἀνατολῆς τῆς ἡμέρας τῶν μετὰ τὸν βίον τοῦτον οὐδὲν καταλειπτέον ἔσται ἡμῖν τῆς ἐπὶ τοῦ παρόντος μόνου χρησίμου ἡμῖν οὕτω τροφῆς. παρελθούσης γὰρ τῆς νυκτὸς καὶ ἐπελθούσης τῆς μετὰ ταῦτα ἡμέρας, τὸν μηδαμῶς ἀπὸ τῶν παλαιοτέρων καὶ κάτωθεν ζυμούντων ἄζυμον ἔχοντες ἄρτον φαγόμεθα, χρήσιμον ἡμῖν ἐσόμενον ἕως δοθῇ τὸ μετὰ

cf. Ps lxxvii (lxxviii) 25

τὸν ἄζυμον μάννα, ἡ ἀγγελικὴ καὶ μὴ ἀνθρωπίνη τροφή. ἑκάστῳ τοίνυν ἡμῶν θυέσθω τὸ πρόβατον ἐν παντὶ οἴκῳ πατριᾶς ἡμῶν, καὶ δυνατὸν ἔστω τόνδε μέν τινα παρανομεῖν μὴ θύοντα τὸ πρόβατον, τὸν δὲ πᾶσαν φυλάττειν τὴν ἐντολὴν θύοντα καὶ περιέψοντα καὶ ὀστέον αὐτοῦ μὴ συντρίβοντα. καὶ οὕτως ἐν βραχέσι συμφώνως τῇ ἀποστολικῇ

cf. 1 Co v 7

ἐκδοχῇ καὶ τῷ ἐν τῷ εὐαγγελίῳ ἀμνῷ ἀποδιδόσθω τὸ τυθὲν πάσχα Χριστός. οὐ γὰρ νομιστέον τὰ ἱστορικὰ ἱστορικῶν εἶναι τύπους καὶ τὰ σωματικὰ σωματικῶν, ἀλλὰ τὰ σωματικὰ πνευματικῶν καὶ τὰ ἱστορικὰ νοητῶν. ἀναβῆναι τῷ λόγῳ καὶ ἐπὶ τὸ τρίτον πάσχα ἐπιτελεσθησόμενον ἐν μυριά- 179

cf. He xii 23

σιν ἀγγέλων, πανηγύρει ἐπιτελειοτάτῃ καὶ μακαριωτάτῃ ἐξόδῳ, νῦν οὐκ ἔστιν ἀναγκαῖον, καὶ τούτων ἐπιπλεῖον καὶ περισσότερον παρ᾽ ὃ ἀπῄτει τὸ ἀνάγνωσμα εἰρημένων ἡμῖν.

cf. Jo ii 13

19. (14) Οὐκ ἀζήτητον δὲ οὐδὲ ἐατέον πῶς ἐγγὺς ἦν τὸ πάσχα τῶν Ἰουδαίων, ὅτε ἦν ὁ κύριος ἅμα τῇ μητρὶ καὶ τοῖς ἀδελφοῖς καὶ τοῖς μαθηταῖς ἐν τῇ Καφαρναούμ. ἐν

cf. Mt iv 11 ff.

μὲν οὖν τῷ κατὰ Ματθαῖον, ἀφεθεὶς ἀπὸ τοῦ διαβόλου, τῶν ἀγγέλων προσελθόντων καὶ διακονούντων αὐτῷ, ἀκούσας Ἰωάννην παραδεδόσθαι ἀνεχώρησεν εἰς τὴν Γαλιλαίαν, καὶ καταλιπὼν τὴν Ναζαρὰ ἐλθὼν κατῴκησεν εἰς Καφαρναούμ·

cf. Mt iv 18ff.

ἔπειτα ἀρξάμενος κηρύσσειν καὶ ἐκλεξάμενος τοὺς δ᾽ ἁλιεῖς

17 ἀποδιδόσθαι   22 μακαριοτάτῃ   28 τὸ   32 ἀλεεῖς

ἀποστόλους, διδάξας τε ἐν ταῖς συναγωγαῖς ὅλης τῆς Γαλι- cf. Mt iv 23
λαίας καὶ θεραπεύσας τοὺς προσενεχθέντας αὐτῷ ἀνέρχεται
εἰς τὸ ὄρος καὶ λέγει τοὺς μακαρισμοὺς καὶ τὰ ἑχόμενα
αὐτῶν· τελέσας δὲ ἐκείνην τὴν διδασκαλίαν, καταβὰς ἐκ τοῦ cf. Mt viii 1ff.
5 ὄρους εἰσέρχεται εἰς Καφαρναοὺμ δεύτερον, κἀκεῖθεν δὲ
ἐμβὰς εἰς πλοῖον περᾷ εἰς τὴν χώραν τῶν Γεργεσηνῶν·
παρακληθείς τε μεταβῆναι ἀπὸ τῶν ὁρίων αὐτῶν, ἐμβὰς
εἰς πλοῖον διεπέρασε καὶ ἦλθεν εἰς τὴν ἰδίαν πόλιν, ἔνθα
θεραπείας ἐπιτελέσας τινὰς περιῆγε τὰς πόλεις πάσας καὶ
10 τὰς κώμας, διδάσκων ἐν ταῖς συναγωγαῖς αὐτῶν· καὶ ἄλλα
δὲ πλεῖστα μετὰ ταῦτα γίνεται πρὶν ἐπισημειώσασθαι τὸν
Ματθαῖον τὸν τοῦ πάσχα καιρόν. καὶ παρὰ τοῖς λοιποῖς
δὲ εὐαγγελισταῖς μετὰ τὴν ἐν τῇ Καφαρναοὺμ διατριβὴν
οὐχ εὑρίσκεται ἐγγὺς τὸ πάσχα εἶναι λεγόμενον. σῶσαι δὲ
15 βούλημα τῶν ἀνδρῶν ἐστιν ἐννοήσαντα τὰ περὶ τῆς Κα-
φαρναοὺμ εἰρημένα ἡμῖν ἐν τοῖς πρὸ τούτων. ἐνδιατριβὴ
πλησίον τυγχάνει τοῦ τῶν Ἰουδαίων πάσχα, ὀλίγῳ βελτιου-
μένη παρ' αὐτὸ καὶ κρείττων αὐτοῦ τυγχάνουσα, καὶ μάλιστα
ἐπεὶ ἐν τῷ πάσχα τῶν Ἰουδαίων εὑρίσκονται ἐν τῷ ἱερῷ οἱ Jo ii 14
20 πωλοῦντες τοὺς βόας καὶ τὰ πρόβατα καὶ τὰς περιστεράς·
δι' οὓς ἔτι μᾶλλον πρόκειται μὴ τοῦ κυρίου ἀλλὰ τῶν
Ἰουδαίων εἶναι τὸ πάσχα· ὡς γὰρ ὁ οἶκος τοῦ πατρὸς
γέγονεν οἶκος ἐμπορίου παρὰ τοῖς μὴ ἁγιάζουσιν αὐτόν,
οὕτω καὶ τὸ πάσχα κυρίου ἀνθρώπινον καὶ Ἰουδαϊκὸν πάσχα
25 παρὰ τοῖς ταπεινότερον καὶ σωματικώτερον αὐτὸ ἐκλεξα-
μένοις. εὐκαιρότερον δὲ ἐν ἄλλοις ἔσται ἰδεῖν καὶ τὰ περὶ
τοῦ χρόνου τοῦ πάσχυ, περὶ τὴν ἐαρινὴν ἰσημερίαν γινο-
μένου, καὶ εἴ τι ἕτερον ἀπαιτεῖ τὸ πρόβλημα ἐπεξερ-
γάσασθαι. ὁ μέντοι γε Ἡρακλέων· Αὕτη, φησίν, ἡ μεγάλη
30 ἑορτή· τοῦ γὰρ πάθους τοῦ σωτῆρος τύπος ἦν, ὅτε οὐ
180 μόνον ἀνῃρεῖτο τὸ πρόβατον, ἀλλὰ καὶ ἀνάπαυσιν παρεῖχεν
ἐσθιόμενον, καὶ θυόμενον τοῦ πάθους τοῦ σωτῆρος τὸ ἐν

6, 8 πλοῖον] πλεῖον   21 πρόσκειται sup. ras.

κόσμῳ ἐσήμαινεν, ἐσθιόμενον δὲ τὴν ἀνάπαυσιν τὴν ἐν γάμῳ. παρεθέμεθα δὲ αὐτοῦ τὴν λέξιν ἵνα τὸ ὡς ἐν τηλικούτοις ἀναστρέφειν τὸν ἄνδρα παρερριμμένως καὶ ὑδαρῶς μετὰ μηδενὸς κατασκευαστικοῦ θεωρήσαντες, μᾶλλον αὐτοῦ καταφρονήσωμεν.

20. (15) Καὶ ἀνέβη εἰς Ἱεροσόλυμα Ἰησοῦς, καὶ εὗρεν ἐν τῷ ἱερῷ τοὺς πωλοῦντας βόας καὶ πρόβατα καὶ περιστεράς καὶ τοὺς κερματιστὰς καθημένους, καὶ ποιήσας φραγέλλιον ἐκ σχοινίων ἐξέβαλεν ἐκ τοῦ ἱεροῦ τά τε πρόβατα καὶ τοὺς βόας, καὶ τῶν κολλυβιστῶν ἐξέχεε τὰ κέρματα καὶ τὰς τραπέζας ἀνέστρεψε, καὶ τοῖς τὰς περιστερὰς πωλοῦσιν εἶπεν Ἄρατε ταῦτα ἐντεῦθεν, μὴ ποιεῖτε τὸν οἶκον τοῦ πατρός μου οἶκον ἐμπορίου. τότε ἐμνήσθησαν οἱ μαθηταὶ αὐτοῦ ὅτι γεγραμμένον ἐστίν Ὁ ζῆλος τοῦ οἴκου σου καταφάγεταί με. Σημειωτέον ὅτι ὁ μὲν Ἰωάννης δεύτερον ἔργον τοῦ Ἰησοῦ ἀναγράφει τὸ περὶ τῶν ἐν τῷ ἱερῷ εὑρεθέντων ὑπ᾽ αὐτοῦ πωλούντων βόας καὶ πρόβατα καὶ περιστεράς, οἱ δὲ λοιποὶ σχεδὸν πρὸς τῷ τέλει ἐπὶ τῆς κατὰ τὸ πάθος οἰκονομίας τὸ παραπλήσιον ποιοῦσιν. καὶ ὁ μὲν Ματθαῖος οὕτως· Καὶ εἰσελθόντος αὐτοῦ εἰς Ἱεροσόλυμα ἐσείσθη πᾶσα ἡ πόλις λέγουσα Τίς ἐστιν οὗτος; οἱ δὲ ὄχλοι ἔλεγον Οὗτός ἐστιν ὁ προφήτης Ἰησοῦς, ὁ ἀπὸ Ναζαρὲτ τῆς Γαλιλαίας. καὶ εἰσῆλθεν Ἰησοῦς εἰς τὸ ἱερὸν καὶ ἐξέβαλε πάντας τοὺς πωλοῦντας καὶ ἀγοράζοντας ἐν τῷ ἱερῷ, καὶ τὰς τραπέζας τῶν κολλυβιστῶν κατέστρεψε καὶ τὰς καθέδρας τῶν πωλούντων τὰς περιστεράς. καὶ λέγει αὐτοῖς Γέγραπται Ὁ οἶκός μου οἶκος προσευχῆς κληθήσεται, ὑμεῖς δὲ αὐτὸν ποιεῖτε σπήλαιον λῃστῶν. ὁ δὲ Μάρκος· Καὶ ἔρχονται εἰς Ἱεροσόλυμα. καὶ εἰσελθὼν εἰς τὸ ἱερὸν ἤρξατο ἐκβαλεῖν τοὺς πωλοῦντας καὶ ἀγοράζοντας ἐν τῷ ἱερῷ, καὶ τὰς τραπέζας τῶν κολλυβιστῶν ἀνέστρεψε καὶ τὰς καθέδρας τῶν πωλούν-

---

1 ἐσήμαινον   9 σφραγέλλιον   31 πολοῦντας

των τὰς περιστερὰς, καὶ οὐκ ἤφιεν ἵνα τις διενέγκῃ σκεῦος διὰ τοῦ ἱεροῦ· καὶ ἐδίδασκε καὶ ἔλεγεν αὐτοῖς Οὐ γέγραπται ὅτι Ὁ οἶκός μου οἶκος προσευχῆς κληθήσεται πᾶσι τοῖς ἔθνεσιν; ὑμεῖς δὲ πεποιήκατε αὐτὸν σπήλαιον λῃστῶν. ὁ δὲ Λουκᾶς· Καὶ ὡς ἤγγισεν, ἰδὼν τὴν πόλιν ἔκλαυσεν ἐπ᾽ αὐτὴν, λέγων ὅτι Εἰ ἔγνως ἐν τῇ ἡμέρᾳ ταύτῃ καὶ σὺ τὰ πρὸς εἰρήνην· νῦν δὲ ἐκρύβη ἀπὸ ὀφθαλμῶν σου. ὅτι ἥξουσιν ἡμέραι ἐπὶ σὲ καὶ περικυκλώσουσι καὶ συνέξουσί σε πάντοθεν, καὶ ἐδαφιοῦσί σε καὶ τὰ τέκνα σου, καὶ οὐκ ἀφήσουσι λίθον ἐπὶ λίθον ἐν σοὶ, ἀνθ᾽ ὧν οὐκ ἔγνως τὸν καιρὸν τῆς ἐπισκοπῆς σου. καὶ εἰσελθὼν εἰς τὸ ἱερὸν ἤρξατο ἐκβάλλειν τοὺς πωλοῦντας, λέγων αὐτοῖς Γέγραπται Καὶ ἔσται ὁ οἶκός μου οἶκος προσευχῆς, ὑμεῖς δὲ ἐποιήσατε αὐτὸν σπήλαιον λῃστῶν.

21. Ἔτι δὲ καὶ τοῦτο παρατηρητέον, ὅτι τοῖς εἰρημένοις παρὰ τοῖς τρισὶν ἐπὶ τῇ εἰς Ἱεροσόλυμα ἀνόδῳ τοῦ κυρίου, καθ᾽ ἣν ταῦτα πεποίηκεν ἐν τῷ ἱερῷ, τὰ παραπλήσια ἀνέγραψεν ὁ Ἰωάννης μετὰ πολλὰ γεγονέναι, μετὰ ἑτέραν αὐτοῦ παρὰ ταύτην ἐπιδημίαν τοῖς Ἱεροσολύμοις. οὕτω δὲ κατανοητέον τὰ εἰρημένα, καὶ πρῶτόν γε τὰ Ματθαίῳ λεγόμενα· Καὶ ὅτε ἤγγισεν εἰς Ἱεροσόλυμα καὶ ἦλθεν εἰς Βηθφαγῆ πρὸς τὸ ὄρος τῶν ἐλαιῶν, τότε Ἰησοῦς ἀπέστειλε δύο μαθητὰς, λέγων αὐτοῖς Πορεύεσθε εἰς τὴν κώμην τὴν κατέναντι ὑμῶν, καὶ εὐθέως εὑρήσετε ὄνον δεδεμένην καὶ πῶλον μετ᾽ αὐτῆς· λύσαντες ἀγάγετέ μοι. καὶ ἐάν τις ὑμῖν εἴπῃ Τί ποιεῖτε; ἐρεῖτε ὅτι Ὁ κύριος αὐτῶν χρείαν ἔχει· εὐθὺς δὲ ἀποστέλλει αὐτούς. τοῦτο δὲ γέγονεν ἵνα πληρωθῇ τὸ ῥηθὲν διὰ τοῦ προφήτου λέγοντος Εἴπατε τῇ θυγατρὶ Σιών Ἰδοὺ ὁ βασιλεύς σου ἔρχεται πραῢς καὶ ἐπιβεβηκὼς ἐπὶ ὄνον καὶ πῶλον ὑποζυγίου. πορευθέντες δὲ οἱ μαθηταὶ καὶ ποιήσαντες καθὼς προσέταξεν αὐτοῖς ὁ Ἰησοῦς, ἤγαγον τὴν ὄνον καὶ τὸν πῶλον καὶ ἐπέθηκαν ἐπ᾽ αὐτῶν

19 ταύτην] τὴν   22 βηθσφαγῆ

Mt xxi 7 ff. τὰ ἱμάτια αὐτῶν, καὶ ἐπεκάθισεν ἐπάνω αὐτῶν. ὁ δὲ πλεῖστος ὄχλος ἔστρωσαν ἑαυτῶν τὰ ἱμάτια ἐν τῇ ὁδῷ· οἱ δὲ ὄχλοι οἱ προάγοντες αὐτὸν καὶ οἱ ἀκολουθοῦντες ἔκραξαν Ὡσαννὰ τῷ υἱῷ Δαβίδ, εὐλογημένος ὁ ἐρχόμενος ἐν ὀνόματι κυρίου·
Mt xxi 10 Ὡσαννὰ ἐν τοῖς ὑψίστοις. ἑξῆς δὲ τούτων ἐστί· Καὶ εἰσελ- 5 θόντος αὐτοῦ εἰς Ἱεροσόλυμα ἐσείσθη πᾶσα ἡ πόλις· ἅτινα
Mc xi 1—12 παρεθέμεθα ἐν τοῖς πρὸ τούτων. δεύτερα δὲ τὰ Μάρκου· Καὶ ὅτε ἐγγίζουσιν εἰς Ἱεροσόλυμα εἰς Βηθφαγῆ καὶ Βηθανίαν πρὸς τὸ ὄρος τῶν ἐλαιῶν, ἀποστέλλει δύο τῶν μαθητῶν αὐτοῦ καὶ λέγει αὐτοῖς Ὑπάγετε εἰς τὴν κώμην τὴν 10 κατέναντι ὑμῶν, καὶ εὐθὺς εἰσπορευόμενοι εἰς αὐτὴν εὑρήσετε πῶλον δεδεμένον, ἐφ᾽ ὃν οὐδεὶς οὔπω ἀνθρώπων ἐκάθισε· λύσατε αὐτὸν καὶ φέρετε. καὶ ἐάν τις ὑμῖν εἴπῃ Τί ποιεῖτε τοῦτο; εἴπατε ὅτι Ὁ κύριος αὐτοῦ χρείαν ἔχει· καὶ εὐθὺς αὐτὸν ἀποστέλλει ὧδε. καὶ ἀπῆλθον καὶ εὗρον πῶλον 15 δεδεμένον πρὸς θύραν ἔξω ἐπὶ τοῦ ἀμφόδου, καὶ λύουσιν αὐτόν. καί τινες τῶν ἐκεῖ ἑστώτων ἔλεγον αὐτοῖς Τί ποιεῖτε λύοντες τὸν πῶλον; οἱ δὲ εἶπαν αὐτοῖς καθὼς εἶπεν Ἰησοῦς· καὶ ἀφῆκαν αὐτούς. καὶ φέρουσι τὸν πῶλον πρὸς τὸν Ἰησοῦν, καὶ ἐπιβάλλουσιν αὐτῷ τὰ ἱμάτια αὐτῶν. ἄλλοι 182 δὲ στιβάδας κόψαντες ἐκ τῶν ἀγρῶν ἔστρωσαν εἰς τὴν ὁδόν. καὶ οἱ προάγοντες καὶ οἱ ἀκολουθοῦντες ἔκραζον Ὡσαννά· εὐλογημένος ὁ ἐρχόμενος ἐν ὀνόματι κυρίου· εὐλογημένη ἡ ἐρχομένη βασιλεία τοῦ πατρὸς ἡμῶν Δαβίδ· ὡσαννὰ ἐν τοῖς ὑψίστοις. καὶ εἰσῆλθεν εἰς Ἱεροσόλυμα εἰς τὸ ἱερόν· καὶ 25 περιβλεψάμενος πάντα ὀψὲ ἤδη οὔσης τῆς ὥρας ἐξῆλθεν εἰς Βηθανίαν μετὰ τῶν δώδεκα. καὶ τῇ ἐπαύριον ἐξελθόντων αὐτῶν ἀπὸ Βηθανίας ἐπείνασεν. εἶτα μετὰ τὴν τῆς ξηραι-
Mc xi 15 νομένης συκῆς οἰκονομίαν· Ἔρχονται εἰς Ἱεροσόλυμα. καὶ εἰσελθὼν εἰς τὸ ἱερὸν ἤρξατο ἐκβάλλειν τοὺς πωλοῦντας. 30
Lc xix 29 καὶ τὰ ἑξῆς τῷ Λουκᾷ τοῦτον τὸν τρόπον· Καὶ ἐγένετο ὡς ἤγγισεν εἰς Βηθφαγῆ καὶ Βηθανίαν πρὸς τὸ ὄρος τὸ καλού-

24 post ἐρχομένῃ] ins. ἡ

μένον Ἐλαιῶν, ἀπέστειλε δύο τῶν μαθητῶν λέγων Ὑπάγετε Lc xix 30—41
εἰς τὴν κατέναντι κώμην, ἐν ᾗ εἰσπορευόμενοι εὑρήσετε
πῶλον δεδεμένον, ἐφ᾽ ὃν οὐδεὶς πώποτε ἀνθρώπων ἐκάθισε,
λύσαντες αὐτὸν ἀγάγετε. καὶ ἐάν τις ὑμᾶς ἐρωτᾷ Διὰ τί
5 λύετε; οὕτως ἐρεῖτε ὅτι Ὁ κύριος αὐτοῦ χρείαν ἔχει. ἀπελ-
θόντες δὲ οἱ μαθηταὶ εὗρον ὡς εἶπεν αὐτοῖς. λυόντων δὲ
αὐτῶν τὸν πῶλον εἶπαν οἱ κύριοι αὐτοῦ πρὸς αὐτούς Τί
λύετε τὸν πῶλον; οἱ δὲ εἶπαν ὅτι Ὁ κύριος αὐτοῦ χρείαν
ἔχει. καὶ ἤγαγον αὐτὸν πρὸς τὸν Ἰησοῦν, καὶ ἐπιρίψαντες
10 αὐτῶν τὰ ἱμάτια ἐπὶ τὸν πῶλον ἐπεβίβασαν τὸν Ἰησοῦν·
πορευομένου δὲ αὐτοῦ ὑπεστρώννυον τὰ ἱμάτια αὐτῶν ἐν τῇ
ὁδῷ. ἐγγίζοντος δὲ αὐτοῦ ἤδη πρὸς τῇ καταβάσει τοῦ
ὄρους τῶν ἐλαιῶν ἤρξατο ἀπαντᾶν πλῆθος τῶν μαθητῶν
χαίροντες καὶ αἰνοῦντες τὸν θεὸν φωνῇ μεγάλῃ περὶ πασῶν
15 ὧν εἶδον δυνάμεων, λέγοντες Εὐλογημένος ὁ βασιλεὺς ἐν
ὀνόματι κυρίου· ἐν οὐρανῷ εἰρήνη καὶ δόξα ἐν ὑψίστοις.
καί τινες τῶν Φαρισαίων ἀπὸ τοῦ ὄχλου εἶπαν πρὸς αὐτόν
Διδάσκαλε, ἐπιτίμησον τοῖς μαθηταῖς σου. καὶ ἀποκριθεὶς
εἶπε Λέγω ὑμῖν ὅτι ἐὰν οὗτοι σιωπήσωσιν, οἱ λίθοι κεκρά-
20 ξονται. καὶ ὡς ἤγγισεν, ἰδὼν τὴν πόλιν ἔκλαυσεν ἐπ᾽ αὐτήν·
καὶ τὰ ἑξῆς, ἅπερ παρεθέμεθα.

22. Ὁ μέντοι γε Ἰωάννης μετὰ πλεῖστα ὅσα τοῦ· Καὶ Jo ii 13 f.
ἀνέβη εἰς Ἱεροσόλυμα ὁ Ἰησοῦς, καὶ εὗρεν ἐν τῷ ἱερῷ τοὺς
πωλοῦντας τοὺς βόας καὶ πρόβατα· ἑτέραν διηγούμενος
25 ἄνοδον τοῦ κυρίου εἰς Ἱεροσόλυμα, ταῦτά φησι μετὰ τὸ
πρὸ ἓξ ἡμερῶν τοῦ πάσχα ἐν Βηθανίᾳ δεῖπνον, ἐν ᾧ ἡ Μάρθα cf. Jo xii 1 f.
διηκόνει καὶ ὁ Λάζαρος ἀνέκειτο· Τῇ ἐπαύριον ὄχλος πολὺς Jo xii 12 ff.
ὁ ἐλθὼν εἰς τὴν ἑορτήν, ἀκούσαντες ὅτι ἔρχεται Ἰησοῦς εἰς
Ἱεροσόλυμα, ἔλαβον τὰ βαΐα τῶν φοινίκων καὶ ἐξῆλθον εἰς
30 ὑπάντησιν αὐτῷ, καὶ ἔκραζον Ὡσαννά, εὐλογημένος ἐν
ὀνόματι κυρίου ὁ βασιλεὺς τοῦ Ἰσραήλ. εὑρὼν δὲ ὁ Ἰησοῦς
ὀνάριον ἐκάθισεν ἐπ᾽ αὐτό, καθώς ἐστι γεγραμμένον Μὴ

6 εὗρον] εὑρόντες

φοβοῦ, θυγάτηρ Σιών· ἰδοὺ ὁ βασιλεύς σου ἔρχεται καθήμενος ἐπὶ πῶλον ὄνου. ταῦτα δὲ νομίζω, εἰ καὶ ἐπιπλεῖον τῆς λέξεως παρεθέμην τῶν εὐαγγελιστῶν, ἀναγκαίως πεποιηκέναι ὑπὲρ τοῦ καταστῆσαι τὴν κατὰ τὸ ῥητὸν διαφωνίαν· τῶν μὲν τριῶν ἐν μιᾷ τῇ αὐτῇ εἰς Ἱεροσόλυμα ἐπιδημίᾳ τοῦ κυρίου λεγόντων τὰ νομιζόμενα παρὰ τοῖς πολλοῖς τὰ αὐτὰ εἶναι καὶ τῷ Ἰωάννῃ γεγραμμένα· τοῦ δὲ Ἰωάννου ἐν δυσὶν ὑπὸ πολλῶν πράξεσι διϊσταμέναις μεταξὺ δηλουμένων καὶ εἰς διαφόρους τόπους ἐπιδημιῶν τοῦ κυρίου εἰς Ἱεροσόλυμα ἀνόδοις ἀπαγγέλλοντος γεγονέναι τὰ ἐκκείμενα. ἐγὼ μὲν οὖν ὑπολαμβάνω ἀδύνατον εἶναι τοῖς μηδὲν πέρα τῆς ἱστορίας ἐν τούτοις ἐκδεχομένοις παραστῆσαι τὴν δοκοῦσαν διαφωνίαν σύμφωνον ὑπάρχειν. εἰ δέ τις οἴεται μὴ ὑγιῶς ἡμᾶς ἐξειληφέναι, συνετῶς ἀντιγραψάτω τῇ τοιαύτῃ ἡμῶν ἀποφάσει.

23. (16) Τὰ δὲ κινοῦντα ἡμᾶς εἰς τὴν περὶ τούτων συμφωνίαν αἰτήσαντες τὸν διδόντα παντὶ τῷ αἰτοῦντι καὶ ὀξέως ζητεῖν ἀγωνιζομένῳ, κρούοντές τε ὑπὲρ τοῦ ἀνοιχθῆναι ἡμῖν ταῖς τῆς γνώσεως κλεισὶ τὰ κεκρυμμένα τῆς γραφῆς, τὸν αὐτὸν κατὰ τὴν διδομένην ἡμῖν δύναμιν ἐκθησόμεθα τρόπον. καὶ πρῶτόν γε ἴδωμεν τὴν τοῦ Ἰωάννου λέξιν ἀρχομένην ἀπὸ τοῦ· Καὶ ἀνέβη εἰς Ἱεροσόλυμα ὁ Ἰησοῦς. Ἱεροσόλυμα τοίνυν ἐστὶν, ὡς αὐτὸς ἐν τῷ κατὰ Ματθαῖον διδάσκει ὁ κύριος, τοῦ μεγάλου βασιλέως πόλις, οὐκ ἐν κοιλάδι ἢ κάτω που κειμένη, ἀλλ' ἐν ὑψηλῷ ὄρει ᾠκοδομημένη, καὶ Ὄρη κύκλῳ αὐτῆς· ἧς ἡ μετοχὴ αὐτῆς ἐπὶ τὸ αὐτό· καὶ Ἐκεῖ ἀνέβησαν αἱ φυλαὶ κυρίου, μαρτύριον τῷ Ἰσραήλ. καλεῖται δὲ καὶ ἡ πόλις αὕτη καὶ Ἱερουσαλήμ, εἰς ἣν οὐδεὶς τῶν ἐπὶ γῆς ἀναβαίνει οὐδὲ εἰσέρχεται, καὶ πᾶσά γε ἡ φυσικὸν ἔχουσα διάρμα ψυχὴ, καὶ ὀξύτητα νοητῶν διορατικὴν ταύτης τῆς πόλεως πολίτης ὑπάρχει. καὶ δυνατὸν ἐν ἁμαρτίᾳ εἶναι καὶ τὸν Ἱεροσολυμίτην· δυνα-

1 θύγατηρ   20 τὸν αὐτὸν] ταυτ"

τὸν γὰρ καὶ τοὺς εὐφυεστάτους ἁμαρτάνειν, εἰ μὴ ἐπιστρέψαιεν μετὰ τὴν ἁμαρτίαν τάχιον, ἀπολόντας τὴν εὐφυΐαν, καὶ μίαν τῶν ἀλλοτρίων τῆς Ἰουδαίας πόλεων οὐ μόνον παροικήσοντας ἀλλὰ καὶ ἐγγραφησομένους. ἀνα-
5 βαίνει εἰς Ἱεροσόλυμα Ἰησοῦς μετὰ τὸ βοηθῆσαι τοῖς ἐν Κανᾷ τῆς Γαλιλαίας καὶ ἑξῆς εἰς τὴν Καφαρναοὺμ καταβεβηκέναι, ἵνα ποιήσῃ ἐν τοῖς Ἱεροσολύμοις τὰ γεγραμμένα.
184 εὗρε γοῦν ἐν τῷ ἱερῷ, ὅπερ καὶ οἶκος τοῦ πατρὸς εἶναι Jo ii 14, 16
λέγεται τοῦ σωτῆρος, τουτέστιν ἐν τῇ ἐκκλησίᾳ, ἢ ἐν τῇ
10 ἐπαγγελίᾳ τοῦ ἐκκλησιαστικοῦ καὶ ὑγιαίνοντος λόγου τινὰς τὸν οἶκον τοῦ πατρὸς ἐμπορίου ποιοῦντας οἶκον. καὶ ἀεί τινας εὑρίσκει ὁ Ἰησοῦς ἐν τῷ ἱερῷ. πότε γὰρ ἐν τῇ ὀνομαζομένῃ ἐκκλησίᾳ, ἥτις ἐστὶν οἶκος θεοῦ ζῶντος, στῦλος 1 Tim iii 15
καὶ ἑδραίωμα τῆς ἀληθείας, οὐκ εἰσί τινες κερματισταὶ
15 καθήμενοι, δεόμενοι πληγῶν ἐκ τοῦ ἀπὸ Ἰησοῦ πεποιημένου cf. Jo ii 15
φραγελλίου ἐκ σχοινίων, καὶ χρῄζοντες κολλυβισταὶ τοῦ ἐκχεῖσθαι αὐτῶν τὰ κέρματα ἀνατρέπεσθαί τε αὐτῶν τὰς τραπέζας; πότε δὲ οὐκ εἰσὶν οἱ ἀποδιδόμενοι ἐμπορικῶς οὓς ἐχρῆν τηρεῖν ἐπ᾽ ἄροτρον βοῦς, ἵνα βαλόντες ἐπ᾽ αὐτὸ τὰς cf. Lc ix 62
20 χεῖρας, καὶ μὴ στρεφόμενοι εἰς τὰ ὀπίσω γένωνται τῇ τοῦ θεοῦ βασιλείᾳ εὔθετοι; πότε δὲ οὐκ εἰσὶν οἱ προτιμῶντες τὸν τῆς ἀδικίας μαμωνᾶν τῶν τὴν ὕλην τοῦ κοσμεῖσθαι cf. Lc xvi 9
αὐτοῖς παρεχόντων προβάτων; ἀεὶ δὲ πολλοί εἰσι καὶ οἱ τοῦ ἀδόλου καὶ ἀκεραίου, ἐστερημένου γε πάσης πικρότητος
25 καὶ χολῆς, καταφρονοῦντες καὶ ταλαιπώρου κέρδους ἕνεκεν προδιδόντες τὴν τῶν τροπικώτερον λεγομένων περιστερῶν ἐπιμέλειαν. ἐπὰν οὖν εὕρῃ ὁ σωτὴρ ἐν τῷ ἱερῷ, οἴκῳ τοῦ πατρός, τοὺς πωλοῦντας βόας καὶ πρόβατα καὶ περιστερὰς, καὶ τοὺς κερματιστὰς καθημένους, ἐξελαύνει αὐτοὺς χρησά-
30 μενος τῷ ἐκ σχοινίων ὑπ᾽ αὐτοῦ πεποιημένῳ φραγελλίῳ, ἅμα τοῖς ἐμπορικοῖς προβάτοις καὶ βουσὶν αὐτῶν, καὶ ἐκχεῖ

2 ἀπόλλοντας   22 τῶν] τοῦ   26 τροπικωτέρων
28 τοὺς̈   ante πρόβατα] ins. τὰ

ὡς μὴ ἄξια τοῦ συνέχεσθαι τὰ κέρματα, δεικνὺς αὐτῶν τὸ
ἄχρηστον· ἀνατρέπει τε τὰς ἐν ταῖς ψυχαῖς τῶν φιλαργύρων
τραπέζας, λέγων καὶ τοῖς τὰς περιστερὰς πωλοῦσιν· "Ἄρατε
ταῦτα ἐντεῦθεν· ἵνα μηκέτι ἐν τῷ ἱερῷ τοῦ θεοῦ ἐμπο-
ρεύωνται.

24. Οἶμαι δὲ ἔτι καὶ σημεῖον πεποιηκέναι αὐτὸν διὰ
τῶν εἰρημένων βαθύτερον, ὥστε σύμβολον ἡμᾶς νοεῖν γε-
γονέναι ταῦτα τοῦ μηκέτι μέλλειν τὴν περὶ τὸ ἱερὸν ἐκεῖνο
λατρείαν ὑπὸ τῶν ἱερέων κατὰ τὰς αἰσθητὰς θυσίας ἐπι-
τελεῖσθαι, μηδὲ τὸν νόμον τηρεῖσθαι κἂν ὡς ἐβούλοντο οἱ
σωματικοὶ Ἰουδαῖοι δύνασθαι ἔτι ἅπαξ· Ἰησοῦ γὰρ ἐκ-
βάλλοντος τοὺς βόας καὶ τὰ πρόβατα καὶ κελεύοντος
ἐκεῖθεν αἴρεσθαι τὰς περιστεράς, οὐκέτι δὲ βόες καὶ πρό-
βατα καὶ περιστεραὶ ἐπὶ πολὺ θύεσθαι κατὰ Ἰουδαίων ἔθη
ἔμελλον. καὶ οἷόν τέ ἐστι τὰ νομίσματα, τῶν σωματικῶν
νόμων καὶ μὴ τοῦ θεοῦ ἐχόντων τοὺς χαρακτῆρας τύπους
τυγχάνοντα, ἐκκεχύσθαι, ἐπεὶ ἡ σεμνὴ εἶναι δοκοῦσα κατὰ
τὸ ἀποκτεῖνον γράμμα νομοθεσία Ἰησοῦ ἐληλυθότος καὶ
ταῖς κατὰ τοῦ λαοῦ μάστιξι χρησαμένου διαλύεσθαι καὶ
ἐκχεῖσθαι ἔμελλε, μεθισταμένης τῆς ἐπισκοπῆς ἐπὶ τοὺς
ἀπὸ τῶν ἐθνῶν πιστεύοντας, εἰς θεὸν διὰ Χριστοῦ πιστεύ-
οντας, καὶ αἱρομένης ἀπ' ἐκείνων τῆς βασιλείας τοῦ θεοῦ,
διδομένης τε ἐν ἔθνει ποιοῦντι τοὺς καρποὺς αὐτῆς. δύναται
δὲ καὶ φύσει ἱερὸν εἶναι ἡ εὐφυὴς ἐν λόγῳ ψυχή, διὰ τὸν
συμπεφυκότα λόγον ἀνωτέρω τυγχάνουσα τοῦ σώματος, εἰς
ἣν ἀπὸ τῆς Καφαρναοὺμ, κάτω που κειμένης ταπεινότερα,
ἀναβαίνει ὁ Ἰησοῦς, ἐν ᾧ εὑρίσκεται τὰ πρὸ τῆς ἀπὸ Ἰησοῦ
παιδεύσεως γήινα καὶ ἀνόητα καὶ χαλεπὰ κινήματα, καὶ τὰ
νομιζόμενα οὐκ ὄντα δὲ καλά, ἅπερ τῷ πεπλεγμένῳ ἐξ
ἀποδεικτικῶν ἐλεγκτικῶν δογμάτων λόγῳ ἀπελαύνεται ὑπὸ
τοῦ Ἰησοῦ, ἵνα μηκέτι ὁ τοῦ πατρὸς αὐτοῦ οἶκος ἐμπορίου ᾖ,
ἀλλὰ ἀπολάβῃ τὴν κατὰ τοὺς οὐρανίους καὶ πνευματικοὺς

1 τοῦ νέχεσθαι τὰ συνέχεσθαι τὰ   6 ἔτι] ὅτι   15 ἔμελλεν
16 νόμων] νοῦνο   24 ἱεροῦ   32 οὐρανοὺς

νόμους ἐπιτελουμένην ὑπὲρ σωτηρίας αὐτῆς τε καὶ πλειόνων
θεραπείαν τοῦ θεοῦ. σύμβολον δὲ τῶν μὲν γηΐνων ὁ βοῦς,
γεωπόνος γάρ· τῶν δὲ ἀνοήτων καὶ κτηνωδῶν τὸ πρόβατον,
ἐπειδὴ τὸ ζῶον ἀνδραποδῶδες παρὰ πολλὰ τῶν ἀλόγων
5 ἐστί· τῶν δὲ κούφων καὶ εὐριπίστων λογισμῶν ἡ περιστερά·
τῶν δὲ νομιζομένων καλῶν τὰ κέρματα.

25. Ἐὰν δέ τις προσκόπτῃ τῇ τοιαύτῃ ἀποδόσει διὰ
τὸ καθαρὰ εἶναι τὰ παραληφθέντα εἰς τὴν γραφὴν ζῷα,
λεκτέον ὅτι ἀπίθανος ἂν ἦν ἡ γραφὴ κατὰ τὴν ἐνδεχομένην
10 ἱστορίαν γεγονέναι ἀπαγγελλομένη· ἐν τῷ ναῷ γὰρ τοῦ
θεοῦ οὐχ οἷόν τε ἦν ἀπαγγέλλεσθαι γεγονέναι ἑτέρων παρὰ
τὰ καθαρὰ ζῴων ἀγέλης εἴσοδον, καὶ εἰς ἐμπορίαν ἄλλων
παρὰ τὰ θυόμενα. διόπερ τῷ ὑπὸ τῶν ἐμπόρων κατὰ τοὺς
τῶν Ἰουδαϊκῶν ἑορτῶν χρόνους γενομένῳ, ἐπεισαγόντων τῷ
15 ἐξωτέρῳ περιβόλῳ τοῦ ναοῦ ταῦτα τὰ ζῷα, ἐχρήσατο ὁ
εὐαγγελιστής, ὡς οἶμαι, καὶ γεγενημένῳ συγχρησάμενος
πράγματι. καίτοιγε ᾧ μέλει τῆς ἀκριβεστέρας ἐξετάσεως
ἐπισκοπήσει εἰ κατὰ τὸ ἐν τῷ βίῳ τούτῳ ἀξίωμα τοῦ Ἰησοῦ
ἦν, νομιζομένου υἱοῦ εἶναι τέκτονος, τὸ τηλικοῦτο ποιῆσαι
20 θαρρῆσαι ὥστε ἐξελάσαι πλῆθος ἐμπόρων, ἐπὶ τὴν ἑορτὴν
ἀνεληλυθότων τοσούτῳ ἀποδίδοσθαι λαῷ πρόβατα τυθησό- cf. Ex xii 3
μενα κατ' οἴκους πατριῶν αὐτῶν, ἐν πλειόνων μυριάδων
ἀριθμῷ τυγχάνοντα, καὶ βοῦς τοῖς πλουσιωτέροις καὶ τηλι-
καῦτα εὐξαμένοις παραθησομένους, περιστεράς τε ἅς τινες
25 πολλοὶ ὡς ἐν πανηγύρει εὐωχηθησόμενοι ὠνοῦντο ἄν· τῶν cf. Jo ii 14 f.
τε τραπεζιτῶν μὴ ὕβρεως κατηγορῆσαι τοῦ Ἰησοῦ ἐκχεό-
μενα ἰδόντων τὰ χρήματα καὶ ἀνατρεπομένας τὰς τραπέζας.
τίς δὲ τῷ ἐκ σχοινίων φραγελλίῳ ὑπὸ τοῦ νομιζομένου παρ'
αὐτοῖς εὐτελοῦς τυπτόμενος καὶ ἀπελαυνόμενος οὐκ ἂν
30 ἐπιλαβόμενος κατεβόησε καὶ ἐκ χειρὸς τὴν δίκην ἐποιήσατο,
καὶ ταῦτα τοσοῦτο πλῆθος τῶν συνυβρίζεσθαι δοξάντων
συνεργοῦν κατὰ τοῦ Ἰησοῦ ἔχων; ἐπινοήσωμεν δὲ τὸν υἱὸν

4 ἐπεὶ δὲ   παρά] περὶ   10 ante ἐν] ins. ἡ   12 ἀγέλην
14 γινομένων   24 εὐξαμένους   27 ἰδόντων] ἴδιον τῶν

του θεού λαμβάνοντα τα σχοινία και εαυτώ φραγέλλιον επι τω εξελάσαι του ναού πλέκοντα ει μη εμφαίνει προς τω αυθάδει και θρασυτέρω και το άτακτον. μία δε καταφυγή της προς ταύτα απολογίας καταλείπεται τω και την ιστορίαν σώσαι θέλοντι, η θειοτέρα του Ιησού δύναμις, οίου τε όντος, ότε εβούλετο, και θυμον εχθρών αναπτόμενον σβέσαι και μυριάδων θεία χάριτι περιγενέσθαι και λογισμούς θορυ-

Ps xxxii (xxxiii) 10 f.

βούντας διασκεδάσαι· Κύριος γαρ διασκεδάσει βουλάς εθνών, και αθετεί δε λογισμούς λαών, η δε βουλή του κυρίου εις τον αιώνα μένει· ώστε μηδενος των σφόδρα παραδόξως υπ' αυτού γεγενημένων και προκαλεσαμένων δια της θειότητος εις πίστιν τους τεθεωρηκότας ελάττονα εμφαίνειν ενεργηθείσαν δύναμιν την κατα τον τόπον ιστορίαν, εί γε και αυτή γεγένηται. και μείζονα δ' αυτήν έστιν αποφήνασθαι της γεγενημένης περι του εν Κανά της Γαλιλαίας μεταβεβληκότος ύδατος εις οίνον, τω εκεί μεν άψυχον ύλην είναι την γεγραμμένην, ενθάδε δε των τοσούτων μυριάδων δεδουλώσθαι τα ηγεμονικά. παρατηρητέον

cf. Jo ii 1

μέντοι γε ότι εν μεν τω γάμω η μήτηρ του Ιησού είναι λέγεται, κεκλήσθαι δε ο Ιησούς και οι μαθηται αυτού· εις

cf. Jo ii 12 f.

δε την Καφαρναούμ καταβεβηκέναι ουδεις πλην Ιησού κατείλεκται. φαίνονται δ' ύστερον και οι μαθηται παρόν-

Jo ii 17

τες, εί γε εμνήσθησαν ότι Ο ζήλος του οίκου σου καταφάγεταί με. και τάχα εν εκάστω των μαθητών ο Ιησούς αναβαίνων εις Ιεροσόλυμα ην, διόπερ ουκ είρηται το Ανέβη Ιησούς εις Ιεροσόλυμα και οι μαθηται αυτού· ώσπερ Κατέβη εις Καφαρναουμ αυτος και η μήτηρ αυτού και οι αδελφοί και οι μαθηται αυτού.

cf. Jo ii 15 f.

26. (17) Ήδη δε τα συγγενή τω τόπω, εκβεβλήσθαι απο του ιερού τους ποιούντας αυτον οίκον εμπορίου, παρα τοις λοιποίς κείμενα κατανοητέον. και πρώτόν γε τα παρα

8 διασκεδάσαι   17 γεγραμμένην] ut vid. litt. pa male laesae sunt   21 την Καφαρναούμ καταβεβηκέναι] Forsan legendum τα Ιεροσόλυμα αναβεβηκέναι   31 παρά] περι

τῷ Ματθαίῳ, ὅς φησιν εἰσελθόντος τοῦ κυρίου εἰς Ἱεροσόλυμα σεσεῖσθαι πᾶσαν τὴν πόλιν, λέγουσαν· Τίς ἐστιν οὗτος; πρὸ δὲ τούτων διηγεῖται τὰ περὶ τὴν ὄνον καὶ τὸν πῶλον, ληφθέντα προστάξει τοῦ κυρίου, ὑπὸ δύο μαθητῶν ἀποσταλέντων ὑπ' αὐτοῦ ἀπὸ Βηθφαγὴ εἰς τὴν κατέναντι αὐτῆς κώμην εὑρημένα, ὅπου καὶ λύεται ὑπὸ τῶν δύο μαθητῶν ἡ πρότερον δεδεμένη ὄνος κελευσθέντων, ἐάν τις αὐτοῖς εἴπῃ τι, ἀποκρίνασθαι ὡς ἄρα Ὁ κύριος αὐτῶν χρείαν ἔχει· καὶ εὐθὺς αὐτοὺς ἀποστέλλει. ἀπαγγέλλει δὲ πληροῦσθαι προφητείαν διὰ τούτων γεγενημένων τὴν φάσκουσαν· Ἰδοὺ ὁ βασιλεὺς ἔρχεται πραῢς καὶ ἐπιβεβηκὼς ἐπὶ ὄνον καὶ πῶλον υἱὸν ὑποζυγίου, ἥντινα παρὰ τῷ Ζαχαρίᾳ εὕρομεν. ὡς δὲ πορευθέντες οἱ μαθηταὶ καὶ ποιήσαντες ὡς προσέταξεν αὐτοῖς ὁ Ἰησοῦς ἤγαγον τὴν ὄνον καὶ τὸν πῶλον, καὶ ἐπέθηκαν, φησὶν, ἐπ' αὐτῶν τὰ ἱμάτια ἑαυτῶν καὶ ἐπεκάθισεν ἐπάνω αὐτῶν ὁ κύριος, δῆλον δ' ὅτι καὶ τῆς ὄνου καὶ τοῦ πώλου, ὅτε καὶ ὁ πλεῖστος ὄχλος ἔστρωσαν τὰ ἱμάτια ἐν τῇ ὁδῷ, ἄλλοι δὲ ἔκοπτον κλάδους ἀπὸ τῶν δένδρων καὶ ἔστρωσαν ἐν τῇ ὁδῷ, τῶν προαγόντων καὶ ἀκολουθούντων ὄχλων κεκραγότων Ὡσαννὰ τῷ υἱῷ Δαβὶδ, εὐλογημένος ὁ ἐρχόμενος ἐν ὀνόματι κυρίου, ὡσαννὰ ἐν τοῖς ὑψίστοις. πλὴν ὡς διὰ ταῦτα εἰσελθόντος αὐτοῦ εἰς Ἱεροσόλυμα ἐσείσθη πᾶσα ἡ πόλις, λέγουσα Τίς ἐστιν οὗτος; οἱ ὄχλοι, δηλονότι οἱ προάγοντες καὶ ἀκολουθοῦντες, ἀπεκρίναντο τοῖς ἐρωτῶσι τίς εἴη τό· Οὗτός ἐστιν ὁ προφήτης Ἰησοῦς, ὁ ἀπὸ Ναζαρὲτ τῆς Γαλιλαίας. καὶ εἰσῆλθεν Ἰησοῦς εἰς τὸ ἱερὸν, καὶ ἐξέβαλλε πάντας τοὺς πωλοῦντας καὶ ἀγοράζοντας ἐν τῷ ἱερῷ καὶ τὰς τραπέζας τῶν κολλυβιστῶν κατέστρεψε καὶ τὰς καθέδρας τῶν πωλούντων τὰς περιστεράς. καὶ λέγει αὐτοῖς Γέγραπται Ὁ οἶκός μου οἶκος προσευχῆς κληθήσεται· ὑμεῖς δὲ αὐτὸν ποιεῖτε σπήλαιον λῃστῶν. πευσόμεθα δὴ τῶν πέρα τῆς ἱστορίας μηδὲν οἰο-

14 τὸν ὄνον καὶ 2°] om. 20 ὄχλον 23 ἡ] om.
25 εἴη τό] ἐλῆτο 32 πνευσόμεθα

μένων προκεῖσθαι γράφοντι τῷ Ματθαίῳ τὸ εὐαγγέλιον, τί ἦν τὸ ἐπεῖγον πεμφθῆναι τῶν μαθητῶν δύο εἰς τὴν κατέναντι τῆς Βηθφαγῆς κώμην ὑπὲρ τοῦ εὑρόντας αὐτοὺς δεδεμένην ὄνον καὶ πῶλον μετ' αὐτῆς λῦσαι καὶ ἀγαγεῖν αὐτῷ; τί δὲ ἄξιον ἀναγραφῆς ἦν γενόμενον τῷ ἐπικαθεσθέντι ὄνῳ καὶ πώλῳ καὶ εἰσεληλυθότι εἰς τὴν πόλιν; τί δὲ μετὰ περὶ τοῦ χριστοῦ προφητεύων ὁ Ζαχαρίας φησί·

Zech ix 9 Χαῖρε σφόδρα, θύγατερ Σιών· κήρυσσε, θύγατερ Ἰερουσαλήμ· ἰδοὺ ὁ βασιλεύς σου ἔρχεταί σοι δίκαιος καὶ σῴζων, αὐτὸς πραΰς καὶ ἐπιβεβηκὼς ἐπὶ ὑποζύγιον καὶ πῶλον νέον; εἰ γὰρ ἡ προφητεία αὕτη τὸ παρὰ τοῖς εὐαγγελισταῖς δηλούμενον σωματικὸν μόνον προλέγει, τὴν ἀκολουθίαν τῆς προφητείας σῳζέτωσαν ἡμῖν οἱ ἐπὶ τοῦ γράμματος ἱστάμενοι

Zech ix 10 οὕτως ἔχουσαν· Καὶ ἐξολοθρεύσει ἅρματα ἐξ Ἐφραὶμ καὶ ἵππον ἐξ Ἰερουσαλήμ, καὶ ἐξολοθρευθήσεται τόξον πολεμικόν, καὶ πλῆθος καὶ εἰρήνη ἐξ ἐθνῶν, καὶ κατάρξει ὑδάτων ἕως θαλάσσης, καὶ ποταμῶν διεκβολὰς γῆς, καὶ τὰ ἑξῆς. ἰστέον μέντοι γε ὅτι οὐχ ὡς κεῖται παρὰ τῷ προφήτῃ ἡ λέξις ἐξέθετο αὐτὴν ὁ Ματθαῖος. ἀντὶ γὰρ τοῦ· Χαῖρε σφόδρα, θύγατερ Σιών· κήρυσσε, θύγατερ Ἰερουσαλήμ·

Mt xxi 5 πεποίηκεν· Εἴπατε τῇ θυγατρὶ Σιών· ἐπιτεμνόμενος τὸ προφητικόν· παρεσιώπησε δὲ καὶ τό· Δίκαιος καὶ σῴζων αὐτός· καὶ εἰπὼν ὡς κεῖται τό· Πραΰς καὶ ἐπιβεβηκώς· ἀντὶ τοῦ· Ἐπὶ ὑποζύγιον καὶ πῶλον νέον· ἀνέγραψεν· Ἐπὶ ὄνον καὶ πῶλον υἱὸν ὑποζυγίου.

27. Καὶ Ἰουδαῖοι δὲ συνεξετάζοντες τὸν τῆς προφητείας εἱρμὸν τοῖς περὶ Ἰησοῦ ἀναγεγραμμένοις, οὐκ εὐκαταφρονήτως ἡμᾶς θλίβουσιν ἀπαιτοῦντες πῶς ὁ Ἰησοῦς ἐξωλόθρευσεν ἅρματα ἐξ Ἐφραὶμ καὶ ἵππον ἐξ Ἰερουσαλήμ, καὶ ἐξωλόθρευσε τόξον πολεμικόν, καὶ τὰ ἑξῆς πεποίηκε· καὶ ταῦτα μὲν περὶ τῆς προφητείας. ἐὰν δὲ τὸ μῆκος τῆς ὁδοῦ αἰτιάσωνται, μηδὲν ἄξιον τῆς τοῦ υἱοῦ τοῦ θεοῦ οἰκονομίας

12 προλέγειν   21 ἐπιτεμόμενος

εὑρίσκοντες εἰς τὸν περὶ τῆς ὄνου καὶ πώλου λόγον, πρῶτον μὲν οἱ ιε΄ σταδίοις βραχεῖ διαστήματι οὖσι προσχρώμενοι οὐ πάνυ τι ἀπολογίαν εὔλογον κομιοῦσι τῆς ὁδοῦ· δεύτερον δὲ πῶς δύο κτηνῶν εἰς τὴν οὕτω βραχεῖαν δεῖται ὁδὸν λεγέ-
5 τωσαν ἡμῖν· Ἐπεκάθισε γὰρ, φησὶν, ἐπάνω αὐτῶν. ἔτι δὲ Mt xxi 7, 3
καὶ τό· Ἐάν τις ὑμῖν εἴπῃ, ἐρεῖτε ὅτι ὁ κύριος αὐτῶν χρείαν ἔχει· εὐθὺς δὲ ἀποστέλλει αὐτούς· οὐκ οἶμαι ἄξιον εἶναι τοῦ μεγέθους τῆς τοῦ υἱοῦ θειότητος, ὥστε εἰπεῖν τὴν τηλικαύτην φύσιν χρείαν ὁμολογεῖν ἔχειν ὄνου ἀπὸ δεσμῶν
10 λυομένης, καὶ πώλου σὺν αὐτῇ ἐρχομένου· δεῖ γὰρ μέγα εἶναι πᾶν, οὗ χρείαν ἔχει ὁ υἱὸς τοῦ θεοῦ, καὶ ἄξιον τῆς χρηστότητος αὐτοῦ. πρὸς δὲ τούτοις ὁ στρωννύων αὐτοῦ τὰ cf. Mt xxi 8
ἱμάτια πλεῖστος ὄχλος ἐν τῇ ὁδῷ, ἀνεχομένου τούτων τοῦ Ἰησοῦ καὶ μὴ ἐπιτιμῶντος, ὡς δῆλον ἐκ τῶν παρ᾽ ἄλλοις
15 κειμένων· Ἐὰν οὗτοι σιωπήσωσιν, οἱ λίθοι κράξουσιν· οὐκ Lc xix 40
οἶδα εἰ μὴ βλακείαν τινὰ ἐμφαίνουσι τοῦ ἐπὶ τοῖς τοιούτοις, εἰ μηδὲν ἄλλο ἀπ᾽ αὐτῶν δηλοῦται, εὐφραινομένου. τὸ δὲ καὶ κοπτομένους κλάδους ἀπὸ τῶν δένδρων στρωννῦσθαι ἐν τῇ ὁδῷ ὄνων διερχομένων ἐμπόδια μᾶλλον δόξαι ἂν εἶναι τοῦ
20 ὀχλουμένου ἤπερ λελογισμένη ἀποδοχή. ὅσα δὲ ἐπηπορήσαμεν ἐκ τῶν τοῦ ἱεροῦ ὑπ᾽ αὐτοῦ ἐκβαλλομένων, ταῦτα καὶ
189 ἔτι μείζονα ἐνθάδε λεκτέον. ἐν μὲν γὰρ τῷ κατὰ Ἰωάννην ἐκβάλλει τοὺς ἀγοράζοντας· ὁ δὲ Ματθαῖός φησιν ὅτι Ἐξέβαλε πάντας τοὺς πωλοῦντας καὶ ἀγοράζοντας ἐν τῷ Mt xxi 12
25 ἱερῷ. πολλῷ δὲ ὡς εἰκὸς ἀριθμὸς τῶν ἀγοραζόντων πλείων ἦν παρὰ τοὺς πωλοῦντας. καὶ ἐπιστήσωμεν εἰ μὴ τὸ πάντας ἐκβάλλεσθαι τοὺς πωλοῦντας καὶ ἀγοράζοντας ἐν τῷ ἱερῷ παρὰ τὸ ἀξίωμα τοῦ νομιζομένου υἱοῦ τέκτονος εἶναι ἐτύγ- cf. Mt xiii 55;
χανεν, εἰ μὴ ἄρα, ὡς κἀκεῖ ἐλέγομεν, θειοτέρᾳ δυνάμει τοὺς Mc vi 3
30 πάντας ὑπέτασσεν, χαλεπώτερα ὅσον ἐπὶ τοῖς λοιποῖς εὐαγγελισταῖς παρὰ τὸν Ἰωάννην ἀκούσαντας. ὁ μὲν γὰρ

1 πῶλον   2 ιε΄] incert. ιε΄ an κ΄ leg. MS. quod male laesum est   16 τί ἀνεμφαίνουσιν   17 τό] om.   19 μᾶλλον] λαμβα   20 ἀποδοχῆς   22 ἔτι] ἐπί τι

Ἰωάννης φησὶν αὐτοῖς εἰρῆσθαι ὑπὸ τοῦ Ἰησοῦ· Μὴ ποιεῖτε τὸν οἶκον τοῦ πατρός μου οἶκον ἐμπορίου· οἱ δὲ λοιποὶ σπήλαιον λῃστῶν ἐλέγχονται πεποιηκότες τὸν οἶκον τῆς προσευχῆς, οὐ χωροῦντος τοῦ οἴκου τοῦ πατρὸς ὥστε γενέσθαι σπήλαιον λῃστῶν, ἀλλὰ μέχρι τοσούτου ὑπὸ τῶν ἁμαρτανόντων φερομένου ὡς οἶκον ἐμπορίου αὐτὸν γενέσθαι. μόνον δὲ τῆς προσευχῆς οἶκος, οὐ πάντως οἶκος τοῦ πατρὸς ὤν, ἀμεληθεὶς καὶ λῃστὰς παραδέξεται, οὐ γινόμενος αὐτῶν οἶκος, ἀλλὰ σπήλαιον, πρᾶγμα οὐχ ὑπὸ ἀρχιτεκτονικῆς καὶ λογικῆς ἐντρεχείας γεγενημένον.

28. (18) Τὸ μὲν οὖν ἰδεῖν ὡς ἔχει ταῦτα νοῦ ἀληθοῦς τοῦ δοθέντος τοῖς λέγουσιν· Ἡμεῖς δὲ νοῦν Χριστοῦ ἔχομεν, ἵνα ἴδωμεν τὰ ὑπὸ τοῦ θεοῦ χαρισθέντα ἡμῖν· μεῖζον ἢ καθ' ἡμᾶς εἶναι πειθόμεθα. οὐδὲ γὰρ ἀθόλωτον ἡμῶν ἐστι τὸ ἡγεμονικὸν, οὐδὲ οἱ ὀφθαλμοὶ ὁποίους δεῖ εἶναι τοὺς τῆς καλῆς νύμφης Χριστοῦ ὀφθαλμοὺς, περὶ ὧν φησιν ὁ νυμφίος· Ὀφθαλμοί σου περιστεραί· τάχα αἰνισσόμενος τὴν τῶν πνευματικῶν κατανοητικὴν δύναμιν, διὰ τὸ καὶ τὸ πνεῦμα τὸ ἅγιον ὡς περιστερὰν ἐληλυθέναι ἐπὶ τὸν κύριον καὶ τὸν ἐν ἑκάστῳ κύριον· ἀλλ' ὅμως καὶ οὕτως ἔχοντες οὐκ ἀποκνήσομεν, ψηλαφῶντες τοὺς εἰρημένους τῆς ζωῆς λόγους, πειραθῆναι λαβέσθαι αὐτῶν τῆς ἀπορρεούσης εἰς τὸν μετὰ πίστεως ἁψάμενον δυνάμεως. Ἰησοῦς τοίνυν ἐστὶν ὁ τοῦ θεοῦ λόγος, ὅστις εἰσέρχεται εἰς τὴν Ἱεροσόλυμα καλουμένην ψυχὴν, ὀχούμενος τῇ ὑπὸ τῶν μαθητῶν λελυμένῃ ἀπὸ τῶν δεσμῶν ὄνῳ, λέγω δὲ τοῖς ἀφελέσι τῆς παλαιᾶς διαθήκης γράμμασι, σαφηνιζομένοις ὑπὸ τῶν λυόντων αὐτὰ μαθητῶν δύο· τοῦ τ' ἐπὶ τὴν θεραπείαν τῆς ψυχῆς ἀνάγοντος τὰ γεγραμμένα, καὶ ἐπ' αὐτὴν αὐτὰ ἀλληγοροῦντος, καὶ τοῦ τὰ μέλλοντα ἀγαθὰ καὶ ἀληθινὰ διὰ τῶν ἐν τῇ σκιᾷ κειμένων παριστάντος. ὀχεῖται δὲ καὶ τῷ νέῳ πώλῳ, τῇ καινῇ διαθήκῃ· ἐν ἀμφοτέραις γὰρ ἔστιν εὑρεῖν τὸν καθαίροντα ἡμᾶς

11 ὡς] ἔχει ἡ   15 οἱ] om.   21 ἀποκνήσομεν (vid.)

190 τῆς ἀληθείας λόγον καὶ ἀπελαύνοντα τοὺς πωλοῦντας καὶ cf. 2 Co vi 7
ἀγοράζοντας ἐν ἡμῖν πάντας λογισμούς. μόνος δὲ εἰς τὴν
Ἱεροσόλυμα ψυχὴν οὐκ ἔρχεται, ἀλλ' οὐδὲ μετὰ ὀλίγων
τινῶν· πολλὰ γὰρ τὰ προάγοντα τὸν τελειοῦντα ἡμᾶς λόγον cf. Mt xxi 9
5 θεοῦ δεῖ ἐν ἡμῖν γενέσθαι, καὶ ἕτερα πλεῖστα ὅσα τὰ
ἑπόμενα αὐτῷ· πάντα μέντοι γε αὐτὸν ὑμνοῦντα καὶ δοξά-
ζοντα, καὶ τὸν ἴδιον κόσμον καὶ περιβολὴν αὐτῷ ὑποτιθέντα,
ἵνα αὐτοῦ τὰ ὀχήματα μὴ ἅπτηται γῆς, ἔχοντα τὸν οὐρανόθεν cf. Dan viii 5
καταβεβηκότα ἐπαναπαυόμενον αὐτοῖς. ἵνα δὲ ἔτι μᾶλλον
10 ἀνωτέρω τῆς γῆς τυγχάνωσιν οἱ ὀχοῦντες αὐτὸν παλαιοὶ
καὶ καινοὶ λόγοι τῶν γραφῶν, ἐκκόπτεσθαι κλάδους δεῖ ἀπὸ cf. Mt xxi 8
τῶν δένδρων, ἵνα βαίνωσιν ἐπὶ τῶν εὐλόγως ἐκκειμένων.
δύνανται δὲ οἱ προάγοντες καὶ ἀκολουθοῦντες αὐτῷ ὄχλοι
δηλοῦν καὶ τὰς ἀγγελικὰς συνεργείας, τινὰς μὲν εὐτρεπι-
15 ζούσας αὐτῷ τὴν ὁδὸν ἐν ταῖς ψυχαῖς ἡμῶν, δι' ὧν αὐταὶ
κεκόσμηνται, τινῶν δὲ ἐπακολουθούντων τῇ αὐτοῦ ἐν ἡμῖν
παρουσίᾳ, περὶ ἧς πολλάκις εἰρηκότες νῦν εἰς τοῦτο μαρτυ-
ριῶν οὐ χρῄζομεν.
29. Καὶ τάχα οὐκ ἀλόγως ὄνῳ εἴκασα τὰς περιστάσας
20 φωνὰς τὸν ἄγοντα αὐτὸν εἰς τὴν ψυχὴν λόγον· ἀχθοφόρον
γὰρ τὸ ζῶον, πολὺ δὲ τὸ ἄχθος καὶ φορτίον βαρὺ δηλοῦται
ἀπὸ τῆς λέξεως, καὶ μάλιστα τῆς παλαιοτέρας, ὡς δῆλον τῷ
ἐφιστάντι τοῖς ὑπὸ Ἰουδαίων γινομένοις. οὐχ οὕτω δὲ ὁ
πῶλος ἀχθοφόρον ὡς ἡ ὄνος. εἰ γὰρ καὶ βαρὺ πᾶν τὸ τοῦ
25 γράμματος φορτίον ἐστὶ τὸ ἀνώφορον καὶ κουφότατον τοῦ
πνεύματος χωρεῖν μὴ δυναμένοις, ἀλλά γε ἔλαττον ἔχει
βάρος τὸ καινὸν γράμμα παρὰ τὸ πρεσβύτερον. οἶδα δέ
τινας τὴν μὲν δεδεμένην ὄνον ἐξειληφότας τοὺς ἐκ περιτομῆς
πιστεύοντας, πολλῶν δεσμῶν ὑπὸ τῶν γνησίως τῷ λόγῳ
30 πνευματικῶς μεμαθητευμένων ἀπολυομένους, τὸν δὲ πῶλον
τοὺς ἀπὸ τῶν ἐθνῶν, ἀνέτους πρὶν παραδέξωιται τὸν Ἰησοῦ

4 προσάγοντα pr. man.   8 οὐρανόθεν] οὐρανὸν ὅθεν   9 ἔτι]
ἐπὶ   10 παλαιοὶ] παλαρὶ   15 αὐτοὶ   19 εἴκασε   20 αὐτὰς
21 δηλοῦνται   26 χωροῦν

λόγον καὶ ἔξω παντὸς ἐπικειμένου ζυγοῦ κατὰ τὸ ἀφηνιαστικὸν καὶ φιλήδονον γεγενημένους. εἰ καὶ μὴ εἰρήκασι δὲ οὗτοι τοὺς προάγοντας καὶ ἀκολουθοῦντας ὄχλους, οὐκ ἀπίθανόν ἐστιν ἐφαρμόσαι τοὺς μὲν προάγοντας Μωσεῖ καὶ τοῖς προφήταις, τοὺς δὲ ἐπακολουθοῦντας τοῖς ἱεροῖς ἀποστόλοις, οἵτινες ἅπαντες εἰσέρχονται εἰς ποιὰν Ἱεροσόλυμα, ὅσον κατὰ τοῦτον τὸν λόγον ζητητέον, ἔχοντα πωλοῦντας καὶ ἀγοράζοντας πολλοὺς ἐξελαυννομένους ὑπὸ τοῦ υἱοῦ τοῦ θεοῦ.

cf. Ps cxxi (cxxii) 3 f.

καὶ τάχα ἡ ἄνω Ἱερουσαλήμ, εἰς ἣν ἀναβήσεται ὁ κύριος, ἡνιοχῶν τοὺς ἐκ περιτομῆς καὶ ἐθνῶν πιστεύοντας, προαγόντων αὐτὸν καὶ ἀκολουθούντων ἤτοι προφητῶν καὶ ἀποστόλων, ἢ τῶν διακονούντων αὐτῷ ἀγγέλων, δύνανται γὰρ καὶ οὕτω δηλοῦσθαι ἀπὸ τῶν προαγόντων καὶ ἀκολουθούντων αὐτῷ, λέγεται νῦν, ἢ εἶχε πρὸ τῆς ἀνόδου αὐτοῦ

Eph vi 12

τὰ λεγόμενα πνευματικὰ τῆς πονηρίας ἐν τοῖς ἐπουρανίοις, ἢ τοὺς Χαναναίους καὶ Χετταίους καὶ Ἀμορραίους καὶ τοὺς λοιποὺς πολεμίους τοῦ λαοῦ, καὶ ἁπαξαπλῶς τοὺς ἀλλοτρίους, κἀκεῖ πως δυναμένης τῆς προφητείας πεπληρῶσθαι,

Is i 7

λεγούσης· Ἡ γῆ ὑμῶν ἔρημος, αἱ πόλεις ὑμῶν πυρίκαυστοι, τὴν χώραν ὑμῶν ἐνώπιον ὑμῶν ἀλλότριοι κατεσθίουσιν αὐτήν. οὗτοι γάρ εἰσιν οἱ τὸν οὐράνιον τοῦ πατρὸς οἶκον, τὴν ἁγίαν Ἱερουσαλήμ, τὸν οἶκον τῆς προσευχῆς μολύνοντες καὶ σπήλαιον λῃστῶν ποιήσαντες, οὐκ ἄλλων ἢ ἑαυτῶν, ἀργύριον ἔχοντες ἀδόκιμον καὶ διδόντες ὀβολοὺς καὶ κόλλυβα τοῖς προσιοῦσιν, εὐτελῆ καὶ εὐκαταφρόνητα νομίσματα. οὗτοί εἰσιν οἱ λαμβάνοντες ἀπὸ τῶν ψυχῶν ἐν τῷ παλαίειν αὐταῖς τὰ τιμιώτερα, καὶ συλῶσι τὰ κρείττονα ἵνα δῶσι τὰ μηδενὸς ἄξια.

30. Πλὴν πορευθέντες οἱ μαθηταὶ εὑρίσκουσι τὴν δεδε-

cf. 2 Co iii 15

μένην ὄνον καὶ λύουσι, διὰ τὸ ἐπικείμενον κάλυμμα τῷ νόμῳ Ἰησοῦν οὐκ ἔχουσαν. καὶ ὁ πῶλος δὲ μετ' αὐτῆς εὑρίσκεται, ἐπεὶ ἀμφότερα πρὸ Ἰησοῦ ἦν ἀπολωλότα· λέγω

12 ἀπαγγέλων

δὲ οἱ ἐκ περιτομῆς καὶ οἱ ἀπὸ τῶν ἐθνῶν ὕστερον πιστεύσαντες. πῶς δὲ οὗτοι εὐθὺς πάλιν ἀποστέλλονται μετὰ τὸ ἐπικαθεσθέντα τὸν Ἰησοῦν εἰς τὰ Ἱεροσόλυμα ἀναβεβηκέναι οὐκ ἀκίνδυνον εἰπεῖν, μυστικὸν γὰρ ἐχόμενον τῆς περὶ τῶν 5 ἁγίων εἰς ἀγγέλους μεταβολῆς, ἀποσταλησομένους κατὰ τὸν μετὰ τοῦτον αἰῶνα, παραπλησίως τοῖς εἰς διακονίαν ἀποστελλομένοις λειτουργικοῖς πνεύμασι διὰ τοὺς κατά γε cf. He i 14 ταῦτα μέλλοντας κληρονομεῖν ζωὴν αἰώνιον. εἰ δὲ ἡ ὄνος καὶ ὁ πῶλος τὰ παλαιὰ καὶ τὰ καινὰ εἴη γράμματα, οἷς ὁ 10 λόγος ὀχεῖται τοῦ θεοῦ, οὐ πάνυ τι χαλεπὸν ἔσται παραστῆσαι πῶς ἀποστέλλονται τοῦ λόγου ἐν αὐτοῖς φανέντος, οὐ μένουσι μετὰ τὸ εἰσελθεῖν εἰς Ἱεροσόλυμα τὸν λόγον ἐν τοῖς ἀποβεβληκόσι πάντας τοὺς πωλοῦντας καὶ ἀγοράζοντας λογισμούς. ἐγὼ δὲ οἶμαι μὴ μάτην κώμην τε εἶναι τὸν cf. Mt xxi 2 15 τόπον τοῦτον, ὅπου ἦν ἡ δεδεμένη ὄνος καὶ ὁ πῶλος, καὶ τοῦτο ἀνώνυμον· κώμη γὰρ ὡς πρὸς τὸν ἐν οὐρανῷ πάντα κόσμον ἡ πᾶσά ἐστι γῆ, ὅπου ἐστὶν ἡ δεδεμένη ὄνος καὶ ὁ πῶλος, καὶ ἡ κώμη αὐτάρκως χωρὶς προσθήκης ἑτέρου ὀνόματος καλουμένη. ἀπὸ Βηθφαγῆ δὲ ὁ Ματθαῖός φησιν 192 ἀποστέλλεσθαι τοὺς παραληψομένους τὴν ὄνον καὶ τὸν πῶλον, ἥτις τόπος ἦν ἱερατικός, οἶκος σιαγόνων ἑρμηνευόμενος. καὶ ταῦτα μὲν κατὰ δύναμιν εἰς τὰ παρὰ τῷ Ματθαίῳ λεκτέον, τοῦ ὁλοκλήρου καὶ παρὰ ταῦτα ἀκριβεστέρου λόγου εὐκαιρότερον, ὅταν εἰς τὸ κατὰ Ματθαῖον ἡμῖν λέγειν δοθῇ, 25 λεχθησομένου. ὁ δὲ Μάρκος καὶ ὁ Λουκᾶς πῶλον δεδε- cf. Mc xi 2; μένον, ἐφ᾿ ὃν οὐδείς πω ἀνθρώπων ἐκάθισεν, εὑρῆσθαί φησι Lc xix 30 κατὰ τὴν πρόσταξιν τοῦ κυρίου ὑπὸ τῶν δύο μαθητῶν, ὅντινα λύσαντες ἤγαγον πρὸς τὸν κύριον. προστίθησι δὲ ὁ Μάρκος Mc xi 4 ὅτι εὗρον τὸν πῶλον δεδεμένον πρὸς θύραν, ἔξω ἐπὶ τοῦ 30 ἀμφόδου· τίς δὲ ἔξω; οἱ ἀπὸ τῶν ἐθνῶν, οἳ ἦσαν ξένοι τῶν Eph ii 12 διαθηκῶν καὶ ἀλλότριοι τῆς ἐπαγγελίας τοῦ θεοῦ, ἐπὶ τοῦ ἀμφόδου καὶ οὐχὶ ὑπὸ στέγην ἢ οἰκίαν ἀναπαυόμενοι, δεδεμένοι ταῖς ἰδίαις ἁμαρτίαις καὶ λυόμενοι ὑπὸ τῆς προειρημένης διπλῆς ἐπιστήμης τῶν Ἰησοῦ γνωρίμων. οἱ δὲ δεσμοὶ τοῦ cf. Mc xi 2 δεδεμένου πώλου, καὶ αἱ ἁμαρτίαι περὶ τὸν ὑγιῆ γεγενημέναι λόγον ἐλεγχόμεναι ὑπ' αὐτοῦ, θύρας τυγχάνοντος ζωῆς, πρὸς ἐκείνην λέγω δὴ τῆς θύρας ἦσαν οὐκ ἔνδον, ἀλλ' ἔξω· τάχα γὰρ ἔνδον τῆς θύρας δεσμὸς γενέσθαι τῆς κακίας οὐ δύναται.

cf. Mc xi 5 ἑστήκασι δέ τινες παρὰ τῷ δεδεμένῳ πώλῳ, ὡς ὁ Μάρκος φησὶν, οἶμαι ὅτι οἱ δήσαντες αὐτόν· ὡς Λουκᾶς ἀναγράφει,

Lc xix 33 Εἶπαν οἱ κύριοι τοῦ πώλου πρὸς τοὺς μαθητάς Τί λύετε τὸν πῶλον; κύριοι γὰρ οἱ ὑποτάξαντες καὶ δήσαντες τὸν ἡμαρτηκότα παράνομοι, οἵτινες οὐ δύνανται ἀντιβλέψαι τῷ ἀληθῶς κυρίῳ ἀφέλκοντι τοῦ δεσμοῦ αὐτῶν τὸν πῶλον. ὅτι οὖν φασιν οἱ μαθηταί· Ὁ κύριος αὐτοῦ χρείαν ἔχει· μηδὲν δυνηθέντων τῶν πονηρῶν κυρίων ἀποκρίνασθαι, ἄγουσι πρὸς τὸν Ἰησοῦν τὸν πῶλον γυμνόν, ἐπιρρίπτουσι τὸν ἴδιον κόσμον, ἵνα τοῖς ἐπιβληθεῖσι τῶν μαθητῶν ἱματίοις ἐπικαθεσθεὶς ὁ κύριος ἀναπαύσηται.

31. Τὰ δὲ λοιπὰ ἐκ τῶν εἰρημένων παρὰ τῷ Ματθαίῳ
Mc xi 15 οὐ πάνυ τι ἔσται ἀσαφῆ, τίνα τρόπον ἔρχονται εἰς Ἱεροσόλυμα, καὶ εἰσελθὼν εἰς τὸ ἱερὸν ἤρξατο ἐκβάλλειν τοὺς
Lc xix 41, 45 πωλοῦντας καὶ ἀγοράζοντας ἐν τῷ ἱερῷ· ἤ· Ὡς ἤγγισεν, ἰδὼν τὴν πόλιν ἔκλαυσεν ἐπ' αὐτήν· καὶ εἰσελθὼν εἰς τὸ ἱερὸν ἤρξατο ἐκβάλλειν τοὺς πωλοῦντας. ἐν οἷς μὲν γὰρ τῶν ἐχόντων τὸ ἱερὸν ἐν αὐτοῖς ἐκβάλλει πάντας τοὺς πωλοῦντας καὶ ἀγοράζοντας ἐν τῷ ἱερῷ· ἐν ἑτέροις δὲ μὴ σφόδρα πειθομένοις τῷ λόγῳ τοῦ θεοῦ μόνον τὴν ἀρχὴν ποιεῖται τοῦ ἐκβάλλειν τοὺς πωλοῦντας καὶ ἀγοράζοντας. τρίτοι δέ εἰσι παρὰ τούτους, ἐν οἷς ἤρξατο ἐκβάλλειν μόνους τοὺς πωλοῦντας, οὐχὶ δὲ καὶ τοὺς ἀγοράζοντας. οἱ δὲ παρὰ
cf. Jo ii 15 τῷ Ἰωάννῃ πάντες ἅμα τοῖς προβάτοις καὶ τοῖς βουσὶ τῷ πλακέντι ἐκ σχοινίων φραγελλίῳ ἐκβάλλονται. ἐπίστησον δὲ ἐπιμελῶς εἰ δυνατὸν ὡς τάς γε ἐναλλαγὰς τῶν γεγραμμένων καὶ τὰς διαφωνίας διαλύεσθαι παρὰ τὸν τῆς ἀναγωγῆς τρόπον, ἑκάστου τῶν εὐαγγελιστῶν διαγράφοντος διαφόρους

25 τοῦ] τοὺς

τοῦ λόγου ἐνεργείας, ἐν διαφόροις ἤθεσι ψυχῶν οὐ τὰ αὐτὰ ἀλλά τινα παραπλήσια ἐπιτελούσας. καὶ ἡ δοκοῦσα δὲ διακοπὴ τῶν εἰς Ἱεροσόλυμα ἀνόδων τοῦ Ἰησοῦ παρὰ τῷ τὸ ἐν χερσὶν εὐαγγέλιον ἀναγράψαντι ἑτέρως παρὰ τοὺς τρεῖς, ὡς ἐξεθέμεθα τὰς λέξεις αὐτῶν, οὕτω μόνως σώζεσθαι δύναται· τοῖς παραπλησίοις πράγμασιν ἐπιπεσόντος τοῦ Ἰωάννου ἀντὶ τῶν κοπτομένων ἀπὸ τῶν δένδρων κλάδων, ἢ στιβάδων ἐκ τῶν ἀγρῶν, καὶ στρωννυμένων ἐν τῇ ὁδῷ βαΐα τῶν φοινίκων εἰληφέναι, λέγοντος τὸν πολὺν ἐξεληλυθέναι Jo xii 12 f. εἰς τὴν ἑορτὴν ὄχλον, καὶ ἐξεληλυθέναι εἰς ἀπάντησιν αὐτῷ κεκραγότα· Εὐλογημένος ὁ ἐρχόμενος ἐν ὀνόματι κυρίου, καὶ ὁ βασιλεὺς τοῦ Ἰσραήλ. πλὴν οὗτος ὑπ᾽ αὐτοῦ φησι τοῦ Ἰησοῦ εὑρίσκεσθαι τὸ ὀνάριον, ἐφ᾽ ὃ καθέζεται ὁ χριστὸς, cf. Jo xii 14 πλέον τι περὶ τούτου τροπικώτερον δηλουμένου ὀναρίου παριστὰς, μείζονα εὐεργεσίαν χωρήσαντος τὴν οὐκ ἀπὸ Gal i 1 ἀνθρώπων οὐδὲ δι᾽ ἀνθρώπων, ἀλλὰ διὰ Ἰησοῦ Χριστοῦ. οὐδὲ Ἰωάννης δὲ αὐτολεξεὶ τὸ προφητικὸν ἐξέθετο, ἀλλ᾽ ἀντ᾽ αὐτοῦ τό· Μὴ φοβοῦ, θύγατερ Σιών· ἰδοὺ ὁ βασιλεύς σου cf. Jo xii 15; ἔρχεται καθήμενος ἐπὶ πῶλον ὄνου· ἀντὶ τοῦ· Ἐπιβεβηκὼς Zech ix 9 ἐπὶ ὑποζύγιον καὶ πῶλον νέον. τὸ δέ· Μὴ φοβοῦ, ἡ θυγάτηρ Σιών· οὐδ᾽ ὅλως εἴρηται.

32. Πλὴν ἴδωμεν ὑπὸ πάντων ἐκτεθέντος τοῦ προφητικοῦ λόγου, εἰ μὴ χαίρειν σφόδρα θυγατέρα Σιὼν ἀναγκαῖον, τὴν δὲ κρείττονα ταύτης θυγατέρα Ἰερουσαλὴμ οὐ μόνον χαίρειν σφόδρα ἀλλὰ καὶ κηρύσσειν δεῖ, τοῦ βασιλέως αὐτῆς ἐρχομένου τοῦ δικαίου καὶ σώζοντος καὶ πράου, διὰ τοῦ ἐπιβεβηκέναι τῷ ὑποζυγίῳ καὶ τῷ νέῳ πώλῳ. πᾶς γοῦν ὁ δεξάμενος αὐτὸν οὐκέτι φοβηθήσεται τοὺς τῶν ἑτεροδόξων ὡπλισμένους τοῖς πιθανοῖς λόγοις, ἅρματα Ἐφραῒμ λεγόμενα ὑπὸ τοῦ κυρίου ἐξολοθρευόμενα, οὐδὲ τὸν ψευδῆ ἵππον εἰς cf. Ps xxxii σωτηρίαν, θηλυμανῆ ἐπιθυμίαν τοῖς αἰσθητοῖς οἰκειουμένην, (xxxiii) 17

13 ἀναριον 19 ἀντὶ τοῦ ἐπιβεβηκὼς] ante ἐπὶ πῶλον ὄνου
24 θυγθαγατέρα 31 οἰκειωμένην

καὶ πολλοὺς τῶν ἐν Ἰερουσαλὴμ οἰκεῖν θελόντων καὶ τῷ ὑγιεῖ λόγῳ προσέχειν βλάπτοντα. ἔστι δὲ χαίρειν ἄξιον ἐπὶ τῷ ἐξολοθρεύεσθαι ὑπὸ τοῦ ὀχουμένου τῷ ὑποζυγίῳ καὶ τῷ νέῳ πώλῳ πᾶν τόξον πολεμικόν, οὐκέτι τῶν πεπυρωμένων βελῶν τοῦ ἐχθροῦ κατισχυόντων τοῦ παραδεξαμένου τὸν 194 Ἰησοῦν εἰς τὸ ἑαυτοῦ ἱερόν. ἔσται δὲ καὶ πλῆθος μετὰ εἰρήνης ἀπὸ τῶν ἐθνῶν ἐν τῇ Ἰερουσαλὴμ τοῦ σωτῆρος ἐπιδημίᾳ, ἄρχοντος τῶν ὑδάτων, ἵνα συντρίψῃ τὰς κεφαλὰς τῶν δρακόντων ἐπὶ τοῦ ὕδατος, καὶ πατήσωμεν τὰ κύματα τῆς θαλάσσης, φθάνοντες ἕως τῶν διεκβολῶν πάντων τῶν 10 ἐπὶ γῆς ποταμῶν. ὁ μέντοι γε Μάρκος περὶ τῆς ὄνου γράφων εἰρῆσθαι ὑπὸ τοῦ κυρίου· Ἐφ᾽ ὃν οὐδεὶς οὔπω ἀνθρώπων ἐκάθισε· δοκεῖ μοι αἰνίττεσθαι τὸ μηδέπω ποτὲ λόγῳ ὑποτεταχέναι ἑαυτοὺς πρὸ τῆς Ἰησοῦ ἐν αὐτοῖς ἐπιδημίας τοὺς ὕστερον πεπιστευκότας. τάχα γὰρ ἀνθρώπων 15 μὲν οὐδείς πω καθίσας ἐπὶ τὸν πῶλον ἦν, θηρίων δὲ ἢ τῶν ἀλλοτρίων τοῦ λόγου δυνάμεών τινες ἐπεκάθισαν, ἐπεὶ ὁ πλοῦτος τῶν ἀντικειμένων δυνάμεων καὶ παρὰ τῷ προφήτῃ Ἡσαΐᾳ ἐπὶ ὄνων φέρεσθαι καὶ καμήλων λέγεται διὰ τούτων· Ἐν τῇ θλίψει καὶ τῇ στενοχωρίᾳ λέων καὶ σκύμνος, ἐκεῖθεν 20 καὶ ἔκγονα ἀσπίδων πετομένων, οἳ ἔφερον ἐπὶ ὄνων καὶ καμήλων τὸν πλοῦτον αὐτῶν. πυστέον δὲ πάλιν τῶν ψιλῇ τῇ λέξει προσεχόντων εἰ μὴ κατ᾽ αὐτοὺς ματαίως ἂν δόξαι γεγράφθαι τό· Ἐφ᾽ ὃν οὐδεὶς οὔπω ἀνθρώπων ἐκάθισε. τίς γὰρ παρὰ ἄνθρωπον καθέζεται ἐπὶ πῶλον; καὶ ταῦτα μὲν τὰ 25 ἡμέτερα.

33. (19) Ἴδωμεν δὲ καὶ τὰ Ἡρακλέωνος, ὅς φησι τὴν εἰς Ἱεροσόλυμα ἄνοδον σημαίνειν τὴν ἀπὸ τῶν ὑλικῶν εἰς τὸν ψυχικὸν τόπον, τυγχάνοντα εἰκόνα τῆς Ἰερουσαλήμ, ἀνάβασιν τοῦ κυρίου. τὸ δέ· Εὗρεν ἐν τῷ ἱερῷ· καὶ οὐχὶ 30 προνάῳ, οἴεται εἰρῆσθαι ὑπὲρ τοῦ μὴ τὴν κλῆσιν μόνην νοηθῆναι τὴν χωρὶς πνεύματος βοηθεῖσθαι ὑπὸ τοῦ κυρίου·

1, 2 τὸν ὑγιῆ λόγον 21 ἔκγο πετόμενα· ὢν
28 εἰς 1°] om. σημαίνει 31 προνάῳ] τῶν ἄνω

ἡγεῖται γὰρ τὰ μὲν ἅγια τῶν ἁγίων εἶναι τὸ ἱερὸν, εἰς ἃ
μόνος ὁ ἀρχιερεὺς εἰσίει, ἔνθα οἴομαι αὐτὸν λέγειν τοὺς cf. Heb ix 7
πνευματικοὺς χωρεῖν· τὰ δὲ τοῦ προνάου, ὅπου καὶ οἱ
Λευῖται, σύμβολον εἶναι τῶν ἔξω τοῦ πληρώματος ψυχικῶν
5 εὑρισκομένων ἐν σωτηρίᾳ. πρὸς τούτοις τοὺς εὑρισκομένους cf. Jo ii 14
ἐν τῷ ἱερῷ, πωλοῦντας βόας καὶ πρόβατα καὶ περιστερὰς,
καὶ τοὺς καθημένους κερματιστὰς ἐξεδέξατο λέγεσθαι ἀντὶ
τῶν μηδὲν χάριτι διδόντων, ἀλλ' ἐμπορίαν καὶ κέρδος τὴν
τῶν ξένων εἰς τὸ ἱερὸν εἴσοδον νομιζόντων, τοῦ ἰδίου κέρδους
10 καὶ φιλαργυρίας ἕνεκεν τὰς εἰς τὴν λατρείαν τοῦ θεοῦ θυσίας
χορηγούντων. καὶ τὸ φραγέλλιον δὲ πεποιῆσθαι ἐκ σχοινίων cf. Jo ii 15
ὑπὸ τοῦ Ἰησοῦ, οὐχὶ παρ' ἄλλου λαβόντος ἰδιοτρόπως
ἀπαγγέλλει, λέγων τὸ φραγέλλιον εἰκόνα τυγχάνειν τῆς
195 δυνάμεως καὶ ἐνεργείας τοῦ ἁγίου πνεύματος ἐκφυσῶντος
15 τοὺς χείρονας, καί φησι τὸ φραγέλλιον καὶ τὸ λίνον καὶ τὴν
σινδόνα, καὶ ὅσα τοιαῦτα, εἰκόνα τῆς δυνάμεως καὶ τῆς
ἐνεργείας εἶναι τοῦ ἁγίου πνεύματος. ἔπειτα ἑαυτῷ προσ-
είληφε τὸ μὴ γεγραμμένον, ὡς ἄρα εἰς ξύλον ἐδέδετο τὸ
φραγέλλιον· ὅπερ ξύλον τύπον ἐκλαβὼν εἶναι τοῦ σταυροῦ
20 φησι Τούτῳ τῷ ξύλῳ ἀνηλῶσθαι καὶ ἠφανίσθαι τοὺς κυ-
βευτὰς ἐμπόρους καὶ πᾶσαν τὴν κακίαν. καὶ οὐκ οἶδ' ὅπως
φλυαρῶν φησιν ἐκ δύο τούτων πραγμάτων φραγέλλιον
κατασκευάζεσθαι, ζητῶν τὸ ὑπὸ τοῦ Ἰησοῦ γενόμενον· Οὐ
γὰρ ἐκ δέρματος, φησὶ, νεκροῦ ἐποίησεν αὐτὸ, ἵνα τὴν
25 ἐκκλησίαν κατασκευάσῃ οὐκέτι λῃστῶν καὶ ἐμπόρων σπή- cf. Mt xxi 13
λαιον, ἀλλὰ οἶκον τοῦ πατρὸς αὐτοῦ. λεκτέον δὲ τὸ
ἀναγκαιότατον περὶ τῆς θεότητος καὶ ἐκ τῶν ῥητῶν τούτων
πρὸς αὐτόν. εἰ γὰρ τὸ ἐν Ἱεροσολύμοις ἱερὸν οἶκον τοῦ
ἰδίου πατρός φησιν εἶναι ὁ Ἰησοῦς, τοῦτο δὲ τὸ ἱερὸν εἰς
30 δόξαν τοῦ κτίσαντος τὸν οὐρανὸν καὶ τὴν γῆν γέγονε, πῶς
οὐκ ἄντικρυς διδασκόμεθα μὴ ἑτέρου τινὸς νομίζειν υἱὸν εἶναι
παρὰ τὸν ποιητὴν οὐρανοῦ καὶ γῆς, τὸν υἱὸν τοῦ θεοῦ;

11, 13, 15, 19, 22 φραγγέλλιον

34. Εἰς τοῦτον οὖν τὸν οἶκον τοῦ πατρὸς Ἰησοῦ, ὡς οἶκον τυγχάνοντα τῆς προσευχῆς, καὶ οἱ τοῦ χριστοῦ ἀπόστολοι, ὡς ἐν ταῖς Πράξεσιν αὐτῶν εὕρομεν, ὑπὸ τοῦ ἀγγέλου κελεύονται πορευθέντες στῆναι καὶ λαλεῖν τῷ λαῷ πάντα τὰ ῥήματα τῆς ζωῆς ταύτης. ἀλλὰ καὶ διὰ τῆς ὡραίας πύλης ἐκεῖσε προσεύξασθαι ὡς εἰς οἶκον προσευχῆς προσέρχονται, οὐκ ἂν τοῦτο ποιήσαντες, εἰ μὴ τὸν αὐτὸν ᾔδεσαν θεὸν τῷ ὑπὸ τῶν ἐκβιαζόντων τὸν ναὸν ἐκεῖνον προσκυνουμένῳ. διόπερ καὶ λέγουσιν οἱ πειθαρχοῦντες θεῷ μᾶλλον ἢ ἀνθρώποις Πέτρος καὶ οἱ ἀπόστολοι· Ὁ θεὸς τῶν πατρῶν ἡμῶν ἤγειρεν Ἰησοῦν, ὃν ὑμεῖς διεχειρίσασθε κρεμάσαντες ἐπὶ ξύλου· οὐ γὰρ ὑπ' ἄλλου ἴσασιν ἐκ νεκρῶν ἐγηγερμένον Ἰησοῦν θεοῦ ἢ τούτων πατέρων, ὃν καὶ ὁ χριστὸς δοξάζων θεὸν τοῦ Ἀβραὰμ καὶ Ἰσαὰκ καὶ Ἰακώβ φησιν εἶναι, οὐκ ὄντων νεκρῶν ἀλλὰ ζώντων. πῶς δὲ καὶ οἱ μαθηταί, εἰ μὴ τοῦ αὐτοῦ θεοῦ θεῷ τοῦ χριστοῦ ὁ οἶκος ἦν, ἐμέμνηντο ἂν τοῦ ἐν ξη' εἰρημένου ψαλμῷ· Ὁ ζῆλος τοῦ οἴκου σου καταφάγεταί με; οὕτω γὰρ κεῖται ἐν τῷ προφήτῃ καὶ οὐχί Κατέφαγέ με. ζηλοῖ δὲ μάλιστα ὁ χριστὸς τὸν ἐν ἑκάστῳ ἡμῶν οἶκον τοῦ θεοῦ, μὴ βουλόμενος αὐτὸν εἶναι οἶκον ἐμπορίου, μηδὲ τὸν οἶκον τῆς προσευχῆς λῃστῶν σπήλαιον, ἅτε θεοῦ ζηλωτοῦ υἱὸς ὤν, ἐὰν εὐγνωμονέστερον ἀκούωμεν τῶν τοιούτων ἀπὸ τῶν γραφῶν φωνῶν, κατὰ μεταφορὰν εἰρημένων ἀπὸ τῶν ἀνθρωπίνων εἰς παράστασιν τοῦ μηδὲν ἀλλότριον βούλεσθαι τὸν θεὸν ἐπιμίγνυσθαι τοῦ βουλήματος αὐτοῦ τῇ ψυχῇ πάντων μὲν ἀνθρώπων, ἐξαιρέτως δὲ τῶν τὰ τῆς θειοτάτης πίστεως παραδέξασθαι θελόντων. πλὴν τὸν ξη' ψαλμόν, ἔχοντα τό· Ὁ ζῆλος τοῦ οἴκου σου καταφάγεταί με· καὶ μετ' ὀλίγα· Ἔδωκαν εἰς τὸ βρῶμά μου χολήν, καὶ εἰς τὴν δίψαν μου ἐπότισάν με ὄξος· ἀμφότερα ἐν τοῖς εὐαγγελίοις ἀναγεγραμμένα, ἰστέον ἐκ προσώπου λέγεσθαι τοῦ χριστοῦ, οὐδεμίαν ἐμφαίνοντα τοῦ λέγοντος προσώπου

1 τοῦτον οὖν] τονοῦν   26, 27 τὰ τῆς] om.
27 τὸν] τῶν

μεταβολήν. σφόδρα δὲ ἀπαρατηρήτως ὁ Ἡρακλέων οἴεται
τό· Ὁ ζῆλος τοῦ οἴκου σου καταφάγεταί με· ἐκ προσώπου
τῶν ἐκβληθέντων καὶ ἀναλωθέντων ὑπὸ τοῦ σωτῆρος δυνά-
μεων λέγεσθαι, μὴ δυνάμενος τὸν εἱρμὸν τῆς ἐν τῷ ψαλμῷ
5 προφητείας τηρῆσαι νοούμενον ἐκ προσώπου τῶν ἐκβλη-
θέντων καὶ ἀναλωθέντων δυνάμεων λέγεσθαι. ἀκόλουθον
δέ ἐστι κατ' αὐτὸν καὶ τό· Ἔδωκαν εἰς τὸ βρῶμά μου χολήν·
ἀπ' ἐκείνων λέγεσθαι ἐν τῷ αὐτῷ ἀναγεγραμμένον ψαλμῷ·
ἀλλ', ὡς εἰκός, ἐτάραξεν αὐτὸν τό· Καταφάγεταί με· ὡς μὴ
10 δυνάμενον ὑπὸ Χριστοῦ ἀπαγγέλλεσθαι, οὐχ ὁρῶντα τὸ ἔθος
τῶν ἀνθρωποπαθῶν περὶ θεοῦ καὶ Χριστοῦ λόγων.

35. (20) Ἀπεκρίθησαν οὖν οἱ Ἰουδαῖοι καὶ εἶπαν
αὐτῷ Τί σημεῖον δεικνύεις ἡμῖν, ὅτι ταῦτα ποιεῖς;
ἀπεκρίθη Ἰησοῦς καὶ εἶπεν αὐτοῖς Λύσατε τὸν ναὸν
15 τοῦτον καὶ ἐν τρισὶν ἡμέραις ἐγερῶ αὐτόν. Οἱ σωματι-
κοὶ καὶ τοῖς αἰσθητοῖς φίλοι δοκοῦσί μοι νῦν διὰ τῶν Ἰουδαίων
δηλοῦσθαι, οἵτινες ἐπὶ τοῖς ὑπὸ τοῦ Ἰησοῦ ἀπελαυνομένοις,
ποιοῦσιν οἶκον ἐμπορίου τὸν οἶκον τοῦ πατρός, ἀγανακτοῦντες
πράγμασιν ὑπ' αὐτοῦ περιεπομένοις ἀπαιτοῦσι σημεῖον, καθὸ
20 σημεῖον πρεπόντως φανήσεται ὁ λόγος, ὃν μὴ παραδέχονται
ἐκεῖνοι, ταῦτα ποιῶν. συνάπτων δὲ ὁ σωτὴρ ὡς ἕνα τῷ
περὶ τοῦ ἱεροῦ ἐκείνου τὸν περὶ τοῦ ἰδίου σώματος λόγον,
ἀποκρίνεται πρὸς τό· Τί σημεῖον δεικνύεις, ὅτι ταῦτα ποιεῖς;
τό· Λύσατε τὸν ναὸν τοῦτον καὶ ἐν τρισὶν ἡμέραις ἐγερῶ
25 αὐτόν· εἰ γὰρ καὶ μυρία ὅσα σημεῖα ἄλλα δεικνύναι οἷός τε
ἦν, ἀλλ' οὔτι γε πρὸς τό· Ὅτι ταῦτα ποιεῖς; τὰ δὲ κατὰ τὸν
ναὸν πρεπόντως ἀντὶ τῶν ἑτέρων παρὰ τὸν ναὸν σημείων
ἀπεκρίνατο. ἀμφότερα μέντοι γε, τό τε ἱερὸν καὶ τὸ σῶμα
τοῦ Ἰησοῦ, κατὰ μίαν τῶν ἐκδοχῶν τύπος μοι εἶναι φαίνεται
30 τῆς ἐκκλησίας, τῷ ἐκ λίθων ζώντων οἰκοδομεῖσθαι αὐτὴν,
οἶκον πνευματικὸν εἰς ἱεράτευμα ἅγιον γινομένην, ἐποικοδο-

16 διὰ] δὴ   19 αὐτῶν   21 τῷ] τὸν
22 τὸν] τοῦ   26 γε] σε   δὲ] om.   30 τῷ] τὸ

μουμένην ἐπὶ τῷ θεμελίῳ τῶν ἀποστόλων καὶ προφητῶν, ὄντος ἀκρογωνιαίου Χριστοῦ Ἰησοῦ, χρηματίζουσαν ναόν. διὰ δὲ τοῦ· Ὑμεῖς δέ ἐστε σῶμα Χριστοῦ, καὶ μέλη ἐκ μέρους· κἂν λύεσθαι δὲ ἡ τῶν λίθων τοῦ ναοῦ ἁρμονία δοκῇ ἢ διασκορπίζεσθαι, ὡς ἐν κα΄ ψαλμῷ γέγραπται, πάντα τὰ ὀστᾶ τοῦ χριστοῦ ὑπὸ τῶν ἐν διωγμοῖς καὶ θλίψεσιν ἐπιβουλῶν, ἀπὸ τῶν προσπολεμούντων τῇ ἑνότητι τοῦ ναοῦ ἐν διωγμοῖς, ἐγερθήσεται ὁ ναὸς καὶ ἀναστήσεται τὸ σῶμα τῇ τρίτῃ ἡμέρᾳ μετὰ τὴν ἐνεστηκυῖαν ἐν αὐτῷ κακίας ἡμέραν καὶ τὴν μετὰ ταύτην τῆς συντελείας· τρίτῃ γὰρ ἐν τῷ καινῷ οὐρανῷ καὶ καινῇ γῇ ἐνστήσεται, ὅτε τὰ ὀστᾶ ταῦτα, πᾶς οἶκος Ἰσραήλ, ἐν τῇ μεγάλῃ κυριακῇ ἐγερθήσεται τοῦ θανάτου νενικημένου· ὥστε καὶ τὴν γενομένην ἀνάστασιν τοῦ χριστοῦ ἀπὸ τοῦ κατὰ τὸν σταυρὸν πάθους περιέχειν μυστήριον τῆς ἀναστάσεως τοῦ παντὸς Χριστοῦ σώματος. ὥσπερ δὲ ἐκεῖνο τὸ αἰσθητὸν τοῦ Ἰησοῦ σῶμα ἐσταύρωται καὶ τέθαπται καὶ μετὰ τοῦτο ἐγήγερται, οὕτως τὸ ὅλον τῶν ἁγίων Χριστοῦ σῶμα Χριστῷ συνεσταύρωται καὶ νῦν οὐκέτι ζῇ· ἕκαστος γὰρ τῶν ὡς Παῦλος ἐν οὐδενὶ ἄλλῳ καυχᾶται ἢ ἐν τῷ σταυρῷ τοῦ κυρίου ἡμῶν Χριστοῦ Ἰησοῦ, δι' οὗ αὐτὸς κόσμῳ ἐσταύρωται καὶ κόσμος αὐτῷ. οὐ μόνον οὖν Χριστῷ συνεσταύρωται καὶ κόσμῳ ἐσταύρωται, ἀλλὰ καὶ Χριστῷ συνθάπτεται· Συνετάφημεν γάρ, φησί, τῷ χριστῷ, ὁ Παῦλος. καὶ ὡσπερεὶ ἔν τινι ἀρραβῶνι ἀναστάσεως γενόμενος λέγει τὸ Συνανέστημεν αὐτῷ· ἐπεὶ ἐν καινότητι ζωῆς τινι περιπατεῖ, ὡς κατὰ τὴν ἐλπιζομένην μακαρίαν καὶ τελείαν ἀνάστασιν μηδέπω ἀναστάς. ἤτοι οὖν νῦν μὲν ἐσταύρωται, μετὰ δὲ ταῦτα θάπτεται, ἢ νῦν θάπτεται καὶ ἀρθεὶς ἀπὸ τοῦ σταυροῦ, ποτὲ δέ, καθὸ νῦν τέθαπται, ἀναστήσεται.

36. Μέγα δέ ἐστι τὸ τῆς ἀναστάσεως καὶ δυσθεώρητον τοῖς πολλοῖς ἡμῶν μυστήριον, ὅπερ καὶ ἐν ἄλλοις πολλοῖς λέγεται τῶν γραφῶν τόποις, οὐχ ἧττον καὶ ἐν τῷ Ἐζεκιὴλ

---

9 ἐνεστηκυῖα   κακίαν   24 ὡσπερεί] ὥσπερ οἱ

διὰ τούτων ἀπαγγέλλεται· Καὶ ἐγένετο ἐπ᾽ ἐμὲ χεὶρ κυρίου, Ez xxxvii 1—4
καὶ ἐξήγαγέ με ἐν πνεύματι κυρίου καὶ ἔθηκέ με ἐν μέσῳ
τοῦ πεδίου, καὶ τοῦτο ἦν μεστὸν ὀστῶν ἀνθρωπίνων. καὶ
περιήγαγέ με ἐπ᾽ αὐτὰ κύκλοθεν κύκλῳ, καὶ ἰδοὺ πολλὰ
5 σφόδρα ἐπὶ προσώπου τοῦ πεδίου, καὶ ἰδοὺ, ξηρὰ σφόδρα.
καὶ εἶπε πρός μέ· Υἱὲ ἀνθρώπου, εἰ ζήσεται τὰ ὀστᾶ ταῦτα;
198 καὶ εἶπα Κύριε, κύριε, σὺ ἐπίστῃ ταῦτα. καὶ εἶπε πρός μέ
Προφήτευσον ἐπὶ τὰ ὀστᾶ ταῦτα, καὶ ἐρεῖς αὐτοῖς Τὰ ὀστᾶ
τὰ ξηρὰ, ἀκούσατε λόγον κυρίου· καὶ μετ᾽ ὀλίγα· Καὶ Ez xxxvii 11
10 ἐλάλησε κύριος πρὸς μὲ λέγων Υἱὲ ἀνθρώπου, τὰ ὀστᾶ
ταῦτα πᾶς οἶκος Ἰσραήλ ἐστι. καὶ αὐτοὶ λέγουσι Ξηρὰ
γέγονε τὰ ὀστᾶ ἡμῶν, ἀπόλωλεν ἡ ἐλπὶς ἡμῶν, διαπεφωνή-
καμεν. ποίοις γὰρ ὀστοῖς λέγεται· Ἀκούσατε λόγον κυρίου·
ὡς αἰσθανομένοις λόγου κυρίου, ἅτε οὖσιν οἴκῳ Ἰσραὴλ, ἢ
15 τῷ Χριστοῦ σώματι, περὶ οὗ ἔλεγεν ὁ κύριος· Διεσκορπίσθη Ps xxi (xxii) 15
πάντα τὰ ὀστᾶ μου· τῶν σωματικῶν ὀστέων αὐτοῦ μὴ διασκε- cf. Jo xix 36
δασθέντων, ἀλλὰ μηδὲ συντριβέντος τινὸς ἐξ αὐτῶν; ὅτε δὲ
γίνεται αὐτὴ ἡ ἀνάστασις τοῦ ἀληθινοῦ καὶ τελειοτέρου
Χριστοῦ σώματος, τότε τὰ μέλη τοῦ χριστοῦ τὰ νῦν, ὡς
20 πρὸς τὸ μέλλον, ξηρὰ ὀστᾶ συναχθήσεται, ὀστοῦν πρὸς cf. Ez xxxvii 7
ὀστοῦν καὶ ἁρμονία πρὸς ἁρμονίαν, οὐδενὸς τῶν ἐστερημένων
ἁρμονίας καταντήσοντος εἰς τὸν τέλειον ἄνδρα, εἰς τὸ μέτρον Eph iv 13
τῆς ἡλικίας τοῦ πληρώματος τοῦ σώματος τοῦ χριστοῦ.
καὶ τότε τὰ πολλὰ μέλη τὸ ἓν ἔσται σῶμα, πάντων τῶν τοῦ cf. 1 Co xii 12
25 σώματος μελῶν πολλῶν ὄντων γινομένων ἑνὸς σώματος· τὴν cf. 1 Co xii 12 ff.
δὲ κρίσιν ποδὸς καὶ χειρὸς καὶ ὀφθαλμοῦ καὶ ἀκοῆς καὶ
ὀσφρήσεως τῶν συμπληρούντων ἰδίᾳ μὲν τὴν κεφαλὴν,
ἰδίᾳ δὲ τοὺς πόδας, καὶ τὰ λοιπὰ τῶν μελῶν τά τε ἀσθε-
νέστερα καὶ τὰ ταπεινότερα καὶ ἀσχήμονα καὶ εὐσχήμονα cf. 1 Co xii 24 f.
30 μόνου θεοῦ ἔστι ποιήσασθαι, ὃς συγκεράσει τὸ σῶμα, καὶ
τότε μᾶλλον τοῦ νῦν τῷ ὑστεροῦντι περισσοτέραν διδοὺς
τιμὴν, ἵνα μηδαμῶς ᾖ σχίσμα ἐν τῷ σώματι, ἀλλὰ τὸ αὐτὸ

4 post κύκλοθεν] ins. ἦν   8 ἐρεῖς] ἐρεῖ   13 ποίος
14 λόγον

cf. 1 Co xii 26 ὑπὲρ ἀλλήλων μεριμνῶσι τὰ μέλη, καὶ εἴ τινα εὐπάθειαν ἔχει μέλος, συνευπαθήσῃ πάντα τὰ μέλη, εἴτε δοξάζεται, συγχαίρῃ τὰ πάντα.

37. (21) Ταῦτά μοι οὐκ ἀλλοτρίως τοῦ ἱεροῦ καὶ τῶν ἀπ᾿ αὐτοῦ ἐξελαυνομένων, περὶ οὗ λέγει ὁ σωτήρ· Ὁ ζῆλος

Ps lxviii (lxix) 9:
cf. Jo ii 17

τοῦ οἴκου σου καταφάγεταί με· εἴρηται, τῶν τε αἰτούντων σημεῖον Ἰουδαίων αὐτοῖς δειχθῆναι, καὶ τῆς τοῦ κυρίου πρὸς αὐτοὺς ἀποκρίσεως, συνάπτοντος τὸν τοῦ ναοῦ λόγον τῷ τοῦ

Jo ii 19

ἰδίου σώματος, καὶ φάσκοντος· Λύσατε τὸν ναὸν τοῦτον, καὶ ἐν τρισὶν ἡμέραις ἐγερῶ αὐτόν. ἀπὸ γὰρ τούτου τοῦ ναοῦ ὄντος σώματος Χριστοῦ δεῖ ἀπελαύνεσθαι ταῦτα τὰ ἄλογα καὶ ἐμπορικά, ἵνα μηκέτι οἶκος ἐμπορίου ᾖ. καὶ τοῦτον τὸν ναὸν λυθῆναι δεῖ ὑπὸ τῶν ἐπιβουλευόντων τῷ λόγῳ τοῦ θεοῦ, καὶ μετὰ τὸ λυθῆναι τῇ προειρημένῃ ἡμῖν τρίτῃ ἡμέρᾳ ἐγερθῆναι· ὅτε καὶ οἱ μαθηταὶ ὅ τε ἔλεγε πρὶν λυθῆναι τὸν 199 ναὸν τοῦ θεοῦ ὁ λόγος αὐτοῦ μνησθήσονται οὗ ἔλεγε καὶ

cf. Jo ii 22

πιστεύσουσι, τελειουμένης αὐτῶν μετὰ τῆς γνώσεως τότε καὶ τῆς πίστεως, οὐ τῇ γραφῇ μόνῃ ἀλλὰ καὶ τῷ λόγῳ ὃν εἶπεν ὁ Ἰησοῦς. καὶ ἕκαστος δὲ τῶν τοιῶνδε, Ἰησοῦ αὐτὸν καθαίροντος, ἀποθέμενος τὰ ἄλογα καὶ τὰ πωλοῦντα διὰ τὸν τοῦ ἐν αὐτοῖς λόγου ζῆλον καταλυθήσεται, ἐπὶ τῷ ὑπὸ Ἰησοῦ ἐγερθῆναι οὐ τῇ τρίτῃ ἡμέρᾳ, ὅσον ἐπὶ τῇ προκειμένῃ λέξει, οὐ γὰρ γέγραπται Λύσατε τὸν ναὸν τοῦτον καὶ τῇ τρίτῃ ἡμέρᾳ ἐγερῶ αὐτόν· ἀλλ᾿· Ἐν τρισὶν ἡμέραις. ἐγείρεται γὰρ ἡ τοῦ ναοῦ τῇ πρώτῃ μετὰ τὸ λυθῆναι ἡμέρᾳ καὶ τῇ δευτέρᾳ, τελειοῦται δὲ αὐτοῦ ἡ ἔγερσις ἐν ὅλαις ταῖς τρισὶν ἡμέραις. διὰ τοῦτο καὶ γέγονεν ἀνάστασις καὶ ἔσται ἀνάστασις, εἴ γε

cf. Ro vi 4
1 Co xv 22 ff.

συνετάφημεν τῷ χριστῷ καὶ συνανέστημεν αὐτῷ. καὶ ἐπεὶ οὐκ ἀρκεῖ εἰς τὴν ὅλην ἀνάστασιν τὸ Συνανέστημεν· Ἐν τῷ χριστῷ πάντες ζωοποιηθήσονται, ἕκαστος δὲ ἐν τῷ ἰδίῳ τάγματι· ἀπαρχὴ Χριστός, ἔπειτα οἱ τοῦ χριστοῦ ἐν τῇ παρουσίᾳ αὐτοῦ, εἶτα τὸ τέλος. ἀναστάσεως γὰρ ἦν καὶ τὸ

14 ἡμέρᾳ] μετὰ (sic)   17 πιστεύουσι   18 οὔ τῇ γὰρ ἀφημονη

ἐν τῇ πρώτῃ ἡμέρᾳ γενέσθαι ἐν τῷ παραδείσῳ τοῦ θεοῦ, ἀναστάσεως δὲ ὅτε φαινόμενός φησι· Μή μου ἅπτου, οὔπω Jo xx 17 γὰρ ἀναβέβηκα πρὸς τὸν πατέρα· τὸ δὲ τέλειον τῆς ἀναστάσεως ἦν ὅτε γίνεται πρὸς τὸν πατέρα. ἐπεὶ δὲ οἱ
5 συγχεόμενοι ἐν τῷ περὶ πατρὸς καὶ υἱοῦ τόπῳ, συνάγοντες τό· Εὑρισκόμεθα δὲ καὶ ψευδομάρτυρες τοῦ θεοῦ, ὅτι ἐμαρ- 1 Co xv 15 τυρήσαμεν κατὰ τοῦ θεοῦ ὅτι ἤγειρε τὸν χριστόν, ὃν οὐκ ἤγειρε· καὶ τὰ τούτοις ὅμοια, δηλοῦντα ἕτερον εἶναι τὸν ἐγείραντα παρὰ τὸν ἐγηγερμένον, καὶ τό· Λύσατε τὸν ναὸν Jo ii 19
10 τοῦτον, καὶ ἐν τρισὶν ἡμέραις ἐγερῶ αὐτόν· οἷον τὸ ἐκ τούτων παρίστασθαι μὴ διαφέρειν τῷ ἀριθμῷ τὸν υἱὸν τοῦ πατρός, ἀλλ' ἓν οὐ μόνον οὐσίᾳ ἀλλὰ καὶ ὑποκειμένῳ τυγχάνοντας ἀμφοτέρους, κατά τινας ἐπινοίας διαφόρους, οὐ κατὰ ὑπόστασιν λέγεσθαι πατέρα καὶ υἱόν· λεκτέον πρὸς αὐτοὺς
15 πρῶτον μὲν τὰ προηγουμένως κατασκευαστικὰ ῥητὰ τοῦ ἕτερον εἶναι τὸν υἱὸν παρὰ τὸν πατέρα, καὶ ὅτι ἀνάγκη τὸν υἱὸν πατρὸς εἶναι υἱόν, καὶ τὸν πατέρα υἱοῦ πατέρα. μετὰ δὲ τοῦτο οὐκ ἄτοπόν ἐστι τὸν ὁμολογοῦντα μηδὲν δύνασθαι ποιεῖν ἐὰν μή τι βλέπῃ τὸν πατέρα ποιοῦντα, καὶ λέγοντα cf. Jo v 19
20 ὅτι ὅσ' ἂν ὁ πατὴρ ποιῇ, ταῦτα ὁμοίως καὶ ὁ υἱὸς ποιεῖ, τὸν νεκρὸν ὅπερ τὸ σῶμα ἦν ἐγηγερκέναι τοῦ πατρὸς αὐτῷ τοῦτο χαριζομένου, ὃν προηγουμένως λεκτέον ἐγηγερκέναι τὸν χριστὸν ἐκ νεκρῶν. ὁ μέντοι γε Ἡρακλέων τό· Ἐν τρισί·
200 φησὶν ἀντὶ τοῦ Ἐν τρίτῃ, μὴ ἐρευνήσας, καίτοι γε ἐπιστή-
25 σας τῷ· Ἐν τρισί· πῶς ἐν τρισὶν ἡ ἀνάστασις ἐνεργεῖται ἡμέραις. ἔτι δὲ καὶ τὴν τρίτην φησὶ τὴν πνευματικὴν ἡμέραν, ἐν ᾗ οἴονται δηλοῦσθαι τὴν τῆς ἐκκλησίας ἀνάστασιν. τούτων δὲ ἀκόλουθόν ἐστι πρώτην λέγειν εἶναι τὴν χοϊκὴν ἡμέραν καὶ τὴν δευτέραν τὴν ψυχικήν, οὐ γεγενημένης
30 τῆς ἐκκλησίας τῆς ἀναστάσεως ἐν αὐταῖς. ἔοικε μὲν τοίνυν τὰ ὑπὸ τῶν ἐν τῷ κατὰ Ματθαῖον καὶ Μάρκον ἀναγεγραμμένα εὐαγγελίῳ ψευδομαρτύρων, πρὸς τῷ τέλει τοῦ εὐαγγε-

16 παρὰ] περὶ   20 ὅσ'] ὃ δ'

λίου κατηγορούντων τοῦ κυρίου ἡμῶν Ἰησοῦ Χριστοῦ, τὴν ἀναφορὰν ἔχειν ἐπὶ τό· Λύσατε τὸν ναὸν τοῦτον κἀγὼ ἐν τρισὶν ἡμέραις ἐγερῶ αὐτόν. ὁ μὲν γὰρ ἔλεγε περὶ τοῦ ναοῦ τοῦ σώματος αὐτοῦ, οἱ δ᾽ ὑπονοοῦντες περὶ τοῦ ἐκ λίθων οἰκοδομηθέντος ναοῦ λέγεσθαι τὰ ἐνταῦθα εἰρημένα ἔφασκον κατηγοροῦντες· Οὗτος ἔφη Δύναμαι καταλῦσαι τὸν ναὸν τοῦ θεοῦ καὶ διὰ τριῶν ἡμερῶν αὐτὸν οἰκοδομῆσαι· ἢ ὡς ὁ Μάρκος· Ἡμεῖς ἠκούσαμεν αὐτοῦ λέγοντος ὅτι Ἐγὼ καταλύσω τὸν ναὸν τοῦτον τὸν χειροποίητον καὶ διὰ τριῶν ἡμερῶν ἄλλον ἀχειροποίητον οἰκοδομήσω· ὅτε καὶ ὁ ἀρχιερεὺς ἀναστὰς εἶπεν αὐτῷ Οὐδὲν ἀποκρίνῃ; τί οὗτοί σου καταμαρτυροῦσιν; ὁ δὲ Ἰησοῦς ἐσιώπα· ἢ ὡς ὁ Μάρκος φησί· Καὶ ἀναστὰς ὁ ἀρχιερεὺς εἰς μέσον ἐπηρώτησε τὸν Ἰησοῦν λέγων Οὐκ ἀποκρίνῃ οὐδέν; τί οὗτοί σου καταμαρτυροῦσιν; ὁ δὲ ἐσιώπα καὶ οὐκ ἀπεκρίνατο οὐδέν. νομίζω δ᾽ ἀναγκαίως καὶ ταῦτα παρατεθεῖσθαι τὴν ἀναφορὰν ἔχοντα ἐπὶ τὸ ἐν χερσὶ ῥητόν.

38. (22) Εἶπαν οὖν οἱ Ἰουδαῖοι Τεσσαράκοντα καὶ ἓξ ἔτεσιν ᾠκοδομήθη ὁ ναὸς οὗτος, καὶ σὺ ἐν τρισὶν ἡμέραις ἐγερεῖς αὐτόν; Πῶς τεσσαράκοντα καὶ ἐξ ἔτεσιν ᾠκοδομῆσθαί φασι τὸν ναὸν οἱ Ἰουδαῖοι λέγειν οὐκ ἔχομεν, εἰ τῇ ἱστορίᾳ κατακολουθήσωμεν. γέγραπται γὰρ ἐν τῇ τρίτῃ τῶν Βασιλειῶν ὡς Ἡτοίμασαν τοὺς λίθους καὶ τὰ ξύλα τρισὶν ἔτεσιν· ἐν δὲ τῷ τετάρτῳ ἔτει, μηνὶ δευτέρῳ, βασιλεύοντος τοῦ βασιλέως Σαλομῶντος ἐπὶ Ἰσραὴλ, ἐνετείλατο ὁ βασιλεὺς καὶ αἴρουσι λίθους μεγάλους τιμίους εἰς τὸν θεμέλιον τοῦ οἴκου καὶ λίθους ἀπελεκήτους. καὶ ἐπελέκησαν οἱ υἱοὶ Σαλομῶντος καὶ οἱ υἱοὶ Χειρὰμ καὶ ἔβαλον αὐτοὺς ἐν τῷ τετάρτῳ ἔτει, καὶ ἐθεμελίωσαν τὸν οἶκον κυρίου ἐν μηνὶ Νεισὰν καὶ τῷ δευτέρῳ μηνί· ἐν δεκάτῳ ἐνιαυτῷ, μηνὶ Βαάλ, ὃς ἦν μὴν ὄγδοος, συνετελέσθη

7 αὐτὸν] Cod. Ven. τοῦτον   10 ἀχειροποιήτων   12 Μάρκος] Λουκᾶς   21 ᾠκοδομῆσαι λέγονται   24, 29 ἔτει] ἔτι   31 ἐνιαυτῷ] ἐν ἑαυτῷ   25 Σολομῶντος   28 Σαλωμῶντος

ὁ οἶκος εἰς πάντα λόγον αὐτοῦ καὶ εἰς πᾶσαν διάταξιν αὐτοῦ. ἵνα οὖν καὶ τὴν ἑτοιμασίαν αὐτοῦ συγκατατάξωμεν τῷ χρόνῳ τῆς οἰκοδομῆς, ἕνδεκα ἔτη τὰ πάντα οὐ συμπληροῦται εἰς τὴν οἰκοδομὴν τοῦ ναοῦ. πῶς οὖν οἱ Ἰουδαῖοι cf. Jo ii 20
5 λέγουσι τεσσαράκοντα καὶ ἓξ ἔτεσιν ᾠκοδομήθη ὁ ναὸς οὗτος; εἰ μὴ ἄρα τις βιασάμενος φιλοτιμήσηται παραστῆσαι τὸν τεσσαράκοντα καὶ ἓξ ἐτῶν πληρουμένων χρόνον, ἀφ᾿ οὗ ὁ Δαβὶδ φησι πρὸς Νάθαν τὸν προφήτην, βουλευσάμενος περὶ τῆς οἰκοδομῆς τοῦ ναοῦ· Ἰδοὺ, ἐγὼ κατοικῶ 2 Reg vii 2
10 ἐν οἴκῳ κεδρίνῳ, καὶ ἡ κιβωτὸς τοῦ θεοῦ κάθηται ἐν μέσῳ τῆς σκηνῆς· εἰ γὰρ κεκώλυται, ὡς ἀνὴρ αἱμάτων, cf. 1 Chron xxii 8; οἰκοδομῆσαι αὐτὸν, ἔοικέ γε ἠσχολῆσθαι περὶ τὴν συνα- 2 Reg xvi 8 γωγὴν τῆς ὕλης τοῦ ναοῦ. φησὶ γοῦν ἐν τῇ πρώτῃ τῶν Παραλειπομένων Δαβὶδ ὁ βασιλεὺς πάσῃ τῇ ἐκκλησίᾳ·
15 Σολομῶν ὁ υἱός μου, εἰς ὃν ᾑρέτικεν αὐτὸν κύριος, νέος 1 Chron xxix 1—5 καὶ ἁπαλὸς, καὶ τὸ ἔργον μέγα, ὅτι οὐκ ἀνθρώπῳ οἰκοδομὴ ἀλλὰ κυρίῳ θεῷ. κατὰ πᾶσαν τὴν δύναμιν ἡτοίμακα εἰς οἶκον θεοῦ μου χρυσίον, ἀργύριον, χαλκὸν καὶ σίδηρον, ξύλα, λίθους Σοὸμ καὶ πληρώσεως, καὶ λίθους πολυτελείας
20 καὶ ποικίλους, καὶ πάντα λίθον τίμιον, καὶ Πάριον πολύ. ἔτι ἐν τῷ εὐδοκῆσαί με ἐν οἴκῳ θεοῦ μου, ἔστι μοι ὃ περιπεποίημαι χρυσίον καὶ ἀργύριον, καὶ ἰδοὺ δέδωκα εἰς οἶκον κυρίου μου εἰς ὕψος, ἐκτὸς ὧν ἡτοίμασα εἰς τὸν οἶκον τῶν ἁγίων, τρισχίλια τάλαντα χρυσίου τοῦ ἐκ Σουφεὶρ,
25 καὶ ἑπτακισχίλια τάλαντα ἀργυρίου δοκίμου, ἐπαλειφῆναι ἐν αὐτοῖς τοὺς οἴκους τοῦ θεοῦ διὰ χειρὸς τεχνιτῶν. ἐβασίλευσε γὰρ ὁ Δαβὶδ ἑπτὰ ἔτη ἐν Χεβρὼν καὶ λγ´ ἐν Ἱερουσαλήμ. ἐὰν οὖν τις δυνηθῇ ἀποδεῖξαι τὴν ἀρχὴν τῆς περὶ τοῦ ναοῦ κατασκευῆς γεγονέναι, συνάγοντος αὐτοῦ
30 τὴν ἐπιτήδειον ὕλην ἀπὸ τοῦ ε´ τῆς βασιλείας αὐτοῦ χρόνου, δυνήσεται βιασάμενος περὶ τῶν μϛ´ ἐτῶν εἰπεῖν· ἄλλος δέ τις ἐρεῖ τὸν δεικνύμενον μὴ τὸν ὑπὸ Σολομῶντος ᾠκοδομημένον εἶναι, ἐκεῖνον γὰρ κατεστράφθαι κατὰ τοὺς τῆς

19 λίθους **32** οἰκοδομημένον **33** ἐκεῖνον γὰρ] τὸν ἐκεῖνον

234   ORIGENIS COMMENTARIORUM

cf. 2 Esdr vi αἰχμαλωσίας χρόνους, ἀλλὰ τὸν ἐπὶ Ἔσδρᾳ οἰκοδομηθέντα, περὶ οὗ οὐκ ἔχομεν τρανῶς τὸν τῶν τεσσαράκοντα καὶ ἓξ ἐτῶν ἀποδεῖξαι ἀληθενόμενον λόγον. ἔοικε δὲ καὶ κατὰ τὰ
cf. 1 Macc Μακκαβαϊκὰ πολλή τις ἀκαταστασία γεγονέναι περὶ τὸν
i 22 ff. λαὸν καὶ τὸν ναόν, καὶ οὐκ οἶδα εἰ τότε ἀνῳκοδομήθη 5 τοσούτοις ἔτεσιν ὁ ναός. ὁ μέντοι γε Ἡρακλέων μηδὲ 202 ἐπιστήσας τῇ ἱστορίᾳ φησὶ τὸν Σολομῶντα τεσσαράκοντα καὶ ἓξ ἔτεσι κατεσκευακέναι τὸν ναόν, εἰκόνα τυγχάνοντα τοῦ σωτῆρος, καὶ τὸν ϛ' ἀριθμὸν εἰς τὴν ὕλην, τουτέστι τὸ πλάσμα, ἀναφέρει, τὸν δὲ τῶν τεσσαράκοντα, ὃ τετράς ἐστι, 10 φησίν, ἡ ἀπρόσπλοκος, εἰς τὸ ἐμφύσημα καὶ τὸ ἐν τῷ ἐμφυσήματι σπέρμα. ὅρα δὲ εἰ δυνατὸν τὸν μὲν μ' διὰ τὰ τέσσαρα τοῦ κόσμου στοιχεῖα ἐν τοῖς ἀγωνισμένοις εἰς τὸν ναὸν ἐγκατατασσόμενα λαμβάνειν, τὸν δὲ ϛ' διὰ τὸ τῇ ἕκτῃ ἡμέρᾳ γεγονέναι τὸν ἄνθρωπον. 15

Jo ii 21 f. 39. (23). Ἐκεῖνος δὲ ἔλεγε περὶ τοῦ ναοῦ τοῦ cώματοc αὐτοῦ. ὅτε οὖν ἠγέρθη ἐκ νεκρῶν, ἐμνήcθηcαν οἱ μαθηταὶ αὐτοῦ ὅτι τοῦτο ἔλεγε, καὶ ἐπίcτευcαν τῇ γραφῇ καὶ τῷ λόγῳ ὃν εἶπεν ὁ Ἰηcοῦc. Εἰ τὸ σῶμα τοῦ Ἰησοῦ ναὸς αὐτοῦ εἴρηται, ζητῆσαι ἄξιον πότερον 20 ἁπλούστερον τοῦτο ἐκληπτέον, ἢ ἕκαστον τῶν ἀναγεγραμμένων περὶ τοῦ ναοῦ φιλοτιμητέον ἀνάγειν εἰς τὸν περὶ τοῦ σώματος Ἰησοῦ λόγον, ἤτοι οὐ εἴληφεν ἐκ τῆς παρθένου, ἢ τῆς ἐκκλησίας σώματος αὐτοῦ λεγομένης εἶναι,
cf. Eph v 30 ὡς καὶ ἡμᾶς μέλη τοῦ σώματος αὐτοῦ παρὰ τῷ ἀποστόλῳ 25 ὀνομάζεσθαι. ὁ μὲν οὖν τις πραγμάτων αὐτὸν ἀπαλλάττων τῷ ἀπογινώσκειν ἕκαστον δύνασθαι τῶν κατὰ τὸν ναὸν ἀναφέρειν ἐπὶ τὸ σῶμα, ὁποτέρως ἂν ἔχῃ ἐπὶ τὸ ἁπλούστερον καταφεύξεται, λέγων διὰ τοῦτο σῶμα ἑκατέρως
cf. Jo i 14: νοούμενον τὸν ναὸν ὠνομάσθαι, ἐπεὶ ὥσπερ ὁ ναὸς δόξαν 30
cf. Col i 15 εἶχε θεοῦ κατασκηνοῦσαν ἐν αὐτῷ, οὕτως εἰκόνα καὶ δόξαν θεοῦ ὑπάρχοντα τὸν πρωτότοκον πάσης κτίσεως, τὸ σῶμα

5 ἀνοικοδομήθη   19 εἰ] εἰς   21 ἐκληπτέον] ἐκλεκτέον
28 ἀναφέρειν] ἀφερεῖν

ἢ τὴν ἐκκλησίαν ἀγαλματοφοροῦντα ναὸν εὐλόγως εἰρῆσθαι
θεοῦ. ἡμεῖς δὲ τὸ μὲν περὶ ἑκάστου τῶν ἐν τῇ τρίτῃ τῶν
Βασιλειῶν περὶ τοῦ ναοῦ εἰπεῖν δυσδιήγητον ὁρῶντες καὶ
πολλῷ τῆς λέξεως ἡμῶν μεῖζον, ἄλλως τε καὶ οὐ κατὰ τὴν
5 παροῦσαν γραφήν, ὑπερτιθέμεθα. πλὴν ἐν τοῖς τοιούτοις
μάλιστα δὴ τὸ ὑπὲρ τὴν ἀνθρωπίνην εἶναι φύσιν καὶ κατὰ
τὴν τοῦ θεοῦ σοφίαν τὸ ἴδιον τῆς θεοπνεύστου γραφῆς
ἐμφαίνεσθαι πειθόμενοι, σοφίαν ἐν μυστηρίῳ τὴν ἀποκε- 1 Co ii 7 f.
κρυμμένην, ἣν οὐδεὶς τῶν ἀρχόντων τοῦ αἰῶνος τούτου
10 ἔγνωκε, παριστάσης, καὶ καταλαμβάνοντες ἐξαιρέτου πνεύ-
ματος σοφίας ἑαυτοὺς δεομένους πρὸς τὸ τὰ τηλικαῦτα
ἱεροπρεπῶς νοῆσαι, ὡς ἔνι μάλιστα δι᾽ ὀλίγων τὴν περίνοιαν
τῶν κατὰ τὸν τόπον διαγράψαι πειρασόμεθα, σῶμα τὴν
ἐκκλησίαν καὶ οἶκον θεοῦ ἐκ λίθων ζώντων οἰκοδομούμενον, 1 Pe ii 5
203 οἶκον πνευματικὸν εἰς ἱεράτευμα ἅγιον μανθάνοντες ἀπὸ
τοῦ Πέτρου τυγχάνον, ὡς τὸν οἰκοδομοῦντα τὸν ναὸν υἱὸν
Δαβὶδ κατὰ τοῦτο Χριστοῦ εἶναι τύπον, μετὰ τοὺς πολέμους cf. 3 Reg
εἰρήνης βαθυτάτης γεγενημένης οἰκοδομοῦντα εἰς δόξαν τοῦ 4 Macc iii 20
θεοῦ τὸν ναὸν ἐν τῇ ἐπιγείῳ Ἱερουσαλήμ, ἵνα μηκέτι παρὰ
20 μετακινητῷ πράγματι τῇ σκηνῇ λατρεία ἐπιτελῆται, ἕκαστον
τῶν κατὰ τὸν ναὸν ἐπὶ τὴν ἐκκλησίαν ἀνάγειν πειρασό-
μεθα. τάχα γὰρ ἐὰν πάντες οἱ ἐχθροὶ ὑποπόδιον γένωνται cf. 1 Co xv
τῶν Χριστοῦ ποδῶν, καὶ ὁ ἔσχατος ἐχθρὸς θάνατος καταρ- 25 f.
γηθῇ, ἡ τελειοτάτη εἰρήνη ἔσται ὅτε Χριστὸς ἔσται Σαλομών,
25 ὅπερ ἑρμηνεύεται Εἰρηνικός, πληρουμένης τῆς προφητείας
εἰς αὐτὸν λεγούσης· Μετὰ τῶν μισούντων τὴν εἰρήνην Ps cxix
ἤμην εἰρηνικός. καὶ τότε ἕκαστος τῶν ζώντων λίθων κατὰ (cxx) 6 f.
τὴν ἀξίαν τοῦ ἐνταῦθα βίου ἔσται τοῦ ναοῦ λίθος, ὁ
μέν τις ἐν τῷ θεμελίῳ ἀπόστολος ἢ προφήτης βαστά- cf. Eph ii 20
30 ζων τοὺς ἐπικειμένους, ὁ δέ τις μετὰ τοὺς ἐν τῷ θε-
μελίῳ ὑπὸ μὲν τῶν ἀποστόλων βασταζόμενος καὶ αὐτὸς
σὺν τοῖς ἀποστόλοις συμβαστάζων τοὺς ὑποδεεστέρους· cf. 3 Reg vi
καὶ ὁ μέν τις ἔσται λίθος τῶν ἐνδοτάτων, ἔνθα ἡ κιβωτὸς 18, 26 (27)

2 εἰμεῖς   6 δὴ] διὰ   φύσιν] φησὶ   21 ἐπὶ] καὶ

καὶ τὰ Χερουβεὶν καὶ τὸ ἱλαστήριον· ἕτερος δὲ τοῦ περιβόλου, καὶ ἄλλος ἔτι ἔξω τοῦ περιβόλου τῶν Λευϊτῶν καὶ ἱερέων λίθος τοῦ θυσιαστηρίου τῶν ὁλοκαρπωμάτων. τὴν δὲ περὶ τούτων οἰκονομίαν καὶ λειτουργίαν ἐγχειρισθήσονται ἅγιαι δυνάμεις, ἄγγελοι θεοῦ, αἱ μέν τινες οὖσαι κυριότητες, ἢ θρόνοι, ἢ ἀρχαί, ἢ ἐξουσίαι, αἱ δὲ τούτοις ὑποτεταγμέναι, ὧν τύποι οἱ τρισχίλιοι καὶ ἑξακόσιοι ἄρχοντες ἐπιστάται, ἄρχοντες κατεσταμένοι ἐπὶ τῶν ἔργων τῶν Σαλομὼν, καὶ ἑβδομήκοντα χιλιάδες τῶν αἱρόντων ἄρσιν, καὶ αἱ τῶν λατόμων ὀγδοήκοντα χιλιάδες ἐν τῷ ὄρει, οἱ ποιοῦντες τὰ ἔργα καὶ ἑτοιμάσαντες τοὺς λίθους καὶ τὰ ξύλα. παρατηρητέον δὲ ὅτι οἱ μὲν ἀναγεγραμμένοι αἴρειν ἄρσιν ἑβδομάδος εἰσὶ συγγενεῖς· οἱ δὲ λατόμοι καὶ ἐκτυποῦντες τοὺς λίθους, πρὸς τὸ ἁρμονίους αὐτοὺς γενέσθαι τῷ ναῷ, ὀγδοάδι προσῳκείωνται· οἱ δὲ ἐπιστάται, ἑξακόσιοι τυγχάνοντες, τῷ τοῦ ἐξ τελείῳ ἀριθμῷ οἱονεὶ ἐφ' ἑαυτὸν πολυπλασιαζομένῳ συνάπτονται· τὰ μέντοι γε τῆς ἑτοιμασίας τῶν λίθων αἱρομένων καὶ εὐτρεπιζομένων εἰς τὴν οἰκοδομὴν, τρισὶν ἔτεσιν ἐπιτελούμενα, ἐμφαίνειν μοι δοκεῖ τοῦ ἐν αἰωνίῳ τῇ τριάδι συγγενοῦς διαστήματος τὸν οἷον χρόνον. ταῦτα δὲ ἔσται ὅταν ἡ εἰρήνη τελειωθῇ μετὰ 204 ἔτη τῆς οἰκονομίας τῶν κατὰ τὴν ἀπ' Αἰγύπτου ἔξοδον πραγμάτων τετρακόσια καὶ τριάκοντα, καὶ τῶν κατὰ τὴν Αἴγυπτον οἰκονομηθέντων μετὰ υ' καὶ λ' ἔτη τῆς πρὸς τὸν Ἀβραὰμ ἀπὸ θεοῦ διαθήκης, ὡς εἶναι ἀπὸ τοῦ Ἀβραὰμ ἐπὶ τὴν ἀρχὴν τῆς οἰκοδομῆς τοῦ ναοῦ σαββατικοὺς ἀριθμοὺς δύο, τὸν ἑπτακόσια καὶ ἑβδομήκοντα, ὅτε καὶ ἐντελεῖται ὁ βασιλεὺς ἡμῶν ὁ χριστὸς ταῖς τῶν νωτοφόρων ἑβδομήκοντα χιλιάσιν μὴ τοὺς τυχόντας παραλαμβάνειν λίθους εἰς τὸν θεμέλιον τοῦ οἴκου, ἀλλὰ λίθους μεγάλους, τιμίους, ἀπελεκήτους, ἵνα πελεκηθῶσιν οὐχ ὑπὸ τῶν τυχόντων ἐρ-

14 αὐτ̇ 15 forsan legendum τρεῖς χιλιάδες καὶ ἑξακόσιοι
16 ἀριθμοῦ 24 υ'] ιυ

γατῶν ἀλλ' ὑπὸ τῶν Σαλομῶντος υἱῶν· τοῦτο γὰρ ἐν τῇ τρίτῃ τῶν Βασιλειῶν γεγραμμένον εὕρομεν. τότε δὲ διὰ τὴν πολλὴν εἰρήνην καὶ ὁ τῆς Τύρου βασιλεὺς Χειρὰμ συνεργεῖ τῇ οἰκοδομῇ τοῦ ναοῦ, διδοὺς ἑαυτοῦ τοὺς υἱοὺς τοῖς υἱοῖς τοῦ Σαλομῶντος, συμπελεκᾶν τοὺς μεγάλους καὶ τιμίους λίθους τῷ ἁγίῳ καὶ αἰνετῷ τετάρτῳ ἔτει ἰδρυμένους εἰς τὴν θεμελίωσιν τοῦ οἴκου κυρίου. ὀγδοάδι μέντοι γε ἐτῶν συντελεῖται ὁ οἶκος τῷ ὀγδόῳ μηνὶ τοῦ ὀγδόου ἔτους cf. 3 Reg vi 5 (38) ἀπὸ τῆς θεμελιώσεως.

40. (24) Οὐδὲν δὲ ἄτοπον ἔσται διὰ μέσου τοῖς μηδὲν πέρα τῆς ἱστορίας οἰομένοις διὰ τούτων δηλοῦσθαι δυσωπητικοὺς λόγους προσαγαγεῖν πρὸς τὸ ὡς πνεύματος γραμμάτων ζητῆσαι τοῦ πνεύματος νοῦν ἐν τούτοις ἄξιον. ἆρα γὰρ cf. 3 Reg vi 3 (v 32) οἱ τῶν βασιλέων υἱοὶ ἐσχόλαζον τῇ πελεκήσει τῶν μεγάλων καὶ τιμίων λίθων, ἀναλαμβάνοντες τέχνην βασιλικῆς εὐγενείας ἀλλοτρίαν; καὶ ὁ ἀριθμὸς τῶν νωτοφόρων καὶ cf. 2 Chr ii 2 (1) λατόμων καὶ ἐπιστατῶν, τοῦ γε χρόνου τῆς ἑτοιμασίας τῶν λίθων καὶ τῆς ἐπισημειώσεως τῶν ὁμοίων ὡς ἔτυχεν ἀναγέγραπται; ἐχρῆν δὲ τὸν ἅγιον ἐν εἰρήνῃ κατασκευαζόμενον cf. 3 Reg vi 12 (7) οἶκον τῷ θεῷ ᾠκοδομῆσθαι χωρὶς σφύρας καὶ πελέκεως καὶ παντὸς σιδηροῦ σκεύους, ἵνα μηδὲν ἀκολουθῇ θορυβῶδες ἐν τῷ ναῷ τοῦ θεοῦ. πάλιν δὲ ἀπορῶ πρὸς τοὺς τῇ λέξει δουλεύοντας πῶς δυνατὸν ὀγδοήκοντα χιλιάδων λατόμων cf. 3 Reg v 15 (29); τυγχανουσῶν λίθοις ἀκροτόμοις ἀργοῖς ᾠκοδομῆσθαι τὸν vi 12 (7) οἶκον τοῦ θεοῦ, σφύρας καὶ πελέκεως καὶ παντὸς σκεύους σιδηροῦ οὐκ ἀκουσθέντος ἐν τῷ οἴκῳ αὐτοῦ ἐν τῷ οἰκοδομεῖσθαι αὐτόν; ἀλλὰ μήποτε οἱ λατομούμενοι λίθοι ζῶντες ἀψοφητὶ καὶ ἀταράχως λατομοῦνται ἔξω τοῦ κατὰ τὸν ναόν, ἵνα ἕτοιμοι ἔλθωσιν ἐπὶ τὸ ἁρμόζον αὐτοῖς τῆς οἰκοδομῆς χωρίον. καὶ ἀνάβασις δέ τις περὶ τὸν οἶκον τοῦ θεοῦ μὴ γεγωνιωμένη, ἀνακλάσεις εὐθειῶν ἔχουσα. γέγραπται γάρ· Καὶ ἑλικτὴ ἀνάβασις εἰς τὸ μέσον, καὶ ἐκ τῆς μέσης ἐπὶ 3 Reg vi 13 (8)

5 Σαλομῶν   24 οἰκοδομῆσθαι   32 ἀνάβασεις

τὰ τριώροφα· ἑλικοειδῆ γὰρ ἐχρῆν εἶναι τὴν ἐν τῷ ναῷ τοῦ θεοῦ ἄνοδον τῆς ἕλικος ἀναβάσει τὸν ἰσαίτατον κύκλον μιμουμένης. ἵνα δὲ οὗτος ὁ οἶκος βέβαιος ᾖ, ὡς ἔνι κάλλιστα οἰκοδομοῦνται ἔνδεσμοι αὐτῷ δι' ὅλου οἴκου πέντε ἐν πήχει τὸ ὕψος, ἵνα ἡ ἀπὸ τῶν αἰσθητῶν ἐπὶ τὰς καλουμένας θείας αἰσθήσεις ἄνοδος δηλωθῇ ἐν ὕψει τυγχάνουσα, πρὸς κατανόησιν τῶν νοητῶν. μακαριωτέρων δὲ λίθων χωρίον ἔοικεν εἶναι τὸ καλούμενον Δαβεὶρ, ἔνθα ἡ κιβωτὸς τῆς διαθήκης τοῦ κυρίου ἦν, ἵν' οὕτως εἴπω, τὸ χειρόγραφον ἐτύγχανε τοῦ θεοῦ, αἱ πλάκες γεγραμμέναι τῷ δακτύλῳ αὐτοῦ. ὁ δὲ οἶκος ὅλος χρυσοῦται· Ὅλον γὰρ, φησὶ, τὸν οἶκον περιέχρισε χρυσίῳ, ἕως συντελείας παντὸς τοῦ οἴκου. τὰ μέντοι δύο Χερουβεὶμ ἐν τῷ Δαβεὶρ ἦν, ὅπερ οὐ δεδύνηνται ἑρμηνεῦσαι κυρίως οἱ μεταλαμβάνοντες εἰς Ἑλληνισμὸν τὰ Ἑβραίων. καταχρηστικώτερον δέ τινες ναὸν αὐτὸν εἰρήκασι, τοῦ ναοῦ τιμιώτερον τυγχάνοντα. πάντα μέντοι γε χρυσὸς τὰ κατὰ τὸν οἶκον γεγένηται, εἰς σύμβολον τοῦ τελειουμένου πάντως νοῦ πρὸς τὴν τῶν νοητῶν ἀκριβῆ ἀπόταξιν. ἐπεὶ δὲ παντάπασιν οὐκ ἔστι βατὰ καὶ γνωστὰ, οἰκοδομεῖται καταπέτασμα τῆς αὐλῆς, τοῖς πολλοῖς τῶν ἱερέων καὶ Λευϊτῶν οὐκ ἀποκαλυπτομένων τῶν ἐνδοτάτω.

41. (25) Ἄξιον δὲ ζητῆσαι πῶς ὡς μὲν βασιλεὺς Σαλομὼν καὶ οἰκοδομεῖν τὸν ναὸν λέγεται, ὡς δ' ἀρχιτέκτων ὃν ἔλαβεν ἀποστείλας ὁ Σαλομὼν Χειρὰμ ἐκ Τύρου, υἱὸν γυναικὸς χήρας· καὶ οὗτος ἀπὸ τῆς φυλῆς Νεφθαλεὶμ, καὶ ὁ πατὴρ αὐτοῦ Τύριος, τέκτων χαλκοῦ καὶ πεπληρωμένος τῆς συνέσεως καὶ ἐπιγνώσεως, τοῦ ποιεῖν πᾶν ἔργον ἐν χαλκῷ, ὃς εἰσήχθη πρὸς τὸν βασιλέα Σαλομὼν, καὶ ἐποίησε πάντα τὰ ἔργα. ἐφίστημι δὲ μήποτε ὁ μὲν Σαλομὼν εἰς τὸν πρωτότοκον πάσης κτίσεως λαμβάνεσθαι δύναται, ὁ δὲ Χειρὰμ εἰς ὃν ἀνείληφεν οὗτος ἄνθρωπον, ἀπὸ τῆς τῶν

3 ᾖ] ἦν   16 τυχάνον   18 πάντως] πάντων
23 Σολομών   25 Σαλωμών

ἀνθρώπων συνοχῆς, Τύριοι γὰρ ἑρμηνεύονται συνέχοντες, τῇ φύσει τὸ γένος ἔχοντα, ὅστις πεπληρωμένος πάσης τέχνης καὶ συνέσεως καὶ ἐπιγνώσεως εἰσήχθη, συνεργῶν τῷ πρωτοτόκῳ πάσης κτίσεως, ἵνα οἰκοδομήσῃ τὸν ναόν, ἐν ᾧ καὶ θυρίδες παρακυπτόμεναι κρυπταὶ κατασκευάζονται, cf. 3 Reg vi 9 (4) πρὸς τὰς ἐλλάμψεις τοῦ φωτὸς τοῦ θεοῦ σωτηρίως δυνηθῆναι χωρῆσαι, καὶ (τί με δεῖ λέγειν καθ' ἕκαστον;) ἵνα εὑρεθῇ τὸ σῶμα Χριστοῦ ἡ ἐκκλησία τὸν λόγον ἔχουσα τοῦ πνευματικοῦ οἴκου καὶ ναοῦ τοῦ θεοῦ· ὡς γὰρ προεῖπον, τῆς ἐν cf. 1 Co ii 7 μυστηρίῳ ἀποκεκρυμμένης δεόμεθα σοφίας, χωρητῆς τυγχανούσης μόνῳ τῷ δυναμένῳ εἰπεῖν· Ἡμεῖς δὲ νοῦν Χριστοῦ 1 Co ii 16 ἔχομεν· ἵνα κατὰ τὸ βούλημα τοῦ οἰκονομήσαντος ταῦτα γραφῆναι πνευματικῶς ἐκλάβωμεν ἕκαστον τῶν εἰρημένων. ἄλλως δὲ καὶ οὐ κατὰ τὸ παρόν ἐστιν ἀνάγνωσμα ἕκαστον τούτων ἀναπλῶσαι. καὶ ταῦτα οὖν αὐτάρκη πρὸς τὸ ἰδεῖν πῶς· Ἐκεῖνος δὲ ἔλεγεν περὶ τοῦ ναοῦ τοῦ σώματος αὐτοῦ. Jo ii 21

42. (26) Ἄξιον δὲ μετὰ ταῦτα ἰδεῖν εἰ δυνατὸν τὰ ἱστορούμενα γεγονέναι κατὰ τὸν ναὸν συμβεβηκέναι ποτὲ ἢ συμβήσεσθαι περὶ τὸν πνευματικὸν οἶκον. δόξει δὲ ὁ λόγος θλίβειν ἑκατέρωθεν· εἴ τε γὰρ ἐροῦμεν οἷόν τε γενέσθαι ἢ γεγονέναι τινὰ λόγον τοῖς κατὰ τὴν ἱστορίαν περὶ τὸν ναόν, δυσόκνως μετάπτωσιν τῶν τηλικούτων ἀγαθῶν παραδέξονται οἱ ἀκούοντες, πρῶτον μὲν διὰ τὸ μὴ βούλεσθαι, δεύτερον δὲ διὰ τὸ ἀπεμφαίνειν τροπὴν τῶν ἀγαθῶν ἔσεσθαι. εἰ δὲ βουλόμενοι ἄτρεπτα τηρεῖν τὰ ἅπαξ δοθέντα τοῖς ἁγίοις cf. Jud 3 ἀγαθὰ οὐκ ἐφαρμόσομεν τὰ τῆς ἱστορίας, δόξομεν ὅμοιόν τι τοῖς ἀπὸ τῶν αἱρέσεων ἐν τούτῳ ποιεῖν, τὴν συμφωνίαν τῆς διηγήσεως τῶν γραφῶν ἀρχῆθεν μέχρι τέλους μὴ φυλάττοντες. εἰ μέντοι γε μὴ μέλλομεν γραωδῶς καὶ Ἰουδαϊκῶς τὰς παρὰ τοῖς προφήταις, μάλιστα δὲ τῷ Ἡσαΐᾳ, ἀναγεγραμμένας ἐπαγγελίας νοεῖν ὡς ἐσομένας περὶ τὴν ἐπὶ γῆς Ἱερουσαλήμ, ἀνάγκη ἔτι, εἰ μετὰ τὴν αἰχμαλωσίαν καὶ

10 post ἀποκεκρυμμένης] ins. ης

τὴν καταστροφὴν τοῦ ναοῦ λέγεταί τινα ἔνδοξα συμβεβῆσθαι
εἰς οἰκοδομὴν τοῦ ναοῦ καὶ τὴν ἀποκατάστασιν τοῦ λαοῦ ἀπὸ
τῆς αἰχμαλωσίας, λέγειν ἡμᾶς γεγονέναι τὸν ναὸν καὶ ἠχμα-
λωτεῦσθαι τὸν λαόν, ἐπανελεύσεσθαι δὲ ἐπὶ τὴν Ἰουδαίαν καὶ
τὴν Ἰερουσαλὴμ καὶ οἰκοδομηθήσεσθαι τοῖς ἐντίμοις λίθοις 5
τὴν Ἰερουσαλήμ. οὐκ οἶδα δέ, εἰ μακραῖς χρόνων περιόδοις
ἀνακυκλουμέναις τὰ παραπλήσια πάλιν δυνατὸν γενέσθαι ὡς
ἐπὶ τὸ χεῖρον. ἔχει δὲ τὰ τῶν ἐπαγγελιῶν ἐν τῷ Ἡσαΐᾳ

Is liv 11—14 οὕτως· Ἰδού, ἐγὼ ἑτοιμάζω σοι ἄνθρακα τὸν λίθον σου, καὶ
τὰ θεμέλιά σου σάπφειρον, καὶ θήσω τὰς ἐπάλξεις σου 10
ἴασπιν, καὶ τὰς πύλας σου λίθους κρυστάλλου, καὶ τὸν περί-
βολόν σου λίθους ἐκλεκτούς, καὶ πάντας τοὺς υἱούς σου
διδακτοὺς θεοῦ, καὶ ἐν πολλῇ εἰρήνῃ τὰ τέκνα σου, καὶ ἐν
δικαιοσύνῃ οἰκοδομηθήσῃ. καὶ μετ' ὀλίγα πρὸς τὴν αὐτὴν

Is lx 13—20 Ἱερουσαλήμ· Καὶ ἡ δόξα τοῦ Λιβάνου πρὸς σὲ ἥξει ἐν 15
κυπαρίσσῳ καὶ πεύκῃ καὶ κέδρῳ ἅμα δοξάσουσι τὸν τόπον
ἅγιόν μου. καὶ πορεύσονται πρὸς σὲ δεδοικότες υἱοὶ ταπει-
νωσάντων καὶ παροξυνάντων σε· καὶ κληθήσῃ πόλις κυρίου,
Σιὼν ἁγίου Ἰσραήλ, διὰ τὸ γεγενῆσθαί σε ἐγκαταλελειμμέ-
νην καὶ μεμισημένην, καὶ οὐκ ἦν ὁ βοηθῶν· καὶ θήσω σε 20
ἀγαλλίαμα αἰώνιον, εὐφροσύνην γενεῶν γενεαῖς. καὶ θη-
λάσεις γάλα ἐθνῶν, καὶ πλοῦτον βασιλέων φάγεσαι, καὶ
γνώσῃ ὅτι ἐγὼ κύριος σώζων σε καὶ ἐξαιρούμενός σε θεὸς
Ἰσραήλ. καὶ ἀντὶ χαλκοῦ οἴσω σοι χρυσίον, ἀντὶ δὲ
σιδήρου οἴσω σοι ἀργύριον, ἀντὶ δὲ ξύλων οἴσω σοι χαλκόν, 25
ἀντὶ δὲ λίθων σίδηρον. καὶ δώσω τοὺς ἄρχοντάς σου ἐν
εἰρήνῃ, καὶ τοὺς ἐπισκόπους σου ἐν δικαιοσύνῃ. καὶ οὐκ
ἀκουσθήσεται ἔτι ἀδικία ἐν τῇ γῇ σου, οὐδὲ σύντριμμα καὶ
ταλαιπωρία ἐν τοῖς ὁρίοις σου, ἀλλὰ κληθήσεται σωτήριον
τὰ τείχη σου, καὶ αἱ πύλαι σου γλύμμα. καὶ οὐκ ἔσται σοι 30
ἔτι ὁ ἥλιος εἰς φῶς ἡμέρας, οὐδὲ ἀνατολὴ σελήνης φωτιεῖ
σοι τὴν νύκτα· ἀλλ' ἔσται σοι Χριστὸς φῶς αἰώνιον, καὶ ὁ

3 ἠχμαλωτεύεσθαι 18 πόλεις 23 ἐξαιρούμενον pr. man.

θεὸς δόξα σοι. οὐ γὰρ δύσεταί σοι ὁ ἥλιος, καὶ ἡ σελήνη σοι οὐκ ἐκλείψει· ἔσται γὰρ κύριός σοι φῶς αἰώνιον, καὶ πληρωθήσονται αἱ ἡμέραι τοῦ πένθους σου. ταῦτα γὰρ σαφῶς περὶ τοῦ μέλλοντος αἰῶνος προφητεύεται τοῖς ἐν
5 αἰχμαλωσίᾳ οὖσιν υἱοῖς Ἰσραήλ, ἐφ᾽ οὓς ἦλθεν ἀποσταλεὶς ὁ λέγων· Οὐκ ἀπεστάλην εἰ μὴ εἰς τὰ πρόβατα τὰ ἀπολω- Mt xv 24
λότα οἴκου Ἰσραήλ. εἰ δὲ αἰχμάλωτοι ὄντες ταῦτα ἐν τῇ πατρίδι αὐτῶν ἀπολήψονται, ὅτε καὶ προσήλυτοι προσελεύ-
σονται αὐτοῖς διὰ τοῦ χριστοῦ καὶ ἐπ᾽ αὐτοὺς καταφεύξον-
10 ται, κατὰ τὸ λεγόμενον· Ἰδοὺ προσήλυτοι προσελεύσονταί Is liv 15
σοι δι᾽ ἐμοῦ καὶ ἐπὶ σὲ καταφεύξονται· δῆλον ὅτι περὶ τὸν ναὸν τυγχάνοντές ποτε οἱ αἰχμαλωτευθέντες καὶ πάλιν ἐκεῖσε ἐπανελεύσονται ἀνοικοδομηθησόμενοι, τιμιώτατοι γεγενημένοι cf. Ap xxi 11
λίθων· νικῶν γάρ τις καὶ παρὰ τῷ Ἰωάννῃ ἐν τῇ Ἀποκα- cf. Ap iii 12
15 λύψει ἐπαγγελίαν ἔχει στύλος ἔσεσθαι ἐν τῷ ναῷ τοῦ θεοῦ, μὴ ἐξελευσόμενος ἔξω. ταῦτα δέ μοι πάντα εἴρηται ὑπὲρ τοῦ κἂν ἐν βραχείᾳ περινοίᾳ γενέσθαι ἡμᾶς τῶν κατὰ τὸν ναὸν καὶ τὸν οἶκον τοῦ θεοῦ καὶ τὴν ἐκκλησίαν καὶ τὴν Ἱερουσαλὴμ πραγμάτων, περὶ ὧν οὐκ ἔστι νῦν λέγειν cf. Heb ix 5
20 κατὰ μέρος. τὴν δὲ ἀκριβεστάτην καὶ μέχρι τοῦ τυχόντος περὶ ταῦτα ἐπιμελῆ ἐξέτασιν ποιητέον τοῖς μὴ ἀπαυδῶσι πρὸς τοὺς ἐν τῷ ἐντυγχάνειν ταῖς προφητείαις ζητεῖν τὸν ἐν αὐταῖς πνευματικὸν νοῦν καμάτους. καὶ ταῦτα μὲν περὶ τοῦ ναοῦ τοῦ σώματος αὐτοῦ. cf. Jo ii 21
25 43. (27) Ἐπεὶ δὲ ὅτε ἠγέρθη ἐκ νεκρῶν, ἐμνήσθησαν Jo ii 22
οἱ μαθηταὶ αὐτοῦ ὅτι τοῦτο ἔλεγε, καὶ ἐπίστευσαν τῇ γραφῇ, καὶ τῷ λόγῳ ὃν εἶπεν ὁ Ἰησοῦς· ἐκδεκτέον, ὡς κατὰ τὴν λέξιν, ὅτι οἱ μαθηταὶ μετὰ τὸ ἐγηγέρθαι ἐκ νεκρῶν τὸν κύριον συνῆκαν τὰ περὶ τοῦ ναοῦ εἰρημένα ἀναφέρεσθαι
30 εἰς τὸ πάθος αὐτοῦ καὶ τὴν ἀνάστασιν, ὑπομνησθέντες ὅτι τό· Ἐν τρισὶν ἡμέραις ἐγερῶ αὐτόν· τὴν ἀνάστασιν Jo ii 19
ἐδήλου, ὅτε καὶ ἐπίστευσαν τῇ γραφῇ καὶ τῷ λόγῳ ὃν

17 βραχει   27 εκδετεον

εἶπεν ὁ Ἰησοῦς, πρότερον οὐ μεμαρτυρημένοι πεπιστευκέναι τῇ γραφῇ οὐδὲ τῷ λόγῳ τούτῳ ὃν εἶπεν ὁ Ἰησοῦς· κυρίως γὰρ πίστις ἐστὶ κατὰ τὸ βάπτισμα τοῦ ὅλῃ ψυχῇ παραδεχομένου τὸ πιστευόμενον. ὡς δὲ πρὸς τὴν ἀναγωγήν, ἐπεὶ προείρηται ἡμῖν ἡ ἐκ νεκρῶν ἀνάστασις τοῦ παντὸς τοῦ κυρίου σώματος, εἰδέναι χρὴ ὅτι οἱ μαθηταὶ ὑπομνησθέντες διὰ τῶν ἀποτελεσμάτων τῆς, ὅτε ἦσαν ἐν τῷ βίῳ, μὴ ἠκριβωμένης αὐτοῖς γραφῆς, ὑπὸ ὄψιν γινομένης καὶ φανερουμένης τίνων ἐπουρανίων ὑπόδειγμα καὶ σκιὰ ἐτύγχανε, πιστεύουσιν οἷς πρότερον οὐκ ἐπίστευον, καὶ τῷ λόγῳ τοῦ Ἰησοῦ ὃν πρὸ τῆς ἀναστάσεως ὡς ἐβούλετο ὁ λέγων οὐ συνίεσαν. πῶς γὰρ δύναταί τις πιστεύειν κυρίως λέγεσθαι τῇ γραφῇ, τὸν ἐν αὐτῇ τοῦ ἁγίου πνεύματος νοῦν μὴ θεωρῶν, ὃν πιστεύεσθαι μᾶλλον ὁ θεὸς βούλεται ἢ τὸ τοῦ γράμματος θέλημα; κατὰ τοῦτο λεκτέον μηδένα τῶν κατὰ σάρκα περιπατούντων πιστεύειν τοῖς πνευματικοῖς τοῦ νόμου, οἷς μηδὲ τὴν ἀρχὴν φαντάζεται. πλὴν φασι μακαριωτέρους εἶναι τοὺς μὴ ἰδόντας καὶ πιστεύσαντας τῶν ἑωρακότων καὶ πεπιστευκότων, παρεκδεξάμενοι τὸ ἐν τῷ κατὰ Ἰωάννην ἐπὶ τέλει εἰρημένον πρὸς τὸν Θωμᾶν ὑπὸ τοῦ κυρίου· Μακάριοι οἱ μὴ ἰδόντες καὶ πιστεύσαντες· οὐ γὰρ μακαριωτέρους εἶναι τοὺς μὴ ἰδόντας καὶ πιστεύσαντας τῶν ἑωρακότων καὶ πεπιστευκότων. κατὰ γοῦν τὴν ἐκδοχὴν αὐτῶν τῶν ἀποστόλων μακαριώτεροι οἱ μετὰ τοὺς ἀποστόλους εἰσίν, ὅπερ ἐστὶ πάντων ἠλιθιώτατον. ἰδεῖν δὲ τῷ νῷ τὰ πιστευόμενα δεῖ τὸν ἐσόμενον μακάριον ὡς οἱ ἀπόστολοι, δυνηθέντα ἀκούειν τό· Μακάριοι οἱ ὀφθαλμοὶ ὑμῶν ὅτι βλέπουσι, καὶ τὰ ὦτα ὑμῶν ὅτι ἀκούουσι· καὶ τό· Πολλοὶ προφῆται καὶ δίκαιοι ἐπεθύμησαν ἰδεῖν ἃ βλέπετε καὶ οὐκ εἶδον, καὶ ἀκοῦσαι ἃ ἀκούετε καὶ οὐκ ἤκουσαν. ἀγαπητὸν δὲ καὶ τὸν ὑποδεέστερον λαβεῖν μακαρισμὸν λέγοντα· Μακάριοι οἱ μὴ ἰδόντες καὶ πιστεύ-

10 οις (ut videtur)   17 φασι] φησι

σαντες. πῶς δὲ οὐ μακαριώτεροι οἱ ὀφθαλμοὶ οἱ ὑπὸ τοῦ
Ἰησοῦ μακαριζόμενοι ἐπὶ τοῖς θεωρουμένοις τῶν μὴ φθασάν-
των ἐπὶ τὴν τῶν τοιούτων θέαν; ὁ δὲ Συμεὼν ἀγαπᾷ εἰς cf. Lc ii 28
τὰς ἀγκάλας λαβὼν τὸ σωτήριον τοῦ θεοῦ, καὶ θεασάμενος
5 αὐτὸ εἶπε· Νῦν ἀπολύεις τὸν δοῦλόν σου, δέσποτα, κατὰ l.c ii 29 f.
τὸ ῥῆμά σου ἐν εἰρήνῃ, ὅτι εἶδον οἱ ὀφθαλμοί μου τὸ
σωτήριόν σου. διόπερ φιλοτιμητέον ἀνοίγειν τοὺς ὀφθαλ-
μοὺς, κατὰ τὸν Σολομῶντα, ἵνα ἄρτων ἐμπλησθῶμεν· φησὶ
γάρ· Διάνοιξον τοὺς ὀφθαλμούς σου καὶ ἐμπλήσθητι Pr xx 16(13)
10 ἄρτων. καὶ ταῦτά μοι διὰ τό· Ἐπίστευσαν τῇ γραφῇ Jo ii 22
καὶ τῷ λόγῳ ὃν εἶπεν ὁ Ἰησοῦς· εἰρήσθω, ἵνα τὸ τέλειον
τῆς πίστεως ἐκ τῶν περὶ πίστεως ἐξητασμένων καταλάβω-
μεν ἡμῖν δοθήσεσθαι ἐν τῇ μεγάλῃ ἐκ νεκρῶν ἀναστάσει
τοῦ παντὸς Ἰησοῦ σώματος, τῆς ἁγίας ἐκκλησίας αὐτοῦ.
15 ὅπερ γὰρ ἐπὶ γνώσεως εἴρηται· Ἄρτι γινώσκω ἐκ μέρους· 1 Co xiii 12
τόδε καὶ ἐπὶ παντὸς καλοῦ ἀκόλουθον οἶμαι λέγειν· ἐν δὲ
τῶν ἄλλων ἡ πίστις. διόπερ ἄρτι πιστεύω ἐκ μέρους· ὅταν 1 Co xiii 10
δὲ ἔλθῃ τὸ τέλειον τῆς πίστεως τὸ ἐκ μέρους καταργηθή-
σεται, τῆς διὰ εἴδους πίστεως πολλῷ διαφερούσης τῆς, cf. 2 Co v 7
20 ἵν᾽ οὕτως εἴπω, δι᾽ ἐσόπτρου καὶ ἐν αἰνίγματι, ὁμοίως τῇ
νῦν γνώσει, πίστεως.

44. (28) Ὡς δὲ ἦν ἐν τοῖς Ἱεροσολύμοις ἐν τῷ Jo ii 23 ff.
πάσχα ἐν τῇ ἑορτῇ, πολλοὶ ἐπίστευσαν εἰς τὸ ὄνομα
αὐτοῦ, θεωροῦντες αὐτοῦ τὰ σημεῖα ἃ ἐποίει. αὐτὸς δὲ
25 Ἰησοῦς οὐκ ἐπίστευσεν αὐτὸν αὐτοῖς, διὰ τὸ αὐτὸν γινώ-
σκειν πάντας καὶ ὅτι οὐ χρείαν εἶχεν ἵνα τις μαρτυρήσῃ
περὶ ἀνθρώπου, αὐτὸς γὰρ ἐγίνωσκε τί ἦν ἐν τῷ ἀν-
210 θρώπῳ. Ζητήσαι τις ἂν πῶς τοῖς μεμαρτυρημένοις
πιστεύειν ἑαυτὸν οὐκ ἐπίστευεν ὁ Ἰησοῦς. λεκτέον δὲ πρὸς
30 τοῦτο ὅτι οὐχὶ τοῖς πιστεύουσιν εἰς αὐτὸν οὐ πιστεύει
ἑαυτὸν ὁ Ἰησοῦς, ἀλλὰ τοῖς πιστεύουσιν εἰς τὸ ὄνομα
αὐτοῦ· διαφέρει γὰρ τοῦ πιστεύειν εἰς αὐτὸν τὸ πιστεύειν

2 θεωρημένοις

εἰς τὸ ὄνομα αὐτοῦ. ὁ γοῦν διὰ πίστιν μὴ κριθησόμενος τῷ εἰς αὐτὸν πιστεύειν οὐ κρίνεται, οὐχὶ δὲ εἰς τὸ ὄνομα αὐτοῦ· φησὶ γὰρ ὁ κύριος· Ὁ πιστεύων εἰς ἐμὲ οὐ κρίνεται· οὐχὶ δέ· Ὁ πιστεύων εἰς τὸ ὄνομά μου οὐ κρίνεται. οὐκέτι δέ φησιν· Ὁ μὴ πιστεύων εἰς ἐμὲ ἤδη κέκριται· τάχα γὰρ ὁ πιστεύων εἰς τὸ ὄνομα αὐτοῦ πιστεύει μέν, διόπερ οὐκ ἔστιν ἄξιος ἤδη κεκρίσθαι, ἐλάττων δέ ἐστι τοῦ πιστεύοντος εἰς αὐτόν. διὰ τοῦτο τῷ πιστεύοντι εἰς τὸ ὄνομα αὐτοῦ ἑαυτὸν οὐ πιστεύει ὁ Ἰησοῦς. αὐτοῦ τοίνυν μᾶλλον ἢ τοῦ ὀνόματος αὐτοῦ ἔχεσθαι δεῖ, ἵνα μὴ τῷ ὀνόματι αὐτοῦ δυνάμεις ποιοῦντες ἀκούσωμεν τὰ ἐπὶ τῷ ὀνόματι μόνῳ καυχησαμένων αὐτοῦ εἰρημένα· ἀλλὰ θαρρήσωμεν μιμηταὶ τοῦ Παύλου γινόμενοι εἰπεῖν· Πάντα ἰσχύω ἐν τῷ ἐνδυναμοῦντί με Χριστῷ Ἰησοῦ. παρατηρητέον δὲ καὶ τοῦτο, ὅτι ἀνωτέρω μέν Ἐγγύς, φησίν, ἦν τὸ πάσχα τῶν Ἰουδαίων, ἐνθάδε δὲ οὐκ ἐν τῷ πάσχα τῶν Ἰουδαίων, ἀλλ' ἐν τῷ πάσχα ἐν Ἱεροσολύμοις ἦν ὁ Ἰησοῦς· κἀκεῖ μὲν ὅτε Ἰουδαίων λέγεται τὸ πάσχα, οὐκ εἴρηται ἑορτή· ἐνθάδε δὲ ὁ Ἰησοῦς ἀναγέγραπται εἶναι ἐν τῇ ἑορτῇ· ἐν τοῖς Ἱεροσολύμοις γὰρ τυγχάνων ἐν πάσχα καὶ ἑορτῇ ἦν, πολλῶν πιστευόντων κἂν εἰς τὸ ὄνομα αὐτοῦ. καὶ παρατηρητέον γε ὅτι πολλοὶ οὐκ εἰς αὐτόν, ἀλλ' εἰς τὸ ὄνομα αὐτοῦ πιστεύειν λέγονται. οἱ δὲ εἰς αὐτὸν πιστεύοντες οἱ τὴν στενὴν καὶ τεθλιμμένην εἰσὶν ὁδεύοντες, ἀπάγουσαν εἰς τὴν ζωήν, ὅσον ὑπὸ τῶν ὀλίγων εὑρισκομένην. δυνατὸν μέντοι γε πολλοὺς τῶν εἰς τὸ ὄνομα αὐτοῦ πιστευόντων ἀνακλιθῆναι μετὰ Ἀβραὰμ καὶ Ἰσαὰκ καὶ Ἰακὼβ ἐν τῇ βασιλείᾳ τῶν οὐρανῶν, ἐπεί· Πολλοὶ ἀπ' ἀνατολῶν καὶ δυσμῶν ἥξουσι καὶ ἀνακλιθήσονται μετὰ Ἀβραὰμ καὶ Ἰσαὰκ καὶ Ἰακὼβ ἐν τῇ βασιλείᾳ τῶν οὐρανῶν, τυγχανούσῃ οἰκίᾳ τοῦ πατρός, ἐν ᾗ πολλαὶ μοναί εἰσι. καὶ τοῦτο δὲ τηρητέον, ὅτι πολλοὶ πιστεύοντες εἰς τὸ ὄνομα αὐτοῦ, οὐχ

5 om. μή   11 δύναμϊs   16 τῷ 2°] τῶν   27 ἀνακληθῆν

ὡς Ἀνδρέας καὶ Πέτρος καὶ Ναθαναὴλ καὶ Φίλιππος πι- cf. Jo i 40,
στεύουσιν, ἀλλὰ τῇ μαρτυρίᾳ Ἰωάννου πείθονται λέγοντος· 41, 45, 43
Ἰδοὺ, ὁ ἀμνὸς τοῦ θεοῦ· ἢ τῷ ὑπ' Ἀνδρέου εὑρεθέντι Jo i 36
χριστῷ, ἢ τῷ εἰπόντι τῷ Φιλίππῳ Ἰησοῦ· Ἀκολούθει μοι· Jo i 43
5 ἢ τῷ φάσκοντι Φιλίππῳ· Ὃν ἔγραψε Μωϋσῆς καὶ οἱ Jo i 45
211 προφῆται εὑρήκαμεν, Ἰησοῦν υἱὸν τοῦ Ἰωσὴφ ἀπὸ Να-
ζαρέτ. οὗτοι δὲ ἐπίστευσαν εἰς τὸ ὄνομα αὐτοῦ, θεωροῦντες Jo ii 23 ff.
αὐτοῦ τὰ σημεῖα ἃ ἐποίει· καὶ σημεῖα πιστεύουσιν, οὐκ εἰς
αὐτὸν ἀλλ' εἰς τὸ ὄνομα αὐτοῦ, ὁ Ἰησοῦς οὐκ ἐπίστευεν
10 ἑαυτὸν αὐτοῖς, πάντας γινώσκων, καὶ μὴ χρείαν ἔχων ἵνα
τις μαρτυρήσῃ περὶ ἀνθρώπου, τῷ γινώσκειν τί ἐστιν ἐν
ἑκάστῳ τῶν ἀνθρώπων.

45. (29) Τῷ δέ· Οὐ χρείαν εἶχεν ἵνα τις μαρτυρήσῃ Jo ii 25
περὶ ἀνθρώπου· εὐκαίρως χρηστέον εἰς παράστασιν τοῦ
15 υἱοῦ τοῦ θεοῦ ἀφ' ἑαυτοῦ δυναμένου θεωρεῖν περὶ ἑκάστου
τῶν ἀνθρώπων, καὶ μηδαμῶς μαρτυρίου δεῖσθαι τοῦ ἀπό
τινος. τὸ δέ· Οὐ χρείαν εἶχεν ἵνα τις μαρτυρήσῃ περὶ
ἀνθρώπου· ἀντιδιασταλτέον πρὸς τό· Οὐ χρείαν ἔχει ἵνα τις
μαρτυρήσῃ περί τινος. εἰ μὲν γὰρ τὸ Ἀνθρώπου λαμβανό-
20 μενον ἐπὶ παντὸς τοῦ κατ' εἰκόνα θεοῦ ἢ παντὸς λογικοῦ, οὐ
χρείαν ἕξει ἵνα τις μαρτυρήσῃ περὶ αὐτοῦ, περὶ οὗ δήποτε
τῶν λογικῶν, ἀφ' ἑαυτοῦ γινώσκων τοὺς πάντας κατὰ τὴν
δεδομένην αὐτῷ δύναμιν ἀπὸ τοῦ πατρός. εἰ δὲ τὸ Ἀνθρώ-
που τηρήσαιμεν ὑπὸ τοῦ θνητοῦ λογικοῦ ζῴου μόνου, ὁ μέν
25 τις ἐρεῖ χρείαν ἔχειν αὐτὸν ἵνα τις μαρτυρήσῃ περὶ τῶν
ὑπὲρ τὸν ἄνθρωπον, οὐδὲ ἀρκοῦντα ὁμοίως τοῖς ἀνθρωπίνοις
γινώσκειν καὶ τὰ περὶ ἐκείνων. ἄλλος δέ τις φήσει τὸν
κενώσαντα ἑαυτὸν μὴ χρείαν ἔχειν ἵνα τις μαρτυρήσῃ περὶ cf. Phil ii 7
ἀνθρώπου, χρείαν δὲ ἔχειν περὶ τῶν κρειττόνων ἢ κατὰ
30 ἄνθρωπον.

30. Καὶ τοῦτο δὲ ζητητέον, πόσα σημεῖα αὐτοῦ θεω-
ροῦντες οἱ πολλοὶ ἐπίστευον εἰς αὐτόν· οὐ γὰρ ἀναγέγραπται

27 φησι

σημεῖα πεποιηκέναι ἐν Ἱεροσολύμοις, εἰ μὴ ἄρα γεγένηται μὲν σημεῖα οὐκ ἀναγέγραπται δέ· σκόπει δὲ εἰ δυνατὸν εἰς σημεῖα λογισθῆναι τὸ πεποιηκέναι φραγέλλιον ἐκ σχοινίων, καὶ πάντας ἐκβεβληκέναι τοῦ ἱεροῦ, τά τε πρόβατα καὶ τοὺς βόας, καὶ τῶν κολλυβιστῶν τὰ κέρματα ἐκκεχυκέναι, καὶ τὰς τραπέζας ἀνατετραφέναι. πρὸς μέντοι γε τοὺς ὑπονοήσαντας ἂν περὶ μόνων ἀνθρώπων μὴ χρείαν ἔχειν αὐτὸν μαρτύρων, λεκτέον ὅτι δύο αὐτῷ ὁ εὐαγγελιστὴς μεμαρτύρηκε, τό τε γινώσκειν πάντας, καὶ τὸ μὴ χρείαν ἔχειν ἵνα τις μαρτυρήσῃ περὶ ἀνθρώπου. εἰ γὰρ πάντας ἐγίνωσκεν, οὐ μόνον ἀνθρώπους ἀλλὰ καὶ τὰ ὑπὲρ τὸν ἄνθρωπον ἐγίνωσκε, καὶ πάντας τοὺς ἔξω τοιούτων σωμάτων· ἐγίνωσκέ τε τί ἦν ἐν τῷ ἀνθρώπῳ, ἅτε μείζων τυγχάνων τῶν ἐν τῷ προφητεύειν ἐλεγχόντων καὶ κρινόντων, καὶ τὰ κρυπτὰ τῆς καρδίας εἰς φανερὸν ἀγόντων πάντων ὧν τὸ πνεῦμα ὑποβάλλει αὐτοῖς. δύναται δὲ τό· Ἐγίνωσκε τί ἦν ἐν τῷ ἀνθρώπῳ λαμβάνεσθαι καὶ ἐπὶ τῶν ἐνεργουσῶν δυνάμεων χειρόνων ἢ κρειττόνων ἐν ἀνθρώποις. εἰ μὲν γὰρ δίδωσί τις τόπον τῷ διαβόλῳ, εἰσέρχεται εἰς αὐτὸν ὁ σατανᾶς, ὥσπερ ἔδωκεν Ἰούδας, τοῦ διαβόλου βεβληκότος εἰς τὴν καρδίαν αὐτοῦ ἵνα παραδῷ τὸν Ἰησοῦν· διὸ καὶ μετὰ τὸ ψωμίον εἰσῆλθεν εἰς αὐτὸν ὁ σατανᾶς. εἰ δὲ δίδωσι τόπον τῷ θεῷ, μακάριος γίνεται· Μακάριος γὰρ οὗ ἐστιν ἀντίληψις αὐτοῦ παρὰ τοῦ θεοῦ, καὶ ἀνάβασις ἐν τῇ καρδίᾳ αὐτοῦ ἀπὸ τοῦ θεοῦ. γινώσκει οὖν τί ἦν ἐν τῷ ἀνθρώπῳ ὁ γινώσκων πάντα υἱὸς τοῦ θεοῦ. ἤδη δὲ τὴν αὐτάρκη περιγραφὴν εἰληφότος καὶ τοῦ δεκάτου τόμου, ἐνταῦθά που καταπαύσωμεν τὸ βιβλίον.

8 λέγειν   23 ἀντιλημψεις   25 υἱὲ

ΤΟΜΟΣ ΙΓ'.

1. Ἴσως μὲν ἂν ἔδοξέ σοι, φιλοθεώτατε καὶ εὐσεβέ-
στατε Ἀμβρόσιε, τὸν περὶ τῆς Σαμαρείτιδος λόγον μὴ
διακοπῆναι, ὥστε μέρος μέν τι αὐτοῦ εἶναι ἐν τῷ δωδεκάτῳ
τόμῳ, τὰ δὲ ἑξῆς ἐν τῷ τρισκαιδεκάτῳ. ἀλλ' ἐπεὶ ἑωρῶμεν
5 αὐτάρκη περιγραφὴν εἰληφέναι τὸν δωδέκατον τῶν ἐξηγητι-
κῶν, ἔδοξεν ἡμῖν καταλῆξαι εἰς τὸν τῆς Σαμαρείτιδος λόγον
περὶ τοῦ λεγομένου ὑπ' αὐτῆς φρέατος, ὡς ὁ Ἰακὼβ ἔδωκεν cf. Jo iv 12
αὐτό, καὶ αὐτὸς ἐξ αὐτοῦ ἔπιε καὶ οἱ υἱοὶ αὐτοῦ καὶ τὰ
θρέμματα αὐτοῦ, ἵνα ἀρξώμεθα τοῦ τρισκαιδεκάτου ἀπὸ τῆς
10 ἀποκρίσεως τοῦ κυρίου ἡμῶν πρὸς αὐτήν· Ἀπεκρίθη ὁ Jo iv 13 f.
Ἰησοῦς καὶ εἶπεν αὐτῇ Πᾶς ὁ πίνων ἐκ τοῦ ὕδατος τούτου
διψήσει πάλιν· ὃς δ' ἂν πίῃ ἐκ τοῦ ὕδατος οὗ ἐγὼ δώσω
αὐτῷ, γενήσεται πηγὴ ἐν αὐτῷ ὕδατος ἁλλομένου εἰς ζωὴν
αἰώνιον. δεύτερον τοῦτο ἀποκρίνεται πρὸς τὴν Σαμαρεῖτιν ὁ
15 Ἰησοῦς, πρότερον μὲν λέγων· Εἰ ᾔδεις τὴν δωρεὰν τοῦ θεοῦ Jo iv 10
καὶ τίς ἐστιν ὁ λέγων σοι Δός μοι πιεῖν, σὺ ἂν ᾔτησας
αὐτὸν καὶ ἔδωκεν ἄν σοι ὕδωρ ζῶν· καὶ νῦν ὡς προτρέπων
αὐτὴν ἐπὶ τὸ αἰτῆσαι τὸ ζῶν ὕδωρ λέγει τὰ ἐκκείμενα. καὶ
ἐπὶ μὲν τῷ προτέρῳ οὐκ εἶπεν, ἀλλὰ ἐπαπορεῖ περὶ τῆς
20 συγκρίσεως τῶν ὑδάτων ἡ Σαμαρεῖτις· μετὰ δὲ τὴν δευτέραν
ἀπόκρισιν τοῦ κυρίου παραδεξαμένη τὰ εἰρημένα φησί· Δός Jo iv 15
μοι τοῦτο τὸ ὕδωρ. τάχα γὰρ δόγμα τί ἐστι μηδένα λαμ-
βάνειν θείαν δωρεὰν τῶν μὴ αἰτούντων αὐτήν. καὶ αὐτὸν
γοῦν τὸν σωτῆρα διὰ τοῦ ψαλμοῦ προτρέπει αἰτεῖν ὁ πατὴρ

ἵνα αὐτῷ δωρήσηται, ὡς αὐτὸς ἡμᾶς διδάσκει ὁ υἱὸς λέγων·
Κύριος εἶπε πρός με Υἱός μου εἶ σύ, αἴτησαι παρ' ἐμοῦ
καὶ δώσω σοι ἔθνη τὴν κληρονομίαν σου, καὶ τὴν κατάσχε-
σίν σου τὰ πέρατα τῆς γῆς· καὶ ὁ σωτήρ φησιν· Αἰτεῖτε,
καὶ δοθήσεται ὑμῖν· πᾶς γὰρ ὁ αἰτῶν λαμβάνει. πείθεται 5
μέντοι γε ἡ Σαμαρεῖτις αἰτῆσαι τὸν Ἰησοῦν ὕδωρ, εἰκών, ὡς
προείπομεν, τυγχάνουσα γνώμης ἑτεροδοξούντων περὶ τὰς
θείας ἀσχολουμένων γραφάς, ὅτε ἀκούει περὶ τῆς συγκρίσεως
ἀμφοτέρων τῶν ὑδάτων. καὶ ὅρα ἐξ ὧν ἐπεπόνθει πῶς
πίνουσα ἐκ τοῦ νομιζομένου αὐτῇ βαθέως εἶναι φρέατος οὐκ 10
ἀνεπαύετο, οὐδὲ τῆς δίψης ἀπηλλάττετο.

2. Ἴδωμεν οὖν τί σημαίνεται ἐκ τοῦ· Πᾶς ὁ πίνων ἐκ
τοῦ ὕδατος τούτου διψήσει πάλιν. ἔστι δὲ ἐκ τῆς διψῆν
φωνῆς καὶ ἐκ τῆς πεινῆν κατὰ τὸ σωματικὸν δύο σημαινό-
μενα· ἓν μὲν καθ' ὃ δεόμεθα τροφῆς κενωθέντες καὶ ὀρεγό- 15
μενοι αὐτῆς ὑπὸ τοῦ ὑγροῦ ἡμῖν ἐπιλείποντος· ἕτερον δὲ καθ'
ὃ πολλάκις οἱ πένητες καὶ ἐν ἀπορίᾳ ὄντες τῶν ἐπιτηδείων
φασὶ κεκορεσμένοι τὸ πεινῆν ἢ διψῆν. καὶ μαρτύριόν γε
τοῦ μὲν πρώτου ἐν τῇ Ἐξόδῳ, ὅτε ἀποροῦντες τροφῶν τῇ
ἐννεακαιδεκάτῃ ἡμέρᾳ, τῷ μηνὶ τῷ δευτέρῳ ἐξεληλυθότων 20
αὐτῶν ἐκ γῆς Αἰγύπτου, διεγόγγυζε πᾶσα συναγωγὴ υἱῶν
Ἰσραὴλ ἐπὶ Μωϋσῆν καὶ Ἀαρών. καὶ εἶπαν πρὸς αὐτοὺς οἱ
υἱοὶ Ἰσραὴλ Ὄφελον ἀπεθάνομεν πληγέντες ὑπὸ κυρίου ἐν
γῇ Αἰγύπτῳ, ὅταν ἐκαθίσαμεν ἐπὶ τῶν λεβήτων τῶν κρεῶν
καὶ ἠσθίομεν ἄρτους εἰς πλησμονήν, ὅτι ἐξηγάγετε ἡμᾶς εἰς 25
τὴν ἔρημον ταύτην, ἀποκτεῖναι πᾶσαν τὴν συναγωγὴν ταύτην
ἐν λιμῷ. εἶπε δὲ κύριος πρὸς Μωϋσῆν Ἰδοὺ ἐγὼ ὕω ὑμῖν
ἄρτους ἐκ τοῦ οὐρανοῦ, καὶ ἐξελεύσεται ὁ λαὸς καὶ συλ-
λέξουσι τὸ τῆς ἡμέρας εἰς ἡμέραν, ὅπως πειράσω αὐτοὺς
εἰ πορεύσονται τῷ νόμῳ μου ἢ οὔ. πεινώντων γὰρ καὶ 30
ἀπορούντων τῆς ἀναγκαίας τροφῆς οὗτοί εἰσιν οἱ λόγοι.

1 ὡς αὐτὸς] ὁ σαυτός   10 βαθέος   15 ἐν] ἕνα   16 τοῦ] τούτου ἑτέρα   26 ἀπέκτειναι   30 εἰ] ἢ   31 οὗτοί εἰσιν] ὅσον ἐπί

214 ἀλλὰ καὶ ὕδατος ἀποροῦντες καὶ διψῶντες διεγόγγυζον κατὰ Μωϋσέως· Τί πιόμεθα; ὅτε ἐβόησε Μωσῆς πρὸς κύριον, καὶ ἔδειξεν αὐτῷ κύριος ξύλον, καὶ ἐνέβαλεν αὐτὸ εἰς τὸ ὕδωρ καὶ ἐγλυκάνθη τὸ ὕδωρ. καὶ μετ' ὀλίγα, ἡνίκα ἦλθεν εἰς Ῥαφι-
5 δεὶν, γέγραπται ὅτι ἐδίψησεν ὁ λαὸς ἐκεῖ ὕδατι, καὶ ἐγόγγυζεν ὁ λαὸς ἐκεῖ ἐπὶ Μωϋσῆν. δόξει δὲ τοῦ δευτέρου τῶν σημαινομένων εἶναι παρὰ τῷ Παύλῳ παράδειγμα, λέγοντι· Ἄχρι τῆς ἄρτι ὥρας καὶ πεινῶμεν καὶ διψῶμεν καὶ γυμνιτεύομεν. τὸ μὲν οὖν πρῶτον πεινῆν καὶ διψῆν ἀναγκαίως
10 γίνεται τοῖς ὑγιαίνουσι σώμασι· τὸ δὲ δεύτερον τοῖς πενομένοις συμβαίνει. ζητητέον οὖν καὶ ἐκ τοῦ· Πᾶς ὁ πίνων ἐκ τούτου τοῦ ὕδατος διψήσει πάλιν· ποῖον διψήσει λέγεται.

3. Πρῶτον ὡς ἐπὶ σωματικοῦ τάχα τὸ δηλούμενόν ἐστιν ὅτι κἂν πρὸς τὸ παρὸν κορεσθῇ, ἀλλ' εὐθέως ὑποβι-
15 βασθέντος τοῦ ποτοῦ τὸ αὐτὸ πάθος πείσεται ὁ πιών, τουτέστι διψήσει πάλιν, εἰς ὅμοιον τῷ ἀρχῆθεν ἀποκαταστάς. ἐπιφέρει οὖν τό· Ὃς δ' ἂν πίῃ ἐκ τοῦ ὕδατος οὗ ἐγὼ δώσω αὐτῷ, γενήσεται πηγὴ ἐν αὐτῷ ὕδατος ἁλλομένου εἰς ζωὴν αἰώνιον· τίς δὲ ἐν ἑαυτῷ ἔχων πηγὴν διψῆσαι οἷός τε ἔσται;
20 τὸ μέντοι γε προηγουμένως δηλούμενον τοιοῦτον ἂν εἴη· ὁ μεταλαμβάνων, φησὶ, βάθους λόγων, κἂν πρὸς ὀλίγον ἀναπαύσηται, παραδεξάμενος ὡς βαθύτατα τὰ ἀνιμώμενα καὶ εὑρίσκεσθαι δοκοῦντα νοήματα, ἀλλά γε πάλιν δεύτερον ἐπιστήσας ἐπαπορήσει περὶ τούτων ὅσοις ἐπανεπαύσατο,
25 ἐπεὶ τρανὴν καὶ ἔκτυπον περὶ τῶν ζητουμένων κατάληψιν οὐ δύναται τὸ νομιζόμενον ὑπ' αὐτοῦ βάθος παρασχεῖν. διόπερ κἂν συναρπασθεὶς συγκαταθῆταί τις τῇ πιθανότητι τῶν λεγομένων, ἀλλά γε ὕστερον εὑρήσει τὴν αὐτὴν ἀπορίαν τυγχάνουσαν ἐν αὐτῷ, ἥνπερ εἶχε πρὶν τάδε τινὰ μαθεῖν·

---

2 Μωυσεῖ   7 περὶ   13 post σωματικοῦ] ins. η καὶ, (?) per dittographiam τικου (Η ΚΑΙ) vel τικ' (τις)   16 ομοιαν
21 φησὶ, βάθους] οὐ φὴ βάθος, forsan legendum τοῦ νομιζομένου, φησὶν, βάθους   25 ἐπεὶ] om. relict. spat.   τρανὴν] ταρανὴν
29 ἣν περιεῖχεν

ἐγὼ δὲ τοιοῦτον ἔχω λόγον, ὥστε τὴν πηγὴν γενέσθαι τοῦ
ζωτικοῦ πόματος ἐν τῷ παραδεξαμένῳ τὰ ὑπ' ἐμοῦ ἀπαγ-
γελλόμενα· καὶ ἐπὶ τοσοῦτόν γε ὁ λαβὼν τοῦ ἐμοῦ ὕδατος
εὐεργετηθήσεται, ὥστε πηγὴν εὑρετικὴν πάντων τῶν ζητου-
μένων ἀναβλυσθάνειν ἐν αὐτῷ ἄνω πηδώντων ὑδάτων, τῆς
διανοίας ἁλλομένης καὶ τάχιστα διϊπταμένης, ἀκολούθως τῷ
εὐκινήτῳ τούτῳ ὕδατι, φέροντος αὐτοῦ τοῦ ἅλλεσθαι καὶ
πηδᾶν ἐπὶ τὸ ἀνώτερον, ἐπὶ τὴν αἰώνιον ζωήν· οἷον ....
τὴν τοῦ ἁλλομένου, ὥς φησιν, εἶναι τὴν αἰώνιον ζωήν.
ὥσπερ δὲ περὶ τοῦ νυμφίου ἐν τῷ ᾄσματι τῶν ᾀσμάτων

Cant ii 8 διαλεγόμενος Σολομῶν φησιν· Ἰδοὺ οὗτος ἥκει πηδῶν ἐπὶ 215
τὰ ὄρη, διαλλόμενος ἐπὶ τοὺς βουνούς· ὡς γὰρ ἐκεῖ ὁ νυμφίος
ἐπὶ τὰς μεγαλοφυεστέρας καὶ θειοτέρας πηδᾷ ψυχάς, ὄρη
λεγομένας, ἐπὶ δὲ τὰς ὑποδεεστέρας διάλλεται, βουνοὺς
ὀνομαζομένας, οὕτως ἐνταῦθα ἡ γενομένη ἐν τῷ πιόντι ἐκ
τοῦ ὕδατος, οὗ δίδωσιν ὁ Ἰησοῦς, πηγὴ ἅλλεται εἰς τὴν
αἰώνιον ζωήν. τάχα δὲ καὶ πηδήσει μετὰ τὴν αἰώνιον ζωὴν

cf. Jo xi 25; εἰς τὸν ὑπὲρ τὴν αἰώνιον ζωὴν πατέρα· Χριστὸς γὰρ ἡ ζωή·
xiv 6, 29 ὁ δὲ μείζων τοῦ χριστοῦ, μείζων τῆς ζωῆς.

cf. Jo iv 14 4. Τότε δὲ ὁ πιὼν ἐκ τοῦ ὕδατος οὗ δώσει ὁ Ἰησοῦς,
ἕξει τὴν γενομένην ἐν αὐτῷ πηγὴν ὕδατος ἁλλομένου εἰς
ζωὴν αἰώνιον, ὅτε πληροῦται τοῦ μακαριζομένου ἐπὶ τοῦ
πεινῆν καὶ διψῆν τὴν δικαιοσύνην ἡ ἐπαγγελία. φησὶ γὰρ ὁ

Mt v 6 λόγος· Μακάριοι οἱ πεινῶντες καὶ διψῶντες τὴν δικαιοσύνην,
ὅτι αὐτοὶ χορτασθήσονται. καὶ τάχα ἐπεὶ πεινῆσαι καὶ
διψῆσαι τὴν δικαιοσύνην δεήσει πρὸ τοῦ χορτασθῆναι, ὑπὲρ
τοῦ κορεσθῆναι ἐμποιητέον τὸ πεινῆν καὶ τὸ διψῆν, ἵνα

Ps xli (xlii) εἴπωμεν· Ὃν τρόπον ἐπιποθεῖ ἡ ἔλαφος ἐπὶ τὰς πηγὰς τῶν
2 f. ὑδάτων, οὕτως ἐπιποθεῖ ἡ ψυχή μου πρὸς σὲ ὁ θεός.
ἐδίψησεν ἡ ψυχή μου πρὸς τὸν θεὸν τὸν ἰσχυρόν, τὸν ζῶντα·
πότε ἥξω καὶ ὀφθήσομαι τῷ προσώπῳ τοῦ θεοῦ; ἵν' οὖν

6 διειπταμένης   7 φέροντι   8 post οἷον] lac. x circa
litt.   15 ὀνομαζομένους   23 post φησὶ] ins. ὁ   26 δεήσει]
δέ τις εἰ   31 πρόσωπον

διψήσωμεν, καλόν εστι πιείν πρώτον εκ της πηγής του Ιακώβ, ου λέγοντα αυτήν ομοίως τη Σαμαρείτιδι φρέαρ. ο γουν σωτήρ ουδέ νυν προς τον εκείνης απαντών λόγον εκ φρέατός φησιν είναι το ύδωρ, αλλά απλώς φησι· Πας ο Jo iv 13
5 πίνων εκ του ύδατος τούτου διψήσει πάλιν. είπερ δε μη εγίνετό τι χρήσιμον εκ του πιείν από της πηγής, ουτ' αν cf. Jo iv 6 f. εκαθέζετο επί τη πηγή ο Ιησούς, ουτ' αν έλεγε τη Σαμαρείτιδι Δός μοι πιείν. παρατηρητέον ουν ότι και αιτούση το ύδωρ τη Σαμαρείτιδι τον Ιησούν οιονεί επηγγέλλετο
10 παρέξειν αυτό ου παρ' άλλω τόπω αλλ' η παρά τη πηγή, λέγων αυτή· Ύπαγε φώνησον τον άνδρα σου και ελθέ Jo iv 16 ενθάδε.

5. Έτι δε επιστήσομεν ει δύναται δηλούσθαι το ετερογενές της των αυτή τη αληθεία ομιλησάντων και συνεσο-
15 μένων ωφελείας παρά την νομιζομένην ωφέλειαν γίνεσθαι ημίν από των γραφών, καν νοηθώσιν ακριβώς, εκ του τον μεν πιόντα από της πηγής του Ιακώβ διψήν πάλιν, τον δε cf. Jo iv 13 πιόντα εκ του ύδατος ου δίδωσιν ο Ιησούς πηγήν ύδατος εν εαυτώ ίσχειν αλλομένου εις ζωήν αιώνιον. και γαρ τα
20 κυριώτερα και θειότερα των μυστηρίων του θεού, ένια μεν ου κεχώρηκε γραφή, ένια δε ουδέ ανθρωπίνη φωνή· και τα συνήθη των σημαινομένων, η γλώσσα ανθρωπική· Έστι Jo xxi 25 γαρ και άλλα πολλά, α εποίησεν ο Ιησούς, άτινα εάν γράφηται καθ' εν, ουδέ αυτόν οίμαι τον κόσμον χωρήσειν τα
25 γραφόμενα βιβλία. και όσα δε ελάλησαν αι ζ' βρονταί cf. Ap. x 4 μέλλων γράφειν Ιωάννης κωλύεται· ο δε Παύλος ακηκοέναι φησιν άρρητα ρήματα, ουχί α ουκ εξόν τινι λαλήσαι ην, cf. 2 Co xii 4 εξόν γαρ ην αυτά λαλήσαι αγγέλοις, ανθρώποις δε ουκ εξήν· Πάντα μεν γαρ έξεστιν, αλλ' ου πάντα συμφέρει. α 1 Co vi 12
30 δε ήκουσεν άρρητα ρήματα ουκ εξόν, φησίν, ανθρώπω λαλήσαι. οίμαι δε της όλης γνώσεως στοιχεία τινα ελάχιστα

2 Σαμαρειτι   7 ουτ' αν] όταν   8 πιείν] ποιείν   10 παρ']
γαρ   19 ίσχει   22 συνήθη] ουν ήθη   27 ην] η   30 post
ρήματα] ins. α   31 ελαχίστας

καὶ βραχυτάτας εἶναι εἰσαγωγὰς ὅλας γραφάς, κἂν πάνυ νοηθῶσιν ἀκριβῶς. ὅρα τοιγαροῦν εἰ δύναται ἡ μὲν πηγὴ τοῦ Ἰακὼβ ἀφ' ἧς ἔπιέ ποτε ὁ Ἰακώβ, ἀλλ' οὐκέτι πίνει νῦν, ἔπιον δὲ καὶ οἱ υἱοὶ αὐτοῦ, ἀλλὰ νῦν ἔχουσι τὸ κρεῖττον ἐκείνου ποτόν, πεπώκασι δὲ καὶ τὰ θρέμματα αὐτῶν, ἡ πᾶσα

cf. 1 Co iv 6 εἶναι γραφή· τὸ δὲ τοῦ Ἰησοῦ ὕδωρ τὸ ὑπὲρ ἃ γέγραπται. οὐ πᾶσι δὲ ἔξεστιν ἐρευνᾶν τὰ ὑπὲρ ἃ γέγραπται, ἐὰν μή τις

Sap Sir iii 21 (22) αὐτοῖς ἐξομοιωθῇ, ἵνα μὴ ἐπιπλήσσηται ἀκούων τό· Χαλεπώτερά σου μὴ ζήτει, καὶ ἰσχυρότερά σου μὴ ἐρεύνα.

cf. 1 Co iv 6   6. Ἐὰν δὲ λέγωμεν τὸ ὑπὲρ ἃ γέγραπται εἶναί τινα, οὐ τοῦτό φαμεν ὅτι γνωστὰ τοῖς πολλοῖς εἶναι δύναται, ἀλλὰ

cf. Ap x 4 Ἰωάννῃ ἀκούοντι καὶ γράφειν αὐτὰ μὴ ἐπιτρεπομένῳ, ὁποῖα ἦν τὰ τῶν βροντῶν ῥήματα, καὶ μανθάνοντι καὶ διὰ τὸ φείδεσθαι τοῦ κόσμου οὐ γράφοντι αὐτά· ᾤετο γὰρ μηδὲ

cf. Jo xxi 25 αὐτὸν τὸν κόσμον χωρεῖν τὰ γραφόμενα βιβλία. ἀλλὰ καὶ ἅπερ ὁ Παῦλος μεμάθηκεν ἄρρητα ῥήματα ὑπὲρ ἃ γέγραπται, εἴ γε τὰ γεγραμμένα ἄνθρωποι λελαλήκασι· καὶ ἃ

cf. 1 Co ii 9 ὀφθαλμὸς οὐκ εἶδεν ἐστὶν ὑπὲρ τὰ γεγραμμένα, καὶ ἃ οὖς οὐκ ἤκουσε γραφῆναι οὐ δύναται. καὶ τὰ ἐπὶ καρδίαν δὲ

cf. Jo iv 5, 14 ἀνθρώπου μὴ ἀναβεβηκότα μείζονά ἐστι τῆς τοῦ Ἰακὼβ πηγῆς, ἀπὸ πηγῆς ὕδατος ἁλλομένου εἰς ζωὴν αἰώνιον φανερούμενα τοῖς οὐκέτι καρδίαν ἀνθρώπου ἔχουσιν, ἀλλὰ

1 Co ii 16, 12 δυναμένοις λέγειν· Ἡμεῖς δὲ νοῦν Χριστοῦ ἔχομεν, ἵνα εἰδῶμεν τὰ ὑπὸ τοῦ θεοῦ χαρισθέντα ἡμῖν, ἃ καὶ λαλοῦμεν οὐκ ἐν διδακτοῖς ἀνθρωπίνης σοφίας λόγοις ἀλλ' ἐν διδακτοῖς πνεύματος. καὶ ἐπίστησον εἰ οἷόν τ' ἔστιν ἀνθρωπίνην σοφίαν μὴ τὰ ψευδῆ καλεῖν δόγματα, ἀλλὰ τὰ στοιχειωτικὰ τῆς ἀληθείας καὶ εἰς τοὺς ἔτι ἀνθρώπους φθάνοντα· τὰ δὲ διδακτὰ τοῦ πνεύματος τάχα ἐστὶν ἡ πηγὴ τοῦ ἁλλομένου ὕδατος εἰς ζωὴν αἰώνιον. εἰσαγωγαὶ οὖν εἰσιν αἱ γραφαὶ ἀφ' ὧν ἀκριβῶς νενοημένων, νῦν ὀνομαζομένων πηγῆς τοῦ

cf. Jo iv 14 Ἰακώβ, ἀνελθετέον πρὸς τὸν Ἰησοῦν, ἵν' οὖν ἡμῖν χαρίσηται πηγὴν τοῦ ἁλλομένου ὕδατος εἰς ζωὴν αἰώνιον. οὐχ ὁμοίως

28 φθάνοντας

δὲ πᾶς ἀντλεῖ ἀπὸ τῆς πηγῆς τοῦ Ἰακώβ· εἰ γὰρ ἔπιεν
Ἰακὼβ ἐξ αὐτῆς καὶ οἱ υἱοὶ αὐτοῦ καὶ τὰ θρέμματα αὐτοῦ,
διψῶσα δὲ καὶ ἡ Σαμαρεῖτις διέρχεται ἐπ᾽ αὐτοῦ καὶ ἀντλεῖ,
μήποτε καὶ ἄλλως ἔπινε καὶ ἐπιστημόνως ὁ Ἰακὼβ σὺν τοῖς
5 υἱοῖς· ἄλλως δὲ καὶ ἁπλούστερον καὶ κτηνωδέστερον καὶ τὰ
θρέμματα αὐτοῦ· ἄλλως δὲ παρὰ τὸν Ἰακὼβ καὶ τοὺς υἱοὺς
καὶ τὰ θρέμματα αὐτοῦ ἡ Σαμαρεῖτις. οἱ μὲν γὰρ κατὰ τὰς
γραφὰς σοφοὶ πίνουσιν ὡς ὁ Ἰακὼβ καὶ οἱ υἱοὶ αὐτοῦ· οἱ δὲ
ἁπλούστεροι καὶ ἀκερέστεροι, οἱ λεγόμενοι πρόβατα Χριστοῦ,
10 πίνουσιν ὡς τὰ θρέμματα τοῦ Ἰακώβ· οἱ δὲ παρεκδεχόμενοι
τὰς γραφὰς καὶ δύσφημά τινα συνιστάντες προφάσει τοῦ
νενοηκέναι αὐτὰς πίνουσιν ὡς ἡ πρὸ τοῦ πιστεῦσαι εἰς
Ἰησοῦν Σαμαρεῖτις ἔπινε.

7. Λέγει πρὸς ἀυτὸν ἡ γυνή Κύριε, Δός μοι τοῦτο
15 τὸ ὕΔωρ, ἵνα μὴ Διψῶ, μηΔὲ Διέρχωμαι ἐνθάΔε ἀντλεῖν.
Ἤδη δεύτερον κύριον ἀναγορεύει τὸν σωτῆρα ἡ Σαμαρεῖτις·
πρότερον μὲν ὅτε φησί· Κύριε, οὔτε ἄντλημα ἔχεις καὶ τὸ
φρέαρ ἐστὶ βαθύ· ὅτε καὶ ἐπιποθεῖ πόθεν ἔχει τὸ ζῶν ὕδωρ,
καὶ εἰ μείζων εἴη τοῦ νομιζομένου πατρὸς αὐτῆς Ἰακώβ· νῦν
20 δὲ ὅτε καὶ αἰτεῖ ἀπὸ τοῦ ὕδατος τοῦ γινομένου πηγῆς ἐν τῷ
πίνοντι ὕδατος ἁλλομένου εἰς ζωὴν αἰώνιον. καὶ εἴπερ ἀληθὲς
τό· Σὺ ἂν ᾔτησας αὐτὸν καὶ ἔδωκεν ἄν σοι ὕδωρ ζῶν δῆλον
ὅτι εἰποῦσα· Δός μοι τοῦτο τὸ ὕδωρ· ἔλαβε τὸ ζῶν ὕδωρ, ἵνα
μηκέτι ἀπορῇ διψῶσα μηδὲ διέρχηται ἐπὶ τὴν πηγὴν τοῦ
25 Ἰακὼβ διὰ τὸ ἀντλεῖν, ἀλλὰ χωρὶς τοῦ ὕδατος τοῦ Ἰακὼβ
θεωρῆσαι τὴν ἀλήθειαν ἀγγελικῶς καὶ ὑπὲρ ἄνθρωπον δυνηθῇ.
οὐδὲ γὰρ οἱ ἄγγελοι δέονται τῆς τοῦ Ἰακὼβ πηγῆς ἵνα
πίωσιν, ἀλλ᾽ ἕκαστος ἐν ἑαυτῷ ἔχει πηγὴν ὕδατος ἁλλομένου
εἰς ζωὴν αἰώνιον, γεγενημένην καὶ ἀποκαλυφθεῖσαν ἀπὸ
30 αὐτοῦ τοῦ λόγου καὶ αὐτῆς τῆς σοφίας. οὐ δυνατὸν μέντοι
γε τὸ ἕτερον παρὰ τὸ ἐκ τῆς πηγῆς τοῦ Ἰακὼβ ὕδωρ χωρῆσαι
τὸ ὑπὸ τοῦ λόγου διδόμενον μὴ ἐπιμελέστατα ἀσχοληθέντα
ἐκ τοῦ διψᾶν παρὰ τὸ διέρχεσθαι καὶ ἀντλεῖν ἐντεῦθεν,

33 παρὰ] περὶ

ὥστε κατὰ τοῦτο πολλὰ ἐνδεῖν τοῖς πολλοῖς μὴ ἐπιπλεῖον ἐγγεγυμνασμένοις τῷ ἀντλεῖν ἀπὸ τῆς τοῦ Ἰακὼβ πηγῆς.

8. Λέγει αὐτῇ Ὕπαγε φώνησόν σου τὸν ἄνδρα καὶ ἐλθὲ ἐνθάδε. ἀπεκρίθη ἡ γυνὴ καὶ εἶπεν Οὐκ ἔχω ἄνδρα. Ἐλέγομεν καὶ ἐν τοῖς ἀνωτέρω τὸν ἄρχοντα τῆς ψυχῆς νόμον, ᾧ ἕκαστος ὑπέταξεν ἑαυτόν, τοῦτον εἶναι τὸν ἄνδρα. νῦν δὲ καὶ τοῦ ἀποστόλου ἐκ τῆς πρὸς Ῥωμαίους ἐπιστολῆς εἰς τοῦτο μαρτύριον παραθησόμεθα λέγοντος· Ἢ ἀγνοεῖτε, ἀδελφοί, γινώσκουσι γὰρ νόμον λαλῶ, ὅτι ὁ νόμος κυριεύει τοῦ ἀνθρώπου ἐφ᾽ ὅσον χρόνον ζῇ; τίς δὲ ζῇ; ἀπὸ κοινοῦ λαμβανόντων ἡμῶν τὸν νόμον, ὁ νόμος. εἶτ᾽ εὐθέως φησίν· Ἡ γὰρ ὕπανδρος γυνὴ τῷ ζῶντι ἀνδρὶ δέδεται νόμῳ· ὡς εἰ ἔλεγε· Ζῶντι ἀνδρὶ ὅστις ἀνὴρ νόμος ἐστίν. εἶτα πάλιν φησίν· Ἐὰν δὲ ἀποθάνῃ ὁ ἀνήρ, κατήργηται ἀπὸ τοῦ νόμου τοῦ ἀνδρός· οἱονεὶ γυνὴ κατήργηται ἀποθανόντος τοῦ νόμου καὶ οὐκέτι τὰ τῆς γυναικὸς ὡς πρὸς ἄνδρα ἐνεργεῖ. εἶτα λέγει· Ἆρ᾽ οὖν ζῶντος τοῦ ἀνδρὸς μοιχαλὶς χρηματίσει ἐὰν γένηται ἀνδρὶ ἑτέρῳ· ἐὰν δὲ ἀποθάνῃ ὁ ἀνήρ, ἐλευθέρα ἐστὶν ἀπὸ τοῦ νόμου, τοῦ μὴ εἶναι αὐτὴν μοιχαλίδα γενομένην ἀνδρὶ ἑτέρῳ. ἀπέθανε δὲ ὁ νόμος κατὰ τὸ γράμμα, καὶ οὐκ ἔστιν ἡ ψυχὴ μοιχαλὶς γενομένη ἀνδρὶ ἑτέρῳ, τῷ νόμῳ τῷ κατὰ τὸ πνεῦμα· ἀποθανόντος δὲ τοῦ ἀνδρὸς τῇ γυναικὶ ἀποτεθνηκέναι πως ἂν λέγοιτο καὶ ἡ γυνὴ τῷ ἀνδρί, ὥστε οὕτως ἡμᾶς ἐκλαμβάνειν τό· Ὥστε, ἀδελφοί μου, καὶ ὑμεῖς ἐθανατώθητε τῷ νόμῳ διὰ τοῦ σώματος τοῦ χριστοῦ, εἰς τὸ γενέσθαι ὑμᾶς ἑτέρῳ, τῷ ἐκ νεκρῶν ἐγερθέντι ἵνα καρποφορήσωμεν τῷ θεῷ. εἰ τοίνυν νόμος ἐστὶν ὁ ἀνήρ, καὶ ἡ Σαμαρεῖτις ἔχει τινὰ ἄνδρα, ὑποτάξασα ἑαυτὴν κατὰ τὴν παρεκδοχὴν τῶν ὑγιαινόντων λόγων νόμῳ τινί, καθ᾽ ὃν βιοῦν ἕκαστος τῶν ἑτεροδόξων θέλει, βούλεται ἐνταῦθα τὴν ἑτερόδοξον ψυχὴν ὁ θεῖος λόγος παρατιθεῖσαν τὸν ἄρχοντα ἑαυτῆς νόμον διελεγχθῆναι, εἰς τὸ καταφρονήσασαν αὐτὴν ὡς οὐ

1 ὥστε] ὣ ἐτὸν   ἐνδεῖν] ἐνδεινὰ   μὴ] ὡς   8 λέγοντες
11 εἶτευθέσεως   18 ἀποθάνει

νομίμου ἀνδρὸς ζητῆσαι ἄνδρα ἕτερον, εἰς τὸ γενέσθαι αὐτὴν cf. Ro vii 4
ἑτέρῳ, τῷ ἐκ νεκρῶν ἀναστησομένῳ λόγῳ, μὴ ἀνατρεπομένῳ
μηδὲ τεθνηξομένῳ, ἀλλ᾽ ἀϊδίῳ μενοῦντι καὶ βασιλεύοντι,
πάντας τε τοὺς ἐχθροὺς ὑποτάσσοντι· Χριστὸς γὰρ ἐγερθεὶς Ro vi 9 f.
5 ἐκ νεκρῶν οὐκέτι ἀποθνήσκει, θάνατος αὐτοῦ οὐκέτι κυριεύει·
219 ὃ γὰρ ἀπέθανε, τῇ ἁμαρτίᾳ ἀπέθανεν ἐφάπαξ· ὃ δὲ ζῇ, ζῇ τῷ
θεῷ· ἐν δεξιᾷ ὢν αὐτοῦ ἕως πάντες οἱ ἐχθροὶ αὐτοῦ ὑποπόδιον cf. He x 12 f.
τεθῶσιν αὐτῷ. ποῦ δὲ ἔδει ἐλεγχθῆναι τὸν νομιζόμενον
ἄνδρα τῆς Σαμαρείτιδος ὡς οὐκ ἄνδρα ἢ παρὰ τῇ πηγῇ τοῦ
10 Ἰακὼβ ὑπὸ τοῦ Ἰησοῦ, εἰ μὴ ἀφ᾽ ἑαυτῆς ἡ γυνὴ ἤρνητο τὸν
ἄνδρα; διὰ τοῦτο λέγει αὐτῇ ὁ Ἰησοῦς· Ὕπαγε φώνησόν σου Jo iv 16
τὸν ἄνδρα καὶ ἐλθὲ ἐνθάδε. οἷον δὲ ἔχουσά τι ἤδη τοῦ
ἁλλομένου εἰς ζωὴν αἰώνιον ὕδατος διὰ τὸ εἰρηκέναι· Δός cf. Jo iv 14 f.
μοι τοῦτο τὸ ὕδωρ· καὶ ἀψευδεῖν τὸν προεπαγγειλάμενον ὅτι
15 Σὺ ἂν ᾔτησας αὐτὸν καὶ ἔδωκέ σοι ὕδωρ ζῶν· ἀπεκρίθη ἡ Jo iv 10
γυνή, καταγνοῦσα ἑαυτῆς ἐπὶ τῇ κοινωνίᾳ τῇ πρὸς τὸν
τοιοῦτον ἄνδρα, καὶ εἶπεν Οὐκ ἔχω ἄνδρα.

9. Λέγει αὐτῇ ὁ Ἰησοῦς Καλῶς εἶπας ὅτι Ἄνδρα Jo iv 17 f.
οὐκ ἔχω· πέντε γὰρ ἄνδρας ἔσχες, καὶ νῦν ὃν ἔχεις οὐκ
20 ἔστι σου ἀνήρ· τοῦτο ἀληθὲς εἴρηκας. Οἶμαι πᾶσαν τὴν
εἰσαγομένην ψυχὴν εἰς τὴν διὰ τῶν γραφῶν ἐν Χριστῷ
θεοσέβειαν, ἀπὸ τῶν αἰσθητῶν καὶ σωματικῶν λεγομένων
ἀρχομένην, τοὺς πέντε ἄνδρας καθ᾽ ἑκάστην τῶν αἰσθήσεων
ἀνδρός τινος γινομένου ἴσχειν· ἐπὰν δὲ μετὰ τὸ ὡμιληκέναι
25 τοῖς αἰσθητοῖς ἀνακύψαί τις θέλων καὶ προτραπεὶς ἐπὶ τὰ
νοητὰ περιτύχῃ λόγῳ προφάσει ἀλληγορίας καὶ πνευματικῶν
οὐχ ὑγιαίνοντι οὗτος μετὰ τοὺς πέντε ἄνδρας ἑτέρῳ προσέρ-
χεται, δοὺς, ἵν᾽ οὕτως εἴπω, τὸ ἀποστάσιον τοῖς προτέροις
ε´ καὶ κρίνων συνοικεῖν τῷ ἕκτῳ. καὶ ὥς γε ἐλθὼν ὁ Ἰησοῦς
30 εἰς συναίσθησιν ἡμᾶς ἀγάγῃ τοῦ τοιούτου ἀνδρὸς ἐκείνῳ
σύνεσμεν· ἐλθόντος δὲ τοῦ κυρίου λόγου καὶ διαλεχθέντος
ἡμῖν, ἀρνούμενοι ἐκεῖνον τὸν ἄνδρα φαμέν· Οὐκ ἔχω ἄνδρα·

3 ἀλλὰ ἰδίῳ μὲν οὖν τι   20 οἶναι

Jo iv 17 ὅτε καὶ ἐπαινεῖ ἡμᾶς ὁ κύριος λέγων· Καλῶς εἶπας ὅτι Οὐκ
Jo iv 18 ἔχω ἄνδρα. τὸ δέ· Τοῦτο ἀληθὲς εἴρηκας· οἱονεὶ ἐλεγκτικόν
ἐστιν, ὡς τῶν προτέρων οὐκ ἀληθῶς ὑπ' αὐτῆς εἰρημένων.
Jo iv 9 καὶ τάχα οὐκ ἦν ἀληθὲς τό· Οὐ συγχρῶνται Ἰουδαῖοι Σα-
μαρείταις· αὐτὸς γοῦν ὁ Ἰησοῦς, ὡς ἐν τοῖς πρὸ τούτων 5
εἰρήκαμεν, συγχρῆται Σαμαρείταις ἵνα καὶ αὐτοὺς ὠφελήσῃ.
Jo iv 11 οὐκ ἀληθὲς δὲ καὶ τό· Οὔτε ἄντλημα ἔχεις καὶ τὸ φρέαρ
cf. Jo iv 12 ἐστὶ βαθύ. τάχα δὲ οὐκ ἀληθὲς καὶ τό· Ἰακὼβ ἐκ τοῦ
φρέατος ἔπιε καὶ οἱ υἱοὶ αὐτοῦ καὶ τὰ θρέμματα αὐτοῦ· εἰ
γὰρ οὐχ ὁμοίως ἔπιε τῇ Σαμαρείτιδι ὁ Ἰακὼβ καὶ οἱ υἱοὶ 10
αὐτοῦ καὶ τὰ θρέμματα αὐτοῦ, οἴεται δὲ ἡ Σαμαρεῖτις τὸ
ὅμοιον καὶ ταυτὸν πάντη ποτὸν πεπωκέναι τῷ Ἰακὼβ καὶ
τοῖς υἱοῖς αὐτοῦ καὶ τοῖς θρέμμασιν αὐτοῦ, δῆλον ὅτι
ψεύδεται.

10. Ἴδωμεν δὲ καὶ τὰ Ἡρακλέωνος εἰς τοὺς τόπους, 220
ὅστις φησὶν ἄτονον καὶ πρόσκαιρον καὶ ἐπιλείπουσαν ἐκείνην
γεγονέναι τὴν ζωὴν καὶ τὴν κατ' αὐτὴν δόξαν· κοσμικὴ γὰρ,
φησίν, ἦν· καὶ οἴεται τοῦ κοσμικὴν αὐτὴν εἶναι ἀπόδειξιν
cf. Jo iv 12 φέρειν ἐκ τοῦ τὰ θρέμματα τοῦ Ἰακὼβ ἐξ αὐτῆς πεπωκέναι.
καὶ εἰ μὲν ἄτονον καὶ πρόσκαιρον καὶ ἐπιλείπουσαν ἐλάμβανε 20
cf. 1 Co xiii 9 τὴν ἐκ μέρους γνῶσιν, ἤτοι τὴν ἀπὸ τῶν γραφῶν συγκρίσει
cf. 2 Co xii 4 τῶν ἀρρήτων ῥημάτων ἃ οὐκ ἐξὸν ἀνθρώπῳ λαλῆσαι, ἢ πᾶσαν
cf. 1 Co xiii 12, 10 τὴν νῦν δι' ἐσόπτρου καὶ αἰνίγματος γινομένην γνῶσιν, κατ-
αργουμένην ὅταν ἔλθῃ τὸ τέλειον, οὐκ ἂν αὐτὸ ἐνεκαλέσα-
μεν· εἰ δὲ ὑπὲρ τοῦ διαβάλλειν τὰ παλαιὰ τοῦτο ποιεῖ, ἐγκλη- 25
τέος ἂν εἴη. ὃ δὲ δίδωσιν ὕδωρ ὁ σωτὴρ φησὶν εἶναι ἐκ τοῦ
πνεύματος καὶ τῆς δυνάμεως αὐτοῦ, οὐ ψευδόμενος. καὶ εἰς
Jo iv 14 τό· Οὐ μὴ διψήσῃ δὲ εἰς τὸν αἰῶνα· ἀποδέδωκεν αὐταῖς
λέξεσιν οὕτως· αἰώνιος γὰρ ἡ ζωὴ αὐτοῦ καὶ μηδέποτε
φθειρομένη, ὡς καὶ ἡ πρώτη ἡ ἐκ τοῦ φρέατος, ἀλλὰ 30
μένουσα· ἀναφαίρετος γὰρ ἡ χάρις καὶ ἡ δωρεὰ τοῦ σωτῆρος
ἡμῶν καὶ μὴ ἀναλισκομένη μηδὲ φθειρομένη ἐν τῷ μετέ-

21 τὴν] τῇ   22 om. ἡ

IN EVANGELIUM JOANNIS TOMUS XIII. 257

χοντι αὐτῆς. φθειρομένην δὲ τὴν πρώτην διδοὺς εἶναι ζωήν,
εἰ μὲν τὴν κατὰ τὸ γράμμα ἔλεγε, ζητῶν τὴν περιαιρέσει τοῦ cf. 2 Co iii 16
καλύμματος γινομένην κατὰ τὸ πνεῦμα καὶ εὑρίσκων, ὑγιῶς
ἂν ἔλεγεν· εἰ δὲ πάντη φθορὰν κατηγορεῖ τῶν παλαιῶν,
5 δῆλον ὅτι τοῦτο ποιεῖ ὡς μὴ ὁρῶν τὰ ἀγαθὰ τῶν μελλόντων cf. He x 1
ἔχειν ἐκεῖνα τὴν σκιάν. οὐκ ἀπιθάνως δὲ τὸ ἁλλομένου
διηγήσατο καὶ τοὺς μεταλαμβάνοντας τοῦ ἄνωθεν ἐπιχορη- cf. 2 Pe i 11
γουμένου πλουσίως καὶ αὐτοὺς ἐκβλύσαι εἰς τὴν ἑτέρων
αἰώνιον ζωὴν τὰ ἐπικεχορηγημένα αὐτοῖς. ἀλλὰ καὶ ἐπαινεῖ
10 τὴν Σαμαρεῖτιν ὡσὰν ἐνδειξαμένην τὴν ἀδιάκριτον καὶ κατ-
άλληλον τῇ φύσει ἑαυτῆς πίστιν, μὴ διακριθεῖσαν ἐφ᾽ οἷς
ἔλεγεν αὐτῇ. εἰ μὲν οὖν τὴν προαίρεσιν ἀπεδέχετο, μηδὲν
περὶ φύσεως αἰνιττόμενος ὡς διαφερούσης, καὶ ἡμεῖς ἂν
συγκατεθέμεθα· εἰ δὲ τῇ φυσικῇ κατασκευῇ ἀναφέρει τὴν τῆς
15 συγκαταθέσεως αἰτίαν, ὡς οὐ πᾶσι ταύτης παρούσης, ἀνα-
τρεπτέον αὐτοῦ τὸν λόγον. οὐκ οἶδα δὲ πῶς ὁ Ἡρακλέων τὸ
μὴ γεγραμμένον ἐκλαβών φησι πρὸς τό· Δός μοι τοῦτο τὸ Jo iv 15
ὕδωρ· ὡς ἄρα βραχέα διανυχθεῖσα ὑπὸ τοῦ λόγου ἐμίσησε
λοιπὸν καὶ τὸν τόπον ἐκείνου τοῦ λεγομένου ζῶντος ὕδατος.
20 ἔτι δὲ καὶ πρὸς τό· Δός μοι τοῦτο τὸ ὕδωρ, ἵνα μὴ διψῶ
221 μηδὲ διέρχωμαι ἐνθάδε ἀντλεῖν· φησὶν ὅτι ταῦτα λέγει ἡ
γυνὴ ἐμφαίνουσα τὸ ἐπίμοχθον καὶ δυσπόριστον καὶ ἄτροφον
ἐκείνου τοῦ ὕδατος. πόθεν γὰρ δεικνύναι ἔχει ἄτροφον εἶναι
τὸ τοῦ Ἰακὼβ ὕδωρ;
25 11. Ἔτι δὲ ὁ Ἡρακλέων πρὸς τό· Λέγει αὐτῇ· φησί· Jo iv 16
δῆλον ὅτι τοιοῦτό τι λέγων, εἰ θέλεις λαβεῖν τοῦτο τὸ ὕδωρ,
ὕπαγε φώνησον τὸν ἄνδρα σου· καὶ οἴεται τῆς Σαμαρείτιδος
τὸν λεγόμενον ὑπὸ τοῦ σωτῆρος ἄνδρα τὸ πλήρωμα εἶναι
αὐτῆς, ἵνα σὺν ἐκείνῳ γενομένη πρὸς τὸν σωτῆρα κομίσασθαι
30 παρ᾽ αὐτοῦ τὴν δύναμιν καὶ τὴν ἕνωσιν καὶ τὴν ἀνάκρασιν
τὴν πρὸς τὸ πλήρωμα αὐτῆς δυνηθῇ· οὐ γὰρ περὶ ἀνδρός,
φησί, κοσμικοῦ ἔλεγεν αὐτῇ ἵνα καλέσῃ, ἐπείπερ οὐκ ἠγνόει

2 τὴν] τῇ   3 γινομένην] γινομενη η   6 ἔχει ἐκεῖνα

ὅτι οὐκ εἶχε νόμιμον ἄνδρα. προδήλως δὲ ἐνταῦθα βιάζεται,
λέγων αὐτῇ τὸν σωτῆρα εἰρηκέναι· Φώνησόν σου τὸν ἄνδρα
καὶ ἐλθὲ ἐνθάδε· δηλοῦντα τὸν ἀπὸ τοῦ πληρώματος σύζυγον·
εἴπερ γὰρ τοῦθ᾽ οὕτως εἶχεν, ἐχρῆν τὸν ἄνδρα καὶ τίνα τρόπον
φωνητέον ἔσται αὐτὸν εἰπεῖν, ἵνα σὺν αὐτῷ γένηται πρὸς τὸν 5
σωτῆρα. ἀλλ᾽ ἐπεί, ὡς Ἡρακλέων φησί, κατὰ τὸ νοού-
μενον ἠγνόει τὸν ἴδιον ἄνδρα, κατὰ δὲ τὸ ἁπλοῦν ᾐσχύνετο
εἰπεῖν ὅτι μοιχὸν οὐχὶ δὲ ἄνδρα εἶχε, πῶς οὐχὶ μάτην ἔσται
προστάσσων ὁ λέγων· Ὕπαγε, φώνησον τὸν ἄνδρα σου,
καὶ ἐλθὲ ἐνθάδε; εἶτα πρὸς τοῦτο· Ἀληθὲς εἴρηκας ὅτι 10
ἄνδρα οὐκ ἔχεις· φησίν· ἐπεὶ ἐν τῷ κόσμῳ οὐκ εἶχεν ἄνδρα ἡ
Σαμαρεῖτις, ἦν γὰρ αὐτῆς ὁ ἀνὴρ ἐν τῷ αἰῶνι. ἡμεῖς μὲν
οὖν ἀνέγνωμεν· Πέντε ἄνδρας ἔσχες· παρὰ δὲ τῷ Ἡρακλέωνι
εὕρομεν· Ἓξ ἄνδρας ἔσχες. καὶ ἑρμηνεύει γε τὴν ὑλικὴν
πᾶσαν κακίαν δηλοῦσθαι διὰ τῶν ἓξ ἀνδρῶν, ᾗ συνεπέπλεκτο 15
καὶ ἐπλησίαζεν παρὰ λόγον πορνεύουσα καὶ ἐνυβριζομένη
καὶ ἀθετουμένη καὶ ἐγκαταλειπομένη ὑπ᾽ αὐτῶν. λεκτέον δὲ
πρὸς αὐτὸν ὅτι εἴπερ ἐπόρνευεν ἡ πνευματική, ἡμάρτανεν ἡ
πνευματική· εἰ δὲ ἡμάρτανεν ἡ πνευματική, δένδρον ἀγαθὸν
οὐκ ἦν ἡ πνευματική· κατὰ γὰρ τὸ εὐαγγέλιον· Οὐ δύναται 20
δένδρον ἀγαθὸν καρποὺς πονηροὺς ἐνεγκεῖν. καὶ δῆλον ὅτι
οἴχεται αὐτοῖς τὰ τῆς μυθοποιίας. εἰ δὲ ἀδύνατόν ἐστι
τὸ ἀγαθὸν δένδρον φέρειν πονηροὺς καρπούς, καὶ ἀγαθὸν
δένδρον ἡ Σαμαρεῖτις, ἅτε πνευματικὴ τυγχάνουσα, ἀκόλου-
θον αὐτῷ λέγειν ἐστὶν ὅτι ἤτοι οὐκ ἦν ἁμαρτία ἡ πορνεία 25
αὐτῆς ἢ οὐκ αὐτὴ ἐπόρνευσεν.

12. Λέγει ἀϒτῷ ἡ γϒνή Κϒριε, θεωρῶ ὅτι προφήτης 222
εἶ cϒ. οἱ πατέρες ἡμῶν ἐν τῷ ὄρει τοϒτῳ προcεκϒνη-
cαν· καὶ ϒμεῖc λέγετε Ἐν Ἱεροcολϒμοιc ἐcτὶν ὁ τόποc
ὅποϒ προcκϒνεῖν Δεῖ. Τρίτον ἤδη ἡ Σαμαρεῖτις κύριον 30
ἀναγορεύει τὸν σωτῆρα ἡμῶν, ὅτε καὶ τελευταῖον ἀναγέγρα-
πται τοῦτο πρὸς αὐτὸν εἰρηκέναι· πλὴν οὐδέπω οἴεται αὐτὸν
εἶναι τῶν προφητῶν κρείττονα οὐδὲ τὸν προφητευθέντα, ἀλλά
τινα προφήτην. καὶ ἡ ἑτερόδοξος δὲ γνώμη τῶν περὶ τὰς

5 om. εἰπεῖν   29 ἔσται

γραφὰς καλινδουμένων, διελεγχθέντων αὐτῆς τῶν τε προτέρων πέντε ἀνδρῶν καὶ τοῦ μετ' ἐκείνους καταλειφθέντας ὑπ' αὐτῆς δόξαντος εἶναι ἀνδρὸς, τὸν ἐλέγξαντα λόγον οὐ δυναμένη ἀρχῆθεν ὅ ἐστιν ἰδεῖν, προφήτην εἶναί φησιν, οἱονεὶ θεῖόν τινα καὶ ἔχοντά τι τοῦ ἀνθρωπίνου κρεῖττον, οὐ μὴν τοσοῦτον ὅσον ἦν. διόπερ φησὶν οἱονεὶ ἀναβλέψασά πως καὶ ἐν θεωρίᾳ νομίσασα γεγονέναι· Θεωρῶ ὅτι προφήτης *Jo iv 19* εἶ σύ. εἰς τό· Οἱ πατέρες ἡμῶν· καὶ τὰ ἑξῆς, ἰστέον τὴν *Jo iv 20* Σαμαρειτῶν πρὸς Ἰουδαίους διάστασιν περὶ τοῦ νομιζομένου αὐτοῖς ἁγίου τόπου· οἱ μὲν γὰρ Σαμαρεῖς τὸ καλούμενον Γαριζεὶν ὄρος ἅγιον νομίζοντες ἐν αὐτῷ προσκυνοῦσι τῷ θεῷ, οὗ μέμνηται Μωσῆς ἐν τῷ Δευτερονομίῳ οὕτως λέγων· Καὶ *Deu xxvii 11 ff.* ἐνετείλατο Μωσῆς τῷ λαῷ ἐν τῇ ἡμέρᾳ ἐκείνῃ λέγων Οὗτοι στήσονται εὐλογεῖν τὸν λαὸν ἐν ὄρει Γαριζεὶν, διαβάντες τὸν Ἰορδάνην· Συμεὼν, Λευὶ, Ἰούδας, Ἰσσάχαρ, Ἰωσὴφ καὶ Βενιαμείν· καὶ οὗτοι στήσονται ἐπὶ τῆς κατάρας ἐν ὄρει Γαιβάλ· Ῥουβὴν, Γὰδ καὶ Ἀσὴρ, Ζαβουλὼν, Δὰν καὶ Νεφθαλείμ· οἱ δὲ Ἰουδαῖοι τὸ Σιὼν θεῖόν τι νενομικότες καὶ οἰκεῖον τοῦ θεοῦ ἐκεῖνον οἴονται εἶναι τὸν ἐκλελεγμένον ὑπὸ τοῦ πατρὸς τῶν ὅλων τόπον, καὶ διὰ τοῦτο ἐν αὐτῷ ᾠκοδομῆσθαι τὸν ναὸν ὑπὸ τοῦ Σολομῶνος λέγουσι καὶ πᾶσαν τὴν λευϊτικὴν καὶ ἱερατικὴν λατρείαν ἐκεῖ ἐπιτελεῖσθαι. ἀκολούθως δὲ ταύταις ἑκάτερον ἔθνος ταῖς ὑπολήψεσι νενόμικε τοὺς πατέρας ἐν τῷδε ἢ τῷδε ὄρει προσκεκυνηκέναι τῷ θεῷ.

13. Καὶ εἴ ποτε δὲ μέχρι τοῦ δεῦρο συγκατέβαινον ἀλλήλοις εἰς λόγον Σαμαρεῖς καὶ Ἰουδαῖοι, ἑκάτερος πρὸς τὸ λοιπὸν ἐπαπορήσει, καὶ ἐρεῖ γε ὁ Σαμαρεὺς τῷ Ἰουδαίῳ τὸν τῆς ἐνθάδε ἀναγεγραμμένον γυναικὸς λόγον· Οἱ πατέρες *Jo iv 20* ἡμῶν ἐν τῷ ὄρει τούτῳ προσεκύνησαν, δεικνὺς τὸ Γαριζεὶν, ὑμεῖς δὲ λέγετε ὅτι ἐν Ἱεροσολύμοις ἐστὶν ὁ τόπος ὅπου προσκυνεῖν δεῖ. ἀλλ' ἐπεὶ Ἰουδαῖοι μὲν, ἀπ' αὐτῶν γὰρ *cf. Jo iv 22* ἡ σωτηρία, εἰκόνες εἰσὶ τῶν τοὺς ὑγιαίνοντας φρονούντων

8 εἰς τό] εἰς τὸ τὸ   18 Σειων   25 συγκατέβαιναν
27 τὸ] τὸν   Σαμαρεῖς   32 φρονοῦν τῷ

λόγους, Σαμαρεῖς δὲ τῶν ἑτεροδόξων, ἀκολούθως τὸ μὲν
Γαριζεὶν θεοποιοῦσιν οἱ Σαμαρεῖς, ὅπερ ἑρμηνεύεται Διατομὴ
cf. 3 Reg xii ἢ Διαίρεσις, καὶ τῆς κατὰ τὴν ἱστορίαν διατομῆς καὶ διαιρέ-
σεως τῶν δέκα φυλῶν διατετμημένων ἀπὸ τῶν λοιπῶν δύο
γεγενημένης κατὰ τοὺς τοῦ Ἱεροβοὰμ χρόνους, ὃς καὶ αὐτὸς 5
ἑρμηνεύεται Διχασμὸς λαοῦ· Ἰουδαῖοι δὲ τὸ Σιών, ὅπερ
ἐστὶ Σκοπευτήριον. εἰκὸς δέ τινα ἐπαπορήσειν διὰ τί αἱ
παρὰ Μωσεῖ εὐλογίαι ἐπὶ τοῦ Γαριζεὶν γίνονται. λεκτέον
δὲ καὶ πρὸς τοῦτο ὅτι ἐπείπερ σημαίνει ἡ Γαριζεὶν φωνὴ τὴν
διατομὴν καὶ τὴν διαίρεσιν, τὸ μὲν τῆς διατομῆς σημαινό- 10
μενον ληπτέον ὅτε σχίζεται ὁ λαὸς ὑπὸ τοῦ Ἱεροβοὰμ καὶ
οἰκεῖ τὴν Σαμάρειαν ὁ βασιλεύς· τὸ δὲ τῆς διαιρέσεως ἐπὶ
τῆς εὐλογίας, τῶν σοφῶν τῇ διαιρέσει τεταγμένως χρωμένων
ἐφ' ἑκάστου τῶν προβλημάτων, ἥτις ἐστὶν ἀναγκαία πρὸς
τὴν τῆς ἀληθείας κατανόησιν. ὅσον μὲν οὖν οὐδέπω ἐλή- 15
cf. Jo iv 21 λυθεν ἡ ὑπὸ τοῦ κυρίου εἰρημένη ὥρα, ὅτε οὔτε ἐν τῷ ὄρει
τούτῳ οὔτε ἐν Ἱεροσολύμοις προσκυνήσουσι τῷ πατρί,
φευκτέον τὸ τῶν Σαμαρειτῶν ὄρος, καὶ ἐν Σιών, ὅπου ἐστὶ
τὰ Ἱεροσόλυμα, προσκυνητέον τῷ θεῷ, ἅπερ Ἱεροσόλυμα
cf. Mt v 35 πόλις εἶναι λέγεται ὑπὸ τοῦ χριστοῦ τοῦ μεγάλου βασιλέως. 20
τίς δ' ἂν εἴη ἡ πόλις τοῦ μεγάλου βασιλέως, τὰ ἀληθινὰ
cf. 1 Pe ii 5 Ἱεροσόλυμα, ἢ ἡ ἐκκλησία ἐκ λίθων ᾠκοδομημένη ζώντων,
ἔνθα ἱεράτευμα ἅγιον, πνευματικαὶ θυσίαι προσφέρονται τῷ
θεῷ ὑπὸ τῶν πνευματικῶν καὶ τὸν πνευματικὸν νενοηκότων
νόμον; ἐπὰν δὲ ἐνστῇ τὸ πλήρωμα τοῦ χρόνου, τότε οὐκ 25
ἡγητέον τὴν ἀληθινὴν προσκύνησιν καὶ τελείαν θεοσέβειαν
τελεῖσθαι ἐν Ἱεροσολύμοις ἔτι, ὅταν τις γένηται μηδαμῶς
ἐν σαρκὶ ἀλλ' ἐν πνεύματι, καὶ μηδαμῶς ἔτι ἐν τύπῳ ἀλλὰ
πᾶς ἐν ἀληθείᾳ, τοιοῦτος κατεσκευασμένος ὥστε ἐξομοιοῦ-
cf. Jo iv 23 σθαι αὐτὸν οἷς ζητεῖ προσκυνηταῖς ὁ θεός. 30
Jo iv 21 14. Δὶς δὲ τό· Ἔρχεται ὥρα· γέγραπται, καὶ κατὰ μὲν
τὸ πρῶτον οὐ πρόσκειται· Καὶ νῦν ἐστί· κατὰ δὲ τὸ δεύτερόν

6 δικασμὸς   Σειων   7 ἐπαπόρησιν   18 Σειών
23 ἐνθαδεράτευμα

φησὶν ὁ εὐαγγελιστής· Ἀλλ' ἔρχεται ὥρα καὶ νῦν ἐστι. καὶ
οἶμαί γε τὸ μὲν πρότερον δηλοῦν τὴν ἔξω σωμάτων προσκύ-
νησιν ἐνστησομένην κατὰ τὴν τελειότητα· τὸ δὲ δεύτερον
τὴν τῶν ἐν βίῳ τούτῳ ὡς ἐνδέχεται κατὰ ἀνθρωπίνην φύσιν
προκοπὴν τελειουμένων. ἔξεστιν οὖν καὶ ἐν τῷ πνεύματι
καὶ ἀληθείᾳ προσκυνεῖν τῷ πατρὶ ὅτε οὐ μόνον ἔρχεται ὥρα
ἀλλὰ καὶ νῦν ἐστί, κἂν ἐν τοῖς Ἱεροσολύμοις διὰ τοὺς ἐπὶ
τοσοῦτον μόνον φθάνοντας τυγχάνειν νομιζώμεθα. ὅτε γοῦν
γέγραπται· Ἔρχεται ὥρα καὶ νῦν ἐστίν· οὐκέτι λέγεται τό·
Οὔτε ἐν τῷ ὄρει τούτῳ οὔτε ἐν Ἱεροσολύμοις προσκυνήσετε
τῷ πατρί· ὥσπερ εἴρηται ὅπου τό· Ἔρχεται ὥρα· χωρὶς τοῦ·
Νῦν ἐστίν· ἀναγέγραπται. ἔτι μέντοι γε ὁμοίαν ψευδοδοξίαν
τῇ ἐπὶ τοῦ νομιζομένου φρέατος εἰρημένῃ ἔχει ἡ Σαμα-
ρεῖτις ταῦτα λέγουσα. ἐκεῖ τε γάρ· Μὴ σύ, φησί, μείζων
εἶ τοῦ πατρὸς ἡμῶν Ἰακώβ, ὃς δέδωκεν ἡμῖν τὸ φρέαρ καὶ
αὐτὸς ἐξ αὐτοῦ ἔπιε καὶ οἱ υἱοὶ αὐτοῦ καὶ τὰ θρέμματα
αὐτοῦ; ἐνθάδε δὲ τό· Οἱ πατέρες ἡμῶν ἐν τῷ ὄρει τούτῳ
προσεκύνησαν.

15. Ὁ δὲ Ἡρακλέων εἰς τὰ αὐτὰ ῥήματα λέγει εὐσχη-
μόνως ὡμολογηκέναι τὴν Σαμαρεῖτιν τὰ ὑπ' αὐτοῦ πρὸς
αὐτὴν εἰρημένα· προφήτου γὰρ μόνου, φησίν, ἐστὶν εἰδέναι
τὰ πάντα· ψευδόμενος ἑκατέρως, καὶ γὰρ οἱ ἄγγελοι τὰ
τοιαῦτα δύνανται εἰδέναι, καὶ ὁ προφήτης οὐ πάντα οἶδεν·
Ἐκ μέρους γὰρ γινώσκομεν καὶ ἐκ μέρους προφητεύομεν,
κἂν προφητεύωμεν ἢ γινώσκωμεν. μετὰ δὲ ταῦτα ἐπαινεῖ
ὡς πρεπόντως τῇ αὐτῆς φύσει ποιήσασαν τὴν Σαμαρεῖτιν,
καὶ μήτε ψευσαμένην μήτε ἄντικρυς ὁμολογήσασαν τὴν
ἑαυτῆς ἀσχημοσύνην· πεπεισμένην τέ φησιν αὐτὴν ὅτι
προφήτης εἴη, ἐρωτᾶν αὐτὸν ἅμα τὴν αἰτίαν ἐμφαίνουσαν
δι' ἣν ἐξεπόρνευσεν, ὅτι δι' ἄγνοιαν θεοῦ καὶ τῆς κατὰ τὸν
θεὸν λατρείας ἀμελήσασαν καὶ πάντων τῶν κατὰ τὸν βίον
αὐτῇ ἀναγκαίων, καὶ ἄλλως ἀεὶ τῶν ἐν τῷ βίῳ τυγχάνουσαν·

5 προκοπὴν] προσκόπτειν   7 κἂν] καί   13 εἰρημένου
26 φαύσει   32 τῶν ἐν] τὴν ἐκ

οὐ γὰρ ἂν, φησὶν, αὐτὴ ἤρχετο ἐπὶ τὸ φρέαρ ἔξω τῆς πόλεως τυγχάνον. οὐκ οἶδα δὲ πῶς ἐνόμισεν ἐμφαίνεσθαι τὴν αἰτίαν τοῦ ἐκπεπορνευκέναι, ἢ ἄγνοιαν αἰτίαν γεγονέναι ἐπὶ τῶν πλημμελημάτων καὶ τῆς κατὰ θεὸν λατρείας· ἀλλ' ἔοικε ταῦτα ὡς ἔτυχεν ἐσχεδιακέναι χωρὶς πάσης πιθανότητος. προστίθησί τε τούτοις· ὅτι βουλομένη μαθεῖν πῶς καὶ τίνι εὐαρεστήσασα καὶ θεῷ προσκυνήσασα ἀπαλλαγείη τοῦ πορνεύειν λέγει τό· Οἱ πατέρες ἡμῶν ἐν τῷ ὄρει τούτῳ προσεκύνησαν, καὶ τὸ ἑξῆς. σφόδρα δέ ἐστιν εὐέλεγκτα τὰ εἰρημένα· πόθεν γὰρ ὅτι βούλεται μαθεῖν τίνι εὐαρεστήσασα ἀπαλλαγείη τοῦ πορνεύειν;

16. Λέγει αὐτῇ ὁ Ἰησοῦς Πίστευέ μοι, γύναι, ὅτι ἔρχεται ὥρα ὅτε οὔτε ἐν τῷ ὄρει τούτῳ οὔτε ἐν Ἱεροσολύμοις προσκυνήσετε τῷ πατρί. Ὅτε ἔδοξε πιθανώτατα τετηρηκέναι ὁ Ἡρακλέων ἐν τούτοις τὸ ἐπὶ μὲν τῶν προτέρων μὴ εἰρῆσθαι αὐτῇ· Πίστευέ μοι, γύναι· νῦν δὲ τοῦτο αὐτῇ προστετάχθαι, τότε ἐπεθόλωσε τὸ μὴ ἀπίθανοι· παρατήρημα, εἰπὼν ὄρος μὲν τὸν διάβολον λέγεσθαι ἢ τὸν κόσμον αὐτοῦ, ἐπείπερ μέρος ἓν ὁ διάβολος ὅλης τῆς ὕλης, φησὶν, ἦν, ὁ δὲ κόσμος τὸ σύμπαν τῆς κακίας ὄρος, ἔρημον οἰκητήριον θηρίων, ᾧ προσεκύνουν πάντες οἱ πρὸ νόμου καὶ οἱ ἐθνικοί· Ἱεροσόλυμα δὲ τὴν κτίσιν ἢ τὸν κτίστην ᾧ προσεκύνουν οἱ Ἰουδαῖοι. ἀλλὰ καὶ δευτέρως ὄρος μὲν ἐνόμισεν εἶναι τὴν κτίσιν ἧ ἐθνικοὶ προσεκύνουν· Ἱεροσόλυμα δὲ τὸν κτίστην ᾧ Ἰουδαῖοι ἐλάτρευον. ὑμεῖς οὖν, φησὶν, οἱονεὶ οἱ πνευματικοὶ, οὔτε τῇ κτίσει οὐδὲ τῷ δημιουργῷ προσκυνήσετε, ἀλλὰ τῷ πατρὶ τῆς ἀληθείας· καὶ συμπαραλαμβάνει γε, φησὶν, αὐτὴν ὡς ἤδη πιστὴν καὶ συναριθμουμένην τοῖς κατὰ ἀλήθειαν προσκυνηταῖς. ἀλλ' ἡμεῖς τὴν μὲν ἐν φαντασίᾳ γνωστικῶν λόγων καὶ νομιζομένων ὑψηλῶν ὀνομαζομένην θεοσέβειαν παρὰ τοῖς ἑτεροδόξοις ὑπολαμβάνομεν δηλοῦσθαι διὰ τοῦ· Οὔτε ἐν τῷ ὄρει τούτῳ· τὸν δὲ καιόνα

9 εὐέλεγκατα   25 ᾧ] οἱ   31 ὑπολαμβανομενον

κατὰ τοὺς πολλοὺς τῆς ἐκκλησίας, ὃν καὶ αὐτὸν ὁ τέλειος καὶ
ἅγιος ὑπεραναβήσεται θεωρητικώτερον καὶ σαφέστερον· καὶ
θειότερον προσκυνῶν τῷ πατρὶ διὰ τοῦ· Οὔτε ἐν Ἱεροσολύμοις Jo iv 21
προσκυνήσετε τῷ πατρί. ὥσπερ γάρ, καθὼς ὁμολογήσαιεν ἂν
5 καὶ οἱ Ἰουδαῖοι, οἱ ἄγγελοι οὐκ ἐν Ἱεροσολύμοις προσκυνοῦσι
τῷ πατρί, τῷ κρειττόνως παρὰ τὸ ἐν Ἱεροσολύμοις προσκυνεῖν
τῷ πατρί, οὕτως οἱ ἤδη τῇ διαθέσει τὸ ἰσάγγελοι εἶναι cf. Lc xx 36
ἐσχηκότες οὐδὲ ἐν Ἱεροσολύμοις προσκυνήσουσι τῷ πατρί,
ἀλλὰ βέλτιον ἢ οἱ ἐν Ἱεροσολύμοις, κἂν διὰ τοὺς ἐν
10 Ἱερυσολύμοις συμπεριφέρονται, τοῖς ἐν Ἱεροσολύμοις τοῖς
Ἰουδαίοις γινόμενοι Ἰουδαῖοι ἵνα Ἰουδαίους κερδήσουσιν. cf. 1 Co ix 20
Ἱεροσόλυμα δέ μοι νοείσθω καθὼς προαποδεδώκαμεν, ὁμοίως
δὲ καὶ οἱ Ἰουδαῖοι. ὅτε μέντοι γε οὔτε ἐν τῷ ὄρει τούτῳ
οὔτε ἐν Ἱεροσολύμοις τις προσκυνεῖ, ἐλθούσης τῆς ὥρας
15 προσκυνεῖ μετὰ παρρησίας υἱὸς γεγενημένος τὸν πατέρα.
διόπερ οὐκ εἴρηται· οὔτε ἐν Ἱεροσολύμοις προσκυνήσετε
τῷ θεῷ· ἀλλά· Οὔτε ἐν Ἱεροσολύμοις προσκυνήσετε τῷ
πατρί.

226   17. Ὑμεῖϲ προϲκυνεῖτε ὃ ογκ οἴδατε, ἡμεῖϲ προϲ- Jo iv 22
20 κυνογμεν ὃ οἴδαμεν, ὅτι ἡ ϲωτηρία ἐκ τῶν Ἰογδαίων
ἐϲτί. Τὸ Ὑμεῖς, ὅσον ἐπὶ τῇ λέξει, οἱ Σαμαρεῖς· ὅσον δὲ
ἐπὶ τῇ ἀναγωγῇ, οἱ περὶ τὰς γραφὰς ἑτερόδοξοι· τὸ δὲ
Ἡμεῖς, ὅσον ἐπὶ τῷ ῥητῷ, οἱ Ἰουδαῖοι· ὅσον δὲ ἐπὶ τῇ
ἀλληγορίᾳ, ἐγὼ ὁ λόγος καὶ οἱ κατ' ἐμὲ μεμορφωμένοι, τὴν
25 σωτηρίαν ἔχοντες ἀπὸ τῶν Ἰουδαϊκῶν λόγων· τὸ γὰρ φανε- cf. Ro xvi
ρωθὲν νῦν μυστήριον πεφανέρωται διά τε γραφῶν προφη- 26:
τικῶν, καὶ τῆς ἐπιφανείας τοῦ κυρίου ἡμῶν Ἰησοῦ Χριστοῦ. 2 Tim i 10
ὅρα δὲ εἰ μὴ ἰδίως καὶ παρὰ τὴν ἀκολουθίαν τῶν ῥητῶν ὁ
Ἡρακλέων ἐκδεξάμενος τὸ Ὑμεῖς ἀντὶ τοῦ Οἱ Ἰουδαῖοι καὶ ἐθνι-
30 κοὶ διηγήσατο. οἷον δέ ἐστι πρὸς τὴν Σαμαρεῖτιν λέγεσθαι
Ὑμεῖς οἱ Ἰουδαῖοι, ἢ πρὸς Σαμαρεῖτην Ὑμεῖς οἱ ἐθνικοί;

16 προσκυνησαι   27 κυρίου] χου   29 καὶ] om.
                    31 Σαμαρεῖτιν

ἀλλ' οὐκ οἴδασί γε οἱ ἑτερόδοξοι ὃ προσκυνοῦσιν, ὅτι πλάσμα ἐστὶ καὶ οὐκ ἀλήθεια, καὶ μῦθος καὶ οὐ μυστήρια· ὁ δὲ προσκυνῶν τὸν δημιουργὸν, μάλιστα κατὰ τὸν ἐν κρυπτῷ Ἰουδαῖον καὶ τοὺς λόγους τοὺς πνευματικοὺς Ἰουδαϊκοὺς, οὗτος ὃ οἶδε προσκυνεῖ. πολὺ δέ ἐστι νῦν παρατίθεσθαι τοῦ Ἡρακλέωνος τὰ ῥητὰ, ἀπὸ τοῦ ἐπιγεγραμμένου Πέτρου κηρύγματος παραλαμβανόμενα, καὶ ἵστασθαι πρὸς αὐτὰ ἐξετάζοντας καὶ περὶ τοῦ βιβλίου, πότερόν ποτε γνήσιόν ἐστιν ἢ νόθον ἢ μικτόν· διόπερ ἑκόντες ὑπερτιθέμεθα, ταῦτα μόνον ἐπισημειούμενοι φέρειν αὐτὸν, ὡς Πέτρου διδάξαντος, μὴ δεῖν καθ' Ἕλληνας προσκυνεῖν, τὰ τῆς ὕλης πράγματα ἀποδεχομένους καὶ λατρεύοντας ξύλοις καὶ λίθοις, μήτε κατὰ Ἰουδαίους σέβειν τὸ θεῖον, ἐπείπερ καὶ αὐτοὶ μόνοι οἰόμενοι ἐπίστασθαι θεὸν ἀγνοοῦσιν αὐτὸν, λατρεύοντες ἀγγέλοις καὶ μηνὶ καὶ σελήνῃ. ζητητέον μέντοι γε, ὡς πρὸς τὸ ἀληθὲς, τίνι ἡ σωματικὴ λατρεία ἐγίνετο ὑπὸ Ἰουδαίων· ὅτι μὲν γὰρ προκείμενον ἦν αὐτοῖς προσφέρειν τὰς θυσίας τῷ κτίστῃ τοῦ παντὸς τοῦτο δῆλον. ἄξιον δὲ ἰδεῖν τί ἐστι τὸ ἐν ταῖς Πράξεσι τῶν ἀποστόλων γεγραμμένον· Ἔστρεψε δὲ ὁ θεὸς καὶ παρέδωκεν αὐτοὺς λατρεύειν τῇ στρατείᾳ τοῦ οὐρανοῦ. οὐκ οἶδα δὲ πῶς τοῦ σωτῆρος ἄντικρυς φάσκοντος ὅτι Ἡ σωτηρία ἀπὸ τῶν Ἰουδαίων ἐστίν· οἱ ἑτερόδοξοι ἀρνοῦνται τὸν θεὸν τοῦ Ἀβραὰμ καὶ Ἰσαὰκ καὶ Ἰακὼβ, τῶν πατέρων τῶν Ἰουδαίων. ἔτι δὲ εἰ πληροῖ ὁ σωτὴρ τὸν νόμον καὶ ἵνα πληρωθῇ τὰ ἐν τοῖς προφήταις γεγραμμένα τάδε τινὰ καὶ τάδε γίνεται κατὰ τὴν τοῦ κυρίου ἐπιδημίαν, πῶς οὐ σαφὲς τίνα τρόπον ἡ σωτηρία ἐκ τῶν Ἰουδαίων γίνεται; ὁ αὐτὸς γὰρ θεὸς Ἰουδαίων καὶ ἐθνῶν, εἴπερ εἷς θεὸς, ὃς δικαιώσει περιτομὴν ἐκ πίστεως καὶ ἀκροβυστίαν διὰ τῆς πίστεως· οὐ γὰρ καταργοῦμεν νόμον διὰ τῆς πίστεως, ἀλλὰ ἱστάνομεν νόμον δι' αὐτῆς.

18. Ἀλλ' ἔρχεται ὥρα καὶ νῦν ἐστιν, ὅτε οἱ ἀλη-

2 οὐ] om. 10. 11 καθελὴν ἃς 13 μόνοις ἰόμενοι
14 ἀγγέλλοις 18 δὲ] δεῖ

θινοὶ προσκγνηταὶ προσκγνήςογςι τῷ πατρὶ ἐν πνεύματι
καὶ ἀληθείᾳ. Τοὺς μηδ' ὅλως ἐπαγγελλομένους προσκυνεῖν
τῷ πατρὶ οὐδὲ ὀνομάζεσθαι δεῖ προσκυνητὰς τοῦ θεοῦ·
ἀλλὰ πάντων ἐπαγγελλομένων προσκυνεῖν τῷ κτίσαντι, ἐὰν
5 οἱ μὲν μηκέτι ὦσιν ἐν σαρκὶ ἀλλ' ἐν πνεύματι, τῷ πνεύματι cf. Ga v 16
περιπατεῖν καὶ ἐπιθυμίαν σαρκὸς μὴ ἐπιτελεῖν, οἱ δὲ μὴ
ὦσιν ἐν πνεύματι ἀλλ' ἐν σαρκὶ καὶ κατὰ σάρκα στρατεύονται, cf. 2 Co x 3
τότε λεκτέον ἀληθινοὺς μὲν προσκυνητὰς τοὺς προσκυνοῦν-
τας τῷ πατρὶ ἐν πνεύματι καὶ μὴ σαρκὶ, καὶ ἐν ἀληθείᾳ καὶ
10 μὴ τύποις, οὐκ ἀληθινοὺς δὲ τοὺς μὴ οὕτως ἔχοντας. καὶ ὁ cf. 2 Co iii 6
γράμματι δὲ τῷ ἀποκτίννυντι δεδουλωμένος, πνεύματος δὲ
τοῦ ζωοποιοῦντος μὴ μετειληφὼς, μηδὲ τοῖς πνευματικοῖς
ἀκολουθῶν τοῦ νόμου, οὗτος ἂν εἴη ὁ μὴ ἀληθινὸς προσκυ-
νητής, καὶ πνεύματι μὴ προσκυνῶν τῷ πατρί· ὁ δ' αὐτὸς
15 οὗτος ὅλος τῶν τύπων καὶ τῶν σωματικῶν ὤν, ὅταν ἐπι-
τυγχάνειν πάνυ δοκῇ, τότε ἐν τύπῳ καὶ οὐκ ἐν ἀληθείᾳ
προσκυνεῖ τῷ θεῷ, διὰ τοῦτο οὐδὲ ἀληθινὸς δυνάμενος χρη-
ματίζειν προσκυνητής. τάχα δέδοταί ποτε εὐλόγως καὶ τὸν
ἀληθινὸν προσκυνητὴν ἐν τῷ πνεύματι καὶ ἀληθείᾳ προσ-
20 κυνοῦντα τυπικά τινα ποιεῖν, ἵνα τοὺς τῷ τύπῳ δεδουλωμένους
οἰκονομικώτατα ἐλευθερώσας τῶν τύπων προσαγάγῃ τῇ
ἀληθείᾳ, ὥσπερ φαίνεται Παῦλος ἐπὶ Τιμοθέου πεποιηκώς, cf. Act xvi 3;
τάχα δὲ καὶ ἐν Κεγχρεαῖς καὶ Ἱεροσολύμοις, ὡς ἐν ταῖς xviii 18; xxi 26
Πράξεσι τῶν ἀποστόλων γέγραπται. τηρητέον δὲ ὅτι οἱ
25 ἀληθινοὶ προσκυνηταὶ οὐ μόνον ἐν μελλούσῃ ὥρᾳ ἀλλὰ καὶ
ἐνεστηκυίᾳ προσκυνοῦσι τῷ πατρὶ ἐν πνεύματι καὶ ἀληθείᾳ.
ἀλλ' ἐν πνεύματι οἱ προσκυνοῦντες, ὡς εἰλήφασι προσκυ-
νοῦντες, ἐν ἀρραβῶνι πνεύματος ἐπὶ τοῦ παρόντος προσκυ- 2 Co v 5
νοῦσιν, ἐν πνεύματι δὲ ὅτε πᾶν χωρήσουσι τὸ πνεῦμα
30 προσκυνήσουσι τῷ πατρί. εἰ δὲ ὁ βλέπων διὰ κατόπτρου cf. 1 Co xiii 12
τὸ ἀληθὲς οὐ βλέπει, ὡς δείκνυται τούτοις τοῖς κατοπτρικοῖς
ὑπὸ τῶν περὶ ταῦτα δεινῶν, βλέπει δὲ Παῦλος καὶ οἱ

4 ἐὰν] om.   20 τῷ] τὸ   27 ὡς] ὧ
29 δὲ] τι   31 τὸ] καὶ

παραπλήσιοι αὐτῷ διὰ κατόπτρου νῦν, δῆλον ὅτι ὡς βλέπει
οὕτω καὶ προσκυνεῖ τῷ θεῷ, καὶ διὰ κατόπτρου προσκυνεῖ τῷ
θεῷ· ὅταν δὲ ἔλθῃ ἡ ὥρα ἡ μετὰ τὴν ἐνεστηκυῖαν ἐνστησομένη,
cf. 1 Co xiii 12 τότε ἔσται ἡ προσκύνησις ἐν ἀληθείᾳ, τῇ πρόσωπον πρὸς
πρόσωπον καὶ οὐκέτι διὰ κατόπτρου θεωρουμένῃ.

Jo iv 22   19. Τὸ μέντοι γε· Ἡμεῖς προσκυνοῦμεν· ὁ Ἡρακλέων
οἴεται εἶναι ὁ ἐν αἰῶνι καὶ οἱ σὺν αὐτῷ ἐλθόντες· οὗτοι γάρ,
φησὶν, ᾔδεσαν τίνι προσκυνοῦσι, κατὰ ἀλήθειαν προσκυ-
νοῦντες. ἀλλὰ καὶ τό· Ὅτι ἡ σωτηρία ἐκ τῶν Ἰουδαίων
ἐστίν· ἐπεὶ ἐν τῇ Ἰουδαίᾳ, φησὶν, ἐγενήθη, ἀλλ' οὐκ ἐν
cf. 1 Co x 5 αὐτοῖς, οὐ γὰρ εἰς πάντας αὐτοὺς εὐδόκησε, καὶ ὅτι ἐξ
cf. Ps xviii (xix) 5; Ro x 18 ἐκείνου τοῦ ἔθνους ἐξῆλθεν ἡ σωτηρία καὶ ὁ λόγος εἰς τὴν
οἰκουμένην· κατὰ δὲ τὸ νοούμενον ἐκ τῶν Ἰουδαίων τὴν
σωτηρίαν διηγεῖται γεγονέναι ἐπείπερ εἰκόνες οὗτοι τῶν ἐν
τῷ πληρώματι αὐτῷ εἶναι νομίζονται. ἐχρῆν δὲ αὐτὸν καὶ
τοὺς ἀπ' αὐτοῦ ἕκαστον τῶν ἐν τῇ λατρείᾳ δεικνύναι πῶς
ἐστιν εἰκὼν τῶν ἐν τῷ πληρώματι, εἴγε μὴ μόνον φωνῇ
τοῦτο λέγουσιν ἀλλὰ καὶ ἀληθείᾳ φρονοῦσιν αὐτό. πρὸς
cf. Jo iv 24 τούτοις τό· Ἐν πνεύματι καὶ ἀληθείᾳ προσκυνεῖσθαι τὸν
θεόν· διηγούμενος λέγει ὅτι οἱ πρότεροι προσκυνηταὶ ἐν
σαρκὶ καὶ πλάνῃ προσεκύνουν τῷ μὴ πατρί, ὥστε καὶ ταύτὸν
πεπλανῆσθαι πάντας τοὺς προσκεκυνηκότας τῷ δημιουργῷ.
cf. Ro i 25 καὶ ἐπιφέρει γε ὁ Ἡρακλέων ὅτι ἐλάτρευον τῇ κτίσει, καὶ οὐ
Jo i 3 τῷ κατ' ἀλήθειαν κτίστῃ, ὅς ἐστι Χριστὸς, εἴ γε Πάντα δι'
αὐτοῦ ἐγένετο, καὶ χωρὶς αὐτοῦ ἐγένετο οὐδέν.

Jo iv 23   20. Καὶ γὰρ ὁ πατὴρ τοιούτους ζητεῖ τοὺς προς-
κυνοῦντας αὐτόν. Εἰ ζητεῖ ὁ πατήρ, διὰ τοῦ υἱοῦ ζητεῖ
cf. Lc xix 10; Ez xxxiv 16 τοῦ ἐληλυθότος ζητῆσαι καὶ σῶσαι τὸ ἀπολωλός, οὕστινας
καθαίρων καὶ παιδεύων τῷ λόγῳ καὶ τοῖς ὑγιέσι δόγμασι
κατασκευάζει ἀληθινοὺς προσκυνητάς. ἀπολωλέναι δέ φησιν
ὁ Ἡρακλέων ἐν τῇ βαθείᾳ ὕλῃ τῆς πλάνης τὸ οἰκεῖον τῷ
πατρί, ὅπερ ζητεῖται ἵνα ὁ πατὴρ ὑπὸ τῶν οἰκείων προσκυνη-

20 ἡγούμενος   30 ἀληθινοὺς] ἀληθοὺς τοὺς

ται. εἰ μὲν οὖν ἑώρα τὸν περὶ τῆς ἀπωλείας τῶν προβάτων cf. Lc xv 4,
λόγον, καὶ τοῦ ἀποπεσόντος τῶν τοῦ πατρὸς υἱοῦ, κἂν ἀπεδεξάμεθα αὐτοῦ τὴν διήγησιν. ἐπεὶ δὲ μυθοποιοῦντες οἱ ἀπὸ τῆς γνώμης αὐτοῦ οὐκ οἶδ᾽ ὅ τί ποτε τρανῶς παριστᾶσι περὶ τῆς ἀπολωλυίας πνευματικῆς φύσεως, οὐδὲν σαφὲς διδάσκοντες ἡμᾶς περὶ τῶν πρὸ τῆς ἀπωλείας αὐτῆς χρόνων ἢ αἰώνων· οὐδὲ γὰρ τρανοῦν δύνανται ἑαυτῶν τὸν λόγον. διὰ τοῦτο αὐτοὺς ἑκόντες παραπεμψόμεθα, τοσοῦτον ἐπαπορήσαντες.

21. ΠΝΕΫΜΑ Ο ΘΕΟϹ, ΚΑΙ ΤΟΥϹ ΠΡΟϹΚΥΝΟΫΝΤΑϹ ΑΥΤΟΝ Jo iv 24 ἘΝ ΠΝΕΫΜΑΤΙ ΚΑΙ ἈΛΗΘΕΙᾼ ΔΕΙ̃ ΠΡΟϹΚΥΝΕΙ̃Ν. Πολλῶν πολλὰ περὶ τοῦ θεοῦ ἀποφηναμένων καὶ τῆς οὐσίας αὐτοῦ, ὥστε τινὰς μὲν εἰρηκέναι καὶ αὐτὸν σωματικῆς φύσεως λεπτομεροῦς καὶ αἰθερώδους, τινὰς δὲ ἀσωμάτου, καὶ ἄλλους ὑπὲρ ἐκεῖνα οὐσίας πρεσβείᾳ καὶ δυνάμει, ἄξιον ἡμᾶς ἰδεῖν εἰ ἔχομεν ἀφορμὰς ἀπὸ τῶν θείων γραφῶν πρὸς τὸ εἰπεῖν τι περὶ οὐσίας θεοῦ. ἐνδάδε μὲν οὖν λέγεται οἱονεὶ οὐσία εἶναι αὐτοῦ τὸ πνεῦμα· Πνεῦμα γὰρ ὁ θεός· φησίν· ἐν δὲ τῷ νόμῳ πῦρ· γέγραπται γάρ· Ὁ θεὸς ἡμῶν πῦρ καταναλίσκον· He xii 29; cf. Deu iv 24 παρὰ δὲ τῷ Ἰωάννῃ φῶς· Ὁ θεὸς γάρ, φησί, φῶς ἐστι, καὶ 1 Jo i 5 σκοτία ἐν αὐτῷ οὐκ ἔστιν οὐδεμία. ἐὰν μὲν οὖν ἁπλούστερον τούτων ἀκούσωμεν, μηδὲν πέρα τῆς λέξεως περιεργαζόμενοι, ὥρα ἡμῖν λέγειν σῶμα εἶναι τὸν θεόν, τίνα δὲ ἡμᾶς διαδέχεται ἄτοπα τοῦτο λέγοντας οὐ τῶν πολλῶν ἐστιν εἰδέναι· ὀλίγοι γὰρ διειλήφασι περὶ τῆς τῶν σωμάτων φύσεως, καὶ μάλιστα τῶν ὑπὸ λόγου καὶ προνοίας κατακοσμουμένων· καίτοι τὸ προνοοῦν τῆς αὐτῆς οὐσίας λέγοντες εἶναι τοῖς προνοουμένοις γενικῷ λόγῳ, τέλειον ἀλλ᾽ οἷον τὸ προνοούμενον. παρεδέξαντο δὲ τὰ ἀπαντῶντα τῷ λόγῳ αὐτῶν ἄτοπα οἱ θέλοντες εἶναι σῶμα τὸν θεόν, ἅτε μὴ δυνάμενοι ἀντιβλέπειν τοῖς ἐκ λόγου ἐναργῶς παρισταμένοις. ταῦτα δέ φημι καθ᾽ ὑπεξαίρεσιν τῶν πέμπτην λεγόντων εἶναι φύσιν

2 υἱοῦ] υἱοι 13 αὐτὸν] τὸν 18 τὸ πνεῦμα] τὸν π̅ρ̅α̅
22 ἀκούσομεν 31 παρισταμένοι

σωμάτων παρὰ τὰ στοιχεῖα. εἰ δὲ πᾶν σῶμα ὑλικὸν ἔχει φύσιν τῷ ἰδίῳ λόγῳ ἄποιον τυγχάνον, τρεπτὴν δὲ καὶ ἀλλοιωτὴν, καὶ δι' ὅλων μεταβλητὴν, καὶ ποιότητας χωροῦσαν, ἃς ἐὰν βούληται αὐτῇ περιτιθέναι ὁ δημιουργὸς, ἀνάγκη καὶ τὸν θεὸν ὑλικὸν ὄντα τρεπτὸν εἶναι καὶ ἀλλοιωτὸν καὶ μεταβλητόν. καὶ ἐκεῖνοι μὲν οὐκ αἰδοῦνται λέγειν ὅτι καὶ φθαρτός ἐστι σῶμα ὤν, σῶμα δὲ πνευματικὸν καὶ αἰθερῶδες, μάλιστα κατὰ τὸ ἡγεμονικὸν αὐτοῦ· φθαρτὸν δὲ ὄντα μὴ φθείρεσθαι τῷ μὴ εἶναι τὸν φθείροντα αὐτὸν λέγουσιν. ἡμεῖς δὲ διὰ τὸ μὴ ὁρᾶν τὰς ἀκολουθίας, ἐὰν σῶμα αὐτὸν λέγωμεν, καὶ διὰ τὴν γραφὴν τοιοῦτόν τι σῶμα, πνεῦμα καὶ πῦρ καταναλίσκον καὶ φῶς, τὸ ἀναγκαίως ἑπόμενον τούτοις μὴ παραδεχόμενοι ἀσχημονήσομεν ὡς ἠλίθιοι καὶ παρὰ τὰ ἐναργῆ λέγοντες· πᾶν γὰρ πῦρ τροφῆς δεόμενον φθαρτόν ἐστι, καὶ πᾶν πνεῦμα, εἰ ἁπλούστερον ἐκλαμβάνομεν τὸ πνεῦμα, σῶμα τυγχάνον, ἐπιδέχεται ὅσον ἐπὶ τῇ ἑαυτοῦ φύσει τὴν εἰς τὸ παχύτερον μεταβολήν. ὥρα οὖν ἐν τούτοις ἤτοι τηροῦντας τὰς λέξεις τὰ τοσαῦτα ἄτοπα παραδέξασθαι καὶ δύσφημα περὶ τοῦ θεοῦ, ἢ ἐφοδεῦσαι, ὥσπερ καὶ ἐπὶ ἄλλων πλειόνων ποιοῦμεν, καὶ ἐξετάσαι τί δύναται δηλοῦσθαι ἀπὸ τοῦ λέγεσθαι πνεῦμα ἢ πῦρ ἢ φῶς εἶναι τὸν θεόν.

22. Καὶ πρῶτον λεκτέον ὅτι ὥσπερ ὀφθαλμοὺς καὶ βλέφαρα καὶ ὦτα, χεῖράς τε καὶ βραχίονας καὶ πόδας εὑρίσκοντες γεγραμμένα τοῦ θεοῦ, ἔτι δὲ καὶ πτέρυγας, μεταλαμβάνομεν εἰς ἀλληγορίαν τὰ γεγραμμένα, καταφρονοῦντες τῶν μορφὴν ἀνθρώπων παραπλήσιον περιτιθέντων τῷ θεῷ, καὶ εὐλόγως γε τοῦτο πράττομεν· οὕτως καὶ ἐπὶ τῶν εἰρημένων ὀνομάτων τὸ ἀκόλουθον ἡμῖν ποιητέον· καὶ δῆλόν γε ἀπὸ τοῦ φαινομένου ἡμῖν πρακτικωτέρου· Φῶς γάρ ἐστιν ὁ θεὸς, κατὰ τὸν Ἰωάννην, καὶ σκοτία οὐκ ἔστιν ἐν αὐτῷ οὐδεμία. πῶς δὴ φῶς αὐτὸν νοητέον κατὰ τὸ δυνατὸν ἡμῖν συνετώτερον ἐπισκεψώμεθα· διχῶς γὰρ τὸ φῶς ὀνομάζεται,

1 Jo i 5

3 χωροῦσα   10 λέγωμεν] λέγοντες   12 ἀναγκαίαις

σωματικῶς τε καὶ πνευματικῶς, ὅπερ ἐστὶ νοητὸν καὶ ὡς μὲν αἱ γραφαὶ ἂν λέγοιεν ἀόρατον, ὡς δ' ἂν Ἕλληνες ὀνομάσαιεν ἀσώματον. καὶ τοῦ γε σωματικοῦ παράδειγμα ὁμολογούμενον τοῖς τὴν ἱστορίαν παραδεχομένοις τό· Πᾶσι δὲ τοῖς Ex 23
5 υἱοῖς Ἰσραὴλ ἦν φῶς ἐν πᾶσιν οἷς κατεγίνοντο· τοῦ δὲ νοητοῦ καὶ πνευματικοῦ ἔν τινι τῶν δώδεκα· Σπείρατε ἑαυτοῖς Hos x 12 εἰς δικαιοσύνην, τρυγήσατε εἰς καρπὸν ζωῆς, φωτίσατε ἑαυτοῖς φῶς γνώσεως. ὁμοίως δὲ καὶ τὸ σκότος κατ' ἀναλογίαν διχῶς λεχθήσεται. καὶ τοῦ μὲν κοινότερον λεγομένου παρά-
10 δειγμα· Καὶ ἐκάλεσεν ὁ θεὸς τὸ φῶς ἡμέραν, καὶ τὸ σκότος Ge i 5 ἐκάλεσε νύκτα· τοῦ δὲ νοητοῦ· Ὁ λαὸς ὁ καθήμενος ἐν Mt iv 16; σκότει καὶ σκιᾷ θανάτου, φῶς ἀνέτειλεν αὐτοῖς. cf. Is ix 2

23. Τούτων οὕτως ἐχόντων ἄξιον ἰδεῖν τί ἁρμόζει νοεῖν ἡμᾶς περὶ θεοῦ, λεγομένου φῶς, ἐν ᾧ οὐδεμία ἐστὶ σκοτία. cf. 1 Jo i 5
15 ἆρα γὰρ σωματικοὺς ὀφθαλμοὺς ὁ θεὸς φωτίζων φῶς ἐστιν ἢ τοὺς νοητούς, περὶ ὧν καὶ ὁ προφήτης φησί· Φώτισον τοὺς Ps xii (xiii) 4 ὀφθαλμούς μου, μήποτε ὑπνώσω εἰς θάνατον; νομίζω δὲ προφανὲς παντί τῳ εἶναι ὅτι οὐκ ἂν τὸ τοῦ ἡλίου ἔργον ποιεῖν λέγοιμεν τὸν θεόν, ἑτέρῳ παραχωροῦντα φωτίζειν τοὺς ὀ-
20 φθαλμοὺς τῶν μὴ ὑπνωσομένων εἰς θάνατον· οὐκοῦν φωτίζει ὁ θεὸς τὸν νοῦν ὧν κρίνει ἀξίους εἶναι τοῦ οἰκείου φωτισμοῦ. εἰ δὲ νοῦ ἐστι φωτιστικός, κατὰ τὸ λεγόμενον· Κύριος φω- Ps xxvi τισμός μου· ἀνάγκη αὐτὸν νοητὸν τυγχάνοντα καὶ ἀόρατον (xxvii) 1 καὶ ἀσώματον τούτου ἡμᾶς αὐτὸν ὑπολαμβάνειν φῶς <εἶναι
25 τοιοῦτον.> μήποτε δὲ καὶ πῦρ καταναλίσκον <ὁ θεὸς εἶναι λεγόμενος οὐ τῆς> σωματικῆς <μὲν ὕλης> ἀναλωτικὸν εἶναι δοκεῖ, οἷον ξύλων καὶ χόρτου καὶ καλάμης· εἰ δὲ cf. 1 Co iii 12 <νοητά ἐστι> ξύλα καὶ χόρτος καὶ καλάμη, μήποτε τὸ ἀναλωτικὸν τῆς τοιαύτης ὕλης πῦρ ὁ θεός ἐστιν ἡμῶν, πῦρ λεγό- cf. He xii 29
30 μενος εἶναι καταναλίσκον· καὶ πρέπον γε τῷ κυρίῳ ἐστὶ τὸ

2 ὁρατὸν 21 ὧν] τῶν 23 νοητόν] νοοιταν 24 εἶναι τοιοῦτον] lac. (ix circa litt.) τῳ 25 δὲ] om. post καταναλίσκον] ο μεν lac. (8) ο μεν lac. (6) σωματικο lac. (7) αναλωτικα κ.τ.λ. 27 χόρτου (ct 28) 28 νοητά ἐστι] om. lac. (5) relicta καὶ 2°] om.

ἀναλίσκειν τὰ τοιαῦτα καὶ ἐξαφανίζειν τὰ χείρονα, οὐ γινομένου ἀλγηδόνας οἶμαι καὶ πόνους γίνεσθαι, οὐκ ἀπό τινος σωματικῆς ἐπαφῆς περὶ τὰ ἡγεμονικά, ἔνθα συνέστη ἡ τοῦ καταναλίσκεσθαι ἀξία οἰκοδομή. φῶς οὖν ὀνομάζεται ὁ θεὸς ἀπὸ τοῦ σωματικοῦ φωτὸς μεταληφθεὶς εἰς ἀόρατον καὶ ἀσώματον φῶς, διὰ τὴν ἐν τῷ φωτίζειν νοητοὺς ὀφθαλμοὺς δύναμιν οὕτω λεγόμενος· πῦρ τε προσαγορεύεται καταναλίσκον, ἀπὸ τοῦ σωματικοῦ πυρὸς καὶ καταναλωτικοῦ τῆς τοιᾶσδε ὕλης νοούμενος. τοιοῦτόν τί μοι φαίνεται καὶ περὶ

Jo iv 24
τό· Πνεῦμα ὁ θεός· ἐπεὶ γὰρ τὴν μέσην καὶ κοινότερον καλουμένην ζωήν, φυσῶντος τοῦ περὶ ἡμᾶς πνεύματος τὴν

cf. Ge ii 7
καλουμένην σωματικώτερον πνοὴν ζωῆς, ζωοποιούμεθα ἀπὸ τοῦ πνεύματος, ὑπολαμβάνω ἀπ' ἐκείνου εἰλῆφθαι τὸ πνεῦμα λέγεσθαι τὸν θεὸν πρὸς τὴν ἀληθινὴν ζωὴν ἡμᾶς ἄγοντα· τὸ

cf. 2 Co iii 6
πνεῦμα γὰρ κατὰ τὴν γραφὴν λέγεται ζωοποιεῖν, φανερὸν ὅτι ζωοποίησιν οὐ τὴν μέσην ἀλλὰ τὴν θειοτέραν· καὶ γὰρ τὸ γράμμα ἀποκτείνει καὶ ἐμποιεῖ θάνατον, οὐ τὸν κατὰ τὸν χωρισμὸν τῆς ψυχῆς ἀπὸ τοῦ σώματος, ἀλλὰ τὸν κατὰ τὸν χωρισμὸν τῆς ψυχῆς ἀπὸ τοῦ θεοῦ, καὶ τοῦ κυρίου αὐτοῦ, καὶ τοῦ ἁγίου πνεύματος.

Ps ciii (civ) 29 f.
24. Μήποτε δὲ καὶ τό· Ἀντανελεῖς τὸ πνεῦμα αὐτῶν, καὶ ἐκλείψουσι· καί· Ἐξαποστελεῖς τὸ πνεῦμά σου καὶ κτισθήσονται, καὶ ἀνακαινιεῖς τὸ πρόσωπον τῆς γῆς· βέλτιον ἐκληψόμεθα ἀπὸ τοῦ πνεύματος, καὶ ὑπολαμβάνοιμεν ὅτι ὁ στερισκόμενος τοῦ θείου πνεύματος χοϊκὸς γίνεται, ἐπιτήδειόν τε ἑαυτὸν ποιήσας πρὸς παραδοχὴν αὐτοῦ καὶ λαβὼν αὐτὸ ἀνακτισθήσεται καὶ ἀνακαινισθήσεται. τοιοῦτον δ' ἂν

Ge ii 7
εἴη καὶ εἰ ἐνεφύσησεν εἰς τὸ πρόσωπον αὐτοῦ πνοὴν ζωῆς, καὶ ἐγένετο ὁ ἄνθρωπος εἰς ψυχὴν ζῶσαν· ὥστε καὶ τὸ ἐμφύσημα καὶ τὴν πνοὴν τῆς ζωῆς καὶ τὴν ζωὴν τῆς ψυχῆς πνευματικὸν ἀκούειν ἡμᾶς. ἐπεὶ δὲ ἡ προειρημένη δύναμις

1 ἀναλίσκον   10 post γὰρ ins. εἰ   11 φυσῶντος] ὁπῶντες
12 προήν   17 ἀποκτέννει   24 καί] om.   27 ἀνακαινισθήσεται] lac. (10) σωθήσεται

οἱονεὶ οἰκητήριον ἐπιτήδειον εὑροῦσα τὴν τοῦ ἁγίου ψυχὴν ἐπιδίδωσιν ἑαυτὴν τῇ ἐν αὐτῇ, ἵν᾽ οὕτως εἴπω, μονῇ, γεγράφθαι νομιστέον τό· Ἐνοικήσω ἐν αὐτοῖς καὶ ἐμπεριπατήσω ἐν αὐτοῖς, καὶ ἔσομαι αὐτοῖς θεός, καὶ αὐτοὶ ἔσονταί μου λαός. πλείονος μέντοι γε συγγυμνασίας δεόμεθα εἰς τὸ τελειωθέντας ἡμᾶς καὶ τὰ λεγόμενα παρὰ τῷ ἀποστόλῳ αἰσθητήρια γεγυμνασμένους διακριτικοὺς γενέσθαι ἀγαθῶν τε καὶ κακῶν, ἀληθῶν τε καὶ ψευδῶν, καὶ θεωρητικοὺς νοητῶν, ἵνα δυνηθῶμεν ἐπιμελέστερον καὶ θεοπρεπέστερον κατὰ τὸ ἐνδεχόμενον ἀνθρωπίνῃ φύσει νοῆσαι πῶς ἐστιν ὁ θεὸς φῶς καὶ πῦρ καὶ πνεῦμα. καὶ ἐν τῇ γ᾽ δὲ τῶν Βασιλειῶν τὸ γενόμενον πνεῦμα κυρίου πρὸς Ἠλίαν τοιάδε τινὰ ὑποβάλλει περὶ θεοῦ· Εἶπε γάρ Ἐξελεύσῃ αὔριον καὶ στήσῃ ἔναντι κυρίου ἐν τῷ ὄρει· ἰδοὺ παρελεύσεται κύριος καὶ πνεῦμα μέγα κραταιὸν διαλῦον ὄρη καὶ συντρῖβον πέτρας ἐνώπιον κυρίου, οὐκ ἐν τῷ πνεύματι κύριος· ἐν δὲ ἄλλοις εὕρομεν· ἐν τῷ πνεύματι κυρίου· μετὰ τὸ πνεῦμα συσσεισμός, οὐκ ἐν τῷ συσσεισμῷ κύριος· καὶ μετὰ τὸν συσσεισμὸν πῦρ, οὐκ ἐν τῷ πυρὶ κύριος· καὶ μετὰ τὸ πῦρ φωνὴ αὔρας λεπτῆς· καὶ τάχα γε ἐν ὅσοις δεήσει γίνεσθαι περὶ τῆς καταλήψεως τοῦ κυρίου δηλοῦται διὰ τούτων, ἅπερ οὐ τοῦ παρόντος ἂν εἴη καιροῦ διηγήσασθαι. τίνα δὲ ἔπρεπε λέγειν ἡμῖν περὶ τοῦ θεοῦ, ὅστις ἐστίν, ἢ τὸν υἱόν; Οὐδεὶς γὰρ ἔγνω τὸν πατέρα εἰ μὴ ὁ υἱός· ἵνα καὶ ἡμεῖς ἀποκαλύπτοντος τοῦ υἱοῦ γνῶμεν πῶς πνεῦμά ἐστιν ὁ θεός, καὶ φιλοτιμησώμεθα ἐν πνεύματι τῷ ζωοποιοῦντι, καὶ μὴ γράμματι τῷ ἀποκτείνοντι προσκυνεῖν τὸν θεόν, καὶ ἐν ἀληθείᾳ σέβειν αὐτὸν καὶ μηκέτι τύποις μηδὲ σκιαῖς καὶ ὑποδείγμασιν, ὥσπερ οὐδὲ οἱ ἄγγελοι ὑποδείγμασι καὶ σκιᾷ ὥσπερ ἄνθρωποι λατρεύουσι τῷ θεῷ, ἀλλὰ τοῖς νοητοῖς καὶ ἐπουρανίοις, τὸν κατὰ τὴν τάξιν τοῦ Μελχισεδὲκ ἀρχιερέα ὁδηγὸν

---

7 γεγυμνασμένα   27 ἀποκτένοντι   29, 30 ὥσπερ ἄνθρωποι] περὶ ἀνθρώπων

ἔχοντες τῆς ὑπὲρ τῶν δεομένων σωτηρίας λατρείας καὶ
μυστικῆς καὶ ἀπορρήτου θεωρίας.

Jo iv 24   25. Εἰς μέντοι γε τό· Πνεῦμα ὁ θεός· ὁ Ἡρακλέων
φησίν· ἄχραντος γὰρ καὶ καθαρὰ καὶ ἀόρατος ἡ θεία φύσις
αὐτοῦ. οὐκ οἶδα δὲ εἰ ἐδίδαξεν ἡμᾶς ταῦτα ἐπειπὼν πῶς 5
ὁ θεὸς πνεῦμά ἐστι· τὸ δὲ τοὺς προσκυνοῦντας ἐν πνεύματι
καὶ ἀληθείᾳ δεῖ προσκυνεῖν σαφηνίζειν νομίζων φησίν· ἀξίως
τοῦ προσκυνουμένου πνευματικῶς, οὐ σαρκικῶς· καὶ γὰρ
αὐτοὶ τῆς αὐτῆς φύσεως ὄντες τῷ πατρὶ πνεῦμά εἰσιν,
οἵτινες κατὰ ἀλήθειαν καὶ οὐ κατὰ πλάνην προσκυνοῦσι, 10
cf. Ro xii 1   καθὰ καὶ ὁ ἀπόστολος διδάσκει λέγων λογικὴν λατρείαν τὴν
τοιαύτην θεοσέβειαν. ἐπιστήσωμεν δὲ εἰ μὴ σφόδρα ἐστὶν 235
ἀσεβὲς ὁμοούσιον τῇ ἀγεννήτῳ φύσει καὶ παμμακαρίᾳ λέγειν
εἶναι τοὺς προσκυνοῦντας ἐν πνεύματι τῷ θεῷ, οἷς πρὸ
βραχέος εἶπεν αὐτὸς ὁ Ἡρακλέων ἐκπεπτωκότας, τὴν Σα- 15
μαρεῖτιν λέγων πνευματικῆς φύσεως οὖσαν ἐκπεπορνευκέναι.
ἀλλ' οὐχ ὁρῶσιν <οἱ ταῦτα λέγοντες> ὅτι <πᾶν τὸ ὁμοούσιον>
καὶ τῶν αὐτῶν δεκτικόν. εἰ δὲ ἐδέξατο τὸ πορνεῦσαι ἡ
πνευματικὴ φύσις, ὁμοούσιος οὖσα <τῷ θεῷ, ὅσα> ἀνόσια
καὶ ἄθεα καὶ ἀσεβῆ ἀκολουθεῖ τῷ λόγῳ τῷ κατ' αὐτοὺς περὶ 20
θεοῦ οὐδὲ φαντασιωθῆναι ἀκίνδυνόν ἐστιν. ἀλλ' ἡμεῖς
Jo xiv 28 πειθόμενοι τῷ σωτῆρι λέγοντι· Ὁ πατὴρ ὁ πέμψας με
μείζων μου ἐστί· καὶ διὰ τοῦτο μὴ ἐνεγκόντι μηδὲ τὴν
cf. Mc x 18 ἀγαθὸς προσηγορίαν τὴν κυρίαν καὶ ἀληθῆ καὶ τελείαν παρα-
δέξασθαι αὐτῷ προσφερομένην, ἀλλὰ ἀναφέροντι αὐτὴν 25
εὐχαρίστως τῷ πατρὶ μετ' ἐπιτιμήσεως πρὸς τὸν βουλόμενον
ὑπερδοξάζειν τὸν υἱόν, πάντων μὲν τῶν γενητῶν ὑπερέχειν
οὐ συγκρίσει ἀλλ' ὑπερβαλλούσῃ ὑπεροχῇ φαμὲν τὸν
σωτῆρα καὶ τὸ πνεῦμα τὸ ἅγιον, ὑπερεχόμενον τοσοῦτον ἢ
καὶ πλέον ἀπὸ τοῦ πατρός, ὅσῳ ὑπερέχει αὐτὸς καὶ τὸ 30

4 ἡ] καὶ   17 οἱ ταῦτα λέγοντες] om. lac. (13) relicta   πᾶν
τὸ ὁμοούσιον] παντ lac. (12)   19 τῷ θεῷ ὅσα] om. lac. (12)
relicta   21 ἀλλ' ἡμεῖς] ἀλλήλοις   25 αὐτὴν] τὴν   26 πατρὶ]
πνι   πρὸς τὸν] προσὸν

ἅγιον πνεῦμα τῶν λοιπῶν, οὐ τῶν τυχόντων ὄντων· ὅση γὰρ
δοξολογία τοῦ ὑπερέχοντος θρόνων, κυριοτήτων, ἀρχῶν,
ἐξουσιῶν, καὶ παντὸς ὀνόματος ὀνομαζομένου οὐ μόνον ἐν τῷ cf. Eph i 21
αἰῶνι τούτῳ ἀλλὰ καὶ ἐν τῷ μέλλοντι, πρὸς τούτοις καὶ
5 ἁγίων ἀγγέλων καὶ πνευμάτων καὶ ψυχῶν δικαίων, <τί δεῖ>
καὶ λέγειν; ἀλλ᾽ ὅμως τῶν τοσούτων καὶ τηλικούτων ὑπερέχων
οὐσίᾳ καὶ πρεσβείᾳ καὶ δυνάμει καὶ θειότητι, ἔμψυχος γάρ
ἐστι λόγος, καὶ σοφίᾳ, οὐ συγκρίνεται κατ᾽ οὐδὲν τῷ πατρί.
236 εἰκὼν γάρ ἐστι τῆς ἀγαθότητος αὐτοῦ, καὶ ἀπαύγασμα οὐ Sap Sol vii
10 τοῦ θεοῦ ἀλλὰ τῆς δόξης αὐτοῦ, καὶ τοῦ ἀιδίου φωτὸς αὐτοῦ, 25 f. Heb i 3
καὶ ἀτμὶς οὐ τοῦ πατρὸς ἀλλὰ τῆς δυνάμεως αὐτοῦ, καὶ
ἀπόρροια εἰλικρινὴς τῆς παντοκρατορικῆς δόξης αὐτοῦ, καὶ
ἔσοπτρον ἀκηλίδωτον τῆς ἐνεργείας αὐτοῦ, δι᾽ οὗ ἐσόπτρου
Παῦλος καὶ Πέτρος, καὶ οἱ παραπλήσιοι αὐτοῖς βλέπουσι
15 τὸν θεόν, λέγοντος· Ὁ ἑωρακὼς ἐμὲ ἑώρακε τὸν πατέρα τὸν Jo xiv 9:
πέμψαντά με.   cf. xii 45

26. Λέγει αὐτῷ ἡ γυνή Οἶδα ὅτι Μεσσίας ἔρχεται, Jo iv 25
ὁ λεγόμενος Χριστός· ὅταν ἔλθῃ ἐκεῖνος, ἀναγγελεῖ
ἡμῖν ἅπαντα. Ἄξιον ἰδεῖν πῶς ἡ Σαμαρεῖτις, πλεῖον
20 τῆς Πεντατεύχου Μωσέως μηδὲν προσιεμένη, τὴν παρουσίαν
Χριστοῦ ὡς ἀπὸ τοῦ νόμου μόνου κηρυσσομένην προσδοκᾷ.
καὶ εἰκός γε ἐκ τῆς εὐλογίας τοῦ Ἰακὼβ τῆς πρὸς τὸν
Ἰούδαν ἐλπίζειν αὐτοὺς καὶ τὴν ἐπιδημίαν λέγοντος· Ἰούδα, Ge xlix 8, 10
σὲ αἰνέσαισαν οἱ ἀδελφοί σου· αἱ χεῖρές σου ἐπὶ νώτου τῶν
25 ἐχθρῶν σου· προσκυνήσουσί σοι υἱοὶ τοῦ πατρός σου· καὶ μετ᾽
ὀλίγα· Οὐκ ἐκλείψει ἄρχων ἐξ Ἰούδα καὶ ἡγούμενος ἐκ τῶν
μηρῶν αὐτοῦ, ἕως ἂν ἔλθῃ τὰ ἀποκείμενα αὐτῷ, καὶ αὐτὸς
προσδοκία ἐθνῶν. εἰκὸς δὲ καὶ ἐκ τῶν προφητειῶν τοῦ
Βαλαὰμ τὸ αὐτὸ αὐτοὺς ἐλπίζειν, τῆς τε· Ἐξελεύσεται Num xxiv
30 ἄνθρωπος ἐκ τοῦ σπέρματος αὐτοῦ καὶ κυριεύσει ἐθνῶν 7
πολλῶν, καὶ ὑψωθήσεται ἡ Γὼγ βασιλεία, καὶ αὐξηθήσεται
ἡ βασιλεία αὐτοῦ. θεὸς ὡδήγησεν αὐτὸν ἐξ Αἰγύπτου, ὡς

5 τί δεῖ] om.   9 εἰκών] ἔκων   17 μεσίας   19 ἡμῖν] ὑμῖν

Num xxiv 8 f.

δόξα μονοκέρωτος αὐτῷ· ἔδεται ἔθνη ἐχθρῶν αὐτοῦ καὶ τὰ πάχη αὐτῶν ἐκμυελιεῖ, καὶ ταῖς βολίσιν αὐτοῦ κατατοξεύσει ἐχθρόν· καὶ κατακλιθεὶς ἀνεπαύσατο ὡς λέων καὶ ὡς σκύμνος· τίς ἀναστήσει αὐτόν; οἱ εὐλογοῦντές σε εὐλόγηνται, καὶ οἱ καταρώμενοί σε κεκατήρανται. καὶ ἐν τοῖς ἑξῆς δέ φησιν

Num xxiv 17 ff.

αὐτὸς Βαλαάμ· Δείξω αὐτοῖς, καὶ οὐχὶ νῦν· μακαρίζω, καὶ οὐκ ἐγγίζει. ἀνατελεῖ ἄστρον ἐξ Ἰακὼβ, καὶ ἀναστήσεται ἄνθρωπος ἐξ Ἰσραὴλ, καὶ θραύσει τοὺς ἀρχηγοὺς Μωὰβ, καὶ προνομεύσει πάντας τοὺς υἱοὺς Σήθ. καὶ ἔσται Ἐδὼμ κληρονομία, καὶ ἔσται ἡ κληρονομία Ἡσαῦ ὁ ἐχθρὸς αὐτοῦ, καὶ Ἰσραὴλ ἐποίησεν ἐν ἰσχύϊ. καὶ ἐξεγερθήσεται ἐξ Ἰακὼβ, καὶ ἀπολεῖ σωζόμενον ἐκ πόλεως. ἐπιστήσεις δὲ εἰ καὶ ἡ τοῦ Μωσέως πρὸς Ἰούδαν εὐλογία εἰς Χριστὸν ἀναφέρεσθαι

Deu xxxiii 7

καὶ τοῖς Σαμαρεῦσιν ἂν συνδοκοίη οὕτως ἔχουσα· Εἰσάκουσον, κύριε, φωνὴν Ἰούδα, καὶ εἰς τὸν λαὸν αὐτοῦ ἔλθοις ἄν· αἱ χεῖρες αὐτοῦ ἅμα κρίνουσιν αὐτῷ, καὶ βοηθὸς ἐκ τῶν ἐχθρῶν αὐτοῦ ἔσῃ. ἐπεὶ δὲ αὐχοῦσι πατριάρχην Σαμαρεῖς τὸν Ἰωσὴφ, ἐφίστημι μήποτε τήν τε τοῦ Ἰακὼβ εἰς τὸν Ἰωσήφ τινες αὐτῶν εὐλογίαν καὶ τὴν τοῦ Μωσέως ἐκδέξονται λέγεσθαι εἰς τὴν Χριστοῦ παρουσίαν· τῷ δὲ βουλομένῳ ἔξεσται ἀπ᾽ αὐτῆς τῆς γραφῆς λαβεῖν τὰ ῥητά. καὶ αὐτὸς δὲ ὁ σωτὴρ, εἰδὼς Μωσέα πολλὰ ἀναγεγραφότα τῆς περὶ

Jo v 46

Χριστοῦ προφητείας, φησὶ τοῖς Ἰουδαίοις· Εἰ ἐπιστεύετε Μωσεῖ, ἐπιστεύετε ἂν ἐμοί· περὶ γὰρ ἐμοῦ ἐκεῖνος ἔγραψε. τυπικῶς μὲν οὖν καὶ αἰνιγματωδῶς ἀναφερόμενα εἰς τὸν χριστὸν τῶν ἀναγεγραμμένων ἐν τῷ νόμῳ πλεῖστα ὅσα ἔστιν εὑρεῖν· γυμνότερα δὲ καὶ σαφέστερα ἐγὼ οὐχ ὁρῶ ἐπὶ τοῦ παρόντος ἄλλα τινὰ παρὰ ταῦτα. Μεσσίας μέντοι γε Ἑβραϊστὶ καλεῖται, ὅπερ οἱ μὲν ἑβδομήκοντα Χριστὸς ἡρμήνευσαν· ὁ δὲ Ἀκύλας Ἠλιμμένος.

Jo iv 25

27. Θεωρητέον καὶ τό· Ὅταν ἔλθῃ ἐκεῖνος, ἀναγγελεῖ ἡμῖν ἅπαντα· πότερον ἀπὸ παραδόσεως τῇ Σαμαρείτιδι

1 ἐχθῶν   2 ἐκμυελεῖ   3 κατακλισθεὶς   5 κεκατάρανται
19 αὐτῶν εὐλογίαν] εὐλογίαν αὐτῷ   28 μεσίας

εἴρηται ἢ ἀπὸ τοῦ νόμου; οὐκ ἀγνοητέον μέντοι γε ὅτι
ὥσπερ ἀπὸ Ἰουδαίων ἀνέστη ὁ Ἰησοῦς, Χριστὸς εἶναι οὐ
μόνον λέγων ἀλλὰ καὶ ὑποδεικνύς· οὕτως ἀπὸ Σαμαρέων
Δωσίθεός τις ἀναστὰς ἔφασκεν ἑαυτὸν εἶναι τὸν προεφητευ-
5 μένον χριστόν, ἀφ᾽ οὗ δεῦρο μέχρι εἰσὶν οἱ Δωσιθεινοί,
φέροντες καὶ βίβλους τοῦ Δωσιθέου, καὶ μύθους τινὰς περὶ
αὐτοῦ διηγούμενοι ὡς μὴ γευσαμένου θανάτου ἀλλ᾽ ἐν τῷ
βίῳ που τυγχάνοντος. καὶ ταῦτα μὲν ὡς πρὸς τὴν λέξιν·
ἀλλὰ καὶ ἡ ἑτερόδοξος παρὰ τῇ πηγῇ τοῦ Ἰακώβ, φρέατι cf. Jo iv 12
10 ὑπ᾽ αὐτῆς εἶναι νομιζομένῳ, γνώμῃ ὃν ὑπολαμβάνει εἶναι
τελειότερον λόγον τοῦτον Χριστὸν ὀνομάζουσά φησιν· Ὅταν Jo iv 25
ἔλθῃ ἐκεῖνος, ἀναγγελεῖ ἡμῖν ἅπαντα· παρὼν δὲ αὐτῇ ὁ
προσδοκώμενος καὶ ἐλπιζόμενος φησὶ τό· Ἐγώ εἰμι, ὁ λαλῶν Jo iv 26
σοι. ὅρα δὲ καὶ τὸν Ἡρακλέωνα τί φησι· λέγει γὰρ ὅτι
15 προσεδέχετο ἡ ἐκκλησία τὸν χριστόν, καὶ ἐπέπειστο περὶ
αὐτοῦ ὅτι τὰ πάντα μόνος ἐκεῖνος ἐπίσταται.

28. ΛΈΓΕΙ ΑΥΤῌ Ὁ ἸΗϹΟῦϹ ἘΓώ ΕἸΜΙ, Ὁ ΛΑΛῶΝ ϹΟΙ. Jo iv 26 f.
ΚΑῚ ἘΠῚ ΤΟΎΤῼ ἮΛΘΟΝ ΟἹ ΜΑΘΗΤΑῚ ΑΥΤΟῦ, ΚΑῚ ἘΘΑΎΜΑΖΟΝ
ὍΤΙ ΜΕΤᾺ ΓΥΝΑΙΚῸϹ ἘΛΆΛΕΙ· ΟΥΔΕῚϹ ΜΈΝΤΟΙ ΓΕ ΕἾΠΕ ΤΊ
20 ΖΗΤΕῖϹ; Ἢ ΤΊ ΛΑΛΕῖϹ ΜΕΤ᾽ ΑΥΤῆϹ; Ζητητέον εἴ που ὁ
χριστὸς ἑαυτὸν εὐηγγελίσατο, καὶ συγκριτέον ταῦτα ἀλλή-
λοις, ὥσπερ· Ἐγώ εἰμι ὁ μαρτυρῶν περὶ ἐμαυτοῦ, καὶ Jo viii 18
μαρτυρεῖ περὶ ἐμοῦ ὁ πέμψας με πατήρ· καὶ ἐν τῷ· Εἰ Jo v 46
ἐπιστεύετε Μωυσεῖ, ἐπιστεύετε ἂν ἐμοί· περὶ γὰρ ἐμοῦ ἐκεῖνος
238 ἔγραψε· καὶ εἴ τι τούτοις παραπλήσιον ἔν τινι τῶν εὐαγγε-
λίων εἴρηται. πλὴν ὅσον ἐπὶ τῷ ῥητῷ μανθάνωμεν ἀπ᾽ αὐτοῦ
καὶ ἐντεῦθεν ὅτι πρᾷός ἐστι καὶ ταπεινὸς τῇ καρδίᾳ, μὴ cf. Mt xi 29
ὑπερηφανῶν περὶ τηλικούτων πραγμάτων διαλέγεσθαι
ὑδροφόρῳ γυναικί, διὰ πολλὴν πενίαν ἐξιούσῃ τὴν πόλιν καὶ
30 καμνούσῃ εἰς τὸ ὑδρεύσασθαι. θαυμάζουσί γε καὶ οἱ
μαθηταὶ ἐπελθόντες, προτεθεωρηκότες τὸ μέγεθος τῆς ἐν
αὐτῷ θεότητος, καὶ θαυμάζουσι τίνα τρόπον ὁ τηλικοῦτος
μετὰ γυναικὸς ἐλάλει· ἡμεῖς δὲ ὑπὸ ἀλαζονίας καὶ ὑπὸ
ὑπερηφανίας ἀγόμενοι τοὺς εὐτελεστέρους ὑπερορώμεθά τε

ἐπιλανθανόμενοι τοῦ καθ' ἕκαστον ἄνθρωπον εἶναι τό·
Ποιήσωμεν ἄνθρωπον κατ' εἰκόνα ἡμετέραν, καὶ καθ' ὁμοίω-
σιν ἡμετέραν· καὶ μὴ μεμνημένοι τοῦ πλάσαντος ἐν κοιλίᾳ
καὶ πλάσαντος κατὰ μόνας τὰς καρδίας πάντων ἀνθρώπων
καὶ συνιέντος εἰς πάντα τὰ ἔργα αὐτῶν οὐ γινώσκομεν ὅτι 5
ταπεινῶν ἐστὶ θεὸς καὶ ἐλαττόνων βοηθὸς καὶ ἀντιλήπτωρ
ἀσθενούντων, ἀφηλπισμένων σκεπαστής, καὶ ἀπεγνωσμένων
σωτήρ. οἱονεὶ δὲ καὶ ἀποστόλῳ πρὸς τοὺς ἐν τῇ πόλει
χρῆται τῇ γυναικὶ ταύτῃ, ἐπὶ τοσοῦτον ἐξάψας αὐτὴν διὰ
τῶν λόγων, ἕως ἀφεῖσα τὴν ὑδρίαν αὐτῆς ἡ γυνὴ ἀπελθοῦσα 10
εἰς τὴν πόλιν εἴπῃ τοῖς ἀνθρώποις· Δεῦτε, ἴδετε ἄνθρωπον,
ὃς εἶπέ μοι πάντα ἃ ἐποίησα· μήτι οὗτός ἐστιν ὁ χριστός; ὅτε
ἐξῆλθον ἐκ τῆς πόλεως, καὶ ἤρχοντο πρὸς αὐτόν· καὶ τῇ
τοιᾷδε μὲν μὴ ὑστερῶν, τότε σαφέστατα ἐμφανίζῃ ἑαυτὸν ὁ
λόγος, ὡς ἐλθόντας τοὺς μαθητὰς θαυμάζειν εἰ καὶ αὕτη 15
ἠξίωται, θῆλύς τις καὶ εὐεξαπάτητος οὖσα, τυχεῖν τῆς ὁμι-
λίας πρὸς αὐτὴν τοῦ λόγου. πλὴν πειθόμενοι καλῶς ὑπὸ
τοῦ λόγου πάντα γίνεσθαι οἱ μαθηταὶ οὐκ ἐπιπλήττουσιν
οὐδὲ ἐπαποροῦσι περὶ τῆς πρὸς τὴν Σαμαρεῖτιν ζητήσεως
καὶ τῆς πρὸς αὐτὴν κοινολογίας. τάχα δὲ καὶ καταπεπλή- 20
γασι τὴν πολλὴν χρηστότητα τοῦ λόγου συγκαταβαίνοντος
ψυχῇ ἐξουθενούσῃ Σιών, καὶ πεποιθυίᾳ ἐπὶ τὸ ὄρος Σαμα-
ρείας· διόπερ γέγραπται· Ἐθαύμαζον ὅτι μετὰ γυναικὸς
ἐλάλει καὶ ὁ Ἡρακλέων δέ φησι πρὸς τό· Ἐγώ εἰμι, ὁ
λαλῶν σοι· ὅτι ἐπεὶ ἐπέπειστο ἡ Σαμαρεῖτις περὶ τοῦ 25
χριστοῦ ὡς ἄρα ἐλθὼν πάντα ἀπαγγελεῖ αὐτῇ, φησί
Γίνωσκε ὅτι ἐκεῖνος ὃν προσδοκᾷς ἐγώ εἰμι, ὁ λαλῶν σοι·
καὶ ὅτε ὡμολόγησεν ἑαυτὸν τὸν προσδοκώμενον ἐληλυθέναι,
ἦλθον, φησίν, οἱ μαθηταὶ πρὸς αὐτόν, δι' οὓς ἐλήλυθει εἰς
τὴν Σαμάρειαν. πῶς δὲ διὰ τοὺς μαθητὰς ἐληλύθει εἰς τὴν 30
Σαμάρειαν, οἵτινες καὶ πρότερον αὐτῷ συνῆσαν;

3 πλάσανοντος   10 ἀφεῖσαι   14 ὕστερον   16 καὶ
εὐεξαπάτητος] lac. (+) ἐξαπάτητος   τυχεῖν] τύχη   22 ἐξουθε-
νούσης Σειών   25 post σοι lac. iv circa litt.   εἴπερ   29 ἐληλύθη

29. Ἀφῆκεν οὖν τὴν ὑδρίαν ἀυτῆς ἡ γυνὴ καὶ Jo iv 28 f.
ἀπῆλθεν εἰς τὴν πόλιν καὶ λέγει τοῖς ἀνθρώποις Δεῦτε
ἴδετε ἄνθρωπον ὃς εἶπέ μοι πάντα ὅσα ἐποίησα· μήτι
οὗτός ἐστιν ὁ χριστός; Οὐ μάτην οἶμαι ἀναγεγραφέναι τὸν
εὐαγγελιστὴν καὶ τὰ περὶ τῆς ἀφέσεως τῆς ὑδρίας, ἥντινα
ἀφεῖσα ἡ γυνὴ ἀπῆλθεν εἰς τὴν πόλιν· κατὰ μὲν οὖν τὴν
λέξιν σπουδὴν ἐμφαίνει πλείονα τῆς Σαμαρείτιδος, κατα-
λειπούσης τὴν ὑδρίαν καὶ οὐ τοσοῦτον πεφροντικυίας τοῦ
σωματικοῦ καὶ ταπεινοτέρου καθήκοντος ὅσον τῆς τῶν
πολλῶν ὠφελείας· φιλανθρωπότατα γὰρ κεκίνηται βουλη-
θεῖσα τοῖς πολίταις εὐαγγελίσασθαι τὸν χριστόν, μαρτυ-
ροῦσα αὐτῷ εἰρηκότι αὐτῇ πάντα ἃ ἐποίησε. καλεῖ δὲ
αὐτοὺς ἐπὶ τὸ ἰδεῖν ἄνθρωπον λόγον ἔχοντα μείζονα ἀνθρώ-
που· τὸ γὰρ ὁρατὸν ὀφθαλμοῖς αὐτοῦ ἄνθρωπος ἦν. χρὴ
οὖν καὶ ἡμᾶς ἐπιλανθανομένους τῶν σωματικωτέρων, καὶ
ἀφιέντας αὐτὰ σπεύδειν ἐπὶ τὸ μεταδιδόναι ἧς μετειλήφαμεν
ὠφελείας ἑτέροις· ἐπὶ τοῦτο γὰρ προκαλεῖται ὁ εὐαγγελιστὴς
ἔπαινον τοῖς εἰδόσιν ἀναγινώσκειν ἀναγράφων τῆς γυναικός.
πρὸς μέντοι γε τὴν ἀναγωγὴν σκοπητέον τίς ἡ ὑδρία ἦν
ἀφίησι παραδεξαμένη πως τοὺς Ἰησοῦ λόγους ἡ Σαμαρεῖτις·
καὶ τάχα τὸ δοχεῖον τοῦ σεμνοποιουμένου ἐπὶ βαθύτητι
ὕδατος, τῆς διδασκαλίας, ὧν ἐφρόνει πρότερον ἐξευτελίζουσα
ἀποτίθεται, ἐν τῷ κρείττονι τῆς ὑδρίας λαβοῦσα ἐκ τοῦ
ὕδατος τοῦ γενομένου ἤδη ἐν αὐτῇ ἀρχῆς ὕδατος ἁλλομένου cf. J iv 14
εἰς ζωὴν αἰώνιον· πῶς γὰρ ἂν τοῦ ὕδατος τούτου μὴ μετει-
ληφυῖα φιλανθρώπως Χριστὸν τοῖς πολίταις ἐκήρυσσεν,
θαυμάζουσα αὐτὸν ἀπαγγέλλοντα πάντα ἃ ἐποίησεν, εἰ μὴ
μετειλήφει δι' ὧν ἤκουε τοῦ σωτηρίου ὕδατος; Ῥεβέκκα cf. Ge xxiv
μέντοι καὶ αὐτὴ ὑδρίαν ἔχουσα ἐπὶ τῶν ὤμων, πρὶν συντε- 15 ff.
λέσαι λαλοῦντα ἐν τῇ διανοίᾳ τὸν παῖδα τοῦ Ἀβραάμ,
ἐξεπορεύετο καλὴ τῇ ὄψει παρθένος· ἥτις ἐπείπερ οὐχ

3, 4 μήτι οὗτός] μὴ τοιουτος   14 ὀφθαλμοὺς pr. man. (ut
videtur)   21 σεμνοῦ ποιουμένου   28 δι' ὧν ἤκουε] διηκουεν

ὁμοίως ἤντλει τῇ Σαμαρείτιδι, καταβαίνει ἐπὶ τὴν πηγὴν καὶ πληροῖ τὴν ὑδρίαν, ἀναβάσῃ τε αὐτῇ ἐπιτρέχει εἰς συνάντησιν ὁ τοῦ Ἀβραὰμ παῖς καὶ εἶπε· Πότισόν με μικρὸν ὕδωρ ἐκ τῆς ὑδρίας σου. ἐπεὶ γὰρ παῖς ἦν τοῦ Ἀβραάμ, ἠγάπα κἂν μικροῦ ὕδατος ἀπὸ τῆς ὑδρίας Ῥεβέκκας λαβεῖν· Καὶ ἔσπευσεν ἡ Ῥεβέκκα, καὶ καθεῖλε τὴν ὑδρίαν ἐπὶ τὸν βραχίονα αὐτῆς καὶ ἐπότισεν αὐτόν, ἕως ἐπαύσατο πίνων. ἐπείπερ οὖν ἦν ἐπαινετὴ ἡ τῆς Ῥεβέκκας ὑδρία, οὐ καταλείπεται ὑπ᾽ αὐτῆς, ἡ δὲ τῆς Σαμαρείτιδος οὖσα ὥρᾳ ἕκτῃ ἀφίεται.

30. Ἐνθάδε μὲν δὴ τοῖς Σαμαρείταις γυνὴ εὐαγγελίζεται τὸν χριστόν, ἐπὶ τέλει δὲ τῶν εὐαγγελίων καὶ τὴν ἀνάστασιν τοῦ σωτῆρος τοῖς ἀποστόλοις ἡ πρὸ πάντων αὐτὸν θεασαμένη γυνὴ διηγεῖται. ἀλλ᾽ οὔτε αὐτὴ ὡς τὸ τέλειον τῆς πίστεως εὐαγγελισαμένη εὐχαριστεῖται ὑπὸ τῶν Σαμαρειτῶν λεγόντων· Οὐκέτι διὰ τὴν λαλίαν σου πιστεύομεν· αὐτοὶ γὰρ ἀκηκόαμεν, καὶ οἴδαμεν ὅτι οὗτός ἐστιν ἀληθῶς ὁ σωτὴρ τοῦ κόσμου· ἐκείνη τε τὴν ἀπαρχὴν τῆς ἀφῆς τοῦ χριστοῦ οὐ πιστεύεται, λέγοντος αὐτῇ· Μή μου ἅπτου· ἔμελλε γὰρ Θωμᾶς ἀκούειν· Φέρε τὸν δάκτυλόν σου ὧδε καὶ ἴδε τὰς χεῖράς μου, καὶ φέρε τὴν χεῖρά σου καὶ βάλε εἰς τὴν πλευράν μου. πάντα δὲ ἦν ἃ ἐποίησεν ἡ γυνὴ ἡ πρὸς τοὺς εʹ ἄνδρας κοινωνία, καὶ μετ᾽ ἐκείνους ἡ πρὸς τὸν ἕκτον οὐ γνήσιον ἄνδρα συγκατάβασις, ὅντινα ἀρνησαμένη καὶ τὴν ὑδρίαν καταλείπουσα εἰς ἕβδομον σεμνῶς ἀναπαύεται, προξενοῦσα τὴν ὠφέλειαν καὶ τοῖς ἀπὸ τῶν προτέρων αὐτῇ δογμάτων οἰκοῦσι πόλιν τὴν οἰκοδομὴν τῶν οὐχ ὑγιῶν λόγων, τὴν αὐτὴν τῇ γυναικί· οἷς καὶ αἰτία γίνεται ἐξελθεῖν τῆς πόλεως καὶ ἐλθεῖν πρὸς τὸν Ἰησοῦν. πάνυ δὲ παρατετηρημένως ἐν τοῖς ἑξῆς οἱ Σαμαρεῖται ἐρωτῶσι τὸν Ἰησοῦν, οὐχ ἵνα μείνῃ ἐν τῇ πόλει, ἀλλὰ παρ᾽ αὐτοῖς, τουτέστιν ἵνα γένηται ἐν τῷ ἡγεμονικῷ αὐτῶν· τάχα γὰρ οὐκ ἦν δυνατὸν

9 ὑπ᾽] corr.   25 om. εἰς

μεῖναι αὐτὸν ἐν τῇ πόλει αὐτῶν, ἐπείπερ καὶ αὐτοὶ ἐξῆλθον cf. Jo iv 30
εὐποιοῦντες ἐκ τῆς πόλεως καὶ ἤρχοντο πρὸς αὐτόν. ὅτι δὲ
τοιαῦτά τινα δηλοῦται ἀκριβέστατα εἰς τὰς ἀναγωγὰς,
ἀφορμὰς ἡμῖν διδόντος τοῦ εὐαγγελιστοῦ, ἐκ τούτων κατα-
5 κριτέον. πρότερον μὲν γέγραπται· Ἐξῆλθον ἐκ τῆς πόλεως Jo iv 30
καὶ ἤρχοντο πρὸς αὐτόν· καὶ μετ' ὀλίγα· Ἐκ δὲ τῆς πό- Jo iv 39 f.
λεως ἐκείνης πολλοὶ ἐπίστευσαν εἰς αὐτὸν τῶν Σαμαρειτῶν
διὰ τὸν λόγον τῆς γυναικὸς, μαρτυρούσης ὅτι Εἶπέ μοι Jo iv 29
πάντα ἃ ἐποίησα. ὡς οὖν ἦλθον πρὸς αὐτὸν οἱ Σαμαρεῖται, cf. Jo iv 40
10 ἠρώτων αὐτὸν μεῖναι παρ' αὐτοῖς. καὶ πρότερον οὖν ἐκ τῆς
πόλεως ἤρχοντο πρὸς αὐτὸν, καὶ δεύτερον ἦλθον πρὸς αὐτὸν
οἱ Σαμαρεῖται, ἔτι ὄντα παρὰ τῇ πηγῇ τοῦ Ἰακώβ, οὐ γὰρ
φαίνεται κεκινημένος ἐκεῖθεν, καὶ ἠρώτων αὐτὸν μεῖναι παρ'
αὐτοῖς. οὐ γέγραπται δὲ μετὰ τοῦτο ὅτι εἰσῆλθεν εἰς τὴν
241 πόλιν, ἀλλ'· Ἔμεινεν ἐκεῖ δύο ἡμέρας. ἀλλὰ καὶ ἐν τοῖς
ἑξῆς οὐκ εἴρηται· Μετὰ δὲ τὰς δύο ἡμέρας ἐξῆλθεν ἐκ τῆς Jo iv 43
πόλεως· ἀλλά· Καὶ ἐξῆλθεν ἐκεῖθεν· ὅσον γὰρ ἐπὶ τῷ νοητῷ
πᾶσα ἡ οἰκονομία τῆς ὠφελείας τοῖς Σαμαρεῦσιν παρὰ τῇ
πηγῇ γεγένηται τοῦ Ἰακώβ.
20 31. (30) Ὁ δὲ Ἡρακλέων τὴν ὑδρίαν τὴν δεκτικὴν
ζωῆς ὑπολαμβάνει εἶναι διάθεσιν καὶ ἔννοιαν καὶ τῆς δυνά-
μεως τῆς παρὰ τοῦ σωτῆρος, ἥντινα καταλιποῦσα, φησὶ, παρ'
αὐτῷ, τουτέστιν ἔχουσα παρὰ τῷ σωτῆρι τὸ τοιοῦτον σκεῦος,
ἐν ᾧ ἐληλύθει λαβεῖν τὸ ζῶν ὕδωρ, ὑπέστρεψεν εἰς τὸν
25 κόσμον εὐαγγελιζομένη τῇ κλήσει τὴν Χριστοῦ παρουσίαν·
διὰ γὰρ τοῦ πνεύματος καὶ ὑπὸ τοῦ πνεύματος προσάγεται ἡ
ψυχὴ τῷ σωτῆρι. κατανόησον δὴ εἰ δύναται ἐπαινουμένη
τυγχάνειν ἡ ὑδρία αὕτη πάντη ἀφιεμένη· Ἀφῆκε γὰρ, φησὶ, Jo iv 28
τὴν ὑδρίαν αὐτῆς ἡ γυνή· οὐ γὰρ πρόσκειται ὅτι ἀφῆκεν
30 αὐτὴν παρὰ τῷ σωτῆρι. πῶς δὲ καὶ οὐκ ἀπίθανον καταλι-
ποῦσαν αὐτὴν τὴν δεκτικὴν τῆς ζωῆς διάθεσιν καὶ ἔννοιαν
καὶ τῆς δυνάμεως τῆς παρὰ τοῦ σωτῆρος καὶ τὸ σκεῦος ἐν

22 καταλειποῦσα   23 παρά] περί   τοιοῦτο   30 καταλειποῦσαν
31, 32 ἔννοιαν καί] τὴν ἔννοιαν

ᾧ ἐληλύθει λαβεῖν τὸ ζῶν ὕδωρ, ἀπεληλυθέναι εἰς τὸν κόσμον χωρὶς τούτων εὐαγγελίσασθαι τῇ κλήσει τὴν Χριστοῦ παρουσίαν; πῶς δὲ καὶ ἡ πνευματικὴ μετὰ τοσούτους λόγους οὐ πέπεισται σαφῶς περὶ τοῦ χριστοῦ, ἀλλά

Jo iv 29 f. φησι· Μήτι οὗτός ἐστιν ὁ χριστός; καὶ τό· Ἐξῆλθον δὲ ἐκ τῆς πόλεως· διηγήσατο ἀντὶ τοῦ ἐκ τῆς προτέρας αὐτῶν ἀναστροφῆς οὔσης κοσμικῆς· καὶ ἤρχοντο διὰ τῆς πίστεως, φησὶ, πρὸς τὸν σωτῆρα. λεκτέον δὲ πρὸς αὐτὸν, πῶς μένει παρ' αὐτοῖς τὰς δύο ἡμέρας; οὐ γὰρ τετήρηκεν ὃ προπαρε-

cf. Jo iv 40 θέμεθα ἡμεῖς περὶ τοῦ <μὴ> ἐν τῇ πόλει αὐτὸν ἀναγεγράφθαι μεμενηκέναι τὰς δύο ἡμέρας.

Jo iv 31   32. (31) Ἐν τῷ μεταξὺ ἠρώτων αὐτὸν οἱ μαθηταὶ, λέγοντες Ῥαββεί, φάγε. Μετὰ τὴν περὶ τὸ ποτὸν οἰκονομίαν καὶ τὴν διδασκαλίαν τῆς διαφορᾶς τῶν ὑδάτων ἀκόλουθον ἦν καὶ τὰ περὶ τροφῆς ἀναγεγράφθαι. ἡ μὲν οὖν Σαμαρεῖτις αἰτουμένη πιεῖν διὰ τῶν ἐπαπορήσεων αὐτῆς, οἱονεὶ δὲ διὰ τὸν αἰτήσαντα, οὔτε γὰρ εἶχε δοῦναι τῷ Ἰησοῦ ἄξιον αὐτοῦ πόμα, εἰ κἀκεῖνος ἐν τῷ ἐκείνην αἰτηθεῖσαν ὀρέξαι ἐβούλετο εὐεργετῆσαι διὰ τούτου τοῦ πιεῖν δεδωκυῖαν ἔπρεπεν ἤδη..............ἀπὸ τῆς Σαμαρείτιδος. οἱ δὲ μα-

cf. Jo iv 8 θηταὶ..................ἀπεληλυθότων εἰς τὴν πόλιν, ἵνα τροφὰς ἀγοράσωσιν, ἤτοι εὑρηκότες ἐπιτηδείους τροφὰς παρὰ τοῖς ἑτεροδόξοις, λόγους τινὰς ἁρμόζοντας,............ 242 αὐτῷ Φάγε· καιρὸν νομίσαντες ἐπιτήδειον εἶναι αὐτῷ

cf. Jo iv 28, τροφῆς τὸν μεταξὺ τοῦ ἀπεληλυθέναι εἰς τὴν πόλιν τὴν
30 γυναῖκα καὶ τοῦ ἐληλυθέναι πρὸς αὐτὸν τοὺς Σαμαρείτας· ἐπ' οὐδενὸς γὰρ ξένου παρετίθεσαν αὐτῷ τὴν τροφήν, ἴσως ἐπιτριβείσης ἂν τῆς Σαμαρείτιδος, εἰ ἑώρα τοὺς μαθητὰς τὰ ἀπὸ τῆς πόλεως αὐτῆς τρόφιμα ἤτοι ὄντα ἢ νομιζόμενα παρατιθέναι βουλομένους τῷ διδασκάλῳ. ἀλλ' οὐδὲ ἐνώπιον τῶν Σαμαρειτῶν δεόντως ἂν ἐκεῖνοι ἔλεγον· Ῥαββὶ, φάγε· χρῃζόντων καταλείπειν ἑαυτῶν τὴν πόλιν. διὰ τοῦτο καλῶς

5 μὴ τοιοῦτος   10 μή] om.   17 post Ἰησοῦ] lac. (4)
19 πῖν

πρόσκειται τό· Ἐν τῷ μεταξὺ ἠρώτων αὐτὸν οἱ μαθηταὶ Jo iv 31
λέγοντες Ῥαββὶ, φάγε. διὰ τί δὲ αὐτὸν ἠρώτων, καὶ οὐχὶ
<ἔλεγον αὐτῷ> ἄξιον ἰδεῖν· <ἁπλούσ>τερον γὰρ ἐγέγραπτο·
Ἐν δὲ τῷ μεταξὺ ἔλεγον αὐτῷ οἱ μαθηταί Ῥαββὶ, φάγε. τὸ δὲ
καὶ ἐρωτᾶν ἵνα φάγῃ καὶ ἱκετεύειν <αὐτὸν καὶ> δεῖσθαι τάχα
τι δηλοῖ πρὸ τῆς ἐξετάσεως, ἐνίοτε δὲ καὶ μετὰ τὴν ἐξέτασιν.
καὶ ὅρα μήποτε εὐλαβοῦνται μὴ ....ὁ λόγος.........ταῖς
οἰκεί..................ἢ ἰσχυροποιούμενος τροφαῖς, ἐρωτῶσιν
αὐτὸν εὑρισκομένους ἐδέσθαι· οἷς γὰρ εὑρίσκουσιν οἱ μα-
θηταὶ ἀεὶ τρέφειν τὸν λόγον βούλονται, ἵνα ἰσχυροποιούμενος
καὶ τονούμενος καὶ δυναμούμενος ἐπιπλεῖον παραμείνῃ τοῖς
αὐτὸν τρέφουσιν, ἀντιτρέφων τοὺς παρατιθέντας αὐτῷ τὰ
βρώματα. διὰ τοῦτο ἑστηκέναι φησὶν ἐπὶ τὴν θύραν καὶ cf. Ap iii 20
κρούειν, ἵν᾽ ἐάν τις ἀνοίξῃ τὴν θύραν εἰσέλθῃ πρὸς αὐτὸν
καὶ δειπνήσῃ μετ᾽ ἐκείνου, ὥστε ὕστερον δυνηθέντα τὸν δει-
πνήσαντα ἀντιδειπνισθῆναι ἀπὸ τοῦ δειπνήσαντος λόγου παρὰ
τῷ ἀνθρώπῳ. (32) Ὁ δὲ Ἡρακλέων φησὶν ὅτι ἐβούλοντο
κοινωνεῖν αὐτῷ ἐξ ὧν ἀγοράσαντες ἀπὸ τῆς Σαμαρείας κε-
κομίκεισαν. ταῦτα δὲ φησὶν ἵνα τινὰ............αἱ πέντε cf. Mt xxv
μωραὶ παρθένοι... 1 ff.
ἀπὸ τοῦ νυμφίου. πῶς δὲ οἶμαι.........τὰ αὐτὰ ἔχειν......
λέγονται..............ταῖς ἀποκλισθείσαις μωραῖς παρθένοις
ἄξιον ἰδεῖν κατηγορίαν περιέχοντα τῶν μαθητῶν τοῖς
αὐτοῖς κοιμωμένων ταῖς μωραῖς παρθένοις. ἔστι δὲ καὶ αὐτὸ
ἀνόμοιον τοῦ φωτὸς πρὸς τροφὴν, καὶ τοῦ ποτοῦ πρὸς τὰ
βρώματα...............σαντας αἰτιάσασθαι τὴν ἐκδοχὴν,
καίπερ κατά τι δυνάμενον σαφῆ ποιῆσαι τὸν λόγον ἐχρῆν
αὐτὸν διὰ πλειόνων παραμυθήσασθαι, κατασκευάζοντα τὴν
ἰδίαν ἐκδοχήν.

33. Ὁ δὲ εἶπεν αὐτοῖς Ἐγὼ βρῶσιν ἔχω φαγεῖν, Jo iv 32
ἣν ὑμεῖς οὐκ οἴδατε. Τὸ μὲν ἀνενδεὲς οὐ χρῄζει βρώ-

3 ἔλεγον αὐτῷ] om. lac. (11) relict. ἁπλούστερον] lac. (7)
τερον 5 ἐρωτᾶν] ἐρωτᾷ ἱκετεύειν αὐτὸν καὶ] ἱκετεύει lac. (10)
16 ἀντιδειπνησθῆναι 27 κατά] intra lin.

σεως, τὸ δὲ χρῆζον βρώσεως οὐκ ἔστιν ἀνενδεές. καὶ δῆλον
ὅτι ὁ ἐσθίων οὐχὶ μὴ χρῄζων βρώσεως ἐσθίει, ἀλλὰ χρῄζων
καὶ δεόμενος αὐτῆς. καὶ τὰ μὲν σώματα, ἅτε τῇ φύσει ὄντα
ῥευστά, τρέφεται τῆς τροφῆς ἀναπληρούσης τὸν τόπον τῶν
ἀπορρεόντων· τὰ δὲ κρείττονα σώματος τρέφεται τοῖς ἀσω- 5
μάτοις νοήμασι καὶ λόγοις καὶ πράξεσιν ὑγιέσιν, οὐχὶ εἰς τὸ
μὴ εἶναι διαλυθησόμενα, εἰ μὴ τρέφοιτο· οὐδὲ γὰρ σώματα
μὴ τρεφόμενα εἰς τὸ μὴ εἶναι διαλύεται· ἀπόλλυσι δὲ τὸ
εἶναι τοιάδε, ὅτε οὐ τρέφεται τοῖς τοιοῖσδε τὰ τῆς διαφερούσης
τῶν σωμάτων φύσεως. ὥσπερ δὲ τὰ δεόμενα τροφῆς σώματα 10
οὐδὲ τοῖς ἀπὸ τῶν ποιοτήτων τρέφεται, οὐδὲ ποσότης τροφῶν
ἡ αὐτὴ πᾶσιν ἀρκεῖ, οὕτω νοητέον καὶ ἐπὶ τῶν κρειττόνων
παρὰ τὰ σώματα. καὶ γὰρ ταῦτα τὰ μὲν πλείονος, τὰ δὲ
ἐλάττονος δεῖται τροφῆς, οὐ τῶν ἴσων ὄντα χωρητικά. ἀλλ᾽
οὐδὲ ἡ ποιότης τῶν τρεφόντων λόγων καὶ νοημάτων τῶν ἐν 15
θεωρίᾳ καὶ πράξεων τῶν τούτοις ἁρμοζουσῶν, ἡ αὐτὴ ἁρμόζει

cf. Ro xiv 2 πάσαις ταῖς ψυχαῖς. ἀλλὰ γὰρ καὶ λάχανον καὶ στερεὰ
He v 12 τροφὴ οὐχὶ κατὰ τὸν αὐτὸν καιρὸν τρέφει τοὺς δεομένους τῆς
ἀπὸ τούτων βελτιώσεως. τὰ μὲν γὰρ ἀρτιγέννητα βρέφη,

cf. 1 Pe ii 2 ὥς φησιν ὁ Πέτρος, τὸ λογικὸν ἄδολον γάλα ἐπιποθείτω, καὶ 20
εἴ τις τὴν νηπιότητα ἔχει Κορινθίων, πρὸς οὕς φησιν ὁ

1 Co iii 2 Παῦλος· Γάλα ὑμᾶς ἐπότισα, οὐ βρῶμα· ὁ δὲ ἀσθενῶν διὰ
τὸ μὴ πιστεύειν λάχανα ἐσθιέτω. καὶ τοῦτο δὲ ὁ Παῦλος

Ro xiv 2 διδάσκει λέγων· Ὃς μὲν πιστεύει φαγεῖν πάντα, ὁ δὲ
Pr xv 17 ἀσθενῶν λάχανα ἐσθίει. καὶ ἔστι γέ ποτε ξενισμὸς λαχά- 25
νων πρὸς φιλίαν καὶ χάριν, ὥσπερ καὶ μόσχοι ἀπὸ φάτνης

He v 14 μετὰ ἔχθρας. Τελείων δέ ἐστιν ἡ στερεὰ τροφή, τῶν διὰ
τὴν ἕξιν τὰ αἰσθητήρια γεγυμνασμένα ἐχόντων πρὸς διά-
κρισιν καλοῦ τε καὶ κακοῦ. ἔστι δέ τις καὶ δηλητήριος
τροφή, ἥντινα μανθάνομεν ἀπὸ τῆς τετάρτης τῶν Βασιλειῶν, 30

4 Reg iv 40 λεγόντων πρὸς τὸν Ἐλισαῖον τινων· Θάνατος ἐν τῷ λέβητι,
ἄνθρωπε τοῦ θεοῦ. καὶ ἡ μέν τίς ἐστι τῶν ἀλογωτέρων

11 οὐδὲ 1°] οὔτε   16 om. καί   30 ἀπὸ] ὑπὸ

ψυχῶν πνευματικὴ ποώδης τροφή, καὶ ἄλλη χόρτος ἢ ἄχυρον,
ἅπερ σημαίνεται διὰ τοῦ· Κύριος ποιμανεῖ με, καὶ οὐδέν Ps xxii
με ὑστερήσει. εἰς τόπον χλόης ἐκεῖ με κατεσκήνωσεν· ἐπὶ (xxiii) 1 f.
ὕδατος ἀναπαύσεως ἐξέθρεψέ με. καὶ ὁ Ἡσαΐας δέ φησι·
5 Λέων δὲ ὡς βοῦς ἄχυρον φάγεται. ἀλλὰ καὶ χόρτον τοῖς Is xi 7
κτήνεσιν ἐν τῷ οἴκῳ τῆς Ῥεβέκκας παρατιθέασι τοῦ παιδὸς cf. Ge xxiv
Ἀβράμ. ἐὰν δέ τις ᾖ λογικώτερος καὶ διὰ τοῦτο καὶ νοητὸς 32
ἄνθρωπος τὸν νοητὸν ἄρτον ἐσθίει, ὡς ἐν ψαλμοῖς γέ-
γραπται· Ἄρτος στηρίζει καρδίαν ἀνθρώπου· καὶ τῷ νοητῷ Ps ciii (civ)
10 οἴνῳ εὐφραίνεται οὐκ ἄλλος ἢ ἄνθρωπος· Οἶνος γὰρ εὐφραίνει 15
καρδίαν ἀνθρώπου. ἀναβατέον δὲ τῷ λόγῳ ἀπὸ τῶν ἀλόγων
καὶ τῶν ἀνθρώπων καὶ ἐπὶ τοὺς ἀγγέλους καὶ αὐτοὺς τρεφο-
μένους, οὐ γάρ εἰσι πάντῃ ἀνενδεεῖς. Ἄρτον γοῦν ἀγγέλων Ps lxxvii
ἔφαγεν ἄνθρωπος· μακάριός γε ὁ Ἀβραὰμ δυνηθεὶς τοῖς (lxxviii) 25
15 ἐπιφανεῖσιν αὐτῷ τρισὶν ἐγκρυφίας ἀζύμους παραθεῖναι. cf. Ge xviii 6

34. Ἀλλ᾽ ἤδη ἐπὶ τὸν προκείμενον λόγον τὸν περὶ
τῆς Χριστοῦ βρώσεως ὁδευτέον, ἣν οἱ μαθηταὶ τότε οὐκ
ᾔδεσαν· ἀληθεύει γὰρ λέγων ὁ Ἰησοῦς· Ἐγὼ βρῶσιν ἔχω Jo iv 32
φαγεῖν ἣν ὑμεῖς οὐκ οἴδατε. ὅπερ γὰρ καὶ ἔπραττεν ὁ
20 Ἰησοῦς ποιῶν τὸ θέλημα τοῦ πέμψαντος αὐτόν, τελειῶν cf. Jo iv 34
αὐτοῦ τὸ ἔργον, τοῦτο οὐκ ᾔδεσαν οἱ μαθηταί. ἵνα δὲ νοηθῇ
τρανότερον τό· Ἐγὼ βρῶσιν ἔχω φαγεῖν, ἣν ὑμεῖς οὐκ οἴδατε·
λεγέτω καὶ Παῦλος τοῖς χρείαν ἔχουσι γάλακτος, καὶ οὐ cf. He v 12
στερεᾶς τροφῆς, Κορινθίοις, καὶ γάλα ποτιζομένοις καὶ οὐ cf. 1 Co iii 2
25 βρῶμα, τῷ μηδέπω αὐτοὺς δύνασθαι βρώματος μεταλαμ-
βάνειν· Ἐγὼ βρῶσιν ἔχω φαγεῖν ἣν ὑμεῖς οὐκ οἴδατε. καὶ
ἀεί γε ὁ διαφέρων τοῖς ὑποδεεστέροις καὶ μὴ δυναμένοις τὰ
αὐτὰ τοῖς κρείττοσι θεωρεῖν ἐρεῖ· Ἐγὼ βρῶσιν ἔχω φαγεῖν
ἣν ὑμεῖς οὐκ οἴδατε. καὶ οὐκ ἄτοπόν γε λέγειν μὴ μόνον
30 ἀνθρώπους καὶ ἀγγέλους ἐνδεεῖς εἶναι τῶν νοητῶν τροφῶν,
ἀλλὰ καὶ τὸν χριστὸν τοῦ θεοῦ· καὶ αὐτὸς γάρ, ἵν᾽ οὕτως
εἴπω, ἐπισκευάζεται ἀεὶ ἀπὸ τοῦ πατρὸς τοῦ μόνου ἀνενδεοῦς

18 ἔχει   20 αὐτὸν] αὐτοῖς

καὶ αὐτάρκους αὐτῷ. λαμβάνει δὲ τὰ βρώματα ὁ μὲν πολὺς τῶν μαθητευομένων ἀπὸ τῶν μαθητῶν Ἰησοῦ, κελευομένων παρατιθέναι τοῖς ὄχλοις· οἱ δὲ τοῦ Ἰησοῦ μαθηταὶ ἀπ' αὐτοῦ τοῦ Ἰησοῦ, πλὴν ἔσθ' ὅτε καὶ ἀπὸ ἁγίων ἀγγέλων· ὁ δὲ υἱὸς τοῦ θεοῦ ἀπὸ τοῦ πατρὸς μόνου λαμβάνει τὰ βρώματα, οὐ διά τινος. οὐκ ἄτοπον δὲ καὶ τὸ ἅγιον πνεῦμα τρέφεσθαι λέγειν· ζητητέον δὲ λέξιν γραφῆς ὑποβάλλουσαν ἡμῖν τοῦτο. ὅλον δὲ τὸ μυστήριον τῆς κλήσεως καὶ ἐκλογῆς, τὰ ἐν τῷ μεγάλῳ δείπνῳ ἐστὶ βρώματα· Ἄνθρωπος γάρ, φησίν, ἐποίει δεῖπνον μέγα, καὶ τῇ ὥρᾳ τοῦ δείπνου ἔπεμψε καλέσαι τοὺς κεκλημένους. καὶ ἀναλεκτέον γε ἀπὸ τῶν εὐαγγελίων τὰς περὶ δείπνων παραβολάς. ἀλλὰ καὶ διὰ τοῦ Ἡσαΐου αἱ ἐπαγγελίαι φαγεῖν εἰσι καὶ πιεῖν, λέγοντος· Ἰδοὺ οἱ δουλεύοντές μοι φάγονται, ὑμεῖς δὲ πεινάσετε· ἰδοὺ οἱ δουλεύοντές μοι πίονται, ὑμεῖς δὲ διψήσετε. ἔτι μὴν ἐν τῇ Γενέσει εἰς τὸν παράδεισον τῆς τρυφῆς τίθεται τὸν ἄνθρωπον ὁ θεός, νόμους περὶ τοῦ ἐσθίειν τάδε τινὰ καὶ μὴ ἐσθίειν τάδε διδούς. καὶ ἀθάνατος ἂν ἔμεινεν ὁ ἄνθρωπος, εἰ ἀπὸ παντὸς ξύλου τοῦ ἐν τῷ παραδείσῳ βρώσει ἤσθιεν, ἀπὸ δὲ τοῦ ξύλου τοῦ γινώσκειν καλὸν καὶ πονηρὸν μὴ ἤσθιεν. ὅρα καὶ τὰ ἐν εἰκοστῷ πρώτῳ ψαλμῷ λεγόμενα περὶ τῶν προσκυνούντων διὰ τὸ βεβρωκέναι· Ἔφαγον γάρ, φησί, καὶ προσεκύνησαν πάντες οἱ πίονες τῆς γῆς· διόπερ· Οὐδὲ λιμοκτονήσει κύριος ψυχὴν δικαίαν· ἀλλ' ὅταν ἄδικοι γενώμεθα, ἐξαποστελεῖ λιμὸν ἐπὶ τὴν γῆν, οὐ λιμὸν ἄρτου οὐδὲ δίψαν ὕδατος, ἀλλὰ λιμὸν τοῦ ἀκοῦσαι λόγον κυρίου. ὅσον οὖν προκόπτομεν κρείττονα καὶ πλείονα φαγόμεθα, ἕως τάχα φθάσομεν ἐπὶ τὸ τὴν αὐτὴν βρῶσιν φαγεῖν τῷ υἱῷ τοῦ θεοῦ, ἣν ἐπὶ τοῦ παρόντος οἱ μαθηταὶ οὐκ οἴδασιν. οὐδὲν δὲ εἰς τὴν λέξιν εἶπεν ὁ Ἡρακλέων.

35. Ἔλεγον οὖν οἱ μαθηταὶ πρὸς ἀλλήλους Μή τις ἤνεγκεν αὐτῷ φαγεῖν; Εἰ καὶ σαρκικῶς ὑπολαμβάνει ταῦτα λέγεσθαι ὁ Ἡρακλέων ὑπὸ τῶν μαθητῶν, ὡς ἔτι ταπεινότερον διανοουμένων καὶ τὴν Σαμαρεῖτιν μιμουμένων

λέγουσαν· Οὔτε ἄντλημα ἔχεις, καὶ τὸ φρέαρ ἐστὶ βαθύ· Jo iv 11
ἄξιον ἡμᾶς ἰδεῖν μήποτε βλέποντές τι θειότερον οἱ μαθηταί
φασι πρὸς ἀλλήλους· Μή τις ἤνεγκεν αὐτῷ φαγεῖν; τάχα
γὰρ ὑπενόουν ἀγγελικήν τινα δύναμιν ἐνηνοχέναι αὐτῷ
5 φαγεῖν· καὶ εἰκὸς ὅτι διὰ τοῦτο ἐδιδάσκοντο ὅτι μεῖζόν ἐστιν
ὃ εἶχε βρῶμα φαγεῖν, ὅπερ ἦν ποιῆσαι τὸ θέλημα τοῦ cf. Jo iv 34
πέμψαντος αὐτὸν καὶ τελειῶσαι τὸ ἔργον αὐτοῦ.
36. Λέγει αὐτοῖς ὁ Ἰησοῦς Ἐμὸν βρῶμά ἐστιν Jo iv 34
ἵνα ποιήσω τὸ θέλημα τοῦ πέμψαντός με καὶ τελει-
10 ώσω αὐτοῦ τὸ ἔργον. Πρέπουσα βρῶσις τῷ υἱῷ τοῦ
θεοῦ ὅτε ποιητὴς γίνεται τοῦ πατρικοῦ θελήματος, τοῦτο τὸ
θέλειν ἐν ἑαυτῷ ποιῶν ὅπερ ἦν καὶ ἐν τῷ πατρὶ, ὥστε εἶναι
τὸ θέλημα τοῦ θεοῦ ἐν τῷ θελήματι τοῦ υἱοῦ, καὶ γενέσθαι
τὸ θέλημα τοῦ υἱοῦ ἀπαράλλακτον τοῦ θελήματος τοῦ πατρὸς,
15 εἰς τὸ μηκέτι εἶναι δύο θελήματα ἀλλὰ ἓν θέλημα· ὅπερ ἓν
θέλημα αἴτιον ἦν τοῦ λέγειν τὸν υἱόν· Ἐγὼ καὶ ὁ πατὴρ ἕν Jo x 30
ἐσμεν· καὶ διὰ τοῦτο τὸ θέλημα ὁ ἰδὼν αὐτὸν ἑώρακε τὸν υἱόν, cf. Jo xii 45
ἑώρακε δὲ καὶ τὸν πέμψαντα αὐτόν. καὶ πρέπον γε μᾶλλον
οὕτω νοεῖν ἡμᾶς ποιεῖσθαι ὑπὸ τοῦ υἱοῦ τὸ θέλημα τοῦ πατρὸς,
20 ἀφ' οὗ θελήματος καὶ τὰ ἔξω τοῦ θέλοντος καλῶς ἐγένετο, ἤπερ
μὴ περιεργασαμένους ἡμᾶς τὰ περὶ τοῦ θελήματος νομίζειν
εἶναι τὸ ποιεῖν τὸ θέλημα τοῦ πέμψαντος ἐν τῷ τάδε τινὰ
τὰ ἔξω ποιεῖν. ἐκεῖνο γὰρ, λέγω δὲ τὸ ἔξω τοῦ θέλοντος
γινόμενον χωρὶς τοῦ προειρημένου θελήματος, οὐχ ὅλον μὲν
25 τὸ θέλημα τοῦ πατρός· πᾶν δέ ἐστι τὸ θέλημα τοῦ πατρὸς
ὑπὸ τοῦ υἱοῦ γινόμενον ὅτε τὸ θέλειν τοῦ θεοῦ γενόμενον ἐν
τῷ υἱῷ ποιεῖ ταῦτα ἅπερ βούλεται τὸ θέλημα τοῦ θεοῦ.
μόνος δὲ ὁ υἱὸς πᾶν τὸ θέλημα ποιεῖν χωρήσει τοῦ πατρός·
διόπερ καὶ εἰκὼν αὐτοῦ. ἐπισκεπτέον δὲ καὶ περὶ τοῦ ἁγίου cf. 2 Co iv 4
30 πνεύματος· τὰ δὲ λοιπὰ ἅγια οὐδὲν μὲν ποιήσει παρὰ τὸ
θέλημα τοῦ θεοῦ, καὶ πάντα γε ἃ ποιήσει, ποιήσει κατὰ τὸ

15 ἓν 1°] om.   17 ἰδὼν] εἰδῶν   18 ἑώρακε] ἑώρα   19 νοεῖν]
νοσεν   24 οὐκ ολον   28 ποιεῖ χωρῆσαι   30 ποιῆσαι
31 ἅ] ο

θέλημα τοῦ θεοῦ, οὐ μέντοι γε διαρκεῖ πρὸς τὸ κατὰ τὸ πᾶν θέλημα τυπωθῆναι. καὶ τόδε γε τὸ ἅγιον παρὰ τόδε τὸ ἅγιον μεῖζον ἢ πλεῖον ἢ ἐκτυπώτερον συγκρίσει ἑτέρου χωρήσει ἀπὸ τοῦ πατρικοῦ θελήματος, καὶ πάλιν παρ' ἐκεῖνο ἔσται τι ἄλλο διαφερόντως χωροῦν· πᾶν δὲ καὶ ὅλον τὸ θέλημα τοῦ θεοῦ ποιήσει ὁ εἰπών· <'Εμὸν> βρῶμά ἐστιν ἵνα ποιήσω τὸ θέλημα τοῦ θεοῦ τοῦ πέμψαντός με. μετὰ τοῦτο γοῦν φησὶν εὐχαρίστως περὶ τοῦ θεοῦ· Οὐ δύναται ὁ υἱὸς ποιεῖν ἀφ' ἑαυτοῦ οὐδὲν ἐὰν μή τι βλέπῃ τὸν πατέρα ποιοῦντα· ἃ γὰρ ἐὰν ποιῇ ὁ πατήρ, ταῦτα καὶ ὁ υἱὸς ὁμοίως ποιεῖ. ὁ πατὴρ ἀγαπᾷ τὸν υἱὸν καὶ πάντα δείκνυσιν αὐτῷ ἃ αὐτὸς ποιεῖ. καὶ τάχα διὰ ταῦτα εἰκών ἐστι τοῦ θεοῦ τοῦ ἀοράτου· καὶ γὰρ τὸ ἐν αὐτῷ θέλημα εἰκὼν τοῦ πρώτου θελήματος, καὶ ἡ ἐν αὐτῷ θεότης εἰκὼν τῆς ἀληθινῆς θεότητος· εἰκὼν δὲ καὶ τῆς ἀγαθότητος ὢν τοῦ πατρός φησι· Τί με λέγεις ἀγαθόν; καὶ τοῦτό γε τὸ θέλημα βρῶμά ἐστι τοῦ υἱοῦ ἴδιον αὐτοῦ, δι' ὃ βρῶμά ἐστιν ὅ ἐστιν. ὅτι δὲ τὸ περὶ τῆς διαθέσεώς ἐστι τὸ θέλημα δηλοῖ ἡ ἐπιφερομένη λέξις, δεύτερον λέγουσα μετὰ τὴν ποίησιν τοῦ θελήματος τὸ τελειοῦσθαι τὸ ἔργον τοῦ θεοῦ.

37. Ἐπιπλέον δὲ καὶ περὶ τούτου θεωρητέον, ἵν' εἴδωμεν τί ἐστι καὶ τό· Τελειώσω αὐτοῦ τὸ ἔργον. ὁ μὲν οὖν τις ἁπλούστερον ἐρεῖ ὅτι τὸ προστεταγμένον ἔργον, ὅπερ αὐτοῦ ἐστι τοῦ προστάξαντος, ὡς εἰ ἐπὶ παραδειγμάτων ἐλέγομεν τοὺς οἰκοδομοῦντας ἢ γεωργοῦντας φάσκειν τελειοῦν τὸ ἔργον τοῦ λαβόντος αὐτοὺς ἐπὶ τὸ ἔργον, ἐν τῷ ποιεῖν δι' ὃ παρελήφθησαν· ὁ δέ τις ἐρεῖ ὅτι εἴπερ τελειοῦται τὸ ἔργον τοῦ θεοῦ ὑπὸ τοῦ χριστοῦ, δῆλον ὅτι τοῦτο πρὶν τελειωθῆναι ἀτελὲς ἦν· πῶς οὖν ἀτελὲς ἦν, ἔργον τυγχάνον τοῦ θεοῦ; καὶ πῶς τὸ ἔργον τοῦ θεοῦ τελειοῦται ὑπὸ τοῦ εἰπόντος· Ὁ πατὴρ ὁ πέμψας με μείζων μου ἐστίν; ἡ δὲ τελείωσις τοῦ ἔργου ἡ τοῦ λογικοῦ τελείωσις ἦν· τοῦτο γὰρ ἦλθεν ἀτελὲς

4 χωρίσει   6 ἐμόν] om.   8 οὐ] οὐδὲν
22 ὁ] εἰ   24 εἰ] η

ὃν τέλειον ποιῆσαι ὁ γενόμενος σὰρξ λόγος. ἆρ' οὖν ἐκτίσθη cf. Jo i 14
ἀτελὲς τὸ ἔργον, καὶ πέμπεται ὁ σωτὴρ τὸ ἀτελὲς τελειῶσαι;
καὶ πῶς οὐκ ἄτοπον τὸν μὲν πατέρα ἀτελοῦς ποιητὴν γεγο-
νέναι, τὸν δὲ σωτῆρα τὸ ἀτελὲς τετελειωκέναι, κτισθὲν
5 ἀτελές; ἡγοῦμαι δὴ ἐν τοῖς τόποις βαθύτερόν τι ἐναπο-
κεῖσθαι μυστήριον· τάχα γὰρ οὐ πάντη ἀτελὲς τὸ λογικὸν ἦν
ἅμα τῷ τεθεῖσθαι ἐν τῷ παραδείσῳ. πῶς γὰρ ἂν τὸ πάντη cf. Ge ii 15
ἀτελὲς ἐτίθετο ὁ θεὸς ἐν τῷ παραδείσῳ ἐργάζεσθαι αὐτὸν καὶ
φυλάσσειν; ὁ γὰρ δυνάμενος ἐργάζεσθαι ξύλον ζωῆς, καὶ
10 πάντα δὲ ἃ ἐφύτευσεν ὁ θεὸς καὶ μετὰ ταῦτα ἐξανέτειλεν, cf. Ge ii 9
οὐκ ἂν εὐλόγως λέγοιτο ἀτελές. μήποτε οὖν τέλειος ὢν
πως ἀτελὴς διὰ τὴν παρακοὴν [ὢν] γέγονε, καὶ ἐδεήθη τοῦ
τελειώσοντος αὐτὸν ἀπὸ τῆς ἀτελείας, καὶ διὰ τοῦτο ἐπέμφθη
ὁ σωτήρ, πρῶτον μὲν ἵνα ποιήσῃ τὸ θέλημα τοῦ πέμψαντος cf. Jo iv 34
15 αὐτόν, ἐργάτης αὐτοῦ καὶ ἐνταῦθα γενόμενος, δεύτερον δὲ ἵνα
τελειώσῃ τὸ ἔργον τοῦ θεοῦ, καὶ ἕκαστος τετελειωμένος
οἰκειωθῇ τῇ στερεᾷ τροφῇ καὶ τῇ σοφίᾳ συνῇ. Τελείων δέ He v 14
ἐστιν ἡ στερεὰ τροφή, τῶν διὰ τὴν ἕξιν τὰ αἰσθητήρια
γεγυμνασμένα ἐχόντων πρὸς διάκρισιν καλοῦ τε καὶ κακοῦ.
20 καὶ ὁ λαλῶν σοφίαν φησί· Σοφίαν δὲ λαλοῦμεν ἐν τοῖς 1 Co ii 6
τελείοις. καὶ ὅταν ἕκαστος ἡμῶν, ἔργον θεοῦ, ὑπὸ Ἰησοῦ
τελειωθῇ, ἐρεῖ· Τὸν ἀγῶνα τὸν καλὸν ἠγώνισμαι, τὸν δρόμον 2 Tim iv 7 f.
τετέλεκα, τὴν πίστιν τετήρηκα· λοιπὸν ἀπόκειταί μοι ὁ τῆς
δικαιοσύνης στέφανος. οὐ μόνος δὲ ὁ ἄνθρωπος ἐξέπεσεν ἐκ
25 τελείου ἐπὶ τὸ ἀτελές, ἀλλὰ καὶ ἰδόντες οἱ υἱοὶ τοῦ θεοῦ τὰς Ge vi 2
θυγατέρας τῶν ἀνθρώπων ὅτι καλαί εἰσι καὶ λαβόντες
ἑαυτοῖς ἀπὸ πασῶν ὧν ἐξελέξαντο, καὶ ἁπαξαπλῶς πάντες οἱ
ἀπολείποντες τὸ ἴδιον οἰκητήριον καὶ μὴ τηρήσαντες τὴν Jud 6
ἑαυτῶν ἀρχήν. ἀρχὴν δὲ λέγω οὐ τὴν παραβαλλομένην
30 ἐξουσίᾳ ἀλλὰ τὴν ἀντιδιαστελλομένην τέλει καὶ παρακει-
μένην πρώτῳ, ἵν' ὥσπερ τῷ ἀνθρώπῳ ἡ ἀρχή τις τοῦ εἶναι ἐν
τῷ παραδείσῳ ἦν, τὸ τέλος διὰ τὴν παράβασιν τάχα ἐν ᾅδου

2 τελειώσει 30 post ἀλλὰ] ins. διὰ ἀντιδιαστελομενην

κάτω ἤ τινι τοιούτῳ χωρίῳ, οὕτω καὶ ἑκάστῳ τῶν ἀποπεπτωκότων οἰκεία τις ἀρχὴ τυγχάνῃ δεδομένη. τελειῶν μέντοι γε ὁ Ἰησοῦς τὸ ἔργον τοῦ θεοῦ, λέγω δὲ πᾶν τὸ λογικὸν καὶ οὐ τὸν ἄνθρωπον μόνον, κατὰ τὸν αὐτὸν τρόπον αὐτὸ τελειοῖ· τὰ μὲν γὰρ μακαριώτερα πειθύμενα λόγῳ, μὴ δεηθέντα πόνον, μόνῳ τελειοῦται τῷ λόγῳ· ἕτερα δέ, ἀπειθήσαντα τῷ λόγῳ, χρήζει πόνων ἵνα μετὰ τοὺς πόνους λόγοις προσαχθέντα ὑστερόν ποτε τούτοις τελειωθῇ. πλὴν ἀμφότερα ταῦτα ἐν βρῶμά ἐστιν ἴδιον Ἰησοῦ, τό τε ποιῆσαι τὸ θέλημα τοῦ πέμψαντος αὐτὸν πατρός, καὶ τὸ τελειῶσαι τὸ ἔργον αὐτοῦ.

Jo iv 34   38. Ὁ δὲ Ἡρακλέων διὰ τοῦ· Ἐμὸν βρῶμά ἐστιν ἵνα ποιήσω τὸ θέλημα τοῦ πέμψαντός με· φησὶ διηγεῖσθαι τὸν σωτῆρα τοῖς μαθηταῖς, ὅτι τοῦτο ἦν ὃ συνεζήτει μετὰ τῆς γυναικός, βρῶμα ἴδιον λέγων τὸ θέλημα τοῦ πατρός· τοῦτο γὰρ αὐτοῦ τροφὴ καὶ ἀνάπαυσις καὶ δύναμις ἦν. θέλημα δὲ πατρὸς ἔλεγεν εἶναι τὸ γνῶναι ἀνθρώπους τὸν πατέρα καὶ σωθῆναι, ὅπερ ἦν ἔργον τοῦ σωτῆρος, τοῦ ἕνεκα τούτου ἀπεσταλμένου εἰς Σαμάρειαν, τουτέστιν εἰς τὸν κόσμον. βρῶμα οὖν αὐτὸ ἐξείληφε τοῦ Ἰησοῦ καὶ τὴν μετὰ τῆς Σαμαρείτιδος συζήτησιν, ὅπερ νομίζω σαφῶς παντί τῳ ὁρᾶσθαι καὶ ταπεινῶς ἐξειλῆφθαι καὶ βεβιασμένως. πῶς δὲ τροφὴ τοῦ σωτῆρος τὸ θέλημα τοῦ πατρὸς σαφῶς οὐ παρέστησε· πῶς δὲ καὶ ἀνάπαυσις τὸ θέλημα τοῦ πατρός; λέγει γὰρ ὁ κύριος ἀλλαχοῦ, ὡς οὐ παντὸς τοῦ πατρικοῦ
Mt xxvi 39 θελήματος ἀναπαύσεως αὐτοῦ ὄντος· Πάτερ, εἰ δυνατόν, παρελθάτω τὸ ποτήριον ἀπ' ἐμοῦ· πλὴν οὐ τί ἐγὼ θέλω, ἀλλὰ τί σύ. πόθεν δὲ καὶ ὅτι δύναμις τοῦ σωτῆρος τὸ θέλημα τοῦ θεοῦ;

Jo iv 35   39. Οὐχ ὑμεῖς λέγετε ὅτι ἔτι τετράμηνός ἐστι καὶ ὁ θερισμὸς ἔρχεται; ἰδοὺ λέγω ὑμῖν Ἐπάρατε τοὺς ὀφθαλμοὺς ὑμῶν καὶ θεάσασθε τὰς χώρας ὅτι λευκαί

5 μακαρώτερα πειθομενοι   20 αὐτὸ] αὐτὸν
21 τῆς] τὴν   28 σύ] σοι   δύναμεις

εἰσὶ πρὸς θερισμὸν ἤδη. Πρὸς τοὺς ὑπολαμβάνοντας ἁπλούστερον καὶ σωματικώτερον εἰρῆσθαι τό· Οὐχ ὑμεῖς λέγετε ὅτι τετράμηνός ἐστι καὶ ὁ θερισμὸς ἔρχεται; ταῦτα ἐπαπορητέον, ἵνα πεισθῶσι νοητὰ πολλάκις γυμνὰ αἰσθητῶν καὶ σωματικῶν λελαληκέναι τὸν σωτῆρα. εἴπερ γὰρ ὁ καιρὸς ὅτε ταῦτα ἔλεγεν Ἰησοῦς ὁ πρὸ τετραμήνου τοῦ θερισμοῦ ἦν, δῆλον ὅτι χειμὼν ἦν. θερισμὸς οὖν ἐν τῇ Ἰουδαίᾳ ἄρχεται γίνεσθαι περὶ τὸν παρ᾽ Ἑβραίοις καλούμενον Νίσαν μῆνα, ὅτε ἄγεται τὸ πάσχα, ὡς ἐνίοτε τὰ ἄζυμα ἀπὸ νέου σίτου αὐτοὺς ποιεῖν. ἀλλ᾽ ἔστω μὴ κατ᾽ ἐκεῖνον τὸν μῆνα εἶναι τὸν θερισμόν, ἀλλὰ κατὰ τὸν ἑξῆς ἐκείνῳ τὸν καλούμενον παρ᾽ αὐτοῖς Ἰάρ. καὶ οὕτως ὁ πρὸ τετραμήνου καιρὸς ἐκείνου τοῦ μηνὸς ἀκμαῖός ἐστι χειμών. ἐπὰν οὖν δείξωμεν ὅτι ὅτε ἔλεγε ταῦτα ὁ περὶ τὸν θερισμὸν καιρὸς ἦν ἤτοι ἀκμάζοντα ἢ ἐγγύς που τοῦ λήγειν ὄντα, ἀποδεδειγμένον ἡμῖν ἔσται τὸ προκείμενον. τηρητέον δὴ ὅτι μετὰ τὴν ἐν τῇ Κανᾷ τῆς Γαλιλαίας περὶ τὸ μεταβεβλη- cf. Jo ii 1 ff.
κὸς εἰς οἶνον ὕδωρ οἰκονομίαν καταβεβηκέναι λέγεται ὁ κύριος εἰς Καφαρναοὺμ αὐτὸς καὶ ἡ μήτηρ αὐτοῦ καὶ οἱ Jo ii 12—15
ἀδελφοὶ καὶ οἱ μαθηταί, ἔνθα ἔμεινεν οὐ πολλὰς ἡμέρας· καὶ ἐγγὺς ἦν τὸ πάσχα τῶν Ἰουδαίων, καὶ ἀνέβη εἰς Ἱεροσόλυμα ὁ Ἰησοῦς· ὅτε εὗρεν ἐν τῷ ἱερῷ τοὺς πωλοῦντας βόας καὶ πρόβατα καὶ περιστερὰς καὶ τὰ λοιπὰ τῶν ἀναγεγραμμένων, καὶ ποιήσας φραγέλλιον ἐκ σχοινίων πάντας ἐξέβαλεν ἐκ τοῦ ἱεροῦ. καὶ εἰπών τινα πρὸς τὸν Νικόδημον μετὰ ταῦτα cf. Jo iii 1 ff.
ἦλθεν αὐτὸς καὶ οἱ μαθηταὶ αὐτοῦ εἰς τὴν Ἰουδαίαν γῆν, καὶ Jo iii 22
ἐκεῖ διέτριβε μετ᾽ αὐτῶν καὶ ἐβάπτιζε. πόσον δὴ θήσομεν αὐτὸν διατετριφέναι ἐν τῇ Ἰουδαίᾳ χρόνον βαπτίζοντα μετὰ τὸ πάσχα; οὐ γὰρ σαφῶς γέγραπται. καὶ φαίνεται διὰ τὸ ἐγνωκέναι τοὺς Φαρισαίους ὅτι Ἰησοῦς πλείονας μαθητὰς cf. Jo iv 1
ποιεῖ καὶ βαπτίζει ἢ Ἰωάννης ἀφιεὶς τὴν Ἰουδαίαν καὶ

8 ἄρχεσθαι   12 Ἰάρ] εἰ γάρ   15 ἀκμάζοντα] ἀκ...οντα
17 κανανά   24 om. καὶ   31 ἢ] om. ut videtur

ἀπερχόμενος εἰς τὴν Γαλιλαίαν, ὅτε ἔδει αὐτὸν διέρχεσθαι διὰ τῆς Σαμαρείας, καὶ γενόμενος παρὰ τῇ πηγῇ τοῦ Ἰακὼβ φησὶ τό· Οὐχ ὑμεῖς λέγετε ὅτι τετράμηνός ἐστι καὶ ὁ θερισμὸς ἔρχεται; ἐὰν δέ τις ὑπονοῇ μετὰ τὸ πάσχα πλειόνων μηνῶν χρόνον διατετριφέναι ἐν τῇ Ἰουδαίᾳ τὸν Ἰησοῦν βαπτίζοντα μετὰ τῶν μαθητῶν αὐτοῦ, ὥστε ἐνεστηκέναι ἤδη τὸν πρὸ τετραμήνου τοῦ θερισμοῦ καιρὸν, παραθετέον αὐτῷ ὅτι δύο ἡμέρας μείνας ἐκεῖ παρὰ τοῖς Σαμαρεῦσι, μετὰ ταύτας ἐξῆλθεν εἰς τὴν Γαλιλαίαν, καὶ ἀναγέγραπται, ὡς νεωστὶ τοῦ πάσχα προγεγενημένου καὶ τῶν ἐν Ἱεροσολύμοις πεπραγμένων αὐτῷ, ὅτι· Ὅτε ἦλθεν εἰς τὴν Γαλιλαίαν, ἐδέξαντο αὐτὸν οἱ Γαλιλαῖοι, πάντα ἑωρακότες ὅσα ἐποίησεν ἐν Ἱεροσολύμοις ἐν τῇ ἑορτῇ, καὶ αὐτοὶ γὰρ ἦλθον εἰς τὴν ἑορτήν. ἀλλ᾽ εἰκὸς ὅτι ἐρεῖ τις πρὸς ταῦτα οὐδὲν λυπεῖν πλείονα αὐτὸν διατρίψαντα ἐν τῇ Ἰουδαίᾳ χρόνον ἐληλυθέναι ἐπὶ τὴν πηγὴν τοῦ Ἰακὼβ, ἀπιόντα εἰς τὴν Γαλιλαίαν ὅτε Ἔτι τετράμηνος, εἶπεν, εἰς τὸν θερισμόν· καὶ οὐδὲν ἄτοπόν ἐστι τοὺς Γαλιλαίους διὰ τὰ πρὸ ἡ΄ μηνῶν αὐτῷ γενόμενα ἐν Ἱεροσολύμοις παραδέχεσθαι αὐτόν. λεκτέον δὲ πρὸς αὐτοὺς ὅτι παραγενόμενος 250 εἰς τὴν Γαλιλαίαν ἦλθεν εἰς τὴν Κανᾶ τῆς Γαλιλαίας, ὅπου πρότερον πεποίηκε τὸ ὕδωρ οἶνον, ἔνθα καὶ τὸν τοῦ βασιλικοῦ υἱὸν νοσοῦντα ἐν τῇ Καφαρναοὺμ, εἰπὼν τῷ πατρὶ αὐτοῦ· Ὁ υἱός σου ζῇ· ἐθεράπευσε, καί· Μετὰ ταῦτα ἦν ἑορτὴ τῶν Ἰουδαίων, καὶ ἀνέβη ὁ Ἰησοῦς εἰς Ἱεροσόλυμα· ὅτε τὸν τριάκοντα ὀκτὼ ἔτη ἔχοντα ἐν τῇ ἀσθενείᾳ παραλυτικὸν ἐθεράπευσεν. ἐὰν δὲ αὐτὴ ἡ ἑορτὴ τοῦ πάσχα ἦν, οὐ πρόσκειται τὸ ὄνομα αὐτῆς· στενοχωρεῖ τε τὸ ἀκόλουθον τῆς ἱστορίας, καὶ μάλιστα ἐπεὶ μετ᾽ ὀλίγα ἐπιφέρεται ὅτι Ἦν ἐγγὺς ἡ ἑορτὴ τῶν Ἰουδαίων, ἡ σκηνοπηγία.

40. Τούτων δὴ ἐπιπλεῖον ἐξεταζομένων ἀκόλουθόν ἐστι τῷ βαθύτερον ἐνορῶντι τῷ νῷ τῶν γραφῶν ζητεῖν τί νοῶν

---

2 παρὰ] περὶ   3 post ὅτι] ins. ἔτι intra lin.   5 χρόνον] om.
11 post ὅτε] ins. ἦν   12 ἑορακότες   19 πρὸ η΄] πρώην

τοῖς μαθηταῖς ἔλεγεν ὁ Ἰησοῦς τό· Οὐχ ὑμεῖς λέγετε ὅτι Jo iv 35
τετράμηνός ἐστι καὶ ὁ θερισμὸς ἔρχεται; ἰδοὺ λέγω ὑμῖν
Ἐπάρατε τοὺς ὀφθαλμοὺς ὑμῶν καὶ θεάσασθε τὰς χώρας
ὅτι λευκαί εἰσι πρὸς θερισμὸν ἤδη· ὥσπερ δὲ ἐλέγομεν ἐπὶ
τῶν κατὰ τὴν Σαμαρεῖτιν τὰ περὶ τῶν ὑδάτων ἐξετάζοντες,
οὕτω καὶ ἐνθάδε ποιήσωμεν. τίς γὰρ οὐκ ἂν ὁμολογήσαι
τό· Ἐπάρατε τοὺς ὀφθαλμοὺς ὑμῶν καὶ θεάσασθε τὰς χώρας
ὅτι λευκαί εἰσι πρὸς θερισμὸν ἤδη· πνευματικὸν εἶναι καὶ
γυμνὸν αἰσθητῶν πνευματικόν; ᾧ ἀκόλουθον ἂν εἴη καὶ τὸ
τοὺς μαθητὰς λέγειν μετὰ τετράμηνον ἔσεσθαι τὸν θερισμὸν
τὸν σύγκριτον, ὅσον ἐπὶ τῇ ὑπονοίᾳ αὐτῶν, τῷ ὑπὸ τοῦ
Ἰησοῦ δεικνυμένῳ θερισμῷ. νομίζομεν οὖν τοιαῦτά τινα
εἶναι ἐν τῷ τοὺς μαθητὰς λέγειν ὅτι Τετράμηνός ἐστι καὶ ὁ
θερισμὸς ἔρχεται. οἱ πλεῖστοι τῶν τοῦ λόγου μαθητῶν,
ἐννοοῦντες δυσέφικτον εἶναι τῇ ἀνθρωπίνῃ φύσει τὴν
ἀλήθειαν, ὅτε διειλήφασι περὶ ἑτέρας παρὰ τὴν ἐνεστηκυῖαν
ζωὴν ζωῆς, ἀπαυδήσαντες ἐπὶ τοῦ παρόντος πρὸς τὸ περὶ τῶν
ζητουμένων τέλος, ὑπολαμβάνουσι μετὰ τὴν πρὸς τὰ δ᾽ τῶν
στοιχείων συγγένειαν ὑπερβάντες ταῦτα καταλήψεσθαι τὴν
ἀλήθειαν. φασὶν οὖν κατὰ τὴν τοῦ κυρίου φωνὴν οἱ μαθηταὶ
περὶ τοῦ θερισμοῦ, ὅστις ἐστὶν ἡ συντέλεια τῶν συγκομιστῶν
τῆς ἀληθείας ἔργων, ὅτι μετὰ τὴν ἐνεστηκυῖαν τετράδα
γίνεται. τὸ δὲ τῶν μηνῶν ὄνομα πρὸς τὸ πρέπον τῷ περὶ
τοῦ θερισμοῦ λόγῳ σωματικῷ εἴληπται. οὐ γὰρ ἐχρῆν φά-
σκειν τό· οὐχ ὑμεῖς λέγετε ὅτι Ἔτι τέσσαρες ἡμέραι καὶ
ὁ θερισμὸς ἔρχεται· ἤ· ἔτι τέσσαρα ἔτη καὶ ὁ θερισμὸς
ἔρχεται; μάλιστα ἐπεὶ καὶ τοὺς πολλοὺς καὶ σωματικωτέρους
λανθάνειν ὁ λόγος βούλεται, κρύπτων μὲν τὸ μυστικόν,
ἐμφαίνων δὲ τὸ ἁπλούστερον εἰς τὸ σαφεῖς εἶναι νομίζεσθαι
τοὺς ἀπαγγελλομένους ὑπὸ τοῦ σωτῆρος λόγους. ἢ τάχα τὸ
τῶν μαθητῶν βούλημα λεγόντων· Ἔτι τετράμηνός ἐστι καὶ
ὁ θερισμὸς ἔρχεται· τοιοῦτόν ἐστιν· τέσσαρές εἰσι σφαῖραι

2 ὁ θερισμὸς] ὁρισμὸς   11 ἀπονοίᾳ   τῷ] τῶν
24 λόγῳ] λέγω

τῶν δ' στοιχείων, αἱ ὑποκείμεναι τῇ αἰθερίῳ φύσει, ἐν μέσῳ μὲν καὶ κατωτάτῳ ἡ τῆς γῆς, περὶ αὐτὴν δὲ ἡ τοῦ ὕδατος, καὶ τρίτη ἡ τοῦ ἀέρος, τετάρτη δὲ ἡ τοῦ πυρός, μεθ' ἣν ἡ τῆς σελήνης, καὶ ἑξῆς. καὶ ἐπιστήσωμεν μήποτε ὑπολαμβάνουσιν οἱ μαθηταὶ πρὸς τῇ καθαρωτέρᾳ οὐσίᾳ γενομένους τοὺς ἐντεῦθεν παρεσκευασμένους καταλήψεσθαι τὸ ἀληθές, ὅταν καὶ τὴν τοῦ πυρός τις δύναται σφαῖραν, μὴ καταφθαρεὶς ὑπὸ τῆς ἁμαρτίας, ἥτις ἐστὶν ὕλη τοῦ παντὸς ἐν τοῖς πρὸ τῆς ......αἰθερίους τόπους......χωρίοις. ταύτην δὲ τὴν ὑπόληψιν διελέγχων ὡς οὐχ ὑγιῆ φησιν ὁ γενόμενος σὰρξ λόγος τοῖς ταῦτα νομίζουσι τό· Οὐχ ὑμεῖς λέγετε ὅτι Τετράμηνός ἐστι καὶ ὁ θερισμὸς ἔρχεται; ἰδοὺ λέγω ὑμῖν Ἐπάρατε τοὺς ὀφθαλμοὺς ὑμῶν καὶ θεάσασθε τὰς χώρας ὅτι λευκαί εἰσι πρὸς θερισμὸν ἤδη. καὶ γὰρ ἀδιανόητον ἡμῖν φαίνεται μὴ περὶ ἑνὸς αὐτὸν ἐν τούτοις πᾶσι διαλαμβάνειν θερισμοῦ, ἐπείπερ κατὰ τοὺς ἁπλούστερον ἐκδεχομένους ἀληθὲς λέγουσιν ἐπιπλήξει τοῖς μαθηταῖς, νομίζουσιν, ὡς οἴονται, μετὰ τετράμηνον ἔρχεσθαι τὸν θερισμόν, ὅντινα ἐν τοῖς πρὸ τούτων παρεστήσαμεν μὴ πάνυ τι δύνασθαι μετὰ τετράμηνον ἐνστήσεσθαι. ἄλλως τε καὶ οἱονεὶ τὴν ὑπόνοιαν τῶν μαθητῶν διορθούμενός φησι τό· οὐχ ὑμεῖς μὲν τόδε λέγετε; ἐγὼ δὲ τόδε φημί. πρὸς τούτοις πῶς οὐκ ἄτοπον τὸ μέν· Ἐπάρατε τοὺς ὀφθαλμοὺς ὑμῶν· κατὰ πάντα ἀλληγορῆσαι σαφῶς, καὶ τό· Θεάσασθε τὰς χώρας ὅτι λευκαί εἰσι πρὸς θερισμὸν ἤδη· τὸ δὲ πρὸ τοῦ............ἐρχόμενον τοῦτο· Οὐχ ὑμεῖς λέγετε ὅτι Ἔτι τετράμηνός ἐστι, καὶ ὁ θερισμὸς ἔρχεται· μὴ ἀλληγορικῶς ἐκλαβεῖν;

41. Καὶ ὁ Ἡρακλέων μέντοι γε ὁμοίως τοῖς πολλοῖς ἐπὶ τῆς λέξεως ἔμεινε, μὴ οἰόμενος αὐτὴν ἀνάγεσθαι. φησὶ γοῦν ὅτι τὸν τῶν γενημάτων λέγει θερισμόν, ὡς τούτου μὲν ἔτι διωρίαν ἔχοντος τετράμηνον, τοῦ δὲ θερισμοῦ οὗ αὐτὸς ἔλεγεν ἤδη ἐνεστῶτος. καὶ τὸν θερισμὸν δὲ οὐκ οἶδ' ὅπως

2 ἡ 1°] om.   5 τῇ] τὸ   23 ἀλληγορι   25 forsan legendum πρὸ τούτων συνεχῶς ἐχόμενον

ἐπὶ τῆς ψυχῆς ἐξείληφε τῶν πιστευόντων, λέγων ὅτι ἤδη ἀκμαῖοι καὶ ἕτοιμοί εἰσι πρὸς θερισμὸν, καὶ ἐπιτήδειοι πρὸς τὸ συναχθῆναι εἰς ἀποθήκην, τοῦτ᾽ ἐστι διὰ πίστεως εἰς ἀνάπαυσιν, ὅσαι γε ἕτοιμοι, οὐ γὰρ πᾶσαι· αἱ μὲν γὰρ ἤδη 5 ἕτοιμοι ἦσαν, φησὶν, αἱ δὲ ἔμελλον, αἱ δὲ μέλλουσιν, αἱ δὲ ἐπισπείρονται ἤδη. ταῦτα μὲν οὖν ἐκεῖνος εἶπε. πῶς δὲ οἱ μαθηταὶ ἐπαίροντες τοὺς ὀφθαλμοὺς δύνανται βλέπειν τὰς cf. Jo iv 35 ψυχὰς ἤδη ἐπιτηδείους οὔσας πρὸς τὸ, ὡς οἴεται, εἰς ἀποθήκην εἰσαχθῆναι, οὐκ οἶδα εἰ δύναται παραστῆσαι· καὶ ἔτι 10 γε πῶς ἐπὶ τῶν ψυχῶν ἀληθὲς τό· Ἄλλος ὁ σπείρων, καὶ Jo iv 37 f. ἄλλος θερίζων· καί· Ἀπέστειλα ὑμᾶς θερίζειν ὃ οὐχ ὑμεῖς κεκοπιάκατε. τίνα δὲ τρόπον τό· Ἄλλοι κεκοπιάκασι, καὶ ὑμεῖς εἰς τὸν κόπον αὐτῶν εἰσεληλύθατε· δυνατόν ἐστι παραδέξασθαι ἐπὶ τῆς ψυχῆς; ἡμεῖς οὖν θερισμὸν συναγομένου cf. Jo iv 36 15 καρποῦ εἰς ζωὴν αἰώνιον ἐκλαμβάνομεν κατὰ τὴν τελείωσιν τοῦ σπερματικῶς ἐγκειμένου κατὰ τὰς ἐννοίας ἡμῖν λόγου, ἀπὸ γεωργίας πλείονος τετελειωμένου. πῶς δὲ ὑπὸ ἄλλου σπείρεται καὶ ὑπὸ ἄλλου θερίζεται ἐν τοῖς ἑξῆς διαληψόμεθα.

42. Ἰδοὺ λέγω ὑμῖν Ἐπάρατε τοὺς ὀφθαλμοὺς Jo iv 35
20 ὑμῶν, καὶ θεάσασθε τὰς χώρας, ὅτι λευκαί εἰσι πρὸς θερισμὸν ἤδη. Πολλαχοῦ τῆς γραφῆς κεῖται τό· Ἐπάρατε τοὺς ὀφθαλμοὺς ὑμῶν· προτρεπομένου ἡμᾶς τοῦ θείου λόγου ὑψοῦν καὶ ἐπαίρειν τὰ φρονήματα, καὶ τὸ διορατικὸν, κάτω που κείμενον καὶ συγκύπτον μὴ δυνάμενόν τε ἀνακύψαι cf. Lc xiii 11
25 εἰς τὸ παντελὲς, μετεωρίσαι· ὥσπερ ἐν Ἡσαΐᾳ· Ἐπάρατε εἰς Is xl 26 ὕψος τοὺς ὀφθαλμοὺς ὑμῶν καὶ ἴδετε· τίς κατέδειξε ταῦτα πάντα; καὶ ὁ σωτὴρ δὲ ὅτε μέλλει τοῖς ἐν πεδίῳ συναχθεῖσι λέγειν τοὺς μακαρισμοὺς, ἐπάρας τοὺς ὀφθαλμοὺς αὐτοῦ cf. Lc vi 20 πρὸς τοὺς μαθητὰς λέγει τό· μακάριοι οἵδε καὶ οἵδε· οὐδεὶς
30 γὰρ γνήσιος Ἰησοῦ μαθητὴς κάτω ἐστὶν, ὡς οὐδὲ ὁ ἀναπαυόμενος ἐν τοῖς τοῦ Ἀβραὰμ κόλποις. ὁ γοῦν πλούσιος cf. Lc xvi 23 ὑπάρχων ἐν βασάνοις ἐπάρας τοὺς ὀφθαλμοὺς βλέπει τὸν

32 βασάνοις] βασιλείοις   βλέπειν

Ἀβραάμ, καὶ τὸν Λάζαρον ἐν τοῖς κόλποις αὐτοῦ. πρὸς τούτοις ἡ συγκύπτουσα καὶ μὴ δυναμένη ἀνακύψαι εἰς τὸ παντελές, Ἰησοῦ αὐτὴν ἀνορθώσαντος ἀποτίθεται τὸ συγκύπτειν καὶ τὸ μὴ δύνασθαι ἀνακύπτειν ἵνα ἐπάρῃ τοὺς ὀφθαλμούς. καὶ οὐδείς γε ἐν πάθεσιν ὢν καὶ τῇ σαρκὶ προστετηκὼς, ἢ τοῖς ὑλικοῖς ἐμπεφυρμένος, ἐτήρησε τὴν λέγουσαν ἐντολήν· Ἐπάρατε τοὺς ὀφθαλμοὺς ὑμῶν· διόπερ ὁ τοιοῦτος οὐδὲ θεάσεται τὰς χώρας κἂν ὦσι λευκαὶ πρὸς θερισμὸν ἤδη. 253 ἔτι δὲ οὐδεὶς ἐργαζόμενος τὰ ἔργα τῆς σαρκὸς ἐπῆρε τοὺς ὀφθαλμούς. λευκαὶ δὲ αἱ χῶραι πρὸς θερισμὸν ἤδη εἰσὶν ὅτε πάρεστιν ὁ τοῦ θεοῦ λόγος σαφηνίζων καὶ φωτίζων πάσας τὰς χώρας τῆς γραφῆς, πληρουμένης ἐν τῇ ἐπιδημίᾳ αὐτοῦ. τάχα δὲ καὶ πάντα τὰ αἰσθητὰ μέχρι γε αὐτοῦ τοῦ οὐρανοῦ καὶ τῶν ἐν αὐτῷ αἱ λευκαί εἰσι χῶραι, ἕτοιμοι πρὸς θερισμὸν τοῖς ἐπαίρουσι τοὺς ὀφθαλμούς, σαφῶς παρισταμένου τοῦ περὶ ἑκάστου λόγου τοῖς ἀνειληφόσιν, ἐκ τοῦ τὴν αὐτὴν εἰκόνα μεταμορφοῦσθαι ἀπὸ δόξης εἰς δόξαν, ὀφθαλμῶν ὁμοίωμα τῶν ἑωρακότων πῶς ἕκαστον τῶν γενομένων καλὸν ἦν· τὸ γάρ· Εἶδεν ὁ θεός, καθ' ἕκαστον τῶν κτισμάτων λεγόμενον, ὅτι καλόν· τοιοῦτόν ἐστιν, ὅτι ἐνεῖδεν ὁ θεὸς τοῖς λόγοις ἑκάστου, καὶ εἶδε πῶς καθ' οὓς γέγονεν ἕκαστον τῶν κτισμάτων λόγους ἐστὶ καλόν. εἰ δὲ μὴ οὕτως τις παραδέχεται τό· Εἶδεν ὁ θεὸς ὅτι καλόν· διηγησάσθω πῶς ἐν τῷ· Ἐξαγαγέτω τὰ ὕδατα ἑρπετὰ ψυχῶν ζωσῶν, καὶ πετεινὰ πετύμενα ἐπὶ τῆς γῆς κατὰ τὸ στερέωμα τοῦ οὐρανοῦ· σώζεται τό· Εἶδεν ὁ θεὸς ὅτι καλόν· καὶ μάλιστα ἐπεί· Ἐποίησεν ὁ θεὸς τὰ κήτη τὰ μεγάλα. ἀλλὰ ὁ λόγος ὁ περὶ ἑκάστου τούτων ἐστὶν ὁραθεὶς θεῷ τὸ καλόν. τὰ δ' αὐτὰ καὶ περὶ τοῦ· Ἐξαγαγέτω ἡ γῆ ψυχὴν ζῶσαν κατὰ γένος· τετράποδα καὶ ἑρπετὰ καὶ θηρία τῆς γῆς κατὰ γένος· λεκτέον, οἷς καὶ ἐπιφέρεται τό· Εἶδεν ὁ θεός, ὅτι καλόν. πῶς γὰρ καλὸν τὰ θηρία καὶ τὰ ἑρπετά, εἰ μὴ ἄρα ὁ λόγος ὁ περὶ

3 τό] τά

αὐτῶν ἐστι τὸ καλόν; ταῦτα δ' ἡμῖν λέγεται διὰ τό· Ἐπάρατε Jo iv 35
τοὺς ὀφθαλμοὺς ὑμῶν καὶ θεάσασθε τὰς χώρας ὅτι λευκαί
εἰσι πρὸς θερισμὸν ἤδη· προτρέποντος τοῦ παρόντος τοῖς
μαθηταῖς λόγου τοὺς ἀκροατὰς ἐπαίρειν τοὺς ὀφθαλμοὺς ἐπί
τε τὰς χώρας τῆς γραφῆς καὶ ἐπὶ τὰς χώρας τοῦ ἐν ἑκάστῳ
τῶν ὄντων λόγου, ἵνα τὴν λευκότητα καὶ τὴν λαμπρότητα
θεάσηταί τις τοῦ τῆς ἀληθείας πανταχοῦ φωτός· Πάντα γὰρ Pr viii 9
ἐνώπιον τοῖς νοοῦσι, κατὰ τὸν Σολομῶντα, ὀρθὰ δὲ τοῖς
βουλομένοις ἀπονείμασθαι αἴσθησιν.

43. Ὁ θερίζων μιϲθὸν λαμβάνει, καὶ ϲυνάγει καρ- Jo iv 36
πὸν εἰϲ ζωὴν αἰώνιον, ἵνα ὁ ϲπείρων ὁμοῦ χαίρῃ καὶ ὁ
θερίζων. Ποσαχῶς ὁ θερισμὸς ἐν τῇ γραφῇ λέγεται καὶ
ἐφ' ὅσων τάσσεται νομίζω ἀναγκαῖον εἶναι παραθέσθαι, ἵνα
κατὰ τὸ δυνατὸν ἡμῖν καθαρθέντος τοῦ σημαινομένου δυνη-
θῶμεν ἐνθάδε ἰδεῖν ἐπὶ τίνος τῶν πλειόνων τέτακται ἡ λέξις.
ἐροῦμεν δὴ τὴν ἐν τῷ κατὰ Ματθαῖον, ἡνίκα Προσῆλθον οἱ
μαθηταὶ τῷ κυρίῳ λέγοντες Διασάφησον ἡμῖν τὴν παρα- Mt xiii 36
βολὴν τῶν ζιζανίων τοῦ ἀγροῦ· διδασκαλίαν περὶ ταύτης
τοῦ κυρίου μεθ' ἕτερα λέγουσαν· Ὁ δὲ θερισμὸς συντέλεια Mt xiii 39
αἰῶνός ἐστιν, οἱ δὲ θερισταὶ ἄγγελοί εἰσιν. ἀλλὰ μὴν καὶ
ἐν ἑτέρῳ τόπῳ περὶ τοῦ πλήθους τῶν πιστευόντων, ἀπορούν-
των διδασκαλίας τρανούσης αὐτοῖς περὶ ὧν πιστεύουσι, φησὶν
ὁ σωτὴρ ἡμῶν· Ὁ μὲν θερισμὸς πολύς, οἱ δὲ ἐργάται ὀλίγοι· Mt ix 37 f.
δεήθητε οὖν τοῦ κυρίου τοῦ θερισμοῦ ὅπως ἐκβάλῃ ἐργάτας
εἰς τὸν θερισμὸν αὐτοῦ. πρὸς τούτοις ὁ ἀπόστολος σπόρον
μὲν ὀνομάζει τὴν ἐν τῷ βίῳ τούτῳ εὐποιΐαν ἢ ἁμαρτίαν τῶν
ἀνθρώπων, θερισμὸν δὲ τὰ διὰ τὰ ἐνταῦθα κατορθώματα ἢ
ἁμαρτήματα ἑκάστῳ κατὰ τὴν ἀξίαν ἀποκείμενα, οὕτω λέγων·
Ὃ γὰρ ἐὰν σπείρῃ ἄνθρωπος, τοῦτο καὶ θερίσει· ὅτι ὁ Gal vi 7 f.
σπείρων εἰς τὴν σάρκα ἐκ τῆς σαρκὸς θερίσει φθοράν, ὁ δὲ
σπείρων εἰς τὸ πνεῦμα ἐκ τοῦ πνεύματος θερίσει ζωὴν

8 Σολομῶν   9 ἀπενείμασθαι   13 post τάσσεται] ins. δ
16 om. τὴν   20 μὲν (ut videtur) 26 εὐπορίαν

αἰώνιον. κατὰ τινος δὲ παραπλησίου τοῦ σημαινομένου νομίζω καὶ τὸν προφήτην φερόμενον ἐν ψαλμοῖς εἰρηκέναι· Οἱ σπείροντες ἐν δάκρυσιν, ἐν ἀγαλλιάσει θεριοῦσι. πορευόμενοι ἐπορεύοντο καὶ ἔκλαιον, αἴροντες τὰ σπέρματα αὐτῶν· ἐρχόμενοι δὲ ἥξουσιν ἐν ἀγαλλιάσει, αἴροντες τὰ δράγματα αὐτῶν. κεῖται δὲ τὸ ὄνομα πολλαχοῦ καὶ ἐπὶ τῆς συνηθείας, ὥσπερ καὶ ἐν τῇ Ῥοὺθ διὰ τούτων· Αὗται δὲ παρεγενήθησαν εἰς Βηθλεὲμ ἐν ἀρχῇ θερισμοῦ κριθῶν. πέντε δὴ ἐπὶ τοῦ παρόντος ἐκτεθέντων σημαινομένων, φανερὸν μὲν ὅτι οὐ τὸ ἐν τῇ συνηθείᾳ δηλούμενον ἐνταῦθα εἴρηται, ἀλλ' οὐδὲ τὸ ἐπὶ τῆς συντελείας τεταγμένον· οὔτε γὰρ τὸ ἐν τῇ συνηθείᾳ ὁ θερίζων μισθὸν λαμβάνει καὶ συνάγει καρπὸν εἰς ζωὴν αἰώνιον, οὔτε περὶ τῶν θεριστῶν ἀγγέλων τὸ προτρεπτικὸν εἰς τὸ θερίζειν εὔλογον ἐν τῷ τόπῳ τούτῳ νοεῖν. ἀλλ' οὐδὲ κατὰ τό· Ὁ σπείρων εἰς τὴν σάρκα ἐκ τῆς σαρκὸς θερίσει φθοράν, καὶ ὁ σπείρων εἰς τὸ πνεῦμα ἐκ τοῦ πνεύματος θερίσει ζωὴν αἰώνιον· οἷόν τε ἐνθάδε λαμβάνειν τό· Ὁ θερίζων μισθὸν λαμβάνει καὶ συνάγει καρπὸν εἰς ζωὴν αἰώνιον. κατὰ μὲν γὰρ τὰ ἀποστολικὰ ῥητὰ ὁ αὐτός ἐστιν ὁ σπείρων καὶ ὁ θερίζων, εἴτε εἰς τὴν σάρκα, εἴτε εἰς τὸ πνεῦμα, καὶ διὰ τοῦτο συνάγων ἤτοι φθορὰν ἢ ζωὴν αἰώνιον· κατὰ δὲ τὰ ἐνεστηκότα ἄλλος ἐστὶν ὁ σπείρων καὶ ἄλλος ὁ θερίζων. ὁμοίως δὲ ὁ αὐτὸς μὲν σπείρει καὶ θερίζει καθ' ὃ παρεθέμεθα ἐν ψαλμοῖς ῥητόν, διαφέρον τοῦ ἀποστολικοῦ τῷ μυστικωτέρῳ καὶ ἀπορρητοτέρῳ· τὸ μὲν γὰρ ἀποστολικὸν ἁπλούστερον εἴρηται, οὐ διδάσκον περὶ τῆς διαφόρου φύσεως τῶν σπερμάτων πόθεν λαμβάνεται· τὸ δὲ ἀπὸ τῶν ψαλμῶν δοκεῖ μοι δηλοῦν περὶ τῆς καθόδου τῶν εὐγενεστέρων ψυχῶν, παραγενομένων εἰς τὸν βίον τοῦτον μετὰ τῶν σωτηρίων σπερμάτων, καὶ παραγινομένων γε οἱονεὶ ἀκουσίως μετὰ στεναγμοῦ, ἐπανερχομένων δὲ ἐν ἀγαλλιάσει διὰ τὸ καλῶς γεγεωργηκέναι καὶ ηὐξηκέναι καὶ πεπληθυνκέναι τὰ σπέρ-

5 ἐχόμενοι   7 Αὗται] αὐτὰ εἰ   9, 10 τὸ ἐν] ἦν
12 om. ὁ   17 οιονται

ματα μεθ' ὧν ἐληλύθασιν. ἄλλος δέ ἐστιν ὁ σπείρων καὶ ἄλλος ὁ θερίζων ἐν τῇ προκειμένῃ λέξει.

44. Καὶ ἐρεῖ γε ὁ Ἡρακλέων, τάχα δὲ τούτῳ κατὰ τὴν ἐκδοχὴν ταύτην συμπεριφερόμενός τις καὶ ἐκκλησιαστικός, ὅτι τῷ κατὰ τό· Ὁ θερισμὸς πολὺς, οἱ δὲ ἐργάται ὀλίγοι· Mt ix 37 σημαινομένῳ ὁμοίως ταῦτα εἴρηται, τῷ ἑτοίμους πρὸς θερισμὸν καὶ ἐπιτηδείους πρὸς τὸ ἤδη συναχθῆναι εἰς τὴν ἀποθήκην διὰ τῆς πίστεως εἰς ἀνάπαυσιν εἶναι, καὶ ἐπιτηδείους πρὸς σωτηρίαν καὶ παραδοχὴν τοῦ λόγου· κατὰ μὲν τὸν Ἡρακλέωνα διὰ τὴν κατασκευὴν αὐτῶν καὶ τὴν φύσιν, κατὰ δὲ τὸν ἐκκλησιαστικὸν διά τινα εὐτρεπισμὸν τοῦ ἡγεμονικοῦ ἑτοίμου πρὸς τελείωσιν, ἵνα καὶ θερισθῇ. λεκτέον οὖν πρὸς τοὺς οὕτως ἐκδεξαμένους εἰ βούλονται παραδέξασθαι μήποτε γεγονέναι πρὸ τῆς τοῦ σωτῆρος ἡμῶν ἐπιδημίας θερισμὸν παραπλήσιον τῷ οὕτως ἂν ἐλπισθέντι ἀπὸ τῶν χρόνων τοῦ εὐαγγελικοῦ κηρύγματος. εἰ γὰρ τῷ εἶναι τὸν θερισμὸν πολὺν πολλοὶ πεπιστεύκασι, καίτοι γε ὀλίγων ὄντων τῶν ἐργατῶν ἀποστόλων ὡς πρὸς τὸ πλῆθος τῶν παραδεξαμένων τὸν λόγον, ἤτοι διὰ τό· Θεάσασθε τὰς χώρας, Jo iv 35 ὅτι λευκαί εἰσι πρὸς θερισμὸν ἤδη· οὐδεὶς πρὸ τῆς σωματικῆς τοῦ σωτῆρος ἡμῶν ἐπιδημίας πεπίστευκε, ἀλλ' οὐδὲ γέγονέ τις πιστευόντων ἐργάτης, ὅπερ ἐστὶν ἀτοπώτατον φάσκειν Ἀβραὰμ καὶ Μωσέα καὶ τοὺς προφήτας μήτε τὴν τῶν ἐργατῶν ἐσχηκέναι χώραν, μήτε τὴν τῶν θεριζομένων, ἢ εἴπερ καὶ πρότερον γεγόνασιν ἐργάται καὶ θερισμός, οὐδὲν δόξει παράδοξον ὁ σωτὴρ ἐπαγγέλλεσθαι τοῖς ἐπαίρουσι τοὺς ὀφθαλμοὺς, ἵνα θεάσωνται τὰς χώρας ὅτι λευκαί εἰσι πρὸς θερισμὸν ἤδη. ἐκ τούτων δὴ δύναταί πως εἶναι σαφὲς ὅτι οὐδὲν τῶν προειρημένων ἐστὶν ἐνθάδε νοούμενον κατὰ τὸν θερισμόν· ἀλλ' οὐδὲ τὸ παρὰ τῷ ἀποστόλῳ ἐν ἄλλῳ τόπῳ νοηθὲν ἐνθάδε ἐφαρμόσει, λέγοντι· Ὁ σπείρων φειδο- 2 Co ix 6 μένως φειδομένως καὶ θερίσει· καὶ ὁ σπείρων ἐπ' εὐλογίαις ἐπ' εὐλογίαις καὶ θερίσει.

19 θεάσασθαι (ut saepissime)   21 πεπιστευκέναι   33 θερίσῃ

45. Ζητοῦμεν οὖν ἕβδομον σημαινόμενον κατάλληλον 256 τοῖς προαποδεδομένοις εἰς τό· Οὐχ ὑμεῖς λέγετε Ἔτι τετράμηνός ἐστι καὶ ὁ θερισμὸς ἔρχεται; καὶ εἰς τό· Ἰδοὺ λέγω ὑμῖν Ἐπάρατε τοὺς ὀφθαλμοὺς ὑμῶν καὶ θεάσασθε τὰς χώρας ὅτι λευκαί εἰσι πρὸς θερισμὸν ἤδη. ὁ δὴ περὶ τῆς σαφηνίας τῶν γραφῶν τρανὴς λόγος, ἢ ὁ περὶ τοῦ πῶς πάντα ὅσα ὁ θεὸς ἐποίησε καλὰ λίαν, εἴρηται ἡμῖν ὁ θερισμός, ὅντινα ὁ θερίζων δύο καρποὺς τοῦ θερίζειν ἔχει· ἕνα μὲν ὅτι λαμβάνει μισθόν, ἕτερον δὲ ὅτι συνάγει καρπὸν εἰς ζωὴν αἰώνιον. καὶ νομίζω διὰ μὲν τὰς μετὰ ταῦτα ἐπαγγελίας, ἐσομένας κατὰ τὰ γεγραμμένα· Ἰδοὺ κύριος καὶ ὁ μισθὸς αὐτοῦ ἐν τῇ χειρὶ αὐτοῦ, ἀποδοῦναι ἑκάστῳ κατὰ τὸ ἔργον αὐτοῦ. εἰρῆσθαι τό· Μισθὸν λαμβάνει· διὰ δὲ τὴν ἀπ' αὐτῆς τῆς θεωρίας ὠφέλειαν, αὐτόθεν κατὰ φύσιν οὖσαν τῷ νῷ καὶ τῇ λογικῇ, ἐξαίρετον τυγχάνουσαν καὶ χωρὶς ἑτέρων παρὰ ταύτην ἐπαγγελιῶν, γεγράφθαι τό· Συνάγει καρπὸν εἰς ζωὴν αἰώνιον· ὅπερ εὐπάθειάν τινα τοῦ ἡγεμονικοῦ δηλοῖ, ὡς καὶ ἐν τῷ τρίτῳ τῶν Στρωματέων παρεστήσαμεν διηγούμενοι τό· Ὁ πατήρ σου ὁ βλέπων ἐν τῷ κρυπτῷ ἀποδώσει σοι.

46. Ὁ δὲ Ἡρακλέων τό· Ὁ θερίζων μισθὸν λαμβάνει· εἰρῆσθαι νομίζει ἐπεὶ θεριστὴν ἑαυτὸν λέγει ὁ σωτήρ. καὶ τὸν μισθὸν τοῦ κυρίου ἡμῶν ὑπολαμβάνει εἶναι τὴν τῶν θεριζομένων σωτηρίαν καὶ ἀποκατάστασιν τῷ ἀναπαύεσθαι αὐτὸν ἐπ' αὐτοῖς. τὸ δέ· Καὶ συνάγει καρπὸν εἰς ζωὴν αἰώνιον· φησὶν εἰρῆσθαι, ἢ ὅτι τὸ συναγόμενον καρπὸς ζωῆς αἰωνίου ἐστίν, ἢ καὶ αὐτὸ ζωὴ αἰώνιος. ἀλλὰ αὐτόθεν νομίζω βίαιον εἶναι τὴν διήγησιν αὐτοῦ, φάσκοντος τὸν σωτῆρα μισθὸν λαμβάνειν, καὶ συνχέοντος τὸν μισθὸν καὶ τὴν συναγωγὴν τοῦ καρποῦ εἰς ἕν, ἄντικρυς τῆς γραφῆς δύο πράγματα παριστάσης, ὡς προδιηγησάμεθα. εἰ τοίνυν ἐπιτέτευκται ἡμῖν ἡ ἔπαρσις τῶν ἀποστολικῶν ὀφθαλμῶν καὶ ἡ θέα τῶν χωρῶν, λευκῶν ἤδη πρὸς θερισμὸν οὐσῶν, ἤδη

14 αὐτόθεν   21 νομίζειν   26 ἢ] ον

ἀκολούθως τούτοις ἐξεταστέον τί τό· Ἵνα ὁ σπείρων ὁμοῦ
χαίρῃ καὶ ὁ θερίζων. οἶμαι δὴ ὅτι ἐπὶ πάσης τῆς ἐκ
πλειόνων θεωρημάτων τέχνης καὶ ἐπιστήμης σπείρει μὲν ὁ
τὰς ἀρχὰς εὑρίσκων, ἅστινας ἕτεροι παραλαμβάνοντες καὶ
ἐπεξεργαζόμενοι αὐτὰς, ἑτέροις τὰ ὑπ' αὐτῶν εὑρημένα
παραδιδόντες, αἴτιοι ἐξ ὧν εὑρήκασι γίνονται τοῖς μετα-
γενεστέροις, οὐ δυνηθεῖσι τάς τε ἀρχὰς εὑρεῖν καὶ τὰ ἑξῆς
ἐπισυνάψαι καὶ τὸ τέλος τῶν τεχνῶν καὶ τῶν ἐπιστημῶν
ἐπιθεῖναι, τοῦ συμπληρωθεισῶν τῶν τοιούτων τεχνῶν καὶ
ἐπιστημῶν πλήρη τὸν καρπὸν ὡς ἐν θερισμῷ αὐτῶν ἀναλα-
βεῖν. εἰ δὲ τοῦτο ἐπὶ τεχνῶν ἐστιν ἀληθὲς καί τινων ἐπιστη-
μῶν, πόσῳ πλέον ἐπὶ τῆς τέχνης τῶν τεχνῶν καὶ ἐπιστήμης
τῶν ἐπιστημῶν ἔστι συνιδεῖν; τὰ γὰρ εὑρεθέντα ὑπὸ τῶν
προτέρων ἐπεξεργασάμενοι οἱ μετ' αὐτοὺς παραδεδώκασι τοῖς
ἑξῆς ἐξεταστικῶς προσιοῦσι τοῖς εὑρεθεῖσιν ἀφορμὰς τοῦ
τὸ ἓν σῶμα τῆς ἀληθείας μετὰ σοφίας συναχθῆναι. πληρω-
θέντος δὴ τοῦ παντὸς ἔργου τῆς τέχνης τῶν τεχνῶν, ὁ
σπείρων ὁμοῦ χαίρει καὶ ὁ θερίζων, τοῦ ἀμειβομένου θεοῦ
εἰς ἓν πάντας τέλος συνάγοντος. ὅρα δὲ εἰ οἱ μὲν σπείρον-
τές εἰσι Μωσῆς καὶ προφῆται, γράψαντες τὰ πρὸς νουθεσίαν cf. 1 Co x 11
ἡμῶν, εἰς οὓς τὰ τέλη τῶν αἰώνων κατήντησε, καὶ κηρύξαντες
τὴν Χριστοῦ ἐπιδημίαν· θερίσαντες δὲ οἱ τὸν χριστὸν παρα-
δεξάμενοι καὶ τεθεαμένοι τὴν δόξαν αὐτοῦ ἀπόστολοι, συμ- cf. Jo i 14
φωνοῦσαν τοῖς προφητικοῖς περὶ αὐτοῦ λογικοῖς σπέρμασι,
θερισθεῖσι κατὰ τὴν ἐπεξεργασίαν καὶ κατανόησιν τοῦ
κεκρυμμένου μυστηρίου ἀπὸ τῶν αἰώνων, φανερωθέντος δὲ cf. Eph iii 9;
ἐπ' ἐσχάτου τῶν καιρῶν, ὅπερ ἑτέραις γενεαῖς οὐκ ἐγνω- Eph iii 5
ρίσθη τοῖς υἱοῖς τῶν ἀνθρώπων, ὡς νῦν ἀπεκαλύφθη τοῖς
ἁγίοις ἀποστόλοις αὐτοῦ καὶ προφήταις. σπέρμα δὲ ἦν ὁ
πᾶς λόγος κατὰ ἀποκάλυψιν μυστηρίου χρόνοις αἰωνίοις cf. Ro xvi
σεσιγημένου, καὶ νῦν φανερωθέντος διά τε γραφῶν προφητι- 25 f.
κῶν καὶ τῆς ἐπιφανείας τοῦ κυρίου ἡμῶν Ἰησοῦ Χριστοῦ· cf. 2 Tim i 10

13 συνειδεῖν   18 χαίρῃ   19 εἰ οἱ] οἵοι
24 λογικοῖς] λογικοὶ ὁ

ὅτε τὸ φῶς τὸ ἀληθινὸν πεποίηκε τὰς χώρας, ἐπιλάμψαν αὐταῖς, λευκὰς πρὸς θερισμὸν ἤδη.

47. Κατὰ τοῦτον δὴ τὸν λόγον αἱ χῶραι, ἐν αἷς κατεβέβλητο τὰ σπέρματα, αἱ νομικαὶ καὶ προφητικαί εἰσι γραφαί, αἵτινες οὐκ ἦσαν λευκαὶ τοῖς τὴν παρουσίαν τοῦ λόγου μὴ κεχωρηκόσι, γίνονται δὲ τοιαῦται τοῖς μαθητευομένοις τῷ υἱῷ τοῦ θεοῦ καὶ πειθομένοις λέγοντι· Ἐπάρατε τοὺς ὀφθαλμοὺς ὑμῶν καὶ θεάσασθε τὰς χώρας ὅτι λευκαί εἰσι πρὸς θερισμὸν ἤδη. ὡς γνήσιοι τοίνυν καὶ ἡμεῖς Ἰησοῦ μαθηταὶ ἐπάρωμεν τοὺς ὀφθαλμούς, καὶ τὰς χώρας τὰς ἐσπαρμένας ὑπὸ Μωϋσέως καὶ τῶν προφητῶν θεασώμεθα, ἵνα εἴδωμεν τὴν λευκότητα αὐτῶν, καὶ τίνα τρόπον ἤδη θερίσαι ἐστὶν αὐτὰς καὶ συνάγειν καρπὸν εἰς ζωὴν αἰώνιον, μετὰ τοῦ καὶ μισθὸν ἐλπίζειν ἀπὸ τοῦ κυρίου τῶν κωμῶν καὶ χορηγοῦ τῶν σπερμάτων. τὸ μὲν οὖν τὸν σπείροντα ὁμοῦ καὶ τὸν θερίζοντα χαίρειν, ὅτε ἀπέδρα ὀδύνη καὶ λύπη καὶ στεναγμός, ἐν τῷ μέλλοντι αἰῶνι, πᾶς ὑστισοῦν ὁμολογήσει τῶν ἀνεγνωκότων· Ὅτι πολλοὶ ἀπ' ἀνατολῶν καὶ δυσμῶν ἥξουσι καὶ ἀνακλιθήσονται μετὰ Ἀβραὰμ καὶ Ἰσαὰκ καὶ Ἰακὼβ ἐν τῇ βασιλείᾳ τῶν οὐρανῶν. τὸ δὲ καὶ ἤδη πάντα τὸν σπείροντα μετὰ παντὸς τοῦ θερίζοντος χαίρειν εἴ τις διστάζει παραδέξασθαι, νοησάτω ὅτι θερισμός πως ἦν τις ἡ μεταμόρφωσις Ἰησοῦ ἐν δόξῃ φαινομένου, οὐ μόνον τοῖς θερισταῖς Πέτρῳ καὶ Ἰακώβῳ καὶ Ἰωάννῃ, τοῖς συναναβᾶσιν αὐτῷ, ἀλλὰ καὶ τοῖς σπείρασι Μωσῇ καὶ Ἠλίᾳ· ἅμα γὰρ αὐτοῖς χαίρουσιν ὁρῶντες τὴν δόξαν τοῦ υἱοῦ τοῦ θεοῦ, ἥντινα ἐπὶ τοσοῦτον πεφωτισμένην ὑπὸ τοῦ πατρὸς καὶ φωτίζουσαν τοὺς ὁρῶντας πρότερον οὐχ ἑωράκει Μωσῆς καὶ Ἠλίας, ὡς νῦν θεῶνται ἅμα τοῖς ἁγίοις ἀποστόλοις. ὡς καθολικῷ δὲ ἴσον δυνάμενον λαμβάνομεν τό· Ὁ θερίζων μισθὸν λαμβάνει καὶ συνάγει καρπὸν εἰς ζωὴν αἰώνιον, ἵνα ὁ σπείρων ὁμοῦ χαίρει καὶ ὁ θερίζων· διὰ τὸ ἐν τοῖς ἑξῆς

1 ἐπέλαμψαν χορηγούντων 13 αὐτὰς] αὐτὸν 15 χορηγοῦ τῶν]

πλείονας λέγεσθαι τοὺς θεριστὰς καὶ πλείονας τοὺς κεκοπιακότας, δῆλον ὅτι εἰς τὸ σπεῖραι. λέγεται γὰρ ὡς πρὸς πολλοὺς θεριστὰς τό· Ἐγὼ ἀπέστειλα ὑμᾶς θερίζειν ὃ οὐχ Jo iv 33 ὑμεῖς κεκοπιάκατε· καὶ ὡς πολλῶν ἐν τῷ σπόρῳ κεκμηκότων
5 τό· Ἄλλοι κεκοπιάκασι, καὶ ὑμεῖς εἰς τὸν κόπον αὐτῶν εἰσεληλύθατε. ἴσον δὲ δύναται καθολικῷ τό· Ὁ θερίζων Jo iv 36 μισθὸν λαμβάνει· καὶ τὸ ἑξῆς τοιοῦτον· πᾶς ὁ θερίζων μισθὸν λαμβάνει καὶ συνάγει καρπὸν εἰς ζωὴν αἰώνιον, ἵνα πᾶς ὁ σπείρων ὁμοῦ χαίρῃ καὶ πᾶς ὁ θερίζων.
10 48. Ταῦτα δὲ οἱ μέν τινες ἑτοίμως παραδέξονται, μὴ διστάζοντες περὶ τοῦ τὰ ἀποκεκρυμμένα ταῖς πάλαι γενεαῖς καὶ αὐτῷ Μωσεῖ καὶ τοῖς προφήταις πεφανερῶσθαι τοῖς ἁγίοις ἀποστόλοις κατὰ τὴν Χριστοῦ ἐπιδημίαν, φωτίσαντος cf. Hos x 12 αὐτοῖς τὸ φῶς τὸ τῆς γνώσεως τῆς πάσης γραφῆς· ἕτεροι δὲ
15 ὀκνήσουσι προσέσθαι, μὴ τολμῶντες λέγειν τὸν τηλικοῦτον Μωσέα καὶ τοὺς προφήτας μὴ ἐφθακέναι ἔτι ὄντας ἐν τῷ τῶν ἀνθρώπων βίῳ ἐπὶ τὰ τοῖς ἀποστόλοις νενοημένα, καὶ τοῦτο ταῖς θείαις γραφαῖς ἐνεσπαρμένα ταῖς ὑπ' αὐτῶν διακονηθείσαις. χρήσονται δὲ οἱ πρότεροι τῷ· Πολλοὶ Mt xiii 17
20 προφῆται καὶ δίκαιοι ἐπεθύμησαν ἰδεῖν ἃ ὑμεῖς βλέπετε καὶ οὐκ εἶδον, καὶ ἀκοῦσαι ἃ ἀκούετε καὶ οὐκ ἤκουσαν· καὶ τῷ· Ἰδοὺ, πλεῖον Σολομῶνος ὧδε· καὶ τῷ· Ἑτέραις γενεαῖς οὐκ Mt xii 42 ἐγνωρίσθη τοῖς υἱοῖς τῶν ἀνθρώπων, ὡς νῦν ἀπεκαλύφθη Eph iii 5 f. τοῖς ἁγίοις ἀποστόλοις αὐτοῦ καὶ προφήταις, εἶναι τὰ ἔθνη
259 συγκληρονόμα καὶ σύσσωμα καὶ συμμέτοχα τῆς ἐπαγγελίας ἐν Χριστῷ· καὶ τῷ ἐν τῷ Δανιὴλ γεγραμμένῳ μετά τινα ὅρασιν, ὅτι Ἀνέστην, καὶ οὐκ ἦν ὁ συνιών· καὶ τῷ ἐν τῷ Dan viii 7 Ἡσαΐᾳ· Εἰσὶν οἱ λόγοι τοῦ βιβλίου τούτου ὡς βιβλίον Is xxix 11 f. ἀνθρώπου ἐσφραγισμένον, ὃ ἐὰν δῶσιν αὐτὸ ἀνθρώπῳ μὴ
30 ἐπισταμένῳ γράμματα, λέγοντες Ἀνάγνωθι, ἐρεῖ Οὐκ ἐπίσταμαι γράμματα· καὶ δώσουσιν αὐτὸ ἀνθρώπῳ ἐπισταμένῳ γράμματα, καὶ ἐρεῖ Οὐ δύναμαι ἀναγνῶναι, ἐσφράγι-

17 ἐπεὶ   21 ἃ] om.   τῷ] τὸ
22 τῷ] τὸ   28 λόγου   29 δώσειν pr. man.

σται γάρ. οἱ δὲ δεύτεροι ταῦτα πάντα διαλύσονται τῷ
Σοφὸς νοήσει τὰ ἀπὸ τοῦ ἰδίου στόματος, ἐπὶ δὲ χείλεσι
φορεῖ ἐπιγνωμοσύνην· λέγοντες Μωσέα καὶ ἕκαστον τῶν
προφητῶν τὰ διακονηθέντα ὑπ' αὐτῶν νενοηκέναι, οὐχ ὥστε
καὶ ἑτέροις παραδοῦναι καὶ ἀναπτύξαι τὰ μυστήρια· τοὺς
μέντοι γε ἀποστόλους, ὡς ἐν καιρῷ ἀποκαλύψεως γενομένους,
εἰπεῖν ἄν· Στήκετε καὶ κρατεῖτε τὰς παραδόσεις ἃς ἐδιδά-
χθητε· καί· Ἃ ἤκουσας παρ' ἐμοῦ διὰ πολλῶν μαρτύρων,
ταῦτα παράθου πιστοῖς ἀνθρώποις, οἵτινες ἱκανοὶ ἔσονται
καὶ ἑτέρους διδάξαι· καὶ ὅτι εἰ ἐπεθύμουν πολλοὶ προφῆται
καὶ δίκαιοι ἰδεῖν ἃ ἔβλεπον οἱ ἀπόστολοι, καὶ ἃ ἤκουον
λέγοντος τοῦ σωτῆρος, οὐ πάντως τὰ τῶν νομικῶν γραφῶν
καὶ προφητικῶν ἐπεθύμουν, ἀλλὰ τούτων μείζονα, ἀπαγγελ-
λόμενα πρὸς τοῖς πνευματικοῖς τοῦ νόμου καὶ τοῖς ἀπορρή-
τοις τῶν προφητῶν ὑπὸ τοῦ σωτῆρος τοῖς ἀποστόλοις, ὁποῖα
ἦν τό· Ἤκουσα ἄρρητα ῥήματα, ἃ οὐκ ἐξὸν ἀνθρώπῳ
λαλῆσαι· καὶ παραπλήσια τοῖς ὑπὸ τοῦ παρακλήτου λεγο-
μένοις. ἔτι δὲ καὶ τούτοις τὸ ῥητὸν θεασώμεθα, οἷον εἶναί
τινα διηγεῖται τὸν θερίζοντα μισθὸν λαμβάνειν καὶ συνάγειν
καρπὸν εἰς ζωὴν αἰώνιον ὁ εὐαγγελιστὴς, λέγων· Ἵνα ὁ
σπείρων ὁμοῦ χαίρῃ καὶ ὁ θερίζων. εἰ δὲ, ἵνα ὁ σπείρων
ὁμοῦ χαίρῃ, καὶ ὁ θερίζων μισθὸν λαμβάνει καὶ συνάγει
καρπὸν εἰς ζωὴν αἰώνιον, τάχα ὁ σπείρων, κοινωνῶν τῷ
μισθῷ τοῦ θερίζοντος καὶ τῇ συναγωγῇ τοῦ εἰς ζωὴν
αἰώνιον συναγομένου καρποῦ, ἅμα τῷ θερίζοντι χαρήσεται.
ἄλλος δέ τις ἐρεῖ ὅλα τὰ νομικὰ καὶ τὰ προφητικὰ ἀκριβῶς
κατὰ τὴν πνευματικὴν ἐκδοχὴν νενοημένα Μωσεῖ καὶ τοῖς
προφήταις καὶ ὡς ἐχρῆν κεκαλυμμένως καὶ ἐσκεπασμένως
ἀναγεγραμμένα τὰ ἐσπαρμένα εἶναι· ἐπεὶ δέ· Λόγον σοφὸν
ἐὰν ἀκούσῃ ἐπιστήμων, αἰνέσει αὐτὸν καὶ ἐπ' αὐτὸν προσθή-
σει· δῆλον ὅτι οἱ ἀπόστολοι σπέρμασιν ἀπορρητοτέρων καὶ
βαθυτέρων χρησάμενοι, τοῖς ὑπὸ Μωσέως καὶ τῶν προφητῶν

2 ἐπει   19 τὸν] τοῦ

νενοημένοις, διαβεβήκασιν ἐπὶ τὸ εἰς πολλαπλασίονα φθάσαι
τῆς ἀληθείας θεάματα, Ἰησοῦ ἐπαίροντος αὐτῶν τοὺς ὀφθαλ- cf. Jo iv 35
μοὺς, καὶ φωτίζοντος αὐτῶν τὰς διανοίας, καὶ ἦν τὰ πολλα-
πλασίονα θερισμὸς τῶν πολλῶν χωρῶν· οὐχ ὡς ὑποδεέστεροι
δὲ οἱ προφῆται καὶ Μωσῆς ἀρχῆθεν οὐκ εἶδον ὅσα οἱ
ἀπόστολοι κατὰ τὴν Ἰησοῦ ἐπιδημίαν, ἀλλ' ὡς περιμένοντες
τὸ πλήρωμα τοῦ χρόνου, ἐν ᾧ ἐχρῆν μετὰ τοῦ ἐξαιρέτου τῆς
Ἰησοῦ Χριστοῦ ἐπιδημίας καὶ ἐξαίρετα παρὰ τὰ λελαλη-
μένα πώποτε ἐν τῷ κόσμῳ ἢ γεγραμμένα ἀποκαλυφθῆναι
ἀπὸ τοῦ οὐχ ἁρπαγμὸν ἡγησαμένου τὸ εἶναι ἴσα θεῷ, ἀλλ' Phil ii 6 f.
ἑαυτὸν κενώσαντος καὶ μορφὴν δούλου εἰληφότος.

49. (47) Ἐν γὰρ τούτῳ ὁ λόγος ἐστὶν ἀληθινὸς Jo iv 37
ὅτι ἄλλος ἐστὶν ὁ σπείρων καὶ ἄλλος ὁ θερίζων. Εἴτε
κατὰ τὸ ἀπὸ τῶν τεχνῶν καὶ τῶν ἐπιστημῶν ληφθὲν παρά-
δειγμα ἐκλαμβάνοιμεν τὰ κατὰ τὸν τόπον, σαφὲς πῶς
ἀληθινὸς λόγος ἐστὶ τὸ ἄλλον μὲν εἶναι τὸν σπείροντα ἄλλον
δὲ τὸν θερίζοντα· εἴτε κατὰ τὸ ἐσπαρκέναι μὲν Μωσέα καὶ
τοὺς προφήτας, τεθεωρηκέναι δὲ λευκῶν γενομένων τῶν
χωρῶν τοὺς ἐπάραντας τοὺς ὀφθαλμοὺς κατὰ τὰς ὑποθήκας
τοῦ σωτῆρος ἡμῶν Ἰησοῦ, ἵνα θεάσωνται τὰς χώρας πῶς
ἦσαν λευκαὶ πρὸς θερισμὸν ἤδη, καὶ οὕτω δῆλον πῶς ἄλλος
ὁ σπείρων καὶ ἄλλος ὁ θερίζων. σκόπει δὲ εἰ τὸ ἄλλος
καὶ ἄλλος δυνατὸν νοῆσαι διὰ τὸ ἐκείνους μὲν ἐπὶ τοιᾷδε
βίου ἀγωγῇ δικαιοῦσθαι, τούτους δὲ ἐπὶ ἑτέρᾳ παρ' ἐκείνην,
ὥστε εἰπεῖν ἄλλον μὲν τὸν νομικὸν, ἄλλον δὲ τὸν εὐαγγελι-
κόν. πλὴν ἅμα χαίρουσιν ἑνὸς τέλους ἀπὸ ἑνὸς θεοῦ διὰ
ἑνὸς Χριστοῦ ἐν ἑνὶ ἁγίῳ πνεύματι ἀμφοτέροις ἀποκειμένου.

(48) Ὁ δ' Ἡρακλέων τό· Ἵνα ὁ σπείρων ὁμοῦ χαίρῃ καὶ ὁ Jo iv 36
θερίζων· οὕτω διηγήσατο· χαίρει μὲν γὰρ, φησὶν, ὁ σπείρων
ὅτι σπείρει, καὶ ὅτι ἤδη τινὰ τῶν σπερμάτων αὐτοῦ συνάγε-
ται, ἐλπίδα ἔχων τὴν αὐτὴν καὶ περὶ τῶν λοιπῶν· ὁ δὲ
θερίζων ὁμοίως ὅτι καὶ θερίζει· ἀλλ' ὁ μὲν πρῶτος ἤρξατο

5 οὐκ εἶδον] om.   26 τέλος   32 ὅτι] τί   θερίσει

σπείρων, ὁ δεύτερος θερίζων. οὐ γὰρ ἐν τῷ αὐτῷ ἐδύναντο ἀμφότεροι ἄρξασθαι· ἔδει γὰρ πρῶτον σπαρῆναι, εἶθ᾽ ὕστερον θερισθῆναι. παυσαμένου μέντοι γε τοῦ σπείροντος σπείρειν, ἔτι θεριεῖ ὁ θερίζων· ἐπὶ μέντοι τοῦ παρόντος ἀμφότεροι τὸ ἴδιον ἔργον ἐνεργοῦντες ὁμοῦ χαίρουσι, κοινὴν χαρὰν τὴν τῶν σπερμάτων τελειότητα ἡγούμενοι. ἔτι δὲ καὶ εἰς τό·

Jo iv 37
Ἐν τούτῳ ἐστὶν ὁ λόγος ἀληθινὸς ὅτι ἄλλος ἐστὶν ὁ σπείρων καὶ ἄλλος ὁ θερίζων· φησίν· ὁ μὲν γὰρ ὑπὲρ τὸν τόπον υἱὸς ἀνθρώπου σπείρει· ὁ δὲ σωτήρ, ὧν καὶ αὐτὸς υἱὸς ἀνθρώπου, θερίζει καὶ θεριστὰς πέμπει τοὺς διὰ τῶν μαθητῶν νοουμένους ἀγγέλους, ἕκαστον ἐπὶ τὴν ἑαυτοῦ ψυχήν. οὐ πάνυ δὲ σαφῶς ἐξέθετο τοὺς δύο υἱοὺς τοῦ ἀνθρώπου τίνες εἰσίν, ὧν ὁ εἷς σπείρει καὶ ὁ εἷς θερίζει.

Jo iv 38
50. (49) Ἐγὼ ἀπέϲτειλα ὑμᾶϲ θερίζειν ὃ οὐχ ὑμεῖϲ κεκοπιάκατε· ἄλλοι κεκοπιάκαϲι, καὶ ὑμεῖϲ εἰϲ τὸν κόπον αὐτῶν εἰϲεληλύθατε. Οὐ χαλεπὸν ἐκ τῶν προειρημένων θεωρῆσαι πῶς ἀπέστειλεν ὁ Ἰησοῦς τοὺς μαθητὰς θερίζειν τοῦτο, εἰς ὃ οὐκ αὐτοὶ κεκοπιάκασιν ἀλλ᾽ οἱ πρὸ αὐτῶν· καμόντος γὰρ Μωσέως καὶ τῶν προφητῶν ἵνα χωρῆσαι δυνηθῶσι νοῆσαι τὰ μυστήρια, ὧν τὰ ἴχνη ἐν τοῖς γράμμασιν ἑαυτῶν ἡμῖν καταλελοίπασιν, εἰς τὸν Μωσέως καὶ τῶν προφητῶν κόπον οἱ ἀπόστολοι εἰσεληλύθασιν, Ἰησοῦ μυσταγωγοῦντος, θερίζοντες καὶ συνάγοντες εἰς τὰς ἀποθήκας τῆς ψυχῆς ἑαυτῶν τὸν ἐν ἐκείνοις νοῦν. καὶ ἀεὶ δὲ ὁ λόγος τοῖς μαθητευομένοις γνησίως ποιεῖ τοὺς τῶν προτέρων καμάτους σαφεστέρους, χωρὶς τοῦ ὁμοίου τοῖς σπείρασι κόπου. εἰς ὅλα δὲ τὰ περὶ τῶν ὑπὸ ἄλλων θεριζομένων καὶ τοῦτο ἐπισκοπητέον, μήποτε ἀγγέλων ἐπὶ τῆς σπορᾶς τῶν ἀνθρώπων τεταγμένων οἱ συνεργοὶ τῆς τελειώσεως τῶν ἐσπαρμένων ἀπόστολοι εἰς τὸν ἑτέρων κάματον εἰσέρχονται θερίζοντες καὶ καρποὺς ἐν τοῖς ὠφελημένοις εὑρίσκοντες, οὕστινας

4 ἐπει   9 υἱὸς 1°] υἱὸν   16 αὐτὸν   22 κόπων
27 τῶν] τοῦ   30 θερίζοντος

ἡ Ἰησοῦ ἐπιδημία ἑτοίμους πρὸς θερισμὸν καὶ πρὸ τῆς cf. Jo iv 35
ἐλπιζομένης τετραμήνου πεποίηκεν. ἐὰν δὲ ταῦθ᾽ οὕτως
ἔχει, θεωρῆσαι ἄξιον εἰ καματηρά ἐστιν ἡ τῶν ἀγγέλων
πρὸς τὸ ἐνσπείρεσθαι ψυχὰς σώμασι λειτουργία, δύο τινὰ
5 συναγόντων τῇ φύσει ἐναντία εἰς κρᾶσιν μίαν, καὶ ἐν καιρῷ
τῷ τεταγμένῳ ἀρχομένων τε τὴν περὶ ἑκάστου ποιεῖν οἰκονο-
μίαν καὶ εἰς τελεσφόρησιν προαγόντων τὸν προπεπλασμένον.
ἀλλ᾽ ἐρεῖ τις τούτοις ἐναντίον εἶναι τὸ αὐτὸν λέγεσθαι
πλάσσειν τὸν θεὸν ἔν τε τῷ· Αἱ χεῖρές σου ἐποίησάν με καὶ Ps cxviii (cxix) 73
10 ἔπλασάν με· καὶ ἐν τῷ· Πρὸ τοῦ με πλάσαι σε ἐν κοιλίᾳ Jer i 5
ἐπίσταμαί σε, καὶ πρὸ τοῦ σε ἐξελθεῖν ἐκ μήτρας ἡγίακά
262 σε. πρὸς τοῦτο λεκτέον ὅτι ὥσπερ ὁ νόμος διετάγη δι᾽ ἀγ- cf. Ga iii 19
γέλων, <καὶ ὁ δι᾽ ἀγγέλων> λαληθεὶς λόγος ἐγένετο βέβαιος, cf. He ii 2
δῆλον δ᾽ ὅτι ὑπὸ θεοῦ λαληθείς, οὕτως ἐνδέχεται καὶ διὰ τῶν
15 τεταγμένων ἐπὶ τῆς γενέσεως ἀγγέλων θεὸν πλάττειν ἐν
κοιλίᾳ λέγειν. οὐκ οἶδα δὲ εἰ χώραν ἔχει εἰς τὸ ἠπορημένον
καὶ τοιοῦτόν τι λέγειν, ὅτι οἱ εἰπόντες· Αἱ χεῖρές σου
ἐποίησάν με καὶ ἔπλασάν με· Ἰὼβ καὶ Δαβὶδ μερίδος ὄντες
θεοῦ ἐπλάσθησαν, καὶ ὁ Ἰερεμίας ἀκούων· Πρὸ τοῦ με πλάσαι
20 σε ἐν κοιλίᾳ ἐπίσταμαί σε· ὡς τῆς μερίδος ἐσόμενος τοῦ θεοῦ
πέπλασται ὑπ᾽ αὐτοῦ· οἱ δὲ τῶν ἑτέρων μερίδες ὄντες ὑπὸ τῶν
λαχόντων αὐτοὺς πλάττονται. καὶ περιεργότερόν γε οὕτως
ὁ λόγος ἐκλήψεται τό· Ποιήσωμεν ἄνθρωπον κατ᾽ εἰκόνα καὶ Ge i 26
ὁμοίωσιν ἡμετέραν· τοῦτο λέγοντος τοῦ θεοῦ περὶ πάντων
25 ἀνθρώπων καὶ προκαταρχομένου τοῦ ἔργου, ὅπερ ἔργον
ὕστερον καὶ ὑπὸ τῶν λοιπῶν, πρὸς οὓς ὁ λόγος, κατὰ τὴν
οἰκείαν μερίδα γίνεται, τούτοις λέγοντος τοῦ θεοῦ· Ποιήσωμεν
ἄνθρωπον· οἷς καί φησιν ἐπὶ τῆς τῶν διαλέκτων συγχύσεως·
Δεῦτε καὶ καταβάντες συγχέωμεν ἐκεῖ αὐτῶν τὴν γλῶσσαν. Ge xi 7
30 ταῦτα δὲ οὐκ ἀποφαινόμενοι λέγομεν, πολλῆς γὰρ βασάνου
τὰ τηλικαῦτα χρῄζει, ἵν᾽ εὑρεθῇ πότερον οὕτως ἔχει ἢ ἑτέρως.
οὐ καταφρονητέον δὲ καὶ τῆς τοιαύτης ἐκδοχῆς· ἕκαστος τῶν

4 ψυχαῖς   5 ἐναντίων   10 με πλάσαι] μεταπλάσαι   12 post πρὸς ins. τὸ intra lin.   13 καὶ ὁ δι᾽ ἀγγέλων] om.   15 ἐπί] εἴη

Deut xxxii 8 f.
ἀνθρώπων μερίς ἐστί τινος κατὰ τό· "Ὅτε διεμέριζεν ὁ ὕψιστος ἔθνη, καὶ ὡς διέσπειρεν υἱοὺς Ἀδάμ, ἔστησεν ὅρια ἐθνῶν κατὰ ἀριθμὸν ἀγγέλων θεοῦ· καὶ ἐγενήθη μερὶς κυρίου λαὸς αὐτοῦ Ἰακώβ, σχοίνισμα κληρονομίας αὐτοῦ Ἰσραήλ. εἰ δὲ μερίς ἐστι πάντως ἕκαστός τινος, διασπείραντος τοῦ 5 θεοῦ τοὺς Ἀδὰμ υἱούς, ἕκαστος μὲν τῶν ἀγγέλων κάμνει περὶ τὴν ἰδίαν μερίδα, οἰκονομῶν τὰ κατ' αὐτήν· ἐν δὲ τῇ

cf. 2 Co x 5
τοῦ σωτῆρος ἐπιδημίᾳ λαμβάνονται αἰχμαλωτιζόμενοι εἰς τὴν ὑπακοὴν τοῦ χριστοῦ ἀπὸ τῆς πάντων μερίδος, διὰ τῶν ὑπηρετούντων τῷ εὐαγγελίῳ ἀποστόλων καὶ εὐαγγελιστῶν 10 καὶ διδασκάλων ὑπὸ τοῦ χριστοῦ, καὶ προσάγονται εἰς τὸ γενέσθαι τὰ ἔθνη κληρονομίαν τοῦ χριστοῦ. μήποτε οὖν δύναται διὰ τοῦτο λέγεσθαι τοῖς ἀποστόλοις μετ' ὀλίγον

Mt xxviii 19
ἀκουσομένοις· Πορεύεσθε, μαθητεύσατε πάντα τὰ ἔθνη· τό·

Jo iv 38
Ἄλλοι κεκοπιάκασι, καὶ ὑμεῖς εἰς τὸν κόπον αὐτῶν εἰσελη- 263 λύθατε. εἰ δὲ ἅγιοι ἄγγελοί εἰσιν οἱ τὰς λοιπὰς μερίδας παρὰ τὴν ἐκλεκτὴν εἰληχότες καὶ ἐπὶ τῆς διασπορᾶς τῶν

cf. Jo iv 36
ψυχῶν τεταγμένοι, οὐδέν ἐστιν ἄτοπον τὸν σπείροντα ὁμοῦ χαίρειν καὶ τὸν θερίζοντα μετὰ τὸν θερισμόν. ὁ δ' Ἡρακλέων φησὶν ὅτι οὐ δι' αὐτῶν οὐδὲ ἀπ' αὐτῶν ἐσπάρη ταῦτα τὰ 20 σπέρματα, φησὶ δὲ τῶν ἀποστόλων, οἱ δὲ κεκοπιακότες εἰσὶν οἱ τῆς οἰκονομίας ἄγγελοι, δι' ὧν ὡς μεσιτῶν ἐσπάρη καὶ ἀνετράφη. εἰς δὲ τό· Ὑμεῖς εἰς τὸν κόπον αὐτῶν εἰσεληλύθατε· ταῦτα ἐξέθετο· οὐ γὰρ ὁ αὐτὸς κόπος σπειρόντων καὶ θεριζόντων· οἱ μὲν γὰρ ἐν κρύει καὶ ὕδατι καὶ κόπῳ τὴν γῆν 25 σκάπτοντες σπείρουσι, καὶ δι' ὅλου χειμῶνος τημελοῦσι σκάλλοντες καὶ τὰς ὕλας ἐκλέγοντες· οἱ δὲ εἰς ἕτοιμον καρπὸν εἰσελθόντες θέρους εὐφραινόμενοι θερίζουσιν. ἐξέσται δὲ συγκρίνοντι τάδε ὑφ' ἡμῶν εἰρημένα τῷ ἐντυγχάνοντι καὶ τὰ ὑπὸ τοῦ Ἡρακλέωνος, ὁρᾶν ὁποῖα τῶν διηγήσεων ἐπιτε- 30 τεῦχθαι δύναται.

Jo iv 39
51. (50) Ἐκ δὲ τῆς πόλεως ἐκείνης πολλοὶ ἐπίστευ-

2 υἱοῖς   6 τοὺς] τοῦ   7 ἰδέαν   20 οὐ δι'] οὐδὲ
22 οἱ] ὁ   24 σκοπὸς

σαν τῶν Σαμαρειτῶν, διὰ τὸν λόγον τῆς γυναικὸς μαρτυρούσης ὅτι Εἶπέ μοι πάντα ὅσα ἐποίησα. Τῆς Σαμαρείτιδος καταλιπούσης τὴν ὑδρίαν καὶ ἀπεληλυθυίας εἰς cf. Jo iv 28
τὴν πόλιν ὑπὲρ τοῦ εὐαγγελίσασθαι τὰ περὶ τοῦ σωτῆρος,
καὶ τῶν πιστευόντων τῷ λόγῳ τῆς γυναικὸς ἐρχομένων πρὸς
τὸν κύριον, ἐν τῷ μεταξὺ ὁ σωτὴρ τοῖς μαθηταῖς συντυγχάνων πεποίηται τοὺς προειρημένους λόγους, ἐρωτώντων τῶν cf. Jo iv 31
μαθητῶν ὅπως φάγῃ. μετὰ δὲ τὸ λεχθῆναι πρὸς τοὺς
μαθητὰς τὰ κατὰ δύναμιν ἐξητασμένα, ἐπαναλαμβάνει ἡ
γραφὴ τὰ περὶ τῶν ἐληλυθότων ἐκ τῆς πόλεως πρὸς αὐτὸν,
καὶ πιστευσάντων διὰ τὴν μαρτυρίαν τῆς γυναικὸς λεγούσης
ὅτι Εἶπέ μοι πάντα ὅσα ἐποίησα. εἰ δὲ κρατοῦμεν τῶν
ἀνωτέρω εἰρημένων περὶ τῆς Σαμαρείας καὶ τῆς Σαμαρείτιδος
καὶ τῆς τοῦ Ἰακὼβ πηγῆς, οὐ χαλεπὸν ἰδεῖν τίνα τρόπον
ἐπιτυχόντες λόγου ὑγιοῦς οἱ προκατειλημμένοι ἐν ἑτεροδιδασκαλίαις καταλείπουσι τὴν οἱονεὶ τῶν δογμάτων πόλιν,
καὶ ἐξελθόντες αὐτὴν ὑγιαινόντως πιστεύουσι, μιᾶς τινος cf. Jo iv 39
παρὰ τῇ τοῦ Ἰακὼβ πηγῇ προτέρας κεχωρηκυίας τὴν σωτήριον διδασκαλίαν, καὶ καταλιπούσης τὴν προειρημένην
ὑδρίαν ὑπὲρ τοῦ καὶ ἑτέρους ἐπὶ τὸ ὁμοίως ὠφεληθῆναι cf. Jo iv 28
προκαλέσασθαι. ὁ δ᾽ Ἡρακλέων τὸ μέν· Ἐκ τῆς πόλεως·
ἀντὶ τοῦ· ἐκ τοῦ κόσμου· ἐξείληφε· τὸ δέ· Διὰ τὸν λόγον τῆς
γυναικός· τουτέστι διὰ τῆς πνευματικῆς ἐκκλησίας· καὶ ἐπισημαίνεταί γε τὸ Πολλοὶ ὡς πολλῶν ὄντων ψυχικῶν· τὴν δὲ
μίαν λέγει τὴν ἄφθαρτον τῆς ἐκλογῆς φύσιν καὶ μονοειδῆ
καὶ ἑνικήν. ἔστημεν δὲ ἐν τοῖς ἀνωτέρω, ὡς οἷόν τε ἦν, πρὸς
ταῦτα.

52. (51) Ὡς οὖν ἦλθον πρὸς αὐτὸν οἱ Σαμαρεῖται, Jo iv 40 f.
ἠρώτων αὐτὸν μεῖναι παρ᾽ αὐτοῖς. καὶ ἔμεινεν ἐκεῖ δύο
ἡμέρας. καὶ πολλῷ πλείους ἐπίστευσαν διὰ τὸν λόγον
αὐτοῦ. Οὐκ ἀπιθάνως τις συγκρούσει τό· Εἰς ὁδὸν ἐθνῶν μὴ Mt x 5
ἀπέλθητε, καὶ εἰς πόλιν Σαμαρειτῶν μὴ εἰσέλθητε· τῷ ῥητῷ

2 τῆς] ἧς   3 καταλειπούσης   13 ἀνωτέρων
21 τὸ] τοῖς   26 οἷόν τε] οιονται

cf. Jo iv 40   τούτῳ. ἐρωτηθεὶς γὰρ ὁ σωτὴρ μεῖναι παρὰ τοῖς Σαμαρεί-
Mt x 5   ταις ἔμεινεν ἐκεῖ δύο ἡμέρας, ὁ εἰπών· Εἰς πόλιν Σαμαρειτῶν
               μὴ εἰσέλθητε· δῆλον οὖν ὅτι καὶ οἱ μαθηταὶ αὐτοῦ συνεισ-
               εληλύθεισαν αὐτῷ. λεκτέον δὲ πρὸς τοῦτο ὅτι τὸ μὲν εἰς
               ὁδὸν ἐθνῶν ἀπελθεῖν ἔστιν ἀναλαβεῖν τι δόγμα ἐθνικὸν, 5
cf. Gal vi 16 ἀλλότριον τοῦ Ἰσραὴλ τοῦ θεοῦ, καὶ ὁδεῦσαι κατ' αὐτό· τὸ δ'
cf. 1 Ti vi 20 εἰς πόλιν εἰσελθεῖν Σαμαρειτῶν τὸ ἔν τινι γενέσθαι ψευδω-
               νύμῳ γνώσει τῶν λεγόντων νομικοῖς ἢ προφητικοῖς ἢ εὐαγγε-
               λικοῖς ἢ ἀποστολικοῖς προσέχειν λόγοις. ἔξεστι δὲ καταλι-
cf. Jo iv 30   πόντων <τῶν> Σαμαρειτῶν τὴν ἰδίαν πόλιν καὶ ἐλθόντων πρὸς 10
               τὸν Ἰησοῦν παρὰ τὴν τοῦ Ἰακὼβ πηγήν, ἀποδεξάμενον τὴν
               προαίρεσιν τῶν πιστευσάντων τὸν Ἰησοῦν μεῖναι παρὰ τοῖς
               ἐρωτήσασιν. οἶμαι δ' ὅτι παρατετηρημένως ὁ Ἰωάννης οὐ
               πεποίηκε τό· ἠρώτων αὐτὸν οἱ Σαμαρεῖται εἰσελθεῖν εἰς τὴν
               Σαμάρειαν, <ἢ> εἰσελθεῖν εἰς τὴν πόλιν, ἀλλὰ μεῖναι παρ' 15
               αὐτοῖς· οὐ γὰρ ταὐτόν ἐστι τὸ μεῖναι παρὰ τῷ πιστεύοντι
               καὶ τὸ εἰσελθεῖν εἰς τὴν πόλιν αὐτοῦ. καὶ τὸ ἑξῆς δὲ οὔ
               φησι· καὶ ἔμεινεν ἐν τῇ πόλει ἐκείνῃ δύο ἡμέρας, ἤ· ἔμεινεν
               ἐν τῇ Σαμαρείᾳ, ἀλλ' Ἔμεινεν ἐκεῖ, τουτέστι παρὰ τοῖς
               ἐρωτήσασι. μένει γὰρ Ἰησοῦς παρὰ τοῖς ἐρωτήσασι καὶ 20
               μάλιστα ὅτε οἱ ἐρωτῶντες αὐτὸν ἐξέρχονται τῆς πόλεως
               αὐτῶν καὶ ἔρχονται πρὸς τὸν Ἰησοῦν, οἱονεὶ μιμησάμενοι
Ge xii 1   τὸν Ἀβραὰμ πεισθέντα τῷ εἰπόντι θεῷ· Ἔξελθε ἐκ τῆς γῆς
               σου καὶ ἐκ τῆς συγγενείας σου, καὶ ἐκ τοῦ οἴκου τοῦ πατρός
               σου. δύο δὲ ἡμέρας μένει παρὰ τοῖς ἐρωτήσασιν αὐτόν· 25
               οὐδέπω γὰρ ἐχώρουν καὶ τὴν τρίτην αὐτοῦ ἡμέραν, ἐπεὶ οὐχ
cf. Jo ii 1   οἷοί τε ἦσαν χωρῆσαί τι τεράστιον, ὁποῖον οἱ ἐν Κανᾷ τῆς
               Γαλιλαίας τῇ ἡμέρᾳ τῇ τρίτῃ συνδειπνοῦντες τῷ Ἰησοῦ ἐν
               τῷ γάμῳ. ἡ μὲν οὖν ἀρχὴ τῶν ἀπὸ τῆς Σαμαρείας πι- 265
cf. Jo iv 39   στευόντων πολλῶν ἦν ὁ λόγος τῆς γυναικὸς μαρτυρούσης 30
               ὅτι Εἶπέ μοι πάντα ἃ ἐποίησα· ἡ δὲ αὔξησις καὶ πληθυσμὸς
cf. Jo iv 42   τῶν πολλῷ πλειόνων πιστευόντων οὐκέτι διὰ τὸν λόγον τῆς

9 καταλειπόντων   10 om. τῶν   15 ἢ] om.
30 ἦν πολλῶν   32 πολλῶν

γυναικὸς ἀλλὰ διὰ τὸν λόγον αὐτοῦ. οὐ γὰρ ὁμοίως αὐτὸς ἀφ' ἑαυτοῦ θεωρεῖται ὁ λόγος, φωτίζων τὸν χωροῦντα, καὶ ὅτε δι' ἑτέρου λεγόμενος μαρτυρεῖται. ὁ δὲ Ἡρακλέων εἰς τοὺς τύπους ταῦτά φησι· παρ' αὐτοῖς ἔμεινε, καὶ οὐκ ἐν αὐτοῖς· καὶ δύο ἡμέρας, ἤτοι τὸν ἐνεστῶτα αἰῶνα καὶ τὸν μέλλοντα τὸν ἐν γάμῳ, ἢ τὸν πρὸ τοῦ πάθους αὐτοῦ χρόνον καὶ τὸν μετὰ τὸ πάθος, ὃν παρ' αὐτοῖς ποιήσας πολλῷ πλείονας διὰ τοῦ ἰδίου λόγου ἐπιστρέψας εἰς πίστιν ἐχωρίσθη ἀπ' αὐτῶν. λεκτέον δὲ πρὸς τὴν δοκοῦσαν αὐτοῦ παρατήρησιν, ὅτι Παρ' αὐτοῖς καὶ οὐκ ἐν αὐτοῖς γέγραπται, ὅτι ὅμοιον τῷ παρ' αὐτοῖς ἐστι τό· Ἰδοὺ ἐγὼ μεθ' ὑμῶν εἰμι πάσας τὰς ἡμέρας· Mt xxviii 20 οὐ γὰρ εἶπεν· ἐν ὑμῖν εἰμι. ἔτι δὲ λέγων τὰς δύο ἡμέρας ἤτοι τοῦτον τὸν αἰῶνα εἶναι καὶ τὸν μέλλοντα, ἢ τὸν πρὸ τοῦ πάθους καὶ μετὰ τὸ πάθος, οὔτε τοὺς ἐπερχομένους αἰῶνας μετὰ τὸν μέλλοντα νενόηκεν, περὶ ὧν φησιν ὁ ἀπόστολος· Ἵνα ἐνδείξηται ἐν τοῖς αἰῶσι τοῖς ἐπερχομένοις· οὔτε ὁρᾷ ὅτι Eph ii 7 οὐ μόνον πρὸ τοῦ πάθους καὶ μετὰ τὸ πάθος σύνεστι τοῖς ἐρχομένοις πρὸς αὐτὸν ὁ Ἰησοῦς, καὶ μετὰ τοῦτο χωρίζεται· ἀεὶ γὰρ μετὰ τῶν μαθητῶν ἐστι, μηδεπώποτε καταλείπων αὐτούς, ὥστε καὶ λέγειν αὐτούς· Ζῶ δὲ οὐκέτι ἐγώ, ζῇ δὲ ἐν Ga ii 20 ἐμοὶ Χριστός.

53. (52) Τῇ δὲ γυναικὶ ἔλεγον Οὐκέτι διὰ τὴν Jo iv 42 λαλιάν σου πιστεύομεν· αὐτοὶ γὰρ ἀκηκόαμεν, καὶ οἴδαμεν ὅτι ἀληθῶς οὗτός ἐστιν ὁ σωτὴρ τοῦ κόσμου. Ἀρνοῦνται τὴν διὰ τὴν λαλιὰν τῆς γυναικὸς πίστιν, κρεῖττον ἐκείνης εὑρόντες τὸ ἀκηκοέναι αὐτοῦ τοῦ σωτῆρος, ὥστε καὶ εἰδέναι ὅτι ἀληθῶς οὗτός ἐστιν ὁ σωτὴρ τοῦ κόσμου. καὶ βέλτιόν γέ ἐστιν αὐτόπτην γενέσθαι τοῦ λόγου καὶ χωρὶς ὀργάνων διδάσκοντος ἀκούειν αὐτοῦ καὶ φαντασιοῦντος οὐ διὰ τῶν διδασκόντων τὸ ἡγεμονικόν, εὑρίσκον τρανότητα τοὺς τῆς ἀληθείας τύπους, ἤπερ μὴ ὁρῶντα αὐτόν, μηδὲ ἀπὸ τῆς δυνάμεως φωτιζόμενον αὐτοῦ διὰ διακόνων τῶν ἑωρα-

2 καὶ] ἢ   7 ὃν] ὁ   15 μέλλον   26 ἐκείνις

κότων αὐτὸν ἀκούειν τὸν περὶ αὐτοῦ λόγον. ἀμήχανον γὰρ τὸ αὐτὸ τῷ ἑωρακότι γινόμενον περὶ τὸ ἡγεμονικὸν πάθος παθεῖν τὸν ἀπὸ τοῦ ἑωρακότος καὶ ἀπαγγέλλοντος αὐτὸν διδασκόμενον· καὶ κρεῖττόν γε διὰ εἴδους περιπατεῖν ἢ διὰ πίστεως. διὰ τοῦτο οἱ μὲν οἱονεὶ διὰ εἴδους περιπατοῦντες ἐν τοῖς προηγουμένοις λέγοιντο ἂν εἶναι χαρίσμασι, λόγῳ σοφίας διὰ τοῦ πνεύματος τοῦ θεοῦ καὶ λόγῳ γνώσεως κατὰ τὸ αὐτὸ πνεῦμα· οἱ δὲ διὰ πίστεως, εἰ καὶ χάρισμά ἐστιν ἡ πίστις κατὰ τό· Ἄλλῳ δὲ πίστις ἐν τῷ αὐτῷ πνεύματι· τῇ τάξει τῶν προτέρων εἰσὶν ὕστεροι. ἐξεταστέον δὲ πότε καὶ πῶς λέγει Παῦλος· Διὰ πίστεως γὰρ περιπατοῦμεν, οὐ διὰ εἴδους· πῶς γάρ, ὡσεὶ πολλοὶ νοοῦσι, διὰ πίστεως καὶ οὐ διὰ εἴδους περιπατεῖ ὁ ἐμβριθέστατα λέγων· Οὐκ εἰμὶ ἐλεύθερος; οὐκ εἰμὶ ἀπόστολος; οὐχὶ Ἰησοῦν τὸν κύριον ἡμῶν ἑώρακα; οὐ τὸ ἔργον μου ὑμεῖς ἐστε ἐν κυρίῳ; ἴδωμεν οὖν τὸ ῥητὸν πῶς δεῖ ἐκλαβεῖν τό· Διὰ πίστεως γὰρ περιπατοῦμεν οὐ διὰ εἴδους· ἀναλαβόντες αὐτὸ ἀπὸ τῶν ἀνωτέρω οὕτως ἔχον· Ὁ δὲ κατεργασάμενος ἡμᾶς εἰς αὐτὸ τοῦτο θεὸς, ὁ δοὺς ἡμῖν τὸν ἀρραβῶνα τοῦ πνεύματος. θαρροῦντες οὖν πάντοτε καὶ εἰδότες ὅτι ἐνδημοῦντες ἐν τῷ σώματι ἐκδημοῦμεν ἀπὸ τοῦ κυρίου· διὰ πίστεως γὰρ περιπατοῦμεν οὐ διὰ εἴδους· δῆλον δ᾽ ὅτι ἐνδημοῦντες ἐν τῷ σώματι, ὅτε ἐκδημοῦμεν ἀπὸ τοῦ κυρίου· θαρροῦντες μᾶλλον εὐδοκοῦμεν ἐκδημῆσαι ἐκ τοῦ σώματος καὶ ἐνδημῆσαι πρὸς τὸν κύριον. τούτων οὕτως εἰρημένων εἰς τὸ νοῆσαι τί τὸ ἐνδημεῖν τῷ σώματι καὶ ἐκδημεῖν ἀπὸ τοῦ κυρίου, τί τε τὸ ἐκδημῆσαι ἐκ τοῦ σώματος καὶ ἐνδημῆσαι πρὸς τὸν κύριον, ἑαυτῶν πυθώμεθα τί περὶ τοῦ ἀποστόλου ἐροῦμεν· πότερον ὅτι ἐνδημῶν τῷ σώματι ἐξεδήμει ἀπὸ τοῦ κυρίου, ἢ ὅτι ἐκδημῶν τοῦ σώματος ἐνεδήμει τῷ κυρίῳ. ἀλλὰ σαφῶς, ἐπεὶ οἱ ἐν σαρκὶ ὄντες θεῷ ἀρέσαι οὐ δύνανται, οἱ δὲ ἅγιοι οὐκ εἰσὶν ἐν σαρκὶ ἀλλ᾽ ἐν πνεύματι, εἴπερ πνεῦμα θεοῦ οἰκεῖ ἐν αὐτοῖς, Παῦλος

15 ἑόρακα   18 ἔχειν   24 ἐνδημῆσαι] ἐκδημῆσαι
27 ἐνδημῆσαι] ἐκδημῆσαι

οὐκ ἦν ἐν σαρκὶ οὐδὲ ἐν σώματι, ἀληθεύει γὰρ λέγων· Δοκῶ 1 Co vii 40
δὲ κἀγὼ πνεῦμα θεοῦ ἔχειν· οὐκ ἐνδημῶν δὲ τῇ σαρκὶ καὶ
σώματι, τοῦ ἐνδημοῦντος τῷ σώματι διὰ πίστεως περιπατοῦν- cf. 2 Co v 6 f.
τος οὐ διὰ εἴδους. καὶ ὅρα εἰ δύναται τῆς ἀποστολικῆς
5 ἀκριβείας εἶναι τὸ μὴ ταὐτὸν φάσκειν ἐν σαρκὶ εἶναι καὶ
ἐνδημεῖν σώματι· οἱ μὲν γὰρ ἐν σαρκὶ ὄντες θεῷ ἀρέσαι οὐ cf. Ro viii 8
δύνανται· οἱ δὲ ἐνδημοῦντες τῷ σώματι ἐκδημοῦσι μὲν ἀπὸ
τοῦ κυρίου· πλὴν διὰ τῆς πίστεως περιπατοῦσιν, εἰ καὶ
μηδέπω χωροῦσι διὰ εἴδους. καὶ οἶμαι ὅτι ἐν σαρκὶ μέν
10 εἰσιν οἱ κατὰ σάρκα στρατευόμενοι, ἐνδημοῦσι δὲ τῷ σώματι cf. 2 Co x 3
267 καὶ ἐκδημοῦσιν ἀπὸ τοῦ κυρίου οἱ τὰ πνευματικὰ τῆς γραφῆς
μὴ νοοῦντες, ἀλλ᾽ ὅλοι προσκείμενοι αὐτῇ καὶ τῷ σώματι·
πῶς γὰρ οὐκ ἐκδημεῖ ἀπὸ τοῦ κυρίου, εἰ ὁ κύριος τὸ πνεῦμά cf. 2 Co iii 17
ἐστιν, ὁ μηδέπω χωρῶν τὸ ζωοποιοῦν πνεῦμα καὶ πνευματι- cf. 2 Co iii 6
15 κὸν τῆς γραφῆς; πλὴν διὰ πίστεως ὁ τοιοῦτος περιπατεῖ,
ἐκδημεῖ δὲ ἐκ τοῦ σώματος καὶ ἐνδημεῖ πρὸς τὸν κύριον ὁ τὰ
πνευματικὰ τοῖς πνευματικοῖς συγκρίνων καὶ γινόμενος πνευ- cf. 1 Co ii 13,
ματικός, ὁ πάντα ἀνακρίνων, αὐτὸς δὲ ἀνακρινόμενος ὑπ᾽ 15
οὐδενός. ταῦτα δὲ ἡμῖν εἰ καὶ μετὰ παρεκβάσεως τῆς εἰς τὰ
20 ἀποστολικὰ ῥητὰ εἰρῆσθαι δοκεῖ, ἀλλά γε ἀναγκαιότατα
πρὸς τὴν διαφορὰν τοῦ λόγου τῶν Σαμαρειτῶν ἐστιν, οὐκέτι cf. Jo iv 42
διὰ τὴν λαλιὰν πιστευόντων τῆς γυναικὸς ἀλλ᾽ ἀκηκοότων
καὶ εἰδότων ὅτι ὁ τοιοῦτός ἐστιν ὁ σωτὴρ τοῦ κόσμου. οὐδὲν
μέντοι γε θαυμαστὸν περί τινων μὲν διὰ πίστεως περιπατεῖν
25 καὶ μὴ διὰ εἴδους, περὶ ἑτέρων δὲ διὰ εἴδους τοῦ μείζονος
παρὰ τὸ διὰ πίστεως περιπατεῖν. Ἡρακλέων δὲ ἁπλούστε-
ρον ἐκλαβὼν τό· Οὐκέτι διὰ τὴν σὴν λαλιὰν πιστεύομεν·
φησὶ λείπειν τὸ μόνην. ἔτι μὲν γὰρ πρὸς τό· Αὐτοὶ γὰρ Jo iv 42
ἀκηκόαμεν, καὶ οἴδαμεν ὅτι οὗτός ἐστιν ὁ σωτὴρ τοῦ
30 κόσμου· φησίν· οἱ γὰρ ἄνθρωποι τὸ μὲν πρῶτον ὑπὸ ἀνθρώ-
πων ὁδηγούμενοι πιστεύουσι τῷ σωτῆρι, ἐπὰν δὲ ἐντύχωσι
τοῖς λόγοις αὐτοῦ, οὗτοι οὐκέτι διὰ μόνην ἀνθρωπίνην
μαρτυρίαν, ἀλλὰ δι᾽ αὐτὴν ἀλήθειαν πιστεύουσι.

54. (53) Μετὰ δὲ τὰς δύο ἡμέρας ἐξῆλθεν ἐκεῖθεν Jo iv 43

Jo iv 44   εἰϲ τὴν Γαλιλαίαν· αὐτὸϲ γὰρ Ἰηϲοῦϲ ἐμαρτύρηϲεν ὅτι
προφήτηϲ ἐν τῇ ἰδίᾳ πατρίδι τιμὴν οὐκ ἔχει. Πάνυ
ἀνακόλουθος ἡ λέξις φαίνεται· τί γὰρ κοινὸν πρὸς τὸ ἐξεληλυθέναι αὐτὸν μετὰ δύο ἡμέρας ἀπὸ τῶν Σαμαρειτῶν, παρ᾿
οἷς ἔμεινε, καὶ εἰς τὴν Γαλιλαίαν ἀπέρχεσθαι τό· Αὐτὸς γὰρ
Ἰησοῦς ἐμαρτύρησεν ὅτι προφήτης ἐν τῇ ἰδίᾳ πατρίδι τιμὴν
οὐκ ἔχει; εἰ μὲν γὰρ ἦν πατρὶς αὐτοῦ ἡ Σαμάρεια καὶ
ἠτίμαστο ἐκεῖ, ὡς διὰ τοῦτο ἐξεληλυθέναι μὴ διατρίψαντα
πλεῖον ἡμερῶν δύο, ἀκολούθως ἂν εἴρητο τό· Αὐτὸς γὰρ
Ἰησοῦς ἐμαρτύρησεν ὅτι προφήτης ἐν τῇ ἰδίᾳ πατρίδι τιμὴν
οὐκ ἔχει. ἀλλὰ καὶ εἰ ἐγέγραπτο· μετὰ δὲ τὰς δύο ἡμέρας
ἐξῆλθεν εἰς τὴν Γαλιλαίαν, ἀλλ᾿ οὐκ ἐγένετο ἐν τῇ ἰδίᾳ
πατρίδι· αὐτὸς γὰρ Ἰησοῦς ἐμαρτύρησεν ὅτι προφήτης ἐν τῇ
ἰδίᾳ πατρίδι τιμὴν οὐκ ἔχει· καὶ οὕτως χώραν τὸ λεγόμενον
εἶχεν ἄν. καὶ τάχα τὸ μὲν βούλημα τοῦ ῥητοῦ τοῦτ᾿ ἔστιν,
ὡς ἰδιώτης δὲ τῷ λόγῳ ὁ Ἰωάννης δυσπαραστάτως ἔφρασεν
cf. Jo iv 45   ὃ νενόηκεν. εἰς γὰρ τίνα τόπον τῆς Γαλιλαίας ἐδέξαντο 268
αὐτόν, ἑωρακότες πάντα ὅσα ἐποίησεν ἐν Ἱεροσολύμοις ἐν
cf. Jo iv 46   τῇ ἑορτῇ, οὐκ εἴρηται, ἀλλὰ καὶ μετὰ τοῦτο ὅτι ἦλθεν εἰς
τὴν Κανᾶ τῆς Γαλιλαίας ἀνέγραψε. κατακούει δὲ ἑαυτοῦ
ὁ εὐαγγελιστὴς καὶ οὐκ ἀπορεῖ τοῦ προκειμένου. προειπὼν
γοῦν τίνα τρόπον ἀφίησι τὴν Ἰουδαίαν καὶ ἄπεισιν εἰς τὴν
cf. Jo iv 4   Γαλιλαίαν ὁ κύριος, διηγησάμενός τε, ἐπεὶ ἔδει αὐτὸν διέρχε-
cf. Jo iv 5   σθαι διὰ τῆς Σαμαρείας τὰ λεγόμενα πλησίον τοῦ χωρίου ὃ
ἔδωκεν Ἰακὼβ τῷ Ἰωσὴφ παρὰ τῇ πηγῇ τοῦ Ἰακώβ, καὶ
cf. Jo iv 40   πῶς ἔμεινε δύο ἡμέρας παρὰ τοῖς Σαμαρείταις, ἀποδίδωσι τὴν
εἰς Γαλιλαίαν ἄφιξιν αὐτοῦ, καίτοιγε οὐκ ὀλίγων μεταξὺ
εἰρημένων. ἐπεὶ δὲ ἐν τοῖς ἀνωτέρω προείπομεν βελτίονός
τινος σύμβολον εἶναι τὴν Ἰουδαίαν, ἄνω που κειμένην,
ἐλάττονος δὲ τὴν Γαλιλαίαν, κατὰ τοῦτο ἐπισκοπῆς δεομένων
καὶ τῶν ἐλαττόνων ὁ φιλάνθρωπος θεὸς οὐ καταφρονεῖ, διὰ
τοῦτο καὶ τοὺς Σαμαρείτας τάχιον καταλιπών, ὑπὲρ τοῦ τοῖς

3 λέξις   8 διατρίψοντα   18 ἑορακότες   32 καταλειπῶν

προθύμως αὐτὸν ἀποδεξομένοις Γαλιλαίοις ἐπιστῆναι καὶ τὸν cf. Jo iv 46
τοῦ βασιλικοῦ υἱὸν ἰάσασθαι. ταῦτα δὲ ἐν τῇ Γαλιλαίᾳ
ποιήσας, ἐνστάσης τῆς τῶν Ἰουδαίων ἑορτῆς ἀναβαίνει εἰς cf. Jo v 1
Ἱεροσόλυμα, τὴν ἑορτὴν κρείττονα καὶ ἱλαρωτέραν τῇ ἑαυτοῦ
5 ποιῶν ἐπιδημίᾳ.

55. (54) Ἴδωμεν δὲ τί ἐστι καὶ τό· Αὐτὸς γὰρ Ἰησοῦς Jo iv 44
ἐμαρτύρησεν ὅτι προφήτης ἐν τῇ ἰδίᾳ πατρίδι τιμὴν οὐκ
ἔχει· καὶ ἀξίως τοῦ Ἰησοῦ μαρτυροῦντος ζητητέον τὸν τῆς
λέξεως νοῦν. πατρὶς δὴ τῶν προφητῶν ἐν τῇ Ἰουδαίᾳ ἦν,
10 καὶ φανερόν ἐστι τιμὴν αὐτοὺς παρὰ Ἰουδαίοις μὴ ἐσχηκέ-
ναι, λιθασθέντας, πρισθέντας, πειρασθέντας, ἐν φόνῳ μαχαί- cf. He xi 37
ρας ἀποθανόντας, διὰ τὸ ἀτιμάζεσθαι περιελθόντας ἐν
μηλωταῖς, ἐν αἰγείοις δέρμασιν, ὑστερουμένους, θλιβομένους,
κακουχουμένους. καὶ ὀνειδίζονταί γε Ἰουδαῖοι ἀπὸ τοῦ
15 λέγοντος πρὸς αὐτούς· Τίνα τῶν προφητῶν οὐκ ἐδίωξαν Act vii 52
οἱ πατέρες ὑμῶν; καὶ ἀπέκτειναν τοὺς προκαταγγείλαντας
περὶ τῆς ἐλεύσεως τοῦ δικαίου; οἵτινες ἐπὶ τέλει καὶ τὸν ἐπὶ
πᾶσι προφήτην, δι' οὗ οἱ προφῆται προφῆται γεγένηνται,
ἀτιμάσαντες· Αἶρε, αἶρε, σταυροῦ αὐτόν· ἔλεγον. τετίμηνται Jo xix 15
20 δὲ ἐν τῇ ἐμῇ πατρίδι πάντες οἱ προφῆται, καὶ ὁ ἀπὸ θεοῦ
ἀναστὰς κατὰ τὰ περὶ αὐτοῦ εἰρημένα ὑπὸ Μωσέως· Προ- Act iii 22;
φήτην ὑμῖν ἀναστήσει κύριος ὁ θεὸς ὑμῶν ἐκ τῶν ἀδελφῶν cf. Deut xviii 15
ὑμῶν ὡς ἐμέ· αὐτοῦ ἀκούσεσθε· οὐ πατρὶς γὰρ αὐτοῦ ἐν τοῖς
ἔθνεσι, τοῖς τῷ παραπτώματι τοῦ Ἰσραὴλ τὴν σωτηρίαν cf. Ro xi 11
25 εἰληφόσι. καὶ ἐν ἄλλοις δὲ γέγραπται· Οὐδεὶς προφήτης Lc iv 24;
δεκτός ἐστιν ἐν τῇ πατρίδι καὶ ἐν τῇ οἰκίᾳ αὐτοῦ· καὶ cf. Mt xiii 57
χρήσιμόν γε τὸ συγγενὲς τούτῳ ῥητὸν συναγαγόντας ἀπὸ
τῶν εὐαγγελίων ἰδεῖν πότε καὶ ἐπὶ τίνι τῷ σωτῆρι τοῦτο
εἴρηται. θαυμάσαι δέ ἐστι τὸ ἀληθὲς τῆς ἀποφάσεως τοῦ
30 σωτῆρος, φθάσαν οὐ μόνον ἐπὶ τοὺς ἁγίους προφήτας, ἀτι-
μασθέντας παρὰ τοῖς οἰκείοις, καὶ ἐπ' αὐτὸν τὸν κύριον ἡμῶν,
ἀλλὰ καὶ ἐπὶ τοὺς ἔν τινι σοφίᾳ διατρίψαντας καὶ κατα-

1 ἀποδεξαμένους   32 σοφίας

φρονηθέντας ὑπὸ τῶν πολιτῶν, ὥστέ τινας αὐτῶν καὶ τὴν ἐπὶ θανάτῳ ἀπαχθῆναι. ἔξεστι δὲ ταῦτα ἀπὸ τῆς Ἑλληνικῆς ἱστορίας ἀναλέξασθαι περὶ τῶν φιλοσοφησάντων καὶ ἀστρονομησάντων ἢ ὁποίοις δήποτε μαθήμασι διαπρεψάντων.

Mt xiii 55 f. ἀτιμαζόντων δὲ καὶ αὗται αἱ φωναί· Οὐχ οὗτός ἐστιν ὁ τοῦ τέκτονος υἱός; οὐχ ἡ μήτηρ αὐτοῦ λέγεται Μαριάμ; καὶ οἱ ἀδελφοὶ αὐτοῦ εἰσι πρὸς ἡμᾶς; πόθεν οὖν τούτῳ πάντα ταῦτα; καὶ παραδοξότατόν γε ἐπὶ τῶν προφητῶν τοῦτο συμβέβηκε, τὸ μὲν ζῶν αὐτῶν οὐ τετιμήκασιν οἱ πολῖται, τὸ

cf. Mt xxiii 29 δὲ νεκρὸν περιέπουσιν, οἰκοδομοῦντες αὐτῶν τὰ μνημεῖα καὶ κοσμοῦντες. οἰκοδομεῖν δέ ἐστι τὰ μνημεῖα τῶν προφητῶν

cf. 2 Co iii 6 καὶ κοσμεῖν αὐτὰ ὅτε τὸ ζωοποιοῦν πνεῦμα καταλιπών τις τὸ ἐνυπάρχον τοῖς βουλήμασι τῶν γραμμάτων αὐτῶν, περιέπει καὶ περικοσμεῖ τὸ ἀποκτεῖνον γράμμα, τὸ κάλλος οἰόμενος τῆς προφητείας ἐν τῇ ψιλῇ εἶναι ἐκδοχῇ τοῦ γράμματος.

cf. Mt xxiii 29 ἔργον δὲ τοῦτο τῶν ταλανιζομένων ἀπὸ τοῦ κυρίου Γραμματέων καὶ Φαρισαίων, Γραμματέων μὲν ὀνομαζομένων τῶν ἐπωνύμων ψιλοῦ τοῦ γράμματος, Φαρισαίων δὲ τῶν ἀποδιῃρημένων καὶ τὴν θείαν ἑνότητα ἀπολελυκότων· Φαρισαῖοι γὰρ ἑρμηνεύονται· οἱ διῃρημένοι.

Jo iv 45 56. (55) Ὅτε οὖν ἦλθεν εἰς τὴν Γαλιλαίαν, ἐδέξαντο αὐτὸν οἱ Γαλιλαῖοι, πάντα ἑωρακότες ἃ ἐποίησεν ἐν Ἱεροσολύμοις ἐν τῇ ἑορτῇ, καὶ αὐτοὶ γὰρ ἦλθον εἰς τὴν ἑορτήν. Ἄξιον ἰδεῖν τὴν αἰτίαν τῆς τῶν Γαλιλαίων παραδοχῆς, ἣν παρεδέξαντο τὸν σωτῆρα ἐλθόντα εἰς τὴν Γαλιλαίαν, εἰ τηλικαύτη ἦν ὥστε κατάπληξιν αὐτοῖς ἐμποιῆσαι καὶ θαυμασμὸν περὶ τοῦ σωτῆρος, εἰς τὸ παραδέξασθαι αὐτόν· ἔτι δὲ ἐπὶ τίνα ἀναφέρεται, οἱονεὶ πολλὰ ἃ ἐποίησεν ἐν Ἱεροσολύμοις ὁ Ἰησοῦς, τό· Πάντα ἑωρακότες ὅσα ἐποίησεν ἐν Ἱεροσολύμοις ἐν τῇ ἑορτῇ. οὐδὲν δὲ εὑρίσκομεν προειρη-

Jo ii 14 μένον ἢ ὅτι Εὗρεν ἐν τῷ ἱερῷ τοὺς πωλοῦντας βόας καὶ πρόβατα καὶ περιστερὰς καὶ τοὺς κερματιστὰς καθημένους·

5 αἱ] om. 12 καταλειπών 19 ἀπολελωκότων
26 τηλικαύτη ἦν] τηλικαύτην

καὶ ποιήσας φραγέλλιον ἐκ σχοινίων πάντας ἐξέβαλεν ἐκ Jo ii 15 f.
τοῦ ἱεροῦ τά τε πρόβατα καὶ τοὺς βόας, καὶ τῶν κολλυβιστῶν
ἐξέχεε τὰ κέρματα, καὶ τὰς τραπέζας ἀνέστρεψε, καὶ τοῖς τὰς
περιστερὰς πωλοῦσιν εἶπεν Ἄρατε ταῦτα ἐντεῦθεν, μὴ
5 ποιεῖτε τὸν οἶκον τοῦ πατρός μου οἶκον ἐμπορίου. τί οὖν
τηλικοῦτόν ἐστιν ἐν τούτοις ὥστε κινηθέντας ἐπ᾽ αὐτοῖς τοὺς
Γαλιλαίους δέξασθαι τὸν κύριον, μαρτυρουμένους διὰ τὸ
αὐτὸν δεδέχθαι, ἐπεὶ ἐλθόντες εἰς τὴν ἑορτὴν ἐν Ἱεροσολύμοις cf. Jo iv 45
πάντα ἑωράκασιν ἃ ἐποίησεν ἐκεῖ ὁ Ἰησοῦς; εἰ μεμνήμεθα
10 τῶν εἰρημένων εἰς τὸν τόπον, ἀποδεικνύντων οὐκ ἐλάττονα
δύναμιν ἐμφαίνεσθαι τοῦ σωτῆρος ἐν ἐκείνοις παρὰ τὴν
ἐνεργήσασαν εἰς τυφλοὺς ἀναβλέψαι καὶ κωφοὺς ἀκοῦσαι cf. Mt xi 5
καὶ χωλοὺς περιπατῆσαι, λεκτέον ὅτι μήποτε ὅπερ λογισά-
μενοι ἐννοήσαντες οἱ Γαλιλαῖοι, καὶ καταπλαγέντες τὴν
15 θειότητα τοῦ Ἰησοῦ, ἐλθόντα αὐτὸν εἰς τὴν Γαλιλαίαν
ἐδέξαντο, πάντα ἑωρακότες ὅσα ἐποίησεν ἐν τοῖς Ἱεροσολύ-
μοις. τὰ δὲ πάντα ταῦτα ἦν, τῷ ἐκ σχοινίων φραγελλίῳ
ἐκβεβλῆσθαι ἐκ τοῦ ἱεροῦ τά τε πρόβατα καὶ τοὺς βόας,
καὶ τῶν κολλυβιστῶν ἐκκεχύσθαι τὰ κέρματα, καὶ τὰς
20 τραπέζας ἀνατετράφθαι, μετ᾽ ἐξουσίας δὲ εἰρῆσθαι τοῖς τὰς
περιστερὰς πωλοῦσιν· Ἄρατε ταῦτα ἐντεῦθεν, μὴ ποιεῖτε τὸν Jo ii 16
οἶκον τοῦ πατρός μου οἶκον ἐμπορίου. οἶμαι δὲ μηδὲ ταῦτα
μόνα αὐτὸν πεποιηκέναι τότε ἀλλὰ καὶ ἄλλα σημεῖα· ἐπιφέ-
ρεται γὰρ ἐκείνοις· Ὡς δὲ ἦν ἐν τοῖς Ἱεροσολύμοις ἐν τῷ Jo ii 23
25 πάσχα ἐν τῇ ἑορτῇ, πολλοὶ ἐπίστευσαν εἰς τὸ ὄνομα αὐτοῦ,
θεωροῦντες αὐτοῦ τὰ σημεῖα ἃ ἐποίησεν· ἐφ᾽ οἷς καὶ ὁ
Νικόδημός φησι· Ῥαββὶ, οἴδαμεν ὅτι ἀπὸ θεοῦ ἐλήλυθας Jo iii 2
διδάσκαλος· οὐδεὶς γὰρ δύναται τὰ σημεῖα ταῦτα ποιεῖν ἃ σὺ
ποιεῖς, ἐὰν μὴ ᾖ ὁ θεὸς μετ᾽ αὐτοῦ. πλὴν ἔξεστι Γαλιλαῖον
30 ὄντα ἑορτάζειν ἐν Ἱεροσολύμοις γινόμενον, ὅπου ὁ ναὸς τοῦ
θεοῦ, καὶ θεωρεῖν πάντα ὅσα ἐποίει ἐκεῖ ὁ Ἰησοῦς, καὶ

1 φραγέλιον   5 ποιεῖτε] ειποιεῖτε   ante τί] ins. η   9 ἑοράκασιν
13 forsan legendum μήποτε τοῦτ᾽ ἦν ὅπερ λογισάμενοι καὶ ἐννοήσαντες
16 ἑορακότες   21 ποιῆτε pr. man. ut videtur   24 ἐκεῖνος
26 ἐφ᾽ οἷς] φοῖς

μάλιστα τίνα τρόπον ἐκβάλλει τῷ ἐκ σχοινίων φραγελλίῳ ὑπ' αὐτοῦ πεποιημένῳ πάντας τοὺς πωλοῦντας βόας καὶ πρόβατα καὶ περιστεράς, τά τε πρόβατα καὶ τοὺς βόας, καὶ τὰ λοιπά. ἀρχὴ γὰρ ἡ ἐν Ἱεροσολύμοις ἑορτὴ τοῖς Γαλιλαίοις ἐστὶ τοῦ καὶ δέξασθαι τὸν υἱὸν τοῦ θεοῦ ἐλθόντα πρὸς αὐτούς· μὴ γὰρ ἑωρακότες τὰ ἐν τῇ ἑορτῇ οὐκ ἂν ἐδέξαντο αὐτόν· ἢ οὐδὲ αὐτὸς μὴ προευτρεπισθεῖσι πρὸς τὸ λαβεῖν αὐτὸν οὕτως ἂν σπουδαίως ἐπεδήμησε, καταλιπὼν τοὺς ἐρωτήσαντας αὐτὸν μεῖναι παρ' αὐτοῖς. οἱ μέντοι γε δεξάμενοι τὸν Ἰησοῦν ἐδέξαντο καὶ τὸν ἀποστείλαντα αὐτόν· φησὶ γάρ· Ὁ ἐμὲ δεχόμενος δέχεται τὸν ἀποστείλαντά με. πρῶτον οὖν ἰδεῖν δεῖ, τουτέστι συνιέναι, τὰ ἐν Ἱεροσολύμοις ἔργα τοῦ Ἰησοῦ πάντα, τίνα τρόπον καθαίρει τὸ ἱερόν, ἀποκαθιστὰς αὐτὸ εἰς τὸ εἶναι οἶκον τοῦ πατρός, καὶ μηκέτι οἶκον ἐμπορίου, ἵνα μετὰ τὸ θεωρῆσαι ταῦτα τὸν ἐνεργήσαντα ταῦτα λόγον δεξώμεθα. οἶμαι δ' ὅτι μὴ πάντα τὰ ἐν Ἱεροσολύμοις θεωρήσας ἔργα τοῦ Ἰησοῦ, οὐ δέξεται τὸν Ἰησοῦν, ἢ οὐδὲ ἐπιδημήσει τὴν ἧς σύμβολον ἐπιδημίας ἐπιδημίαν ταύτην τοῖς μὴ πρότερον ἀναβεβηκόσιν εἰς τὴν ἑορτήν, καὶ μὴ πάντα τεθεαμένοις ὅσα ἐποίει ἐν τοῖς Ἱεροσολύμοις.

57. (56) Ἦλθεν οὖν πάλιν εἰς τὴν Κανᾶ τῆς Γαλιλαίας, ὅπου ἐποίησε τὸ ὕδωρ οἶνον. Ὅσα ἐχωρήσαμεν περὶ τῆς Κανᾶ, ἐν τοῖς ἀνωτέρω εἴπομεν. δύο δὲ οὐ μάτην ἐπιδημίαι ἐν Κανᾷ τῷ Ἰησοῦ γίνονται· μήποτε γὰρ σημαίνουσι τὰς δύο τοῦ σωτῆρος εἰς τὸν κόσμον ἐπιδημίας, τὴν μὲν προτέραν ἵν' εὐφράνῃ τοὺς συνεστιωμένους, τὴν δὲ δευτέραν ἵνα τὸν ἐγγὺς γενόμενον τοῦ θανάτου <οὐ> βασιλέως υἱὸν, ἀλλά τινος βασιλικοῦ, ἀναστήσῃ. καὶ τάχα ὁ βασιλικὸς Ἀβραὰμ ἦν ἢ Ἰακώβ, ὧν υἱόν, ὄντα τὸν λαόν, μετὰ τὸ πλήρωμα τῶν ἐθνῶν εἰσελθεῖν, σώσει ἐπὶ τέλους. δύνανται δὲ καὶ δύο τοῦ λόγου εἶναι ἐπιδημίαι ἐν τῇ ψυχῇ, ἡ μὲν προτέρα τὸν ἐξ ὕδατος γινόμενον οἶνον χορηγοῦσα εἰς εὐφροσύνην

1 ἐκβάλλοι   φραγγελίῳ   8 καταλειπῶν   27 οὐ] om.

τῶν συνεστιωμένων, ἡ δὲ δευτέρα πᾶσαν τὴν καταλειπομένην
ἀσθένειαν καὶ τὸ πρὸς θάνατον κινδυνῶδες περιαιροῦσα.
οὐδὲν δὲ θαυμαστὸν εἰ, ἐπείπερ τὰ πλείονα τῶν ἔργων τοῦ
θεοῦ ἐστιν ἐν ἀποκρύφοις, πολλὰ ὑπὲρ σωτηρίας τῶν πολ-
5 λαχοῦ ποιῶν ὁ Ἰησοῦς, ὧν τύποι τὰ λοιπὰ ἀναγεγραμμένα
χωρία, δὶς τῇ Κανᾷ ταύτῃ ἐπιδημεῖ, βεβαιῶν ἑαυτῷ κτῆσιν
τῶν ἀπὸ ταύτης τῆς γῆς πιστευόντων εἰς τὸν πατέρα δι᾿
αὐτοῦ.

58. (57) Καὶ ἦν τις Βασιλικὸς οὗ ὁ υἱὸς ἠσθένει Jo iv 46, 53
10 ἐν Καφαρναούμ· ἕως· Καὶ ἐπίστευσεν αὐτὸς καὶ ἡ οἰκία
αὐτοῦ ὅλη. Οὐ πάνυ εὑρίσκομεν παρὰ Ἰουδαίοις τετριμ-
μένον τὸ τοῦ βασιλικοῦ ὄνομα, ὅθεν οὐδέ, ὅσον ἐπὶ τῇ
ἱστορίᾳ, ἐπιβάλλομεν ἐν νῷ τίς ἦν οὗτος ὁ βασιλικὸς καὶ
τίνος βασιλέως ἐπώνυμος. ὁ μὲν οὖν ἀκεραιότερος οἰήσεται
15 τοῦ βασιλέως Ἡρώδου τινὰ ἄνθρωπον εἶναι τοῦτον τὸν
βασιλικόν· ἕτερος δὲ τούτῳ ὅμοιος ἐρεῖ τῆς Καίσαρος οἰκίας
γεγονέναι τοῦτον τὸν βασιλικόν, πράττοντά τι περὶ τὴν
272 Ἰουδαίαν τότε· οὐδὲ γὰρ σαφῶς εὑρίσκεται Ἰουδαῖος ὤν,
ἐπείπερ οὐκ ἀκολουθεῖ <τῷ> τὸν υἱὸν αὐτοῦ ἠσθενηκέναι ἐν
20 Καφαρναοὺμ οἰκεῖον αὐτὸν εἶναι τῶν κατὰ τοὺς τόπους.
ἐμφαίνεται δὲ αὐτοῦ τὸ ἀξίωμα καὶ ἐκ τοῦ ἤδη αὐτοῦ κατα- cf. Jo iv 51
βαίνοντος τοὺς δούλους αὐτῷ ἀπηντηκέναι, λέγοντας ὅτι ὁ
παῖς αὐτοῦ ζῇ· πληθυντικῶς γὰρ οἱ δοῦλοι εἴρηνται. ἐχέτω
τοίνυν ὅπως ποτὲ τὸ τῆς ἱστορίας, καὶ ὁ υἱὸς τοῦ βασιλικοῦ
25 κομψότερον ἐσχηκέτω κατὰ τὸν τοῦ σωτῆρος λόγον, τῇ
ἑβδόμῃ ὥρᾳ ἐλευθερωθεὶς ἀπὸ τοῦ πυρετοῦ, καὶ ἡ οἰκία
αὐτοῦ ὅλη πεπιστευκέτω. φέρε δὲ κατὰ τὸ δυνατὸν ἡμῖν
ἐρευνήσωμεν τίνος οὗτος σύμβολον εἶναι δύναται καὶ ὁ υἱὸς
αὐτοῦ. μέγαν δὴ βασιλέα, οὗ πόλις ἐστὶ τὰ ἀληθινὰ cf. Mt v 35
30 Ἱεροσόλυμα, καὶ βασιλέα τῶν βασιλευόντων, τὸν πορευθέντα cf. Ap xix
16
εἰς χώραν μακρὰν λαβεῖν ἑαυτῷ βασιλείαν καὶ ὑποστρέψαι, Lc xix 12
καὶ ἐπανελθόντα βασιλέα οὐδένα ἄλλον ἴσμεν ἢ τὸν εἰπόντα·

3 εἶναι   13 ἐν νῷ] ἐν ᾧ   19 τῷ] om.   23 ἱκετω
24 τότε   32 ἴσμεν] ἴομεν

Ἐγὼ δὲ κατεστάθην βασιλεὺς ὑπ' αὐτοῦ ἐπὶ Σειὼν ὄρος τὸ ἅγιον αὐτοῦ, διαγγέλλων τὸ πρόσταγμα κυρίου. τούτου τὴν ἡμέραν οἱ ἰδόντες καὶ εὐφρανθέντες πάντες εἰσὶ βασιλικοὶ, καὶ οἱ πιστεύοντες εἰς τὸν πατέρα δι' αὐτοῦ ἐπώνυμοι τυγχάνουσι τῆς βασιλείας αὐτοῦ, ὧν ἕνα τινὰ ζητοῦμεν καὶ τὸν ἀσθενήσαντα υἱὸν αὐτοῦ καὶ τὰ τούτου ἀκόλουθα. ἐλέγομεν δὲ ἐν τοῖς ἀνωτέρω τὸν πάντα λαὸν υἱὸν εἶναι τοῦ Ἀβραὰμ, ὡς καὶ αὐτοὶ αὐχοῦντές φασι· Σπέρμα Ἀβραάμ ἐσμεν καὶ οὐδενὶ δεδουλεύκαμεν πώποτε· καί· Μὴ σὺ μείζων εἶ τοῦ πατρὸς ἡμῶν Ἀβραάμ, ὅστις ἀπέθανεν; ὡς ἐπ' αὐτῷ γὰρ καυχωμένου τοῦ λαοῦ παρὰ τοὺς λοιποὺς καὶ μετ' αὐτὸν πατέρας, φησὶ καὶ ὁ σωτήρ· Μὴ ἄρξησθε λέγειν ὅτι Πατέρα ἔχομεν τὸν Ἀβραάμ· ἤ· Μὴ δόξητε λέγειν ὅτι Πατέρα ἔχομεν τὸν Ἀβραάμ· δύναται ὁ θεὸς ἐκ τῶν λίθων τούτων ἐγεῖραι τέκνα τῷ Ἀβραάμ. ἀλλὰ καὶ ὁ Ἡσαΐας πρὸς τὸν λαόν φησιν· Ἐμβλέψατε εἰς Ἀβραὰμ τὸν πατέρα ὑμῶν, καὶ εἰς Σάρραν τὴν ὠδείνουσαν ὑμᾶς. καὶ τί δεῖ διὰ παραδειγμάτων μηκύνειν τὸν λόγον, σαφοῦς ὄντος ὅτι αὐτὸς πρῶτος χρηματίζει πατὴρ τοῦ λαοῦ, διὸ καὶ ἐξαιρέτως ὀνομάζεται πατήρ; ὑπονοοῦμεν τοίνυν τὸν μὲν βασιλικὸν εἶναι τὸν Ἀβραάμ, τὸν δὲ ἀσθενήσαντα αὐτοῦ υἱὸν ἐν Καφαρναοὺμ καὶ μέλλοντα ἀποθνήσκειν τὸ Ἰσραηλιτικὸν γένος, ἀσθενῆσαν ἐν τῇ θεοσεβείᾳ καὶ τῇ τηρήσει τῶν θείων νόμων, καὶ πρὸς τῷ ἀποθανεῖν τῷ θεῷ γενόμενον τῶν πεπυρωμένων βελῶν τοῦ ἐχθροῦ πεπυρωμένον, καὶ διὰ τοῦτο πυρέσσειν λεγόμενον. φαίνεται δὲ μέλειν τοῖς προεξεληλυθόσι τὸν βίον τοῦτον ἁγίοις περὶ τοῦ λαοῦ, ὡς ἐν τοῖς Μακκαβαϊκοῖς γέγραπται μετὰ πλεῖστα ὅσα ἔτη τῆς Ἱερεμίου ἀναλήψεως· Οὗτός ἐστιν Ἱερεμίας ὁ τοῦ θεοῦ προφήτης ὁ πολλὰ εὐχόμενος περὶ τοῦ λαοῦ. ὅρα τοίνυν εἰ δυνατὸν ἐκλαμβάνειν ἡμᾶς ὅτι ὁ Ἀβραὰμ βασιλικός τις ὤν, νοσήσαντος αὐτῷ τοῦ υἱοῦ καὶ ἀποθνήσκειν μέλλοντος, ἀξιοῖ βοηθῆναι ὑπὸ τοῦ

3 εἰδόντες   17 ὑμᾶς] ἡμᾶς   26 μέλλειν pr. man. ut videtur   29 οὕτως   32 βοηθηθῆναι

σωτῆρος ἡμῶν τὸν κάμνοντα, γενόμενος πρὸς αὐτὸν καὶ ἐρωτῶν ἵνα καταβῇ καὶ ἰάσηται αὐτοῦ τὸν υἱὸν, ἔμελλε γὰρ ἀποθνήσκειν.

59. (58) Τὸ δέ· Ἐὰν μὴ σημεῖα καὶ τέρατα ἴδητε· λεγόμενον πρὸς αὐτὸν, τὴν ἀναφορὰν ἔχει ἐπὶ τὸ πλῆθος τῶν υἱῶν αὐτοῦ τάχα δὲ καὶ ἐπ᾿ αὐτόν. ὡς γὰρ Ἰωάννης προσδοκῶν τὴν Χριστοῦ ἐπιδημίαν περιέμενε τὸ δοθὲν σημεῖον, ἵνα δι᾿ αὐτοῦ γνῷ τὸν προφητευόμενον· τὸ δὲ σημεῖον ἦν· Ἐφ᾿ ὃν ἂν ἴδῃς τὸ πνεῦμα καταβαῖνον καὶ μένον ἐπ᾿ αὐτὸν, οὗτός ἐστιν ὁ υἱὸς τοῦ θεοῦ· οὕτως καὶ οἱ προκεκοιμημένοι ἅγιοι, προσδοκῶντες καὶ τὴν ἐν σώματι τοῦ χριστοῦ ἐπιδημίαν, ἀπὸ τῶν σημείων καὶ τῶν τεράτων ἐχαρακτήριζον αὐτὸν, διὰ τούτων τῷ ἐλπιζομένῳ πιστεύοντες. τάχιον δὲ παρακαλεῖ τὸν κύριον καταβῆναι πρὸς τὸ νοσοῦν παιδίον ἑαυτοῦ, εὐλαβούμενος μὴ προλάβῃ ὁ θάνατος κρατήσας τὸν κάμνοντα, καὶ ἀπελαύνει γε τὸν πυρετὸν λόγῳ ὁ χριστὸς, ἐπαγγειλάμενος τῷ πατρὶ περὶ τῆς ζωῆς τοῦ κινδυνεύοντος διὰ τοῦ· Πορεύου· ὁ υἱός σου ζῇ. ἔχει δὲ οὗτος ὁ βασιλικὸς οὐ μόνον υἱὸν, ἀλλὰ καὶ δούλους, ὧν σύμβολον ἦσαν οἱ οἰκογενεῖς καὶ ἀργυρώνητοι τοῦ Ἀβραὰμ, εἶδός τι πιστευόντων ταπεινότερον καὶ ὑποβεβηκός. οὗτοι συνόντες τῷ κάμνοντι παιδίῳ θεωροῦσι τὴν σωτηρίαν αὐτοῦ καὶ ἀπαντῶσι τῷ πατρὶ εὐαγγελιζόμενοι τὴν ζωὴν τοῦ θεραπευθέντος διὰ τοῦ· Ὁ παῖς σου ζῇ· εὐφραίνοντες ὅτι οὐκ ἐφρόνουν πρότερον περὶ τοῦ παιδίου τοῦ δεσπότου ὅτι ἔζη. οὐ μάτην δὲ ὥραν ἑβδόμην ἀφίησιν αὐτὸν ὁ πυρετός, ὁ γὰρ ἀριθμὸς ἀναπαύσεως ἦν. ὁ ἐν Καφαρναοὺμ μέντοι γε υἱός ἐστιν ὁ νοσῶν καὶ θεραπευόμενος, ὁ ἐν τῷ τῆς παρακλήσεως ἀγρῷ, γένος τι κεκμηκότων μὲν οὐ πάντῃ δὲ ἔξω καρπῶν γεγενημένων, καὶ τελειοτάτη γνόντι τῷ πατρὶ τὴν τοῦ υἱοῦ σωτηρίαν ἡ πίστις γίνεται, πανοικεὶ πιστεύοντι Χριστῷ. κατελθὼν δὲ ἐκ τῆς Ἰουδαίας εἰς τὴν Γαλιλαίαν πῶς τοῦτο

2 ἐρωτᾶν   7 περιέμενον   18 ἐκεῖ   30 γεγενημένον

cf. Jo iv 5 δεύτερον σημεῖον πεποίηκεν ὁ Ἰησοῦς, κατὰ τὸ δυνατὸν ἐν τοῖς ἑξῆς γενόμενοι κατὰ τὴν λέξιν ἐρευνήσομεν. εἰ δὲ καὶ 274
cf. 1 Co ii 8 δυνάμεώς τινος εἰκών ἐστιν ὁ βασιλικὸς τῶν ἀρχόντων τούτου τοῦ αἰῶνος, καὶ ὁ υἱὸς αὐτοῦ τοῦ ὑπὸ τὴν ἐξουσίαν αὐτοῦ διαφέροντος παρ᾽ αὐτῷ λαοῦ καί, ἵν᾽ οὕτως εἴπω, οἱονεὶ 5 τῆς παρ᾽ αὐτῷ ἐκλογῆς, ἥ τε ἀσθένεια αὐτοῦ ἡ παρὰ τὴν προαίρεσιν τοῦ ἄρχοντος διάθεσις μοχθηρά, καὶ ἡ Καφαρναοὺμ τοῦ χωρίου τῆς μονῆς τῶν ὑπ᾽ αὐτὸν ἡ εἰκών ἐστιν σκοπητέον. οἶμαι γὰρ καὶ τῶν ἀρχόντων τινὰς, καταπεπληγότας τὴν δύναμιν αὐτοῦ καὶ τὴν θειότητα, προπεφευγέναι 10 αὐτῷ καὶ ἠξιωκέναι περὶ τῶν ὑπ᾽ αὐτοῖς οἰκονομουμένων· ἐπεὶ τί δήποτε ἄνθρωποι μὲν μετάνοιαν ἐπιδέχονται καὶ ἐξ ἀπιστίας εἰς πίστιν μεταβάλλουσιν, ἐπὶ δὲ τῶν δυνάμεων τὸ παραπλήσιον λέγειν ὀκνήσομεν; ἢ λεγέτω τις ἡμῖν τί τὸ αἴτιον τοῦ δύνασθαι μὲν τοὺς ἐνδεδυμένους σαρκὶ καὶ αἵματι 15 μεταβαλόντας καταπεφευγέναι ἐπὶ τὸν θεὸν διὰ Χριστοῦ, τοὺς δὲ καθαρωτέρᾳ τῇ φύσει χρωμένους πάντας ἀνεπιδέκτους εἶναι τῆς εἰς τὸν σωτῆρα πίστεως καὶ τῆς ἐπὶ ταῖς τεραστείοις δυνάμεσιν ὑπ᾽ αὐτοῦ γινομέναις καταπλήξεως· ἐγὼ δὲ νομίζω καὶ περὶ τοὺς ἄρχοντάς τι γίνεσθαι, μετα- 20 βαλόντας ἐπὶ τὸ βέλτιον ἐν τῇ Χριστοῦ ἐπιδημίᾳ, ὥστε τινὰς ὅλας πόλεις ἢ καὶ ἔθνη οἰκειότερον πολλῶν ἐσχηκέναι τὰ πρὸς τὸν χριστόν. καὶ οὐδέν γε ἄτοπον κατὰ ταύτην
Jo iv 48 τὴν ἐκδοχὴν ἔσται τὸ λέγεσθαι πρὸς τὸν βασιλικόν· Ἐὰν μὴ σημεῖα καὶ τέρατα ἴδητε, οὐ μὴ πιστεύσητε. δύναται δὲ 25 περὶ τῆς δυνάμεως τοῦ θεοῦ παρακαλεῖν ὁ βασιλικός, γενό-
cf. Jo iv 47 μενος πρὸς αὐτόν, ὅπως καταβῇ εἰς τὸ χωρίον τῆς νόσου τοῦ παιδίου καὶ ἰάσηται τὸν νενοσηκότα· ἀλλ᾽ οὐ πάντως καταβεβηκέναι δεῖ πρὸς τὸν υἱὸν τοῦ βασιλικοῦ πυρέττοντα·
Jo iv 51 ἀρκεῖ γὰρ τό· Ὁ υἱός σου ζῇ· πρὸς σωτηρίαν λεγόμενον τοῦ 30 παιδός, δραστηρίου ὄντος τοῦ λόγου καὶ ποιητικοῦ ὧν βούλεται ὁ λέγων.

4 τοῦ 2°] τῶν   ἐξισσίαν   9 οἶμαι] ἦμαι (corr.)   15 τοῦ] τοῦτο   τοῦ ἐνδεδυμένου   17 ἀνεπιλέκτους

60. (59) Ἔοικε δὲ βασιλικὸν ὁ Ἡρακλέων λέγειν τὸν δημιουργὸν, ἐπεὶ καὶ αὐτὸς ἐβασίλευεν τῶν ὑπ᾽ αὐτόν· διὰ δὲ τὸ μικρὰν αὐτοῦ καὶ πρόσκαιρον εἶναι τὴν βασιλείαν, φησὶ, βασιλικὸς ὠνομάσθη, οἰονεὶ μικρός τις βασιλεὺς ὑπὸ καθολικοῦ βασιλέως τεταγμένος ἐπὶ μικρᾶς βασιλείας· τὸν δὲ ἐν Καφαρναοὺμ υἱὸν αὐτοῦ διηγεῖται τὸν ἐν τῷ ὑποβεβηκότι μέρει τῆς μεσότητος τῷ πρὸς θάλασσαν, τουτέστι τῷ συνημμένῳ τῇ ὕλῃ, καὶ λέγει ὅτι ὁ ἴδιος αὐτοῦ ἄνθρωπος ἀσθενῶν, τουτέστιν οὐ κατὰ φύσιν ἔχων, ἐν ἀγνοίᾳ καὶ ἁμαρτήμασιν ἦν. εἶτα τό· Ἐκ τῆς Ἰουδαίας Jo iv 54 εἰς τὴν Γαλιλαίαν· ἀντὶ τοῦ· ἐκ τῆς ἄνωθεν Ἰουδαίας. οὐκ οἶδα δὲ ὅπως εἰς τό· Ἤμελλεν ἀποθνῄσκειν· κινηθεὶς Jo iv 47 οἴεται ἀνατρέπεσθαι τὰ δόγματα τῶν ὑποτιθεμένων ἀθάνατον εἶναι τὴν ψυχήν, εἰς τὸ αὐτὸ συμβάλλεσθαι ὑπολαμβάνων καὶ τὸ ψυχὴν καὶ σῶμα ἀπόλλυσθαι ἐν γεέννῃ. καὶ οὐκ cf. Mt x 28 ἀθάνατόν γε εἶναι ἡγεῖται τὴν ψυχὴν ὁ Ἡρακλέων, ἀλλ᾽ ἐπιτηδείως ἔχουσαν πρὸς σωτηρίαν, αὐτὴν λέγων εἶναι τὸ ἐνδυόμενον ἀφθαρσίαν φθαρτὸν καὶ ἀθανασίαν θνητὸν, cf. 1 Co xv ὅταν καταποθῇ ὁ θάνατος αὐτῆς εἰς νῖκος. πρὸς τούτοις cf. Is xxv 8 καὶ τό· Ἐὰν μὴ σημεῖα καὶ τέρατα ἴδητε, οὐ μὴ πιστεύσητε· Jo iv 48 λέγεσθαί φησιν οἰκείως πρὸς τὸ τοιοῦτον πρόσωπον, δι᾽ ἔργων φύσιν ἔχον καὶ δι᾽ αἰσθήσεως πείθεσθαι, καὶ οὐχὶ λόγῳ πιστεύειν. τὸ δέ· Κατάβηθι πρὶν ἀποθανεῖν τὸ παι- Jo iv 49 δίον μου· διὰ τὸ τέλος εἶναι τοῦ νόμου τὸν θάνατον εἰρῆσθαι νομίζει, ἀναιροῦντος διὰ τῶν ἁμαρτιῶν· πρὶν τελέως οὖν, φησὶ, θανατωθῆναι κατὰ τὰς ἁμαρτίας, δεῖται ὁ πατὴρ τοῦ μόνου σωτῆρος ἵνα βοηθήσῃ τῷ υἱῷ, τουτέστι τῇ τοιᾷδε φύσει. πρὸς τούτοις τό· Ὁ υἱός σου ζῇ· κατὰ ἀτυφίαν Jo iv 50 εἰρῆσθαι τῷ σωτῆρι ἐξείληφεν, ἐπεὶ οὐκ εἶπε· ζήτω, οὐδὲ ἐνέφηνεν αὐτὸς παρεσχῆσθαι τὴν ζωήν. λέγει δὲ ὅτι καταβὰς πρὸς τὸν κάμνοντα καὶ ἰασάμενος αὐτὸν τῆς νόσου, τουτέστι τῶν ἁμαρτιῶν, καὶ διὰ τῆς ἀφέσεως ζωοποιήσας

4 post φησὶ] ins. τὴν βασιλείαν   10 ἀγνείᾳ
19 νεῖκος   24 τὸν] τὸ

εἶπεν· Ὁ υἱός σου ζῇ. καὶ ἐπιλέγει πρὸς τό· Ἐπίστευσεν ὁ ἄνθρωπος· ὅτι εὔπιστος καὶ ὁ δημιουργός ἐστιν, ὅτι δύναται ὁ σωτὴρ καὶ μὴ παρὼν θεραπεύειν. δούλους δὲ τοῦ βασιλικοῦ ἐξείληφε τοὺς ἀγγέλους τοῦ δημιουργοῦ, ἀπαγγέλλοντας ἐν τῷ· Ὁ παῖς σου ζῇ· ὅτι οἰκείως καὶ κατὰ τρόπον ἔχει, πράσσων μηκέτι τὰ ἀνοίκεια· καὶ διὰ τοῦτο νομίζει ἀπαγγέλλειν τῷ βασιλικῷ τοὺς δούλους τὰ περὶ τῆς τοῦ υἱοῦ σωτηρίας, ἐπεὶ καὶ πρώτους οἴεται βλέπειν τὰς πράξεις τῶν ἐν τῷ κόσμῳ ἀνθρώπων τοὺς ἀγγέλους, εἰ ἐρρωμένως καὶ εἰλικρινῶς πολιτεύοιντο ἀπὸ τῆς τοῦ σωτῆρος ἐπιδημίας. ἔτι πρὸς τὴν ἑβδόμην ὥραν λέγει ὅτι διὰ τῆς ὥρας χαρακτηρίζεται ἡ φύσις τοῦ ἰαθέντος. ἐπὶ πᾶσι τό· Ἐπίστευσεν αὐτὸς καὶ ἡ οἰκία αὐτοῦ ὅλη· διηγήσατο ἐπὶ τῆς ἀγγελικῆς εἰρῆσθαι τάξεως καὶ ἀνθρώπων τῶν οἰκειοτέρων αὐτῷ. ζητεῖσθαι δέ φησι περί τινων ἀγγέλων εἰ σωθήσονται, τῶν κατελθόντων ἐπὶ τὰς τῶν ἀνθρώπων θυγατέρας. καὶ τῶν ἀνθρώπων δὲ τοῦ δημιουργοῦ τὴν ἀπώλειαν δηλοῦσθαι νομίζει ἐν τῷ· Οἱ υἱοὶ τῆς βασιλείας ἐξελεύσονται εἰς τὸ σκότος τὸ ἐξώτερον· καὶ περὶ τούτων τὸν Ἡσαΐαν προφητεύειν τό· Υἱοὺς ἐγέννησα καὶ ὕψωσα, αὐτοὶ δέ με ἠθέτησαν· οὕστινας υἱοὺς ἀλλοτρίους, καὶ σπέρμα πονηρὸν καὶ ἄνομον καλεῖ, καὶ ἀμπελῶνα ἀκάνθας ποιήσαντα.

61. Καὶ ταῦτα μὲν τὰ Ἡρακλέωνος, ἅπερ τολμηρότερον καὶ ἀσεβέστερον εἰρημένα ἐχρῆν μετὰ πολλῆς κατασκευῆς ἀποδεδέχθαι, εἴπερ ἦν ἀληθῆ. οὐκ οἶδα δὲ πῶς καὶ περὶ ἀθανασίας ψυχῆς ἀπιστεῖ, μὴ ἐκλαβὼν πόσα σημαίνεται ἐκ τῆς θάνατος φωνῆς. καθορῶντα γὰρ ἔδει τὸ σημαινόμενον μετ᾽ ἐπισκέψεως καὶ ἀκριβείας ἰδεῖν εἰ κατὰ πάντα τὰ σημαινόμενα θνητή ἐστιν. εἰ μὲν γὰρ ὅτι δεκτικὴ ἁμαρτίας, ψυχὴ δὲ ἡ ἁμαρτάνουσα αὐτὴ ἀποθανεῖται, καὶ ἡμεῖς ἐροῦμεν αὐτὴν θνητήν· εἰ δὲ τὴν παντελῆ διάλυσιν καὶ ἐξαφανισμὸν

6 ἔχειν   10 πολιτεύειν τὸ   15 οἰκειωτέρων
16, 17 ἀνθρώπων] α̅ν̅ω̅ν̅ bis   28 καθαρὰν· τὰ

IN EVANGELIUM JOANNIS TOMUS XIII. 323

αὐτῆς θάνατον νομίζει, ἡμεῖς οὐ προσησόμεθα, οὐδὲ μέχρι
ἐπινοίας ἰδεῖν δυνάμενοι οὐσίαν θνητὴν μεταβάλλουσαν εἰς
ἀθάνατον, καὶ φύσιν φθαρτὴν ἐπὶ τὸ ἄφθαρτον· ὅμοιον γὰρ
τοῦτο τῷ λέγειν μεταβάλλειν τι ἀπὸ σώματος εἰς ἀσώματον·
5 ὡς ὑποκειμένου τινὸς κοινοῦ τῆς τῶν σωμάτων καὶ ἀσωμάτων
φύσεως, ὅπερ μένει, ὥσπερ μένειν φασὶ τὸ ὑλικὸν οἱ περὶ
ταῦτα δεινοί, τῶν ποιοτήτων μεταβαλλουσῶν εἰς ἀφθαρσίαν.
οὐ ταὐτὸν δέ ἐστι τὴν φθαρτὴν φύσιν ἐνδύεσθαι ἀφθαρσίαν, cf. 1 Co xv 53
καὶ τὸ τὴν φθαρτὴν φύσιν μεταβάλλειν εἰς ἀφθαρσίαν. τὰ
10 δ᾽ αὐτὰ καὶ περὶ τῆς θνητῆς λεκτέον, οὐ μεταβαλλούσης
μὲν εἰς ἀθανασίαν ἐνδυομένης δὲ αὐτήν. ἔτι ἐπείπερ τὴν
ψυχικὴν φύσιν ᾠήθη δι᾽ ἔργων καὶ αἰσθήσεως πείθεσθαι οὐχὶ
δὲ λόγων, πευσόμεθα αὐτοῦ περὶ Παύλου ποίας φύσεως ἦν.
εἰ μὲν γὰρ πνευματικῆς, πῶς διὰ τῆς τεραστίου ἐπιφανείας
15 πεπίστευκεν; εἰ δ᾽ οὐκ ἄλλως ἐδύνατο πιστεύειν ἢ διὰ τῆς
τεραστίου ἐπιφανείας, ἀκολουθεῖ κατ᾽ αὐτοὺς καὶ αὐτὸν εἶναι
277 ψυχικόν. πῶς δὲ οὐκ ἀσεβὲς τὸ πρὸ τοῦ δημιουργοῦ τοὺς
ἀγγέλους αὐτοῦ θεωρεῖν τὸ ἐρρωμένον καὶ τὸ εἰλικρινὲς τῆς
πολιτείας τῶν ὑπὸ τῆς δυνάμεως τοῦ σωτῆρος βελτιωθέντων,
20 καὶ παρὰ τὸ ἐναργὲς τοῦ περὶ τοῦ δημιουργοῦ λόγου, ἔτι δὲ
καὶ παρὰ τὴν γραφὴν τὴν λέγουσαν· Εἰ κρυβήσεται ἄν- Jer xxiii 24
θρωπος ἐν κρυφαίοις, κἀγὼ οὐκ ὄψομαι αὐτόν; καί· Κύριος Ps vii 10
ἐτάζων νεφροὺς καὶ καρδίας· καί· Κύριος γινώσκων τοὺς Ps xciii
διαλογισμοὺς τῶν ἀνθρώπων κἂν ὦσι μάταιοι; πῶς δὲ (xciv) 11
25 σώσει καὶ τό· Ὁ εἰδὼς τὰ πάντα πρὶν γενέσεως αὐτῶν; Hist Susann
τί δὲ μᾶλλον ἡ φύσις χαρακτηρίζεται τοῦ ἰαθέντος ἀπὸ τοῦ 35
ἀριθμοῦ τῆς ὥρας, ἢ ἡ φύσις τῆς ἰάσεως, γινομένης τῷ
οἰκείῳ τῇ ἀναπαύσει ἀριθμῷ; τὸ δὲ διαφθορὰς εἶναι ψυχικῶν,
ἐπὶ τέλει ὧν ἐξεθέμεθα ὑπ᾽ αὐτοῦ εἰρημένων ἀναγεγραμμένον,
30 ὁμωνυμίᾳ χρωμένου ἐστὶ καὶ ἑτέραν φύσιν εἰσάγοντος τετάρ-
την, ὅπερ οὐ βούλεται.

62. (60) Τοῦτο δὲ πάλιν δεύτερον σημεῖον ἐποίη- Jo iv 54

9 μεταβαλλεῖν   14 πνευματικῆς, πῶς] πνικῆ ὅπως
17 οὐκ] καὶ   26 τί] ἔτι   27 ἢ ἡ] εἴη   γινομένη

324 ORIGENIS COMMENTARIORUM

cεν ὁ Ἰηcοῦc ἐλθὼν ἐκ τῆc Ἰογδαίαc εἰc τὴν Γαλιλαίαν. Τὸ ῥητὸν ἀμφίβολόν ἐστι, σημαίνει γὰρ τὸ μέν τι τοιοῦτον· ἐν τῇ ἀπὸ τῆς Ἰουδαίας εἰς τὴν Γαλιλαίαν ἐπιδημίᾳ ὁ Ἰησοῦς δύο σημεῖα πεποίηκεν, ὧν τὸ περὶ τὸν υἱὸν τοῦ βασιλικοῦ δεύτερόν ἐστι· τὸ δέ τι τοιοῦτον· δύο σημείων ὄντων ἃ 5 ἐποίησεν ἐν τῇ Γαλιλαίᾳ ὁ Ἰησοῦς, τὸ δεύτερον πεποίηκεν ἐλθὼν ἀπὸ τῆς Ἰουδαίας εἰς τὴν Γαλιλαίαν. καὶ τοῦτό γέ ἐστι τὸ δεκτὸν καὶ ἀληθές· οὐ γὰρ τὸ πρότερον ἀπὸ τῆς Ἰουδαίας εἰς τὴν Γαλιλαίαν ἐλθὼν πεποίηκε (τὸ δὲ πρότερόν
cf. Jo ii 1 ff. ἐστι τὸ περὶ τὴν μεταβολὴν τοῦ ὕδατος εἰς οἶνον), ὅπερ 10
cf. Jo i 38 ff. γέγονε τῇ ἐπαύριον τοῦ Ἀνδρέαν τὸν ἀδελφὸν Σίμωνος Πέτρου, πυθόμενον ποῦ μένει, περὶ δεκάτην ὥραν τῆς ἡμέρας
Jo i 43 μεμενηκέναι παρὰ τῷ κυρίῳ· γέγραπται γάρ· Τῇ ἐπαύριον ἠθέλησεν ἐξελθεῖν εἰς τὴν Γαλιλαίαν, καὶ εὑρίσκει Φίλιππον. ὅρα δὲ τὴν οἰκονομίαν εἰ δυνάμεθα νοῆσαι τοῦ καὶ ἐπισεση- 15 μειῶσθαι τὸν εὐαγγελιστὴν περὶ τοῦ δεύτερον τοῦτο τὸ σημεῖον γεγονέναι, κατελθόντος ἀπὸ τῆς Ἰουδαίας εἰς τὴν Γαλιλαίαν τοῦ κυρίου. ἐλέγομεν δὲ ἐν τοῖς ἀνωτέρω δύνασθαι τὰς δύο εἰς τὴν Κανὰ τοῦ σωτῆρος ἡμῶν ἐπιδημίας εἰς σύμβολον λαμβάνεσθαι τῶν δύο αὐτοῦ εἰς τὴν γῆν 20 ἐπιδημιῶν, ἥτις παρὰ τὸ κτῆμα αὐτοῦ γεγονέναι, εἰληφότος
cf. Mt xxviii 18 πᾶσαν ἐξουσίαν ὡς ἐν οὐρανῷ καὶ ἐπὶ γῆς, Κανὰ ὠνομάσθη. τῇ μὲν οὖν προτέρᾳ ἐπιδημίᾳ μετὰ τὸ λουτρὸν ἡμᾶς εὐφραίνει συνδιαιτωμένους αὐτῷ, καὶ διδοὺς τοῦ ἐκ τῆς δυνάμεως αὐτοῦ οἴνου πιεῖν, ὕδατος μὲν τυγχάνοντος ὅτε 25 ἠντλεῖτο πρότερον, οἴνου δὲ γενομένου ὅτε αὐτὸν μετεποίησεν Ἰησοῦς. καὶ γὰρ ἀληθῶς πρὸ μὲν Ἰησοῦ ἡ γραφὴ ὕδωρ ἦν, ἀπὸ δὲ τοῦ Ἰησοῦ οἶνος ἡμῖν γεγένηται. τῇ δὲ δευτέρᾳ ἐπιδημίᾳ ἀπολύει τοῦ πυρετοῦ κατὰ τὸν καιρὸν τῆς κρίσεως,
cf. Jo iv 46 ff. ἣν ἐπιστεύθη κρίνειν ἀπὸ τοῦ θεοῦ, ἀπολύων τοῦ πυρετοῦ 30 καὶ ἰώμενος παντελῶς τὸν τοῦ βασιλικοῦ υἱόν, εἴτε Ἀβραὰμ

2 σημαίνει γὰρ τὸ] σημαίνει γὰρ τὸ μαίνει γὰρ τὸ   3 ἐπιδημεῖ
5 τοιοῦτο   8 καὶ] om.   13 περὶ   15 τοῦ] τὸ   21 ἐπιδημιῶν   25 ποιεῖν

εἴτε ἄρχοντός τινος ὀνομαζομένου βασιλικοῦ. καὶ ταῦτα
μὲν ὡς πρός τινα διήγησιν παραξύουσαν τὰς προτέρας.
ἐπεὶ δὲ μεμνῆσθαι ἡμᾶς ἑαυτῶν δεῖ, λεκτέον ὅτι δυνατὸν
πάσῃ τῇ κτήσει αὐτοῦ τὴν διττὴν ταύτην νοεῖσθαι ἐπιδη-
5 μίαν. ἐπιστήσεις δὲ εἰ προηγουμένην μὲν κατὰ τοῦτο τὴν
πρώτην λεκτέον ἑπομένην δὲ τὴν δευτέραν, ὥστε τὴν μὲν
προηγουμένην εὐφραίνεσθαι τοὺς παραδεξαμένους αὐτόν, τῇ
δὲ δευτέρᾳ πάσης νόσου ἀπολύεσθαι καὶ τῶν πεπυρωμένων cf. Eph vi 16
τοῦ ἐχθροῦ βελῶν τοὺς μὴ βουληθέντας πρότερον τοῦ οἴνου
10 αὐτοῦ πιεῖν. καὶ τὰ μὲν τῆς πρώτης δυνάμεως ἀμέριστά
ἐστιν, ἐν Κανᾷ γὰρ ὁ ποιῶν τὸ ὕδωρ οἶνον ἦν καὶ οἱ
πίνοντες· τὰ δὲ τῆς δευτέρας οἱονεὶ ἔχει τινὰ μερισμόν, ὁ
γὰρ τοῦ βασιλικοῦ υἱὸς νοσῶν οὐκ ἦν ὅπου Ἰησοῦς· οὐ γὰρ
ἦν ἐν Κανᾷ ἀλλ' ἐν Καφαρναούμ. καὶ ὁ μὲν τῆς δυνάμεως
15 λόγος ἀπὸ τῆς Κανᾶ ἐξέρχεται, τὸ γάρ· Ὁ υἱός σου ζῇ· Jo iv 50
ἐν Κανᾷ εἴρηται· τὸ δὲ τοῦ λόγου ἔργον ἐν Καφαρναοὺμ
γίνεται, ἐκεῖ γὰρ νοσῶν ὁ τοῦ βασιλικοῦ υἱὸς λόγῳ ἐθερα-
πεύθη τοῦ Ἰησοῦ κατὰ τὴν ἑβδόμην ὥραν. τοῦτον δὲ λόγῳ cf. Jo iv 52
εὑρίσκομεν θεραπευθέντα ἀπὸ μὴ παρεῖναι νομιζομένου
20 αὐτῷ τοῦ Ἰησοῦ, καὶ τὸν τοῦ ἑκατοντάρχου δοῦλον· καὶ γὰρ
ἀπ' ἐκείνου εἰς τὴν οἰκίαν τοῦ ἑκατοντάρχου οὐ γίνεται ὁ
κύριος εἰπόντος· Κύριε, οὐκ εἰμὶ ἱκανὸς ἵνα μου ὑπὸ τὴν Mt viii 8
στέγην εἰσέλθῃς· ἀλλὰ μόνον εἰπὲ λόγῳ, καὶ ἰαθήσεται·
διό φησι πρὸς αὐτόν· Ὕπαγε, καὶ ὡς ἐπίστευσας γενηθήτω Mt viii 13
25 σοι.

63. Τετηρήκαμεν δὲ καὶ ὅτι ἐν Καφαρναοὺμ ἀμφό-
τεροι ἦσαν νοσοῦντες, ὅ τε τοῦ ἑκατοντάρχου παῖς καὶ ὁ τοῦ
βασιλικοῦ υἱός. καὶ ἡ πενθερὰ δὲ Πέτρου βεβλημένη cf. Mc i 30 f.
ἐπύρεσσεν ἐν Καφαρναούμ, ἧς ἁψάμενος τῆς χειρὸς ἰάσατο
30 τὴν βεβλημένην, ὡς ἐγερθεῖσαν διακονεῖν αὐτῷ. καὶ οὗτοι
μὲν ἡμέρας ἐθεραπεύθησαν ἐν Καφαρναούμ· ὁ μὲν τοῦ
βασιλικοῦ υἱὸς ὥραν ἑβδόμην, ὁ δὲ τοῦ ἑκατοντάρχου παῖς

3 ἐπὶ   6 ἐπιμένην

καὶ ἡ τοῦ Πέτρου πενθερὰ πρὸ τῆς ὀψίας. Ὀψίας δὲ γενομένης, κατὰ τὸν Ματθαῖον, ἐν Καφαρναοὺμ προσήνεγκαν αὐτῷ δαιμονιζομένους πολλούς, καὶ ἐξέβαλε τὰ πνεύματα λόγῳ, καὶ πάντας τοὺς κακῶς ἔχοντας ἐθεράπευσε. 279 βράδιον οὖν τινες ὑπὸ Ἰησοῦ θεραπεύονται καὶ ἕτεροι τάχιον· οἱ γὰρ ὀψίας βράδιον, ὡς ἐλάττονες ὄντες, δαιμονῶσι γὰρ καὶ ἔχουσι κακῶς, τῶν ἡμέρας τεθεραπευμένων. φιλοτιμητέον δὲ συναγαγεῖν τοὺς τόπους ἔνθα εὑρέθησαν οἱ δεόμενοι θεραπείας, καὶ σημειωτέον ἐν ποίοις τόποις ἄλλα γέγονε σημεῖα, καὶ οὐ τὰ περὶ τοὺς κάμνοντας· οἷον ἐν τῇ Σαμαρείᾳ σημεῖον ἦν τό· Πέντε ἄνδρας ἔσχες, καὶ νῦν ὃν ἔχεις οὐκ ἔστι σου ἀνήρ· ἐφ᾽ ᾧ καὶ καταπλαγεῖσα ἡ γυνή φησι· Θεωρῶ ὅτι προφήτης εἶ σύ· τοῖς τε πολίταις λέγει· Δεῦτε ἴδετε ἄνθρωπον ὃς εἶπέ μοι πάντα ὅσα ἐποίησα· μήτι οὗτός ἐστιν ὁ χριστός; παρατηρητέον δὲ καὶ τοὺς λόγους αὐτοῦ, ποῦ καὶ διὰ τί καὶ ἐπὶ τίσι πεπραγμένοις λέγονται· ὑπὸ γὰρ μόνων τῶν τοιούτων παρατηρήσεων καὶ ἐξετάσεων τὰς βασάνους εὑρήσει κατὰ βραχὺ τοὺς καρποὺς τῶν πόνων, τὴν ἐν ψαλμοῖς εὐλογίαν λέγουσαν· Τοὺς καρποὺς τῶν πόνων σου φάγεσαι.

64. Ἔτι πρὸς τό· Τοῦτο δὲ πάλιν δεύτερον σημεῖον ἐποίησεν ὁ Ἰησοῦς· καὶ τοῦτο λεκτέον, ὅτι οὐδαμοῦ μὲν ὠνομάσθη μόνα τὰ τέρατα· εἴ που γὰρ λέγεται, μετὰ τῶν σημείων ἀναγέγραπται, ὥσπερ ἐν τῷ· Ἐὰν μὴ σημεῖα καὶ τέρατα ἴδητε, οὐ μὴ πιστεύσητε· πολλαχοῦ δὲ τὰ σημεῖα χωρὶς τῶν τεράτων εὕρηται, ὃν τρόπον καὶ νῦν. καὶ ζητητέον γε, εἰ ἔχει τινὰ διαφορὰν πρὸς ἄλληλα τὰ τέρατα καὶ τὰ σημεῖα. οἶμαι δὲ τὰς μὲν παραδόξους καὶ τεραστίους δυνάμεις, κατ᾽ αὐτὸ τὸ παράδοξον καὶ ἐκβεβηκὸς τὴν συνήθειαν θαυμάσιόν τε καὶ ὑπὲρ ἄνθρωπον γινόμενον, τέρατα ὀνομάζεσθαι· τὰ δὲ δηλωτικά τινων ἑτέρων παρὰ τὰ γινόμενα σημεῖα λέγεσθαι· διόπερ καὶ ἐπὶ τῶν μὴ παραδόξων τὸ

---

15 μὴ τοιοῦτος   26 εὕρηται] ἴδητε

ὄνομα τοῦ σημείου εὑρίσκομεν. ἤγουν περὶ τὸ σημεῖον λέγεται ὑπὸ τοῦ θεοῦ ἐν τούτοις· Περιτμηθήσεται ὑμῶν πᾶν Ge xvii 10 f. ἀρσενικόν. καὶ περιτμηθήσεσθε τὴν σάρκα τῆς ἀκροβυστίας ὑμῶν, καὶ ἔσται ἐν σημείῳ διαθήκης ἀνὰ μέσον 5 ἐμοῦ καὶ ὑμῶν. οὐδαμοῦ δὲ μόνα τὰ τέρατα ὠνομάσθη, ἐπείπερ οὐκ ἔστι τι παράδοξον γενόμενον ἐν τῇ γραφῇ, ὃ μή ἐστι σημεῖον καὶ σύμβολον ἑτέρου παρὰ τὸ αἰσθητῶς γεγενημένον· ὡς εἴπερ ἦν τεράστιόν τι γινόμενον οὐ συμβολικὸν ἑτέρου, ἐγέγραπτο ἂν τοῦτο τὸ τέρας πεποιηκέναι 10 τὸν Ἰησοῦν, ἢ φέρε εἰπεῖν Μωσέα ἤ τινα τῶν ἁγίων. ὅτε 280 μὲν οὖν διδασκόμεθα ἀπὸ τῆς γραφῆς δεῖν ζητεῖν τὸ οὗ σημεῖόν ἐστι τὸ γεγενημένον, λέγεται· Τοῦτο δὲ πάλιν Jo iv 54 δεύτερον σημεῖον ἐποίησεν ὁ Ἰησοῦς· ὅτε δὲ ὁ βασιλικὸς ὀνειδίζεται ὡς οὐκ ἂν πιστεύσων χωρὶς τῆς θέας τῶν παρα-15 δόξων, οὐκέτι λέγεται· Ἐὰν μὴ σημεῖα ἴδητε, οὐ μὴ πιστεύ- Jo iv 48 σητε· οὐ γὰρ τὰ σημεῖα γινόμενα προκαλεῖται ἐπὶ τὸ πιστεύειν, ᾗ σημεῖά ἐστιν, ἐὰν τύχῃ τὸ σημεῖον μὴ εἶναι καὶ τέρας, ἀλλά· Ἐὰν μὴ σημεῖα καὶ τέρατα ἴδητε, οὐ μὴ πιστεύσητε· ὑμῶν μὲν πιστευόντων διὰ τὸ παράδοξον, ἡμῶν 20 δὲ πρὸς τούτῳ καὶ διὰ τὸ οὗ ἐστι σημεῖον ἐπιτελούντων αὐτό. ζητήσεις δὲ τὸ ἐν ἑβδομηκοστῷ ἑβδόμῳ ψαλμῷ· Ὡς ἔθετο ἐν Αἰγύπτῳ τὰ σημεῖα αὐτοῦ, καὶ τὰ τέρατα αὐτοῦ Ps lxxvii (lxxviii) 43 ἐν πεδίῳ Τάνεως· πότερον τῷ ὑποκειμένῳ διαφέρει τὰ σημεῖα καὶ τέρατα, ἢ τὰ αὐτὰ, ᾗ μὲν σημεῖά ἐστι, γέγονεν ἐν 25 Αἰγύπτῳ, καὶ αὐτῆς τῆς Αἰγύπτου ἀναγομένης ἐπί τινα νοητά· ᾗ δὲ τέρατα, ἐν πεδίῳ Τάνεως, οὔτε τῶν τεράτων, ᾗ τέρατα, οὔτε τοῦ πεδίου Τάνεως, ἢ πεδίον Τάνεως, ἀλληγορουμένων· ἀλλὰ καὶ τὰ τέρατα, ᾗ σημεῖά ἐστι, δεῖται ἀναγωγῆς, καὶ τὸ πεδίον Τάνεως, ᾗ Αἴγυπτος. αὐτόθι δὲ 30 καταπαύσωμεν καὶ τὸν τρισκαιδέκατον τόμον, περιέχοντα διήγησιν τῶν μέχρι τῆς ἑβδόμης ἀρχῆθεν ἐπιδημίας τοῦ Ἰησοῦ· πρῶτον μὲν γὰρ ἐν Βηθαρᾷ παρὰ τῷ Ἰορδάνῃ cf. Jo i 28

4 σημείων   21 αὐτῶ

cf. Jo ii 1 ff.	βαπτιζόμενος γίνεται· δεύτερον δὲ τῇ Κανᾷ τῆς Γαλιλαίας
cf. Jo ii 12	ἐπιδημήσας τὸ ὕδωρ οἶνον ποιεῖ· τρίτον εἰς τὴν Καφαρναοὺμ καταβαίνει, καὶ ἁρμόζει γε, ὅπου καταβαίνει, εἶναι τοὺς
cf. Jo ii 13	ἀσθενοῦντας· τέταρτον εἰς Ἱεροσόλυμα ἀνέρχεται· πέμπτον
cf. Jo iii 22	εἰς τὴν Ἰουδαίαν γῆν συνδιατρίβει τοῖς μαθηταῖς· ἕκτον ἐν
cf. Jo iv 4 ff.	τῇ Σαμαρείᾳ παρὰ τῇ πηγῇ τοῦ Ἰακὼβ ἐδίδαξεν, ἃ κατὰ
cf. Jo iv 46	δύναμιν ἐξητάσαμεν. καὶ ἕβδομον ἐν Κανᾷ τῆς Γαλιλαίας δεύτερον γίνεται· ἐν δὲ τῷ ἑξῆς, θεοῦ διδόντος, διαληψόμεθα
cf. Jo v 1	περὶ τῶν ἐν τῇ ἑορτῇ τῶν Ἰουδαίων ἐν Ἱεροσολύμοις πεπραγμένων αὐτῷ καὶ εἰρημένων.

END OF VOL I.

www.ingramcontent.com/pod-product-compliance
Lightning Source LLC
Chambersburg PA
CBHW030305240426
43673CB00040B/1064